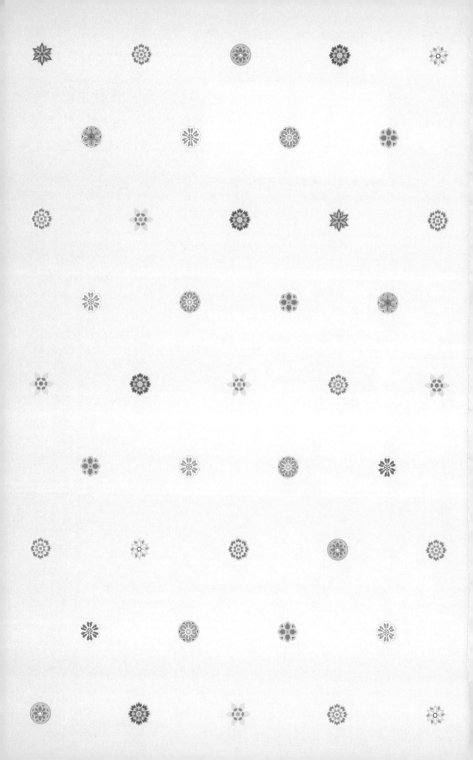

삼국유사

삼국유사

三國遺事 一然

일연 지음

김원중 옮김

민음사

개정판 서문

『삼국유사』는 작가의 숨결이 느껴지는 문학인 동시에 우리나라의 건국 기원을 다룬 신화적 성격을 띤 역사서다. 즉 고대 왕조의 성립과 그 흥망성쇠를 비롯하여 왕과 귀인, 고승과 일반 서민에 이르기까지 다양한 부류의 삶의 이야기가 흥미진진하게 소개되어 있다. 어디 그뿐이랴. 신라를 비롯한 고구려, 백제 등 삼국에서 일어난 기이한 사건들을 집대성한 기서(奇書)이자 불교와 기이한 승려의 이야기가 가득한 불교 설화집이기도 하다. 다시 말해서 『삼국유사』는 희대의 일급 이야기꾼 일연 스님 말년의 거의 모든 것이 오롯이 배어 있는 경이로운 책으로 주류 역사서에서는 흔히 찾아보기 어려운 단군 신화, 민간의 설화와 신화, 불교와 민속 신앙 자료 등이 망라된 민속학의 보고라고 할 수 있다. 그러니 『삼국유사』의 어디를 펼쳐 놓고 읽어 보더라도 재미있을 수밖에 없다.

나는 이번 전면 개정 작업을 하면서 줄곧 육당 최남선이 이 책을 김부식의 『삼국사기』보다 우위에 두었던 말의 의미를 되새겨 보고자 했다. 단순히 승려라는 불교도의 입장이 아니라, 당시로서는 선각자적인 시각에서 우리의 역사를 중국과 대등한 입장에서 자주적으로 바라보고자 한 일연의 대업이 이 책의 가치와 위대성을 입증하기에 충분하다는 점을 계속 뇌리에 떠올렸다.

2007년에 민음사에서 개정판으로 나온 지 14년 만에 전면적으로 재개정하여 펴내는 이『삼국유사』는 2003년 MBC「느낌표」선정 도서로 세상에 널리 알려진 이래 거의 60만 명이 넘는 독자의 애독서로 자리 잡았다. 초중고 교과서나 참고도서 등 많은 곳에서 역자의 번역본이 다양한 경로로 인용될 정도로 과분한 사랑을 받았다는 점에 감사한 마음이다. 그러나 한편으로 기존 판본에 역자가 미처 생각하지 못했거나 제대로 살펴보지 못한 데서 온 오류 등이 발견되어 그것들을 전면적으로 수정하고 각주도 그간의 연구 성과나 번역의 성과물을 반영하여 대폭적으로 보완할 필요성이 제기되었는데, 이번 작업에서 그것을 바로잡았다.

초판이 출간된 지 20년 가까운 기간 동안 늘『삼국유사』를 곁에 두고, 관련된 유적지가 있는 경주를 비롯하여 논산이나 익산 등지를 탐방하면서 일연이 그린 역사의 숨결을 느껴 보기도 했다. 연구실에서는 이 책과 늘 비교되는『삼국사기』의 관련된 부분을 찾아 비교, 대조해 보고 관련 논문 자료를 탐구하면서 다양한 시각에 따라 수많은 성과가 나온다는 사실에 많은 생각을 하게 되었다. 이런 일련의 과정에서『삼국유사』는 여전히 고대 우리 민족의 삶과 역사를 가감 없이 충실히 보여 주는 보배로운 책이란 확신이 들었다.

이번 작업에서는 무엇보다도 원문에 충실하면서 우리말의 결을 살리는 번역을 지향하여 본문을 손보았으며, 각주를 충실하게 보완하고 원문의 오자도 수정하여 보다 온전하고 편하게 책을 읽을 수 있도록 하였다.

지난 30여 년 동안 늘 새벽에 일어나 고전을 연구하고 번역하는 일을 해 왔다. 이런 원칙을 어긴 적은 거의 없었으며 이런 작업의 원동력은 역자의 작업을 성원해 주는 고전 애독자 여러분이다. 조언과 격려를 아끼지 않은 독자들 덕분에 이 책은 이런 멋진 모습으로 다시 세상에 나오게 되었다.

길고 긴 개정판 작업을 마무리하니 마음속에 늘 부담으로 자리 잡고 있었던 짐을 덜어내어 홀가분하면서도 두려운 마음이 교차된다. 이 작업에 몰입하다 보니 어느덧 기나긴 겨울이 지나고 새봄이 찾아왔다.

세월은 이렇게 흘러가는가 보다.

2021년 3월
연구실에서
용암庸菴 김원중 적다

초판 서문

『삼국유사』는 국학 전공자뿐만 아니라 아이부터 어른까지 한국인이라면 누구나 한 번은 꼭 읽어 봐야 할 필독서이다.

첫머리인 「기이紀異」 편만 보더라도, 우리나라 고대 왕조의 성립과 발전 과정을 자세히 서술하고 있어 단순히 괴이하기만 한 이야기 이상의 의미가 있다. '고조선' 조條에 나오는 곰이 삼칠일三七日의 고난을 이겨 낸 뒤 웅녀熊女가 되고 그 웅녀가 환웅桓雄과 결혼하여 단군왕검을 낳는다는 이야기는 우리 민족의 기원에 대해 상상의 나래를 펴게 한다. '후백제와 견훤' 조는 후백제의 성립과 멸망을 통해 한 가정의 가장으로서, 또 한 나라의 왕으로서 지녀야 할 덕성을 생각하게 하며, '가락국기' 조는 신비의 고대 국가 가야가 우리 역사의 뒤안길로 물러나게 된 내력을 상세히 보여 준다.

또한 『삼국유사』에는 지체 높은 왕에서부터 고승과 일반 서민에 이르기까지 온갖 인물 군상의 다채로운 이야기가 담겨 있다.

용에게서 태어난 서동과 선화 공주의 사랑, 지렁이에게서 태어난 견훤, 호랑이 처녀와 사랑을 나눈 김현, 세속의 부귀영화를 버리고 여러 마을을 돌아다니며 노래로써 일반 백성들을 교화한 원효, 천수대비에게 노래를 지어 기도하여 눈을 뜬 희명의 아이, 사람이 오를 수 없는 험한 바위 위에 핀 철쭉을 따다가 노래와 더불어 수로 부인에게 바친 노인 등이 그렇다.

또한 일연이 승려인 까닭에 불교 관련 이야기가 많기는 하지만 그 밖에 도교, 무속 및 우리 민속에 관한 이야기도 풍부히 담겨 있다.

이 책을 집필할 당시 일연은 『삼국사기』를 쓴 김부식이 유학적 관점에 의해 의도적으로 배제한 불교적, 설화적 요소를 보완하려 했고, 특히 민족 주체성의 토대 위에서 우리 역사를 재해석하고자 했다. 『삼국유사』는 역사 문헌에만 의존하려는 일부 유학적 역사관에 대한 경고의 의미를 담고 있었던 것이다.

일연은 민간과 절에 전해 내려오는 이야기들을 폭넓게 다루면서 그 속에 담긴 사상, 인생, 종교, 지리, 언어, 음양오행 등에 주목했다. 「기이」 편의 '첫머리에 말한다〔敍曰〕'에서는 "삼국의 시조가 모두 신비스럽고 기이한 데서 나온 것이 어찌 괴이하다 하겠는가?"라고 말하면서 역사의 영역을 확장시켜야 한다고 선언하고 있다. 고조선을 첫머리에 둔 것 역시 고조선에서 시작하여 마한, 삼국, 후삼국, 고려로 이어지는 우리 역사에 정통성을 부여하려는 의도라고 볼 수 있다.

고려 시대에 『삼국유사』는 상고 시대 문화를 이해하는 데 귀중한 자료로 평가되었고, 『제왕운기帝王韻紀』나 『동국통감東國通鑑』 등에도 사료로 인용되었다. 그러나 유교를 국교로 내세운 조선 시대에 들어와서는 인고의 세월을 보내야 했다. 『신증동국여지승람新增東國輿地勝覽』, 『오주연문장전산고五洲衍文長箋散稿』 등에서 『삼국유사』를 비판했고, 특히 실학자 이익李瀷은 『성호사설星湖僿說』에서 이 책뿐 아니라 이 책을 인용한 역사가들까지 강하게 비판했으며, 그의 제자인 안정복安鼎福도 『동사강목東史綱目』에서 '이단허탄異端虛誕'이라는 말로 깎아내렸다. 한치윤韓致奫도 '괴탄怪誕'하여 믿지 못할 책이라고 혹평했다.

그 후 오랫동안 우리의 기억 저편으로 사라져 있던 『삼국유사』는 20세기 초 일본이 한국보다 먼저 활자본을 출간하면서 세인들의 주목을 받았고, 도쿄대는 1907년 활자본 출간 준비에 들어갔다. 그에 비해 조선사학회는 20년 뒤인 1928년에야 비로소 활자본을 간행하였다. 최초의 우리말 번역은 1930년대 와서야 《야담野談》이라는 잡지에 선보였고, 1972년 이병도 선생의 완역본이 출간되고 이듬해 민족문화추진회의 영인본이 출간되기까지 적지 않은 세월 동안 일반 독자들의 관심과는 일정한 거리를 두고 있었다.

현존하는 『삼국유사』의 판본은 고판본과 조선 중종 때 간행된 임신본壬申本(정덕본正德本)으로 구분된다. 2003년에 국보로 지정되고, 서울대 규장각 소장본인 『삼국유사』와 고려대와 범어사 등의 소장본들이 모두 보물로 지정된 것은 뒤늦었지만 다행한 일이다.

역자는 본래 『사기』와 징사 『삼국지』 완역 작업에 매달리면서 중국 역사와 우리나라 역사가 서로 긴밀히 연관을 맺고 있음을 발견하게 되었다. 『사기』의 「조선열전」과 『삼국지』 「위서」 권30 말미에 실린 「오환선비동이전烏桓鮮卑東夷傳」 중의 '동이전'이 단적인 예이다. 『삼국유사』 「기이」 편 '위만조선' 조는 『사기』의 「조선열전」과 상당한 연관성이 있는데, 『사기』에서는 조선이 곧 '동이'로서 그 선조가 기자箕子라는 설에 입각하여 조선의 건국 과정, 한 무제의 조선 침공과 한사군 설치 등을 기술하고 있다. 『삼국지』 「동이전」에는 부여夫餘, 고구려高句麗, 한韓, 진한辰韓 등 우리 조상의 역사가 실려 있다.

조선을 『사기』에 넣고 동이를 『삼국지』에 수록한 이유가 무엇일까 하는 의문이 고개를 들었고 차차 우리나라 역사서에도 관심을 갖게 되었다. 연구를 계속할수록 우리나라 역사를 제대로 이해하려면 중국 자료에 대한 이해가 필수적임을 확신할 수 있었다.

지금까지 나와 있는 『삼국유사』의 번역본은 40여 종이나 된다. 그중에는 여러 권의 선본善本이 존재하는 것도 사실이다. 여러 차례 수정본을 출간한 이재호 선생의 번역본을 비롯하여 이병도 선생과 이가원 선생의 번역본, 북한의 고전 연구가 리상호의 번역본을 대표적으로 꼽을 수 있다. 최근의 작업으로는 강인구 외 4인이 공역한 『역주 삼국유사』가 있다.

이러한 몇몇 번역본이 있음에도 나는 『삼국유사』는 새로운 번역서가 나와야 한다고 생각했다. 여전히 중국 자료의 인용 부분은 사료의 재검토가 필요하고, 불교 관련 용어와 향가 및 설화 등을 번역한 부분에서도 관련 지식의 부족에 따른 아쉬움이 느껴졌던 것이다. 좀 더 나은 번역을 위해 다양한 전공의 학자들이 모여 함께 머리를 맞대는 계기가 마련되고 학제 간 교류가 활성화된다면 이상적이겠지만, 작금의 현실에서는 아득히 먼 훗날의 일로만 보였다.

게다가 기막힌 우연도 하나 작용했다. 나는 1992년 한 해 동안 지금은 고인이 되신 연민 이가원 선생님 댁에 가서 수업을 들은 적이 있다. 성균관 담장 너머에 사셨던 선생님은 동양학 전반에 걸친 해박한 식견으로 우리에게 중국학과 한국학을 비교하며 강의하셨다. 그러던 어느 날, 내가 『당시감상대관』을 출간하게 되어 증정해 드리니, 문득 당신이 번역하신 『삼국유사』를 꺼내 이렇게 말씀하셨다.

"이 책에는 중국 문헌이 많이 인용되고 있는데 아직까지 해결하지 못한 것이 너무 많아. 앞으로 중문학을 연구하는 사람이 나서서 한 번 번역할 필요가 있지."

선생님의 말씀은 마치 내 결심을 꿰뚫어 보시고 격려해 주시는 것처럼 들렸고, 그 후로 나는 번역 작업에 본격적으로 팔을 걷어붙였다.

예상은 했지만 작업은 순조롭지 않았다. 한국학의 고전인 동시에 고대사의 정수인 『삼국유사』의 번역은 고난의 연속이었다. 머리가 무거워질 때면 학교 뒤편 반야산般若山에 있는 관촉사를 찾아가 새벽에 스님들의 염불 모습도 보고, 신도들이 온 정성으로 불공을 드리는 모습을 보면서 『삼국유사』에 실린 불교 관련 내용을 음미해 보기도 하였다.

2002년 늦은 가을, 이 책은 세상에 출간되었다. 감사하게도 이 책은 독자들에게 꾸준한 사랑을 받았고, 2003년 12월 MBC 「느낌표」의 열두 번째 선정 도서가 되어 40만 독자의 사랑을 받는 영광도 누리게 되었다. 그러나 독자들의 많은 사랑을 받을수록 감사한 한편으로 정확한 번역에 대한 책임감을 무겁게 느꼈다.

그러던 차에 개정판을 출간하게 되었다. 거슬리는 표현이나 어감이 미묘한 부분을 고치고 오탈자를 바로잡으며 적지 않은 부분을 손보았고, 그 과정에서 최근의 새로운 연구 성과를 담으려 애썼다.

마지막으로 항상 내 작업의 든든한 버팀목이 되어 주는 부모님을 비롯한 나의 가족들, 그리고 제자들에게도 고마운 마음을 전한다.

고전은 읽을수록 맛이 나는 법이다.

2007년 6월
연구실에서
김원중 삼가 적다

해제

일연과 『삼국유사』, 그 의미

중국인들은 문명국이라는 생각에서 스스로를 '화하華夏' 또는 '중국中國'이라고 자칭하는 중화사상이 강했으며, 이런 인식은 우리나라에도 영향을 끼쳐 상당수 지식인들에게 사대事大니 모화慕華니 하는 의식이 상당부분 자리 잡았다. 그러나 식견 있는 고려의 일부 지식인들은 중국과 수평적 또는 대등적으로 상대해 보려는 의식이 엄연히 존재했다.

즉, 고려 후기 이승휴李承休가 『제왕운기』에서, 이규보李奎報가 『동국이상국집』「동명왕편東明王篇」에서 대몽 항쟁을 주장하며 민족의식을 고취하고자 우리 것을 찾은 것은 당시로서는 무척 예외적인 일이었으나 우리 민족의 주체적 각성과 기지는 면면히 이어졌다고 할 수 있다.

이런 시대적인 상황에서 『삼국유사』를 집필한 일연은 우리나라가 중국 못지않게 유구한 역사를 자랑하는 민족임을 드러내고자 했다. 『삼국유사』의 '고조선' 조에는 우리 민족의 시조 단군 신화 이야기가 나온다. 사마천이 『사기史記』「본기本紀」의 첫머리에 삼황오제三皇五帝를 그들의 조상으로 내세웠던 것과 유사한 방식이다. 또한 기자 및 위만朝선 등에 대한 서술을 통해 우리 민족이 4000년의 역사를 가졌음을 다시금 강조하고 있다. 이 점은 김부식의 『삼국사기』
가 우리 역사의 시작을 한나라의 전성기인 기원전 57년으로 잡은
것과 비교해 보면 더욱 두드러진다.

　물론 일연이 중국의 문헌을 참조하지 않았던 것은 아니지만, 각
항목의 주체성을 살리려는 자세를 잃지 않았다. 삼국 이전에 존재했
던 각국의 신화를 밝히기 위해 이미 실전된 『구삼국사舊三國史』 등
의 사료를 발굴해서 정리하기도 했다. 이는 김부식이 우리나라의 전
통 자료와 문헌들을 무시하고 중국의 자료에 전적으로 의존하면서
쓴 것과는 확연히 다르다.

　일연은 중국의 자료는 27종만 인용했지만 우리나라의 자료는
50종이 넘게 인용했고, 고기, 향가, 비문, 고문서, 전각 등도 다양하
게 인용했는데, 이는 오늘날 전해지지 않는 사료에 대한 윤곽과 그
내용을 추측하는 귀중한 자료가 된다. 특히 일연은 인용의 근거를
빠짐없이 수록했고, 내용의 보충이 필요한 경우에는 협주夾註를 넣
어 실증적으로 의견을 서술하고 있다. 또한 '다음과 같이 기린다〔讚
曰〕'라는 시가로 된 평문評文을 통해 해당 항목을 효과적으로 마무
리하면서 일정한 의미를 부여하는 동시에 다양한 해석의 가능성을
열어 두는 방식을 취하고 있다.

　전체 내용은 신비하고도 기이한 연기 설화들로 구성되어 있는
데, 이러한 설화들은 우리나라 고유의 문화 전통과 연결되는 것으
로 소중한 의미를 지닌다. 일연의 신이사관은 고려 중기에 합리적인
유교 사관의 비판을 거치면서 한층 다듬어진 것으로서 이규보의
「동명왕편」에 나타나는 신이사관과 그 궤를 같이하며, 설화집인 『수
이전殊異傳』의 맥을 이었다고 볼 수 있다.

물론 그의 집필 방식이나 자료 선정 방법에 문제가 없다는 의미는 아니다. 역사가가 아닌 선승禪僧의 손으로 쓴 만큼 연대의 착오도 있고 인용 사료도 엄밀하지 않은 결함이 있다. 그러나 역사적인 맥락에서 일연이 활동한 때는 무신 정권과 몽골의 침탈 등 나라의 정세가 어수선하고 불안정한 상황이었다. 일연은 오랜 기간 자신이 수집하고 연구해 온 자료들을 철저히 자신의 시각에서 '역사의 설화화, 설화의 역사화'라는 치밀한 구도로 정리하여 우리 민족의 뿌리 의식을 일깨워 주고자 했던 것이다.

　일연의 『삼국유사』는 정연한 논리의 틀만을 내세우지 않고 문학과 역사의 일체(文史一體)라고 불러도 좋을 만한 문장으로 씌어 있어, 『삼국사기』와는 전혀 다른 역사 기술 유형을 보여 준다. 한 왕조의 특이한 사건을 중심으로 하는 집필 방식과 신라 건국에 관한 자신감 있는 태도에서 그의 확고한 역사 서술 방식을 엿볼 수 있다.

　일연은 『삼국유사』를 통해 많은 인물들의 다양한 이야기를 다루고 있다. 국가와 민족의 장래를 먼저 생각한 주인공들 이야기도 많다. 왕도 있고 의인도 있으며 장군도 있다. 충신도 있는가 하면 죽음을 각오하고 왕에게 간언한 충직한 신하도 있다. 미추왕은 댓잎 군사로 이서국 병사를 물리친 왕으로 나라를 구원하고자 하는 남다른 마음을 지닌 왕이었다. 우리에게 너무나도 잘 알려진 김제상(박제상이라고도 함)은 갖은 회유와 압박에도 굴하지 않고 왜국에 가서 "차라리 신라의 개, 돼지가 될지언정 왜국의 신하는 되지 않겠다."고 말하면서 자신의 발바닥 살갗이 도려지고 베어진 갈대 위를 걷게 되면서까지 자신의 기개를 굽히지 않은 보기 드문 배짱의 소유자이다.

『삼국유사』의 저자 일연은 누구인가?

일연은 국존國尊에 오른 승려인 동시에 뛰어난 문인이요 시인이다. 그는 고려 희종 2년, 최충헌이 집권한 무신 정권 시대인 1206년에 경상북도 경산에서 태어났다. 세속의 성은 김씨金氏이며 이름은 견명見明이다. 처음 승려가 되었을 때 회연晦然이라는 이름을 썼으나, 말년에 일연一然으로 바꾸었다.

일찍 아버지를 여의고 9세 때 어머니의 손에 이끌려 공부를 위해 전남 광주의 무등산 자락에 있는 무량사無量寺로 들어갔고, 14세 때 강원도 양양의 진전사陳田寺로 가서 구족계를 받았다. 이 절은 신라 시대 선종을 크게 확산시킨 도의국사가 머물렀던 사찰로 당시에는 선 수행禪修行으로 이름이 높았는데, 일연은 아홉 선문 가운데 가장 명성이 높았던 가지산파의 법맥을 이었다.

일연의 나이 20세 때 원나라 사신 저고여著古與가 압록강 가에서 피살되면서 두 나라의 관계는 더욱더 악화되었다. 22세 때 승과 시험에 합격했으나 여전히 세월은 하수상하기만 했다. 이런 틈바구니 속에서 그는 20여 년 동안 수행에 정진했다. 44세 때 남해의 정림사定林社 주지로 초빙되어 6년 동안 머물게 된다. 이때부터 그는 왕명에 의해 주요한 불사佛事를 주관했다. 다시 남해의 길상암으로 옮겨간 그는 54세 때『중편조동오위重篇曹洞五位』를 간행했다. 59세 때 다시 남쪽으로 내려와 영일의 오어사吾魚寺에 머물다가 포산의 인홍사仁興寺로 옮기면서 중생 구제와 불법을 펼치는 데 온 힘을 기울였다.

충렬왕이 왕위에 오르고 3년 뒤 1277년, 그는 임금의 명에 의해 청도의 운문사雲門寺로 옮겼는데, 이미 72세의 나이였다. 이곳에서

3년을 머물다가 그 당시 경주에 몽진 와 있던 충렬왕을 모셨고, 국 존으로 책봉되기도 했다. 국존은 나라의 스승, 만백성의 스승이라 는 의미로 승려로서는 최고의 직위이자 명예직이었다.

효성이 지극했던 그는 79세 때, 연로한 어머니를 모시기 위해 나 라에서 수리해 준 인각사麟角寺로 다시 내려가 그곳에서 『삼국유사』 를 완성하게 된다. 그는 제자에게 북을 치게 하고 자기는 의자에 앉 아 다른 승려와 태연하게 선문답을 하다가 손으로 금강인金剛印을 맺고 84세에 입적했다. 이때 나라에서는 보각普覺이라는 시호를 내 렸다.

일연은 경산에서 태어나 전라도와 강원도에서 공부하고, 여러 차례에 걸쳐 강화도와 개성까지 오가면서 견문을 넓혔기에 『삼국유 사』는 곳곳에 답사기의 형식을 취한 곳이 적지 않다. 이를테면 경상 남도 밀양의 만어사萬魚寺에 직접 가서 전해 들은 이야기라든지, 전 란을 거치면서 소실된 황룡사 9층탑을 찾아보고 쓰라린 마음을 적 어 놓은 장면도 답사하지 않았다면 불가능한 것이다.

또한 단군 신화에서 환인桓因이 바로 불교에서 말하는 제석帝釋 이라고 하여 민족의 원형을 불교와 연관 지어 해석하고자 하기도 했 다. 이런 것들은 그가 승려라는 것과 결코 무관하지 않다. 인각사에 깨진 채로 남아 있는 그의 비碑는 자신의 삶과 더불어 그의 저술에 대해 알 수 있는 중요한 자료이다.○1

○○○ 1 그의 저서로는 『어록語錄』 2권, 『게송잡저偈頌雜著』 3권, 『중편조동오 위重篇曹洞五位』 2권, 『조도祖圖』 2권, 『대장수지록大藏須知錄』 3권, 『제승법수 諸乘法數』 7권, 『조정사원祖庭事苑』 30권, 『선문염송사원禪門拈誦事苑』 30권 등 불서佛書 100권이 넘었다고 한다. 하지만 오늘날 전하는 것은 거의 없고, 비

이런 점에서 『삼국유사』는 일연의 총괄 아래 문도들이 자료를 모으고, 여러 견해를 제시했으며 제자 무극이 완성한 것이라는 주장도 일연 타당해 보인다. 또한 정통 한문의 틀에서도 벗어나 있어 『삼국사기』에서 보여 주는 정연한 문장과도 대조를 이룬다.

그러나 이 또한 통념을 맹목적으로 따르지 않은 주체적 사고의 산물로 해석해야 한다. 특히 「찬기파랑가」 등의 향가 14수를 기록하면서 한자의 음과 뜻을 빌려 고대 우리말을 표기하고자 노력했던 점은 높이 평가되어야 마땅하다.

『삼국유사』는 어떤 책인가?

일연은 상고 시대와 삼국의 복잡다단한 역사를 다루기 위해 역사적 사건을 연대순으로 기록해 놓은 『삼국사기』와는 전혀 다른 방식을 취했다. '유사遺事'에서 '유遺'는 '잃어버리다', '자취', '남다' 등의 의미이고, '사事'는 '사실' 이나 '사건', '사적事跡'을 뜻한다. 이전 역사 가운데 고려에 와서 없어진 일들에 관한 기록이라는 뜻과 정사에서 빠진 역사에 관한 기록이라는 뜻을 동시에 담고 있다.

최남선이 이 책의 작업을 "일연의 일여업─餘業이요, 일한사─閑事"라고 규정한 것도 이런 맥락이다. 여기에서는 '유사'가 불교 문화서도 아니고 역사서도 아닌, 일연이 평생 동안 모은 기록들을 엮은 것임을 의미한다. 따라서 '유사'를 잃어버린 사건 정도로 해석해도

문에는 적혀 있지도 않은 『삼국유사』만 전해진다.

큰 무리는 없을 듯하다. 그 방식은 일견 엉성해 보이지만, 달리 보면 학자적 습벽과 기지가 행간마다 자연스럽게 넘쳐흐른다.

『삼국유사』는 총 아홉 개의 편으로 구성되어 있으며, 각 편은 다시 조로, 각 조는 병렬적으로 인용되어 종합적이고 미분화된 특징과 이질적 요소들의 복합적인 내용을 다루고 있다. 형식 면에서도 서사, 논증, 시가 공존하고 있으며, 기사, 전, 찬 등 수많은 한문학의 문체들이 인용되어 있다. 이러한 복합적 특징을 지닌 『삼국유사』를 두고 오늘날까지 그 성격에 대해 의견이 분분하여 사서史書인가, 야사집野史集인가, 아니면 불교 문화서인가 하는 문제가 제기되어 왔는데 논의가 분분한 실정이다.

우선 역사서라는 견해를 보자.

『삼국유사』의 10분의 8이 신라의 역사에 대한 기록이라는 점에서 역사서의 성격을 지니지만 신라 중심의 역사 서술 태도가 문제시된다. 물론 그가 경상도 출신이고 대부분의 삶을 그 지방에 머물렀다 하더라도, 『신라유사新羅遺事』라고 해도 될 만큼 신라의 자료를 지나치게 많이 인용했으니 『삼국유사』라는 제목과 일정 부분 괴리가 생길 수밖에 없다. 그러나 『삼국유사』가 『삼국사기』의 보사적補史的 성격을 지닌 것은 틀림없는 사실이다.

다시 불교 문화서라는 견해를 보자.

이 책은 지은이도 승려이고 내용도 불교를 소재로 하거나 불교를 중심으로 한 문화 활동을 서술한 것이 적지 않다. 권1, 2를 제외하면 불교 설화나 전설 등이 거의 대부분을 차지하고 있다. 물론 저자 일연이 승려이다 보니 불교 관련 이야기가 많은 것이 객관성의 확보라는 측면에서 무리가 따른다는 비판이 제기될 수 있다. 그러나 분명 그 당시는 불교의 중흥기라는 점에 비춰 볼 때 불교 편향은 어느 정도 피할 수 없는 상황으로 볼 수 있다. 이 책에는 승려들의 비화에 관한 내용들이 적지 않다. 특히 외래 종교인 불교가 각 나라에 전파되는 과정에서 피할 수 없는 문화적 충돌이 일어나게 되어 적지 않은 난관이 발생하였다. 우리에게 널리 알려진 것을 한두 가지 들어 보면, 신라의 승려로서 한국 불교사상 최초의 순교자로 기록되는 이차돈은 그가 죽으면서 일어난 기적적인 사건으로 인해 신라가 불교를 받아들이는 데 공을 세워 신라 불교의 전설적인 전파자가 된 것이다. 중국에 유학을 가서 불교를 신라에 전파한 원광법사는 중국과 한국의 불교 발전에 획기적인 공을 세운 고승이다.

그 중심은 불교를 전파하고 정착하는 데 기여한 사례가 대부분이다. 이런 내용들을 다루려는 일연의 의도는 적어도 일반 대중들에게 신비함을 더해 줌으로써 그들이 자연스럽게 불교를 믿도록 하거나, 또 다른 의미로서는 조상들의 정신과 숨결을 불교적 삶에서 찾게 하려 했을 것이다.

이렇게 볼 때 『삼국유사』는 역사서이자 불교 문화서요, 야담과 설화의 모음집이자 소중한 문학서이고, 문사철文史哲이 관통된 인문서°**2**라고 볼 수 있다.

○○○ **2** 일찍이 육당 최남선이 『삼국유사』의 가치에 대해서 "조선朝鮮의 고대에 관하여 신전神典될 것, 예기禮記될 것, 신통지神統志 내지 신화 및 전설집神話及傳說集될 것, 민속지民俗志될 것, 사회지社會志될 것, 고어휘古語彙될 것, 성씨록姓氏錄될 것, 지명기원론地名起源論될 것, 시가집詩歌集될 것, 사상사실思想事實될 것, 신앙 특히 불교사佛敎史 재료材料일 것, 일사집逸史集일 것"이라고 규정하면서, 한국 고대사의 최고 원천이며 백과전림百科典林으로 극찬한 것은 『삼국유사』에 대한 정확한 성격 규정이라고 할 수 있다.

『삼국유사』의 구성과 체제

『삼국유사』는 5권 9편목으로 구성되어 있다. 권1은 왕력王曆 제1
과 기이紀異 제1, 권2는 기이 제1의 후속편, 권3은 흥법興法 제3과 탑
상塔像 제4, 권4는 의해義解 제5, 권5는 신주神呪 제6, 감통感通 제7,
피은避隱 제8, 효선孝善 제9로 이루어져 있다. 이러한 편목에서 보듯
이『삼국유사』는 정제된 체제로 이루어졌다기보다는 작자의 주관
적인 편집에 의해 구성되었다고 보는 것이 좀 더 타당하다. 이 아홉
부분은 서로 긴밀하게 연계되며 서로 비슷한 내용이 다른 편목에
있는 경우도 적지 않다.

좀 더 구체적으로 보면「왕력」은 연표로서 다섯 칸으로 나누어
신라, 고구려, 백제, 가락국, 후고구려, 후백제 등의 순서로 연대를
표시하고 중국의 연표와 함께 수록했는데, 맨 앞에는 연호가 기록
되고 아래 칸에 내용을 다루었다.『삼국사기』연표와 달리「왕력」에
서는 역대 왕의 출생, 즉위, 치세를 비롯한 저자 의견도 간략하게 덧
붙여 사료적 가치가 인정된다.

「기이」편은 문무왕 이전의 역사적 사실을 50여 개 항목에 걸쳐
설명과 논증의 방식으로 수록하고 있는데, '고조선'에서 '오가야'의
내용과 '북부여'에서 '우사절유택'의 두 갈래는 북방의 대륙에서 남
방의 해양으로의 고대사를 서술하고 있다. 이는 역사를 시간적 흐름
이나 왕권이나 정치체제의 변화뿐만 아니라 역사 지리적 관점에서
파악한 독창적 인식이다. 제1권에는 고조선 이하 삼한, 부여, 고구려
와 통일 이전의 신라 등 국가의 흥망과 성쇠를 신화와 전설 등과 함
께 기록했고, 문무왕 이후부터 경순왕까지 신라 및 백제, 후백제 등

의 기사는 제2권에 수록하고 있다.

「흥법」편은 신라를 중심으로 하는 불교의 수용 과정과 융성 및 고승들의 행적에 관한 이야기 6편이 수록되어 있다. 「탑상」편은 사기寺記와 탑 및 불상의 유래에 관한 내용으로서 모두 31항목이 수록되어 있다. 「의해」편은 원광을 비롯한 저명한 승려들의 설화로서 14항목으로 구성되었고, 「신주」편은 밀교의 이적과 이승異僧들에 관한 3편의 이야기이며, 「감통」편은 신앙의 감흥과 영험에 관한 11편의 이야기이며, 「피은」편은 숨어 사는 승려들의 행적 10가지 이야기이고, 맨 마지막 「효선」편은 불교적인 선행과 부모에 대한 효도에 관한 미담 5편이다.

「흥법」이하의 편들은 불교와 관련된 것이 대부분이며, 왕이나 귀족들이 아닌 승려들과 이적 등의 이야기가 대부분을 차지한다. 특이한 사건을 묶어 놓은 경우도 있고 비슷한 등장인물을 한데 묶어 연속된 편에 배치한 경우도 있다.

이러한 편제를 『삼국사기』의 체제본기, 연표, 지, 열전과 비교하면 「왕력」과 「기이」는 「본기」와 「연표」에 해당되고, 「탑상」은 「지」에 해당되며, 「흥법」이하는 「열전」에 해당된다. 인물과 일화 및 이적 등을 중심으로 구성하고, 그 근거를 전해 내려오는 문헌과 향언 및 방언 등에서 취하는 방식이 주조를 이룬다.

『삼국유사』를 왜 읽어야 하는가?

『삼국유사』에는 인간의 세계와 귀신의 세계를 넘나든 자들의 이야기도 있어 오늘날의 판타지 소설 못지않은 흥미로운 이야기들을 담고 있다. 물론 어디까지가 진실이고 어디까지가 거짓인지 구분하기 어렵고 여기에 수록된 기이하고 괴이한 이야기의 주인공들이 과연 그런 신통력을 가지고 있었는지 의문이 들기도 하지만 정사正史가 아닌 유사遺事 형식에 담은 우리 선조들의 상상력과 지혜의 보따리로 보면 될 듯하다.

『삼국유사』의 이야기들 중에 다소 황당하고 설득력이 떨어지는 내용들이 있어 믿기 어렵다는 부정적인 평가도 있을 수 있으나, 조선 초기 이후 이 책을 많이 인용하고 간행과 유통도 활발하게 진행되어 왔다는 점에서 이 책의 가치는 이미 충분히 입증된다. 대체로 세상을 아름답고 윤기 있게 바꿀 수 있는 모티브를 제공할 만한 내용들이라는 점에서 오히려 우리는 이 책의 범세계적인 확장 가능성에 주목해야 한다.

관례처럼 무서운 것도 없다. 독창적이니 창의적이니 하지만 이 말만큼 위험한 것도 없지 않은가? 기존의 방식을 따르면 무리 없이 넘어가고 순탄한데 굳이 나름의 잣대로 재해석하고 재평가하면 봉변이 따라오기 마련 아닌가? 이런 면에서 이런 관례에서 벗어나 승려라는 불교도의 입장, 아니 당시 대표적인 고려 지식인의 관점에서 우리 역사를 담담하면서도 대등하게 바라보려는 점이 이 책의 가치와 위대성을 입증하기에 충분한 근거를 제공하는 것이다.

차례

권 제1

권 제3

권 제5

일러두기

1 이 책은 민족문화추진회에서 간행한 『삼국유사』를 저본으로 했으며, 특별한 경우를 제외하고는 별도의 교감 작업을 하지 않았다.

2 원문에 오기가 있는 경우는 ( ) 안에 올바른 한자를 밝혔으며, 불분명한 한자는 「 」 안에, 누락된 것으로 보이는 한자는 □ 으로 표기하였다.

3 원본의 체제에 의거하여 일연이 쓴 원주는 본문 옆에 작은 글씨로 병기했고, 역자가 독자의 이해를 돕기 위해 부가한 말과 원문과 역어가 다른 말은 〔 〕 안에 넣었다.

4 각 편의 이해를 돕기 위해 편마다 첫머리에 해제를 실었다.

5 역주는 본문 하단에 실었으며 가능한 한 그 출전을 밝혔다.

6 ( ) 안의 연도는 역자가 넣은 것이다.

7 권 제1에 속한 「왕력」 편은 본래 이 책의 맨 앞에 두어야 하지만 독자의 편의를 위해 본문 뒤에 따로 두었다. 원문은 싣지 않았다.

8 「왕력」의 교감본은 서울대학교 규장각본에 의거하였다.

9 인명, 지명, 서명, 조대, 연호, 개념어, 관직명 등은 번역을 하지 않고 간략한 설명만 덧붙였다.

10 찾아보기는 인명, 지명, 서명, 관직명, 개념어 위주로 작성하였으며 지나치게 상식적인 수준의 용어는 배제했다. 인명의 경우 동일 인물이더라도 호칭이 다른 경우 별도로 표기하였다. 예) 김춘추, 춘추공, 태종

11 맞춤법과 띄어쓰기는 한글 맞춤법과 외래어 표기법을 따랐다.

12 본문에 사용된 문장 부호의 의미는 다음과 같다.

『 』 전집이나 총서 또는 단행본

「 」 개별 작품 또는 논문

" " 대화 또는 인용

' ' 강조 또는 인용문 속 인용문

권 제1

卷
第
一

기이 제1

紀異 第一

'기이'란 기괴하고 이상한 것을 기록한다는 뜻이다. 첫머리에 나와 있듯이 삼국은 시조의 발원이 모두 기이한 출생에 바탕을 두고 있다. 『삼국유사』에서 '유사遺事'의 특징이 잘 드러나는 이 편은 「왕력」편과 대조하면서 읽는 것이 좋다. 이 편에서는 고조선을 시작으로 후삼국까지의 단편적인 역사적 사실을 50여 개 항목으로 나누어 소개하고 있는데 「기이 제1」은 신라 문무왕 이전까지, 「기이 제2」는 문무왕 이후부터 신라와 백제, 가락국 등의 역사를 다루고 있다.

일연이 『삼국유사』를 찬술한 의도와 서술 태도를 알 수 있는 중요한 자료로서, '홍익인간'이라는 말의 기원이 있는 '고조선' 조의 내용에도 나와 있듯이 우리 개국 시조 단군의 존재를 처음으로 내세우면서 신이神異의 정당성과 우리 민족의 자주성을 나타내며 그 원류는 중국 요임금과 거의 동시대임을 분명히 주장하고 있다.

특히 「기이」편은 한 조에 한 왕대의 사건을 하나씩 묶어서 서술하였는데, 사료적 성격의 조목과 설화적 성격의 조목이 공존한다.

첫머리〔叙〕에 말한다.

대체로 옛 성인이 바야흐로 예악禮樂으로 나라를 일으키고 인의仁義로 가르침을 베풀면서 괴이, 완력, 패란悖亂, 귀신에 대해서는 어디에서도 말하지 않았다.°¹ 그러나 제왕이 일어날 때에는 부명符命°²에 응하고 도록圖籙°³을 받는 것이 반드시 보통 사람들과는 다른 점이 있었고 그런 뒤에 큰 변화를 타고 천자의 지위〔大器〕를 장악하고 〔제왕의〕 대업을 이룰 수 있었다.

그러므로 황하에서 〔팔괘〕 그림이 나오고, 낙수洛水에서 글이 나오면서°⁴ 성인이 일어났다. 무지개가 신모神母를 둘러싸 복희伏羲°⁵를 낳았고, 용이 〔신농씨의 어머니인〕 여등女登과 감응하여 염제炎帝°⁶를 낳았으며, 〔소호씨의 어머니인〕 황아皇娥가 궁상窮桑이라는

○○○ 1 『논어』「술이述而」편에 '자불어 괴력난신子不語, 怪力亂神'이라 했다. 즉 공자는 상도常道를 벗어난 것에 대해서는 말하지 않는다는 뜻이다.
○○○ 2 하늘이 상서로운 징조로 인군人君에게 내려 주는 명이다.
○○○ 3 길흉화복을 예언한 예언서다.
○○○ 4 황하에서 그림이 나왔다는 것은 복희 때 황하에서 등에 그림이 그려진 용마龍馬가 나온 것을 말하는 것이다. 이 그림을 하도河圖라 하는데 복희는 이 그림을 기초로 팔괘를 만들었다. 그리고 황제 때 등에 숫자가 새겨진 신귀神龜가 낙수에서 나왔는데 이를 기록하여 낙서洛書라고 한다. 우임금은 이 글을 기초로 홍범구주洪範九疇를 만들었다고 한다.
○○○ 5 중국 고대 전설상의 제왕으로 호리병박이란 뜻이며, 포희庖犧, 포희炮犧, 태호太昊라고도 한다. 수렵과 목축을 가르쳤고, 그물 제작 방법을 발명했다.
○○○ 6 중국 고대의 제왕 신농씨神農氏로 농기구와 오곡 파종법을 발명했다.

들판에서 노니는데 자신을 백제白帝의 아들이라 일컫는 신동神童이 있어 서로 통정하여 소호少昊°⁷를 낳았고, 간적簡狄°⁸은 〔제비〕알을 삼키고 설契°⁹을 낳았으며, 강원姜嫄°¹⁰은 거인의 발자취를 밟고 기棄°¹¹를 낳았고, (요의 어머니는) 임신한 지 열네 달 만에 요임금을 낳았으며, (패공의 어머니는) 용과 큰 못에서 통하여 패공沛公°¹²을 낳았다. °¹³ 이로부터 그 뒤에 일어난 일을 어찌 다 기록할 수 있겠는가?

그렇다면 삼국의 시조가 모두 신비스럽고 기이한 데서 나온 것이 어찌 괴이하다 하겠는가? 이는 「기이紀異」 편을 모든 편의 첫머리에 싣는 까닭이며 그 뜻이 여기에 있다.

화덕火德을 받들었으므로 염제라고 불렀다.

○○○ **7** 중국 고대의 제왕으로 소호씨少昊氏 또는 금천씨金天氏라고도 하며 황제의 맏아들이다.

○○○ **8** 유융씨有娀氏 부족의 여인이며 제곡의 둘째 부인이다.

○○○ **9** 중국 고대 상나라의 시조로 고신씨高辛氏의 아들이다.

○○○ **10** 유태씨有邰氏의 딸로 제곡의 정비正妃다.

○○○ **11** 중국 주나라의 시조인 후직后稷이다. 농사짓는 일에 재능이 있었다.

○○○ **12** 한나라 제1대 황제 유방劉邦으로 패읍沛邑 출신이라 패공으로 불렸다. 『사기』 「고조본기」에 자세한 내용이 보인다.

○○○ **13** 이처럼 영물을 통해 임신하여 영웅이 탄생하는 것을 감생感生신화라고 한다.

고조선 왕검조선○**1**

『위서魏書』○**2**에 이른다.

"지금부터 2000년 전에 단군왕검壇○**3**君王儉이 있어서 아사달阿斯達○**4**『경經』○**5**에 무엽산無葉山이라 하고 백악白岳이라고도 이르는데, 백주白州 땅에 있다. 개성開城 동쪽에 있다 했으니, 지금의 백악궁白岳宮이 그것이다. 에 도읍을 정하고 나라를 열어 조선이라고 불렀으니, 〔바로〕 요堯○**6** 임금과 같은 시대다."

『고기古記』○**7**에는 〔이렇게〕 이른다.

○○○ **1** 같은 시기 이승휴의『제왕운기』와 이규보의『동국이상국집』「동명왕편」과『세종실록』「지리지」에도 비슷한 내용이 있다.

○○○ **2** 북제北齊 위수魏收가 찬술한 것으로『후위서』라고도 한다. 지금 전하는『위서』에는 송나라 때 스물아홉 편이 없어져 단군에 관한 이야기를 찾아볼 수 없다.

○○○ **3**『제왕운기』,『세종실록』「지리지」등에는 '단壇'이 '단檀'으로 나와 있다.

○○○ **4** '아사달'은 조양朝陽의 땅이라는 말로서 조선으로 보기도 하고 황해도 구월산이나 평양으로 보는 학자도 있다.

○○○ **5** 중국 신화와 전설의 보고인『산해경山海經』을 말한다.

○○○ **6** 원문에는 '고高'로 되어 있는데 고려 정종의 이름 '요堯'를 피해서 쓴 것이다.

○○○ **7**『단군고기』를 말하는 듯하다. 이 책은 단군의 사적에 관한 가장 오래된 기록으로 이승휴의『제왕운기』에는『단군본기』로 되어 있다. 그러나 '고기'는 여러 가지 옛 기록의 총칭일 뿐 특정한 책을 가리키는 것이 아니라는 설도 있다.

"옛날 환인桓因°**8** 제석帝釋°**9**을 말한다. 의 서자 환웅桓雄이 자주 천하에 뜻을 두고 인간 세상을 탐내어 구했다. 아버지가 아들의 뜻을 알고는 삼위태백三危太伯°**10**을 내려다보니 인간을 널리 이롭게 할 만하여 〔환웅에게〕 천부인天符印°**11** 세 개를 주어 〔즉시〕 내려보내 인간 세상을 다스리게 했다.

환웅이 〔다스리는 데 필요한〕 무리 3000명을 거느리고 태백산太白山°**12** 곧 태백은 지금의 묘향산이다. 꼭대기 신단수神壇樹 아래로 내려왔다. 이곳을 신시神市°**13**라 하고 스스로를 환웅천왕이라고 하였다. 환웅천왕은 풍백風伯과 우사雨師와 운사雲師°**14**를 거느리고 곡식, 생명, 질병, 형벌, 선악 등 인간 세상의 360여 가지 일을 주관하여 세

○○○ **8** 현재 전해지는 『삼국유사』 원본인 정덕본正德本에는 환국桓國이라고 되어 있는데, 일제 시대에 '환인'으로 날조했다고도 한다. 환인이란 하느님을 가리킨다.

○○○ **9** 제석이란 한문과 범어의 결합으로 이루어진 글자로서 수미산須彌山 정상에 있는 도리천의 임금이라는 의미다.

○○○ **10** '삼위三危'는 『서경書經』에 나오는 산 이름으로, '태백'은 그중 하나다. 고운기는 '세 봉우리가 솟은 태백산'이라고 해석했고, 이병도는 '삼고산三高山'이라고 풀이했다. 삼위, 태백 모두 순우리말을 한자로 쓴 것으로 보기도 한다.

○○○ **11** '부인符印'이란 본래 조정과 관리가 나누어서 신표로 삼는 물건을 말하는데, 여기서는 천상의 것이라는 점에서 '천부인'이라고 하여 신의 위력과 영험한 힘의 표상이 되는 물건을 가리킨다. 3종의 신물神物은 거울, 칼, 방울로 추정한다.

○○○ **12** 서대석 교수는 백두산으로 바로잡아야 한다고 했다. '태백'이란 말이 보통 명사라는 설도 있다.

○○○ **13** 신정神政 시대에 신성시하던 장소다.

○○○ **14** 각각 바람, 비, 구름을 관장하는 어른이라는 의미로 물론 환웅의 통치를 보필하는 존재를 말하며, 당시에 농경이 주된 생업임을 알 수 있다.

상에 있으면서 다스리고 교화했다.

그 당시 곰 한 마리와 호랑이 한 마리가 같은 굴속에 살고 있었는데, 환웅〔神雄〕에게 사람이 되게 해 달라고 항상 기원했다.

이때 환웅이 신령스러운 쑥 한 다발과 마늘 스무 개를 주면서 말했다.

'너희가 이것을 먹되, 백 일 동안 햇빛을 보지 않으면 사람의 모습을 얻으리라.'

곰과 호랑이는 쑥과 마늘을 받아먹으면서 삼칠일三七日°**15** 동안 금기했는데, 〔금기를 잘 지킨〕 곰은 여자의 몸이 되었지만, 금기를 지키지 못한 호랑이는 사람의 몸이 되지 못했다.

〔그러나〕 웅녀熊女는 혼인할 상대가 없어 매일 신단수 아래에서 아이를 갖게 해 달라고 빌었다.

환웅이 잠시 사람으로 변해 웅녀와 혼인하고 잉태하여 아들을 낳았으니 단군왕검이라고 불렀다.°**16**

단군왕검은 당요唐堯가 즉위한 지 50년이 되는 경인년庚寅年 당요가 즉위한 원년이 무진년戊辰年이니, 50년은 경인년이 아니라 정사년丁巳年이므로 사실이 아닌 듯하다. 에 평양성平壤城 지금의 서경西京이다. 에 도읍을 정하고 비로소 조선이라고 불렀다.

다시 도읍을 백악산 아사달로 옮겼는데, 그곳을 궁홀산弓忽山

○○○ **15** 대부분 이십일 일이라고 번역하는데, 환웅이 백 일을 기약한 앞 문장과 어긋나 삼칠일로 그냥 두었다. 민간 신앙에서 3과 7이라는 숫자는 '삼가다'라는 뜻도 있고 불교에서 7이란 하나의 단위 기간이라고도 한다.

○○○ **16** 이 부분에 대한 전통적인 해석은 환웅의 천신 숭배 집단과 웅녀의 곰 토템 부족이 통합하여 하나의 통치 집단이 되었다는 것이다.

궁을 방方으로도 쓴다. 또는 금미달今彌達이라고 부르기도 한다. 그는 1500년 동안 백악산에서 나라를 다스렸다.°**17** 주周나라 무왕武王이 즉위하던 기묘년에 기자箕子를 조선에 봉했다. 그래서 단군은 장당경藏唐京°**18**으로 옮겼다가 그 후 아사달로 돌아와 숨어 살면서 산신이 되었는데 이때 나이가 1908세였다."

당나라 『배구전裴矩傳』°**19**에 이른다.

"고구려°**20**는 본래 고죽국孤竹國지금의 해주海州다.이었는데, 주周나라에서 기자를 봉하면서°**21** 조선이라 했다. 한漢나라가 (이곳을) 세 군으로 나누어 다스렸는데, 이것이 곧 현도玄菟, 낙랑樂浪, 대방帶方북대방北帶方이다.이다."

『통전通典』°**22**에도 이 설과 같다. 『한서漢書』에는 진번眞番, 임둔臨屯, 낙랑, 현도의 네 군으로 되어 있는데, 여기서는 세 군으로 되어 있고 그 이름도 같지 않으니 무슨 까닭인가.

○○○ **17** 단군의 후손이 이 기간 동안 계승해 나갔다는 의미이며 『규원사화 揆園史話』에 40명의 이름이 보인다. 그러나 『규원사화』가 위서일 가능성이 커 신빙성은 떨어진다.
○○○ **18** 황해도 구월산 기슭과 만악산에 있던 땅 이름이다.
○○○ **19** 당나라 고조 때 사람 배구의 전기로 『당서唐書』에 열전이 실려 있다.
○○○ **20** 원문의 고려高麗는 곧 고구려다. 이하도 마찬가지다.
○○○ **21** 기자는 은나라의 현인으로 주나라 무왕이 은나라를 빼앗자 기원전 1122년 동쪽으로 도망하여 조선에 들어와 기자조선을 건국하고 팔조금법八條禁法을 가르쳤다 하는데, 이러한 동래설東來說은 중국의 사료에도 각기 사실이 서로 모순되고 시대가 맞지 않아 부정하고 있다. 『사기』 「조선열전朝鮮列傳」에도 이런 얘기가 나온다. 평양시에 그의 능이 있다고 한다.
○○○ **22** 당나라 두우杜佑가 편찬한 중당中唐 이전의 정치 제도에 관한 책으로 선거, 예악, 관직, 식화食貨, 병형兵刑, 주군州郡, 변방邊防 등을 다루고 있다.

위만조선°¹

『전한서前漢書』°² 「조선전朝鮮傳」에 이른다.

"처음 연燕나라 때로부터 일찍이 진번·조선眞番朝鮮안사고顏師古
는 "전국戰國 시대에 연나라가 처음으로 이 땅을 침략하여 얻었다."라고 했다.
을 침략해 차지하여 관리를 두고 성을 쌓았다. 진秦나라는 연나라
를 멸망시켜 요동의 변방에 예속시켰다. 〔그러나〕 한漢나라가 일어
나자 멀어서 지키기 어려웠기 때문에 다시 요동의 옛 요새를 고쳐
짓고 패수浿水안사고는 "패수는 낙랑군에 있다."라고 했다.를 경계 삼아 연
나라에 예속시켰다.

연나라의 왕 노관盧綰°³이 반란을 일으켜 흉노로 들어가자 연
나라 사람 위만魏滿은 망명하면서 무리 1000여 명을 모아 동쪽으로
요새를 빠져나와 패수를 건너 진秦나라의 옛 빈터인 상하장上下鄣에

○○○ **1** 이 부분은 『사기』의 제55편인 「조선열전」과 비슷하여 상당 부분 참조
한 것으로 보인다. 『사기』의 조선은 '위만조선'을 말하는데, 위만이 서한西漢의
신하였기 때문일 것이다. 이 부분은 『후한서』 「동이열전」, 『삼국지』 「오환선비
동이전烏丸鮮卑東夷傳」과 비교하며 읽어 보아야 한다.
○○○ **2** 후한의 반고班固가 지은 전한 시대의 단대사斷代史로 120권으로 구
성되어 있다. 『한서』, 『서한서』라고도 한다.
○○○ **3** 한나라 고조 유방과 같은 고향 출신으로 유방을 도와 연나라 왕이
되었다. 뒤에 진희의 반란으로 의심을 받자 흉노로 달아나 동호로왕으로 봉해
졌으나 1년 후 죽었다.

서 살았다. 〔그리고 그는〕 차츰 진번·조선의 만이蠻夷, 옛 연나라와 제齊나라의 망명자를 복속시켜 왕이 되어 왕검王儉이기李奇는 지명이라 했고, 신찬臣瓚은 "왕검성은 낙랑군 패수 동쪽에 있다."라고 했다.에 도읍을 정했다. 〔위만은〕 군사의 힘으로 주변의 작은 고을들을 침략하여 항복시켰는데 〔이에〕 진번, 임둔이 모두 복속해 와 땅이 수천 리나 되었다.

〔위만은 왕위를〕 아들에게 전했고 〔이후〕 손자 우거右渠안사고는 손자의 이름이 우거라고 했다.에 이르렀다. 진번과 진국辰國°4이 글을 올려 〔한漢나라〕 천자를 알현하려 했으나, 〔우거가〕 길을 막아 전하지 못했다. 안사고는 진辰은 진한辰韓을 말한다고 했다.

원봉元封°5 2년(기원전 109년)에 한나라 사신 섭하涉何가 우거를 타일렀지만 끝내 천자의 명령을 받들지 않았다. 섭하는 국경까지 가서 패수에 이르렀을 때 수레를 몰던 자를 시켜 자기를 호송하던 조선의 비왕裨王°6장사將師다. 장長안사고는 장이 섭하를 호송한 자의 이름이라 했다.을 죽였다. 〔그러고는〕 즉시 패수를 건너 요새로 달려 들어가 자기 나라로 돌아간 뒤 〔이 사실을 천자에게〕 보고했다.

천자는 섭하를 요동의 동부도위東部都尉로 임명했다. 〔그러나〕 섭하를 원망하던 조선은 불시에 습격하여 섭하를 죽였다. 천자가 누선장군樓船將軍 양복楊僕을 보내 제齊나라에서 발해渤海로 가도록

○○○ 4 삼한(마한, 진한, 변한)을 지칭한다는 주장도 있으나 한강 이남의 여러 부족 국가를 말한다.
○○○ 5 한나라 무제武帝 유철劉撤의 연호. 기원전 110~105년까지 사용했다.
○○○ 6 여기서는 조선 왕보다 지위가 낮은 왕을 말한다. 『후한서』에 흉노의 큰 부족을 이끄는 족장 가운데 비소왕裨小王이라는 명칭이 있어 위만조선이 비왕이라는 작호를 내린 것 같다.

했는데 군사가 5만 명이었다. 좌장군左將軍 순체荀彘는 요동으로 나와 우거를 토벌하러 갔다. 우거는 군사를 보내어 험한 곳에서 〔이를〕 막았다. 누선장군이 제나라 군사 7000명을 거느리고 먼저 왕검성에 도착했다. 성을 지키던 우거는 누선장군의 군사가 적은 것을 알고는 즉시 나가 공격했다. 누선은 패배해서 달아났다. 양복은 군사를 잃고 산속으로 숨어 죽음만은 면했고, 좌장군은 조선 패수의 서군西軍을 공격했지만 격파하지 못했다. 천자는 두 장수가 불리하게 되자 위산衛山을 시켜 군사의 위엄으로 우거를 타이르도록 했다. 우거는 투항을 받아 주기를 청하면서 태자를 보내 말을 바치겠노라고 했다. 〔태자의〕 군사 1만여 명이 무기를 지니고 패수를 막 건너려는데, 사자使者와 좌장군은 그들이 반란을 일으킬까 의심하여 태자에게 말했다.

'태자는 이미 항복했으니 무기를 지닐 수 없다.'

태자도 사자가 자신을 속인다고 의심하여 패수를 건너지 않고 군사를 이끌고 돌아갔다. 위산이 이 일을 보고하자 천자는 위산을 죽였다. 좌장군이 패수의 상군上軍을 격파하고 전진하여 성 아래에 이르러 서북쪽을 포위하자, 누선장군 역시 성 남쪽에 주둔했다.

〔그러나〕 우거가 굳건히 지켰으므로 몇 달이 지나도 조선을 항복시키지 못했다. 천자는 오랜 시간이 지나도 항복시킬 수 없을 것이라고 생각하여 옛 제남태수濟南太守 공손수公孫遂를 시켜 정벌하게 하면서 〔모든 일을〕 편의대로 처리하도록 했다. 공손수가 와서 누선장군을 붙잡아 결박하고 누선장군의 군사를 합쳐서 좌장군과 함께 급히 조선을 쳤다. 조선朝鮮의 상相 노인路人과 한도韓陶, 이계尼谿 안사고는 이계는 지명이며 모두 네 명이라 했다. 의 상 삼參, 장군 왕협王唊이

서로 의논하여 항복하려고 했으나 왕이 허락하지 않았다. 이에 한도와 왕협과 노인이 모두 달아나 한나라에 항복했는데, 노인은 길에서 죽었다.

원봉 3년(기원전 108년) 여름 이계의 상 삼이 사람을 시켜 왕 우거를 죽이고 와서 항복했다. [그러나] 왕검성이 함락되지 않았으므로 우거의 대신大臣 성기成己가 또 반란을 일으켰다. 좌장군이 우거의 아들 장長°7과 노인의 아들 최最를 시켜 백성들을 달래고 성기를 죽였다. 이렇게 해서 마침내 조선을 평정하고 진번, 임둔, 낙랑, 현도의 네 군으로 삼았다."

○○○ 7 『사기』「조선열전」에는 '장항長降'으로 기록되었고 우리의 '태자'로 지칭하였다.

마한

『삼국지三國志』「위지魏志」○**1**에 이른다.

"위만이 조선을 공격하자 조선 왕 준準은 궁중 사람들과 측근을 이끌고 바다를 건너 남쪽 한韓나라 땅에 나라를 세우고 마한馬韓이라 했다."

견훤甄萱○**2**이 〔고려〕 태조에게 글을 올려 아뢰었다.

"옛날에 마한이 먼저 일어나고 혁거세赫居世가 일어나자, 이에 백제가 금마산金馬山○**3**에서 나라를 세웠습니다."

최치원崔致遠이 말했다.

"마한은 고구려요, 진한은 신라다. 『삼국사기三國史記』「본기本紀」에 의하면 신라가 먼저 갑자년에 일어났고 고구려는 그 뒤 갑신년에 일어났다고 했는데, 이것은 왕 준準을 말한 것이다. 이로써 동명왕東明王이 일어났을 때는 이미 마한을 합병했음을 알 수 있고, 이 때문에 고구려를 마한이라고 일컬은 것이다. 지금 사람들이 간혹 금마산을 마한으로 알고 백제라고 하는 것은 잘못되고 황당한 일이다. 고구려 땅에 본래 마읍산馬邑山이 있었기 때문에 마한이라 이름 지은

○○○ **1** 진晉나라 역사가 진수陳壽가 편찬한 위, 촉, 오 삼국의 정사 『삼국지』 중 위나라 부분으로 본래는 「위서魏書」가 정확한 말이며 이렇게도 일컫는다. 여기에 마한 50여 국의 이름이 있으며 백제도 그 가운데 하나였다.

○○○ **2** 본성은 이씨李氏이며 후백제를 세운 인물로 말년에 태조에게 귀순했다. '진훤'으로 읽어야 한다는 견해도 있다.

○○○ **3** 지금의 전라북도 익산에 있다.

것이다."

사이四夷°4는 구이九夷°5와 구한九韓, 예濊, 맥貊이니,°6 『주례周禮』에서 "직방씨職方氏°7가 사이와 구맥九貊을 관장했다."라고 한 것은 동이족 즉 구이를 말한 것이다.

『삼국사三國史』에 이른다.

"명주溟州°8는 옛날 예국濊國°9이었는데, 농부가 밭을 갈다가 예왕의 인장印章을 얻어 바쳤다."

또 이렇게 말했다.

"춘주春州는 옛날 〔고구려의〕 우수주牛首州며 옛날의 맥국인데, 어떤 이는 지금의 삭주朔州가 맥국이라고 하고, 어떤 이는 평양성平壤城이 맥국이라고 한다."

『회남자淮南子』°10의 주에 이른다.

"동방의 이夷는 아홉 종류나 있다."

『논어정의論語正義』°11에 이른다.

○○○ 4 중국 주위에 있는 동이東夷, 서융西戎, 남만南蠻, 북적北狄을 일컫는다.
○○○ 5 『후한서』권85 「동이열전」에 의하면 구이란 동이의 9종, 즉 견이畎夷, 어이於夷, 방이方夷, 황이黃夷, 백이白夷, 적이赤夷, 현이玄夷, 풍이風夷, 양이陽夷다.
○○○ 6 일본 학자 미시나 아키히데三品彰英는 이 문장을 별도의 제목으로 보고 앞 단락과 나누었다.
○○○ 7 주나라 때의 관직명으로 천하의 지도와 토지에 관한 일을 했다.
○○○ 8 지금의 강릉이다.
○○○ 9 『삼국지』「예전」에 '예濊'로 기록되어 있고, 이는 '동예東濊'를 말한다.
○○○ 10 한나라 회남왕 유안劉安이 빈객과 방술가를 모아 엮은 책으로『회남홍렬해淮南鴻烈解』라고도 한다.
○○○ 11 당나라 태종이 유학자 공영달孔穎達 등에게 명하여 짓게 한 오경의 해석서로 오경정의五經正義의 하나다.

"구이九夷란 첫째 현도, 둘째 낙랑, 셋째 고려, 넷째 만식滿飾, 다섯째 부유鳧臾, 여섯째 소가素家, 일곱째 동도東屠, 여덟째 왜倭, 아홉째 천비天鄙다."

『해동안홍기海東安弘記』°**12**에 이른다.

"구한九韓이란 첫째 일본, 둘째 중화中華, 셋째 오월吳越, 넷째 탁라乇羅, 다섯째 응유鷹遊, 여섯째 말갈靺鞨, 일곱째 단국丹國, 여덟째 여진女眞, 아홉째 예맥穢貊이다."

○○○ **12** 안홍의 전기인지 안홍의 저술인 『동도성립기東都成立記』를 지칭하는 것인지 불분명하다.

두 외부

　『전한서』에서는 "소제昭帝 시원始元 5년 기해년(기원전 82년)에 두 외부外府를 두었다."라고 했다. 조선의 옛 땅인 평나平那와 현도군 등을 평주도독부平州都督府로 삼고, 임둔과 낙랑 등 두 군의 땅에 동부도위부東部都尉府를 설치한 것을 말한다. 개인적으로 말하는데, 「조선전」에는 진번, 현도, 임둔, 낙랑 등 네 군인데 지금 여기에는 평나가 있고 진번이 없으니 아마도 한 곳의 명칭이 두 가지인 것 같다.

일흔두 나라 [1]

『통전通典』에 이른다.

"조선의 유민들은 일흔여 나라로 나뉘었는데, 이들은 모두 영토가 사방 백 리였다."

『후한서後漢書』[2]에 이른다.

"서한西漢이 조선의 옛 땅에 처음 네 군을 두었고 뒤에 두 외부를 두었다. 법령이 점점 번잡해져 이를 일흔여덟 나라로 나누었는데, 각각 1만 호戶였다. 마한은 서쪽에 있었는데 쉰네 개의 작은 읍이 있어 모두 나라라고 불렀고, 진한은 동쪽에 있었는데 열두 개의 작은 읍이 있어 나라라고 불렀다. (또) 변한은 남쪽에 있었는데 열두 개의 작은 읍이 있어 각기 나라라고 불렀다."

○○○ **1** 삼한의 모든 나라를 의미하고 본문에도 일흔여덟 나라로 되어 있으니, '이二'는 '팔八'의 오기일 것이다.

○○○ **2** 남송의 범엽范曄이 지은 역사책으로 후한 열두 황제의 196년간의 사적을 기록했다.

낙랑국

전한 때 처음으로 낙랑군樂浪郡을 두었는데, 응소應邵°¹는 "옛날 조선국"이라고 했다.

『신당서新唐書』°²의 주에 이른다.

"평양성은 옛날 한漢나라의 낙랑군이다."

『국사國史』에 이른다.

"혁거세 30년(기원전 28년)에 낙랑 사람들이 와서 투항했고, 또 제3대 노례왕弩禮王 4년°³에 고구려 제3대 무휼왕無恤王이 낙랑을 정벌하여 멸망시키니, 그 나라 사람들이 대방帶方북대방이다과 함께 신라에 투항했다. 또 무휼왕 27년(기원후 44년)에 광무제光武帝°⁴가 사신을 보내 낙랑을 정벌하여 그 땅을 빼앗아 군현으로 삼으니, 살수薩水 이남이 한나라에 예속되었다. 이상의 여러 글에 의하면 낙랑은 바

○○○ **1** 후한 여남汝南 사람으로 원소袁紹 밑에서 벼슬을 했고 고대의 예의, 풍속, 관직 등에 밝았다.

○○○ **2** 송나라 구양수歐陽修와 송기宋祁 등이 편찬한 당나라 역사서로서 모두 225권이며 춘추필법의 확고한 역사 의식이 있다. 『구당서』의 미흡함을 보완하려는 의도가 강하다.

○○○ **3** 원본에는 노례왕 4년으로 되어 있다. 『삼국사기』에는 노례왕 14년으로 되어 있다.

○○○ **4** 원문의 광호제光虎帝는 후한 광무제 유수劉秀를 말한다. 고려 혜종의 이름 '무武'를 피해서 쓴 것이다.

로 평양성이어야 마땅하다. 어떤 사람들은 낙랑은 중두산中頭山 아래 말갈과의 경계고 살수는 지금의 대동강이라고 하는데, 어느 말이 옳은지는 알 수 없다."

또 백제 온조왕溫祚王이 말했다.

"동쪽에는 낙랑이 있고 북쪽에는 말갈이 있다. 이는 아마 옛날 한나라 때의 낙랑군 속현의 땅이었을 것이다."

신라 사람 역시 낙랑이라 불렀으므로 이로 말미암아 지금 고려에서도 낙랑군부인樂浪郡夫人이라 한다. 또 태조가 김부金傅°5에게 딸을 시집보내면서 역시 낙랑공주라고 했다.

○○○ 5 신라의 마지막 왕인 경순왕이며 태조는 왕건王建을 말한다.

북대방

북대방北帶方은 본래 죽담성竹覃城이었다. 신라 노례왕 4년(기원후 27년)에 대방 사람들이 낙랑 사람들과 함께 신라에 투항했다. 이는 모두 전한에서 설치한 두 고을의 이름인데, 그 후에 분수에 맞지 않게 나라라고 말하다가 이제 와서 투항했다.

남대방°1

    조조曹操의 위魏나라 때 처음으로 남대방군南帶方郡지금의 남원부南原府이다. 을 두었기 때문에 〔남대방이라고〕 말한 것이다. 대방의 남쪽은 바닷물이 천 리나 되어 한해瀚海°2라고 한다. 후한 건안建安°3 때 마한의 남쪽 황무지를 대방군으로 삼아 왜倭, 한韓이 드디어 여기에 예속된 일이 바로 이것이다.

○○○ 1 요동의 공손씨公孫氏에 의해 세워진 대방군으로 유추한다.

○○○ 2 대마도 남쪽 바다인 듯하다. 『삼국지』 「위서」 '왜인倭人' 조에 보인다.

○○○ 3 후한 말제인 헌제獻帝 유협劉協의 다섯 번째 연호. 196~220년까지 사용했다.

말갈°¹ 물길勿吉이라고도 한다. 과 발해

『통전』에 이른다.

"발해渤海는 본래 속말말갈粟末靺鞨인데, 그 추장 조영대조영大祚榮을 말한다. 때에 이르러 나라를 세우고°² 스스로 진단震旦°³이라고 불렀다. 선천先天 연간현종玄宗 임자년712년이다에 비로소 말갈이란 이름을 버리고 발해라고 했다. 개원開元 7년(719년)에 조영이 죽자 시호를 고왕高王이라고 했다.

세자가 왕위를 이어받자 명황明皇°⁴이 왕위 계승의 책분을 내리고 왕위를 잇게 했는데, 사사로이 연호를 고쳐 마침내 해동성국海東盛國이 되었다. 그 땅에는 5경京 15부府 62주州가 있었는데, 그 후 당나라 천성天成당나라 명종의 연호로 926년에서 930년까지 사용했다. 초에 거란의 공격을 받아 격파된 뒤로 거란의 통제를 받았다. 『삼국사』에

○○○ **1** 중국 『북제서北齊書』 권7에 의하면 563년에 처음 역사에 등장하는데, 중국 동북방 이민족의 총칭이다. 7세기 이후 신라인들은 발해를 말갈의 나라로 폄하했다. 한편 정약용은 예滅와 같은 종족으로 보았다.

○○○ **2** 이승휴의 『제왕운기』 하권 동국군왕 개국 연대에도 비슷한 내용이 있다.

○○○ **3** 이재호는 진국震國의 오기라고 보았고, 진국振國으로 보는 견해도 있다.

○○○ **4** 당나라 현종玄宗으로 즉위 초기에는 정치를 잘했으나 만년에 양귀비楊貴妃에 빠져 정사를 돌보지 않았다. 시문에 능했다.

이른다. '의봉儀鳳 3년 고종高宗 무인년戊寅年(678년)에 고구려의 잔당들이 군사를 모아 북쪽으로 태백산 아래에 의지하여 국호를 발해라 했는데, 개원 20년경에 명황이 장수를 보내 발해를 토벌했다. 또 성덕왕聖德王 32년, 현종 갑술년에 발해와 말갈이 바다를 건너 당나라의 등주登州를 침략하니, 현종이 토벌했다.'라고 했다. 또 신라『고기古記』에 '고구려의 옛 장수 조영祚榮의 성은 대씨大氏인데, 남은 군사를 모아 태백산 남쪽에 나라를 세우고 국호를 발해라 했다.'라고 했다. 이상의 여러 글을 살펴보면 발해는 바로 말갈의 다른 종족으로서 다만 갈라지고 합함이 같지 않을 뿐이다.『지장도指掌圖』를 살펴보면 '발해는 장성長城의 동북쪽 모서리 밖에 있다.'고 했다.

〔당나라〕 가탐賈耽의『군국지郡國志』에 이른다.

"발해국의 압록, 남해, 부여, 추성橻城 네 부는 모두 고구려의 옛 땅인데 신라의 천정군泉井郡『지리지』에는 삭주령현朔州領縣에 천정군이 있다고 했는데, 지금의 용주湧州다.에서부터 추성부에 이르기까지는 39개의 역驛이 있다."

또『삼국사三國史』에 이른다.

"백제 말년에 발해, 말갈, 신라가 백제 땅을 나누었다. 이에 의하면 발해가 또 나뉘어 두 나라가 된 것이다."

신라 사람이 말했다.

"북쪽에는 말갈이 있고 남쪽에는 왜가 있고 서쪽에는 백제가 있어 나라에 폐해가 된다."

또 말갈 땅은 아슬라주阿瑟羅州°5에 이어져 있다고 했다.

○○○ **5** 지금의 강릉 지방이다.

또 『동명기東明記』○**6**에 이른다.

"졸본성卒本城은 땅이 말갈혹은 지금의 동진東眞이다.과 이어져 있다. 신라 제6대 지마왕祗摩王 14년(125년)에을축乙丑이다. 말갈 군사가 북쪽 국경으로 대거 들어와 대령大嶺의 목책木柵을 습격하고 이하泥河를 건너갔다."

『후위서後魏書』에는 말갈을 물길勿吉○**7**로 썼다.

『지장도指掌圖』에 이른다.

"읍루挹婁와 물길은 모두 숙신肅愼이다."

흑수黑水와 옥저沃沮는 동파東坡의 『지장도』를 깊이 고찰해 보니, 진한의 북쪽에 남북 흑수가 있다.

살펴보면 동명제東明帝는 즉위한 지 10년(기원전 28년) 만에 북옥저를 멸망시켰고, 온조왕 42년에 남옥저 20여 호가 백제○**8**에 투항했으며, 혁거세 52년에 동옥저가 와서 좋은 말을 바쳤으니 또 동옥저도 있었던 것이다. 『지장도』에 흑수는 장성 북쪽에 있고, 옥저는 장성 남쪽에 있다고 했다.

○○○ **6** 고구려 시조 동명왕의 사적을 적은 것이다.

○○○ **7** 주대周代에는 숙신肅愼으로, 한과 위 때는 읍루挹婁로, 후위後魏 때는 물길 또는 말갈로 불렸다.

○○○ **8** 『삼국사기』「백제본기」에 43년이며, 신라로 귀순한 것이 아니라 백제로 귀순한 것으로 되어 있다. 그러므로 원문에는 '신라'로 되어 있으나 '백제'의 오기다. 그러나 원문은 원판본에 의한다.

이서국

노례왕 14년(37년)[1]에 이서국伊西國 사람이 금성金城을 침공해 왔다. 운문사雲門寺[2]에 예부터 전해 오는 『제사납전기諸寺納田記』에 이른다.

"정관貞觀°[3] 6년 임진년(632년)에 이서군伊西郡의 금오촌今部村 영미사零味寺에서 밭을 바쳤다."

금오촌은 지금의 청도淸道 땅이므로 청도군은 옛날의 이서군이다.

○○○ 1 『삼국사기』와 대조해 보면 유례왕儒禮王 14년(297년)의 일로 기록되어 있다. 두 왕의 이름이 혼용되었다는 설과 두 차례 침공했다는 설이 있다.

○○○ 2 경상북도 청도군 운문면에 있는 절로 일연도 72~76세에 주석한 바 있고, 현재는 승가 대학원이 개설돼 있다.

○○○ 3 당나라 태종太宗 이세민李世民의 연호. 627~649년까지 사용했으며 치세로 유명하여 '정관지치貞觀之治'라는 말이 있다.

다섯 가야 °1

『가락기駕洛記』 찬贊에 따르면, 하늘에서 자주색 끈 한 가닥이 내려와 둥근 알 여섯 개를 내렸는데, 다섯 개는 각기 읍으로 돌아가고 하나가 이 성에 있게 되었다. 〔성에 남은〕 하나는 수로왕首露王이 되었고 나머지 다섯 개는 각기 다섯 가야의 군주가 되었으니, 금관金官을 다섯의 숫자에 넣지 않은 것은 당연하다. 그런데 고려의 『사략史略』에는 금관까지 숫자에 넣고 창녕昌寧을 더 기록했으니 잘못된 것이다.

〔다섯 가야는〕 아라가야阿羅伽耶라羅를 야耶로 쓰기도 한다. 지금의 함안이다., 고령가야古寧伽耶지금의 함녕이다.,°2 대가야大伽耶지금의 고령 高靈이다., 성산가야星山伽耶지금의 경산으로 벽진이라고도 한다., 소가야小伽耶지금의 고성이다. 다.

또 고려의 『사략』에 이른다.

"태조 천복天福°3 5년 경자년(940년)에 다섯 가야의 이름을 고쳤는데, 첫째 금관金官김해부金海府가 되었다., 둘째 고령高寧가리현加利縣°4이 되었다., 셋째 비화非火지금의 창녕인데 아마 고령을 잘못 적은 것 같다. 며, 나머지 둘은 아라와 성산앞의 주와 같이 성산은 벽진가야라고도 한다. 이다."

○○○ 1 김태식 교수는 불교가 성행했던 고려 시대에는 가야를 불교와 밀접한 관련이 있을 것으로 생각했다면서 '가야伽耶'를 '가야伽耶'로 고쳐야 한다고 주장했다. 이 조는 「기이 제2」의 '가락국기'와 함께 읽어야 한다.
○○○ 2 함창咸昌의 다른 이름으로 지금의 상주尙州다.
○○○ 3 후진後晉 고조高祖 석경당石敬瑭의 연호. 936~942년까지 사용했다.
○○○ 4 일명 기성岐城이라고도 하며 경상북도 성주에 있다.

북부여

『고기古記』에 이른다.

"『전한서』에 선제宣帝 신작神爵 3년 임술년(기원전 59년) 4월 8일에 천제天帝가 흘승골성訖升骨城°**1** 대요大遼 의주醫州 경계에 있다. 으로 내려와 오룡거五龍車°**2**를 타고 도읍을 세우고 왕이라 하며 국호를 북부여北扶餘라고 했다. 스스로 이름을 해모수解慕漱라 하고 아들을 낳아 이름을 부루夫婁라 했는데, 해解를 성으로 삼았다. 왕은 이후에 상제의 명에 따라 동부여로 도읍을 옮겼다. 동명제가 북부여를 이어 일어나 졸본주卒本州에 도읍을 세우고 졸본부여라 했는데 바로 고구려의 시조다. 아래에 보인다."

○○○ **1** 계루桂婁 또는 홀본忽本이라고도 하는 고구려의 첫 도읍지로 흘승골은 '승흘골升訖骨'이 거꾸로 된 것으로 '수릿골'이라는 의미다.
○○○ **2** 천제가 타는 용 다섯 마리가 모는 수레를 말하며, 5라는 숫자는 고구려의 성수聖數다.

동부여

북부여 왕 해부루의 재상 아란불阿蘭弗의 꿈에 천제가 내려와 일러 말했다.

"장차 내 자손에게 이곳에 나라를 세우도록 할 터이니, 너는 다른 데로 피해 가라.동명왕이 장차 일어날 조짐을 말한 것이다. 동해 가에 가섭원迦葉原°¹이라는 곳이 있는데, 땅이 기름져 왕도로 삼기에 적당하다."

아란불은 왕에게 권하여 그곳으로 도읍을 옮기고 국호를 동부여東扶餘라고 했다.

해부루는 늙도록 아들이 없었다. 어느 날 산천에 제사를 지내 대를 잇게 해 달라고 빌었다. 이때 타고 가던 말이 큰 연못〔鯤淵〕°²에 이르러 큰 돌을 마주보고는 눈물을 흘렸다. 왕이 괴이하게 여겨 사람을 시켜 그 돌을 옮기자 금빛 개구리 모양의 어린아이가 있었다. 왕이 기뻐하며 말했다.

"이것은 바로 하늘이 나에게 내려 주신 아들이로구나!"

○○○ 1 갯벌〔邊地〕이라는 뜻이다. 이 지명에 대해 이동환 교수는 "상당히 불교적인 윤색의 흔적을 보여 준다."라고 했다. 가섭은 석가모니의 2대 제자 중에 나이 많은 노장 비구의 모습으로 그려진다. 진리를 깨우치기 위하여 용맹 정진하여 석가모니의 법을 첫 번째로 전수한 제자이다. 부처님과 인연이 깊은 땅임을 나타내기 위한 용어라 할 수 있다.
○○○ 2 백두산 천지를 가리킨다.

곧 〔그 아이를〕 거두어 기르면서 이름을 금와金蛙라고 했다. 그가 성장하자 태자로 삼았다.

부루가 죽자 금와가 자리를 이어받아 왕이 되었고, 그다음에는 태자 대소帶素에게 왕위가 전해졌다. 지황地皇[3] 3년 임오년(22년)○[4]에 고구려 왕 무휼無恤이 정벌하고 왕 대소를 죽이니 〔그 후로부터〕 나라가 망했다.

○○○ **3** 한나라 효원황후孝元皇后의 조카로 평제平帝를 죽이고 신新나라를 세운 왕망王莽의 연호. 20~23년까지 사용했다.

○○○ **4** 고구려 대무신왕 5년이다.

고구려 º¹

고구려는 곧 졸본부여卒本扶餘다. 어떤 사람은 지금의 화주和州라고도 하고 성주成州라고도 하나 모두 잘못된 것이다. 졸본주는 요동 경계에 있는데, 『국사國史』 「고려본기高麗本紀」에는 이렇게 되어 있다.

"시조 동명º²성제東明聖帝는 성이 고씨高氏고 이름은 주몽朱蒙º³이다. 이에 앞서 북부여의 왕 해부루가 동부여로 피해 가 살았는데, 부루가 죽자 금와가 자리를 이어받았다. 〔금와는〕 그때 태백산º⁴ 남쪽 우발수優渤水에서 한 여자를 만났는데, 사정을 물으니 〔그녀가〕 이렇게 말했다.

'저는 〔물의 신〕 하백河伯의 딸 유화柳花입니다. 동생들과 놀러 나왔을 때 한 남자가 나타나 자신이 천제天帝의 아들 해모수라고 하면서 웅신산熊神山º⁵ 아래 압록강 가에 있는 집으로 유혹하여 사통私通하고는 〔저를 버리고〕 떠나가서 돌아오지 않았습니다. 『단군기』에서 '단군이 서하西河 하백의 딸과 가까이 하여 아들을 낳으니 이름을 부루夫婁

○○○ **1** 이 부분은 『삼국사기』 「고구려본기」 제1에 나오며 단군신화의 후기적 형태로서, 단군신화의 웅녀가 여기서는 하백의 딸 유화라는 여인으로 부각되어 주몽 탄생 설화로 이어지는 개국 설화다.

○○○ **2** '동명'은 부여 제족의 공동신을 나타내는 보통 명사로 이해된다.

○○○ **3** 추모鄒牟, 추몽鄒蒙, 중모中牟, 중모仲牟라고도 썼다.

○○○ **4** 여기서는 백두산을 말한다.

○○○ **5** '압록강 가'라는 표현을 볼 때 백두산일 것이다.

라 했다.'라고 했다. 지금 이 기록을 살펴보면, 해모수가 하백의 딸과 정을 통하여 낳은 아들의 이름을 주몽이라고 했다. 『단군기』에는 '아들을 낳아 이름을 부루라 했다.' 하니 부루와 주몽朱蒙은 이복 형제다. 부모는 제가 중매도 없이 다른 사람을 따라간 것을 꾸짖어 이곳으로 귀양을 보내 살도록 했습니다.'

금와는 괴이하게 여겨 〔유화를〕 방 안에 남몰래 가두었더니 햇빛이 비추었다. 그녀가 〔몸을〕 피하자 햇빛이 따라와 또 비추었다. 이로 인해 임신하여 알을 하나 낳았는데°6 크기가 다섯 되쯤 되었다. 왕이 알을 개와 돼지에게 던져 주었지만 모두 먹지 않았고, 길에다 버렸으나 말과 소가 피해 갔으며, 들판에 버리니 새와 짐승이 덮어 주었다.°7 왕은 알을 깨뜨리려고 했지만 깨지지 않았으므로 유화에게 돌려주었다. 유화가 천으로 알을 부드럽게 감싸 따뜻한 곳에 두자 아이가 껍데기를 깨고 나왔는데 골격과 겉모습이 영특하고 기이했다.

겨우 일곱 살에 용모와 재략이 비범했으며, 스스로 활과 화살을 만들어 백 번 쏘아 백 번 맞추었다.°8 나라의 풍속에 활 잘 쏘는 사람을 주몽이라 했으므로 이로써 이름을 삼았다.

금와에게는 아들이 일곱 있었는데, 항상 주몽과 함께 놀았다. 〔그러나 그들의〕 기예가 〔주몽에게〕 미치지 못하자 맏아들 대소가

○○○ 6 알의 원형은 태양의 상징이므로 이 알에 상서로운 기운이 비쳤다는 것은 태양 신화에 속한다.

○○○ 7 이것은 후직后稷의 탄생 신화와 매우 유사하다. 『사기』「주본기周本紀」에 후직의 신화가 있다.

○○○ 8 주몽의 활 쏘는 실력은 주몽 집단의 유목 생활을 보여 주는 중요한 단서다.

왕에게 아뢰었다.

'주몽은 사람에게서 태어난 것이 아니니 일찍이 도모하지 않으면 후환이 있을까 두렵습니다.'

왕은 듣지 않고 〔주몽에게〕 말을 기르도록 했다. 주몽은 준마를 알아보고 먹이를 조금씩 주어 마르게 하고, 늙고 병든 말은 잘 먹여 살찌게 했다. 왕은 살찐 말을 타고 주몽에게 마른 말을 주었다. 왕의 아들들과 여러 신하들이 함께 주몽을 해치려 하자, 그 사실을 알게 된 주몽의 어머니가 아들에게 말했다.

'나라 사람들이 곧 너를 해치려고 하는데, 너의 재주와 지략이라면 어디 간들 살지 못하겠느냐? 빨리 떠나거라.'

그래서 주몽은 오이烏伊 등 세 사람과 벗을 삼아 떠나 엄수淹水지금의 어느 곳인지 자세하지 않다.°⁹에 이르러 물〔水〕에게 말했다.

'나는 천제의 아들°¹⁰이자 하백의 손자다. 오늘 도망치는데 뒤쫓는 자들이 가까이 오고 있으니 어떻게 하면 좋겠는가?'

그러자 물고기와 자라가 다리를 만들어 주어 건너게 했다. 그러고는 다리를 풀었으므로 뒤쫓던 기병은 건너지 못했다. 〔주몽은〕 졸본주현도군의 경계에 이르러 마침내 도읍을 정했으나, 미처 궁궐을 짓지 못하고 비류수沸流水°¹¹가에 초가집을 지어 살면서 국호를 고구려라고 했다. 이로 인해 고高를 성씨로 삼았다. 본래의 성은 해씨解氏였는데, 지금 스스로 천제의 아들로 햇빛을 받아 출생했다고 말했기 때문에 고씨

○○○ 9 『삼국사기』 「고구려본기」 제1에는 '엄체수掩遞水'라고 하면서 지금의 압록강 동북쪽에 있다고 했다.

○○○ 10 해모수가 천제의 아들이니 주몽은 손자여야 한다.

○○○ 11 『고려사』에 의하면 평양의 동북쪽에 있다고 한다.

를 성으로 삼은 것이다. 〔이때〕 주몽의 나이 열두 살°**12**이었는데, 한漢나라 효원제孝元帝 건소建昭 2년 갑신년(기원전 37년)에 즉위하여 왕이라고 일컬었다. 고구려는 전성기에 21만 508호戶°**13**였다."

『주림전珠琳傳』°**14** 제21권에 다음과 같은 내용이 실려 있다.°**15**

"옛날 영품리왕寧稟離王의 계집종이 아이를 가졌는데, 관상쟁이가 점을 쳐 보더니 '귀하므로 왕이 될 것입니다.'라고 했다. 왕이 말했다. '내 아들이 아니니 마땅히 죽여야 한다.' 계집종이 '기운이 하늘로부터 왔기 때문에 제가 아이를 밴 것입니다.'라고 했다. 〔계집종이〕 아들을 낳자 상서롭지 못하다 하여 돼지우리에 버리니 돼지가 입김을 불어 주고, 마구간에 버리니 말이 젖을 주어 죽지 않았다. 마침내 부여의 왕이 되었다. 바로 동명제가 졸본부여의 왕이 된 것을 말한다. 졸본부여 역시 북부여의 다른 도읍이기 때문에 부여 왕이라고 한 것이다. 영품리란 바로 부루왕의 다른 명칭이다."

○○○ **12** 『삼국사기』에는 스물두 살로 나와 있다.

○○○ **13** 고구려가 망할 때의 가호 수가 69만 7000호였다고 하므로 이 숫자는 의심스럽다.

○○○ **14** 당나라 도세道世가 지은 불교책 『법원주림』을 가리키고 이 책은 모두 열두 권으로 되어 있다.

○○○ **15** 앞에 서술한 동명왕 탄생 설화와 비슷하면서도 약간 다르다.

변한과 백제 °¹ 남부여라고도 하며 곧 사비성이다.

신라°² 시조 혁거세가 자리에 오른 지 19년 임오년(기원전 39년)에 변한卞韓°³ 사람이 나라를 바쳐 투항했다.

『신당서新唐書』와 『구당서舊唐書』에 이른다.

"변한의 후예는 낙랑 땅에 있다."

『후한서』에 이른다.

"변한은 남쪽에 있고 마한은 서쪽에 있으며 진한은 동쪽에 있다."

최치원이 말했다.

"변한은 백제百濟다."

「본기」°⁴에 의하면, 온조溫祚가 일어난 것은 홍가鴻嘉°⁵ 4년 갑진년(기원전 17년)이었으니, 혁거세나 동명왕의 세대보다 40여 년 뒤의 일이 된다.

○○○ **1** 이 부분에서 일연의 백제 서술은 매우 적어 「기이」 제2의 '남부여, 전백제, 북부여'와 함께 읽어야 한다.

○○○ **2** 서라벌徐羅伐 또는 서벌徐伐이라고도 했으며 '서울'은 서벌(서블)에서 전래되었다.

○○○ **3** 여기서 변한은 낙동강 하류 지방에 있는 가야 제국諸國을 뜻하니 투항했다는 말은 믿기 어렵다.

○○○ **4** 『삼국사기』 「백제본기」를 말한다.

○○○ **5** 서한 성제成帝 유경劉驚의 연호. 기원전 20~17년까지 사용했다. 『삼국사기』에는 홍가 3년으로 되어 있다.

『당서』에서 "변한의 후예는 낙랑 땅에 있다."라고 말한 까닭은 온조왕의 계통이 동명왕에게서 나왔기 때문일 뿐이다. 간혹 어떤 사람이 낙랑 땅에서 나와 변한에 나라를 세워 마한 등과 대치한 적이 있었다고 한 것은 온조 이전에 있었던 일로, 도읍이 낙랑의 북쪽에 있었다는 말은 아니다. 어떤 이는 구룡산九龍山 역시 변나산卞那山으로 불렸다는 이유로 함부로 고구려를 변한이라 하는데, 이는 아마도 잘못된 것이다. 마땅히 옛 현인[최치원]의 견해가 옳다고 할 수 있다. 백제 땅에 변산卞山이 있었기 때문에 변한이라 한 것이다. 백제는 전성기에 15만 2300호였다.

진한辰韓 또는 진한秦韓이라고도 한다.

『후한서』에 이른다.

"진한辰韓의 노인들이 스스로 말하기를, 진秦나라에서 망명한 사람들이 한국韓國으로 오자 마한이 동쪽 경계의 땅을 떼어 주고 서로 불러 무리를 이루었는데, 진나라 말과 유사하여 간혹 진한秦韓이라 했다고 한다. 열두 개의 작은 나라가 있는데 모두 1만 호씩이고 각기 나라라 일컬었다."○1

또 최치원은 말했다.

"진한은 본래 연나라 사람들이 피신해 온 곳이다. 때문에 탁수涿水의 이름을 취해 살고 있는 읍과 마을을 사탁沙涿, 점탁漸涿 등으로 불렀다. 신라 사람들의 방언에 탁涿을 도道로 발음하기 때문에 지금은 때때로 사량沙梁이라 쓰고, 양梁 역시 '도'로 읽는다."

신라는 전성기에 서울이 17만 8936호戶○2였고, 1360방坊, 55리里, 35개의 금입택金入宅부유하고 윤택한 큰 집을 말한다.이 있었다. [그것은] 남택南宅, 북택北宅, 우비소택亏比所宅, 본피택本彼宅, 양택梁宅, 지상택池上宅본피부本彼部이다., 재매정택財買井宅김유신의 조상집, 북유택北維宅, 남유택南維宅반향사反香寺의 하방, 대택隊宅, 빈지택賓支宅반향사

○○○ 1 『삼국사기』「신라본기」의 '시조 혁거세 거서간' 조에도 비슷한 내용이 있다. 진한은 지금의 경상북도 대구 지방이다.
○○○ 2 보통 한 가구를 의미한다.

의 북쪽, 장사택長沙宅, 상앵택上櫻宅, 하앵택下櫻宅, 수망택水望宅, 천택泉宅, 양상택楊上宅양梁의 남쪽, 한기택漢歧宅법류사法流寺 남쪽, 비혈택鼻穴宅위와 같다., 판적택板積宅분황사芬皇寺 상방, 별교택別敎宅개천 북쪽, 아남택衙南宅, 김양종택金楊宗宅양관사梁官寺 남쪽, 곡수택曲水宅개천 북쪽, 유야택柳也宅, 사하택寺下宅, 사량택沙梁宅, 정상택井上宅, 이남택里南宅우소택, 사내곡택思內曲宅, 지택池宅, 사상택寺上宅대숙택, 임상택林上宅청룡사靑龍寺동쪽에 못이 있다., 교남택橋南宅, 항질택巷叱宅본피부, 누상택樓上宅, 이상택里上宅, 명남택椧南宅, 정하택井下宅 등이다.

또°¹ 계절 따라 노니는 별장

봄에는 동야택東野宅, 여름에는 곡량택谷良宅, 가을에는 구지택仇知宅, 겨울에는 가이택加伊宅이다.

제49대 헌강대왕憲康大王°² 시대에는 성안에 초가집이 한 채도 없고 집의 처마와 담이 서로 닿아 있었으며, 노랫소리와 피리 부는 소리가 길에 가득하여 밤낮으로 끊이지 않았다.°³

○○○ 1 '또[又]'로 시작되는 조로, 앞 조의 금입택과 연결된 것으로 보기도 하고 '우又'를 연문衍文으로 보기도 한다.

○○○ 2 경문왕景文王의 태자로서 글읽기를 좋아하고 총명하여 문치文治를 펼쳤다.

○○○ 3 고운기는 이 문장이 '처용랑 망해사' 조에 있어야 한다고 주장하는데, 역자는 원본 그대로 둔다. 사절유택은 당시 귀족들의 생활상을 보여 주는 귀중한 자료가 되며 왕실의 행궁이나 이궁으로 보기도 한다.

신라 시조 혁거세왕°¹

진한 땅에는 예부터 여섯 마을이 있었다.°²

첫째는 알천 양산촌閼川楊山村으로, 남쪽은 지금의 담엄사曇嚴寺며, 촌장은 알평謁平이라고 한다. 처음에 〔하늘에서〕 표암봉瓢嵓峯°³으로 내려왔는데 이 사람이 급량부及梁部 이씨李氏의 조상이 되었다. 노례왕 9년(32년)에 부部를 설치하고 급량부라 했는데 고려 태조 천복天福 5년 경자년(940년)에 중흥부中興部로 고쳤다. 파잠波潛, 동산東山, 피상彼上, 동촌東村이 이에 속한다.

둘째는 돌산 고허촌突山高墟村으로, 촌장은 소벌도리蘇伐都利라고 한다. 처음에 형산兄山으로 내려왔는데, 이 사람이 사량부沙梁部 양梁은 도道로 읽어야 하며, 간혹 탁涿으로 쓰는데 역시 음은 도다. 정씨鄭氏의 조상이 되었다. 지금은 남산부南山部라 하며, 구량벌仇良伐, 마등

○○○ **1** 신라의 개국 시조이면서 경주 박씨의 시조인 박혁거세의 출생에서 죽을 때까지의 과정을 서술했다. 혁거세란 명왕明王, 성왕聖王, 철왕哲王의 뜻이며 존호다.

○○○ **2** 다음 신화를 서대석 교수는 육촌장 신화라고 이름 지었다. 내용은 씨족 집단의 거주 지역과 족장의 이름을 이야기한 것으로서 천신 숭배 집단의 부계 혈연을 중심으로 집단 생활을 하던 사정을 말해 주는 것으로 보았다. 한편 김부식은 『삼국사기』에서 이 여섯 마을 사람들을 조선의 유민으로 보았다.

○○○ **3** 경주시 동천동의 금강산에 있는 봉우리인데 그 아래에 석탈해왕릉이 있다.

오마등오烏麻等烏, 도북道北, 회덕廻德 등 남촌南村이 이에 속한다. '지금은'이라고
한 것은 고려 태조 때 설치한 것이며 아래의 예도 그렇다.

셋째는 무산 대수촌茂山大樹村으로, 촌장은 구례마俱禮馬구俱를
구仇로 표기하기도 한다. 라고 한다. 처음에 이산伊山혹은 개비산皆比山이
라 한다. 으로 내려왔는데, 이 사람이 점량부漸梁部양梁은 탁涿이라고도
한다. 또는 모량부牟梁部 손씨孫氏의 조상이 되었다. 지금은 장복부長
福部라고 하며, 박곡촌朴谷村 등 서촌西村이 이에 속한다.

넷째는 자산 진지촌觜山珍支村혹은 빈지賓之, 빈자貧了, 빙지氷之리고
도 한다. 으로, 촌장은 지백호智伯虎라고 한다. 처음에 화산花山으로
내려와서 본피부 최씨崔氏의 조상이 되었으며, 지금은 통선부通仙部
라고 한다. 시파柴巴 등 동남촌東南村이 이에 속한다. 최치원은 본피
부 사람이다. 지금의 황룡사皇龍寺 남쪽과 미탄사味呑寺 남쪽에 옛터
가 있는데 여기가 최치원의 옛 집이라는 설이 거의 확실하다.

다섯째는 금산 가리촌金山加利村지금의 금강산ㅇ4 백률사栢栗寺 북쪽
산으로 촌장은 지타祇沱혹은 지타只他라고도 한다. 라고 한다. 처음 명활
산明活山으로 내려왔는데, 이 사람이 한기부漢歧部 또는 한기부韓歧
部 배씨裵氏의 조상이 되었다. 지금은 가덕부加德部라고 하는데, 상서
지上西知, 하서지下西知, 내아乃兒 등 동촌東村이 이에 속한다.

여섯째는 명활산 고야촌明活山高耶村으로, 촌장은 호진虎珍이라
고 한다. 처음에 금강산으로 내려왔는데, 이 사람이 습비부習比部 설
씨薛氏의 조상이 되었다. 지금은 임천부臨川部로, 물이촌勿伊村, 잉구
미촌仍仇彌村. 궐곡闕谷혹은 갈곡葛谷이라고도 한다. 등 동북촌東北村이

─────────────

ㅇㅇㅇ4 지금의 경주 북쪽에 있는 산이다.

이에 속한다.

위의 글을 살펴보면 여섯 부의 시조는 모두 하늘에서 내려온 듯하다. 노례왕 9년(32년)에 처음으로 여섯 부의 명칭을 고쳤고, 또 여섯 성姓을 주었다. 지금 풍속에 중흥부를 어머니, 장복부를 아버지, 임천부를 아들, 가덕부를 딸이라 하는데 그 실상은 자세하지 않다.

전한前漢 지절地節°5 원년(기원전 69년) 임자년고본古本에는 건무建武 원년이라고도 하고 건원建元 3년이라고도 했는데, 모두 잘못된 것이다. 3월 초하루에 여섯 부의 조상들은 각기 자제들을 거느리고 알천閼川 언덕 위에 모여 다음과 같이 의논했다.

"우리들은 위로 군주가 없이 백성들을 다스리기 때문에 백성들이 모두 방자하여 자기가 하고 싶은 대로 하고 있다. 덕 있는 사람을 찾아 군주로 삼아 나라를 세우고 도읍을 정하는 것이 어떻겠는가?"

그리고는 높은 곳으로 올라가 남쪽을 바라보니 양산楊山 아래 나정蘿井°6 옆에 번갯불과 같은 이상한 기운이 땅을 뒤덮었고 백마°7 한 마리가 꿇어앉아 절하는 모습이 보였다. 〔그래서〕 찾아가 보니 자주색 알혹은 푸른 큰 알이라고도 한다. 이 하나 있었다. 말은 사람들을 보더니 길게 울고는 하늘로 올라가 버렸다.°8 그 알을 깨뜨려 사내아이를 얻었는데, 모습과 거동이 단정하고 아름다웠다. 〔사람들이〕 놀라고 이상히 여겨 동천東泉동천사東泉寺는 사뇌야詞腦野 북쪽에 있

<hr>

○○○ 5 서한 선제宣帝 유순劉詢의 연호. 기원전 69~66년까지 사용했다.

○○○ 6 2003년 11월 발굴 조사에서 우물지를 비롯한 팔각건물지 등이 확인되었다고 하나, 대부분의 연구자들은 나정을 박혁거세의 탄강지로 인정할 만한 증거가 없는 것으로 결론지었다.

○○○ 7 하늘을 나는 천마의 의미가 있으며 하늘의 사자다.

○○○ 8 태양신의 정기를 받아 고귀하게 태어난다는 의미가 내포되어 있다.

다.에서 목욕을 시키니, 몸에서 빛이 나고 새와 짐승들이 춤을 추며 천지가 진동하고 해와 달이 맑아졌다. 그래서 혁거세왕이 말은 향언鄉言이다. 혹은 불구내왕弗矩內王이라고도 하는데, 밝은 빛으로 세상을 다스린다는 뜻이다.°9 해설가들에 따르면 "이는 서술성모西述聖母°10가 낳은 것이다. 중국 사람들이 선도성모仙桃聖母를 찬양하는 말에 어진 사람을 낳아서 나라를 세웠다는 말이 그것이다. 그러기에 계룡이 상서로움을 나타내어 알영閼英을 낳은 것 역시 서술성모가 나타났음을 뜻함이 아니겠는가."라고 한다. 이라 이름하고 위호位號는 거슬한居瑟邯 또는 거서간居西干이라고도 한다. 처음 입을 열었을 때 스스로 "알지 거서간"이라고 말하고 한 번에 일어났다고 했으므로 그 말에 따라 일컬은 것인데, 이후부터 왕의 존칭이 되었다. 이라고 했다.

당시 사람들은 다투어 축하하며 말했다.

"이제 천자가 이미 내려왔으니, 덕이 있는 왕후를 찾아 짝을 맺어 드려야 한다."°11

이날 사량리沙梁里 알영정閼英°12英井아리영정娥利英井이라고도 한다. 가에 계룡이 나타나 왼쪽 옆구리에서 여자아이를 낳았다. 혹은 용이 나타나 죽었는데 그 배를 갈라 얻었다고도 한다. 여자아이의 얼굴과 용모는

○○○ **9** '박'은 우리말 '붉〔光明〕'에 대한 음차자音借字며, '혁赫'의 훈 '붉'에 대한 음차자인 '박'자로 성을 삼은 것이라는 견해가 설득력 있다.(양주동 설)

○○○ **10** 선도성모와 같은 존재며, 중국 황실의 공주로서 선도산에 와서 깃들었다는 신모다.

○○○ **11** 이하는 왕비 알영 부인을 맞이하는 이야기인데, 고운기의 고증에 의하면 부인이 태어난 해는 혁거세가 왕위에 오른 5년 뒤라고 기록하고 있어 여기와는 다르다.

○○○ **12** 여기서 '알'은 사물의 핵심이나 근원을 말하며, '씨'의 대칭어로 여성에게만 쓰였다. 알영정을 나정에 대응되는 마을의 중심지로 보기도 한다.

매우 아름다웠으나 입술이 닭부리와 같았다.°**13** 아이를 월성月城 북천北川에서 목욕시키자 부리가 떨어져 나갔다. 그 때문에 시내 이름을 발천撥川이라 했다.

남산 서쪽 기슭지금의 창림사昌林寺이다.에 궁궐을 짓고 성스러운 두 아이를 받들어 길렀다. 남자아이는 알에서 태어났는데, 〔그〕 알이 박처럼 생겼다. 향인들이 바가지를 박朴이라 했기 때문에 성을 박씨로 했다. 여자아이는 태어난 우물 이름을 따서 이름을 지었다.

두 성인이 열세 살이 되는 오봉五鳳°**14** 원년 갑자에 남자아이를 왕으로 세우고, 여자아이를 왕후로 세웠다. 그리고 나라 이름을 서라벌徐羅伐 또는 서벌徐伐지금의 풍속에 경京 자를 서벌이라 하는 것은 이 때문이다. 또는 사라斯羅 또는 사로斯盧라고 했다.

처음에 왕이 계정鷄井에서 태어났으므로 계림국鷄林國이라고도 했는데 이것은 계룡이 상서로움을 드러냈기 때문이다. 일설에는 탈해왕脫解王 때 김알지金閼智를 얻자, 숲속에서 닭이 울었으므로 국호를 고쳐 계림이라 했다고 한다. 후세에 이르러 국호가 신라로 정해졌다.

〔박혁거세는〕 61년 동안 나라를 다스리다가 하늘로 올라갔는데 이레 후 시신이 땅에 흩어져 떨어졌고 왕후도 세상을 떠났다.°**15** 나라 사람들이 한곳에 장사를 지내려 하자 큰 뱀이 쫓아다니며 이를 방해했다. 그래서 머리와 사지〔五體〕를 제각기 장사 지내 오릉五陵으

○○○ **13** 닭은 새로운 태양의 도래를 알리는 새다. 이러한 닭 토템은 신성 관념의 반영이며 신라 전체의 토템으로 확장된다.
○○○ **14** 중국 전한前漢 선제宣帝의 연호. 기원전 57~54년까지 사용했다.
○○○ **15** 왕후는 경주의 오릉五陵에 혁거세와 같이 묻혀 있다고 한다.

로 만들었는데 이를 사릉蛇陵이라고도 한다. 담엄사 북쪽의 능이 바로 이것이다. 그 후 태자 남해왕南解王이 왕위를 계승했다.

제2대 남해왕

　남해거서간南解居西干은 차차웅次次雄이라고도 한다. 이는 존장尊
長을 일컫는 말인데 오직 이 왕만을 차차웅이라고 불렀다. 아버지는
혁거세이고 어머니는 알영부인이다. 비는 운제부인雲帝夫人운제雲梯
라고도 하는데, 지금의 영일현迎日縣 서쪽에 운제산雲梯山 성모聖母가 있어 가
뭄에 비를 빌면 응험이 있다고 한다. 이다.

　전한 평제平帝 원시元始 4년 갑자년(4년)에 즉위하여 21년 동안
다스리고 지황地皇 4년 갑신년(24년)에 죽으니, 이 왕이 바로 삼황三
皇°1의 첫째라고 한다.

　『삼국사』를 살펴보면, 신라에서는 왕을 거서간이라 불렀는데,
진한의 말로 왕을 뜻한다. 어떤 이는 귀한 사람을 일컫는 말이라고
도 한다. 또한 차차웅이라고도 하고 자충慈充이라고도 한다.

　김대문金大問°2이 말했다.

　"차차웅은 무당을 말하는 방언이다. 세상 사람들은 무당이 귀
신을 섬기고 제사를 숭상하기 때문에 두려워하고 공경한다. 그래서
존장인 자를 자충이라 한 것이다."

○○○ 1 혁거세왕, 남해왕, 노례왕을 말한다.
○○○ 2 신라 33대 성덕왕聖德王 시대의 명문장가로 『화랑세기』를 지었다. 『삼
국사기』에 열전이 있다.

혹은 이사금尼師今이라고도 했는데, 잇금〔齒理〕○3을 말한다. 처음에 남해왕이 승하하자 아들 노례弩禮가 탈해脫解에게 왕위를 주려고 했다. 그러자 탈해가 말했다.

"내가 듣기에 성스럽고 지혜가 많은 사람은 치아가 많다고 합니다."

이에 떡을 물어 시험했다. 옛날부터 이렇게 전해 왔다.

혹은 왕을 마립간麻立干립立을 수袖로 쓰기도 한다. 이라고도 하는데, 김대문은 이렇게 말했다.

"마립이란 궐橛○4을 말하는 방언이다. 궐표橛標는 자리에 따라 두는데, 왕궐王橛이 주가 되고 신궐臣橛은 아래에 두게 되어 있어 이렇게 이름 붙인 것이다."

사론史論○5에는 이렇게 말했다.

"신라에는 거서간과 차차웅이라 부른 임금이 각각 한 명씩 있고, 이사금이라 부른 임금이 열여섯 명이고, 마립간이라 부른 임금이 넷 있다."

신라 말의 유명한 유학자 최치원은 『제왕연대력帝王年代曆』을 지으면서 모두 무슨 왕〔某王〕이라 칭하고 거서간이나 마립간 등의 칭호는 사용하지 않았으니, 그 말이 비루하고 거칠어서 일컬을 만하지 않았던 것일까?〔그러나〕 지금 신라의 일을 기록하면서 방언을 그대로 두는 것 또한 옳은 일이다. 신라 사람들은 추봉追封된 이를 갈문

○○○ **3** 잇자국을 말한다.
○○○ **4** 말뚝을 말하며, 서열을 나타내기 위한 표식을 뜻한다.
○○○ **5** 『삼국사기』「신라본기」제4에 실린 지증마립간 끝에 붙인 것이다.

왕葛文王°**6**이라 했는데, 이에 대해서는 자세히 알 수 없다.

이 남해왕 시대에 낙랑국 사람들이 금성金城을 침범했으나 이기지 못하고 돌아갔고, 또 천봉天鳳°**7** 5년 무인년(18년)에 고구려의 속국 일곱 나라가 투항해 왔다.

○○○ **6** 신라 시대 임금의 존족尊族과 임금에 준하는 자에게 주던 칭호다.
○○○ **7** 신新나라 왕망王莽의 연호. 14~19년까지 사용했다.

제3대 노례왕

　박노례이질금°**1**朴弩禮尼叱今유례왕儒禮王이라고도 한다. 이 처음에 매부 탈해에게 자리를 물려주려 하자 탈해가 말했다.

　"무릇 덕이 있는 자는 치아가 많다고 하니, 마땅히 잇금으로 시험해 봅시다."

　이에 떡을 깨물어 시험해 보니, 왕의 잇금이 많았기 때문에 먼저 즉위했다. 이런 연유로 왕을 이질금이라고 했다. 이질금이란 칭호는 노례왕에서 시작되었다. 유성공劉聖公°**2** 경시更始 원년 계미년(23년)에 즉위하여연표에는 갑신년에 즉위했다고 했다. 여섯 부의 호를 고쳐 정하고 여섯 성姓°**3**을 하사했다. 처음으로 도솔가兜率歌°**4**를 지었는데, 차사嗟辭°**5**와 사뇌격詞腦格°**6**이 있었다. 그때 처음으로 쟁기와 보습

○○○ **1** 『삼국사기』에는 유리이사금으로 기록되어 있고, '이질금'은 '이사금'이라고도 하며 윗사람, 족장, 우두머리라는 뜻이다. 나중에 임금이라는 의미로 확장되었다.

○○○ **2** 후한 광무제光武帝 유수劉秀의 족형 유현劉玄이다.

○○○ **3** 이씨李氏, 최씨崔氏, 손씨孫氏, 정씨鄭氏, 배씨裵氏, 설씨薛氏다.

○○○ **4** 민족 최초의 가악歌樂을 기록한 대목이다. '도솔兜率'에 대해 여러 선학들은 고유어의 음차로 보기도 하고 '즐겁고 편안하다'(歡康)는 뜻의 불교 용어로 보기도 한다.

○○○ **5** '슬퍼하는 말'이나 '감탄의 말', 또는 '찬미讚美'의 뜻이다.

○○○ **6** '사뇌詞腦'는 '동토東土', '시나위' 등의 의미로 보기도 하고, 고려인의 일상어로 '청淸', '찬讚' 등의 의미로 보기도 한다. 즉 사뇌격은 찬미하는 맑고

과 얼음 저장 창고와 수레를 만들었다. 건무建武 18년(42년)에는 이 서국을 쳐서 멸망시켰다. 이해에 고구려 군사가 쳐들어왔다.

높은 격조를 뜻한다.

제4대 탈해왕°1

탈해치질금脫解齒叱今°2토해이사금吐解尼師今이라고도 한다.은 남해
왕 때에고본古本에 임인년에 왔다고 했으나 잘못된 것이다.°3 가까운 임인년이
면 노례왕이 즉위한 뒤일 것이므로 서로 왕위를 양보하려고 다투는 일이 없었을
것이고, 앞의 임인년이라면 혁거세의 시대다. 따라서 임인년이라 한 것은 틀렸음
을 알 수 있다. 가락국駕洛國 바다 한가운데에 배가 와서 닿았다. 그 나
라의 수로왕首露王이 신하와 백성들과 함께 북을 시끄럽게 두드리며
맞이하여 그들을 머물게 하려고 했다. 그러나 배는 나는 듯 달아나
계림 동쪽 하서지촌下西知村 아진포阿珍浦°4지금도 상서지촌上西知村과
하서지촌이란 이름이 있다.에 이르렀다.

그때 마침 포구 가에 혁거세왕의 고기잡이 노파 아진의선阿珍義
先이 있었다.

〔노파가〕 배를 바라보면서 말했다.

○○○ **1** 이 설화는 난생 설화형으로, 이동환 교수는 "탈해가 속한 종족이 남
방 해양계의 용 토템족이라는 것을 말해 준다."라고 했다.
○○○ **2** '탈'은 '토吐'와 동음이며 '치'는 '이', '니' 의 훈차자로서 치질금은 이사
금, 이질금과 같은 뜻이다.
○○○ **3** 여기서 일연은 『삼국사기』「신라본기」의 기술이 잘못되었음을 비판
한다는 의미다.
○○○ **4** 『삼국사기』「신라본기」에도 나오며 대왕암에서 3~4킬로미터 떨어진
곳이다.

"이 바다 가운데는 원래 바위가 없는데 무슨 일로 까치가 모여들어 우는가?"

배를 당겨 살펴보니 까치가 배 위에 모여 있었고 배 안에는 길이가 스무 자에 너비가 열세 자나 되는 상자가 하나 있었다. [아진의선이] 배를 끌어다가 나무 숲 아래 매어 두고는 길흉을 알 수가 없어 하늘을 향해 고했다. 잠시 후에 열어 보니 반듯한 모습의 남자아이가 있었고, 칠보七寶°5와 노비가 그 안에 가득 차 있었다.

이레 동안 잘 대접하자 아이가 이렇게 말했다.

"나는 본래 용성국龍城國°6 사람입니다. 또는 정명국正明國 사람이라고도 하고 완하국琓夏國 사람이라고도 하는데, 완하는 화하국花夏國이라고도 한다. 용성국은 왜倭의 동북쪽 1000리 지점에 있다. 우리나라에 일찍이 스물여덟 용왕이 있는데, 사람의 태胎에서 출생하여 대여섯 살 때부터 왕위를 이어받아 온 백성을 가르치고 성명性命을 바르게 닦았습니다. 8품의 성골姓骨이 있으나 차별을 두지 않고 모두 큰 자리[大位]°7에 올랐습니다. 이때 우리 부왕 함달파含達婆가 적녀국왕積女國王의 딸을 맞아 왕비로 삼았는데, 오랫동안 아들이 없자 아들 구하기를 빌어 7년 만에 큰 알 한 개를 낳았습니다. 그러자 대왕이 군신을 모아 묻기를 '사람이 알을 낳은 일은 고금에 없으니 길상吉祥이 아닐 것이다.'라고 하고, 궤짝을 만들어 나를 넣고 또한 칠보와 노비까지 배에

○○○ 5 불가의 일곱 가지 보물로서 금, 은, 유리琉璃, 마노瑪瑙, 호박琥珀, 산호珊瑚, 차거硨磲인 듯하다.
○○○ 6 『삼국사기』에는 다파나국多婆那國이라고 했는데 일연의 주석처럼 일본과 관련 있는 나라로 보기도 하지만, 기록과 지명이 불일치하며 상징적인 설명으로 보기도 한다.
○○○ 7 왕위를 말한다.

신고 띄워 보내면서, '아무 곳이나 인연 있는 곳에 닿아 나라를 세우고 집안을 이루어라.'라고 축원했습니다. 〔그러자〕 문득 붉은 용이 나타나 배를 호위하여 이곳에 이른 것입니다."

말을 끝내자 아이는 지팡이를 짚고 노비 두 명을 데리고 토함산으로 올라가 돌무덤을 만들었다. 〔그곳에〕 이레 동안 머물면서 성안에 살 만한 곳을 살펴보니 초승달 모양의 봉우리 하나가 있는데 오래도록 살 만했다. 그래서 내려가 살펴보니 바로 호공瓠公°**8**의 집이었다. 이에 곧 계책을 써서 몰래 그 옆에 숫돌과 숯을 묻고 다음 날 이른 아침에 그 집에 가서 말했다.

"여기는 우리 조상이 대대로 살던 집이오."

호공이 그렇지 않다고 하자 이들의 다툼이 결판이 나지 않아 관청에 고발했다. 관청에서 물었다.

"무슨 근거로 너의 집이라고 하느냐?"

아이가 말했다.

"우리 조상은 본래 대장장이였는데, 잠깐 이웃 고을에 간 사이에 그가 빼앗아 살고 있는 것입니다. 땅을 파서 조사해 보십시오."

탈해의 말대로 땅을 파 보니 과연 숫돌과 숯이 나왔으므로 〔그는〕 그 집을 빼앗아 살게 되었다. 이때 남해왕은 탈해가 지혜로운 사람임을 알아보고 맏공주를 아내로 삼게 하니, 이 사람이 아니부인阿尼夫人이다.

어느 날, 토해吐解°**9**가 동악東岳에 올랐다가 돌아오는 길에 하인

○○○ **8** 『삼국사기』「신라본기」에는 그의 혈족과 성씨가 자세하지 않고 왜국 출신으로 박을 허리에 매고 있었기에 붙은 이름으로 보았다. 왕자 호공, 탈해의 관계를 이주민 세력의 연맹으로 보기도 한다.

〔白衣〕에게 마실 물을 떠오게 했다. 〔그런데〕 하인이 물을 길어 오면서 도중에 먼저 맛보려 하자 입에 잔이 붙어 떨어지지 않았다. 이로 인해 탈해가 꾸짖자 하인이 맹세했다.

"이후로는 가깝든 멀든 감히 먼저 〔물을〕 맛보지 않겠습니다."

그제야 비로소 〔입에서 잔이〕 떨어졌다. 그 뒤로 하인은 두려워 복종하고 감히 속이지 못했다. 지금 동악에 우물 하나가 있는데 세속에서 요내정遙乃井이라 부르는 우물이 바로 그곳이다.

노례왕이 죽자 광무제光武帝 중원中元 2년 정사년(57년) 6월 탈해가 마침내 왕위에 올랐다. 옛날 내 집이었다고 하여 다른 사람의 집을 빼앗았기 때문에 성을 석씨昔氏라 했다. 어떤 사람은 까치로 인해 상자를 열었기 때문에 〔작鵲자에서〕 조鳥자를 버리고 성을 석昔씨로 했으며,°10 상자 속에서 알을 깨고 출생했기 때문에 탈해라 이름 지었다고 한다. 왕위에 있은 지 23년째인 건초建初°11 4년 기묘년 (79년)에 죽은 뒤 소천구疏川丘에 장사 지냈다. 〔그〕 이후에 신神이 말했다.

"내 뼈를 조심해서 묻으라."

두개골의 둘레가 세 자 두 치, 몸통뼈의 길이는 아홉 자 일곱 치에 치아는 하나로 엉켜 있었으며, 뼈마디는 사슬처럼 이어져 있어 이른바 천하에 둘도 없는 장사의 골격이었다. 〔뼈를〕 부수어 소상塑像을 만들어 대궐 안에 안치하니, 신이 또 말했다.

"내 뼈를 동악에 두라."°12

○○○ 9 여기서 '토해'는 '탈해'로 보아야 한다.
○○○ 10 까치는 길조요 예지豫智의 새이므로 이를 토템으로 삼은 것 같기도 하다.
○○○ 11 후한 장제章帝 유달劉炟의 연호. 76~83년까지 사용했다.

그래서 그곳에 받들어 모셨다. 이런 말도 있다. 〔탈해왕이〕죽은 뒤 27대 문무왕 대 조로調露 2년 경신년(680년) 3월 15일 신유일辛酉日밤, 태종°**13**의 꿈에 매우 위엄 있고 사나워 보이는 한 노인이 나타나 "나는 탈해왕이다. 내 뼈를 소천구에서 파내 소상을 〔만들어〕 토함산에 안치하라."라고 했다. 왕이 그의 말 대로 했기 때문에 지금까지 국사國祀가 끊이지 않았으니, 이를 동악신東岳神이 라고도 한다.

○○○ **12** 탈해왕릉은 경주시 동천동 금강산의 길가에 큰 소나무를 배경으로 자리 잡고 있다.
○○○ **13** 문무왕으로 보아야 한다.

김알지 탈해왕 대[1]

영평永平[2] 3년 경신년(60년)중원中元 6년이라고도 하나 틀린 것이다. 중원은 2년에서 끝날 뿐이다. 8월 4일에 호공瓠公이 밤에 월성月城 서리西里를 지나다 시림始林구림鳩林이라고도 한다.[3] 속에서 커다란 빛이 밝게 빛나는 것을 보았다. 하늘에서 땅까지 자줏빛 구름이 드리워지고 구름 속으로 보이는 나뭇가지에 황금 상자가 걸려 있었다. 상자 안에서 빛이 나오고 있었고 나무 밑에는 흰 닭이 울고 있었다. 호공이 이 사실을 왕에게 보고했다. 왕이 숲으로 가 상자를 열어 보니 사내아이가 누워 있다가 바로 일어났는데, 혁거세의 고사와 같았기 때문에 그 말에 따라 알지閼智라는 이름을 붙였다. 알지는 향언鄕言으로 어린아이라는 뜻이다. 〔왕이 알지를〕 안아 수레에 싣고 대궐로 돌아오는데 새와 짐승이 서로 뒤따르면서 기뻐서 뛰며 춤을 추었다.

왕이 길일을 가려 태자로 책봉했으나 나중에 파사왕婆娑王에게 양보하고 왕위에 오르지 않았다. 그는 금궤에서 나왔다 하여 성을

○○○ **1** 이 조는 천강 신화와 난생 설화의 복합 형태인 동시에 개국 설화다. 그러나 황금 상자에서 나왔기 때문에 난생 신화에 대한 반론도 있다.
○○○ **2** 후한 명제明帝 유장劉莊의 연호. 58~75년까지 사용했다.
○○○ **3** 『삼국사기』「잡지雜志」에 의하면 탈해왕 9년(65년)에 시림에 닭의 신이한 변화가 있어 계림鷄林이라 고쳤다 한다. 지금의 경주시 교동 첨성대와 반월성 사이에 있다.

김씨金氏로 했다. 알지가 열한熱漢°4을 낳고, 열한이 아도阿都를 낳고, 아도가 수류首留를 낳고, 수류가 욱부郁部를 낳고, 욱부가 구도俱道혹은 구도仇刀라 한다.를 낳고, 구도가 미추未鄒를 낳았다. 미추가 왕위에 오르니 신라의 김씨는 알지로부터 시작되었다.

○○○ **4** '세한勢漢', '성한星漢'과 동일 인물로 보기도 하는데, 이병도는 '성한'을 '알지'와 동일 인물로 보았다.

연오랑과 세오녀 °¹

제8대 아달라왕阿達羅王°²이 즉위한 지 4년 정유년(157년)에 동해 가에 연오랑延烏郎과 세오녀細烏女 부부가 살았다. 하루는 연오랑이 바다에 가서 해조海藻를 따고 있는데, 갑자기 바위혹은 물고기라고도 한다.가 하나 나타나더니 연오랑을 태우고 일본으로 갔다. 일본 사람들이 그를 보고 말했다.

"이 사람은 예사로운 인물이 아니다."

그래서 왕으로 삼았다. 『일본제기日本帝記』°³를 살펴볼 때, 〔이때를〕 전후하여 신라 사람으로서 왕이 된 자가 없었다. 이는 변방 고을의 작은 왕이지 진짜 왕은 아니다.

세오녀는 남편이 돌아오지 않자 이상하게 여겨 〔바닷가에 가서〕 찾다가 남편이 벗어 놓은 신발을 발견했다. 〔세오녀가 남편의 신발이 있는〕 바위 위로 올라갔더니 바위는 또 이전처럼 그녀를 싣고 〔일본으로〕 갔다. 그 나라 사람들은 놀라고 이상하게 여겨 왕에게 알리고 세오녀를 왕께 바쳤다. 부부는 서로 만나게 되었고 〔세오녀

○○○ **1** 이 부분은 『삼국사기』에 전혀 내용이 없으나 고려 초기 박인량의 『수이전殊異傳』과 조선 전기 서거정의 『필원잡기筆苑雜記』에 실려 있다.

○○○ **2** 일성왕의 큰아들로 신라 제8대 왕이며 154년에서 183년까지 재위했다.

○○○ **3** 이 책은 원성대왕 조에 『일본제기』로 인용되어 있는데 같은 책인지는 알 수 없다.

를〕귀비로 삼았다.

이때 신라에서는 해와 달이 빛을 잃었는데,°**4** 일관日官이 〔왕께〕
아뢰었다.

"해와 달의 정기가 우리나라에 내렸었는데, 이제 일본으로 가 버
렸기 때문에 이런 변괴가 생긴 것입니다."

왕이 사신을 보내 두 사람에게 돌아오기를 청하자 연오랑이 말
했다.

"내가 이 나라에 오게 된 것은 하늘의 뜻인데 지금 어떻게 돌아
가겠습니까? 그러나 짐의 비妃가 짜 놓은 비단이 있으니, 이것을 가
지고 하늘에 제사를 지내면 될 것입니다."

그러고는 비단을 주었다.

사신이 돌아와서 아뢰고 그 말대로 제사를 지냈더니 그런 후에
해와 달이 예전처럼 빛을 되찾았다. 〔그리고 연오랑이 준〕 비단을 임
금의 곳간에 간직하여 국보로 삼고 그 창고의 이름을 귀비고貴妃庫
라 했다. 하늘에 제사 지낸 곳은 영일현迎日縣 또는 도기야都祈野라
했다.

○○○ **4** 일식과 월식의 자연 현상을 뜻한다.

미추왕과 죽엽군

제13대 미추이질금未鄒尼叱今혹은 미조未組 또는 미고未古°**1**라 한다. 은 김알지의 7세손이다. 대대로 벼슬이 높았고 여전히 성현의 덕이 있어 이해理解°**2**로부터 자리를 이어받아 처음으로 왕위에 올랐다. 지금 세상에서는 미추왕의 능을 시조당始祖堂이라고도 한다. 이것은 대개 김씨로는 처음으로 왕위에 올랐기 때문이며, 후대에 김씨의 여러 왕들이 모두 미추를 시조로 삼은 것은 당연한 일이다. 왕위에 오른 지 23년 만에 죽었는데, 왕릉은 흥륜사興輪寺 동쪽에 있다.

제14대 유리왕儒理王 대에 이서국 사람들이 금성을 공격해 왔다. 우리〔신라〕는 대대적으로 〔군대를〕 일으켜 막았으나 오랫동안 대항할 수가 없었다. 갑자기 모두 귀에 댓잎을 꽂은 군대〔竹葉軍〕가 있어 도우러 와서 우리 군대와 힘을 합쳐 적을 공격하여 무찔렀다. 적이 물러간 후에는 〔그들이〕 어디로 갔는지 알 수 없었다. 다만 미추왕의 능 앞에 댓잎이 쌓여 있는 것을 보고는 그제야 선왕이 음덕으로 도와 공을 세운 것임을 알게 되었다. 그래서 그의 능을 죽현릉竹現陵°**3**

○○○ **1** 여기서 미조, 미고는 근저根抵, 원본元本이라는 뜻인 '믿', '밋'의 사음寫音이라는 설이 있다.

○○○ **2** 『삼국사기』에는 첨해沾解라고 되어 있다.

○○○ **3** 여기서 '현現'이 '엽葉'과 음이 통하므로 '죽엽릉'이라고 주장하는 학자도 있다.

이라 불렀다.

그 후 37대 혜공왕惠恭王 대인 대력大曆 14년 기미년(779년) 4월 김유신 공의 무덤에서 갑자기 회오리바람이 일어났다. 무덤 속에서 어떤 사람이 준마를 타고 나타났는데, 장군과 같은 위용을 갖추고 있었다. 또 갑옷 차림에 무기를 든 마흔 명가량의 군사가 뒤를 따라와 죽현릉으로 들어갔다. 잠시 후 능 안에서 진동하고 소리내어 우는 듯한 소리가 나고, 어떤 때는 호소하는 듯한 소리도 들렸다. 그 말은 이런 내용이었다.

"신은 평생을 시대의 환란을 구하는 데 힘을 보태어 통일을 이룩한 공이 있고, 이제는 혼백이 되어서까지 나라를 지키고 재앙을 물리쳐 환란을 구하려는 마음을 잠시도 고쳐먹은 적이 없습니다. 〔그런데〕 지난 경술년〔혜공왕 6년〕에는 신의 자손이 죄도 없이 죽임을 당했으니, 〔그것은〕 군주나 신하가 저의 공을 염두에 두지 않은 것입니다. 신은 〔이제〕 다른 곳으로 멀리 떠나 다시는 〔나라를 위해〕 힘쓰지 않으려 하니 원컨대 왕께서는 허락해 주십시오."

미추왕이 대답했다.

"오직 나와 공이 이 나라를 지키지 않으면 백성들은 어떻게 되겠는가? 공은 다시 예전처럼 힘써 노력해 주시오."

〔김유신의〕 세 차례 부탁에 세 차례 다 허락하지 않았으므로 회오리바람은 곧 돌아갔다.

혜공왕은 그 말을 듣고는 두려워 즉시 대신 김경신金敬信을 보내 김유신 공의 능에 가서 사과하고, 공덕보전功德寶田 서른 결結을 취선사鷲仙寺에 하사하여 명복을 빌게 했다.°4 〔그〕 절은 김공이 평양을 토벌한 후에 복을 심기 위해 세운 절이다. 미추왕의 혼이 아니었다면 김유신의 노여움을 막지 못했을 것이니, 나라를 지키는 마음이 크다고 할 수 있다.° **5** 그래서 나라 사람들이 그 덕을 기려 삼산三山° **6** 과 함께 제사 지내기를 게을리하지 않고, 제사 차례를 오릉五陵° **7**보 다 위에 두고 대묘大廟라고 불렀다.

○○○ **4** 취선사는 경상북도 경주에 있던 절이다.『삼국사기』「김유신열전 하」 에 이 내용이 있다.

○○○ **5** 이러한 미추왕의 혼은 호국령에 속한다.

○○○ **6** 삼산은 신라의 제전 중에서 대사大祀의 대상이 되며 나림奈林, 골화 骨化, 혈례穴禮의 세 곳이다.

○○○ **7** 경주시 탑동에 있는 신라 초기의 왕릉으로 혁거세를 비롯한 다섯 사 람의 분묘다.

나물왕 혹은 나밀왕那密王이라고도 한다. 과 김제상°¹

제17대 나밀왕那密王이 왕위에 오른 지 36년 경인년(390년)에 왜왕이 사신을 보내 와서 조문하며 말했다.

"저희 임금은 대왕의 신성하심을 듣고 신 등에게 백제가 지은 죄를 대왕께 아뢰도록 하셨습니다. 대왕께서는 왕자 한 명을 보내 저희 임금께 성심을 보이시기 바랍니다."

그래서 왕이 셋째 아들 미해美海미토희未叱喜°²라고도 되어 있다.를 왜국°³에 보냈다. 〔이때〕 미해의 나이는 열 살로 말과 행동이 아직 〔반듯하게〕 갖추어지지 않았으므로 내신 박사람朴娑覽을 부사副使로 삼아 〔딸려〕 보냈다. 〔그런데〕 왜왕이 30년 동안 그를 붙잡아 두고는 돌려보내지 않았다.

눌지왕訥祗王이 왕위에 오른 지 3년 기미년(419년)에 고구려 장수왕長壽王이 사신을 보내 와서 조문하며 말했다.

"저희 임금께서는 대왕의 아우 보해寶海°⁴가 지혜가 빼어나고

○○○ 1 『삼국사기』 「신라본기」와 「열전」에는 박제상朴堤上으로 되어 있어 박제상으로 고쳐야 한다. '제상'은 '모말毛末'이라고도 했다.
○○○ 2 『삼국사기』 「신라본기」에는 미사흔未斯欣으로 되어 있다. 『삼국사기』에 의하면 미해가 일본에 간 것은 실성왕 원년의 일이다. 미사흔과 박제상 이야기는 『일본서기』 권7에도 전한다.
○○○ 3 신라에게 위협을 주었던 왜국의 성립은 대체로 4세기 이후의 일이다.
○○○ 4 『삼국사기』 「신라본기」에는 "복호卜好를 고구려에 볼모로 보냈다."라

재능이 있다는 말을 듣고, 서로 친하게 지내기를 바라며 특별히 소신을 보내 간청하도록 했습니다."

왕은 그 말을 듣고 매우 다행스러워하면서 [서로] 화친을 맺어 왕래하기로 했다. 그래서 동생 보해에게 고구려로 가도록 명령하고 내신 김무알金武謁을 보좌로 삼아 보냈다. [그런데] 장수왕 역시 [그를] 억류하고는 돌려보내지 않았다.

10년 을축년(425년)에 이르러 왕은 여러 신하들과 나라 안의 호걸들을 불러모아 직접 연회를 베풀었다. 술이 세 순배 돌고 다양한 음악이 울리기 시작하자 왕이 눈물을 떨구면서 신하들에게 말했다.

"과거 선친께서는 백성들의 일이라면 성심을 다했기 때문에 사랑하는 아들을 동쪽 왜국으로 보냈다가 보지 못한 채 돌아가셨다. 또 짐이 보위에 오른 이래 이웃 나라의 군사가 대단히 강성하여 전쟁이 그치지 않았는데, 고구려만이 화친을 맺자는 말을 하였으므로 짐이 그 말을 믿고 친아우를 고구려에 보냈다. [그런데] 고구려 역시 [그를] 붙잡아 두고는 돌려보내지 않고 있다. 짐이 비록 부귀한 위치에 있지만 일찍이 하루 한순간이라도 [아우들을] 잊거나 [생각하고] 울지 않은 날이 없었다. 만약 두 아우를 만나 보고 함께 선왕의 묘를 뵙게 된다면 나라 사람들에게 은혜를 갚겠는데, 누가 이 계책을 이룰 수 있겠는가?"

이때 모든 관료들이 다 함께 아뢰었다.

"이 일은 진실로 쉽지 않습니다. 반드시 지혜와 용기가 있어야

는 기록이 있다. 인질에서 귀환한 시기에 대해서는 『삼국사기』의 기록과 차이를 보인다.

가능한데, 신들의 생각으로는 삽라군 태수 박제상이라면 할 수 있을 것입니다.”

그래서 왕이 〔제상을〕 불러 물었다. 제상은 두 번 절하고 대답했다.

“신이 듣건대 임금에게 근심이 있으면 신하가 욕되고, 임금이 욕되면 신하는 〔그 일을 위해〕 죽어야 한다고 합니다. 만약 어려운가 쉬운가를 따져 보고 나서 행동하면 충성스럽지 못한 것이고, 죽을지 살지를 따져 보고 나서 움직이면 용기가 없는 것이라고 합니다. 신이 비록 어리석지만 명을 받들어 가기를 원합니다.”

왕은 그를 매우 가상히 여겨 〔그와〕 잔을 나누어 술을 마시고 손을 잡고는 헤어졌다.

제상은 왕 앞에서 명을 받들고 곧장 북해北海의 길을 달려 변복을 하고 고구려로 들어갔다. 〔그리고〕 보해가 있는 곳으로 가 함께 탈출할 날짜를 의논하여 우선 5월 15일로 정하고, 고성高城 수구水口로 돌아와 묵으면서 기다렸다. 보해는 기일이 다가오자 병을 핑계로 며칠 동안 조회하지 않다가 밤중에 도망쳐서 고성 바닷가까지 이르렀다. 고구려 왕이 이를 알고는 수십 명을 보내 그를 뒤쫓아 고성에 이르러 따라잡게 되었다. 그러나 보해가 고구려에 머무는 동안 항상 주위 사람들에게 은혜를 베풀었기 때문에 군사들은 그를 불쌍히 여겨 모두 화살촉을 뽑고 활을 쏘았다. 〔그래서〕 마침내 〔죽음을〕 면하고 돌아오게 되었다.

왕은 보해를 만나 보자 미해 생각이 더욱 간절해졌다. 그래서 한편으로는 기뻐하고 한편으로는 슬퍼하며 눈물을 머금고 주위 사람들에게 말했다.

"마치 몸 하나에 팔뚝이 하나뿐이고 얼굴 하나에 눈이 하나뿐인 것 같소. 비록 하나는 얻었으나 하나는 없으니 어찌 비통하지 않겠소?"

이때 제상이 이 말을 듣고는 두 번 절한 후 하직하고 말에 올랐다. 〔그는〕 집에도 들르지 않고 길을 떠나 곧바로 율포栗浦 바닷가에 도착했다.

제상의 아내가 이 일을 듣고는 말을 달려 뒤쫓아가 율포에 이르러 보니, 남편이 이미 배에 오른 것이 보였다. 아내가 간곡하게 불렀으나, 제상은 다만 손을 흔들어 보이고 머물지 않았다. 〔그리고는〕 왜국에 도착해서 거짓으로 말했다.

"계림의 왕이 무고한 내 아버지와 형을 죽였기 때문에 이곳까지 도망쳐 왔습니다."

왜왕은 그를 믿고서 집을 주고 편안히 살게 해 주었다.

제상은 항상 미해를 모시고 바닷가에 나가 노닐면서 물고기와 새를 잡았다. 잡은 것을 항상 왜왕에게 바치니, 왜왕이 매우 기뻐하여 〔그를〕 의심하지 않았다.

때마침 새벽 안개가 짙게 끼자 제상이 말했다.

"도망가실 만합니다."

미해가 말했다.

"그렇다면 함께 갑시다."

제상이 말했다.

"만약 신까지 달아난다면 아마도 왜인들에게 발각되어 추격을 받을 것입니다. 신이 남아서 추격을 막겠습니다."

미해가 말했다.

"지금 그대는 나에게 아버지나 형과 같은 존재인데, 어찌 그대를 버려 두고 혼자 돌아갈 수 있겠소?"

제상이 말했다.

"신은 공의 목숨을 구하여 대왕의 마음을 위로해 드릴 수만 있다면 만족할 따름입니다. 어찌 살기를 바라겠습니까?"

그리고 술을 가져다 미해에게 바쳤다. 이때 계림 사람 강구려康仇麗가 왜국에 있었으므로 그를 딸려 보냈다.

제상은 미해의 방에 들어가 있었다. 이튿날 날이 밝자 주변 사람들이 들어와 보려고 했으나 제상이 밖으로 나와서 저지하며 말했다.

"어제 말을 달려 사냥을 하느라 병이 깊어 아직 일어나지 않았소."

그러나 날이 저물자 주변 사람들이 이상하게 여겨 다시 묻자 대답했다.

"미해는 떠난 지 이미 오래되었소."

주변 사람들이 급히 왜왕에게 알렸다. 왜왕은 기병을 시켜 뒤쫓게 했으나 따라잡지 못했으므로 제상을 가두고 물었다.

"너는 어찌하여 몰래 너희 나라 왕자를 돌려보냈느냐?"

〔제상이〕 대답했다.

"나는 계림의 신하지 왜국의 신하가 아니다. 이제 우리 임금의 뜻을 이루어 드리려고 한 것뿐인데 어찌 감히 당신에게 말하겠는가?"

왜왕이 노하여 말했다.

"이제 너는 내 신하가 되었는데도 계림의 신하라고 말하니, 반드시 오형五刑°5에 처할 수밖에 없다. 〔그러나〕 만일 왜국의 신하라고

○○○ **5** 중국 고대의 다섯 가지 형벌로서 대체로 먹물로 얼굴에 글씨를 새기

말하면 후한 녹을 주겠다."

〔제상이〕 대답했다.

"차라리 계림의 개나 돼지가 될지언정 왜국의 신하는 되지 않겠다. 차라리 계림 왕에게 볼기를 맞을지언정 왜국의 벼슬과 녹은 받지 않겠다."

왜왕은 노하여 제상의 발바닥 살갗을 도려낸 후 갈대를 베어다 놓고 그 위를 걷게 했다. 오늘날 갈대에 있는 핏자국을 세속에서는 제상의 피라고 말한다.

그러고는 다시 물었다.

"너는 어느 나라 신하인가?"

〔제상이〕 대답했다.

"계림의 신하다."

〔왜왕은〕 또 뜨거운 철판 위에 세우고 물었다.

"너는 어느 나라 신하인가?"

〔역시 제상이〕 대답했다.

"계림의 신하다."

〔그러자〕 왜왕은 〔제상을〕 굴복시킬 수 없음을 알고는 목도木島 가운데서 불태워 죽였다.

미해는 바다를 건너오자 강구려를 시켜 먼저 나라에 알리게 했다. 왕은 놀라고 기뻐하여 백관들에게 굴헐역屈歇驛에서 맞도록 명하고, 자신은 친동생 보해와 함께 남쪽 교외에서 맞았다. 〔그리고〕

고〔墨〕, 코를 베고〔劓〕, 발뒤꿈치를 베고〔剕〕, 성기를 절단하고〔宮〕, 목을 베는 〔斬〕 것을 말한다.

대궐로 들어와서 잔치를 베풀고 나라 안에 대대적인 사면령을 내렸다. 제상의 아내는 국대부인國大夫人으로 봉하고 딸을 미해의 부인으로 삼았다.

식견 있는 사람들은 〔이렇게〕 말했다.

"옛날 한漢나라의 신하 주가周苛가 형양滎陽에 있을 때 초楚나라 군사의 포로가 되었다. 항우項羽가 주가에게 '네가 내 신하가 되면 만록후萬祿侯로 봉하겠다.'라고 했으나, 주가는 욕을 하며 굽히지 않다가 초왕에게 죽임을 당했다. 제상의 충렬忠烈이 주가에 비해 부끄러울 것이 없다."

처음에 제상이 떠나갈 때, 소식을 들은 부인이 뒤쫓았으나 만나지 못하자 망덕사望德寺 문 남쪽의 모래밭에 이르러 드러누워 오래도록 울부짖었는데, 이 때문에 그 모래밭을 장사長沙라 불렀다. 친척 두 사람이 부축하여 돌아오려는데 부인이 다리가 풀려 주저앉아 일어나지 못했으므로 그 땅을 벌지지伐知旨라 했다. 오랜 뒤에 부인은 〔남편을〕 사모하는 마음을 견디지 못해 세 딸을 데리고 치술령°⁶에 올라 왜국을 바라보면서 통곡하다 삶을 마쳤다. 그 뒤 치술령의 신모神母가 되었으며, 지금도 사당이 남아 있다.

○○○ 6 경주시 외동읍과 울주군 두동면 경계에 있으며 해발 765미터다. 그 아래에 박제상 사당이 있다. 아직도 이곳 주민들은 치술령에 올라가 기우제를 지낸다고 한다.

제18대 실성왕

의희義熙°¹ 9년 계축년(413년)에 평양주平壤州에 큰 다리를 만들었다. 아마도 남평양南平壤인 듯한데, 지금의 양주楊州다. 왕은 이전 왕의 태자인 눌지訥祗가 덕망이 있음이 못마땅하여 그를 해치려고 고구려 군사를 청해 거짓으로 눌지를 맞이했다. 〔그러나〕 고구려 사람들은 눌지에게 어진 행실이 있음을 보고는 창을 거꾸로 하여 〔자기 편인〕 왕을 죽이고 눌지를 세워 왕으로 삼은 뒤 떠났다.

○○○ **1** 동진東晉 안제安帝 사마덕종司馬德宗의 연호. 405~418년까지 사용했다.

거문고 갑을 쏘다 °¹

제21대 비처왕毗處王소지왕炤智王°²이라고도 한다.이 즉위한 지 10년 무진년(488년)에 천천정天泉亭에 행차했을 때 까마귀와 쥐가 와서 울었는데 쥐가 사람의 말을 했다.

"이 까마귀가 가는 곳을 찾아가라. 혹은 신덕왕神德王이 흥륜사興輪 寺에 가서 향을 피우려고[行香] °³하는데, 길에서 여러 마리 쥐가 서로 꼬리를 물고 가는 것을 보고는 이상하게 여겨 돌아와 점을 쳐 보니 내일 맨 먼저 우는 까마귀를 찾아가라고 하였다는데, 이 견해는 틀린 것이다."

왕은 기병에게 명령하여 뒤따르게 했다. 남쪽의 피촌避村지금의 양피사촌壤避寺村이니 [경주] 남산 동쪽 기슭에 있다.에 이르렀을 때 돼지 두 마리가 서로 싸우고 있었다. [기병들은] 멈춰 서서 이 모습을 구경하다 문득 까마귀가 간 곳을 잃어버리고 길에서 배회하고 있었다. 이때 한 노인이 연못에서 나와 글을 바쳤다. 그 겉봉에 이렇게 씌어 있었다.

○○○ 1 신라에 불교가 공인되기 전에 신라인에게 불교는 상당한 거부감으로 다가왔다. 이 조는 그런 내용을 담고 있다.
○○○ 2 『삼국사기』「신라본기」 권3에는 소지마립간炤知麻立干이라고 하였고, 자비왕의 맏아들로 효성스럽고 겸손했다고 한다. 『삼국유사』「왕력」에서는 자비왕의 셋째 아들이라고 적혀 있다.
○○○ 3 '행향'은 재齋를 베푸는 사람이 도량 안을 천천히 돌며 향을 사르는 의식이다.

"뜯어보면 두 사람이 죽고 뜯어보지 않으면 한 사람이 죽을 것이다."○**4**

사신이 와서 글을 바치니 왕이 말했다.

"두 사람이 죽는 것보다 뜯어보지 않고 한 사람이 죽는 것이 낫다."

일관日官이 아뢰었다.

"두 사람이란 일반 백성이요, 한 사람이란 왕을 말하는 것입니다."

왕이 그 말을 옳게 여겨 뜯어보니 이렇게 씌어 있었다.

"거문고 갑[琴匣]을 쏴라."

왕은 궁궐로 돌아와 거문고 갑을 쏘았다. 그 속에서는 내전에서 분향 수도[焚修]○**5**하는 승려와 비빈이 은밀히 간통을 저지르고 있었다. 그래서 두 사람은 주살되었다. 이때부터 나라 풍속에 매년 정월 상해上亥, 상자上子, 상오上午○**6**일에는 모든 일에 조심하여 함부로 행동하지 않게 되었다. [그리고] 15일을 오기일烏忌日○**7**로 하여 찰밥으로 제사 지냈는데, [이 풍속은] 지금까지도 [민간에서] 행해지고 있다. 이것을 속어로는 달도怛忉○**8**라고 하는데, 슬퍼하고 근심하면서 모든 일을 금한다는 말이다. [또한 노인이 나와 글을 바친] 그 연

○○○ **4** 신라인들의 수수께끼 형식의 해학으로서 제유법의 일종이다.

○○○ **5** 모든 불사를 맡아서 행하는 의식이다.

○○○ **6** 이달의 첫 해일亥日, 자일子日, 오일午日이다. 즉 이 조에 등장하는 '돼지, 쥐, 까마귀'를 가리킨다.

○○○ **7** '까마귀를 [공경하여] 제사 지내는 날'이란 뜻인데, 비처왕이 까마귀의 덕으로 죽을 위기를 넘긴 것을 기념한 것이며 까마귀에게 찰밥으로 제사 지내는 풍속은 지금까지도 전해 내려온다.

○○○ **8** 양주동 박사에 의하면 우리말 '설, 슬'과 새해 첫날을 뜻하는 '설'의 음이 상통하는 데서 온 훈차라고 한다.

못의 이름을 서출지書出池°9라고 했다.

지철로왕

제22대 지철로왕智哲老王의 성은 김씨고, 이름은 지대로智大路 또는 지도로智度路며, 시호는 지증智證이라 했다. 이때부터 시호가 쓰이기 시작했고, 또 고을에서 왕을 마립간麻立干°¹이라고 부른 것도 이 왕 때부터다.

왕은 영원永元°² 2년 경진년(500년)에 즉위했다. 혹은 신사년이라고도 하는데, 그렇다면 3년이다. 왕은 음경의 길이가 한 자 다섯 치여서 좋은 짝을 찾기가 어려웠으므로 사신을 삼도三道로 보내 구했다. 사신이 모량부牟梁部 동로수冬老樹 아래에 이르렀을 때 개 두 마리가 북만큼 커다란 똥덩어리의 양쪽 끝을 다투어 먹고 있는 것을 보았다. 〔그래서〕 마을 사람들에게 묻자 한 소녀가 이렇게 말했다.

"모량부 상공相公의 딸이 이곳에서 빨래를 하다 숲속에 숨어서 눈 것입니다."

그 집을 찾아가 살펴보니 〔상공 딸의〕 키가 일곱 자 다섯 치나 되었다. 이런 사실을 왕에게 보고했다. 이에 왕이 수레를 보내 〔그녀를〕 궁궐로 맞아들여 황후로 봉하니°³ 신하들이 모두 축하했다.

○○○ 1 '마립'은 두頭, 상上, 종宗의 의미고 '간'은 대大, 장長의 뜻이니, '정상'을 뜻하는 존호로 왕에게 쓰였으며, '무른한', '마루한'으로 발음했다고 한다.
○○○ 2 남조 제나라 동혼후東昏侯 소보권蕭寶卷의 연호. 499~501년까지 사용했다.

또 아슬라주阿瑟羅州지금의 명주溟州다.의 동쪽 바다로 바람을 타고 이틀 정도 가면 우릉도于陵島지금의 우릉羽陵○4가 있는데, 둘레가 2만 6730보步였다. 섬의 오랑캐들이 물이 깊은 것을 믿고 교만하게 굴면서 신하 노릇을 하지 않았다. 왕은 이찬伊飡○5 박이종朴伊宗○6에게 명하여 군대를 거느리고 가서 그들을 토벌하게 했다. 박이종은 나무로 만든 사자를 큰 배 위에 싣고 위협하며 말했다.

"항복하지 않으면 이 짐승을 풀어 놓겠다."

우릉도의 오랑캐는 두려워하여 항복했다. 〔왕은〕 박이종에게 상을 내려 주州의 우두머리로 삼았다.

○○○ **3** 박씨 연제부인延帝夫人이다.

○○○ **4** 지금의 경상북도 울릉군 울릉도다.

○○○ **5** 신라 벼슬 이름으로 17관등에서 제2관등이다.

○○○ **6** 『삼국사기』「신라본기」에는 이사부異斯夫라고 되어 있으며 김씨라고 했다.

진흥왕

제24대 진흥왕은 즉위할 당시 열다섯 살°¹이었기 때문에 태후가 섭정을 했다. 태후는 법흥왕의 딸이며, 〔법흥왕의 아우인〕 입종 갈문왕立宗葛文王의 왕비다. 임종 무렵 머리칼을 깎고 법복을 입고 세상을 떠났다.

승성承聖°² 3년(554년) 9월, 백제의 군사가 진성珍城을 침공해 와서 남녀 3만 9000명과 말 8000필을 빼앗아 갔다.

이보다 앞서 백제가 신라와 군사를 합하여 고구려를 치고자 모의했다. 〔이때〕 진흥왕이 말했다.

"나라의 흥망은 하늘에 달려 있다. 만약 하늘이 고구려를 싫어하지 않는다면 내가 어찌 감히 바랄 수 있겠는가."

그리고 이 말을 고구려에 알렸더니, 고구려는 그 말에 감격하여 신라와 화친을 맺었다. 이 때문에 백제는 신라를 원망하여 〔침략해〕 온 것이다.

○○○ **1** 『삼국사기』「신라본기」에는 일곱 살로 되어 있다.
○○○ **2** 남조 양梁나라 간문제簡文帝 소강蕭綱의 연호. 552~554년까지 사용했다.

도화녀와 비형랑°¹

제25대 사륜왕舍輪王의 시호는 진지대왕眞智大王이고 성은 김씨다. 왕비는 기오공起烏公의 딸인 지도부인知刀夫人이다. 태건太建°² 8년 병신년(576년)에 즉위하여 고본古本에는 11년 기해년이라고 했으나 틀린 것이다. 4년 동안 나라를 다스렸는데, 정치가 어지러워지고 음란하여 나라 사람들이 왕을 폐위시켰다.

이보다 앞서 사량부沙梁部의 민가의 여인이 자태가 요염하고 얼굴이 고와 당시 도화랑桃花娘이라 불렸다. 왕이 이 소문을 듣고 궁중으로 불러 관계를 맺으려 했다. 〔그러자〕 여인이 말했다.

"여자가 지켜야 할 것은 두 남편을 섬기지 않는 것입니다. 남편이 있는데 다른 마음을 갖게 하는 것은 비록 천자의 위엄이 있다 해도 끝내 빼앗지는 못할 것입니다."

왕이 말했다.

"너를 죽인다면 어떻게 하겠는가?"

여인이 말했다.

○○○ **1** 이 조의 내용을 야래자夜來者 설화라고도 하는데, 삼국 시대 신라인의 정조에 대한 개방된 정서를 통해 우리나라 고유의 정서를 엿볼 수 있다. '후백제와 견훤' 조에도 이런 유형의 설화가 있다. 또 혼백과 동침하여 시애설화屍愛說話, 이물교구설화異物交媾說話로 보기도 한다.

○○○ **2** 남조南朝 진陳나라 선제宣帝의 연호. 원문의 '대大'는 '태太'다.

"차라리 저자에서 죽어 딴마음이 없기만을 바랍니다."

왕은 여인을 희롱하여 말했다.

"남편이 없으면 되겠는가?"

"됩니다."

그래서 왕은 여인을 놓아 보냈다.

이해에 왕이 폐위되어 죽고, 2년 뒤에 〔여인의〕 남편 역시 죽었다. 열흘 남짓 지난 어느 날 밤에 왕이 생시와 똑같은 모습으로 여인의 방에 와서 말했다.

"네가 지난번 약속한 바와 같이 이제 네 남편이 죽었으니 되겠는가?"

여인이 좀처럼 승낙하지 않고 부모에게 여쭙자 부모가 말했다.

"임금의 명령을 어떻게 피하겠는가?"

그리고 딸을 방으로 들여보냈다.

임금은 이레 동안 그곳에 머물렀는데, 항상 오색구름이 지붕을 감싸고 방 안에 향기가 가득했다. 그런데 이레 후 왕이 갑자기 종적을 감추었다. 여인이 이로 인해 임신하여 달이 차 곧 해산하려고 하자 천지가 진동했다. 사내아이를 낳으니 이름을 비형鼻荊이라 했다.

진평대왕眞平大王°**3**은 아이가 매우 특이하다는 말을 듣고는 거두어 궁중에서 길렀다. 열다섯 살이 되자 집사執事 벼슬을 주었다. 〔그런데 비형이〕 매일 밤 먼 곳으로 나가 놀자 왕이 날랜 병사 쉰 명에게 지키게 했다. 〔그러나 비형은〕 매일 월성을 넘어 서쪽 황천荒川 경성 서쪽에 있다.°**4** 언덕 위로 가서 귀신들을 거느리고 놀았다. 날랜

○○○ **3** 신라 제26대 왕(재위 579~632년)으로 경주 보문동에 능이 있다.

병사들이 숲속에 숨어서 엿보니, 귀신들이 여러 절의 새벽 종소리를 듣고 각기 흩어지면 비형랑 역시 돌아오는 것이었다. 군사들이〔와서〕이런 일을 아뢰니 왕이 비형랑을 불러 물었다.

"네가 귀신들을 거느리고 논다는 것이 사실이냐?"

비형랑이 대답했다.

"그렇습니다."

왕이 말했다.

"그렇다면 네가 귀신들을 시켜 신원사神元寺혹은 신중사神衆寺라고 하는데 이는 틀린 것이며, 또는 황천 동쪽의 깊은 시내〔渠〕라고도 한다.○5 북쪽 시내에 다리를 놓아라."

비형은 왕의 명령을 받들어 귀신들에게 돌을 다듬게 하여 하룻밤 사이에 큰 다리를 놓았다. 그래서〔그 다리를〕귀교鬼橋라고 불렀다.

왕이 또 물었다.

"귀신들 중에서 인간 세상에 나와 정치를 도울 만한 자가 있느냐?"

비형이 대답했다.

"길달吉達이란 자가 있는데 나라의 정사를 도울 만합니다."

왕이 말했다.

"데려오너라."

이튿날 비형이〔길달과〕함께 나타나자,〔왕은 그에게〕집사의 벼슬을 내렸다.〔길달은〕과연 충직하기가〔세상에〕둘도 없었다.

이때 각간角干○6 임종林宗에게 자식이 없었으므로 왕은〔길달

○○○ 4 지금의 경주 남천 하류인데 신원사 터가 보이는 곳이다.
○○○ 5 지금의 경주시 탑정동에 있다.
○○○ 6 신라 벼슬의 제1관등인 이벌찬伊伐湌의 별칭이다.

을) 대를 이을 아들로 삼게 했다. 임종이 길달에게 흥륜사°⁷ 남쪽에 누문樓門을 짓게 하자, 〔길달은〕 매일 밤 그 문 위에 가서 잤다. 때문에 이름을 길달문吉達門이라 했다.

하루는 길달이 여우로 둔갑해 도망치자 비형은 귀신을 시켜 붙잡아 죽였다. 그래서 귀신들은 비형의 이름만 듣고도 무서워 도망쳤다. 그때 사람들이 노래를 지어 불렀다.

성스러운 임금의 넋이 아들을 낳았으니,
비형랑의 집이 여기로세.
날뛰는 온갖 귀신들이여,
이곳에는 함부로 머물지 마라.

민간에서는 이 가사를 써 붙여 귀신을 쫓곤 한다.°⁸

○○○ 7 신라 최초의 사찰로 7처가람 중의 하나이며, 진흥왕 5년(544년)에 창건되었다.
○○○ 8 '처용랑과 망해사' 조에도 처용의 얼굴을 붙여 귀신을 쫓았다는 내용이 있다.

하늘이 내려 준 옥대

청태淸泰 4년°**1** 정유년(937년) 5월에 정승政丞 김부金傅가 금으로 새기고 옥으로 장식한 허리띠 하나를 바쳤는데 길이는 열 아름이요, 아로새긴 각띠가 예순두 개였다. 이것은 하늘이 진평왕에게 내린 허리띠라고 하여 고려 태조가 받아서 내고 內庫에 보관했다.

제26대 백정왕白淨王은 시호가 진평대왕眞平大王이고 성은 김씨다. [그는] 태건太建 11년 기해년(579년) 8월에 즉위했는데, 키가 열한 자나 되었다. [하루는] 내제석궁內帝釋宮 천주사天柱寺라고도 하며, 왕이 지은 것이다. 에 행차하여 섬돌을 밟는 순간 돌 세 개가 한꺼번에 부서졌다. 왕이 곁에 있던 신하에게 말했다.

"이 돌을 옮기지 말고 후세 사람들에게 보여라."

[이 돌이] 바로 성안에 있는 다섯 개의 부동석不動石 중 하나다.

[왕이] 즉위한 원년에 천사가 궁궐 뜰에 내려와 왕에게 말했다.

"상황上皇께서 나에게 이 옥대를 전해 주라고 명하셨소."

왕이 친히 무릎을 꿇고 [옥대를] 받자 천사는 하늘로 올라갔다. 모든 교묘郊廟°**2**의 큰 제사에는 이 허리띠를 맸다.

훗날 고구려 왕이 신라 정벌을 꾀하다가 이렇게 말했다.

"신라에는 세 가지 보물이 있어 침범할 수가 없다고 하는데, 무

○○○ **1** '청태'는 후당 폐제廢帝의 연호. 934~936년까지 3년간 사용했으니 4년은 잘못인 듯하다.
○○○ **2** 천지에 제사 지내는 교사와 조상에 제사 지내는 종묘를 말한다.

엇을 말하는가?"

"황룡사°³의 장륙존상丈六尊像이 하나요, 그 절의 9층탑이 둘이요, 진평왕의 천사옥대天賜玉帶가 셋입니다."

〔고구려 왕은〕이에 정벌 계획을 멈췄다.

°°° 다음과 같이 기린다

구름 밖 하늘에서 주신 옥대는
천자의 곤룡포와 잘 어울리네.
우리 임금의 몸 이로부터 더욱 무거우니
내일 아침에는 쇠로 섬돌을 만들어야지.

°°° 3 신라 진흥왕 14년(553년)에 처음 건립되기 시작하였으며, 황룡이 나타나 불사로 고쳐 황룡사라 하고, 17년 만인 569년에 완성하였다. 선덕여왕 때에는 구층목탑이 세워지기도 했다. 신라에서 가장 큰 사찰이었는데, 1238년 몽고 3차 침략 때 불타 버린 후 오늘날까지 터만 남아 있다. 1976년부터 수십 년간 발굴 조사가 진행되어 많은 유적과 유물이 나왔다.

선덕왕이 미리 안 세 가지 일

　제27대 덕만德曼〔만曼 을〕 만萬으로 쓰기도 한다. 의 시호는 선덕여대왕
善德女大王°1이고, 성은 김씨며 아버지는 진평왕이다. 정관貞觀 6년 임
진년(632년)에 즉위하여 16년 동안 나라를 다스렸는데, 세 가지 일
을 미리 알았다.

　첫째는 당 태종이 붉은색, 자주색, 흰색의 세 가지로 그린 모란
꽃 그림과 씨앗 세 되를 보내 왔다.°2 왕이 꽃 그림을 보고 말했다.

　"이 꽃은 정녕코 향기가 없을 것이다."

　명을 내려 씨를 뜰에 심도록 했더니 그 꽃이 피었다가 질 때까지
과연 그 말과 같았다.

　둘째는 영묘사靈妙寺°3 옥문지玉門池에서 한겨울에 수많은 개구
리들이 모여 사나흘 동안 울어 댔다. 나라 사람들이 괴이하게 여겨
왕에게 물었다. 왕은 급히 각간角干 알천閼川과 필탄弼呑 등에게 정
예 병사 2000명을 이끌고 서둘러 서쪽 교외로 가서 여근곡女根谷°4

○○○ **1** 불교를 국교로 강력히 지지했던 왕으로 이름인 '덕만'과 시호인 '선덕'
도 모두 불교적인 호칭이다. 경주 낭산 신유림에 능이 전하고 있다.
○○○ **2** 『삼국사기』「신라본기」 제5에는 진평왕眞平王 때의 일로 기록되어 있다.
○○○ **3** 신라 7처가람 중의 하나로 선덕여왕 때(635년) 창건된 것으로 전하
고 있다.
○○○ **4** 여인의 생식기 모양의 골짜기라는 뜻으로『삼국사기』에서는 '옥문곡
玉門谷'이라고 하였다.

을 물어보면 그곳에 틀림없이 적병이 있을 테니 습격하여 죽이라고 말했다.

두 각간이 명을 받고 나서 각기 1000명을 거느리고 서쪽 교외로 가서 물었더니 부산富山 아래에 과연 여근곡이 있었고, 백제 군사 500명이 그곳에 숨어 있었으므로 그들을 에워싸서 죽였다. 백제 장군 우소亐召는 남산 고개 바위 위에 숨어 있었는데, 또 포위하여 활을 쏘아 죽였다. 또 〔백제에서〕 후원병 1200여 명이 왔지만 역시 공격하여 죽였는데 한 명도 남김이 없었다.

셋째는 왕이 병도 없을 때인데 모든 신하들에게 말했다.

"내가 어느 해 어느 달 어느 날이 되면 죽을 것이니, 나를 도리천忉利天°5 가운데 장사 지내라."

신하들은 그곳이 어디인지 몰라 물었다.

"어디입니까?"

왕이 말했다.

"낭산狼山°6의 남쪽이다."

과연 그달 그날에 이르러 왕이 죽었다. 신하들은 〔왕을〕 낭산 남쪽에 장사 지냈다. 10여 년이 지난 뒤 문무대왕文武大王이 왕의 무덤 아래에 사천왕사四天王寺°7를 지었다. 불경에 말했다.

○○○ **5** 불가에서 말하는 욕계육천欲界六天의 둘째 하늘이다.
○○○ **6** 언덕처럼 낮지만 신라 사람들은 나라를 지켜 주는 호국의 산으로 인식하였다. 낭산 자락에는 선덕여왕릉을 비롯하여 사천왕사지와 능지탑지 등이 전해지고 있다.
○○○ **7** 신라 문무왕이 명랑법사의 문두루비법으로 당나라 군사들을 물리치기 위하여 세운 절로 679년 완공하였다. 경주시 배반동 낭산 자락에 있는데, 당간지주와 귀부가 전해지고 있으며 발굴 조사를 통하여 탑지 등이 확인

"사천왕천四天王天°8 위에 도리천이 있다."

이에 대왕이 신령스럽고 성스러웠음을 알게 되었다.

〔왕이 살아 있을〕당시 신하들이 왕에게 여쭈었다.

"모란꽃과 개구리의 두 가지 일을 어떻게 아셨습니까?"

왕이 말했다.

"꽃 그림에 나비가 없어 향기가 없는 것을 알았다. 이는 당나라 황제가 배필이 없는 나를 놀린 것이다. 개구리의 성난 모습은 군사의 형상이고, 옥문이란 여인의 음부로서 여인은 음이 되며 그 색깔이 흰데, 흰색은 서쪽을 나타내기 때문에°9 군사가 서쪽에 있음을 알았다. 남근男根이 여근女根에 들어가면 반드시 죽게 된다. 따라서 쉽게 잡을 수 있음을 안 것이다."

신하들은 모두 여왕의 그 성스러운 지혜에 감탄했다.

세 가지 색의 꽃을 보낸 것은 아마도 신라에 세 여왕이 있으리라는 것을 알았던 것인가? 세 여왕은 선덕善德, 진덕眞德, 진성眞聖이니 당나라 황제의 놀라운 선견지명이 있었던 것이다. 선덕여왕이 영묘사를 세운 것은 양지良志 스님의 전기에 자세히 실려 있다. 별기別記에는 이 선덕여왕 시대에 돌을 다듬어 첨성대°10를 쌓았다고 한다.

되었다.

○○○ 8 욕계육천의 하나로서, 동방은 지국천持國天, 서방은 광목천廣目天, 남방은 증장천增長天, 북방은 다문천多聞天이라 한다.

○○○ 9 이런 해석은 그 당시 신라에 음양오행설이 보편화되었음을 뜻한다.

○○○ 10 경주시 인왕동에 있으며 반월성에서 바라보인다. 첨성대는 평지에 세워져 있어 실제 관측에는 부적당한 구조물이고 선덕여왕 시절에 천문 관측 기록이 없다는 점 등이 논란이 되고 있다.

진덕왕

    제28대 진덕여왕眞德女王은 즉위하자 직접 태평가太平歌°¹를 짓고 비단에 무늬를 짜서 사신°²을 시켜 당나라에 바치게 했다. 어떤 책에는 춘추공春秋公을 사신으로 삼아 가서 군사를 요청하자, 당 태종이 가상히 여겨 소정방蘇定方을 보내기로 허락했다고 하는데, 이는 모두 잘못된 것이다. 현경顯慶°³ 이전에 춘추공은 이미 제위에 올랐고, 현경 경신년은 태종 시대가 아니라 바로 고종高宗 시대다. 소정방이 온 것이 현경 경신년이니 비단에 무늬를 짠 것이 군사를 청할 때가 아님은 확실하므로 진덕여왕 때가 맞다. 아마도 김흠순金欽純의 석방을 요청할 때였을 것이다. 당나라 황제는 이 점을 가상하게 여겨 〔진덕여왕을〕 계림국왕鷄林國王으로 고쳐 봉했다.

    그 가사는 다음과 같다.

    위대한 당나라가 큰 왕업을 여니

    높고 높은 황제의 계획 창성하여라.

○○○ **1** 진덕여왕이 당나라의 태평성대를 노래한 것은 사대주의의 전형을 보여 준다. 『삼국사기』「신라본기」제5 '진덕왕 조'에 실려 있는데, 당나라 고종은 이것을 읽고 법민을 대부경大府卿으로 임명해 돌려보냈다고 한다.
○○○ **2** 『삼국사기』에는 진덕왕 4년에 김춘추의 아들 법민法敏을 사신으로 보냈다고 되어 있다.
○○○ **3** 당나라 고종高宗 이치李治의 연호. 656~661년까지 사용했다.

전쟁이 그치니 위엄이 정해지고

문치를 닦으니 모든 임금을 잇는다.

하늘을 통솔하니 귀한 비가 내리고

만물을 다스리니 만물이 빛을 머금는다.

깊은 인仁은 해와 달을 짝할 만하고

운수가 요순 시대와 같다.

펄럭이는 깃발은 어찌 그토록 빛나며

울리는 북소리는 어찌 그리도 장엄한가.

나라 밖의 오랑캐로 명을 거스른 자는

칼날에 엎어져 죽임을 당하리라.

순후한 풍속은 어두운 곳이나 밝은 곳에 고루 어리고

먼 곳과 가까운 곳에서 다투어 상서를 바치네.

사계절은 옥촉玉燭처럼 화합하고○**4**

일월과 오행〔七曜〕은 만방을 순행한다.

산의 신령은 보필할 재보宰輔○**5**를 내리시고

황제는 충성스럽고 진실된 사람을 임명하였네.

삼황오제三皇五帝가 이룬 한결같은 덕이

우리 당나라 황실을 비추리라.

○○○ **4** 『시경』「이아爾雅」 석천釋天의 "사시화위지옥촉四時和謂之玉燭"에서 인용했는데, 옥촉이란 〔군주의 덕이 옥같이 아름답고 촛불처럼 밝아〕 사계절의 기후가 조화를 이룬 것이니 태평한 시대를 말한다.

○○○ **5** 『시경』「대아大雅」 숭고崧高의 "유악강신 생보급신維岳降神, 生甫及申"에서 인용했는데, 보후甫侯와 신백申伯 두 사람으로 국가의 동량이 되는 신하를 가리킨다.

진덕왕 대에 알천공閼川公, 임종공林宗公, 술종공述宗公, 호림공虎
林公자장慈藏의 아버지, 염장공廉長公, 유신공庾信公이 있어 남산 우지
암亐知巖에 모여 나랏일을 의논했다. 그때 〔몸집이〕 큰 호랑이가 그
자리로 달려들자 공들이 놀라 일어났다. 그러나 알천공만은 조금도
움직이지 않고 태연히 담소하며 호랑이 꼬리를 붙잡아 땅에 던져 죽
였다. 알천공의 완력이 이와 같아 상석에 앉았지만, 공들은 모두 김
유신의 위엄에 복종했다.

신라에는 신령스러운 땅이 네 군데 있었다. 큰일을 의논할 때마
다 대신들은 반드시 그곳에 모여 의논했고, 그렇게 하면 그 일은 반
드시 이루어졌다. 〔신령스러운 땅의〕 첫째는 동쪽의 청송산靑松山이
요, 둘째는 남쪽의 우지산亐知山이요, 셋째는 서쪽의 피전皮田이요,
넷째는 북쪽의 금강산金剛山이다.

진덕왕 대에 처음으로 정월 초하룻날 아침 조례〔正旦禮〕를 행했
고,∘⁶ 처음으로 시랑侍郎이란 호칭을 사용했다.

○○○ **6** 『삼국사기』「신라본기」에 의하면 진덕왕 즉위 5년의 일이다.

김유신 °¹ 선덕, 진덕, 태종, 문무왕을 섬기다.

무력武力 이간伊干의 아들인 서현舒玄 각간 김씨의 맏아들은 유신庾信이고 동생은 흠순欽純이다. 맏누이는 보희寶姬이며 어렸을 때 이름은 아해阿海고, 작은누이는 문희文姬이며 어렸을 때 이름은 아지阿之다.

유신공은 진평왕 17년 을묘년(595년) 생으로 북두칠성의 정기를 타고 태어났기 때문에 등에 북두칠성 무늬가 있었고, 또 신기하고 이상한 일이 많았다.

열여덟 살이 되던 임신년에 검술을 익혀 국선國仙 °² 이 되었다. 그 당시 백석白石이란 자가 있었는데, 어디서 왔는지는 알 수 없으나 몇 해 동안 낭도郎徒에 속해 있었다. 김유신이 고구려와 백제를 정벌하려는 일로 밤낮으로 깊이 계획하고 있었는데, 백석이 그 계획을 알고는 김유신에게 말했다.

"제가 공과 먼저 그곳을 정탐한 뒤에 일을 도모하는 것이 어떻겠습니까?"

○○○ **1** 「기이」 편 전체에서 이름만으로 제목을 삼은 보기 드문 경우다. 김부식도 『삼국사기』 「김유신열전」에 세 권이나 할애하여 김유신의 일대기를 자세히 다루고 있다. 「왕력」 '태종무열왕' 조에는 유립庾立으로 잘못 새겨져 있지만, 파른본에는 유신庾信으로 판각돼 있다.

○○○ **2** 화랑의 총지휘자를 일컬으며, 『화랑세기』에는 화랑을 풍월風月, 화랑의 우두머리를 풍월주風月主라고 했다.

김유신은 기뻐하며 몸소 백석을 데리고 밤에 출발했다. 마침 고개 위에서 쉬고 있는데, 두 여인이 김유신을 따라왔다. 골화천骨火川에 이르러 머무를 때도 또 한 여인이 갑자기 나타났다.

김유신이 세 여인과 즐겁게 대화를 나누고 있을 때, 여인들이 맛있는 과일을 먹을거리로 주었다. 김유신은 받아먹고는 마음으로 응하고 서로 통하여 곧 속내를 말했다. 여인들이 김유신에게 말했다.

"공께서 하신 말씀은 잘 알았습니다. 공께서 백석을 남겨 두고 우리와 함께 숲속으로 들어가신다면 다시 실정을 말씀드리겠습니다."

이에 그들은 함께 숲속으로 들어갔다. 〔그때〕 여인들이 갑자기 신의 모습으로 나타나°**3** 말했다.

"우리는 나림奈林°**4**, 혈례穴禮°**5**, 골화骨火°**6** 등 세 곳의 호국신입니다. 지금 적국 사람이 당신을 유인해 가고 있는데도 모르고 계속 가고 있으므로 우리가 당신을 가지 못하게 하려고 이곳에 온 것입니다."

말을 마치자 여인들은 모습을 감췄다.

공은 이 말을 듣고 깜짝 놀라 두 번 절하고 〔숲속을〕 빠져나왔다. 그는 골화관骨火館에서 머물며 백석에게 말했다.

○○○**3** 이런 면모는 불교의 인과응보 사상에 의해 윤색된 설화의 모습이다.

○○○**4** 나림의 위치에 대하여 지금의 경주 낭산으로 보거나 명활산으로 추정하기도 한다.

○○○**5** 지금의 오산鼇山이나 단석산, 어래산 등으로 추정한다.

○○○**6** 지금의 경상북도 영천에 있는 금강산으로 보는 것이 일반적인 견해이다. 나림, 혈례, 골화 이 세 곳은 신라 대사大祀의 삼산으로 경주와 주변 지역에 위치하여 경주를 비호하는 역할을 담당했다.

"지금 다른 나라로 들어가면서 중요한 문서를 잊고 왔소. 당신과 함께 집으로 돌아가 가지고 왔으면 하오."

마침내 집으로 돌아와 백석을 포박하고 고문하여 실정을 물으니, 백석이 말했다.

"저는 본래 고구려 사람입니다. 고본古本에는 백제라고 했는데 잘못된 것이다. 추남楸南은 바로 고구려의 선비며, 또 음양陰陽을 거스르는 행동을 한 것은 보장왕 때의 일이다. 고구려 신하들이 말하기를, '신라의 김유신은 우리나라의 점쟁이 추남고본에는 춘남春南이라 했으나 틀린 것이다. 이었다.'[7]라고 했습니다. 국경에 물이 역류하여혹은 수컷과 암컷이 엎치락뒤치락하는 것을 말한다. 추남을 시켜 점을 치게 하니, '대왕의 부인이 음양의 도를 거스르는 행동을 하여 그 징조가 이와 같습니다.'라고 했습니다. 왕은 놀라고 괴이하게 여겼고, 왕비는 크게 화를 내며 이는 요사스러운 여우의 말이라 했습니다. 〔그리고 왕비는〕 왕에게 말하여 다시 다른 일로 시험하여 물어서 말이 틀리면 무거운 형벌을 내리도록 했습니다. 이에 쥐 한 마리를 상자 속에 넣고 '이것이 어떤 물건이냐?'라고 물으니 추남은 '이것은 틀림없이 쥐인데 모두 여덟 마리입니다.'라고 아뢰었습니다. 이에 말이 틀렸다 하여 참형에 처하려 하자 추남은 '내가 죽은 후에 장군이 되어 반드시 고구려를 멸망시킬 것입니다.'라고 맹세했습니다. 그래서 즉시 그를 베고 쥐의 배를 갈라 보니 뱃속에 일곱 마리의 새끼가 있었으므로 그의 말이 맞았음을 알았습니다. 그날 밤 대왕의 꿈에 추남이 신라 서현공舒玄公 부

○○○ **7** 이하는 불교의 인과응보 및 전생轉生 사상에 의해 윤색된 설화로 보아야 한다.

인의 품으로 들어간 것을 보고는 신하들에게 말하자, 〔신하들은〕 모두 '추남이 맹세하고 죽더니 과연 그렇게 되었습니다.'라고 말했습니다. 그래서 결국 저를 보내 이런 모의를 하도록 한 것입니다."

공은 이에 백석을 죽이고 온갖 음식을 준비하여 세 신에게 제사를 지냈다. 〔그러자〕 모두 몸을 드러내 제사를 받았다.

김씨 집안의 재매부인財買夫人이 죽어, 청연靑淵 상곡上谷에 장사 지내고 이를 재매곡財買谷이라 불렀다. 매년 봄이면 온 집안의 남녀들이 그 골짜기 남쪽 시내에 모여 잔치를 벌였다. 이때가 되면 온갖 꽃이 피어나고 송화松花가 온 골짜기 숲에 가득 날렸다. 〔그래서〕 골짜기 어귀에 암자를 짓고 이름을 송화방松花房이라 했는데, 원찰願刹°**8**로 삼아 전해 내려온다.

제54대 경명왕景明王 대에 이르러 공을 흥무대왕興武大王°**9**으로 추봉追封했다. 능은 서산西山 모지사毛只寺 북동쪽으로 뻗은 봉우리에 있다.°**10**

○○○ **8** 소원을 빌기 위해 세운 절이란 의미다.
○○○ **9** 『삼국사기』「김유신열전 하」에는 흥덕대왕이 추봉했다고 되어 있다.
○○○ **10** 경주시 충효동에 있는 그의 능은 탁월한 능력과 업적만큼이나 크고 화려하며 십이지신상 호석으로 둘러싸여 있다. 그러나 이 무덤이 다른 신라 왕의 것이라는 주장과 개수改修되었다는 견해가 있다.

태종 춘추공

제29대 태종대왕太宗大王은 이름이 춘추春秋고 성은 김씨인데 용수龍樹용춘龍春이라고도 한다. 각간, [즉] 추봉된 문흥대왕文興大王의 아들이다. 어머니는 진평대왕眞平大王의 딸인 천명부인天明夫人이고, 왕비는 문명황후文明皇后 문희니, 바로 김유신 공의 막내누이다.°¹

이전에 [어느 날] 문희의 언니 보희가 꿈에 서악西岳에 올라가 오줌을 누었더니 흘러서 경성에 가득 찼다. 아침에 동생에게 꿈 이야기를 했더니 문희가 그것을 듣고 말했다.

"내가 이 꿈을 살게."

언니가 말했다.

"무슨 물건을 주겠니?"

[동생이] 말했다.

"비단 치마를 주면 되겠어?"

언니가 말했다.

"그래."

동생이 꿈을 받으려고 치마폭을 벌렸다.

언니가 말했다.

○○○ **1** 이러한 결합으로 가야 출신 김유신의 직계는 몇 대에 걸쳐 정치적 황금기를 맞이한다.

"어젯밤 꿈을 너에게 주겠다."

동생은 그 값으로 비단 치마를 주었다.

열흘 뒤 김유신은 정월 오기일午忌日앞에서 기술한 거문고 갑을 쏜 일로 보아, 이는 최치원의 설이다.에 춘추공과 함께 자기 집 앞에서 축국蹴鞠신라 사람들은 축국을 농주희弄珠戱라고 했다.을 하다가 일부러 춘추공의 옷을 밟아서 옷고름을 찢고는 말했다.

"우리 집에 들어가 꿰맵시다."

춘추공은 이에 따랐다.

김유신이 아해阿海에게 꿰매도록 하자 아해가 말했다.

"어찌 사소한 일 때문에 경솔히 귀공자를 가까이 하겠습니까?"

그리고 한사코 사양하였으므로고본古本에는 병 때문에 나오지 못했다고 했다. 아지阿之에게 시켰다. 춘추공은 김유신의 뜻을 알아차리고 아지를 가까이하여 이후 자주 왕래했다.

그런데 〔어느 날〕 김유신은 누이가 임신한 것을 알고는 크게 꾸짖었다.

"네가 부모에게 알리지 않고 임신했으니, 어찌 된 일이냐?"

그러고는 자기 누이동생을 불태워 죽일 것이라고 온 나라에 소문을 퍼뜨렸다.°² 어느 날 선덕여왕이 남산으로 행차하기를 기다렸다가 뜰에 장작을 쌓아 놓고 불을 붙여 연기가 일어나게 했다.

왕이 남산에서 내려다보고는 무슨 연기냐고 물으니 신하들이 말했다.

"김유신이 그의 누이를 불태워 죽이려는 것입니다."

○○○ **2** 김대문의『화랑세기』'18세 춘추공' 조에 이 사실이 나온다.

왕이 그 까닭을 묻자 말했다.

"그 누이가 지아비 없이 임신을 했습니다."

왕이 물었다.

"누구의 소행인가?"

이때 춘추공이 앞에서 가까이 모시고 있다가 안색이 갑자기 변하자, 왕이 춘추공을 보며 말했다.

"이는 네 소행이구나. 빨리 가서 구하라."

그래서 공은 임금의 명을 받들어 말을 달려 왕명을 전하고 〔화형을〕 중지시켰다. 그 뒤에 혼례를 치렀다.

진덕왕이 죽은 뒤 〔춘추공은〕 영휘永徽 5년 갑인년(654년)에 즉위하여 8년 동안 나라를 다스리다가 용삭龍朔 원년 신유년(661년)에 죽으니, 이때가 쉰아홉 살이었다. 애공사哀公寺[3] 동쪽에 장사를 지내고 비석을 세웠다. 왕은 김유신과 함께 신통한 꾀와 힘을 합하여 삼한三韓을 통일했다. 〔그는〕 사직에 큰 공로를 세웠으므로 묘호廟號를 태종이라 했다.[4] 태자 법민法敏, 각간 인문仁問, 각간 문왕文王, 각간 노차老且, 각간 지경智鏡, 각간 개원愷元 등은 모두 문희의 소생이니, 그 당시 꿈을 산 징험이 여기에서 나타난 것이다.

서자로는 개지문皆知文 급간級干,[5] 차득車得 영공令公,[6] 마득馬得 아간阿干[7]과 딸 다섯이 있다. 왕의 식사는 하루에 쌀 세 말과 수

○○○ **3** 지금의 경상북도 경주시 효현동에 있는 절이다.

○○○ **4** 그의 능은 지금의 경주시 서악동에 있다.

○○○ **5** 신라 관등의 제9위인 급벌찬級伐湌의 별칭이다. 개지문이 보희의 소생이므로 서자라 한 것이다.

○○○ **6** 신라 때 국상의 존칭이나 서출이 영공까지 된 예가 없을 듯하다.

○○○ **7** 신라 관등의 제6위인 아찬阿湌의 별칭이다.

꿩 아홉 마리였는데, 경신년(660년)에 백제를 멸망시킨 이후로는 점심은 먹지 않고 아침과 저녁만 먹었다. 그러나 이것들을 계산해 보면 하루에 쌀 여섯 말, 술 여섯 말, 꿩 열 마리였다. 이때도 성안 저자의 물가는 베 한 필에 벼가 삼십 석 혹은 오십 석이었으므로 백성들이 성왕의 시대라고 했다.

그가 태자로 있을 때 고구려를 치기 위해 당나라에 군사를 청하러 갔었다. 당나라 황제는 그의 풍채를 보고 신성한 사람이라고 칭찬하며 굳이 머물러 〔자기를〕 모시게 하려 했으나 한사코 사양하고 본국으로 돌아왔다.

이때 백제의 마지막 왕인 의자왕義慈王은 무왕의 맏아들로서 용맹스럽고 담력이 있는 영웅일 뿐 아니라 어버이를 효성스럽게 섬기고 형제들과 우애가 좋아 당시 해동의 증자曾子○**8**로 불렸다.

왕은 정관 15년 신축년(641년)에 즉위한 후 술과 여자에 빠져 정사가 어지러워지고 나라가 위태롭게 되었다. 좌평佐平○**9**백제 관직명이다. 성충成忠이 힘껏 간했으나 의자왕은 듣지 않고 〔그를〕 옥에 가두었다. 〔성충은〕 여위고 지쳐 굶주려 죽음에 이르게 되자 글을 써서 〔이렇게〕 말했다.

"충신은 죽어도 임금을 잊지 않는다 하니, 한 말씀만 드리고 죽기를 원합니다. 신이 일찍이 시대의 변화를 보니 반드시 전쟁이 있을 것입니다. 무릇 용병은 그 땅을 잘 가려야 하니, 상류에서 적을 맞아야만 보전할 수 있습니다. 만약 적국의 군사가 오면 육로로는 탄현炭

○○○ **8** 춘추 시대 노나라 공자의 제자로 이름은 삼參, 자는 자여子輿다. 효성이 지극한 것으로 유명하다.
○○○ **9** 백제의 16관등 중 가장 높은 일품 관직이며, 여섯 명을 두었다.

峴또는 침현沈峴이라고도 하는데, 백제의 요해지要害地다.을 지나가지 못하게 하고, 수군으로는 기벌포伎伐浦즉 장암長嵒, 또는 손량孫梁이라고도 한다. 지화포只火浦로 된 곳도 있고, 또는 백강白江이라고도 한다.°**10**로 들어가지 못하게 한 후 험한 요충지에 의지하여 적을 막아야 합니다."

〔그러나〕왕은〔성충의 말을〕살피지 않았다.

현경 4년 기미년(659년) 백제 오회사烏會寺 또는 오합사烏合寺라고도 한다.에 몸집이 큰 붉은색 말이 나타나 밤낮으로 여섯 시간 동안 절 돌이〔遶寺〕를 하면서 덕행을 닦았다. 2월에는 여러 마리의 여우가 의자왕의 궁궐로 들어왔는데 흰 여우 한 마리가 좌평의 책상 위에 앉아 있었다.

4월에는 태자궁의 암탉이 작은 참새와 교미했다. 5월에는 사비강泗沘江부여강 이름이다.가에 큰 물고기가 나와 죽었는데 길이가 서른 자〔三丈〕나 되고, 그것을 먹은 사람들은 모두 죽었다. 9월에는 궁중의 홰나무가 마치 사람이 곡을 하듯이 울었고, 밤에는 궁궐 남쪽 길에서 귀신이 울었다.

〔현경〕5년 경신년(660년) 봄 2월에는 서울의 우물물이 핏빛으로 변했고, 서해 가에서는 작은 물고기들이 나와 죽었는데, 백성들이 아무리 먹어도 없어지지 않았으며, 사비수가 핏빛으로 물들었다.

4월에는 나무 위에 청개구리가 수만 마리나 모였고, 서울의 저자 사람들 중에 이유도 없이 누가 붙잡기라도 하는 듯 놀라 달아나다가 넘어져 죽은 자가 백여 명이나 되었으며, 재물을 잃어버린 자

○○○ **10** 기벌포가 있던 백강은 오늘날 금강 또는 동진강으로 추정된다.

또한 무수히 많았다. 6월에는 왕흥사王興寺°¹¹의 모든 승려들이 배가 큰 물결을 따라 절 문으로 들어오는 것을 보았다. 그리고 사슴만한 큰 개가 서쪽으로부터 사비수 해안가에서 왕궁을 향해 짖었는데, 얼마 후 간 곳을 알 수 없었다. 성안의 개 여러 마리가 길가로 모여들어 더러는 짖고 더러는 곡을 하다가 시간이 흐르자 흩어졌다.

한 귀신이 궁중에 들어와 크게 부르짖었다.

"백제는 망한다, 백제는 망한다."

그러고는 곧바로 땅속으로 꺼졌다. 왕은 이를 괴이하게 여겨 땅을 파 보게 했더니 깊이가 세 자 남짓 되는 곳에 거북이 한 마리가 있었는데, 등에 이런 글이 씌어 있었다.

"백제는 보름달이고, 신라는 초승달과 같다."

이것을 점쟁이에게 물어보니 이렇게 말했다.

"보름달이란 가득 찬 것이고 가득 차면 기우는 법입니다. 초승달 같다고 함은 가득 차지 않은 것이고 차지 않으면 점차 차게 되는 것입니다."

왕은 노여워하며 그를 죽였다. 어떤 사람이 말했다.

"보름달은 성대한 것이며 초승달은 미약한 것입니다. 생각건대 우리나라는 강성하고 신라는 미약해진다는 뜻입니다."

왕이 기뻐했다.

〔한편 신라의〕 태종〔무열왕〕은 백제에 괴변이 많다는 말을 듣

○○○ **11** 지금의 부여군 금강변에 있었던 절로 백제 위덕왕이 일찍 죽은 아들을 위하여 창건한 것으로 밝혀졌다.

고는 〔현경〕 5년 경신년(660년)에 김인문金仁問을 당나라에 사신으로 보내 군사를 청하게 했다. 〔당나라〕 고종高宗은 좌무위대장군左武衛大將軍 형국공荊國公 소정방蘇定方에게 조서를 내려 신구도행군총관神丘道行軍摠管으로 삼고 자字가 인원仁遠인 좌무위장군左武衛將軍 유백영劉伯英과 좌무위장군左武衛將軍 풍사귀馮士貴, 좌효위장군左驍衛將軍 방효공龐孝公 등을 통솔하여 13만여 명의 군사를 이끌고 가서 〔백제를〕 정벌하게 했다.「향기鄕記」에는 군사가 12만 2711명이요, 배가 1900척이라고 했는데,『당사唐史』에는 자세한 기록이 없다. 또한 신라 왕 춘추를 우이도행군총관嵎夷道行軍摠管으로 삼아 신라의 군사를 거느리고 〔이들과〕 합세하게 했다.

소정방이 군사를 이끌고 성산城山°**12**으로부터 바다를 건너 신라의 서쪽 덕물도德勿島°**13**에 이르렀다. 신라 왕은 장군 김유신을 보내 정예 병력 5만 명을 거느리고 나가게 했다.

의자왕이 이 소식을 듣고 여러 신하들을 모아 싸워서 지킬 계획을 물었다. 좌평 의직義直이 나아가 말했다.

"당나라 군사는 멀리 큰 바다를 건너왔으나 물에 익숙하지 못하고, 신라 사람들은 큰 나라의 원조만 믿고서 적을 가볍게 여기는 마음이 있습니다. 만약 당나라 군사가 불리한 것을 보면 반드시 의심하고 두려워하여 날카롭게 전진하지 못할 것입니다. 그러므로 먼저 당나라 군사와 싸우는 것이 옳을 듯싶습니다."

달솔達率°**14** 상영常永 등이 말했다.

○○○ **12** 지금의 중국 산동성山東省 문등현文登縣이다.
○○○ **13** 지금의 인천광역시 옹진군에 있는 덕적도다.
○○○ **14** 백제의 16관등 중 2품 관직 이름이며 대솔大率이라고도 한다.

"그렇지 않습니다. 당나라 군사는 먼 곳에서 왔으므로 빨리 싸우려 할 것이니, 그 예봉銳鋒을 감당할 수 없을 것입니다. 신라 사람들은 여러 번 우리 군대에 패했으니, 이제 우리의 병력을 보면 두려워하지 않을 수 없습니다. 지금의 계책으로는 마땅히 당나라 군사의 길을 막아서 군사가 지치기를 기다리고, 먼저 한 군대로 신라 군사를 공격하여 그 예기를 꺾어야 합니다. 그런 연후에 형편을 틈타싸우면 군사를 온전히 하고 나라를 지킬 수 있을 것입니다."

의자왕은 망설이면서 어떤 주장을 따라야 할지 결정하지 못했다.

이때 좌평 흥수興首는 죄를 짓고 고마미지현古馬旀知縣°15에서 귀양살이하고 있었는데, 사람을 보내 그에게 물었다.

"일이 급박하니 어떻게 하면 좋은가?"

흥수가 대답했다.

"대체로 좌평 성충의 의견과 같습니다."

대신들은 그의 말을 믿지 않고서 말했다.

"흥수는 갇혀 있어서 임금을 원망하고 나라를 아끼지 않으니, 그의 말은 쓸 수 없습니다. 당나라 병사들을 백강白江기벌포으로 들어오게 하여 흐름을 따라 내려오게 한 후 배가 빠져나가지 못하게 하고, 신라군을 탄현으로 올라와 지름길로 오게 하여 말이 나란히 지나지 못하게 하는 것보다 좋은 것은 없습니다. 이때 〔우리〕 군사를 놓아 공격한다면 닭장에 갇힌 닭과 같고 그물에 걸린 물고기와 같을 것입니다."

왕이 명령했다.

○○○ **15** 지금의 전라남도 장흥군 장흥읍 일원이다.

"그 말이 옳다."

〔의자왕은〕 또 당나라 군사와 신라 군사가 이미 백강과 탄현을 지났다는 말을 듣고는 장군 계백階伯을 보내 결사대 5000명을 이끌고 황산黃山°**16**으로 나가 신라 군사와 싸우도록 했다. 백제군은 네 차례 싸워 모두 이겼으나 군사가 적고 힘이 다하여 결국에는 패했고, 계백은 죽었다.

〔신라는 당나라와〕 연합하여 군사를 합쳐 나루까지 진격해 와서 강가에 진을 쳤는데, 갑자기 새가 소정방의 진영 위를 맴돌았다. 사람을 시켜 점을 치게 하니 〔이렇게〕 말했다.

"반드시 원수元帥를 해칠 것입니다."

소정방은 두려워하여 군사를 물리고 싸움을 그만두려 했다. 김유신이 소정방에게 말했다.

"어찌 날아다니는 새의 괴이한 짓 때문에 하늘이 준 기회를 어길 수 있겠습니까? 하늘의 뜻에 응하고 백성의 뜻에 따라 어질지 못한 자를 치는데, 어찌 상서롭지 못한 일이 있겠습니까?"

〔김유신이〕 신검을 뽑아 새를 겨누니 찢어져 그들 앞에 떨어졌다. 그러자 소정방이 왼쪽 절벽으로 나가 산을 둘러 진을 치고 함께 싸워 백제군이 크게 패했다.

당나라 군사가 밀물을 타고 진격해 오는데, 전선은 꼬리를 물며 이어졌고 북소리가 요란하게 울리며 진격했다. 소정방이 보병과 기병을 거느리고 곧바로 도성 30리쯤 와서 멈추었다. 〔백제군은〕 성안에서 모든 군사가 〔힘을 합쳐〕 항거했으나, 결국 패하여 죽은 자가

○○○ **16** 지금의 충청남도 논산시 연산連山의 옛 지명이다.

1만여 명이나 되었다. 당나라 병사가 승승장구하여 성으로 공격해 오자, 의자왕은 죽음을 면치 못할 것을 알고 탄식했다.

"성충의 말을 듣지 않아 이 지경에 이른 것이 후회스럽도다!"

그러고는 마침내 태자 융隆효孝라고도 하나 이는 틀린 것이다. 과 북 쪽 변방으로 달아났다. 소정방이 드디어 성을 포위하자, 의자왕의 둘째 아들 태泰가 스스로 왕이 되어 무리를 이끌고 성을 굳게 지켰 다. 태자 융의 아들 문사文思가 왕 태에게 말했다.

"왕과 태자가 달아나자 숙부가 마음대로 왕이 되었으니, 만일 당 나라 군사가 포위를 풀고 떠나면 우리가 어찌 무사할 수 있겠습니 까?"

〔문사는〕 주위 사람들을 데리고 성을 떠났다. 이때 백성들이 모 두 따라나섰으나 태는 막지 못했다.

소정방은 군사들에게 성채에 올라가 당나라 깃발을 세우도록 했다. 태는 궁지에 몰리자 문을 열고 항복을 청했다. 마침내 왕과 태 자 융, 왕자 태, 대신 정복貞福이 여러 성과 함께 모두 항복했다. 소정 방은 의자왕과 태자 융, 왕자 태, 왕자 연演과 대신, 그리고 장사 88 명과 백성 1만 2807명을 〔당나라〕 서울로 보냈다.

백제는 원래 5부部 37군郡, 200성城 76만 호였는데, 이때에 웅진 熊津, 마한馬韓, 동명東明, 금련金漣, 덕안德安 등 5도독부都督府를 나 누어 설치하고 우두머리〔渠長〕를 뽑아 도독과 자사로 삼아 다스리 게 했다. 낭장郎將 유인원劉仁願에게 도성을 지키도록 명령하고, 또 좌위낭장左衛郎將 왕문도王文度를 웅진도독熊津都督으로 삼아 남은 백성들을 위로하게 했다.

소정방이 포로를 이끌고 황제를 뵈니, 황제는 이들을 꾸짖고 나서 용서했다. 의자왕이 질병으로 죽자 금자광록대부金紫光祿大夫 위위경衛尉卿으로 추증하고 옛 신하들이 와서 조문하는 것을 허락했다. 또한 조서를 내려 손호孫皓○17와 진숙보陳叔寶○18의 묘 옆에 장사 지내고 비석을 세워 주었다.

7년 임술년(662년)에 황제는 명령하여 소정방을 요동도행군대총관遼東道行軍大摠管으로 삼았다가 얼마 뒤 평양도平壤道로 바꾸었는데, 패강浿江에서 고구려 군사를 격파하고 마읍산馬邑山을 빼앗아 진영으로 삼았다. 마침내 평양성을 포위했으나 큰눈이 내리자 포위를 풀고 돌아갔다. 〔소정방을〕 양주안집대사凉州安集大使로 제수하여 토번吐蕃○19을 평정하게 했는데, 건봉乾封 2년(667년)에 죽었다. 당나라 황제는 그를 애도하여 좌효기대장군유주도독左驍騎大將軍幽州都督에 추증하고 시호를 장莊이라 했다. 이상은 『당사唐史』에 있는 글이다.

『신라별기新羅別記』에는 〔이렇게〕 말했다.

"문무왕文武王이 즉위한 지 5년 을축년(665년) 가을 8월 경자庚子에 왕이 직접 많은 병사를 통솔하고 웅진성으로 행차하여 가왕假王○20부여융扶餘隆과 만나 단을 쌓고는 백마를 잡아 맹세하면서, 먼저 천신과 산천의 신령에게 제사를 지냈다. 그런 후에 입가에 피를

○○○ 17 삼국 시대 오나라의 마지막 제4대 왕(재위 264~280년)으로 손권의 손자다.
○○○ 18 중국 남조 진陳나라 마지막 왕(재위 583~586년)의 이름이다.
○○○ 19 당나라 서북쪽에 있던 거대한 제국으로 티베트를 지칭하며 서장西藏이라 한다.
○○○ 20 당나라가 백제 의자왕의 아들 융을 웅진도독으로 삼아 고국에 돌아와 유민을 안무하게 했기 때문에 '가왕'이라 한 것이다.

바르고〔歃血〕 글을 지어 맹세하기를 '지난번 백제의 선왕은 거역하고 순종하는 데에 어두워 이웃 나라와 사이좋게 지내지 못했고 친척 간에 화목하지 못했으며,°²¹ 고구려와 결탁하고 왜국과 내통하여 잔악하고 포악했다.〔또〕 신라를 침략하여 고을을 파괴하고 성을 함락시켜 편할 날이 하루도 없었다.〔중국의〕 천자는 물건 하나라도 잃은 것을 민망히 여기고 백성들이 해독을 입는 것을 불쌍하게 여겨 사신을 자주 보내 사이좋게 지내도록 회유했다.〔그런데도〕 지세가 험하고 먼 것에 기대 중국〔天經〕을 업신여겼다. 천자가 이에 노하여 엄숙히 정벌했는데, 깃발이 가는 곳마다 단 한 번의 싸움으로 크게 안정시켰다. 마땅히 궁궐을 못으로 만들고 집을 허물어 후예들을 경계하고 발본색원拔本塞源하여 후세에 훈계를 보여야겠지만, 유순한 자를 품어 주고 배반한 자를 정벌하는 것이 선왕의 아름다운 전범이요, 망한 것을 일으켜 주고 끊어진 것을 이어 주는 것이 과거 성현들의 공통된 규범이니, 일은 반드시 옛 것을 본받아 역사책〔史冊〕에 전해야 할 것이다. 그러므로 전 백제 왕 사가정경司稼正卿 부여 융을 웅진도독으로 삼아 그 〔선대의〕 제사를 지키고 옛 땅을 보전하게 한다. 신라에 의지하여 길이 우방이 되어 각기 묵은 감정을 없애 화친을 맺고, 공손히 조서의 명을 받들어 영원히 속국이 되어라. 이에 사인使人 우위위장군右威衛將軍 노성현공魯城縣公 유인원을 보내 직접 가서 권유하게 하고 내 뜻을 성문화하여 선포한다.〔서로〕 혼인을 약속하고 희생을 바쳐 그것을 맹세하여 입가에 피를 바르고, 처

○○○ **21** 백제 무왕(재위 600~641년)과 신라 선화공주(?~642년)가 결혼했다는 상황과 연관시켜 보아야 할 것이다. 전라북도 익산시 석왕동에 두 사람의 무덤이 있다.

음과 끝을 함께 돈독히 하고, 재앙을 나누며 근심을 돌보아 은혜를 형제처럼 해라. 공손히 윤언綸言°²²을 받들어 감히 버리지 마라. 이미 맹세한 후에는 절의를 함께 지켜라. 만일 이를 어기거나 배반하여 덕을 한결같이 하지 않고 군사를 일으켜 변방을 침범한다면 신명神明이 이것을 보시고 백 가지 재앙을 내려 자손을 기르지 못하게 하고 사직에 주인이 없게 할 것이며, 제사가 끊어져 남은 사람이 없게 될 것이다. 그러므로 금서철계金書鐵契°²³를 만들어 종묘에 두니 자손만대에 이르기까지 혹시라도 어기거나 범하지 마라. 신이여, 들으시고 복을 내리십시오.'"

피를 바른 뒤에 폐백幣帛을 단의 북쪽에 묻고, 맹세하는 글을 대묘大廟에 간직했다. 맹세하는 글은 대방도독帶方都督 유인궤劉仁軌가 지은 것이다. 위의 『당사』에 있는 글을 살펴보면, 소정방이 의자왕과 태자 융 등을 (당나라) 서울로 보냈다고 했다. 그런데 이제 '부여 왕 융과 만나'라고 했으니, 당나라 황제가 융을 용서하고 그를 보내어 웅진도독으로 삼았음을 알 수 있다. 그러기에 「맹문盟文」에 분명히 말한 것으로써 증거로 삼았다.

또 『고기古記』에 (이렇게) 말했다.

"총장總章 원년 무진년(668년)만약 총장 무진년이라고 한다면 이적李勣의 일이니, 아래 글의 소정방이라 한 것은 틀린 것이고, 만약 소정방이라 한다면 연호가 용삭 2년 임술년에 해당하니 평양성을 포위했을 때의 일이다.에 신라 사람들이 청한 당나라 구원병이 평양 교외에 주둔하고 편지를

○○○ **22** 제왕帝王의 말을 뜻한다.
○○○ **23** 한나라 고조가 천하를 평정하고 공신에게 봉토를 나누어 줄 때 사용한 것인데 철판에 글씨를 새기던 것을 시작으로 세습적으로 면죄권을 지니는 보편적인 증서가 되었다. 단서철권, 철계, 철권으로도 부른다.

보내어 군수 물자를 급히 보내라고 했다.

신라 왕[문무왕]이 여러 신하들을 모아 놓고 물었다.

'적국[고구려]으로 들어가 당나라 군사가 주둔한 곳에 이르기는 위태로운 형세요. 그러나 우리가 청한 당나라 군사가 식량이 떨어졌는데 보내 주지 않는다는 것도 도리가 아니니 어찌 해야 좋겠소?'

김유신이 아뢰었다.

'신들이 그 군사 물자를 수송할 수 있습니다. 대왕께서는 염려하지 마십시오.'

그리고 김유신과 김인문 등이 수만 명을 거느리고 고구려 국경으로 들어가 식량 2만 곡斛을 수송하고 돌아왔다. 그러자 왕이 아주 기뻐했다.

또 군사를 일으켜 당나라 군사와 합세하고자 하니, 유신이 먼저 연기然紀와 병천兵川 등 두 사람을 보내 만날 날짜를 물었다. 이에 당나라 장수 소정방이 종이에 난새와 송아지 두 동물을 그려 보냈다. 나라 사람들이 그 뜻을 이해하지 못하여 사람을 시켜 원효법사元曉 法師에게 물으니 이렇게 해석했다.

'속히 군사를 돌리라는[速還] 것이다. 화독畫犢과 화란畫鸞 두 개의 반절反切°²⁴이니라.'

그래서 김유신은 군사를 돌려 패강을 건너면서 명령했다.

○○○ **24** 원문 '이절二切'의 의미가 꽤 불분명한데, '화독'의 반절음은 '혹'이고 '화란'의 반절음은 '한'이므로, 두 반절음이 어울리면 '혹한'이 되는 바 '혹한'은 속환速還의 의음擬音으로 당시 통용하던 한자음을 써서 '속환'을 수수께끼로 표현한 것이라고 볼 수 있다.

'늦게 건너는 자는 베겠다.'

군사들이 앞다투어 반쯤 건넜을 때, 고구려 군사가 쳐들어와서 미처 다 건너지 못한 자들을 죽였다. 이튿날 김유신은 고구려 군사를 뒤쫓아 반격하여 수만 명을 붙잡아 죽였다."

『백제고기百濟古記』에는 〔이렇게〕 말했다.

"부여성 북쪽 모퉁이에 강물을 굽어보는 바위가 있는데, 이렇게 전해 온다.

'의자왕이 후궁들과 함께 〔죽음을〕 피하지 못할 것을 깨닫고, 차라리 자결할지언정 다른 사람의 손에는 죽지 않겠다고 말했다. 서로 이끌어 이곳까지 와서 강물에 몸을 던져 죽었기 때문에 세속에서는 이곳을 타사암墮死岩°²⁵이라 한다.'

〔그러나〕 이것은 항간의 말이 와전된 것이다. 궁인들만 떨어져 죽었으며 의자왕은 당나라에서 죽었다는 것이 『당사唐史』에 분명히 기록되어 있다."

또 『신라고전新羅古傳』에는 〔이렇게〕 말했다.

"소정방이 이미 고구려와 백제 두 나라를 치고, 다시 신라를 칠 목적으로 머물러 있었다. 그러자 김유신이 이 계획을 알아차리고는 당나라 군사에게 향응을 베풀고는 짐독°²⁶을 먹여 모두 죽게 한 후에 〔땅에〕 묻었다."

○○○ **25** 충청남도 부여에 있으며 낙화암落花巖이란 이름으로 더 유명하다.
○○○ **26** 중국 광동성에 사는 독조毒鳥인 짐새의 깃을 술에 담가 만든 독이다.

지금 상주尚州 경계에 당교唐橋가 있는데, 거기가 그들을 묻은 장소다. 『당사唐史』를 살펴보면 그들이 죽은 까닭은 말하지 않고, 단지 죽었다고만 쓴 것은 무슨 까닭인가? 뒤에 숨기려고 한 것인가? 아니면 향언鄕言이 근거가 없는 것인가? 만약 임술년에 고구려와의 싸움에서 신라 사람들이 소정방의 군사를 죽였다면, 그 후 총장 무진년에 어찌 군사를 청해 고구려를 멸망시킬 수 있었겠는가? 이로써 항간에 전하는 말은 근거가 없음을 알 수 있다. 다만 무진년에 고구려를 멸망시킨 후 〔당나라의〕 신하 노릇을 하지 않고 마음대로 그 땅을 소유한 일은 있었으나, 소정방과 이적 두 사람을 죽인 것은 아니다.

당나라 군사가 백제를 평정하고 돌아간 후에 신라 왕은 장수들에게 백제의 남은 적을 잡도록 명령하고는 한산성漢山城에 주둔했다. 그러자 고구려와 말갈 두 나라의 군사가 와서 포위하여 서로 싸웠으나 풀리지 않았다. 5월 11일부터 6월 22일까지 신라 군사는 매우 위태로웠다. 왕이 이 소식을 듣고 여러 신하들과 의논했다.

"어떤 계책이 있는가?"

〔왕은〕 망설이면서 결정하지 못했다. 〔이때〕 김유신이 달려와 아뢰었다.

"형세가 위급하여 사람의 힘으로는 미치지 못하고, 오직 신술神術로써만 구할 수 있습니다."

그러고는 성부산星浮山에 단을 쌓고 신술을 닦으니, 갑자기 큰 독만 한 빛이 단 위에서 나타나 별처럼 북쪽으로 날아갔다. 때문에 성부산이라 했다. 산 이름에 대해서는 간혹 다른 설이 있기도 하다. 산은 도림都林의 남쪽에 있는데, 빼어난 봉우리 하나가 그것이다. 서울의 어떤 사람이 벼슬을 얻으려고 자기 아들에게 높다란 횃불을 만들어 밤에 이 산에 올라가 들고 있도록 했다. 그날 밤 서울 사람이 횃불을 바라보고는 그곳에 괴상한 별이 나타났다고 했다. 왕이 듣고 걱정하고 두려워하여 사람을 모집하여 빌게 하니, 그 아비가 응모하려 했다. 일관이 아뢰기를, "이는 큰 변괴가 아니고 다만 한 집안의 아들이 죽어 그 아비가 울려는 징조입니다."라고 했으므로 결국 빌지 않았다. 그날 밤 그 아들이 산에서 내려오다 호랑이에게 물려 죽었다.

한산성 안의 병사들은 구원병이 이르지 않음을 원망하며 서로 바라보고 울 뿐이었다. 적들이 급히 그들을 공격하려고 하자 갑자기 남쪽 하늘에서 빛이 비치더니 벼락이 되어 30여 군데의 포석砲石◦²⁷ 을 깨뜨렸다. 〔또한〕 적군의 활과 화살과 창이 부서지더니, 군사들이 모두 땅에 쓰러졌다가 한참 뒤에야 깨어나 달아나 돌아갔다. 이에 우리 군대도 돌아왔다.

태종이 처음 즉위했을 때, 머리 하나에 몸뚱이는 둘이고 발이 여덟 개인 돼지를 바친 자가 있었다. 논의하는 자들은 말했다.

"이는 반드시 천지 사방〔六合〕을 차지할 징조입니다."

태종 때에 처음으로 중국의 의관衣冠과 아홀牙笏◦²⁸을 착용했다. 이는 자장법사慈藏法師가 당나라 황제에게 청하여 전해 온 것이다.

신문왕神文王 때에 당나라 고종이 신라에 사신을 보내 말했다.

"짐의 성고聖考이신 〔태종께서는〕 어진 신하 위징魏徵과 이순풍李淳風 등을 얻어 마음을 합치고 덕을 한결같이 하여 천하를 통일했기 때문에 태종 황제라고 일컬었소. 너의 신라는 해외의 작은 나라인데도 태종이란 칭호가 있어 참람되게 천자의 이름으로 뜻이 충성을 다하지 않고 있소. 〔그러니〕 어서 그 칭호를 고치도록 하시오."

○○○ **27** 큰 돌을 장치하여 성채를 부수는 데 쓰는 포차砲車다.
○○○ **28** 조례할 때 대신들이 손에 쥐는 것으로서 조금 휘어진 형태의 판자이다. 임금의 지시 내용을 적는 수첩의 용도에서 차츰 의례용으로 변모하였다.

〔이에〕 신라 왕이 표表를 올려 말했다.

"신라가 비록 작은 나라이나 성신聖臣 김유신을 얻어 삼국을 통일했기 때문에 태종으로 봉한 것입니다."

〔당나라〕 황제는 이 표문을 보고 그가 태자로 있을 때 하늘에서 노래하던 것이 생각났다.

"33천天°29 가운데 한 사람이 신라에 내려왔으니 바로 김유신이다."

〔이 말을〕 책에 기록해 두었다. 〔당나라 황제는〕 이 책을 꺼내 보고 매우 놀라고 두려워 마지않아 다시 사신을 보내어 태종이란 칭호를 고치지 말고 쓰도록 허락했다.

○○○ **29** 불교는 세상을 여러 세계로 구분하여 설명하고 있는데, 그중에 인간들이 살고 있는 사바세계의 중심인 수미산 정상부에 도리 33천이 위치하고 있다고 한다.

장춘랑과 파랑 비褓라고도 한다.

이전에 백제 군사와 황산에서 싸울 때, 장춘랑長春郎과 파랑罷郎
이 진중陣中에서 죽었는데 후에 백제를 토벌할 때 태종의 꿈에 나타
나 말했다.

"저희들은 옛날에 나라를 위해 죽었고, 백골이 되어서도 나라를
지키고자 하여 군대의 대열에 따라나서 게을리하지 않았을 뿐입니
다. 그러나 당나라 장수 소정방의 위협에 눌려 남의 뒤만 따를 뿐입
니다. 원컨대 왕께서는 저희들에게 약간의 세력을 주십시오."

대왕은 놀라고 괴이하게 여겨 두 넋을 위해 하루 동안 모산정牟
山亭에서 불경을 설법하고, 또 한산주에 장의사壯義寺를 지어 그들
의 명복을 빌었다.

권 제2

卷第二

기이 제2

紀異 第二

「기이 제1」에 이어 문무왕 이후의 신라와 백제, 가락국의 기록을 싣고 있다. 주로 신라에 초점을 맞추어 특색이 강했던 호국 불교의 면모를 다루고 있다. 특히 이 편은 「기이 제1」에 비해서 자료의 인용 비중이 줄어든 조목이 많고 신기한 사건 중심의 설화집의 성격이 강하다.

여기서도 일연 특유의 주체적 시각이 두드러지는데, 지식인다운 고뇌는 그 당시 이승휴나 이규보와 같은 맥락이지만, 승려라는 특수한 신분에서 우러나오는 저자의 탈중국적이고 유연한 사고의 흔적이 곳곳에서 드러난다.

맨 마지막의 '가락국기' 조는 지금은 잊힌 왕조 가야에 대한 기록이라는 점에서 눈여겨볼 만하다. 12개의 작은 연맹 국가인 가야는 통일 왕국을 건립하지 못하고 신라에 흡수되었으나, 그 문화는 상당한 수준이었다.

문무왕°¹ 법민

왕이 처음 즉위한 때는 용삭龍朔 신유년(661년)이었다.

사비 남쪽 바다에서 여자의 시체가 나왔는데, 키가 일흔세 자,
발 길이가 여섯 자, 음부의 길이가 세 자나 되었다. 어떤 사람은 키가
열여덟 자라고도 했다. 때는 건봉乾封°² 2년 정묘년(667년)의 일이다.

총장總章 무진년(668년)에 왕이 군사를 거느리고 김인문, 김흠순
등과 함께 평양에 이르렀는데, 마침 당나라 군사가 고구려를 멸망시
키고, 당나라 장수 이적李勣이 고장왕高藏王°³을 사로잡아 당나라로
돌아갔다. 왕의 성이 고高이기 때문에 고장이라고 했다. 『당서』「고종기高宗記」
를 보면, 현경 5년 경신년(660년)에 소정방 등이 백제를 평정하고, 그 후 12월에
대장군 설여하契如何를 패강도행군대총관浿江道行軍大摠管으로 삼고 소정방
을 요동도대총관遼東道大總管으로 삼고, 유백영劉伯英을 평양도대총관平壤道
大摠管으로 삼아 고구려[高麗]를 정벌했다. 또 이듬해인 신유년 정월에 소사업
蕭嗣業을 부여도총관扶餘道摠管으로 삼고 임아상任雅相을 패강도총관浿江道

<hr />

○○○ **1** 원문에는 문호왕文虎王이라 되어 있는데, 고려 혜종의 이름 무武를 피
하기 위해서 이렇게 썼다. 신라 제30대 문무왕은 재위 21년 동안 당나라와 외
교 관계를 유지하면서 심리적 갈등을 많이 겪었던 인물로, 삼국 통일을 이루
어 냈다.

○○○ **2** 당나라 고종高宗 이치李治의 연호. 666~668년까지 사용했다. 원문
에는 '봉건封乾'으로 되어 있다.

○○○ **3** 고구려 제28대 왕인 보장왕寶藏王을 가리킨다.

摠管으로 삼아 35만의 군사를 거느리고 고구려를 쳤다. 8월 갑술일에는 소정방 등이 고구려와 패강에서 싸우다가 패해 달아났다. 건봉 원년 병인년(666년) 6월에 방동선龐同善, □고림□高臨○**4**, 설인귀薛仁貴, 이근행李謹行 등을 후원군으로 삼았다. 9월에 방동선이 고구려와 싸워 이를 패망시켰고, 12월 기유에 이적을 요동도행군대총관으로 삼아 여섯 총관의 군사를 거느리고 고구려를 정벌하게 했다. 총장 원년 무진년(668년) 9월 계사일에는 이적이 고장왕을 사로잡았고, 12월 정사일에는 황제에게 포로를 바쳤다. 상원上元 원년 갑술년(674년) 2월에 유인궤를 계림도총관雞林道摠管으로 삼아 신라를 치게 했다. 『향고기鄕古記』에서 "당나라가 육로로는 장군 공공孔恭을, 바닷길로는 장군 유상有相을 보내 신라의 김유신 등과 함께 멸망시켰다."라고 했는데 여기서는 김인문, 김흠순 등에 관한 것만 말하고 김유신이 없으니 알 수 없는 일이다.

이때 당나라 유병游兵○**5**과 여러 장병들 가운데 진영에 머물면서 기회를 보아 신라를 습격하려고 꾀하는 자가 있었다. 왕이 이 계획을 눈치채고 군사를 일으켜 그를 쳤다. 이듬해 고종은 사신을 보내 김인문 등을 불러 꾸짖었다.

"너희가 우리 군사를 청하여 고구려를 멸망시키고, 이제는 오히려 우리를 해치려 하니 무엇 때문인가?"

그러고는 그를 옥에 가두고 군사 50만 명을 훈련시켜 설방薛邦을 장수로 삼아 신라를 치려고 했다.

이때 의상대사義相大師가 당나라로 유학 갔다가○**6** 김인문을 찾

○○○ **4** 고림은 인물로 보기도 하고, 성씨가 누락된 것으로 보기도 한다. 『삼국사기』와 중국 사서에는 고간高侃으로 기록되어 있다.

○○○ **5** 유격하는 군대로 유군游軍과 같은 말이다.

○○○ **6** 문화 개방주의가 강했던 당나라 수도 장안長安은 신라인뿐만 아니

아가 만났다. 김인문은 이 사실을 의상에게 알려 주었고, 이에 의상은 신라로 돌아와 왕에게 아뢰었다. 왕은 매우 두려워하며 신하들을 모아 놓고 당나라 군사를 막을 방법을 물었다. 각간角干 김천존金天尊이 아뢰었다.

"요즘 명랑법사明朗法師가 용궁龍宮에 들어가 비법을 전수받고 왔다고 하니, 조서로 그에게 물어보십시오."

명랑법사가 아뢰었다.

"낭산狼山 남쪽에 신유림神遊林이 있는데, 그곳에 사천왕사四天王寺를 세우고 도량道場°7을 열면 됩니다."

그때 정주貞州°8에서 사자가 달려와 보고했다.

"지금 수많은 당나라 군사들이 우리 국경에 이르러 바닷가를 맴돌고 있습니다."

왕이 명랑법사를 불러 말했다.

"일이 이렇게 다급해졌으니 어찌 하면 되겠소?"

명랑법사가 아뢰었다.

"곱게 물들인 비단으로 임시 절을 만들면 됩니다."

이에 곱게 물들인 비단으로 절을 짓고 풀로 다섯 방위(五方)를 맡은 신상神像을 만들었다. 그리고 유가종瑜伽宗의 명승明僧 열두 명에게 명랑법사를 우두머리로 하여 문두루文豆婁의 은밀한 비법(秘密之

라 아랍인, 이란인, 일본인 등 수많은 유학생들로 늘 북적거렸다.

○○○ 7 원래 수행자들이 참선하는 곳이란 뜻이었으며 어원은 동그라미를 의미하는 만다라로서 부처가 깨달음을 얻은 장소 또는 진심을 말한다. 여기서는 절을 말한다.

○○○ 8 지금의 경기도 개풍 지역이다.

法)°**9**을 쓰도록 했다.

이때는 당나라 군대가 신라 군대와 전쟁을 하기 전이었는데, 바람과 파도가 거세게 일어 당나라 군대의 배가 모두 침몰되었다. 그 후에 절을 고쳐 짓고 이름을 사천왕사라고 했으며 지금까지도 단석壇席이 끊어지지 않고 있다. 『국사國史』에서는 다시 〔크게〕 고쳐 지은 것이 조로調露 원년 기묘년(679년)이라고 한다.

그 후 신미년(671년)에 당나라는 다시 조헌趙憲을 장수로 삼아 5만 명의 군사를 보내 정벌하도록 했는데, 또 그 비법°**10**을 썼더니 이전처럼 배가 침몰했다. 이때 한림랑翰林郎 박문준朴文俊이 김인문과 함께 옥중에 있었다. 고종이 박문준을 불러 말했다.

"너희 나라에는 무슨 비법이 있어 두 번이나 많은 병사를 보냈는데도 살아 돌아온 자가 없느냐?"

박문준이 아뢰었다.

"저희 속국의 신하들은 윗나라에 온 지 10여 년이나 되어 본국의 일을 알지 못합니다. 다만 멀리서 한 가지 들은 것은 있습니다. 우리나라가 상국의 두터운 은혜를 입어 삼국을 통일하였으므로 그 은덕을 갚기 위해서 새로 낭산 남쪽에 사천왕사를 짓고 황제의 만수무강을 빌며 오랫동안 법회를 열고 있다고 합니다."

고종은 이 말을 듣고 아주 기뻐하며, 신라에 예부시랑禮部侍郎 악붕귀樂鵬龜를 사신으로 보내 그 절을 살피게 했다. 왕은 미리 당나

○○○ **9** 신라와 고려 시대에 행했던 밀교 의식의 하나로 역사와 불교학계에서는 '문두루비법文豆婁秘法'이 고유명사처럼 쓰이고 있다.
○○○ **10** 이 비법은 신빙성이 의심된다. 그래서인지 『삼국사기』어디에도 관련된 내용을 찾아볼 수 없다. 이 당시 신라는 당나라와 외교적 갈등이 심했다.

라 사신이 곧 올 것이라는 말을 듣고 절을 보여 주어서는 안 될 것으로 판단하여 남쪽에 따로 새 절을 짓고 사신을 기다렸다.

사신이 와서 말했다.

"반드시 먼저 황제의 만수를 비는 곳인 사천왕사에서 향을 올리겠습니다."

이에 인도하여 새 절을 보여 주었는데 사신이 문 앞에 서서 말했다.

"이것은 사천왕사가 아닙니다."

사신은 덕요산德遙山의 절을 바라보면서 끝내 들어가지 않았다. 그래서 나라 사람이 금 천 냥을 주었더니 사신이 돌아가 아뢰었다.

"신라는 사천왕사를 지어 새 절에서 황제의 만수를 빌고 있었을 뿐입니다."

이에 새 절은 당나라 사신의 말에 따라 망덕사望德寺°**11**라 했다. 혹은 효소왕孝昭王 대代의 일이라고 하는데, 이는 틀린 것이다.

왕은 박문준이 잘 아뢰어 황제가 관대하게 용서해 주려는 뜻이 있다는 말을 듣고, 이에 강수强首°**12** 선생에게 김인문을 석방해 달라는 표문[請放仁問表]을 짓게 하고 사인舍人 원우遠禹를 당나라로 보내 말했다. 황제는 표문을 보고 눈물을 흘리고는 김인문을 사면하고 위로하여 돌려보냈다.

김인문이 옥에 있을 때 나라 사람들이 그를 위해 절을 지어 이름을 인용사仁容寺라고 하고 관음도량觀音道場을 열었다. 그런데 김인

○○○ **11** 경주 사천왕사 맞은편에 있었으며, 지금은 절터에 당간지주와 목탑지 등이 남아 있다.

○○○ **12** 신라의 문장가로 외교 문서를 작성하여 중국, 고구려, 백제와 교류하는 데 큰 공을 세웠다.

문이 돌아오다가 바다에서 죽었으므로 미타도량彌陀道場으로 고쳤다. 지금까지 [이 절이] 남아 있다.

대왕은 나라를 21년 동안 다스리다가 영륭永隆°13 2년 신사년(681년)에 죽었는데, 동해 가운데 있는 큰 바위 위에 장사 지내라고 유조를 내렸다. 왕은 평소 늘 지의법사智義法師에게 말했다.

"짐은 죽은 뒤 나라를 지키는 큰 용이 되어°14 불법을 높이 받들면서 나라를 지키고 싶소."

법사가 말했다.

"용은 짐승의 응보應報인데 어찌 용이 되려고 하십니까?"

왕이 말했다.

"짐은 세상의 영화에 염증을 느낀 지 오래되었소. 만약 좋지 않은 응보로 인해 짐승이 된다면 짐의 생각과 꼭 맞는 것이오."

왕은 처음 즉위했을 때, 남산에 큰 창고를 만들었다. 길이가 50보, 너비가 15보인데 그곳에 곡식과 무기를 쌓아 두었다. 이것이 우창右倉이다. 또한 천은사天恩寺°15 서북쪽 산 위에 있는 것이 좌창左倉이다.

다른 책에는 이렇게 되어 있다.

"건복建福°16 8년 신해년(591년)에 남산성을 쌓았는데, 둘레가 2850보였다."

○○○ **13** 당나라 고종의 11번째 연호. 680~681년까지 사용했다.
○○○ **14** 이 때문에 그의 수중릉이 감포 바닷가에 있을 것이라고 추정했으나 능의 흔적은 아무 데도 없었다. 다만 경주시의 능지탑이 그를 화장한 곳이라고 한다.
○○○ **15** 경주 탑동 남간마을 안쪽에 있었던 절로 전해지고 있다.
○○○ **16** 신라 진평왕의 연호다.

이 성은 바로 진평왕○**17** 때 처음 쌓기 시작했는데, 이때에 다시 지은 것이다. 또 부산성富山城을 쌓기 시작하여 3년 만에 완성했고, 안북하安北河 가에 철성鐵城을 쌓았다. 또 서울에 성곽을 쌓으려고 책임 관리[眞吏]에게 명령을 내렸는데, 이때 의상법사가 이 소식을 듣고 글을 올렸다.

"왕의 정치와 교화가 밝으면 비록 풀이 가득한 언덕에 땅을 그어 성을 만들더라도 백성들이 감히 넘지 못하고, 재앙을 없애고 복이 오게 할 수 있습니다. 그러나 정치와 교화가 밝지 못하면 비록 큰 성이 있다고 하더라도 재해가 사라지지 않을 것입니다."

이에 왕이 그 역사役事를 중지시켰다.

인덕麟德○**18** 3년 병인년(666년) 3월 10일, 어떤 사람의 노비로 길이吉伊라는 이름을 가진 자가 있었는데, 한 번에 아들 셋을 낳았다. 또 총장 3년 경오년(670년) 정월 7일에는 한기부漢歧部의 일산급간一山級干혹은 성산아간成山阿干이라 한다. 의 노비가 한 번에 자식 넷을 낳았는데, 딸 하나에 아들 셋이었다. 그래서 나라에서는 곡식 200석을 상으로 주었다.

또 고구려를 정벌할 때 그 나라 왕손○**19**이 귀화해 오자 진골의 지위를 내려 주었다.

왕은 어느 날 서제庶弟 차득공車得公을 불러 말했다.

○○○ **17** 원문의 '진덕眞德'은 '진평眞平'의 오기다.

○○○ **18** 당나라 고종 이치의 연호. 664~665년까지 사용했다. 원문의 인덕 3년은 건봉 원년의 오기다.

○○○ **19** 고구려 대신 연정토淵淨土의 아들 안승安勝을 말한다. 신라는 안승을 보덕왕報德王으로 봉했다.

"너를 재상으로 삼을 테니 백관을 고루 다스리고 온 천하를 평화롭게 해라."

공이 아뢰었다.

"만약 폐하께서 소신을 재상으로 임명하신다면 신은 은밀히 나라 안을 다니면서 민간의 요역이 수고로운가 편안한가, 세금이 무거운가 가벼운가, 관리가 깨끗한가 혼탁한가를 살펴본 후에 벼슬에 나가고 싶습니다."

왕이 허락해 주었다.

차득공은 검은 승복을 입고 비파를 들고 거사居士°²⁰ 차림으로 서울을 나가서 아슬라주阿瑟羅州지금의 명주溟州, 우수주牛首州지금의 춘주春州,°²¹ 북원경北原京지금의 충주°²²을 거쳐 무진주武珍州지금의 해양海陽°²³에 이르러 마을을 두루 돌아다녔다.

무진주의 관리 안길安吉은 공을 특별한 사람으로 여겨 집으로 맞아들여 극진히 대접했다. 밤이 되자 안길이 처첩 셋을 불러 말했다.

"오늘 이 거사를 모시고 자는 사람은 죽을 때까지 해로할 것이다."

두 처가 말했다.

"차라리 함께 살지 못할지언정 어떻게 다른 사람과 자겠습니까?"

그런데 그중 한 처가 말했다.

"공께서 만약 죽을 때까지 함께 살겠다는 허락을 하신다면 명을

○○○ **20** 정식으로 출가하여 계를 받지 않았지만 승려들처럼 생활하고 수행하는 사람을 말한다.

○○○ **21** 지금의 강원도 춘천이다.

○○○ **22** 지금의 강원도 원주다.

○○○ **23** 지금의 전라도 광주다.

받들겠습니다."라고 하면서 그를 따랐다.

이튿날 아침 일찍 거사가 떠나면서 말했다.

"나는 서울 사람입니다. 우리 집은 황룡사皇龍寺와 황성사皇聖寺 사이에 있으며, 내 이름은 단오端午지금 풍속에 이르기를 단오를 수레옷〔車衣〕이라고 한다.라 합니다. 주인이 만약 서울에 오게 될 때 우리 집을 찾아 주시면 좋겠습니다."

마침내 그는 서울에 돌아와서 재상이 되었다.

나라 제도에는 매년 각 주에서 관리 한 사람을 불러올려 중앙의 여러 조曹를 지키게 했는데,지금의 기인其人 제도○**24** 안길이 올라와서 지킬 차례가 되었다. 서울에 와서 두 절 사이에 있다는 단오거사의 집을 물었으나 아는 사람이 한 명도 없었다. 안길이 한동안 길가에 서 있었는데, 어떤 노인이 지나가다가 그의 말을 듣고는 한참 생각하더니 말했다.

"두 절 사이에 있는 한 집이라면 아마 궁궐일 테고, 단오라면 바로 차득령 공車得令公인 것 같구려. 바깥 군郡을 잠행할 때 아마 그대와 인연이 있었던 것 같소."

안길이 사실대로 말하자 노인이 말했다.

"그대는 궁성 서쪽에 있는 귀정문歸正門으로 가서 드나드는 궁녀를 기다렸다가 이야기하시오."

안길은 그의 말을 따라 이렇게 알리도록 했다.

"무진주의 안길이 문에 와 있다."

○○○ **24** 지방 세력의 자제를 인질 삼아 중앙에 불러들여 머물게 하는 제도였으나, 조선 초기에는 궁중에 근무하는 천역이 되었다.

공이 듣고서 달려나와 손을 잡아끌고 궁으로 데리고 들어가 공의 부인을 불러 안길과 함께 잔치를 베풀었는데, 음식이 쉰 가지나 됐다. 그러고 나서 왕에게 아뢰니 성부산星浮山 혹은 성손호산星損乎山이라 한다. 아래에 있는 땅을 무진주 상수리上守里의 소목전燒木田°25으로 주고, 벌목을 금하여 사람들의 접근을 막았으므로 궁 안팎의 사람들이 모두 부러워했다. 산 아래 전답 서른 이랑에 씨앗 세 섬을 뿌리는데, 이 전답에 풍년이 들면 무진주에도 풍년이 들고, 그렇지 않으면 무진주에도 흉년이 들었다.

_____

○○○ **25** 궁궐이나 관청에 공출하는 땔감을 채취하는 땅이다. 원본에는 소소燒가 요繞로 되어 있다.

만파식적 °1

　　제31대 신문대왕神文大王의 이름은 정명政明이고 〔성은〕 김씨며, 개요開耀°2 원년 신사년(681년) 7월 7일에 즉위했다. 아버지 문무대왕을 위해 동해 가에 감은사感恩寺°3를 지었다. 『사중기寺中記』에는 이렇게 되어 있다. 문무왕이 왜병을 진압하기 위해 이 절을 처음 지었으나 완성하지 못하고 죽어 바다의 용이 되었다. 그 아들 신문왕이 즉위하여 개요 2년(682년)에 완성했다. 금당金堂 섬돌 아래를 파고 동쪽을 향해 구멍 하나를 뚫었는데, 바로 용이 절 안으로 들어와 서리도록 마련한 것이라 한다. 대개 유조에 따라 뼈를 묻은 곳을 대왕암大王岩°4이라 하고, 절 이름을 감은사感恩寺라 했다. 후에 용이 나타난 모습을 본 곳을 이견대利見臺라 했다.

　　이듬해 임오년 5월 초하루〔어떤 본에는 천수天授 원년이라 했으나 잘못된 것이다.〕에 해관海官 파진찬波珍湌°5 박숙청朴夙淸이 아뢰었다.

○○○ 1 『삼국사기』「잡지雜誌」편에 나오는데, 김부식은 "괴이쩍어 믿을 수 없다."라고 하면서 그 존재에 대해 부정적이었다. '만파식적'을 풀이하면 '거센 물결을 잠재우는 피리'라는 의미다.
○○○ 2 당나라 고종의 12번째 연호. 681~682년까지 사용했다.
○○○ 3 신문왕이 아버지 문무왕을 위하여 삼국 통일 직후 건립한 최대 규모의 호국 사찰이었다. 지금은 2기의 대형 삼층석탑과 금당지 등이 남아 있다.
○○○ 4 경주시 감포읍 대종천 앞바다에 있는 돌무더기 섬으로 신라 문무왕을 화장한 후 그 뼈를 바위 한가운데 묻은 것(장골藏骨)으로 전해지고 있다.
○○○ 5 신라 시대 17관등 중 제4위로 해간海干, 파미간波彌干이라고도 한다.

"동해 가운데 있던 작은 섬 하나가 감은사 쪽으로 떠내려와 파도를 따라 왔다 갔다 합니다."

왕이 이 말을 듣고 이상하게 여겨 일관 김춘질金春質혹은 춘일春日이라고 했다.에게 점을 치도록 명령했다.

〔일관이 왕께〕 아뢰었다.

"돌아가신 임금께서 지금 바다의 용이 되어 삼한을 지키며, 또 김유신 공이 33천天의 한 아들이 되어 지금 내려와 대신大臣이 되었습니다. 두 성인께서 덕을 같이하여 성을 지킬 보배를 내리려고 하시는 것입니다. 만약 폐하께서 바닷가로 나가시면 반드시 값을 매길 수 없는 큰 보배를 얻으실 것입니다."

왕은 기뻐하며 그달 7일에 이견대利見臺로 가서 그 산을 바라보고 사신을 보내 살펴보게 했다. 산의 형세는 거북이 머리처럼 생겼고 그 위에 대나무 한 그루가 있었는데, 낮에는 둘이 되고 밤에는 하나로 합쳐졌다. 혹은 산 역시 대나무처럼 밤낮으로 합쳐졌다 떼어졌다 했다고 한다.

사신이 와서 아뢰자 왕은 감은사로 가서 묵었다. 이튿날 오시午時°6에 대나무가 하나로 합치자, 천지가 진동하고 이레 동안 폭풍우가 치면서 날이 어두워졌다가 그달 16일에야 바람이 멈추고 파도가 가라앉았다. 왕이 배를 타고 그 산으로 가니 용이 검은 옥대玉帶를 가져다 바쳤다. 왕은 용을 영접하여 함께 자리에 앉았다.

왕이 물었다.

"이 산과 대나무가 떨어졌다가 다시 합치는 것은 무슨 까닭인가?"

○○○ 6 오전 11시에서 오후 1시까지다.

용이 말했다.

"한 손으로 치면 소리가 나지 않지만, 두 손으로 치면 소리가 나는 것과 같습니다. 이 대나무란 물건은 합친 후에야 소리가 나게 되어 있으니, 성왕께서 소리로써 천하를 다스릴 징조입니다. 왕께서 이 대나무를 얻어 피리를 만들어 불면 천하가 평화로울 것입니다. 지금 돌아가신 왕께서는 바닷속 큰 용이 되셨고 김유신은 또 천신이 되었습니다. 두 성인께서 한마음이 되어 값으로는 정할 수 없는 이런 큰 보물을 내려 저에게 바치도록 한 것입니다."

왕은 놀라고 기뻐하며 오색 비단과 금옥으로 답례하고는 사람을 시켜 대나무를 베어 가지고 바다에서 나오니, 산과 용이 갑자기 사라져 보이지 않았다. 왕은 감은사에서 묵었다. 17일에 기림사祗林寺[7] 서쪽 시냇가에 이르러 수레를 멈추고 점심을 먹었다. 태자 이공理恭 즉 효소대왕孝昭大王이다. 이 대궐을 지키다가 이 이야기를 듣고는 말을 달려와 축하하고 천천히 살펴본 다음 아뢰었다.

"이 옥대의 여러 쪽들은 모두 진짜 용입니다."

왕이 물었다.

"네가 그것을 어떻게 아느냐?"

태자가 아뢰었다.

"한 쪽을 떼서 물에 넣어 보십시오."

그래서 왼쪽에서 두 번째 쪽을 떼어 시냇물에 담갔더니 곧바로 용이 되어 하늘로 올라갔고 그 자리는 못이 되었다. 그래서 용연龍淵이라 불렸다.

○○○ 7 경주시 양북면 호암리 함월산에 있다.

왕은 궁궐로 돌아와 그 대나무로 피리를 만들어 월성月城 천존고天尊庫에 보관했는데 이 피리를 불면 적군이 물러가고, 병이 낫고, 가물 때는 비가 내리고, 장마 때는 비가 그치고, 바람이 그치고, 파도가 잠잠해졌으므로 만파식적萬波息笛이라 부르고 국보로 삼았다. 효소대왕 때 이르러 천수天授°8 4년 계사년(693년)에 부례랑夫禮郎이 살아 돌아온 기이한 일이 있었으므로 다시 만만파파식적萬萬波波息笛이라 불렀다. 자세한 것은 그 전기傳記에 있다.

○○○ 8 주周나라 측천제則天帝의 연호. 천수라는 연호는 690~692년까지 사용했으므로 천수 4년은 그다음에 사용된 연호인 장수長壽 2년을 말한다. 측천제는 중국 최초의 여황제로 690년에서 705년까지 재위했다.

효소왕 대의 죽지랑 죽만竹曼, 지관智官이라고도 한다.

제32대 효소왕 대에 죽만랑竹曼郎의 무리 가운데 득오得烏혹은 득곡得谷이라고도 한다. 급간이 있었는데, 화랑의 명부에 이름을 올려 놓고 날마다 나오다가 열흘 동안 보이지 않았다. 죽만랑이 그의 어머니를 불러 물었다.

"당신 아들은 지금 어디 있소?"

득오의 어머니가 말했다.

"당전幢典인 모량부牟梁部의 아간阿干 익선益宣이 제 아들을 부산성富山城°[1]의 창고지기〔倉直〕로 보냈는데, 급히 가느라 죽만랑께 말씀을 드릴 겨를이 없었습니다."

죽만랑이 말했다.

"네 아들이 만약 사사로운 일로 그곳에 갔다면 찾아볼 필요가 없겠지만 공적인 일로 갔으니 내가 가서 대접해야겠다."

그러고 나서 떡 한 합과 술 한 동이를 갖고 좌인左人향언에서 갯지〔皆叱知〕라고 하니, 노복을 말한다. 들을 거느리고 떠나는데, 죽만랑의 무리 137명 역시 의장을 갖추어 따라갔다.

부산성에 도착하여 문지기에게 득오실得烏失°[2]의 행방을 물어

○○○ **1** 경주시 건천읍에 있으며, 문무왕이 외적의 침입에 대비하여 쌓은 산성이다.

○○○ **2** 주지랑익 낭도로 여기서 실失은 골짜기〔谷〕나 고을을 뜻하는 향언

보자 그가 말했다.

"지금 익선의 밭에서 관례에 따라 부역을 하고 있습니다."

죽만랑은 밭으로 가서 가지고 간 술과 떡으로 득오를 대접했다. 그리고 익선에게 휴가를 얻어 득오와 함께 돌아오려고 했으나, 익선이 완강히 반대하면서 허락하지 않았다.

그때 사리使吏 간진侃珍이 추화군推火郡의 세금 30석을 거두어 성안으로 수송하다가 선비를 귀중히 여기는 죽만랑의 풍모를 아름답게 여기고 융통성 없는 익선을 야비하게 여겨, 가지고 가던 30석을 익선에게 주고 도움을 요청했으나 여전히 허락하지 않았다. 그런데 사지舍知°3 진절珍節이 기마와 말안장을 주니 그제야 허락했다.

조정의 화주花主°4가 그 소식을 듣고 사신을 보내어 익선을 잡아다가 그의 더럽고 추잡함을 씻어 주려 했는데, 익선이 달아나 숨었으므로 그의 맏아들을 잡아갔다. 이때는 한겨울로 몹시 추운 날이었는데, 성안에 있는 못 가운데서 〔익선의 아들을〕 목욕시키니 그대로 얼어 죽고 말았다.

대왕은 그 말을 듣고는 모량리 사람으로 벼슬에 종사하는 자는 모두 내쫓아 다시는 관공서에 발을 붙이지 못하게 하고 검은색 옷〔승복〕을 입지 못하게 했으며, 만약 승려가 된 자라면 종을 치고 북을 울리는 절에는 들어가지 못하도록 명령을 내렸다. 또 간진의 자손을 올려 평정호손枰定戶孫°5으로 삼아 표창했다. 이때 원측법사圓

'실'의 음차라고 본다.

○○○ 3 신라 시대 17관등 중 제13위 관등이다.

○○○ 4 화랑을 관할하는 관직. 한편 풍월주風月主의 부인도 화주라고 한다.

○○○ 5 '평정호'는 분명한 것은 아니나 당나라 때 한 마을의 사무를 맡아 보

測法師○**6**는 해동의 고승이었으나 모량리 사람이었기 때문에 승직을 받지 못했다.

이전에 술종공述宗公이 삭주도독사朔州都督使가 되어 임지로 부임하게 되었는데, 삼한에 전쟁이 있어 기병 3000명으로 그를 호송하게 했다. 가다가 죽지령竹旨嶺에 도착하니, 한 거사가 고갯길을 닦고 있었다. 공은 그것을 보고 감탄하고 칭찬했다. 거사 역시 공의 위세가 매우 큰 것을 좋게 보고 서로 마음속으로 감동하게 되었다.

술종공이 삭주에 부임하여 다스린 지 한 달이 되었을 때, 거사가 방 안으로 들어오는 꿈을 꾸었다. 그런데 아내도 같은 꿈을 꾸었다고 하여 매우 놀라고 괴상하게 여겼다. 이튿날 사람을 시켜 거사의 안부를 물으니 사람들이 말했다.

"거사는 죽은 지 며칠 되었습니다."

심부름 갔던 사람이 돌아와 보고하니, 거사가 죽은 날이 꿈을 꾼 날과 같은 날이었다. 공이 말했다.

"아마 거사가 우리 집에 태어날 것 같소."

다시 군사를 보내 고갯마루 북쪽 봉우리에 거사를 장사 지내게 하고 돌로 미륵 한 구軀를 만들어 무덤 앞에 세웠다.

아내가 꿈을 꾼 날로부터 태기가 있어 아이를 낳자 이름을 죽지竹旨라 했다. 그는 장성하여 벼슬길에 올라 김유신 공과 함께 부수副帥가 되어 삼한을 통일하고 진덕, 태종, 문무, 신문 등 4대에 걸쳐 재

던 호戶고, '손'은 '장長'을 잘못 쓴 것 같다.
○○○ **6** 신라 출신 승려로 중국 당나라에 유학한 후 현장법사玄奘法師의 제자가 되어 불경의 번역과 보급에 큰 역할을 하였다. 지금도 중국 서안시에 있는 흥교사興教寺에 원측의 탑묘塔廟가 남아 있다.

상이 되어 나라를 안정시켰다.

처음에 득오곡이 죽만랑을 사모하여 노래[慕竹旨郎歌]를 지었는
데, 그 내용은 다음과 같다.

> 지나간 봄 그리매
> 모든 것이 시름이로다.
> 아름다운 모습에 주름이 지니
> 눈 돌릴 사이에 만나 보게 되리.
> 낭이여! 그리운 마음에 가는 길에
> 쑥 우거진 마을에 잘 밤 있으리.

성덕왕

제33대 성덕왕聖德王 신룡神龍°**1** 2년 병오년(706년)에 흉년이 들어 백성들이 몹시 굶주렸다. 조정에서는 정미년(707년) 정월 초하루부터 7월 30일까지 백성을 구제하고자 벼를 나누어 주었는데, 한 사람당 하루 석 되를 기준으로 삼았다. 모두 나누어 주고 합계를 내 보니 30만 500석이었다.

왕이 태종대왕을 위해 봉덕사奉德寺°**2**를 창건하여 인왕도량仁王道場°**3**을 이레 동안 베풀고 대사면을 했으며, 처음으로 시중侍中°**4**이란 직책을 두었다. 어떤 책에는 효성왕孝成王 대라 한다.

○○○ **1** 당나라 중종中宗 이현李顯의 연호. 705∼707년까지 사용했다.
○○○ **2** 경주 북천北川 근처에 있던 절로, 지금은 모두 소실되고 절터만 남아 있다. 이 절에 있던 '성덕대왕신종'은 국보 제29호로 지정되어 현재 경주국립박물관에 보관되어 있다.
○○○ **3** 불교에서 『인왕경』을 수업하는 도량이다.
○○○ **4** 신라 집사부執事部 관직으로, 『삼국사기』에 의하면 진덕여왕 5년에 '중시中侍'가 처음 설치되었고, 경덕왕 6년에 '시중'으로 개칭되었다고 한다.

수로부인

성덕왕 대에 순정공純貞公°¹이 강릉江陵지금의 명주溟州 태수로 부임해 가다가 바닷가에서 점심을 먹었다. 옆에는 바위가 마치 병풍처럼 바다를 두르고 있었는데, 천 길이나 되는 높이에 철쭉이 활짝 피어 있었다. 순정공의 부인 수로水路가 그것을 보고 주위 사람들에게 말했다.

"누가 내게 저 꽃을 꺾어 바치겠소?"

따르던 사람이 말했다.

"사람이 오를 수 없는 곳입니다."

다들 나서지 못하고 있는데 옆에서 암소를 끌고 지나가던 노인이 부인의 말을 듣고 그 꽃을 꺾어 와서 가사歌詞도 지어 부인에게 함께 바쳤다.

그 노인이 누구인지는 아무도 몰랐다. 다시 이틀째 길을 가다가 또 임해정臨海亭°²에서 점심을 먹는데, 바다의 용이 갑자기 부인을 낚아채 바닷속으로 들어가 버렸다. 공이 넘어지면서 발을 굴렀으나

○○○ **1** 구체적인 정보는 없으나 고운기에 의하면 5급 이상의 진골 귀족으로 보아야 한다고 했다. 『삼국사기』의 경덕왕 비의 아버지 이찬伊湌 김순정金順貞과 동일 인물로 보기도 한다.

○○○ **2** '바닷가에 닿아 있는 정자'라고 해석하기도 한다. 2003년 삼척시는 증산 해변에 '임해정'과 '해가사 터'를 복원하여 관리하고 있다.

어쩔 도리가 없었다.

또다시 한 노인이 말했다.

"옛 사람이 말하기를 '여러 사람의 말은 무쇠도 녹인다.'라고 하니, 바닷속 짐승인들 어찌 여러 사람들의 입을 두려워하지 않겠습니까? 경내의 백성들을 모아 노래를 지어 부르면서 지팡이로 강 언덕을 두드리면 부인을 다시 볼 수 있을 것입니다."

공이 이 말을 따르니, 용이 부인을 모시고 바다에서 나와 그에게 바쳤다. 공이 부인에게 바닷속 일을 물었다. 부인은 이렇게 말했다.

"일곱 가지 보물로 꾸민 궁전에 음식들은 맛이 달고 매끄러우며 향기롭고 깨끗하여 인간 세상의 음식이 아니었습니다."

부인의 옷에도 색다른 향기가 스며 있었는데, 이 세상에서는 맡아 볼 수 없는 향이었다.

수로부인은 절세미인이어서 깊은 산이나 큰 못 가를 지날 때마다 자주 신물神物에게 빼앗겼으므로 여러 사람이 해가海歌°³를 불렀다.

그 가사는 이렇다.

> 거북아, 거북아! 수로부인을 내놓아라.
> 남의 아내를 약탈해 간 죄 얼마나 큰가?
> 네가 만약 거역하고 내다 바치지 않으면
> 그물을 쳐 잡아서 구워 먹으리라.

───────────

○○○ **3** 이야기의 맥락이 수로왕의 탄생 설화에 나오는 구지가龜旨歌와 비슷하다.

노인이 바친 헌화가獻花歌는 이렇다.

자줏빛 바위 가에
암소 잡은 손 놓게 하시고,
나를 아니 부끄러워하시면
꽃을 꺾어 바치겠나이다.

효성왕

개원開元°¹ 10년 임술년°²(722년) 10월에 처음으로 모화군毛火郡
에 관문을 쌓았다. 〔이것은〕지금의 모화촌毛火村으로 경주 동남쪽
경계에 속하며, 바로 일본을 막기 위한 요새였다. 그 둘레는 6792보
다섯 자고 역사役事에 참가한 무리는 3만 9262명이었으며, 관장한
사람은 각간 원진元眞이었다.

개원 21년 계유년(733년)에 당나라 사람들이 북적北狄°³을 정벌
하려고 신라에 군사를 요청했다. 이때 객사客使 604명이 왔다가 당
나라로 돌아갔다.

○○○ **1** 당나라 현종玄宗 이융기李隆基의 연호. 713~741년까지 사용했다.
○○○ **2** 개원 10년 임술년은 효성왕 대가 아니며 본문의 내용이『삼국사기』
에도 성덕왕 32년 기사로 되어 있으니, 연월도 성덕왕 대가 옳다.
○○○ **3** 여기서는 발해를 말한다.

경덕왕, 충담사, 표훈대덕

〔당나라에서〕『덕경德經』[1] 등을 보내오자 대왕은 예를 갖추어 받았다.[2]

왕이 나라를 다스린 지 24년이 되던 해에 오악삼산五岳三山[3]의 신들이 때때로 나타나 궁전 뜰에서 대왕을 모셨다.

3월 3일 왕은 귀정문歸正門 누각 위에 올라가 주위 사람들에게 말했다.

"누가 길거리에서 영복승榮服僧 한 명을 데려올 수 있겠는가?"

이때 마침 위엄과 풍모가 깨끗한 대덕大德[4]이 배회하며 가고 있었다. 신하들이 그를 데리고 와 뵙게 하니 왕이 말했다.

"내가 말한 위엄과 풍모가 있는 승려가 아니다."

그리고 돌려보냈다.

○○○ 1 도가의 창시자 노자老子의 『도덕경道德經』을 말하며 모두 5000여 자로 이루어져 있다.

○○○ 2 『삼국사기』「신라본기」'효성왕 2년' 조에도 비슷한 내용이 있어 경덕왕 대의 일이 아니라고도 하나, 리상호는 경덕왕 대의 일이 맞다고 했다.

○○○ 3 오악은 동악 토함산, 서악 계룡산, 남악 지리산, 북악 태백산, 중악 팔공산이며, 삼산은 경주 남산, 영천 금강산, 청도 부산이다. 윤영옥 교수는 오악이 통일 신라의 상징적 존재이자 전제 왕권의 상징이라고 했다.

○○○ 4 승려에게 부여하는 직위 명칭인데 덕망이나 풍모가 높은 승려를 일컫는다.

다시 한 승려가 가사를 걸치고 앵통櫻筒을 지고삼태기를 메고 있었다고 한 곳도 있다. 남쪽에서 오고 있었다. 왕은 기뻐하며 그를 보고 누각 위로 맞아들였다. 통 안을 살펴보니 다구茶具가 가득 들어 있었다. 왕이 말했다.

"그대는 누구인가?"

승려가 아뢰었다.

"소승은 충담忠談이라 합니다."

왕이 말했다.

"어디서 오는 길인가?"

승려가 아뢰었다.

"소승은 매년 중삼일重三日,°5 중구일重九日°6에 차를 끓여 남산 삼화령三花嶺°7의 미륵세존彌勒世尊°8께 올리는데, 지금도 차를 올리고 돌아오는 길입니다."

왕이 말했다.

"나에게도 차 한 잔 나누어 줄 수 있겠는가?"

승려는 이에 차를 끓여 바쳤는데, 차의 향기와 맛이 이상하고 찻잔 속에서 묘한 향내가 풍겼다. 왕이 말했다.

"짐은 일찍이 대사가 기파랑耆婆郞을 찬미한 사뇌가詞腦歌°9의

○○○ **5** 세시풍속에 액을 막는 제의祭儀가 있는 날로 3월 3일이다.
○○○ **6** 중양일重陽日이라고도 하며 액을 막는 제의가 있는 날로 9월 9일이다.
○○○ **7** 경주 남산에 있었던 고개로 이곳에서 석조 미륵삼존불상이 출토되어 현재 국립경주박물관에 소장 전시되고 있다.
○○○ **8** 석가모니가 입멸한 후 56억 7000만 겁이 지난 다음 출현하여 그때까지 구제되지 못한 모든 중생들을 구제해 준다는 미래의 부처이다.
○○○ **9** 향찰鄕札로 기록된 신라 때의 노래로, 10구체 형식의 향가만을 이르

뜻이 매우 높다고 들었는데 정말 그런가?"

승려가 대답했다.

"그렇습니다."

왕이 말했다.

"그렇다면 짐을 위해 안민가安民歌를 지어 보라."

충담은 곧바로 왕명을 받들어 노래를 지어 바쳤다. 왕이 아름답게 여겨 왕사王師°¹⁰로 봉했으나, 그는 삼가 재배하며 간곡히 사양하고 받지 않았다.

「안민가」°¹¹는 다음과 같다.

> 임금은 아버지요,
>
> 신하는 사랑을 주는 어머니라.
>
> 백성을 어리석은 아이로 여기면,
>
> 모든 백성들이 사랑을 알리라.
>
>
> 꾸물거리며 사는 중생,
>
> 이들을 먹여 다스려라.
>
> 이 땅을 버리고 어디로 가고 하면
>
> 이 나라가 보전될 줄 알리라.

기도 한다. 「기이 제1」에는 사뇌격詞腦格이라는 기록이 있다.

○○○ **10** 왕의 스승이라는 의미로 왕의 불교 정책을 돕고 자문하는 역할로 국사國師 아래에 있었던 최고의 법계法階였다.

○○○ **11** 경덕왕 말년에 지은 것으로 「찬기파랑가」보다 후대의 작품이며 호국의 정성이 깃들어 있다. 조지훈 교수는 충담사의 신분이 단순한 승려가 아니고 화랑도의 양면을 띤 인물로 보았다.

아아, 임금답게 신하답게 백성답게 하면

나라는 태평을 지속하리.

「찬기파랑가讚耆婆郎歌」°**12**는 다음과 같다.

열어젖히자 벗어나는 달이

흰구름 좇아 떠간 언저리

백사장 펼친 물가에

기파랑의 모습이 잠겼어라.

일오천逸烏川 자갈벌에서

낭의 지니신 마음 좇으려 하네,

아! 잣나무 가지 높아

서리 모를 씩씩한 모습이여!

왕은 옥경玉莖의 길이가 여덟 치나 되었는데, 자식이 없어 왕비°**13**를 폐하고 사량부인沙梁夫人으로 봉했다. 후비 만월부인滿月夫人은 시호가 경수태후景垂太后이며 각간 의충依忠의 딸이었다.

왕이 하루는 표훈대사〔表訓大德〕를 불러 명했다.

"내가 복이 없어 후사를 얻지 못했으니 원하건대 대사께서 하느님〔上帝〕에게 청하여 사내아이를 점지하게 해 주시오."

○○○ **12** 김상억 교수는 '찬讚'이 게송류偈頌類의 '찬'이 아니고 한시의 '송찬頌讚'류와 맥이 같다고 했다. 양주동 박사는 이 작품의 기상천외한 시법에 감탄하면서 문답체의 구조로 보았다.

○○○ **13** 「왕력」에는 삼모부인三毛夫人으로 되어 있다.

표훈대사가 하늘로 올라가 천제에게 말하고 돌아와 아뢰었다.

"천제께서는 '딸을 구하는 것은 되지만 사내아이는 마땅치 않다.'라고 하셨습니다."

왕이 말했다.

"딸을 아들로 바꿔 주시오."

표훈대사가 다시 하늘로 올라가 청했다.

천제가 말했다.

"할 수 있다. 그러나 만약 사내아이가 태어난다면 나라를 위태롭게 할 것이다."

표훈대사가 하늘에서 내려오려 할 때 천제가 다시 불러 말했다.

"하늘과 인간 사이를 어지럽혀서는 안 되는데 지금 대사는 이웃 마을처럼 오가면서 천기를 누설하고 있으니 지금 이후로는 오는 것을 금하노라."

표훈대사가 와서 천제의 말을 전하니 왕이 말했다.

"나라가 비록 위태롭게 되더라도 아들을 얻어 후사를 삼고 싶소."

달이 차서 왕후가 태자를 낳으니°¹⁴ 왕은 매우 기뻐했다.

태자가 여덟 살이 되었을 때 왕이 죽고 태자가 즉위했으니, 이 사람이 혜공대왕惠恭大王이다. [왕이] 어렸으므로 태후가 섭정에 나섰으나 정사가 다스려지지 않았고,°¹⁵ 도적이 벌 떼처럼 일어나도 막지 못했으니, 표훈대사의 말이 사실이었다. 태자는 원래 여자였다가 남자로 태어났기 때문에 돌 때부터 즉위하기까지 항상 부녀자들의 놀이를

○○○ **14** 『삼국사기』에는 경덕왕 17년 7월 23일의 일로 기록되어 있다.

○○○ **15** 그는 16년 동안 왕위에 있었는데 반란이 다섯 번이나 일어났다.

일삼고 비단 주머니 차는 것을 좋아하며 도사道士들과 희롱했다. 그래서 나라가 크게 어지러워져 결국 선덕왕宣德王 김양상金良相○**16**에게 시해되었다. 표훈대사 이후로 신라에 성인이 태어나지 않았다고 한다.

○○○ **16** 『삼국사기』에는 혜공왕 16년에 김지정의 반란을 김양상과 김경신이 진압하였다고 기록되어 있다. 김양상은 선덕왕의 이름으로 원성왕 김경신金敬信의 오기라는 설도 일리가 있다.

혜공왕

대력大曆 초년(766년)에 강주康州 관서 대당大堂의 동쪽 땅이 서서히 꺼져 연못이 되었는데어떤 책에는 대사 동쪽 작은 못이라 한다. 세로는 열세 자, 가로는 일곱 자였다. 갑자기 잉어 대여섯 마리가 나타나 점점 커지자 연못도 따라서 커졌다.

2년°¹ 정미년(767년)에 이르러 또 천구성天狗星°²이 동루東樓 남쪽에 떨어졌는데 머리가 항아리만 하고 꼬리는 세 자 남짓 되었다. 또 빛은 활활 타는 것 같고 천지가 진동했다.

또 이해에 금포현今浦縣의 논 다섯 경頃°³에서 모두 새 이삭이 났다. 같은 해 7월에 북궁北宮의 뜰 가운데로 별 두 개가 떨어지더니 또 하나가 떨어졌는데, 세 별이 모두 땅속으로 꺼졌다.

이보다 앞서 궁궐 북쪽의 변소 안에 연꽃 두 줄기가 피어나고, 또 봉성사奉聖寺 밭 가운데에도 연꽃이 났으며, 호랑이가 금성禁城 가운데로 뛰어 들어가 쫓아가 잡으려고 했으나 놓쳤다. 각간 대공大恭의 집 배나무 위에도 참새가 무수히 모여들었다. 『안국병법安國兵法』°⁴ 하권에 의하면, 이것은 천하에 큰 전쟁이 있을 징조라고 했다.

○○○ 1 『삼국사기』「신라본기」제9에 의거해 볼 때 3년의 잘못인 것 같다.
○○○ 2 유성이나 혜성을 말하고 소리를 낸다고 하며 병란의 징조로 여겼다.
○○○ 3 토지의 면적을 재는 단위로서 1경은 100무畝다.
○○○ 4 우리나라 병법서라고 알려져 있으나, 현재 전하지 않는다.

이에 임금은 대사면을 실시하고 몸을 닦고 성찰했다.

〔4년〕7월 3일, 각간 대공이 반란을 일으켜 서울 및 5도道 주군州郡의 96명의 각간이 서로 싸워 나라가 크게 어지러워졌다. 각간 대공의 집안이 망하자 그 집안의 보물과 비단을 왕궁으로 옮겼다. 신성新城의 장창長倉이 불타자 사량沙梁과 모량牟梁 등에 있는 역적 무리의 보물과 곡식도 왕궁으로 실어 날랐다. 난리는 세 달 만에 그쳤는데, 상을 받은 자가 아주 많았고 죽은 자도 헤아릴 수 없었다.°5 표훈대사가 "나라가 위태롭게 될 것이다."라고 말한 것이 이것이다.

○○○ **5** 『삼국사기』「신라본기」에 "왕의 군대가 이들을 토벌하여 평정하고 9족을 처단했다."라는 기록이 있다.

원성대왕

이찬伊湌 김주원金周元이 처음에 상재上宰가 되었고 원성왕元聖王
은 각간으로 상재의 다음 자리에 있었다.〔원성왕은〕꿈에 복두幞頭○**1**
를 벗고 흰 삿갓을 쓰고 12현의 가야금을 들고 천관사天官寺 우물 속
으로 들어갔다. 왕이 꿈에서 깨어나 사람을 시켜 풀이하게 했더니
이렇게 말했다.

"복두를 벗은 것은 직책을 잃을 조짐이고, 가야금을 든 것은 칼
집을 쓸 조짐입니다. 우물에 들어간 것은 옥에 갇힐 조짐입니다."

원성왕은 그 말을 듣고 매우 근심하여 문을 닫고는 나가지도 않
았다. 이때 아찬 여삼餘三혹은 여산餘山이라고도 한다.이 와서 뵙기를
청했다. 원성왕은 병 때문에 나갈 수 없다고 거절했다. 아찬이 다시
한번 만나기를 청하여 왕이 허락했다.

아찬이 말했다.

"공께서 꺼리는 일이 무엇입니까?"

원성왕은 꿈을 풀이한 일을 자세히 말했다. 그러자 아찬이 일어
나 절을 하면서 말했다.

"이는 바로 길몽입니다. 공께서 만약 왕위에 올라 저를 버리시지

○○○ **1** 두건의 일종으로 후주後周의 무제武帝가 처음 만들었으며, 귀인이 쓰
는 모자의 하나다.

않는다면 공을 위해 해몽해 드리겠습니다."

왕은 주위 사람들을 물러가게 하고 풀이해 줄 것을 청했다. 아찬이 말했다.

"복두를 벗은 것은 그 위에는 사람이 없는 것이고, 흰 삿갓을 쓴 것은 면류관을 쓸 징조입니다. 또한 12현의 가야금을 지닌 것은 12손 孫°²이 왕위를 전해 받을 징조이고, 천관사 우물에 들어간 것은 궁궐로 들어갈 좋은 징조입니다."

왕이 말했다.

"위로는 김주원이 있는데 어떻게 임금 자리에 오를 수 있단 말인가?"

아찬이 말했다.

"청컨대 몰래 북천신北川神에게 제사를 지내십시오."

왕은 아찬의 말에 따랐다.

얼마 후 선덕왕이 죽자 나라 사람들이 김주원을 왕으로 삼아 궁궐로 맞아들이려고 했다. 그의 집은 시냇물 북쪽에 있었는데 갑자기 시냇물이 불어 건널 수가 없었다. 그래서 왕이 먼저 궁궐로 들어가 즉위하자 대신의 무리들이 모두 따라와서 새로 즉위한 임금에게 절을 하고 축하했다. 이 사람이 바로 원성대왕이다. 대왕의 이름은 경신敬信이고 성은 김씨인데, 꿈의 응험이 맞았던 것이다.

김주원은 물러나 명주溟州에서 살았다. 왕이 등극했을 때, 여산은 이미 죽었으므로 그의 자손을 불러 벼슬을 내렸다. 왕에게는 손자가 다섯이니 혜충태자惠忠太子, 헌평태자憲平太子, 예영잡간禮英匝干,

---

○○○ **2** 『삼국사기』에 의거하면 원성왕이 나물왕의 12세손이 된다는 뜻이다.

대룡부인大龍夫人, 소룡부인小龍夫人 등이다. 대왕은 참으로 인생의 곤궁하고 영화로운 이치를 알았기 때문에 신공사뇌가身空詞腦歌노래 는 없어져 자세하지 않다. 를 지었다.

왕의 아버지 대각간大角干 효양孝讓이 조종의 만파식적을 전해 받 아 왕에게 전했다. 왕은 만파식적을 얻었기 때문에 하늘의 은혜를 받 아 그 덕이 원대하게 빛났다. 정원貞元°3 2년 병인년(786년) 10월 11일, 일본의 왕 문경文慶『일본제기』를 살펴보면, 제55대 문덕왕文德王이 이에 해당 되는 듯하다. 그 이외에는 문경이 없는데, 어떤 책에는 왕의 태자라고 하기도 한다. 이 군사를 일으켜 신라를 치려고 했는데, 신라에 만파식적이 있다는 말을 듣고는 군사를 돌리고 금 50냥과 함께 사신을 보내 그 피리를 청했다. 왕이 사신에게 말했다.

"짐은 선대인 진평왕 대에는 있었다고 들었으나 지금은 어디에 있는지 알 수 없다."

이듬해 7월 7일, 다시 사신을 보내 금 천 냥으로 만파식적을 청 하며 말했다.

"과인이 신물神物을 보고 난 후 다시 돌려드리겠소."

왕은 역시 이전과 같은 대답으로 사양하고, 은 3000냥을 사신에 게 주어 금과 함께 돌려보내고 받지 않았다. 8월에 사신이 돌아가자 피리를 내황전內黃殿에 보관했다.

왕이 즉위한 지 11년 을해년(795년)에 당나라 사신이 서울에 와 서 한 달 동안 머물다가 돌아갔는데, 다음 날 두 여자가 내정內庭에 나와 아뢰었다.

○○○ 3 당나라 덕종德宗 이적李適의 연호. 785~805년까지 사용했다.

"저희들은 바로 동지東池와 청지青池청지는 바로 동천사東泉寺의 샘이다. 그 절의 기록에, 그 샘은 바로 동해의 용이 왕래하면서 설법을 듣는 곳이라 했다. 이 절은 바로 진평왕이 만든 것으로 500성중聖衆, 5층탑, 전민田民을 아울러 바쳤다고 한다. 의 두 용의 아내입니다. 당나라 사신이 하서국河西國 사람 두 명을 데리고 와서 우리 남편인 두 용과 분황사 우물°**4**의 용 등 세 용을 저주하여 작은 물고기로 변하게 하여 통 속에 담아 가지고 돌아갔습니다. 원하옵건대 폐하께서는 두 사람에게 명령하여 저희 남편을 비롯하여 나라를 지키는 용을 돌려주게 하십시오."

왕은 뒤쫓아 하양관河陽館에 이르러 직접 연회를 열고 하서국 사람에게 명령했다.

"너희는 어찌하여 우리의 용 세 마리를 이곳까지 데리고 왔느냐? 만약 사실대로 말하지 않으면 반드시 극형에 처하겠다."

그러자 하서국 사람은 물고기 세 마리를 꺼내 바쳤다. 세 곳에 놓아 주자 제각각 한 길씩이나 뛰어오르고 기뻐하며 사라졌다. 당나라 사람들은 왕의 성스럽고 명철함에 감복했다.

어느 날 왕은 황룡사皇龍寺어떤 책에는 화엄사華嚴寺 또는 금강사金剛寺라고 했는데, 절 이름과 경經 이름을 혼동한 것이다. 의 승려 지해智海를 궁궐로 청하여 50일 동안『화엄경華嚴經』을 강론하게 했다. 사미沙彌 묘정妙正은 항상 금광정金光井대현법사大賢法師로 인해 얻은 이름이다. 가에서 그릇을 씻었는데, 자라 한 마리가 샘 가운데에서 떴다 잠겼다 했다. 사미는 늘 먹다 남은 밥을 자라에게 주면서 놀곤 했다. 법연이 끝나 돌아가게 되자 사미가 자라에게 말했다.

○○○ **4** 이 우물은 지금도 분황사에 남아 있다.

"내가 너에게 며칠 동안 덕을 베풀어 주었는데 어떻게 갚겠느냐?"

며칠 후 자라는 작은 구슬 하나를 토해 주었다. 사미는 그 구슬을 허리띠 끝에 매달았다.

이후부터 대왕은 사미를 보면 애지중지하여 내전으로 불러들여 항상 곁에 두었다. 이때 한 잡간匝干°5이 당나라에 사신으로 가게 되었는데, 역시 사미를 사랑하여 함께 데리고 가기를 청했다. 왕이 허락하여 〔잡간은 사미와〕 같이 당나라로 들어갔다.

당나라 황제 역시 사미를 보자 총애하고, 승상과 좌우 신하들이 모두 존경하고 신임했다.

그런데 관상을 보는 사람 하나가 황제에게 아뢰었다.

"사미를 살펴보건대, 길상吉相이 하나도 없는데 다른 사람에게 존경과 신임을 받으니 반드시 특별한 물건을 지니고 있을 것입니다."

그래서 사람을 시켜 조사해 보니 사미의 허리띠 끝에서 작은 구슬이 나왔다.

황제가 말했다.

"짐에게는 여의주 네 개가 있었는데 지난해에 한 개를 잃어버렸다. 지금 이 구슬을 보니 바로 내가 잃어버린 것이다."

황제가 사미에게 묻자 사미는 그 일을 사실대로 아뢰었다. 황제가 말했다.

"구슬을 잃어버린 날과 사미가 구슬을 얻은 날이 같다."

황제는 그 구슬을 빼앗고 사미를 쫓아냈는데 그 뒤로는 아무도

○○○ 5 신라 17관등 중 제3위 관등으로 잡찬匝湌이라고도 하며 진골만 오를 수 있었다.

사미를 사랑하거나 신임하지 않았다.

　왕의 능은 토함산 서쪽 마을 곡사鵠寺지금의 숭복사崇福寺다.에 있는데○**6** 최치원이 지은 비문이 있다. 또한 왕은 보은사報恩寺를 창건하고, 망덕루望德樓를 세웠다. 조부 훈입訓入 잡간을 추봉하여 흥평대왕興平大王으로, 증조부 의관義官 잡간을 신영대왕神英大王으로, 고조부 법선대아간法宣大阿干을 현성대왕玄聖大王으로 삼았는데, 현성대왕의 아버지가 곧 마질차摩叱次 잡간이다.

───────────

○○○ **6** 이 능은 물이 차 있어 관을 땅에 묻지 못하고 걸어 놓았다고 하여 괘릉掛陵이라고 부른다.

때 이른 눈°1

제40대 애장왕哀莊王 말년인 무자년(808년) 8월 15일에 눈이 내렸다.

제41대 헌덕왕憲德王 원화元和°2 13년 무술년(818년) 3월 14일에 큰눈이 왔다. 어떤 책에는 병인년으로 되어 있으나 잘못된 것이다. 원화는 15년에서 끝나며 병인년이 없다.

제46대 문성왕文聖王 기미년(839년) 5월 19일에 큰눈이 내리고 8월 1일에 온 세상이 어두컴컴했다.

○○○ **1** 눈 내린 사실만 기록한 이 조는 「기이」편 전체에서 특이한 제목이다. 그 당시 이상 징후의 상징적 표현으로 보인다.

○○○ **2** 당나라 헌종憲宗 이순李純의 연호. 806~820년까지 사용했다.

흥덕왕과 앵무새

제42대 흥덕대왕興德大王은 보력寶曆°¹ 2년 병오년(826년)에 즉위했다. 얼마 후 어떤 사람이 당나라에 사신으로 갔다가 앵무새(鸚鵡) 한 쌍을 가지고 왔는데, 오래지 않아 암컷이 죽자 외로운 수컷이 구슬프게 울었다. 왕이 사람을 시켜 그 앞에다 거울을 달아 주었다. 앵무새는 거울 속에 비친 모습을 보고는 자기 짝으로 여겨 거울을 쪼았는데, 그것이 자기 모습인 줄 알고는 슬피 울다 죽었다. 왕이 이를 노래로 지었다 하는데 자세하지는 않다.

○○○ **1** 당나라 경종敬宗 이감李湛의 연호. 825~827년까지 사용했다.

신무대왕, 염장, 궁파

제45대 신무대왕神武大王°**1**은 왕위에 오르기 전에 협사俠士 궁파弓巴°**2**에게 말했다.

"나에게는 같은 하늘 밑에서 살 수 없는 원수°**3**가 있소. 그대가 나를 위해 그를 제거해 주면 왕위를 차지한 후 그대의 딸을 왕비로 삼겠소."

궁파는 응낙하고 마음과 힘을 합쳐 군사를 일으켜 수도를 침범해 그 일을 이루었다.

왕이 왕위를 찬탈하고 궁파의 딸을 왕비로 삼으려 하자 신하들이 옆에서 힘껏 간했다.

"궁파는 비천하니 왕께서 그의 딸을 왕비로 삼아서는 안 됩니다."

왕은 신하들의 말에 따랐다. 이때 궁파는 청해진淸海鎭°**4**에서 국경을 지키고 있었는데, 왕이 약속을 어긴 것을 원망하여 반란을 꾀

○○○ **1** 원성왕의 손자로서 『삼국사기』 「신라본기」에 의하면 등에 화살을 맞는 꿈을 꾼 후 등에 종기가 나 죽었다고 한다.

○○○ **2** 『삼국사기』 「열전」에는 '궁복弓福'이라 되어 있다. 장보고張保皐를 말하는 것으로 유추된다. '보고保皐'는 '보고寶高'로 표기된 곳도 있다.

○○○ **3** 신무왕의 원수란 아버지 균정과 왕위를 다투었던 희강왕, 그리고 장보고와 신무왕에게 죽임을 당한 민애왕 이렇게 두 사람을 가리킨다.

○○○ **4** 신라 바닷길의 요충지로 지금의 전라남도 완도군 장좌리에 있는데, 이 섬의 남쪽에 방어용 목책이 있었다.

하고자 했다. 이때 장군 염장閻長이 그 말을 듣고는 왕에게 아뢰었다.

"궁파가 장차 불충을 저지르려 하니 소신이 제거하겠습니다."

그러자 왕이 기꺼이 허락했다.

염장은 왕명을 받고 청해진으로 가서 연락하는 사람을 통해 〔궁파에게〕 전했다.

"왕에게 작은 원망이 있어 현명한 공께 몸을 의탁하여 목숨을 보존하려고 합니다."

궁파는 그 말을 듣고 크게 노하여 말했다.

"너희 무리가 왕에게 간하여 내 딸을 왕비로 삼지 못하게 했는데, 어찌하여 나를 만나려 하는가?"

염장이 다시 〔사람을〕 통해 전했다.

"이는 백관들이 간언한 것이지, 저는 그 모의에 관여하지 않았습니다. 현명한 공께서는 의심하지 마십시오."

궁파는 그 말을 듣고 청사廳事로 불러들여 물었다.

"그대는 무슨 일로 이곳에 왔소?"

염장이 말했다.

"왕의 뜻을 거스른 일이 있어 막하幕下에 기대어 해를 모면하고자 합니다."

궁파가 말했다.

"다행한 일이오."

그들은 술자리를 마련하고 매우 기뻐했다. 〔그사이 갑자기〕 염장이 궁파의 장검을 가져다 그를 죽였다. 〔그러자〕 휘하의 군사들이 놀라고 두려워하면서 모두 땅에 엎드렸다. 염장은 그들을 이끌고 서울로 돌아와 결과를 보고했다.

"궁파를 죽였습니다."

왕은 기뻐하며 염장에게 상을 주고 아간阿干의 벼슬을 내렸다.

제48대 경문대왕

경문대왕景文大王의 휘는 응렴膺廉이고 열여덟 살에 국선國仙[1]이 되었다. 약관의 나이가 되자 헌안대왕憲安大王은 낭郎을 불러 궁중에서 연회를 베풀고 물었다.[2]

"낭은 국선이 되어 사방을 유람했는데 무슨 특별한 것이라도 보았는가?"

낭이 아뢰었다.

"신은 아름다운 행실을 가진 사람 셋을 보았습니다."

왕이 말했다.

"그 이야기를 들려주게."

낭이 말했다.

"다른 사람의 윗자리에 있을 만한데도 겸손하게 다른 사람의 아래에 앉아 있는 사람이 그 하나요, 세력 있고 부유한데도 의복이 검소한 사람이 그 둘이요, 본래 귀한 세력이 있는데도 위세를 펼치지 않는 사람이 그 셋입니다."

왕은 이 말을 듣고 그가 어진 것을 알고는 자기도 모르게 눈물을 흘리며 말했다.

○○○ **1** 화랑도 가운데 국왕에 의해 특별히 임명된 자다.

○○○ **2** 『삼국사기』「신라본기」에 의하면 헌안왕 4년 9월에 임해전에서 연회를 베풀었는데 응렴은 그때 나이 열다섯 살이었다. 내용은 이와 비슷하다.

"짐에게는 두 딸이 있는데 그대에게 시집 보내 시중을 들게°³ 하고자 한다."

낭은 자리를 피해 절하고 머리를 조아린 후 물러났다. 그리고 이 사실을 부모에게 말하니 부모가 놀라고 기뻐하며 자제들을 모아 의논했다.

"왕의 맏공주는 외모가 아주 보잘것없지만, 둘째는 매우 아름다우니 그녀에게 장가를 드는 것이 좋겠다."

낭의 무리 중에 우두머리인 범교사範敎師°⁴란 자가 이 말을 듣고는 집으로 찾아와 낭에게 물었다.

"대왕께서 공주를 공에게 시집 보낸다는 것이 사실이오?"

낭이 그렇다고 대답했다. 그러자 그가 물었다.

"그럼 둘 중에서 누구를 선택하겠소?"

낭이 말했다.

"부모님께서는 나에게 동생을 선택하라고 명하셨소."

범교사가 말했다.

"낭이 만약 동생을 선택한다면 나는 반드시 낭의 눈앞에서 죽을 것이오. 하지만 맏공주에게 장가를 든다면 반드시 세 가지 좋은 일이 있을 것이니 잘 살펴 결정하시오."

낭이 말했다.

"가르쳐 준 대로 하겠소."

○○○ 3 원문 '건즐巾櫛'은 수건과 빗이란 뜻으로, 얼굴을 씻고 머리를 빗는 것을 뜻하기도 하고 이러한 일을 곁에서 도와주는 처첩을 지칭하기도 한다.
○○○ 4 『삼국사기』「신라본기」제11에 의하면 헌안왕 4년에 흥륜사의 승려에게 물었다는 말이 있다.

얼마 후 왕이 날을 잡고 사람을 보내 낭에게 말했다.

"두 딸 가운데 누구를 선택할 것인지는 오직 공의 뜻에 따르겠다."

심부름 갔던 사람이 돌아와 낭의 뜻을 아뢰었다.

"맏공주를 받들겠다고 합니다."

그리고 석 달이 지나자 왕의 병이 위독해져 여러 신하들을 불러 말했다.

"짐에게는 아들이 없으니 죽은 뒤의 일은 맏딸의 남편인 응렴이 이어받도록 하라."

이튿날 왕이 죽자 낭은 유조를 받들어 즉위했다. 그러자 범교사가 왕에게 와서 아뢰었다.

"제가 아뢴 세 가지 좋은 일이 이제 모두 이루어졌습니다. 맏공주를 선택하였기 때문에 지금 왕위에 오르신 것이 그 한 가지고, 이제 쉽게 아름다운 둘째 공주를 취할 수 있게 된 것이 그 두 가지며, 맏공주를 선택했기 때문에 왕과 부인이 매우 기뻐하신 것이 그 세 가지입니다."

왕은 그 말을 고맙게 여겨 대덕大德°5이란 벼슬을 주고 금 130냥을 내렸다.

왕이 죽으니°6 시호를 경문景文이라 했다. 왕의 침전에는 매일 저녁 수많은 뱀들이 모여들었는데, 대궐에서 알아보는 사람들이 놀라고 무서워 몰아내려 하니 왕이 말했다.

○○○ 5 범어인 바단타Bhadanta의 역어로 본래 부처를 가리켰으나 덕망이 높은 승려에 대한 존칭으로도 사용되었으며, 고려 시대와 조선 시대 승려의 법계法階 가운데 하나이다.

○○○ 6 『삼국사기』「신라본기」 제11에 의하면 즉위 15년 7월 8일이다.

"나는 뱀이 없으면 편히 잠들 수가 없으니 몰아내지 마라."

그래서 매일 잠잘 때면 뱀이 혀를 내밀어 왕의 가슴을 덮었다.

왕은 즉위한 후 귀가 갑자기 당나귀 귀처럼 자랐다. 왕후와 궁인들은 모두 이 사실을 알지 못하고 오직 복두장 한 사람만 알고 있었다. 그러나 평생토록 다른 사람에게 말하지 않았다. 어느 날 복두장이 죽을 때가 되자 도림사道林寺옛날 입도림入都林 가에 있었다. 대숲 가운데로 들어가 사람이 없는 곳에서 대나무를 향해 외쳤다.

"우리 임금님 귀는 당나귀 귀다."

그 후 바람이 불면 대나무 숲에서 이런 소리가 났다.

"우리 임금님 귀는 당나귀 귀다."

왕이 그것을 싫어하여 대나무를 모두 베어 버리고는 산수유를 심었는데 바람이 불면 이런 소리가 났다.

"우리 임금님 귀는 길다."

화랑 요원랑邀元郎, 예흔랑譽昕郎, 계원桂元, 숙종랑叔宗郎 등이 금란金蘭°7을 유람하면서 임금을 위해 나라를 다스릴 뜻을 은근히 품었다. 그래서 가사 세 수를 짓고, 다시 사지舍知°8 심필心弼에게 공책〔針卷〕을 주고 대거화상大炬和尙°9에게 보내어 노래 세 수를 짓게 했는데, 첫째는 현금포곡玄琴抱曲이고, 둘째는 대도곡大道曲이며, 셋째는 문군곡問羣曲이다.

○○○ 7 지금의 강원도 통천이다.
○○○ 8 신라 시대 17관등 중 제13위 관등이다.
○○○ 9 향가에 뛰어났던 신라의 승려로서 진성여왕의 명에 의해 향가집 『삼대목三代目』을 편찬했다. 『삼국사기』에는 대구화상大矩和尙이라고 기록되어 있다.

이것을 왕에게 아뢰니 왕이 아주 기뻐하여 상을 내렸다 하는데 가사는 자세하지 않다.

처용랑과 망해사 °1

제49대 헌강대왕憲康大王 대에는 서울에서 동해 어귀에 이르기까지 집들이 즐비하게 늘어서 있고 담장이 서로 맞닿았는데, 초가집은 한 채도 없었다. 길에는 음악과 노랫소리가 끊이지 않았으며 바람과 비는 사철 순조로웠다. 이때 대왕이 개운포開雲浦학성鶴城 서남쪽에 위치하므로 지금의 울주蔚州다. 로 놀러 갔다 돌아오려 했다. 낮에 물가에서 쉬고 있는데, 갑자기 구름과 안개가 캄캄하게 덮여 길을 잃었다. 왕이 괴이하게 여겨 주위 사람들에게 물으니 일관이 아뢰었다.

"이는 동해에 있는 용의 변괴니, 마땅히 좋은 일을 하여 풀어야 합니다."

그래서 용을 위해 근처에 절을 짓도록 유사有司 °2에게 명령했다. 명령을 내리자마자 구름이 걷히고 안개가 흩어졌다. 이 때문에 그곳의 이름을 [구름이 걷힌 포구라는 뜻의] 개운포라고 한 것이다.

동해의 용은 기뻐하여 일곱 아들을 거느리고 왕의 수레 앞에 나타나 덕을 찬양하며 춤을 추고 음악을 연주했다. 그중 한 아들이 왕의 수레를 따라 서울로 들어와 왕의 정사를 보필했는데, 이름을 처

○○○ **1** 경상남도 울주군 문수산에 있는 절로 신방사新房寺라고도 불렸다. 현존하는 건물은 대웅전과 삼성각, 요사채 등이 있고, 보물로 지정된 부도 2기가 있다.
○○○ **2** 벼슬아치, 즉 담당하는 관리를 말한다.

용處容○[3]이라 했다. 왕은 미녀를 주어 아내로 삼아 그의 마음을 잡아 머물도록 하면서 또 급간級干이란 직책을 주었다. 그의 아내가 매우 아름다웠으므로 역신疫神이 흠모하여 밤이 되면 사람으로 변해 그 집에 와 몰래 자곤 했다.

처용이 밖에서 집에 돌아와 두 사람이 자고 있는 것을 보고는 노래를 지어 부르고 춤을 추다가 물러났는데, 그 노래는 다음과 같다.

> 동경東京 밝은 달에 밤새도록 노닐다가
> 들어와 자리를 보니 다리가 넷이구나.
> 둘은 내 것이지만 둘은 누구의 것인가.
> 본래 내 것이지만 빼앗긴 것을 어찌 하리.

이때 역신이 형체를 드러내 처용 앞에 꿇어앉아 말했다.

"제가 공의 처를 탐내어 범했는데도 공이 노여워하지 않으니 감탄스럽고 아름답게 생각됩니다. 맹세코 오늘 이후로는 공의 형상을 그린 그림만 보아도 그 문에는 절대로 들어가지 않겠습니다."

이로 인해 나라 사람들이 문에 처용의 형상을 붙여 사악함을 물리치고 경사스러운 일을 맞이하려고 했다.○[4]

왕은 돌아오자 곧 영취산靈鷲山 동쪽 기슭의 좋은 땅을 가려 절을 세우고 망덕사望德寺라 했다. 또 신방사新房寺라고도 했는데, 이

○○○ **3** 양주동 박사는 '처용'의 원뜻에 대해 "한자의가 아닌 제용 혹은 치용이란 말에서 그 원뜻을 찾아야 한다."라고 했다.

○○○ **4** 이러한 미신은 불교 최전성기인 고려에 와서 궁중 의식으로서 처용무와 처용희로 발전되었다.

는 처용을 위해 세운 절이다. 또 왕이 포석정鮑石亭°5으로 행차하니, 남산의 신神이 나타나 어전에서 춤을 추었는데,°6 옆에 있는 신하들에게는 보이지 않고 왕에게만 보였다. 그래서 왕이 몸소 춤을 추어 형상을 보였다. 그 신의 이름은 혹 상심祥審이라고 했기 때문에 지금까지도 나라 사람들이 이 춤을 전하여 어무상심御舞祥審 또는 어무산신御舞山神이라고 한다. 어떤 이는 이미 신이 나와 춤을 추었으므로 그 모습을 살펴 왕이 공장工匠에게 본떠 새기도록 하여 후대에 보이게 했으므로 상심象審이라고 했다고 한다. 혹은 상염무霜髥舞라고도 하는데, 이는 그 형상을 일컫는 말이다.

또 금강령金剛嶺에 행차했을 때 북악北岳의 신이 춤을 추자 이름을 옥도금玉刀鈐이라 했고, 동례전同禮殿에서 연회를 할 때 지신地神이 나와서 춤을 추어 지백급간地伯級干이라 불렀다.

『어법집語法集』에서는 이렇게 말했다.

"그때 산신이 춤을 추고 노래 부르기를 '지리다도파智理多都波'라고 했다. '도파'란 말은 아마도 지혜[智]로써 나라를 다스리는[理] 사람이 [미리 사태를] 알아채고 모두[多] 달아나[逃] 도읍[都]이 곧 파괴된다[破]는 뜻이다."

이는 바로 지신과 산신이 장차 나라가 망할 것을 알았기 때문에 춤을 추어 경계한 것이다. 그런데 나라 사람들이 이를 깨닫지 못하

○○○ **5** 경주시 배동에 있는 신라 왕족의 연회터로, 지금은 흐르는 물에 술잔을 띄웠다는 석구만 남아 있다. 포석정에 대한 기록은 여기에 처음 보이지만 만들어진 것은 7세기 이전으로 추측한다.
○○○ **6** 『삼국사기』「신라본기」제11에는 "어디서 왔는지 알 수 없는 네 사람이 어가御駕 앞에서 가무를 하였는데"라고 했다.

198 ● 삼국유사

고 상서로움이 나타난 것이라고 하면서 즐거움에만 점점 더 탐닉하
여 결국 나라가 망하고 만 것이다.

진성여대왕과 거타지

　　제51대 진성여왕眞聖女王이 즉위한 지 몇 년 만에 유모 부호부인 鳧好夫人과 그의 남편 잡간 위홍魏弘°¹ 등 서너 명의 총애하는 신하가 정권을 쥐고 정사를 마음대로 휘둘렀다. 도적이 벌 떼처럼 일어나 나라 사람들이 모두 근심스러워하자〔어떤 사람이〕다라니陀羅尼°²의 은어隱語를 지어 길 위에 던졌다.

　　왕과 권력을 잡은 신하들이 이것을 손에 넣고 말했다.

　　"왕거인王居仁이 아니면 누가 이런 글을 짓겠는가?"

　　왕거인을 옥에 가두자 왕거인이 시를 지어 하늘에 호소했다. 그러자 하늘이 곧 그 옥에 벼락을 내려 모면하게 해 주었다.

　　그 시는 다음과 같다.

　　　연단燕丹의 피울음은 무지개와 해를 꿰뚫고,°³

○○○ **1**『삼국사기』「신라본기」에 "즉위 2년에 위홍이 죽으니 시호를 추존해 혜성대왕惠成大王이라 했다."라는 기록이 있다.

○○○ **2** 원래는 석가 가르침의 정요精要로 정신을 통일하고 한곳에 집중하여 모든 불법佛法을 기억하고 지닌다는 의미로 억지憶持 또는 총지總持라고 하였다. 점차 경전을 기억하거나 신비한 힘이 있는 주문으로 확대되었다.

○○○ **3** 연단은 전국 시대 연나라 태자 단을 말한다. 6국國이 진나라에게 망하자 자객 형가荊軻를 보내 진시황을 죽이려 했으나, 실패하여 죽임을 당했다. 이 구절은 추양鄒陽의 「어옥상서자명於獄上書自明」에 있다.『사기열전史記列傳』

추연鄒衍°**4**이 머금은 비애는 여름에도 서리를 내렸네.

지금 내가 길 잃은 것은 옛 일과 비슷한데,

아! 황천은 어찌하여 상서로움을 내리지 않나?

다라니에서 [이렇게] 말했다.

"나무망국 찰니나제 판니판니소판니 우우삼아간 부이사바하.

南無亡國, 刹尼那帝, 判尼判尼蘇判尼, 于于三阿干, 鳧伊娑婆訶."

풀이하는 자들이 말했다.

"'찰니나제'란 여왕을 말하며, '판니판니소판니'란 두 명의 소판蘇判°**5**을 말하는데, 소판이란 벼슬 이름이다. '우우삼아간'은 서너 명의 아간阿干°**6**을 말한 것이고, '부이'란 부호부인을 말한다."

이때 아찬 양패良貝는 왕의 막내아들이었다. 그는 당나라에 사신으로 갈 때 백제의 해적이 진도津島°**7**를 막고 있다는 말을 듣고 궁사弓土 50명을 뽑아 따르게 했다.

배가 곡도鵠島지방에서는 골대도骨大島라 한다.°**8**에 도착했을 때, 바람과 파도가 크게 일어 열흘 넘게 꼼짝없이 머물렀다. 공이 이를 걱정하여 사람을 시켜 점을 치게 했더니, 그는 이렇게 말했다.

"섬에 신지神池가 있으니 제사를 지내야 합니다."

「자객열전」에 상세한 내용이 있다.
○○○ **4** 전국 시대 제나라 사람으로 연나라 소왕昭王의 스승이 되었지만, 혜왕惠王이 즉위하자 참소를 받아 옥에 갇혔는데 한여름에 서리가 내렸다고 한다.
○○○ **5** 신라 17관등 중 제3위인 잡찬의 별칭이다.
○○○ **6** 신라 17관등 중 제6위인 아찬의 별칭이다.
○○○ **7** 나루터와 섬이라고 해석하기도 하고, 고유 지명으로 추측하기도 한다.
○○○ **8** 지금의 인천광역시 옹진군 백령도다.

그래서 못에 제물을 차려 놓자, 못의 물이 한 길 남짓이나 솟구쳤다. 그날 밤 꿈에 한 노인이 나타나 공에게 말했다.

"활 잘 쏘는 사람을 이곳에 남겨 두면 순풍을 만날 것이다."

공은 꿈에서 깨어나 그 일을 주위 사람들에게 알리고 물었다.

"누구를 남겨 두어야 하는가?"

사람들이 말했다.

"마땅히 나무 조각 쉰 개를 만들어 우리들의 이름을 써서 바다에 던진 후 가라앉은 자의 이름으로 제비를 뽑아야 합니다."

공은 그렇게 했다. 군사 가운데 거타지居陁知°9란 사람의 이름이 물속으로 가라앉았으므로 그를 남게 했다. 그러자 갑자기 순풍이 불어 배가 거침없이 나아갔다.

거타지는 수심에 잠겨 섬에 서 있는데 갑자기 노인이 못에서 나와 말했다.

"나는 서해의 신神 약若인데 날마다 승려 하나가 해가 뜰 무렵 하늘에서 내려와 다라니를 외면서 이 못을 세 바퀴 돌면, 우리 부부와 자손들이 모두 물 위로 떠오른다오. 그러면 그는 내 자손의 간장 肝腸을 모조리 먹어치운다오. 이제 우리 부부와 딸 하나만 남았소. 내일 아침이면 반드시 또 그가 올 테니 그대가 쏘아 주시오."

거타지가 말했다.

"활 쏘는 일이라면 내 특기니 명령대로 하겠습니다."

그러자 노인이 고마워하고는 사라졌다.

○○○ **9** 고려 태조 왕건의 할아버지인 작제건作帝建이 용녀龍女를 아내로 맞이하는 설화와 비슷하다. 또 이 설화의 인신공희 의식은 「심청전」과 유사하다.

거타지가 숨어 엎드려 기다렸다. 이튿날 동쪽이 밝아 오자 과연 승려가 나타나 이전처럼 주문을 외면서 늙은 용의 간을 빼려 했다. 이때 거타지가 활을 쏘아 맞히니, 즉시 늙은 여우로 변해서 땅에 떨어져 죽었다. 그러자 노인이 나와 감사해하며 말했다.

"공의 은혜를 입어 내 목숨을 보존하게 되었으니 내 딸을 그대의 아내로 주겠소."

거타지가 말했다.

"제게 주신다면 평생을 저버리지 않고 사랑하겠습니다."

노인은 자신의 딸을 한 송이 꽃으로 바뀌게 해 거타지의 품속에 넣어 주고는, 두 용에게 거타지를 데리고 사신의 배를 뒤쫓아가 그 배를 호위하여 당나라로 들어가도록 명령했다.

당나라 사람들은 신라의 배가 용 두 마리의 호위를 받으며 들어오는 것을 보자 그 사실을 위에 보고했다.

황제가 말했다.

"신라 사신은 반드시 비범한 사람일 것이다."

그래서 연회를 열어 신하들의 위에 앉히고 금과 비단을 후하게 주었다. 나라로 돌아와서 거타지가 품에서 꽃송이를 꺼내자 〔꽃이〕 여인으로 바뀌었으므로 함께 살았다.

효공왕

제52대 효공왕孝恭王[1] 대인 광화光化[2] 15년 임신년(912년)실제로는 주온朱溫의 후량後梁 건화乾化 2년이다.에 봉성사奉聖寺 외문外門 동서쪽 스물한 칸 사이에 까치가 집을 지었다. 또 신덕왕神德王 즉위 4년 을해년(915년)고본古本에는 천우天祐 12년이라 했는데, 정명貞明 원년으로 해야 한다.에 영묘사靈妙寺 안의 행랑에 까치집이 서른네 개, 까마귀집이 마흔 개 있었다. 또 3월에는 서리가 두 번 내렸고, 6월에는 참포斬浦[3]의 물이 바다의 파도와 사흘 동안 다투었다.

○○○ 1 성은 김씨, 이름은 요嶢이다. 헌강왕의 서자며 어머니는 의명왕태후 김씨이다.

○○○ 2 당나라 소종昭宗 이엽李曄의 연호. 898~901년까지 사용했다.

○○○ 3 『삼국사기』「신라본기」에는 참포槧浦라고 했으며, 신라의 4독瀆 중에서 동독東瀆으로 중사中祀의 제전祭典에 속한다.

경명왕

제54대 경명왕景明王°¹ 대인 정명貞明°² 5년 무인년(918년)에 사천왕사 벽화 속에 있는 개가 짖어 사흘 동안 경을 읽어 쫓아 버렸는데 반나절이 지나자 또 짖었다.

7년 경진년(920년) 2월에는 황룡사의 탑 그림자가 사지舍知 금모今毛의 집 뜰에 한 달 동안이나 거꾸로 비쳤고, 또 10월에는 사천왕사에 있는 오방신五方神°³의 활줄이 모두 끊어지고 벽화 속에 있는 개가 뛰쳐나와 뜰을 달리고는 다시 벽화 속으로 들어갔다.

○○○ **1** 신덕왕神德王의 태자며 어머니는 의성왕후義成王后다.

○○○ **2** 후량後梁 말제末帝 주우정朱友貞의 연호. 915~921년까지 사용했다.

○○○ **3** 동서남북 사방과 중앙을 수호하는 신이다.

경애왕

　제55대 경애왕景哀王이 즉위한 동광同光°¹ 2년 갑신년(924년) 2월 19일, 황룡사에 백좌百座°²를 열어 불경을 풀이했다. 아울러 선승禪僧 300명에게 공양한 다음 대왕이 직접 향을 피워 불공을 올렸다. 이것이 백좌로서 선禪과 교敎°³가 함께한 시초가 된다.

○○○ **1** 후당 장종莊宗 이존조李存勗의 연호. 923~926년까지 사용했다.

○○○ **2** ‘백고좌강법회百高座講法會’의 줄임말로 100명의 법사를 모시고 경을 읽는 불교 설법 행사다. 신라뿐 아니라 동아시아 불교 전통에서 중요한 위치를 차지한다. 호국 경전인 『인왕경』이 이 의례에 사용된다.

○○○ **3** 참선하는 것을 ‘선’이라고 하고 불교 교리의 설법과 강독을 ‘교’라고 한다.

김부대왕 [1]

제56대 김부대왕金傅大王은 시호가 경순敬順이다.

천성天成 2년 정해년(927년) 9월, 백제의 견훤甄萱이 신라를 침범하여 고울부高鬱府 [2]에 도착했다. 경애왕은 고려 태조에게 구원을 요청했다. 〔태조는〕 장수에게 명령하여 날랜 병사 1만 명을 거느리고 가서 구원하게 했는데, 구원병이 이르기도 전인 11월 겨울에 견훤이 서울로 엄습해 왔다. 왕은 비빈 및 종척宗戚과 포석정에서 연회를 즐기느라 적병이 오는 것을 깨닫지 못했다. 〔모든 일이〕 순식간에 벌어져 〔왕은〕 어찌할 바를 몰랐다. 왕과 비는 달아나 후궁後宮으로 들어가고, 종척과 공경대부와 사녀士女들은 사방으로 흩어져 달아나다가 적에게 사로잡혔다. 사람들은 귀천을 막론하고 〔견훤에게〕 모두 엎드려 노비로 삼아 줄 것을 애원했다.

견훤은 군사를 풀어 조정과 민간의 재물을 노략질하고, 왕궁으로 들어가 거처하면서 주위 사람들에게 왕을 찾게 했다. 왕과 왕비 및 빈첩 여러 명이 후궁에 숨어 있다가 붙잡혀 군중軍中으로 끌려나

○○○ **1** 경순왕으로 해야 하는데 시호를 쓰지 않았다. 「왕력」 편에는 경순왕이라고 되어 있다. 김부는 경순왕의 성과 이름이다. 『삼국사기』에도 경순왕의 즉위가 견훤이 경애왕을 자살하게 하고 경애왕의 족제族弟를 내세워 나랏일을 대리하게 했다고 나와 있다. 이하의 맨 마지막 사론史論을 비롯하여 그 내용도 『삼국사기』와 비슷하다.

○○○ **2** 지금의 경상북도 영천군이다.

왔다. 견훤은 왕에게는 자진하도록 핍박하고 왕비를 욕보였으며 부하들을 풀어 빈첩들을 겁탈하게 했다. 그리고 왕의 족제族弟인 부傅를 왕으로 세웠으니, 왕은 견훤에 의해 즉위하게 된 것이다. 왕은 전왕의 시신을 서당西堂에 안치하고 신하들과 통곡했다. 우리 태조는 사신을 보내 조상했다.

이듬해 무자년(928년) 봄 3월에 태조가 50여 기병을 거느리고 서울 근교에 도착했다. 왕은 백관과 함께 교외에서 태조를 영접하여 궁궐로 들어가 서로 마주하면서 마음과 예의를 다했다. 임해전臨海殿에서 연회를 열었는데 술이 거나해지자 왕이 말했다.

"과인이 부덕하여 환란을 불러들이고 견훤이 불의를 자행하여 국가를 잃게 되었으니, 얼마나 원통한 일입니까?"

그러고 눈물을 흘리자 주위 사람들이 모두 목메어 울었으며, 태조 역시 눈물을 흘렸다.

태조는 수십 일 동안 머물다가 돌아갔는데, 부하 군사들이 정숙하여 추호도 [법을] 범한 일이 없었다. 도성 사람과 사녀들이 서로 축하하면서 말했다.

"지난번 견훤이 왔을 때는 이리와 호랑이를 만난 것 같더니, 지금 왕공이 온 것은 부모를 만난 것 같다."

8월에 태조가 사신을 보내 왕에게 비단 저고리와 말안장을 선물하고, 여러 신하와 장사將士들에게도 차등을 두어 내려 주었다.

청태淸泰°3 2년 을미년(935년) 10월에 사방의 국토가 전부 다른 사람의 소유가 되고, 국력이 쇠약하고 형세가 고립되어 스스로 버틸

○○○ 3 청태 2년은 태조 18년에 해당한다.

수 없다는 이유를 들어, 왕은 신하들과 국토를 내어 〔고려〕 태조에게 항복할 것을 의논했다. 신하들의 가부可否가 분분해지자 태자가 말했다.

"나라의 존망存亡에는 반드시 천명이 있는 것입니다. 마땅히 충신과 의사義士와 함께 민심을 수습하여 힘써 본 뒤에 〔할 수 없으면〕 그만두어야지, 어찌 천 년의 사직을 경솔히 남에게 넘길 수 있겠습니까?"

왕이 말했다.

"고립되고 위태롭기가 이와 같아 이미 보전할 수 없는 형세다. 이미 강성해질 수도 없고 더 약해질 수도 없는데, 나로서는 차마 무고한 백성들에게 더 이상 도탄의 괴로움을 맛보게 할 수 없다."

그래서 시랑侍郞 김봉휴金封休 편에 편지를 보내어 태조에게 항복을 요청했다. 태자는 울면서 왕을 하직하고 곧장 개골산皆骨山°4으로 들어가 삼베옷을 입고 풀뿌리를 캐어 먹으며 일생을 마쳤다. 막내아들은 머리를 깎고 화엄종華嚴宗°5에 귀속해 승려가 되었는데, 이름을 범공梵空이라고 했다. 범공은 후에 법수사法水寺와 해인사海印寺에 머물렀다고도 한다.

태조는 편지를 받아 보고 태상太相 왕철王鐵을 보내 맞이했다. 왕은 백관을 거느리고 우리 태조에게 귀순했는데, 아름다운 수레와 훌륭한 말이 30여 리를 연달아 뻗쳐 도로의 길목이 막히고 구경꾼들로 담을 이루었다. 태조는 교외로 나가 그를 맞아 위로하고 궁궐

○○○ 4 금강산을 말한다.
○○○ 5 『화엄경』을 받드는 불교 종파로서 두순杜順, 지엄智儼, 법장法藏의 순서로 계승되었다.

동쪽의 한 구역지금의 정승원政丞院이다. 을 내리고, 맏딸 낙랑공주樂浪
公主를 아내로 주었다. 경순왕은 자기 나라를 떠나 다른 나라에 살
게 되었기 때문에, 〔어미와 떨어져 사는〕 난새에 비유하여 낙랑공주
의 호칭을 신란공주神鸞公主로 고쳤다. 시호는 효목孝穆이다. 김부를
정승政丞에 봉하니 지위는 태자 위에 있었으며, 녹봉 1000석을 주고
시종과 관원과 장수들도 모두 임용했다. 그리고 신라를 고쳐 경주慶
州라 하고 공의 식읍食邑○6으로 삼았다.

처음에 왕이 국토를 바치고 와서 항복하자 태조는 매우 기뻐하
여 후한 예로 대접하고 사신을 보내 말했다.

"이제 왕이 나라를 과인에게 주셨으니 그것은 큰 것을 주신 것입
니다. 바라건대 종실과 결혼하여 영원히 장인과 사위 같은 좋은 관
계를 맺고자 합니다."

왕이 대답했다.

"나의 백부 억렴億廉 왕의 아버지인 각간 효종은 추봉된 신흥대왕新興大
王의 아우다. 에게 딸이 있는데 덕과 용모가 모두 아름다우니 이 사람
이 아니면 내정內政을 다스릴 수 없을 것입니다."

태조는 억렴의 딸을 아내로 삼았다. 이 여인이 신성왕후神成王后
김씨다. 우리 왕조 등사랑登仕郎 김관의金寬毅가 엮은 『왕대종록王代宗錄』에
는 이렇게 말했다. "신성왕후 이씨의 본은 경주다. 대위大尉 이정언李正言이 협주
陝州○7의 군수로 있을 때 태조가 이 주에 행차했다가 비妃로 맞아들였기 때문
에 이곳을 협주군俠州郡이라고도 한다. 원당願堂은 현화사玄化寺며, 3월 25일
을 기일忌日로 하여 정릉貞陵에 장사 지냈는데, 아들 하나를 낳았으니 바로 안종

○○○ 6 국가에 공을 세운 사람에게 조세 수입을 독점하도록 한 고을이다.
○○○ 7 지금의 경상남도 합천이다.

安宗°**8**이다." 이 밖에 25명의 비와 主主 가운데 김씨의 일을 기록하지 않았으니 자세히 알 수 없다. 그러나 사신史臣의 논의 역시 안종을 신라의 외손이라 했으니, 사전史傳이 옳다고 해야 할 것이다.

태조의 손자 경종景宗 주伷는 정승공의 딸을 왕비로 맞이했으니, 바로 헌승황후憲承皇后다. 이리하여 정승을 봉하여 상보尙父°**9**로 삼았는데, 태평흥국太平興國°**10** 3년 무인년(978년)에 죽으니, 시호를 경순敬順이라 했다. 상보를 책봉하는 고문誥文에 이렇게 말했다.

"칙勅하노니, 희씨姬氏의 주周나라가 나라를 세운 처음에는 먼저 여망呂望°**11**을 봉했고, 유씨劉氏의 한漢나라가 왕업을 일으켜 시작될 때는 먼저 소하蕭何°**12**를 책봉했다. 이로부터 천하가 크게 평정되고 기업基業이 널리 열렸다. 용도龍圖°**13**는 30대를 세웠으며 인지麟趾°**14**는 400년을 이었으니 해와 달이 아주 밝고 천지가 평안했다. 비록 무위無爲°**15**의 군주로부터 시작되었으나 보좌하는 신하로 말미암

○○○ **8** 태조의 여덟째 아들인 욱郁으로 그의 아들이 고려 제8대 왕인 현종이다.

○○○ **9** 아보亞父와 같은 말로 아버지에 버금간다는 의미이고 임금이 원로 신하를 특별히 우대하여 내리는 칭호이다.

○○○ **10** 북송 태종太宗 조경趙炅의 연호. 976~984년까지 사용했다.

○○○ **11** 주나라의 어진 신하 강태공姜太公으로 무왕이 상보로 정한 인물이다.

○○○ **12** 한나라 고조를 도와 승상이 되었던 공신으로 한신을 고조에게 추천한 일화가 유명하다.

○○○ **13** 복희伏羲때 황하黃河에서 용마龍馬가 가지고 나온 그림으로, 낙서洛書와 함께 고대 중국의 예언이나 수리의 기본이 되었다.

○○○ **14** 본래 『시경』「주남周南」의 편명으로 한나라 왕실의 국운이 계승됨을 말한다.

○○○ **15** 노자는 '무위이치無爲而治'라고 말하며 덕으로써 나라를 다스려야지 작위나 형벌 등으로 백성들을 다스려서는 안 된다고 했다.

아 대업을 이루었던 것이다.

관광순화위국공신 상주국 낙랑왕 정승 식읍 8000호觀光順化衛
國功臣上柱國樂浪王政丞食邑八千戶 김부는 대대로 계림에 살고 관직은
왕의 작위를 나누어 받았다. 그 영특한 기상은 하늘에 닿고 문장의
재능은 땅을 흔들 만하다. 풍요로움은 춘추에 있고 귀함은 봉토에
누렸으며, 가슴속에는 육도六韜와 삼략三略°¹⁶이 들어 있고 칠종오
신七縱五申°¹⁷을 손바닥에서 움직였다.

우리 태조가 처음으로 우호를 맺어 일찍부터 그 풍도를 알아 때
를 가려 부마의 혼인을 맺어 안으로 큰 절의에 순응했다. 국가가 통
일되고 군신이 완연히 삼한으로 합쳤으니, 아름다운 이름은 널리
퍼지고 아름다운 법은 빛나고 높았다. 상보尙父 도성령都省令의 칭호
를 더하고, 추충신의숭덕수절공신推忠愼義崇德守節功臣의 칭호를 주
니, 훈봉勳封은 과거와 같고 식읍은 이전의 것과 합쳐 모두 1만 호다.
유사는 날을 택하여 예를 갖추어 책명하고 맡은 사람은 시행하라.
개보開寶°¹⁸ 8년(975년) 10월 어느 날."

"대광내의령大匡內議令°¹⁹ 겸 총한림摠翰林 신巨 핵선翮宣은 위와
같이 칙명을 받들어 직첩職牒이 도착하는 대로 받들어 시행하라. 개
보 8년 10월 어느 날."

○○○ 16 병서兵書로, 『육도』는 강태공이 지었고 『삼략』은 황석공黃石公이 지
었다고 한다.
○○○ 17 칠종은 제갈량이 남만의 맹획을 일곱 번 잡아 일곱 번 놓아 주었다
는 고사로 전략의 탁월함을 비유한 것이다. 오신은 삼령오신三令五申의 준말로
군령이 엄한 것을 말한다.
○○○ 18 북송 태조 조광윤趙匡胤의 연호. 968~976년까지 사용했다.
○○○ 19 내의성內議省의 최고직으로 조선의 영의정에 해당한다.

"시중侍中°**20** 서명署名, 내봉령內奉令°**21** 서명, 군부령軍部令 서명,
군부령 무서無署,°**22** 병부령兵部令 무서, 병부령 서명, 광평시랑廣評侍
郎 서명, 광평시랑 무서, 내봉시랑內奉侍郎 무서, 내봉시랑 서명, 군부
경軍部卿 무서, 군부경 서명, 병부경兵部卿 무서, 병부경 서명, 추충신
의숭덕수절공신 상보도성령 상주국 낙랑군왕推忠愼義崇德守節功臣尙
父都省令上柱國樂浪郡王 식읍 1만 호 김부에게 고하노니 위와 같이 칙
서를 받들고 부符가 이르거든 받들어 시행하라.

주사主事 무명無名,°**23** 낭중郎中 무명, 서령사書令史 무명, 공목孔目°**24**
무명, 개보 8년 10월 어느 날 내림."

사론史論에는 이렇게 말했다.

"신라의 박씨朴氏와 석씨昔氏는 모두 알에서 태어났고, 김씨는 금
궤에 담겨 하늘에서 내려왔다고 하고 혹은 금수레를 타고 내려왔다
고 하니, 이는 더욱 믿을 수 없는 괴이한 일이다. 그러나 세상에서는
서로 전하여 실제로 있었던 일로 여기고 있다. 다만 그 처음에는 위
에 있는 자가 자신을 위해서는 검소하고 다른 사람을 위해서는 관대
했으며, 관직의 설치는 간략했고, 일을 간단하게 시행했으며, 지성으
로 중국을 섬겨 배를 타고 조공하는 사신이 끊임없이 이어졌다. 항
상 자제들을 보내 중국 조정〔宋〕에 숙위宿衛°**25**하게 하고, 공부하게

○○○ **20** 문하성門下省의 최고직이다.
○○○ **21** 내봉성의 최고직이다.
○○○ **22** 서명이 없다는 뜻이다.
○○○ **23** 이름이 없다는 뜻이다.
○○○ **24** 회계와 공문서를 맡은 아전으로 '서령사'도 마찬가지다.
○○○ **25** 황제를 숙직하면서 호위하는 직무를 말하며, 그 명목으로 속국의
왕족들이 볼모로 가서 머물던 일이나 지위를 뜻한다.

했다. 성현의 풍토를 이어받고 거친 풍속을 고침으로써 예의의 나라가 되게 했다. 또 당나라 군사의 위엄을 빌려 백제와 고구려를 평정하여 영토를 취해 군현으로 삼았으니 〔진실로 그 시절에는〕 성대했다고 일컬을 만하다. 그러나 불법을 숭상하면서도 그 폐단을 알지 못했고, 심지어는 여염 마을에까지 탑과 절을 즐비하게 세우고, 백성들은 달아나 승려가 되어 군사나 농민이 점점 줄어들고 나날이 쇠미해졌으니, 어찌 나라가 어지럽지 않겠으며 또 망하지 않겠는가?

이러할 때, 경애왕은 더욱 못되고 음탕하여 궁인 및 신하들과 포석정에 놀이를 나가 술자리를 마련하여 연회를 열면서 견훤이 쳐들어온 것을 알지 못했으니, 문밖의 한금호韓擒虎°²⁶와 누각 위의 장려화張麗華°²⁷의 일과 차이가 없었다. 경순왕이 태조에게 투항한 것은 어쩔 수 없어서였지만 잘한 일이었다. 그때 만약 힘써 싸워 죽을 각오로 왕사王師°²⁸에게 대항하다 힘이 미치지 못하고 형세가 곤궁하게 됐다면, 반드시 그 가족은 멸망했을 것이고 무고한 백성에게 해를 끼쳤을 것이다. 그런데 명령을 기다리지 않고 궁궐 창고를 봉쇄하고 군현의 문서를 기록해 귀의했으니, 고려 조정에 공이 있고 백성들에게 덕을 크게 베푼 것이다.

옛날 전씨錢氏°²⁹가 오월吳越을 가지고 송나라로 들어가자 소자

─────────────────

○○○ **26** 수나라 노주총관盧州摠管으로 날랜 기마 500명을 이끌고 진나라 공격의 선봉에 섰으며 진나라 후주〔叔寶〕와 장려화를 사로잡았다.
○○○ **27** 진나라 후주後主의 귀비貴妃로 지혜로워 후주에게 총애를 받았다. 후주가 그녀에게 빠져 수나라 문제의 공격을 받아 망하게 된 것이 신라 경애왕의 경우와 다를 바 없다는 의미다.
○○○ **28** 고려 태조의 군사를 말한다.
○○○ **29** 오월왕 전숙錢俶으로, 자기가 다스리던 13개 주를 송나라에 바쳤다.

첨蘇子瞻°**30**이 그를 충신이라고 일컬었는데, 지금 신라 왕의 공덕은 그보다 더욱 크다. 우리 태조는 비빈이 아주 많아 자손도 번창했다. 현종顯宗은 신라의 외손자로 보위에 올랐고, 이후로 왕위를 계승한 사람은 모두 그 자손이니 어찌 음덕이 아니겠는가?"

신라가 국토를 바치고 멸망한 후에 아간 신회神會가 외직外職을 그만두고 돌아와 황폐해진 도성을 보고는 서리리黍離離의 탄식°**31**이 있어 노래를 지었지만, 그 노래는 유실되어 알 수 없다.

○○○ **30** 자첨은 소식蘇軾의 자字다. 소식은 당송팔대가 중 한 명으로 송대의 정치가이자 대문호다.
○○○ **31** 주나라 대부가 주나라 왕실의 몰락을 보고 탄식하여 지은 시로 『시경』「왕풍王風」의 편명이다.

남부여, 전백제, 북부여 북부여는 이미 앞에 나와 있다.

부여군扶餘郡은 전백제의 수도인데, 혹은 소부리군所夫里郡이라
고 부르기도 한다. 『삼국사기』를 살펴보면, 백제 성왕聖王 26년[1] 무
오년(538년) 봄에 사비泗沘로 도읍을 옮기고 국호를 남부여라 했다.
그 지명은 소부리인데, 사비란 지금의 고성진古省津이고 소부리란 부여의 별칭
이다. 또 『양전장적良田帳籍』[2]에는 이렇게 말했다.

"소부리군 농부의 주첩柱貼[3]이다."

그러므로 지금 부여군이라 말하는 것은 아주 옛날의 이름을 회
복한 것이며 이는 백제 왕의 성이 부씨扶氏였기 때문에 그렇게 부른
것이다. 혹은 여주餘州라고도 하는데 군의 서쪽 자복사資福寺 고좌高
座[4] 위에 수놓은 휘장이 있는데, 거기에는 이렇게 말했다.

"통화統和[5] 15년 정유년(997년) 5월 어느 날 여주 공덕대사수장
功德大寺繡帳."

○○○ 1 『삼국사기』「백제본기」제4에는 16년으로 되어 있다. 도읍을 사비로
옮긴 이유는 고구려의 압박 때문이 아니라 비좁은 웅진熊津보다는 넓은 평지
에 기틀을 다지려는 의도로 보아야 한다.
○○○ 2 고려 때 토지 측량의 결과를 기록한 대장이다.
○○○ 3 농사 짓는 일꾼의 대장이다.
○○○ 4 승려가 대중에게 설법할 때 앉는 대좌를 말한다.
○○○ 5 거란족이 세운 요나라 성종聖宗 야율융서耶律隆緒의 연호. 983~1012
년까지 사용했다.

또 옛날 하남河南에 임주 자사林州刺史를 두었는데, 그때 지도책 안에 여주라는 두 글자가 있으니, 임주는 지금의 가림군佳林郡이고 여주는 지금의 부여군이다.

『백제지리지』에는 『후한서』의 말을 인용하여 "삼한은 모두 78국 인데 백제는 그 가운데 한 나라다."라고 했고, 『북사北史』 [6]에는 "백 제의 동쪽 끝은 신라고 서남쪽은 큰 바다와 닿아 있으며, 북쪽 끝은 한강漢江인데 그 도읍은 거발성居拔城 또는 고마성固麻城이라고 하 며, 그 밖에 또 오방성五方城이 있다."라고 했다.

『통전通典』에는 "백제는 남쪽으로는 신라와 접하고 북쪽으로는 고구려가 위치하고 서쪽으로 큰 바다와 경계해 있다."라고 했고, 『구 당서舊唐書』에는 "백제는 부여의 다른 종족으로 그 동북쪽은 신라 고 서쪽으로 바다를 건너면 월주越州며, 남쪽으로 바다를 건너면 왜 倭에 이르고 북쪽은 고구려다. 그 왕이 거처하는 곳에는 동성東城과 서성西城이 있다."라고 했으며, 『신당서新唐書』에는 "백제의 서쪽 경계 는 월주고 남쪽은 왜인데 모두 바다 건너편이고, 북쪽은 고구려다." 라고 했다.

『삼국사』 [7] 「본기本記」에는 이렇게 말했다.

"백제의 시조 온조溫祚의 아버지는 추모왕雛牟王인데, 혹은 주몽 이라 부르기도 한다. 그는 북부여에서 난리를 피해 달아나 졸본부

○○○ **6** 당나라 이연수李延壽가 지은 역사서로 위魏나라부터 수나라까지의 역사를 기록했다.
○○○ **7** 『삼국사기』를 말한다. 원문에는 '사史'자 위에 '국國'자가 빠져 있는데 아래 글은 「백제본기」 제1에서 인용한 것이다. 시조 온조설은 온조를 우두머 리로 한 위례慰禮 부락 계통의 전설로 시조 비류설沸流說과 대비된다.

여에 이르렀다. 부여주扶餘州의 왕에게는 아들이 없고 단지 세 딸만 있었다. 왕은 주몽이 비상한 사람인 것을 알아보고 둘째 딸을 아내로 주었다. 얼마 되지 않아 부여주의 왕이 죽자 주몽이 왕위를 계승하여 두 아들을 낳았는데, 큰아들은 비류沸流라고 하고 둘째는 온조라고 했다. 두 왕자가 후에 태자太子°[8]에게 인정을 받지 못할까 두려워하여 마침내 오간烏干과 마려馬黎 등 10여 명의 신하와 함께 남쪽으로 떠나니, 많은 백성들이 따라갔다. 마침내 한산漢山에 도착하여 부아악負兒岳에 올라가서 살 만한 곳을 찾았다. 비류가 바닷가에 살려고 하니, 10명의 신하가 말했다.

'오직 하남의 땅만이 북쪽으로는 한수를 끼고 있고, 동쪽으로는 높은 산을 의지하고 남쪽으로는 비옥한 들판을 바라보고 서쪽으로는 큰 바다로 막혀 있습니다. 그 천연의 요새와 이로운 땅은 또다시 얻기 어려운 형세입니다. 그러니 이곳에 도읍을 정하는 것이 마땅하지 않습니까?'

그러나 비류는 듣지 않고 백성을 나누어 미추홀彌雛忽°[9]로 돌아가 살았다.

온조는 하남의 위례성慰禮城에 도읍을 정하고 10명의 신하를 보필로 삼아 국호를 십제十濟라 했으니, 이때가 한漢나라 성제成帝 홍가鴻嘉 3년(기원전 18년)이다.

비류는 미추홀의 땅이 습하고 물이 짜서 편히 살 수 없게 되자 위례성으로 돌아와 도읍이 안정되고 백성들이 편안한 것을 보고는

○○○ **8** 주몽의 아들로 나중에 유리왕이 되었다.
○○○ **9** 지금의 인천 지역이다.

부끄러워 후회하다가 죽었다. 그의 신하와 백성들도 모두 위례성으로 돌아왔다. 그 후 백성들이 즐겁게 따랐다 하여 국호를 백제百濟로 고쳤다. 그 조상의 계보가 고구려와 똑같이 부여에서 나왔다 하여 해解를 성으로 삼았다.

성왕 때에 도읍을 사비로 옮겼으니, 지금의 부여군이다. 미추홀은 인주仁州며 위례성은 지금의 직산稷山이다."

『고전기古典記』를 살펴보면 이렇게 말했다.

"동명왕의 셋째 아들 온조가 전한前漢 홍가 3년 계묘년(기원전 18년)에 졸본부여로부터 위례성에 이르러 도읍을 세우고 왕이라 일컬었다. 14년 병진년(기원전 5년)에 한산漢山지금의 광주廣州으로 도읍을 옮기고 389년을 지나 13대 근초고왕近肖古王 함안咸安°**10** 원년(371년)에 이르러 고구려의 남평양南平壤을 취하고 북한성北漢城지금의 양주楊州으로 도읍을 옮겼다. 105년이 지나 22대 문주왕文周王이 즉위하고 원휘元徽°**11** 3년 을묘년(475년)에 이르러 웅천熊川지금의 공주公州으로 도읍을 옮겼고, 63년이 지나 26대 성왕에 이르러 소부리로 도읍을 옮기고 국호를 남부여라고 했다. 31대 의자왕에 이르기까지 120년이 지났으니, 당나라 현경 5년(660년)이었다. 이때는 의자왕이 즉위한 지 20년으로, 신라의 김유신과 소정방이 백제를 정벌하여 평정했다.

백제국에는 옛날부터 다섯 부部가 있어 37군, 200여 성, 76만 호를 나누어 다스렸는데, 당나라에서 그 땅에 웅진, 마한, 동명東明, 금련金蓮, 덕안德安 등 다섯 도독부를 나누어 두고, 그 추장을 도독부

○○○ **10** 동진 간문제簡文帝 사마욱司馬昱의 연호. 371~372년까지 사용했다.
○○○ **11** 유송劉宋 후폐제後廢帝 유욱劉昱의 연호. 473~477년까지 사용했다.

자사都督府刺史로 삼았다. 얼마 후 신라가 그 땅을 모두 병합하여 웅熊, 전全, 무武의 세 개 주 및 여러 군현을 설치했다.

또 호암사虎嵒寺○**12**에는 정사암政事嵒○**13**이 있었다. 국가에서 장차 재상을 선출할 때 뽑힐 사람 서너 명의 이름을 적어서 상자에 넣고 바위 위에 둔다. 얼마 후 상자를 가져다 보고는 이름 위에 인印이 찍힌 흔적이 있는 사람을 재상으로 임명했기 때문에 정사암이라 한 것이다.○**14**

사비하 가에는 바위가 하나 있었는데, 소정방이 일찍이 이 바위에 앉아 물고기와 용을 낚았기 때문에 바위에 용이 꿇어앉았던 자취가 남아 있어서 용암龍嵒이라 한다. 또 고을 안에는 일산日山, 오산吳山, 부산浮山 등 세 개의 산이 있는데 나라가 흥성하던 시기에는 각기 신인神人이 있어 그 위에 살면서 서로 날아서 왕래하는 것이 아침저녁으로 끊이지 않았다.

그리고 사비하 절벽에는 바위가 하나 있었는데, 열 명이 앉을 정도로 컸다. 백제 왕이 왕흥사王興寺에 행차하여 예불하려면 먼저 이 바위에서 부처를 바라보며 절을 했는데, 그 바위가 저절로 따뜻해졌으므로 이름을 온돌석〔煐石〕○**15**이라 했다.

○○○ **12** 충청남도 부여군 규암면에 있는 백제 시대 절터로 호랑이와 관련된 임씨林氏의 설화가 전한다.

○○○ **13** 지금은 천정대天政臺라고 부른다.

○○○ **14** 이는 귀족 연합적인 삼국 시대의 정치 성격을 나타내는 실례로서 오늘날의 선거 방식과 비슷하여 주목할 만하다.

○○○ **15** 원문의 '돌석煐石'을 번역한 것으로 학자들 중에는 '돌煐'자를 '화돌火煐'로 나누어서 보기도 한다. 부여에서 보령 쪽으로 가다 보면 큰 다리를 지나 왼쪽에 있다.

또 사비하 양쪽 절벽이 마치 병풍을 드리운 듯했는데, 백제 왕이 매일 유희하고 잔치를 베풀어 노래와 춤을 추었기 때문에 지금도 이곳을 대왕포大王浦라고 부른다. 또 시조인 온조는 바로 동명왕의 셋째 아들로서 몸집이 크고 효성스럽고 우애가 있었으며 말타기와 활쏘기에 뛰어났다. 또 다루왕多婁王은 너그럽고 후했으며 위엄과 인망이 있었다. 사비왕沙沸王혹은 사이왕沙伊王이라고도 한다. 은 구수왕仇首王이 죽자 왕위를 이어받았는데, 나이가 어려서 정사를 보살피지 못했기 때문에 즉시 폐하고 고이왕古爾王을 세웠다. 간혹 지락至樂°**16** 3년 기미년(239년)에 사비왕이 죽어 고이왕이 즉위했다고도 한다."

○○○ **16** 경초景初의 오기다. 경초는 위魏나라 명제明帝 조예曹叡의 연호로 237~239년까지 사용했다.

무왕

옛 책에는 무강武康이라고 했으나 잘못이다. 백제에는 무강왕이 없다.

제30대 무왕武王°**1**의 이름은 장璋이다. 그의 어머니가 홀로 수도 남쪽 못 가(南池)°**2**에 집을 짓고 살면서 못 속의 용과 관계를 맺어 장을 낳았다. 어릴 때 이름은 서동薯童°**3**이며, 재주와 도량이 헤아릴 수 없을 정도로 많았다. 항상 마(薯蕷)를 캐다가 파는 것을 생업으로 삼았으므로 나라 사람들은 이것으로 이름을 삼았다. 신라 진평왕眞平王의 셋째 공주 선화善花혹은 선화善化라고 쓴다.가 매우 아름답다는 말을 듣고는 머리를 깎고 신라의 수도로 가서 동네 아이들에게 마를 나누어 주면서 아이들과 친하게 지냈다. 그러고는 노래를 지어 아이들을 꾀어 부르게 했는데 그 노래는 다음과 같다.°**4**

○○○ **1** 이 무왕은 제30대 무왕이 아니라는 설이 있다. 이병도 박사는 무녕武寧의 동의이사同義異寫임을 모르고 쓴 것이라 하여 제25대 무녕왕을 말하는 듯하다고 했다. 한편 『삼국사기』「백제본기」'무왕武王' 조에는 이름이 장璋이고 법왕法王의 아들이며 법왕이 죽자 왕위에 올랐다고 했다.

○○○ **2** 부여군 동남리에 있으며 궁남지라고 한다. 여기서 무왕이 태어났다는 것은 『삼국사기』「백제본기」의 내용과는 사뭇 다르다.

○○○ **3** 이병도 박사는 "서동은 내가 아는 바로는 무왕의 아명이 아니라 훨씬 이전의 동성왕의 이름이다."라고 했다. 서동이 마를 팔며 살았던 이유를 왕위 계승과 관련된 권력 투쟁 때문이라고 보기도 한다.

○○○ **4** 이재선 교수는 이 동요가 서동이 지은 것이라기보다는 백제에 퍼져 있던 구전 설화를 의도적으로 개작하여 경주 지역에 전파한 것이라고 보았다.

선화 공주님은 남몰래 짝지어 두고

서동薯童 서방을 밤에 몰래 안고 간다네.

　동요는 수도에 가득 퍼져 궁궐에까지 알려지게 되었다. 백관들
은 힘껏 간하여 공주를 먼 곳으로 유배 보내게 했다. 공주가 떠날 때
왕후는 순금 한 말을 여비로 주었다. 공주가 유배지에 도착할 즈음,
가는 길에 서동이 나와 절을 하고 모시고 가겠다고 했다. 공주는 비
록 그가 어디서 온 사람인지는 몰랐으나, 우연한 만남을 기뻐하며
그를 믿고 따라가 몰래 정을 통했다. 그런 후에야 서동의 이름을 알
고 동요의 징험을 믿게 되었다. 그러고는 함께 백제에 도착하여, 어
머니가 준 금을 꺼내며 앞으로 살아갈 계책을 세우자고 했다. 서동
이 크게 웃으며 말했다.

　"이것이 무슨 물건이오?"

　공주가 말했다.

　"이것은 황금인데, 한평생의 부를 이룰 수 있습니다."

　서동이 말했다.

　"내가 어려서부터 마를 캐던 곳에는 이런 것이 흙덩이처럼 쌓여
있소."

　공주가 이 말을 듣고는 매우 놀라며 말했다.

　"이것은 천하의 지극한 보물입니다. 당신이 지금 금이 있는 곳을
아신다면 보물을 부모님의 궁궐로 옮기는 것이 어떻겠습니까?"

　서동이 말했다.

　"좋소."

　그래서 금을 모았는데, 마치 구릉처럼 쌓였으므로 용화산龍華山

지금의 익산益山 미륵산 사자사師子寺°5의 지명법사知命法師가 있는 곳으로 가서 금을 운반할 방법을 물었다.

법사가 말했다.

"내가 신통력으로 옮겨 줄 수 있으니 금을 가져오시오."

공주가 편지를 써서 금과 함께 사자사 앞에 갖다 놓으니 법사는 신통력으로 하룻밤 사이에 신라의 궁궐에다 금을 날라다 놓았다. 진평왕은 그 신비스러운 변화를 이상하게 여겨 서동을 더욱 존경했고, 항상 글을 보내 안부를 물었다. 서동은 이 일로 인해 인심을 얻어 왕위에 올랐다.

어느 날 무왕이 부인과 함께 사자사에 행차하려고 용화산 아래 큰 못 가에 도착했는데 미륵삼존彌勒三尊이 못 속에서 나와 수레를 멈추고 경의를 표했다. 왕비가 왕에게 말했다.

"이곳에 큰 절을 세우는 것이 제 간곡한 소원입니다."

왕이 절을 세우는 일을 허락하고 지명법사에게 가서 못 메우는 일을 물으니, 신통력으로 하룻밤 사이에 산을 허물어 못을 메워 평지로 만들었다. 이에 미륵삼존을 법상法像으로 삼아°6 전殿과 탑塔과 낭무廊無를 각각 세 곳에 세우고 절 이름을 미륵사°7라고 했다.

○○○ 5 익산 용화산 자락에 있는 사찰로 백제 때 창건된 것으로 전해지고 있다.

○○○ 6 미륵불이 먼 미래에 불법과 불상으로 나타나 세 번의 설법을 통하여 모든 중생들을 구제하기 위하여 전, 탑, 낭무를 각기 갖춘 세 개의 구역으로 나누어진 미륵사를 창건하였다는 의미이다.

○○○ 7 전라북도 익산시 금마면에 미륵사 터가 있는데 4미터 높이의 당간지주가 남아 있어 그 규모를 유추할 수 있다. 전, 탑, 낭무를 갖춘 사찰을 1사寺라고 할 때, 미륵사는 총 세 개의 사찰이 하나의 사찰로 조명된 특이한 사찰이다. 미륵사의 창건은 백제 불교가 미륵 신앙임을 입증하는 것이다.

『국사』에는 왕흥사라고 했다. 진평왕이 여러 공인들을 보내 돕게 했는데, 지금까지 그 절이 남아 있다. 『삼국사』에 "이는 법왕法王의 아들이다."라고 했는데, 이 전기에서는 과부의 아들이라고 했으니 알 수 없는 일이다.

후백제와 견훤

『삼국사』°1「본전本傳」에는 이렇게 말했다.

"견훤甄萱은 상주尙州 가은현加恩縣 사람으로 함통咸通°2 8년 정해년(867년)에 태어났다. 본래의 성은 이씨李氏인데 나중에 견甄을 성으로 삼았다.

아버지 아자개阿慈介는 농사를 짓고 살다가 광계光啓 연간에 사불성沙弗城 지금의 상주尙州 을 차지하고 스스로 장군이라 했다. 그에게는 네 아들이 있어 모두 세상에 이름이 알려졌는데, 견훤이 남보다 뛰어나고 지략이 많았다."

『이제가기李磾家記』°3에는 이렇게 말했다.

"진흥대왕眞興大王의 비 사도思刀의 시호는 백숭부인白鷈夫人이다. 그의 셋째 아들 구륜공仇輪公의 아들인 파진간波珍干 선품善品의 아들 각간 작진酌珍이 왕교파리王咬巴里를 아내로 맞이하여 각간 원선元善을 낳았는데 이 사람이 바로 아자개다. 아자개의 첫째 아내는 상원부인上院夫人이고, 둘째 아내는 남원부인南院夫人으로 아들 다

○○○ 1 이 조의 내용은『삼국사기』「열전」제10의 '견훤' 조와 매우 비슷하다. 한편 이병도 박사는 견훤의 '견'의 본음이 중국 남방 오나라 음音의 영향을 받은 것으로 보아 '진'으로 읽어야 한다고 주장했다.

○○○ 2 당나라 의종懿宗 이최李漼의 연호. 860~874년까지 사용했다.

○○○ 3 이제의 사가私家 기록으로 견훤가의 왕통을 체계화한 일종의 '종족기宗族記'인 듯하나 신빙성은 부족하다.

섯과 딸 하나를 낳았다. 그의 맏아들은 상보尙父 견훤이고, 둘째 아들은 장군 능애能哀며, 셋째 아들은 장군 용개龍盖고, 넷째 아들은 보개寶盖며, 다섯째 아들은 장군 소개小盖고, 딸은 대주도금大主刀金이다."

또 『고기古記』에는 이렇게 말했다.

"옛날 한 부자가 광주光州°⁴ 북쪽 마을에 살고 있었다. 그에게는 딸 하나가 있었는데, 용모가 매우 단아했다. 어느 날 딸이 아버지에게 말했다.

'매일 자주색 옷을 입은 남자가 침실로 와서 관계를 맺곤 합니다.'

그러자 아버지가 말했다.

'네가 바늘에 실을 꿰어 그 사람의 옷에다 꽂아 놓아라.'

딸이 그렇게 했다. 날이 밝자 북쪽 담장 아래에서 풀려 나간 실을 찾았는데, 실은 큰 지렁이의 허리에 꿰어 있었다. 그 후 딸이 임신을 하여 사내아이를 낳았다. 아이는 열다섯 살이 되자 스스로 견훤이라 일컬었다.

경복景福°⁵ 원년 임자년(892년)에 견훤은 자신을 왕이라 하고, 완산군完山郡에 도읍을 세웠다. 43년 동안 다스리다가 청태淸泰 원년 갑오년(934년)에 자신의 세 아들이 자리를 빼앗으려 반역하자, 견훤은 고려 태조에게 투항했다. 그러자 그의 아들 금강金剛°⁶이 자리

○○○ 4 『삼국사기』에는 '상주尙州'라고 했다. 상주는 아자개가 왕건에게 투항한 918년 당시 전략 요충지였다.
○○○ 5 당唐나라 소종昭宗 이엽李曄의 연호. 892~893년까지 사용했다.
○○○ 6 신검神劒의 잘못이다. 금강은 태자로 지명됐으나 935년 3월 신검 일파에게 피살되어 즉위하지 못했다.

에 올랐다.

천복天福 원년 병신(936년)에 고려의 군사와 일선군一善郡에서 전쟁을 했는데, 백제가 패하여 나라가 망했다."

처음에 견훤이 태어나 포대기에 싸여 있을 때, 그의 아버지가 들에서 농사일을 하였으므로 어머니가 밥을 갖다 주려고 아이를 숲 아래에다 뉘어 놓았다. 그랬더니 호랑이가 와서 젖을 먹여 주었다. 마을 사람들이 이 소식을 듣고 이상하게 여겼다. 견훤이 장성하자 씩씩하고 뜻이 크며 기개가 있는 모습이 평범하지 않았다. 그는 군인이 되어 수도로 들어가 서남쪽 바닷가를 지키면서 창을 베고 누워 적을 기다렸다. 그의 기개는 항상 사졸을 앞섰으며, 공을 세워 비장裨將이 되었다.

당나라 소종昭宗 경복 원년(892년)은 신라 진성왕이 재위한 지 6년째 되던 해인데, 총애받는 측근 신하가 나라의 권세를 휘둘러 기강이 문란해졌다. 게다가 흉년이 들어 백성들은 떠돌아다니고 도적들이 벌 떼처럼 일어났다. 그래서 견훤은 몰래 모반하려는 마음을 품고 무리를 불러모아 행군하여 서울 서남쪽의 주현州縣을 공격했는데, 도달하는 곳마다 빨리 호응하여 한 달 사이에 무리가 5000명에 이르렀다. 드디어 무진주武珍州를 습격해 스스로 왕이 되었으나, 감히 왕이라 일컫지 못하고 스스로 신라서면 도통행 전주자사 겸 어사중승상주국 한남군개국공新羅西面都統行全州刺史兼御史中承上柱國漢南郡開國公이라 서명하니, 용기龍紀°7 원년 기유년(889년)의 일이다.

○○○ 7 당나라 소종 이엽의 연호. 889~890년까지 사용했다. 원문에는 '기기紀'가 '화化'로 되어 있다.

혹은 경복 원년 임자년(892년)이라 하기도 한다.

이때 북원北原의 도적 양길良吉이 걸출하고 군세었으므로 궁예弓裔는 스스로 투항해 그의 부하가 되었다. 견훤은 이 말을 듣고는 멀리서 양길에게 비장직裨將職을 제수했다. 견훤이 서쪽을 순시하여 완산주에 이르자, 주州의 백성들이 위로하고 맞이하니, 〔견훤은〕 인심을 얻은 것을 기뻐하여 주위 사람들에게 말했다.

"백제가 개국한 지 600여 년 만에 당나라 고종은 신라의 요청으로 장군 소정방을 파견하여 수군〔舡兵〕 13만을 거느리고 바다를 건너게 했고, 신라의 김유신은 황산을 거쳐 당나라 군사와 함께 백제를 공격하여 멸망시켰다. 그러니 내 어찌 오늘 도읍을 세워 옛날의 원한을 씻지 않을 수 있겠는가?"

그리하여 마침내 스스로 후백제 왕이라 일컫고 관직을 설치해 나누니, 이때가 당나라 광화光化 3년(900년)이요, 신라 효공왕孝恭王 4년이었다.

정명貞明[8] 4년 무인년(918년)에 철원경鐵原京의 민심이 갑자기 바뀌어 우리 태조를 떠받들어 자리에 앉혔다. 견훤이 이 소식을 듣고 사신을 보내 축하하고, 공작 부채와 지리산의 큰 화살 등을 바쳤다. 그러고는 우리 태조와 겉으로는 잘 지내는 척하고 속으로는 시기하면서도 태조에게 총마驄馬[9]를 바쳤다. 〔후당 장종莊宗〕 3년(925년) 겨울 10월, 견훤은 3000명의 기병을 거느리고 조물성曹物城 지금은 알 수 없다.에 도착했고, 태조 역시 정예 병력을 거느리고 와서

○○○ **8** 후량後梁 마지막 황제 주우정朱友貞의 연호. 915~921년까지 사용했다.
○○○ **9** 푸르고 흰 빛이 나는 좋은 말을 뜻한다.

서로 승부를 겨루었으나, 견훤의 군사가 정예하여 승부를 결정하지 못했다. 태조가 임시방편으로 화친하여 견훤의 병사들이 피로해지기를 기다리려고 글을 보내 화친을 청하면서 당제堂弟 왕신王信을 볼모로 보냈다. 견훤 또한 사위 진호眞虎를 볼모로 교환해 왔다.

12월에 〔견훤은〕 거서居西지금은 알 수 없다. 등 20여 성을 공격하여 빼앗고 사신을 후당에 들여보내 속국이라 일컬으니, 당에서 검교태위 겸 시중판 백제군사檢校太尉兼侍中判百濟軍事로 책봉하여 제수하고, 예전대로 도독행 전주자사 해동사면도통 지휘병마판치 등사 백제 왕都督行全州刺史海東四面都統指揮兵馬判置等事百濟王이라 인정하고 식읍을 2500호로 했다.

〔동광〕 4년(926년)에 진호가 갑자기 죽자 견훤은 고의로 죽인 것이 아닌가 의심하여 즉시 왕신을 가두었다. 견훤이 사람을 보내 지난해에 보낸 총마를 돌려주기를 청하자 태조가 웃으면서 돌려보냈다.

천성天成 2년 정해(927년) 9월 견훤이 근암성近嵒城지금의 산양현山陽縣을 공격해 빼앗고 불태웠다. 이에 신라 왕은 태조에게 구원을 청했다. 태조가 군사를 출발시키려 하는데 견훤이 고울부高鬱府지금의 울주蔚州를 습격해 빼앗고, 시림始林혹은 계림의 서쪽 교외라 한다.°**10** 으로 진군했다가 갑자기 신라 왕도로 들어갔다. 이때 신라 왕은 왕비와 함께 포석정에 나가 놀이를 하고 있었다. 그래서 신라는 크게 패했다. 견훤은 강제로 〔경애왕의〕 부인을 끌어다가 욕보이고 왕의 족제族弟 김부에게 왕위를 잇게 했다. 그런 후에 왕의 아우 효렴孝廉과

○○○ **10** 원문에는 족시림族始林이라고 되어 있는데 족族은 '어於'의 오기로 본다.

재상 영경英景을 사로잡고, 또 신라의 보배와 병기와 자녀, 기술이 좋은 모든 장인을 잡아 직접 데리고 돌아왔다.

태조는 잘 훈련된 기병 5000명으로 공산公山°**11**아래에서 견훤을 맞아 크게 싸웠으나, 그의 장수 김락金樂과 신숭겸申崇謙°**12**이 죽고 모든 군사가 패배했다. 태조는 간신히 죽음을 모면했으며, 대항하지도 못하고 그 죄악을 범하도록 내버려 두었다. 견훤은 이긴 여세를 몰아 방향을 돌려 대목성大木城지금의 약목若木과 경산부京山府와 강주康州를 약탈하고 부곡성缶谷城을 공격했다. 한편 의성부義成府의 태수 홍술洪述이 견훤을 막아 싸우다 죽었다. 태조가 이 소식을 듣고 말했다.

"내 오른손을 잃었구나."

42년°**13** 경인년(930년)에 견훤은 고창군古昌郡지금의 안동安東을 공격하려고 군사를 크게 일으키고 석산石山에 영채를 세웠다. 태조는 100보가량 떨어진 군의 북쪽 병산甁山에 영채를 세우고 몇 차례 싸워 견훤을 패배시키고 시랑侍郎 김악金渥을 사로잡았다. 이튿날 견훤이 군사를 거두어 순주성順州城을 습격하여 격파하자, 성의 주인인 원봉元逢은 막을 수 없어서 밤에 성을 버리고 달아났다. 이에 태조가 매우 노하여 순주성을 하지현下枝縣지금의 풍산현豊山縣인데, 원봉이 본래 순주성 사람이었기 때문이다.으로 삼았다.

○○○ **11** 지금의 대구 팔공산이다.
○○○ **12** 두 사람 모두 고려의 개국 공신이며, 신숭겸은 왕건과 외모가 비슷하여 왕건과 옷을 바꿔 입고 견훤에게 돌진하다가 전사했다.
○○○ **13** 진성여왕 3년(889년)에 각지에서 도적이 일어났을 때부터 계산한 것이다. 경인년은 견훤 39년이 된다.

신라의 임금과 신하들은 나라가 쇠락하였으므로 다시 일어나기 어렵다고 판단하고 우리 태조를 끌어들여 우호 관계를 맺고 후원을 삼으려고 했다. 견훤이 이 소식을 듣고는 또 서울에 들어가 악행을 저지르려고 했으나, 태조가 먼저 들어갈까 걱정되어 태조에게 편지를 보냈다. 내용은 다음과 같다.°14

"지난번 나라(신라)의 재상 김웅렴金雄廉 등이 그대(고려 태조)를 서울로 불러들이고자 했던 것은 마치 작은 자라(고려)가 큰 자라(신라)의 소리에 호응하고 메추라기(태조)가 매(견훤)의 날개를 찢는 듯하여, 반드시 백성들을 도탄에 빠지게 하고 종묘 사직을 잿더미로 만들 것이오. 그러므로 내가 먼저 조적祖逖의 채찍°15을 잡고 혼자서 한금호韓擒虎의 도끼를 휘둘러 백관들에게 밝은 해같이 맹세하고, 6부部를 의리 있는 풍도로 설득했소. 뜻밖에도 간신은 도망가고 나라의 임금 경애왕은 죽었으므로 할 수 없이 경명왕의 외종제(表弟)°16인 헌강왕의 외손을 받들어 높은 지위에 오르게 했소. 그래서 위태로운 나라가 다시 세워지고 없던 임금이 다시 있게 되었소. 그런데도 그대는 충고를 자세히 살피지 않고 한갓 떠도는 말을 듣고서 모든 계책으로 몰래 엿보고 갖은 방법으로 침략하여 소란스럽게 했으나, 아직까지도 내 말(馬)의 머리를 보지 못했고 내 털 하나도 뽑지 못했소. 초겨울에는 도都의 우두머리인 색상索湘이 성산星山의 진陣 아래에서 항복했고, 이달 안에는 좌장군左將軍 김락金樂

°○○ **14** 견훤의 북방 평정 의지가 담겨 있는 이 글은 공격적인 말투로 일관되어 있다.
°○○ **15** 진나라 사람 조적의 말채찍을 말하며 먼저 일을 착수한다는 뜻이다.
°○○ **16** 경순왕을 말한다.

이 미리사美利寺°**17** 앞에서 해골을 드러냈으며, 또 죽인 사람이 많고 뒤쫓아 사로잡은 자도 적지 않소. 강하고 약한 것이 이러하므로 이기고 지는 것은 알 만한 일이니, 내가 바라는 일은 활을 평양의 누각에 걸고 말에게 대동강의 물을 마시게 하는 것일 뿐이오.

그러나 지난달 7일에 오월국吳越國의 사신 반상서班尙書가 와서 왕의 조지詔旨를 전하여 '경卿은 고려와 오랫동안 통하여 화해롭고 함께 이웃 나라로서의 맹약을 맺을 줄 알았는데, 요즈음 쌍방의 볼모가 둘 다 죽은 일로 인해 화친의 옛정을 저버리고 서로 국경을 침범하여 전쟁이 그치지 않고 있으므로, 이번에 사신을 경의 본도本道로 보내고 또 고려에도 글을 보내니, 이것은 마땅히 각기 서로 친하게 지내 영원히 아름답게 하려는 것이다.'라고 했소. 나는 왕을 존경하는 뜻을 깊게 하고 마음을 다하여 큰 나라를 섬기기 때문에 서로 타이르는 것을 듣고 즉시 공손히 받들고자 하오. 다만 염려되는 것은 당신께서 그만두고 싶어도 그만둘 수 없고, 곤궁하면서도 오히려 싸우고자 할까 하는 점이오. 이제 조서를 적어 보내니 바라건대 마음으로써 자세히 살피기를 바라오. 토끼와 사냥개가 모두 지쳐 피곤하면 마침내는 비웃음을 사게 되고, 조개와 황새가 서로 버텨도°**18** 역시 웃음거리가 되는 것이오. 그러니 마땅히 잘못을 거듭하지 말라는 경계로 삼아 후회하는 일은 스스로 초래하지 말아야 할 것이오."

○○○ **17** 대구 팔공산 자락에 있었던 신라의 사찰로 추정되고 있다. 의상이 창건한 화엄 10찰 중의 하나였다.
○○○ **18** 어부지리漁夫之利의 고사에서 나온 것으로 두 사람이 다투는 사이에 다른 사람이 이득을 본다는 뜻이다.

〔천성〕 2년(927년) 정월, 태조가 답장했다.°**19**

"삼가 오월국의 통화사通和使 반상서가 전한 조지의 글 한 통과, 그대가 보내 주신 장문의 편지를 받아 보았소. 화려한 수레를 타고 온 선량한 사신°**20**이 조서를 받들고 와 좋은 소식을 듣고 가르침도 받았소. 조서를 받고서 감격이 더했으나, 편지를 뜯어보니 의혹을 떨쳐 버릴 수가 없었소. 지금 돌아가는 사신 편에 나의 심정을 글로 펴고자 하오.

나는 위로 천명을 받들고 아래로 사람들의 추대에 못 이겨 외람되게 장수의 권한을 갖고 천하를 경영할 기회를 얻었소. 지난번 삼한에 액운이 들어 모든 영토에 흉년이 들어 황폐해졌으며, 백성들 가운데 황건적黃巾賊°**21**에 들어간 사람이 많았고 전답은 적토赤土°**22** 가 되지 않은 것이 없었소. 전란의 소란스러움을 늦추고 나라의 재앙을 구하려고 스스로 좋은 이웃으로서 우호를 맺었더니, 수천 리가 농사의 일을 즐기고 군사들은 칠팔 년 동안 한가로이 잠을 자게 되었소. 그러다가 계유년 10월에 갑자기 일이 생겨 전쟁을 하게 되었는데, 그대가 적을 가볍게 보고 마치 버마재비가 팔을 벌리고 수레를 막는 것처럼 곧바로 전진하더니 마침내 어려움을 알고는 용감하게 물러남은 마치 모기가 산을 짊어진 것과 같았소. 손을 맞잡고 공손하게 하늘을 가리켜 맹세하기를 '오늘 이후로는 영원토

───────

○○○ **19** 견훤의 공격적 어투에 비해 부드럽게 자신을 합리화하는 태조의 글솜씨가 돋보인다.

○○○ **20** 오월국의 사신을 말한다.

○○○ **21** 후한 말 장각張角을 우두머리로 하여 머리에 누런 두건을 두른 도적 떼다.

○○○ **22** 흉년으로 추수할 곡식이 없는 황량한 땅을 말한다.

록 좋게 지내고 혹시라도 맹세를 어기면 신이 죽일 것입니다.'라고 했소.

이에 나 역시 싸움을 하지 않는 무武를 숭상하고, 죽이지 않는 어짊[仁]을 기약하여 드디어 겹겹의 에움을 풀고서 지친 군사를 쉬게 하고, 볼모를 사양하지 않으면서 다만 백성을 편안하게 하려 했소. 이것은 바로 내가 남방[후백제] 백성들에게 큰 덕을 베푼 것이오. 그런데 입술에 바른 피가 마르기도 전에 흉악한 세력이 다시 일어나 벌과 전갈의 독처럼 백성을 해치고 호랑이와 이리의 광기처럼 서울 땅을 가로막아 금성이 군색하게 되고 궁궐을 몹시 놀라게 할 줄 어찌 알았겠소? 의리를 지키며 주周나라 왕조를 높이는 데에 누가 환공桓公,°23 문공文公°24의 패업霸業과 같겠소? 기회를 틈타 한漢나라를 도모한 것은 오직 왕망王莽, 동탁董卓°25의 간계가 아닌가 생각하오. 그러므로 지존한 왕으로서 그릇되게 족하足下를 자子라고 일컫게 하여 높고 낮은 차례를 잃어 상하가 함께 근심하여 말하기를 '원보元輔의 충순忠純이 아니면 어떻게 다시 사직을 편안케 하겠는가.'라고 했소. 나의 마음에는 악한 것이 없고 왕을 높이려는 뜻만이 간절하여 앞으로 조정을 구원하여 나라를 위태로운 데서 짊어지고 나와 보호하려고 했소. 그런데 그대는 하찮은 이익을 보고 천지 같은 두터운 은혜를 잊고서 군주를 무참히 살해하고 궁궐을 불태웠으며, 대신들과 사민士民들을 죽이고 궁녀들을 빼앗아 수레

○○○ **23** 중국 춘추 시대 제齊나라의 왕으로 춘추오패 중 한 명이다.
○○○ **24** 중국 춘추 시대 진晉나라의 왕으로 춘추오패 중 한 명이다.
○○○ **25** 왕망과 동탁은 전한 말과 후한 말에 임금을 갈아 반역을 꾀한 자들이다.

에 가득 싣고 진기한 보물을 약탈해 서로 실었으니, 흉악함은 걸桀이나 주紂보다 더하고 어질지 못함은 〔자기 어미를 잡아먹는다는 짐승과 새인〕 경獍과 올빼미보다 심하오. 나는 하늘이 무너진°26 원통함이 극에 이르렀소. 해를 뒤로 돌린 깊은 정성°27으로 매가 참새를 쫓듯이 국가에 대해 견마犬馬의 수고로움을 펴서 다시 무기를 잡은 지 두 해가 지났소. 육로로 진격하면 천둥과 번개처럼 빨리 달렸고, 수로로 공격하면 범과 용처럼 용맹스러워, 움직이면 반드시 성공했고 일어나면 헛되이 하는 일이 없었소.

윤경尹卿을 해안에서 쫓으니 무기가 산처럼 쌓이고, 추조雛造를 성 주위에서 사로잡을 때에는 엎어진 시체가 들판을 덮었소. 연산군燕山郡에서는 길환吉奐을 진지 앞에서 베고, 마리성馬利城이산군伊山郡인 듯하다. 가에서는 수오隨晤를 깃발 아래에서 죽였소. 임존任存지금의 대흥군大興郡을 빼앗던 날에는 형적刑積 등 수백 명이 목숨을 잃었고, 청천현淸川縣상주령尙州領 내의 현명顯名을 말한다. 을 격파할 때에는 직심直心 등 네다섯 명의 무리가 머리를 바쳤으며, 동수桐藪°28지금의 동화사桐華寺에서는 깃발만 바라보고도 도망쳐 흩어졌고, 경산京山은 구슬을 머금고°29 투항했소. 강주康州는 남쪽에서 와서 항복했고, 나부羅府는 서쪽에서 와서 소속됐소. 공략한 것이 이와 같은데, 다시 수복할 날이 어찌 멀다 하겠소? 기필코 저수의 군영에서

○○○ **26** 임금의 죽음을 뜻한다.
○○○ **27** 노양공魯陽公이 전쟁할 때 창을 휘둘러 해를 뒤로 돌렸다고 한다.
○○○ **28** 대구 팔공산 자락에 있었던 신라의 사찰로 헌덕왕의 아들이자 출가하여 승려가 된 심지心地가 창건한 것으로 전한다.
○○○ **29** 전쟁에서 패하면 구슬을 물고 항복했다고 한다.

장이張耳°³⁰의 천 년 한을 씻고, 오강烏江°³¹ 기슭에서 한왕漢王이 한 차례 승리한 마음을 이룩하여, 마침내 풍파가 그치고 영원히 천하를 맑게 할 것이오. 이는 하늘이 도울 것이니 천명이 어디로 돌아가겠소? 더구나 오월왕 전하의 덕은 먼 지역에 있는 사람들을 포섭하기에 충분하고, 그 어짊은 작은 나라까지 깊이 감싸 주어 특히 대궐(丹禁)에서 명령하여 청구靑丘°³²에서 난리를 그치라고 조서를 내렸으니, 가르침을 받고 나서 어찌 감히 받들지 않겠소? 만약 그대가 공손히 조서를 받들어 무기를 모두 버린다면 비단 오월국의 어진 은혜에 부응하는 것일 뿐만 아니라 해동의 끊어진 실마리를 잇게 될 것이오. 만일 허물을 고치지 못한다면 그때 가서 후회해도 소용없을 것이오. 이 글은 바로 최치원이 지은 것이다.°³³"

　장흥長興°³⁴ 3년(932년)에 견훤의 신하 공직龔直은 용기와 지략이 있었는데 태조에게 와 투항했다. 그러자 견훤은 공직의 두 아들과 딸을 붙잡아 다리의 힘줄을 불에 지져 끊었다. 가을 9월, 견훤은 일길一吉을 보내 수군으로 고려의 예성강禮成江으로 들어와 사흘 동안 머물면서 염주鹽州, 백주白州, 진주眞州 세 주의 배 백 척을 불태우

○○○ 30 초한楚漢 때 사람으로 처음에는 조趙나라 정승을 역임했지만, 진여陳餘와 갈등으로 한나라로 달아났다. 후에 한신韓信과 조나라를 공격하고 진여를 저수 위에서 참수시켰다.

○○○ 31 유방에게 패하여 사면초가에 몰린 항우가 이 강을 건너려다가 자결했다.

○○○ 32 『산해경』「해외동경海外東經」에 나오며 동방을 말하는데, 중국에서는 우리나라를 가리킨다.

○○○ 33 이재호는 최치원 설을 믿기 어렵다고 했다.

○○○ 34 후당 명종 이사원의 연호. 930~933년까지 사용했다.

고 갔다.고 한다. 청태 원년 갑오년(934년)에 견훤은 태조가 운주運州
자세하지 않다.°35에 주둔했다는 말을 듣고는 갑옷 입은 군사를 뽑아
새벽밥을 먹이고 빨리 가게 했는데, 진영에 닿기도 전에 장군 유금
필庾黔弼이 강한 기병으로 공격하여 3000여 명의 목을 베니, 웅진
이북의 30여 성이 이 소문을 듣고는 자진해서 항복했다.

견훤의 휘하에 있던 술사術士 종훈宗訓, 의원 지겸之謙, 날랜 장
수 상달尙達과 최필崔弼 등도 태조에게 항복했다. 병신년(936년) 정
월에 견훤이 아들에게 말했다.

"늙은 아비가 신라 말년에 후백제를 세운 지 여러 해가 되었는
데, 군사가 북쪽의 고려군보다 배나 많은데도 오히려 불리하니, 이
는 아마 하늘이 고려를 돕는 것 같다. 그러니 어떻게 북쪽 왕〔왕건〕
에게 귀순하여 목숨을 건지지 않겠는가?"

〔그러나〕 아들인 신검神劍, 용검龍劍, 양검良劍 등 세 명은 모두 응
하지 않았다.

『이제가기』에는 이렇게 나와 있다.

"견훤은 자식을 아홉 명 두었으니, 맏아들은 신검神劍혹은 견성甄
成이라 한다.이고, 둘째 아들은 태사太師 겸뇌謙腦, 셋째 아들은 좌승
佐承 용술龍述, 넷째 아들은 태사 총지聰智, 다섯째 아들은 대아간大
阿干 종우宗祐, 여섯째 아들은 알려지지 않았고, 일곱째 아들은 좌
승 위흥位興, 여덟째 아들은 태사 청구靑丘며, 한 딸은 국대부인國大
夫人이니 모두 상원부인上院夫人의 소생이다."

견훤은 아내와 첩이 많아 아들이 열 명이나 있었는데, 넷째 아들

○○○ **35** 지금의 충청남도 홍성이다.

금강金剛은 키가 크고 지략이 많아 견훤이 특별히 총애하여 왕위를 물려주려 마음먹고 있었다. 그의 형 신검과 양검과 용검이 그것을 알고 근심하고 번민했는데, 이때 양검은 강주도독康州都督, 용검은 무주도독武州都督으로 있었고, 신검만이 견훤의 곁에 있었다.

이찬 능환能奐이 강주와 무주에 사람을 보내 양검과 함께 반란을 모의했다.°36 청태 2년 을미년(935년) 봄 3월이 되어 영순英順 등과 함께 신검에게 권하여 견훤을 금산사金山寺°37에 가두고 사람을 보내 금강을 죽였다. 그 후 신검이 자신을 대왕이라 부르고 경내境內에 사면령을 내렸다. 고 한다.

이전에 견훤이 아직 잠자리에서 일어나지 않았을 때 멀리 궁정에서 떠들썩한 소리가 들려왔다. 견훤이 무슨 일이냐고 물었더니 신검이 아버지(견훤)에게 아뢰었다.

"왕께서 늙어 군국軍國의 정사에 어두우시기에 맏아들 신검이 부왕을 대신해 정사를 돌보게 되니 장수들이 기뻐 축하한다는 외침 소리입니다."

얼마 후 아버지를 금산사로 옮기고, 파달巴達 등 장사 30명을 시켜서 지키도록 했다.

동요에 말했다.

"가련한 완산完山 아이는, 아버지를 잃고 눈물 흘리네."

견훤은 후궁과 나이 어린 남녀 두 명, 시비侍婢 고비녀古比女, 나인內人 능예남能乂男 등과 함께 갇혀 있었다. 4월이 되자, 견훤은 술을

○○○ **36** 능환을 비롯한 40여 명의 반란 주도 세력은 완산의 호족 출신이었고, 신검은 반란 후 8개월 만에 자리에 올랐다.
○○○ **37** 전라북도 김제에 있는 절이다.

빚어 지키는 군사 30명에게 먹여 취하게 했고,°38 〔태조는〕소원보小
元甫 향예香乂, 오염吳琰, 충질忠質 등에게 바닷길로 가서 그를 맞이하
게 했다. 고려에 도착하자 〔태조는〕극진히 대접하고 견훤이 10년 연
상이라 하여 상보尚父라 존호尊號한 후 남궁南宮에 머물도록 했다. 양
주楊州의 식읍과 전장田莊, 노비 40명, 말 9필을 내리고 후백제에서
먼저 투항해 와 있는 신강信康을 아전으로 삼았다.

견훤의 사위인 장군 영규英規가 아내에게 몰래 말했다.

"대왕께서 40여 년 동안 수고하여 공적을 이루었는데, 하루아침
에 집안의 불화로 말미암아 나라를 잃고 고려로 가셨소. 정숙한 여
인은 두 남편을 섬겨서는 안 되고, 충신은 두 임금을 섬겨서는 안 되
는 것이오. 만약 자기 임금을 버리고 반역한 아들 신검을 섬기면 무
슨 낯으로 천하의 의로운 선비를 보겠소? 더구나 고려의 왕공王公은
지극히 어질고 근검하여 민심을 얻었으니, 이는 아마도 하늘이 계시
를 준 것으로 반드시 삼한의 주군이 될 것이오. 그러니 어찌 글을 보
내 우리 왕을 위안하고 또한 왕공에게 은근히 하여 후일을 도모하
지 않을 수 있겠소?"

그러자 아내가 말했다.

"당신의 말씀이 저의 뜻입니다."

그래서 천복天福 원년 병신년(936년) 2월에 사람을 보내 태조에
게 뜻을 전했다.

"청컨대 임금께서 의로운 깃발을 들면 성안에서 호응하여 왕의
군대를 맞이하겠습니다."

○○○ **38** 문맥상 뒷부분에 달아나는 장면이 있을 법도 하다.

태조는 기뻐하며 그 사신에게 후한 물건을 내려보내고 영규에게 감사를 표했다.

"만약 장군의 은혜를 입어 한 번 합세하여 길이 가로막히지 않게 되면 먼저 장군을 뵌 다음 당堂에 올라가 부인에게 절하여, 형님으로 섬기고 누님으로 받들어 반드시 후히 보답할 것입니다. 천지 귀신이 모두 이 말을 들었을 것입니다."

6월에 견훤이 태조에게 말했다.

"노신老臣이 전하께 몸을 바친 것은 전하의 위엄으로써 반역한 아들을 제거하고자 해서였습니다. 삼가 바라건대 대왕께서 신병神兵을 빌려 주시어 모반한 아들과 신하들을 섬멸하게 해 주시면 신은 비록 죽더라도 한이 없을 것입니다."

태조가 말했다.

"토벌하지 않으려는 것이 아니라 때를 기다리고 있는 것이오."

이에 먼저 태자 무武와 장군 술희述希를 보내어 보병과 기마병 10만을 거느리고 천안부天安府로 달려가게 했다.

가을 9월에 태조가 삼군三軍상군·중군·하군을 거느리고 천안에 이르러 군사를 합하여 일선군一善郡으로 진군해 주둔하니, 신검이 군사로써 막았다. 갑오일에 일리천一利川을 사이에 두고 서로 대치했는데, 왕의 군사는 동북쪽을 등지고 서남쪽을 향해 진을 쳤다. 태조가 견훤과 함께 군사를 사열하는데 갑자기 칼과 창 같은 흰구름이 우리 군대 쪽에서 적군 쪽으로 갔다. 이에 북을 치고 행진하니 후백제의 장군 효봉孝奉, 덕술德述, 애술哀述, 명길明吉 등이 고려 군사의 형세가 크고 정연한 것을 바라보고는 무기를 버리고 진지 앞에 와서 항복했다. 태조가 그들을 위로하고 장수의 소재를 물으니 효봉

등이 말했다.

"원수元帥 신검은 중군中軍에 있습니다."

태조가 장군 공훤公萱 등에게 명령하여 삼군이 일제히 나아가 양쪽을 끼고 공격하니, 백제 군은 무너져 쫓겨났다. 황산黃山의 탄현炭峴에 도착하자 신검이 두 동생과 장군 부달富達, 능환能奐 등 40여 명과 함께 항복했다. 태조는 항복을 받아들이고 나머지는 모두 위로한 후 처자와 함께 서울로 돌아가는 것을 허락했다. 그러고는 능환에게 물었다.

"처음에 양검 등과 밀모하여 대왕을 가두고 그 아들을 세운 것은 너의 계책이었는데, 신하 된 의리로 보아 그렇게 할 수 있는가?"

능환은 머리를 숙이고 대답하지 못했다. 태조는 마침내 명령을 내려 능환을 주살했다. 그러나 신검이 왕의 자리를 빼앗은 일은 제 본마음이 아니라 다른 사람의 협박에 의한 것이며 또 항복하고 죄를 빌었다 하여 〔태조는〕 특별히 그 죽음을 용서했다. 그러자 견훤은 분통해하며 근심한 나머지 등에 종기가 나서 며칠 후 황산 절간에서 9월 8일에 죽으니, 그때 나이 일흔이었다.

태조의 군령軍令은 엄하고 분명하여 군사들이 추호도 범하지 못하니 주현州縣이 편안하고 늙은이와 어린이가 모두 만세를 불렀다.

태조가 영규에게 말했다.

"전왕前王이 나라를 잃은 후 그의 신하로서 한 사람도 위로한 자가 없었는데, 유독 경 부부만이 천 리 먼 곳에서 글을 보내 성의를 보이고, 또한 과인에게 귀순하는 아름다움이 있었으니, 그 의리는 잊을 수 없다."

태조는 영규에게 좌승의 직책을 주고 밭 1000경頃을 내렸으며,

역마 35필을 빌려 주어 가족을 데려오게 하고 그의 두 아들에게 벼슬을 내렸다.

견훤은 당나라 경복景福 원년(892년)에 나라를 일으켜 진晉나라 천복 원년(936년)에 이르니, 45년 만인 병신년에 멸망했다.

사론에는 이렇게 말했다.

"신라는 운수가 다하고 도를 잃어 하늘이 돕지 않았으므로 백성들이 돌아갈 곳이 없었다. 그래서 여러 도적이 틈을 타 일어나 마치 고슴도치의 털처럼 되었다. 그 가운데 강한 자가 궁예와 견훤 두 사람뿐이었다. 궁예는 본래 신라의 왕자였는데, 반란을 일으켜 국가의 원수가 되어 심지어 선조의 화상畫像을 베기까지 했으니, 그 어질지 못함이 심했다.

견훤은 신라의 신하로서 신라의 녹을 먹었는데, 나쁜 마음을 품고 나라가 위태로운 것을 기회로 삼아 수도를 침략해 임금과 신하를 짐승처럼 여겼으니, 실로 천하의 원흉이었다.

그래서 궁예는 신하들에게 버림을 받았고, 견훤은 그 아들에게서 화가 생겼으니, 모두 자신이 취한 것으로 누구를 원망할 것인가! 항우項羽나 이밀李密○39 같은 뛰어난 재주로도 한漢나라와 당唐나라가 일어나는 것에 대적하지 못했는데, 하물며 궁예나 견훤 같은 흉악한 인간이 어찌 우리 태조에 대항할 수 있었겠는가?"

○○○ 39 중국 수나라 말의 영웅으로 이연李淵이 당나라를 일으켰을 때 최대의 반란 집단으로 부상했다. 왕세충王世充을 공격했지만 실패했고, 618년 당나라 왕조에 항복했으나 그 대우에 불만을 품고 모반을 꾀하다가 살해되었다.

가락국기 ○**1**

문종○**2** 조文宗朝 대강大康○**3** 연간에 금관지주사金官知州事였던 문인이 지었는데, 여기에 그 개략적인 것을 싣는다.

천지가 개벽한 이후로 이 땅에 아직 나라의 칭호가 없었고, 군신의 칭호도 없었다. 이때 아도간我刀干, 여도간汝刀干, 피도간彼刀干, 오도간五刀干, 유수간留水干, 유천간留天干, 신천간神天干, 오천간五天干, 신귀간神鬼干 등 구간九干이 있었다. 이 추장들이 백성을 아울러 다스렸으니, 모두 100호○**4**에 7만 5000명이었다. 대부분이 저마다 산과 들에 모여 살았고 우물을 파서 마시고 밭을 갈아서 먹었다.

후한의 세조世祖 광무제光武帝 건무建武 18년 임인년(42년) 3월 계욕일禊浴日○**5**에 그들이 살고 있는 북쪽 구지봉龜旨峯이는 산봉우리의 이름인데, 마치 십붕十朋이 엎드려 있는 형상이므로 이렇게 부른다.○**6**에서 사

○○○ **1** 김태식 교수는 '가락국기' 조는 원래 고려 문종文宗 후반의 문인이 편찬한 것을 일연이 줄여 쓴 것이라고 했다. 이 조는 수로왕 신화를 시작으로 400년 정도 지속된 가야에 관한 내용으로 단편적인 『삼국사기』 기록에 비해 상세하게 밝혀 나가고 있어 가야 연구에 중요한 자료이다. '가락'은 가야伽耶, 가야加耶, 가라加羅라고도 하며, 북방의 부여扶餘계 언어에 속한다.

○○○ **2** 고려 제11대 왕이다.

○○○ **3** 요나라 도종道宗 야율홍기耶律洪基의 연호. 1075~1084년까지 사용하였다.

○○○ **4** '호戶'는 하나의 고을과 비슷한 규모로, 마을이나 씨족 집단을 뜻한다.

○○○ **5** 액맺을 하는 날로 목욕하고 물가에서 술을 마신다. 대부분 3월 상사일上巳日에 한다. 이 시기는 파종기로 풍요를 기원하는 대대적인 행사가 있었다.

람들을 부르는 것 같은 이상한 소리가 났다. 그래서 무리 이삼백 명이 그곳으로 모여들었다. 사람의 소리 같았지만 형체는 보이지 않고 소리만 들렸다.

"여기에 사람이 있는가?"

구간들이 말했다.

"우리들이 있습니다."

또 소리가 들려왔다.

"내가 있는 곳이 어디인가?"

구간들이 다시 대답했다.

"구지봉입니다."

또 소리가 들려왔다.

"하늘이 나에게 이곳에 내려와 새로운 나라를 세워 임금이 되라고 명하셨기 때문에 내가 일부러 온 것이다. 너희들이 모름지기 봉우리 꼭대기의 흙을 파내면서 '거북아, 거북아, 네 목을 내밀어라. 만약 내밀지 않으면 구워 먹겠다.'[7]라고 노래 부르고 춤을 추면, 대왕을 맞이하여 (너희들은) 기뻐 춤추게 되리라."

구간들은 그 말대로 하면서 모두 기쁘게 노래하고 춤을 추었다. 얼마 후 하늘을 우러러보니 자줏빛 새끼줄이 하늘에서 내려와 땅에 닿았다. 줄 끝을 살펴보니 붉은색 보자기로 싼 금합金合[8]이 있었

─────────

○○○ 6 지금의 경상남도 김해시에 있다. 구지봉 꼭대기에는 1976년에 아홉 마리 돌거북과 알 여섯 개로 구성된 천강육란석조상天降六卵石造像을 조성했다가 수로왕릉으로 옮겼다. 근처에 거북 모양의 고인돌을 몇 개의 돌 무더기가 떠받치고 있다.

○○○ 7 고운기는 구지가를 제정 일치 시대에 신을 맞이하는 데 사용된 무가巫歌라고 보았다.

다. 그것을 열어 보니 해처럼 둥근 황금알 6개가 들어 있었다.

사람들은 모두 놀라고 기뻐서 허리를 굽혀 백 번 절하고, 얼마 후 다시 금합을 싸안고 아도간의 집으로 가져와 상 위에 두고 제각기 흩어졌다.

12일°⁹이 지나고 이튿날 새벽에 여러 사람들이 다시 모여 합을 열어 보니 6개의 알은 어린아이로 변해 있었는데, 용모가 매우 빼어났다. 그들을 평상에 앉혀 절하며 축하하고 지극히 공경했다. 그들은 나날이 자라서 열흘 남짓 되자 키가 아홉 자나 되어 은殷나라의 탕왕湯王 같았고, 얼굴은 용과 같아 한漢나라의 고조高祖와 같았고, 눈썹의 여덟 색채가 요堯임금과 같았고, 눈동자가 겹으로 된 것이 순舜임금과 같았다.°¹⁰

그달 보름에 즉위했는데 세상에 처음으로 나타났다고 하여 이름을 수로首露 혹은 수릉首陵죽은 후의 시호이라 했다. 나라를 대가락大駕洛 또는 가야국伽耶國이라 부르니, 바로 여섯 가야 중 하나다. 나머지 다섯 사람도 각각 다섯 가야의 임금이 되었다.

동쪽은 황산강黃山江, 서남쪽은 창해滄海, 서북쪽은 지리산, 동북쪽은 가야산伽耶山, 남쪽은 나라의 끝이 되었다. 그는 임시로 궁궐을 짓게 하고 들어가 다스렸는데, 질박하고 검소하여 지붕의 이엉을 자르지 않았고, 흙으로 쌓은 계단은 석 자를 넘지 않았다.

○○○ **8** 생산한 곡식을 다음 수확기까지 보관하는 상자다.

○○○ **9** 협진浹辰을 번역한 것으로 12간지를 가리킨다. 협浹은 일주一周를 뜻하고, 진辰은 십이지를 뜻한다.

○○○ **10** 요임금은 유가가 꿈꾸었던 이상적 군주요, 순임금은 요임금과 더불어 중국을 가장 잘 다스린 명군이었다.

즉위 2년 계묘년(43년) 봄 정월에 왕이 이렇게 말했다.

"내가 도읍을 정하고자 한다."

이에 임시로 지은 궁궐 남쪽 신답평新畓坪이곳은 옛날부터 한전閑田이었는데 새로 경작한다고 하여 붙인 이름이다. 답畓이란 글자는 속자俗字다.에 행차하여 사방의 산악을 바라보다가 주위 사람들을 돌아보고는 말했다.

"이곳은 마치 여뀌잎처럼 좁지만, 빼어나게 아름다워 열여섯 나한羅漢°¹¹이 머물 만하다. 더군다나 하나에서 셋을 만들고 셋에서 일곱을 만드니 일곱 성〔七聖〕°¹²이 머물 만하여, 정말로 알맞은 곳이다. 그러니 이곳에 의탁하여 강토를 개척하면 참으로 좋지 않겠는가?"

그래서 1500보 둘레의 외성外城과 궁궐, 전당殿堂 및 여러 관청의 청사와 무기 창고, 곡식 창고 지을 곳을 두루 정하고 궁궐로 돌아왔다. 국내의 장정과 공장工匠을 두루 불러모아 그달 20일〔2년 봄 정월〕에 튼튼한 성곽을 쌓기 시작하여 3월 10일에 역사役事를 마쳤다. 궁궐과 옥사屋舍는 농한기를 기다려 그해 10월 안에 짓기 시작하여 갑진년(44년) 2월에 이르러 완성했다. 좋은 날을 가려 새 궁궐로 옮겨 가서 모든 정치의 큰 기틀을 살피고 여러 가지 일을 신속히 처리

○○○ **11** 불법을 전파하는 부처님의 주요 제자 열여섯 명을 의미하며, 나한은 아라한의 준말로 일체 번뇌를 끊고 최고의 경지인 깨달음을 얻어 존경을 받을 만한 성자를 말한다.

○○○ **12** '성'이란 정지正智로써 진리를 조견照見한 사람으로, '칠성'이란 성자를 일곱으로 나누어 수신행隨信行, 수법행隨法行, 신해信解, 견지見至, 신증身證, 혜해탈慧解脫, 구해탈俱解脫을 말한다. 한편 고운기는 앞 구절의 셋(3)이란 숫자와 연계시켜 단군 신화에 나오는 삼칠일의 숫자와 연관된다고 보았고 일곱 명의 부처로 보는 견해도 있다.

했다.

이때 갑자기 완하국琓夏國 함달왕含達王의 부인이 임신을 하여 달이 차서 알을 낳았는데, 알이 변하여 사람이 되니 이름을 탈해脫解라고 했다. 탈해는 바다를 따라 가락국에 왔는데, 키가 석 자고 머리둘레가 한 자나 되었다. 탈해는 기뻐하며 궁궐로 들어가 수로왕에게 말했다.

"나는 왕위를 빼앗으려고 왔소."

수로왕이 대답했다.

"하늘이 나에게 왕위에 올라 나라와 백성을 편안하게 하도록 명했으니 감히 하늘의 명령을 어기고 너에게 왕위를 넘겨줄 수 없고, 또 감히 우리나라와 백성을 너에게 맡길 수도 없다."

탈해가 말했다.

"그대는 나와 술법을 겨룰 수가 있겠소?"

수로왕이 말했다.

"좋다."

그래서 잠깐 사이에 탈해가 매로 변하자 왕은 독수리가 되고, 또 탈해가 참새로 변하니 왕은 새매로 변했는데, 그사이에 아주 짧은 시간도 지나지 않았다. 탈해가 본래의 모습으로 돌아오니 왕도 원래의 모습으로 돌아왔다.°13 탈해가 이에 항복하여 말했다.

"술법을 겨루는 마당에서 제가 매가 되자 독수리가 되었고, 참새가 되자 새매가 되었는데도 죽임을 면할 수 있었던 것은 모두 성인

○○○ **13** 서대석 교수는 이러한 탈해의 태도를 "해상을 통해 가락국을 침략한 집단과 수로의 집단이 전쟁을 한 사연을 신화적으로 표현한 것이다."라고 보았다.

께서 저의 죽음을 원치 않는 인仁 때문이 아니겠습니까? 제가 왕과 왕위를 다투는 것은 참으로 어려운 일입니다."

탈해는 곧 절을 하고 나갔다. 그러고는 서울 변두리의 나루터로 가서 중국 배가 오가는 물길을 따라 떠났다. 왕은 탈해가 머물면서 모반을 꾸밀까 걱정하여 급히 수군 500척을 내어 추격했으나, 탈해 가 계림 땅 경계로 도망쳐 들어갔으므로 수군이 모두 돌아왔다. 그 러나 이 일에 관한 기록은 신라의 기록과 많은 차이가 있다.

건무 24년 무신년(48년) 7월 27일에 구간들이 조회朝會 때 왕께 아뢰었다.

"대왕께서 내려오신 이래로 아직도 좋은 짝을 얻지 못했으니, 신 들의 딸들 중에서 제일 훌륭한 처자를 뽑아 궁궐로 들여 배필로 삼 으십시오."

왕이 말했다.

"짐이 이곳에 내려온 것은 하늘의 명이었다. 왕후를 맞는 것 역 시 하늘의 명이 있을 것이니 그대들은 염려하지 마라."

그리고 유천간에게 가벼운 배와 날랜 말을 주어 망산도望山島에 가서 기다리도록 명하고, 또 신귀간에게는 승점乘岾망산도는 서울 남 쪽의 섬이며, 승점은 연하輦下의 나라다. 으로 가도록 명했다. 그때 갑자기 바다 서남쪽 모퉁이에서 붉은 돛을 단 배 한 척이 붉은 깃발을 나부 끼며 북쪽으로 다가오고 있었다. 유천간 등이 먼저 섬 위에서 횃불 을 들자 배는 재빨리 육지 쪽으로 달려왔다. 신귀간 등이 이를 보고 는 대궐로 달려 들어와 아뢰었다. 수로왕은 이 말을 듣고서 기뻐했 다. 얼마 후 구간들을 보내 목련木蓮으로 만든 키를 바로잡고 좋은 계수나무로 만든 아름다운 노를 저으며 그들을 맞이하여 대궐 안으로 모셔오게 했다.

〔배에서 내린〕 왕후가 말했다.

"나는 그대들과 평소에 알지 못하는 사이인데 어찌 감히 경솔하
게 따라가겠는가?"

유천간 등이 돌아가서 왕후의 말을 아뢰니, 왕은 그녀의 말이 옳다
고 여겨 유사有司를 데리고 행차했다. 그리고 대궐 아래 서남쪽 60보쯤
되는 곳의 산언저리에 장막을 치고 기다렸다. 이에 왕후가 산 밖의
별포別浦 나루터 입구에 배를 대고 육지로 올라와 높은 언덕에서 쉬
면서 입고 있던 비단 바지를 벗어 산신령에게 폐백으로 바쳤다. 이
때 모시던 잉신媵臣°14 두 명이 있었는데 이름은 신보申輔와 조광趙
匡이고, 그들의 아내 두 사람은 모정慕貞과 모량慕良이었으며, 노비까
지 합치면 모두 20여 명이었다. 가지고 온 수놓은 비단〔錦繡〕과 두꺼
운 비단과 얇은 비단〔綾羅〕, 의상衣裳, 필로 된 비단〔疋段〕, 금은, 구슬
과 옥, 아름다운 옥〔瓊玖〕, 장신구 등은 이루 다 기록할 수가 없을 정
도였다.

왕후가 수로왕이 있는 곳으로 가까이 오자 왕이 나가 맞이하여
장막 궁전으로 함께 들어왔다. 잉신 이하 여러 사람들은 계단 아래
서 왕을 뵙고 즉시 물러갔다. 임금은 유사에게 잉신 부부를 데려오
도록 명하고 이렇게 말했다.

"사람마다 방 하나씩을 주어 편안히 머무르게 하고 노비들은 각
기 한 방에 대여섯 명씩 들게 하라."

○○○ **14** 왕비를 따라온 신하들이다. 시집갈 때 따라가는 시신侍臣인데 이들
은 중국계 이름으로 보인다.

그리고 좋은 음료와 향이 좋은 술을 주고 무늬 있는 자리에서 재웠다. 또 의복과 비단과 보화를 주었고 많은 수의 군사에게 지키게 했다.

그래서 왕과 왕후가 함께 침전에 들게 되었는데, 왕후가 조용히 왕에게 말했다.

"저는 아유타국阿踰陀國°15의 공주인데, 성은 허씨許氏고 이름은 황옥黃玉이며 나이는 열여섯 살입니다. 본국에 있던 금년 5월에 부왕과 왕후가 저를 보고 말하기를 '아비와 어미가 어젯밤 똑같이 꿈속에서 상제上帝를 보았다. 상제께서 가락국의 임금 수로는 하늘이 내려 왕이 되게 한 신성한 사람으로, 새로 나라를 세웠으나 아직 짝을 정하지 못했으니, 그대들은 모름지기 공주를 가락국으로 보내 수로왕의 짝이 되게 하라고 말을 마치자 하늘로 올라가셨다. 그런데 꿈에서 깨고 난 후에도 상제의 말이 귀에 남아 있으니 너는 여기서 빨리 우리와 작별하고 그곳으로 향해 가거라.'라고 하셨습니다. 그래서 저는 배를 타고 멀리 신선이 먹는 대추〔蒸棗〕를 구하고, 하늘로 가서 선계仙界의 복숭아〔蟠桃〕를 좇으며°16 반듯한 이마〔蟻首〕를 갖추어 이제야 감히 임금의 얼굴〔龍顔〕을 뵙게 된 것입니다."

왕이 대답했다.

○○○ 15 중인도中印度에 있던 고대 왕국으로 해석해 왔으나 중국이나 태국이라는 의견도 있다. 『대당서역기大唐西域記』에 의하면 그곳은 먹을 것이 풍족하고 풍속이 아름다우며 백여 곳의 사찰에 3000여 명의 승려가 있었다고 한다. 한편 실재했던 나라가 아니라 불교적 상징성을 띤 관념적인 용어로 보는 견해도 있다.

○○○ 16 신선들이 먹는 대추와 3000년에 한 번씩 열매가 열린다는 선도仙桃를 좇았다는 것은 수로왕을 찾아왔다는 의미다.

"나는 태어나면서부터 자못 신성하여 공주가 먼 곳에서 올 것을 미리 알았으므로 왕비를 맞이하자는 신하들의 간청을 구태여 따르지 않았소. 그런데 이제 현숙한 당신이 몸소 내게 오셨으니, 못난 나에게는 다행이오."

드디어 혼인을 하고 이틀 밤을 지낸 뒤 또 하루 낮을 지냈다. 그러고는 마침내 타고 온 배를 돌려보냈는데, 뱃사공이 모두 15명이었다. 이들에게 각기 양식으로 쌀 열 석과 베 30필씩을 주어 본국으로 돌아가게 했다.

8월 1일에 왕은 왕후와 한 수레를 타고, 잉신 부부도 모두 수레를 나란히 하고 궁궐로 돌아왔다. 외국의 갖가지 진기한 물건을 모두 싣고 천천히 돌아오니 시간은 정오에 가까웠다. 왕후는 중궁中宮에 거처하게 하고, 잉신 부부와 노비에게는 빈집 두 채를 주어 나누어 살게 했으며, 나머지 따라온 자들은 20여 칸의 빈관賓館 한 채에 사람 수를 정하여 나누어 살게 하고 일용품을 넉넉히 주었다. 또한 싣고 온 진기한 물건들은 내고內庫에 저장하여 왕후가 사철 쓰도록 했다.

어느 날 왕이 신하들에게 말했다.

"구간들은 모두 여러 벼슬아치의 우두머리인데, 그 지위와 이름이 모두 소인肖人이나 농부의 호칭이지 결코 고관 직위의 호칭이라고는 할 수 없소. 혹시라도 나라 밖 사람들이 들으면 반드시 웃음거리가 될 것이오."

마침내 아도我刀를 아궁我躬으로 고치고, 여도汝刀를 여해汝諧로, 피도彼刀를 피장彼藏으로, 오도五刀를 오상五常으로 고쳤으며, 유수留水와 유천留天이란 명칭은 윗글자는 고치지 않고 아랫글자만 고쳐 유공留功과 유덕留德으로 했다. 또 신천神天은 신도神道로 고치고 오천五天은 오능五能으로 고쳤으며, 신귀神鬼는 음을 고치지 않고 훈만 고쳐 신귀臣貴로 했다. 계림의 직의職儀를 취해 각간角干, 아질간阿叱干, 급간級干의 품계를 두고, 그 아래 관료는 주周의 제도와 한漢의 제도를 나누어 정했으니, 이는 옛것을 고쳐 새것을 취하여 관직을 설치하고 직책을 나누는 방법이 아니겠는가.

이에 수로왕은 국가를 다스리는 집을 정돈하여 백성들을 아들처럼 사랑했다. 그 교화는 엄숙하지 않아도 위엄이 있고, 그 정사는 엄하지 않아도 잘 다스려졌다. 더구나 왕이 왕후와 함께 사는 것은 마치 하늘에 땅이 있고 해에 달이 있으며, 양에 음이 있는 것과 비유할 수 있었다. 그 공功은 도산씨塗山氏가 하夏 나라를 보필하고,°[17] 요임금의 딸들〔唐媛〕°[18]이 요씨嬀氏를 일으킨 것과 같았다. 그해에 곰얻는 꿈을 꾸어 징조가 있더니 태자 거등공居登公을 낳았다. 〔후한〕영제靈帝 중평中平 6년 기사년(189년) 3월 1일에 왕후가 세상을 떠나니 나이가 157세였다.

나라 사람들은 마치 땅이 무너진 듯 탄식하며 구지봉 동북쪽 언덕에 장사 지냈다. 그리고 백성을 아들처럼 사랑하던 은혜를 잊지 않고자, 왕후가 가락국에 처음 와서 닿은 도두촌渡頭村을 주포촌主浦村이라 부르고, 비단 바지를 벗은 높은 언덕을 능현綾峴이라 했으며, 붉은 깃발이 들어온 바닷가를 기출변旗出邊이라 했다.

○○○ **17** 도산씨의 딸로 하나라 우임금에게 시집가 도왔다. 도산은 우임금이 제후들과 맹세한 땅이다.
○○○ **18** 요임금의 딸 아황娥皇과 여영女英으로 순임금에게 시집가 교씨의 시조가 되었다.

잉신이던 천부경泉府卿 신보와 종정감宗正監 조광 등은 가락국에 도착한 지 30년 만에 각자 두 딸을 낳았는데, 그들 부부는 12년 뒤에 모두 세상을 떠났다. 그 밖의 하인들은 온 지 칠팔 년 사이에 자식을 두지 못하고 오직 고국을 그리워하는 슬픔을 지닌 채 고향을 향하고 죽으니, 살던 빈관이 텅 비어 아무도 없게 되었다.

왕은 매일 외로운 베개에 의지하여 슬픔에 젖곤 하다가 25년이 지난 건안 헌제獻帝 입안立安[19] 4년 기묘년(199년) 3월 23일에 죽었으니, 나이는 158세였다. 나라 사람들은 마치 부모가 죽은 것처럼 비통해했는데, 왕후가 죽던 때보다 더욱 심했다. 마침내 대궐 동북쪽 평지에 빈궁殯宮을 세웠는데, 높이는 한 발[丈]이고 둘레는 300보로 하여 장사를 지내고 수릉왕묘首陵王廟라고 불렀다. 대를 이은 아들 거등왕으로부터 9대손 구형仇衡까지 이 묘에 배향하고, 매년 맹춘 정월 3일과 7일, 5월[仲夏] 5일, 8월[仲秋] 5일과 15일에 정결한 제사를 지냈는데 대대로 끊어지지 않았다.

신라 제30대 법민왕法敏王 용삭龍朔[20] 원년 신유년(661년) 3월 어느 날 왕은 조서를 내렸다.

"가야국 시조왕의 9대손 구형왕이 우리나라에 항복할 때 데리고 온 아들 세종世宗[21]의 아들인 솔우공率友公[22] 아들 잡간 서운庶云의 딸 문명황후文明皇后가 나를 낳았기 때문에 원군은 나에게 바

○○○ **19** 후한 말제 유협劉協의 연호인 건안建安이 옳다.
○○○ **20** 당나라 고종의 연호. 661~663년까지 사용했다. 그 원년은 신라 문무왕 원년에 해당한다.
○○○ **21** 아마도 노종奴宗인 듯하다.
○○○ **22** 졸지공卒支公으로 되어 있기도 하다.

로 15대 시조다. 그 나라는 이미 망했으나 장례를 지내는 묘는 아직까지 남아 있으니, 종묘에 합하여 계속 제사를 지내도록 해라."

이에 사자를 옛터로 보내 사당에 가까운 상전上田 30경頃을 공양 밑천으로 삼아 왕위전王位田이라 불렀으며 본토에 귀속시켰다. 수로 왕의 17대손인 급간 갱세賡世가 조정의 뜻을 받들어 그 제전祭田을 관리하며 해마다 술과 단술을 빚고 떡과 밥, 다과 등 여러 가지 음식으로 제사를 지냈다. 제삿날도 거등왕이 정한 연중 다섯 날을 그대로 지켜 정성 어린 제사가 지금 우리에게 있게 된 것이다.

거등왕이 즉위한 기묘년(199년)에 편방便房°23을 설치한 후부터 구형왕 말까지 330년 동안에 종묘의 제사는 항상 변함이 없었는데, 구형왕이 왕위를 잃고 나라를 떠난 뒤부터 용삭 원년 신유년(661년)까지의 60년°24 사이에는 사당에 지내는 제사를 간혹 거르기도 했다. 아! 아름답구나, 문무왕文武王법민왕의 시호이여! 선조를 받들어 끊어졌던 제사를 효로써 이어 다시 지내게 되다니……

신라 말년에 잡간 충지忠至란 사람이 있었는데, 금관성金官城을 공격하여 빼앗아 성주장군城主將軍°25이 되었다. 또 아간 영규英規라는 사람이 장군의 위엄을 빌려 종묘의 제사를 빼앗고 함부로 제사를 지냈다. 그가 단옷날을 맞아 제사를 지내는데 사당의 대들보가 까닭 없이 무너져 깔려 죽고 말았다.

이에 성주장군이 혼잣말을 했다.

○○○ **23** 임시로 제사 지내는 방을 말한다.
○○○ **24** 구형왕 항복부터 문무왕 즉위년까지는 120년의 차이가 있으니, 아마도 시기가 잘못된 듯하다.
○○○ **25** 신라 말, 지방 호족들이 그 지방을 무력으로 점령하고 일컫던 칭호다.

"다행히 전세의 인연으로 성왕聖王이 계시던 국성國城의 제사를 받들게 되었다. 그러니 마땅히 내가 영정(眞影)을 그리고 향과 등을 바쳐 신하 된 은혜를 갚겠다."

그리고 석 자 크기의 교견鮫絹°26에 영정을 그려 벽에 모셔 두고 아침저녁으로 촛불을 켜 놓고 경건하게 받들었다. 이렇게 한 지 사흘도 채 못 되어 영정의 두 눈에서 피눈물이 흘러내려 땅바닥에 거의 한 말이나 흥건히 괴었다. 이에 장군은 두려워하여 그 진영을 받들어 사당으로 가서 불태운 다음 즉시 수로왕의 직계 자손 규림圭林을 불러 말했다.

"어제 불상사가 있었는데, 어찌하여 이런 일이 거듭 일어나는가? 이는 정녕 내가 영정을 그려서 공양하는 것이 공손치 못하여 사당의 위령威靈이 진노한 것이다. 영규가 이미 죽었고 나도 매우 두려워 영정을 불태웠으니, 반드시 신의 노여움을 살 것이다. 그대는 왕의 직계 자손이니 옛날대로 제사를 지내는 것이 옳겠다."

이리하여 규림이 대를 이어 제사를 받들었는데 여든여덟 살이 되어 죽은 뒤 그 아들 간원경間元卿이 이어서 제사를 지냈다. 사당을 배알하는 단오일 제사에 영규의 아들 준필俊必이 또 미친 증세로 인해 사당에 와 간원이 차려 놓은 제수를 치우고 자기의 제수를 차려 제사 지냈다. 준필은 술잔을 세 번 올리는(三獻) 일을 마치기도 전에 갑자기 병이 나서 집으로 돌아가서 죽고 말았다. 그러기에 옛 사람들이 말했다.

"분수 넘게 지내는 제사는 복을 받지 못하고 도리어 재앙을 낳

○○○ **26** 남해에서 생산되는 비단이다.

는다."

이런 일은 이전에는 영규가 있었고 후에는 준필이 있었으니, 이들 부자를 두고 한 말이 아니겠는가?

또 사당 가운데 금옥이 많으니 도적들이 언젠가 와서 훔쳐 가려했다. 도적들이 사당에 처음 왔을 때, 몸에 갑옷을 입고 투구를 쓰고 활과 화살을 가지고 있는 한 용사가 사당 안에서 나와 사면으로 비 오듯 활을 쏘아 도적 칠팔 명을 맞히자 도적들이 달아났다. 며칠 후 도적들이 다시 왔을 때는 길이가 30여 자나 되고 눈빛이 번개 같은 큰 구렁이가 사당 옆에서 나와 팔구 명을 물어 죽였다. 이때 겨우 죽음을 면한 도적들은 모두 엎어지고 흩어졌다. 때문에 능원陵園의 안팎에는 반드시 신물神物이 있어 지켜 준다는 것을 알게 되었다.

건안 4년 기묘년(199년)에 처음으로 이 사당을 세운 이후로 지금 임금이 즉위한 31년인 대강大康 2년 병진년(1076년)까지 모두 878년이 되었으나, 쌓아 올린 깨끗한 흙은 허물어지지 않았고 심어 놓은 아름다운 나무도 시들거나 죽지 않았으며 배열해 놓은 여러 옥 조각도 무너지지 않았다. 이것으로 보면, 〔당나라 사람〕 신체부辛替否가 "예부터 지금까지 어찌 망하지 않은 나라가 있으며, 허물어지지 않은 무덤이 있겠는가?"라고 말했는데, 오직 이 가락국이 옛날에 일찍이 망한 것은 신체부의 말이 영험이 있는 것이지만, 수로왕의 사당이 지금까지 무너지지 않은 것은 신체부의 말이 다 믿을 만하지는 않음을 알 수 있다.

여기에 또 수로왕을 사모하여 하는 놀이가 있다. 매년 7월 29일이 되면 향토의 백성과 관리와 병사들이 승점乘岾에 올라가서 장막을 치고 술과 음식을 먹으면서 즐겁게 논다. 이들은 동서쪽으로 바라보고, 건장한 인부들은 좌우로 나누어 망산도로부터 용맹한 말을 타고 육지로 다투어 달리고, 뱃머리를 둥실 띄워 서로 물에서 밀며 북쪽의 고포古浦를 향해 내달린다. 이는 대개 옛날 유천간, 신귀간 등이 허 왕후가 오는 것을 바라보다가 급히 임금께 알렸던 유적이다.

가락국이 멸망한 후 대대로 이곳에 대한 칭호가 같지 않았다. 신라 제31대 정명왕政明王신문왕이 즉위한 개요開耀 원년 신사년(681년)에는 금관경金官京이라 부르고 태수를 두었다. 그 후 259년이 지나 우리 태조가 통합한 후로는 대대로 임해현臨海縣이라 하고 배안사排岸使를 설치하여 48년을 지냈다. 다음에는 임해군이라 하기도 하고 혹은 김해부金海府라고 하여 도호부都護府를 두어 27년을 지냈고 또 방어사防禦使를 두어 64년을 지냈다.

순화淳化○²⁷ 2년(991년)에 김해부의 양전사量田使○²⁸인 중대부中大夫 조문선趙文善이 조사하여 보고했다.

"수로왕릉에 딸려 있는 밭의 면적이 많으니, 마땅히 옛 제도대로 15결로 하고, 그 나머지는 부府의 역정役丁○²⁹에게 나누어 주는 것이 좋겠습니다."

담당한 관서에게 그 장계를 전하니 조정에서 명을 내렸다.

"하늘에서 알을 내려 변해 성스러운 임금이 된 후, 수명이 길어 158세에 이르렀으니, 저 삼황三皇 이후 비견될 만한 사람이 없다. 죽은 후 선대로부터 능묘에 딸려 있던 전답을 지금 줄여야 한다는 것

○○○ **27** 북송 태종太宗의 연호. 고려 성종 2년에 해당한다.

○○○ **28** 전답의 측량을 조사하는 관리다.

○○○ **29** 부역을 맡은 장정을 말한다.

은 참으로 두려운 일이다."

왕은 허락하지 않았다. 양전사가 또 아뢰니, 조정에서도 그렇게 여겨 절반은 능묘에 두어 옮기지 않고 절반은 향리의 역정에게 주도록 했다. 절사節使양전사의 호칭는 조정의 뜻을 받들어 이에 반은 능원에 소속시키고, 반은 부에서 부역하는 호정戸丁에게 주도록 했다. 일이 거의 끝나갈 무렵 양전사는 매우 피곤했다. 어느 날 저녁 꿈속에서 갑자기 칠팔 명의 귀신이 나타나 밧줄을 쥐고 칼을 잡고 와서 말했다.

"네가 큰 죄를 지었으므로 베어 죽이겠다."

양전사는 형을 받고 몹시 아파하다가 놀라고 두려워하며 깨어났는데 이내 병에 걸리고 말았다. 그는 다른 사람에게 알리지도 못하고 밤에 도망쳤는데, 병이 조금도 낫지 않아 관문을 지나다가 죽었다. 그래서 양전사는 『양전도장量田都帳』에 도장을 찍지 못했다.

이후에 봉사奉使 하는 사람이 와서 그 전답을 조사해 보니 겨우 11결結 12부負 9속束일 뿐이고 3결 87부 1속이 부족했다.°³⁰ 그래서 가로챈 것을 추적하여 중앙과 지방의 관서에 보고하고 왕명으로 다시 넉넉히 지급했으니 고금에 탄식할 일이다.

시조 수로왕(元君)의 8대손 김질왕金銍王은 부지런하게 다스리고 정성스럽게 도를 숭상했는데, 세조의 어머니 허 황후의 명복을 빌기 위해 원가元嘉°³¹ 29년 임진년(452년)에 원군과 황후가 합혼

○○○ **30** 이것을 결부제結負制라고 하며, 신라 이래 토지 면적에 따른 수확량 산출의 독특한 계량법이다. 대체로 농부의 손에 쥔 벼 한 줌이 기준인데, 열 줌을 1파把, 10파를 1속, 10속을 1부, 100부를 1결로 한다.

○○○ **31** 송나라 문제文帝 유의륭劉義隆의 연호. 424~453년까지 사용했다.

하던 곳에 절을 세우고 왕후사王后寺라 했으며, 사신을 보내 그 근처의 평전平田 10결을 측량하여 삼보三寶[32]를 공양하는 비용으로 삼게 했다.

이 절이 생긴 지 500년이 지나자 장유사長遊寺를 지었는데, 이 절에 바친 전시田柴가 모두 300결이었다. 그러자 장유사의 삼강三剛[33]은 왕후사가 장유사 시지柴地의 동남쪽 지경 안에 있다고 하여 왕후사를 없애 전장田莊으로 만들고, 추수한 것을 겨울에 저장하는 장소와 말과 소를 기르는 마구간으로 만들었으니 슬픈 일이다. 세조 이하 9대손의 역수曆數를 아래에 기록하니, 그 명銘은 이렇다.

태초가 열리니 해와 달이 비로소 밝았고,

인륜은 비록 있었으나 임금의 자리가 이루어지지 않았다.

중국은 여러 대를 거듭했지만, 동방의 나라들은 서울을 나누었다.[34]

신라가 먼저 정해지고 가락국은 뒤에 세워졌다.

세상을 다스릴 사람이 없으니 누가 백성을 돌보랴.

드디어 상제께서 저 창생을 돌보아 주셨다.

이에 부명符命을 주어 특별히 정령을 보냈다.

○○○ **32** 불교의 핵심 요소인 불법승佛法僧 세 가지를 의미하는데, 불보는 부처와 사리, 법보는 부처의 설법과 경전, 승보는 교리에 따라 수행하는 승려이다. 우리나라 삼보사찰은 불보는 양산 통도사, 법보는 합천 해인사, 승보는 순천 송광사를 일컫는다.

○○○ **33** 삼강三剛은 삼강三綱이 옳다. 사찰의 세 가지 직책, 즉 상좌上座, 사주寺主, 유나維那를 말한다.

○○○ **34** 신라가 가야를 병합하기 이전의 상황을 말한다.

산속에 알을 내려보내고 안개 속에 그 모습을 감추었다.

안은 아득한 듯하고 바깥도 컴컴했다.

바라보면 형상이 없는 것 같은데, 들으니 소리가 났다.

여러 사람이 노래를 불러 아뢰고 춤을 추어 바쳤다.

이레가 지난 후에야 한때 고요해졌다.

바람이 불어 구름이 걷히니 푸른 하늘에서 여섯 개의 둥근 알이 내려오며 자색 끈 하나를 드리웠다.

다른 지방 낯선 땅에 집들은 잇달아 있었다.

구경꾼이 줄지었고, 바라보는 사람이 우글거렸다.

다섯 분은 각 고을로 돌아가고 하나만 이 성에 남았다.

같은 시각 같은 모습은 형제 같았다.

참으로 하늘이 덕인德人을 내어 세상을 위해 질서를 만들었다.

왕위에 처음 오르니 천하가 맑아지려 했다.

화려한 제도는 옛 제도를 모방하고, 흙 계단은 오히려 평평했다.

온갖 정사에 힘쓰니 모든 정치가 시행되고, 기울지도 치우치지도 않으니 오직 정일精一했다.

길 가는 사람은 길을 양보하고, 농부는 밭갈이를 서로 양보했다.

사방에 사건이 없어 베개를 편히 받치고, 만백성이 태평을 맞이했다.

갑자기 햇볕에 드러난 풀잎 위의 이슬처럼 문득 대춘大椿°[35]을 보전하지 못했다.

천지의 기운이 변하고 조야朝野가 통곡했다.

○○○ **35** 『장자』「소요유逍遙遊」편에 보면, 상고上古시대에 8000세를 봄으로 삼고 8000세를 가을로 삼아 3만 2000년을 1년으로 사는 나무인데 여기에서 유래하여 오래 사는 것을 비유하며, 장수를 축원하는 말로 사용한다.

금 같은 그 자취 빛나고 옥 같은 소리를 울렸다.

후손이 끊어지지 않으니 제사는 향기롭기만 했다.

세월은 비록 흘러갔으나 규범은 기울어지지 않았다.

● **거등왕居登王** | 아버지는 수로왕이고 어머니는 허 왕후다. 건안 4년 기묘년(199년) 3월 13일에 즉위하여 39년을 다스리고, 가평嘉平°**36** 5년 계유년(253년) 9월 17일에 세상을 떠났다. 왕비는 천부경泉府卿 신보申輔의 딸 모정慕貞으로 태자 마품麻品을 낳았다. 『개황력開皇曆』에 이렇게 말했다.

"성은 김씨金氏라고 하니, 아마도 가야국의 세조가 금빛 알에서 나왔기 때문에 김으로 성을 삼았을 뿐이다."

● **마품왕麻品王** | 마품馬品이라고도 하며 김씨다. 가평 5년 계유년(253년)에 즉위해 39년을 다스리고 영평永平 원년 신해년(291년) 1월 29일에 세상을 떠났다. 왕비는 종정감宗正監 조광趙匡의 손녀 호구好仇로 태자 거질미居叱彌를 낳았다.

● **거질미왕居叱彌王** | 금물今勿이라고도 하며 김씨다. 영평 원년(291년)에 즉위하여 56년을 다스리고, 영화永和 2년 병오년(346년) 7월 8일에 세상을 떠났다. 왕비는 아간 아궁阿躬의 손녀 아지阿志로 왕자 이시품伊尸品을 낳았다.

● **이시품왕伊尸品王** | 김씨다. 영화 2년에 즉위하여 62년을 다스리고, 의희義熙 3년 정미년(407년) 4월 10일에 세상을 떠났다. 왕비는 사농경司農卿의 딸인 정신貞信이며, 왕자 좌지坐知를 낳았다.

○○○ **36** 삼국 위魏나라 제왕齊王 조방曹芳의 연호. 249~254년까지 사용했다.

● **좌지왕**坐知王 | 김질金叱이라고도 한다. 의희 3년(407년)에 즉위하여 용녀傭女와 결혼한 후 외척의 무리를 관리로 등용하여 나라 안이 소란스러워졌다. 신라가 꾀를 써서 〔가락국을〕 정벌하고자 했다. 가락국의 신하 박원도朴元道가 좌지왕에게 간했다.

"〔이런 일은〕 유초遺草를 깎고 깎아도 또한 털이 나는 법이거늘, 하물며 사람이야 어떻겠습니까? 하늘이 무너지고 땅이 꺼지면 사람이 어느 곳인들 보전할 수 있겠습니까? 또 복사卜士가 점을 쳐서 해괘解卦를 얻었는데, 그 괘사에 '소인을 없애면 군자인 벗이 와서 도울 것이다.'라고 했으니, 임금께서는 주역의 괘를 살펴보십시오."

왕이 "옳다."라고 사례하고는 용녀를 내쳐 하산도荷山島로 귀양 보내고 정치를 고쳐 오랫동안 백성을 편안하게 했다.

15년 동안 다스리고 영초永初°37 2년 신유년(421년) 5월 12일에 죽었다. 왕비는 대아간 도령道寧의 딸 복수福壽이며 아들 취희吹希를 낳았다.

● **취희왕**吹希王 | 질가叱嘉라고도 하며 김씨다. 영초 2년(421년)에 즉위하여 31년 동안 다스리고 원가元嘉 28년 신묘년(451년) 2월 3일에 죽었다. 왕비는 각간 진사進思의 딸 인덕仁德으로 왕자 질지銍知를 낳았다.

● **질지왕**銍知王 | 김질왕金銍王이라고도 한다. 원가 28년(451년)에 즉위했으며 이듬해 세조와 허황옥許黃玉 왕후를 위해 명복을 빌고자 처음 세조와 왕후가 결혼하던 자리에 절을 지어 왕후사王后寺라 하고,

---

○○○ **37** 송나라 무제武帝 유유劉裕의 연호. 420~422년까지 사용했다.

전답 10결을 내어 보탰다. 42년 동안 다스리고 영명永明°**38** 10년 임신년

(492년) 10월 4일에 죽었다. 왕비는 사간沙干 김상金相의 딸 방원邦媛

이며, 왕자 겸지鉗知를 낳았다.

● **겸지왕鉗知王** │ 김겸왕金鉗王이라고도 한다. 영명 10년에 즉위하

여 30년을 다스리고 정광正光°**39** 2년 신축년(521년) 4월 7일에 죽었다.

왕비는 출충出忠의 딸 숙숙이며 왕자 구형仇衡을 낳았다.

● **구형왕仇衡王°40** │ 김씨다. 정광 2년에 즉위하여 42년을 다스렸

다. 보정保定°**41** 2년 임오년(562년) 9월에 신라 제24대 진흥왕이 군사

를 일으켜 침공하자 왕이 직접 군졸을 거느리고 싸웠으나, 적은 많고 아

군은 적어 대항하여 싸울 수 없었다. 이에 동기同氣 탈지이질금脫知爾叱

今을 보내 국내에 머물게 하고, 왕자 및 상손上孫 졸지공卒支公 등은 신

라에 들어가 항복했다.

왕비는 분질수이질分叱水爾叱의 딸 계화桂花로서 아들 셋을 낳았는

데, 첫째는 세종 각간世宗角干이고 둘째는 무도 각간茂刀角干이며 셋째

는 무득 각간茂得角干이다.

『개황록開皇錄』에 말했다.

"양梁나라 중대통中大通°**42** 4년 임자년(532년)에 신라에 항복했다."

○○○ **38** 남조 제齊나라 무제武帝 소적蕭蹟의 연호. 483~493년까지 사용했다.
○○○ **39** 북위北魏 효명제孝明帝 원후元詡의 연호. 520~525년까지 사용했다.
○○○ **40** 그의 능은 경남 산청군 금서면에 있는데 겉으로 보면 돌무더기 같다.
○○○ **41** 북조北朝 북주北周 무제武帝 우문옹宇文邕의 연호. 561~565년까지 사
용했다.
○○○ **42** 양梁나라 무제武帝 소연蕭衍의 연호. 529~534년까지 사용했다.

다음과 같이 논한다.°**43**

　"『삼국사』를 살펴보면, 구형왕이 양나라 중대통 4년 임자년에 땅을 신라에 바치고 항복했다고 했다. 그러기에 수로왕이 처음 즉위한 동한東漢 건무 18년 임인년(42년)에서 구형왕 말 임자년(532년)까지를 계산하면 490년이 된다. 이 기록으로 미루어 보면 땅을 바친 것이 위魏나라 보정保定 2년 임오년(562년)이 되므로 30년이 더 있게 되니 모두 520년이 되는데, 지금 두 가지 설을 다 기록한다."

───────────────

○○○ **43** 이 글을 쓴 이가 일연인지 아니면 가락국기에 붙여진 글인지는 확실치 않으나 아무래도 일연이 쓴 것 같다.

권 제3

卷
第
三

흥법 제3

興法 第三

「기이」편이 『삼국유사』의 전반부라면 「흥법」편부터는 후반부에 해당한다. 이 편은 모두 여섯 조목으로 중국과 지리적으로 가까워 불교의 도입이 유리했던 고구려, 백제, 신라의 순서로 전개된다. 불교가 전래된 초기에는 고구려가 훨씬 적극적이었고 백제도 활발했으며, 오히려 신라는 오랜 세월 불교를 거부했다.

불교가 우리나라와 중국을 문화적으로 연결해 주는 중요한 고리 역할을 했던 것은 사실이다. 삼국은 대조적인 역사로 인해 문화적 친근성보다는 이질성이 두드러졌다. 이 편은 황룡사 탑의 심초석 크기에서도 짐작되듯 불교가 가장 발달한 신라를 중심으로 기술하고 있다. 일연은 불교를 받아들이는 태도에 따라 삼국의 흥망성쇠가 결정되었다고 생각했다. 특히 도교에 탐닉하여 불교를 외면한 고구려가 멸망한 것은 결코 우연이 아니라고 보았다.

이 편에서 일연은 중국의 『승전僧傳』을 많이 모방하고 있어 어느 부분은 매우 비슷하지만, 불교 문화사적 관점에서 고승들의 전기와 이적異迹들을 서술한 것은 중국의 분위기와 사뭇 다르다. 또 후반부의 거의 모든 조에 실려 있는 '다음과 같이 기린다(讚)'는 칠언절구의 시로서 새로운 멋과 맛을 전해 준다.

순도가 처음으로 고구려에 불교를 전하다

순도공 다음으로는 법심法深, 의연義淵, 담엄曇嚴 등이 잇따라 불교를 일으켰으나 고전古傳에는 글이 없으므로 감히 그 사실을 순서에 넣어 엮지 못한다. 자세한 것은 『승전僧傳』에서 볼 수 있다.

〔『삼국사기』〕「고구려본기」에 이른다.

"소수림왕小獸林王°**1**이 즉위한 2년 임신년(372년)은 곧 동진東晉 함안咸安 2년으로, 효무제孝武帝가 제위에 오른 해다. 전진前秦의 부견符堅°**2**이 사신과 승려 순도順道를 보내 불상과 경문經文을 전해 왔다. 이때 부견은 관중, 즉 장안을 도읍으로 삼았다. 또 4년 갑술년(374년)에 아도阿道가 진晉나라에서 왔다. 이듬해 을해년(375년) 2월에 초문사 肖門寺를 지어 순도를 있게 하고, 또 이불란사伊弗蘭寺를 지어 아도를 머물게 했다. 이것이 고구려 불법佛法의 시초다."

『승전』에서 순도와 아도가 위魏나라에서 왔다고 한 것은 잘못된 것이다. 실제로는 전진에서 왔다. 또 초문사가 지금의 흥국사興國寺이고, 이불란사는 지금의 흥복사興福寺라고 한 것 역시 틀린 말이다.

살펴보면 고구려는 안시성安市城, 일명 안정홀安丁忽°**3**에 도읍을 정했는데 요수遼水의 북쪽에 있었다. 요수는 일명 압록鴨綠이라고도

○○○ **1** 고구려 제17대 왕으로, 「고구려본기」 '제6 소수림왕' 조에 불교를 들여온 기록이 있다.
○○○ **2** 전진의 제3대 왕 세조(재위 357~385년)의 이름이다.
○○○ **3** 『삼국사기』에는 안촌홀安寸忽로 기록되어 있다.

하며 지금은 안민강安民江이라 부른다. 어떻게 송경松京°4 흥국사의
이름이 〔여기에 있을 수〕 있겠는가?

°°° 다음과 같이 기린다

압록강에는 봄이 깊어 물풀이 선명한데,
백사장 갈매기들이 한가롭게 조는구나.
문득 멀리서 노 젓는 소리에 놀라니,
어느 곳 고깃배인지, 나그네는 안개 속에 왔구나.

°°° **4** 송악산松嶽山의 서울이란 뜻이며, 송도松都라고도 한다. 지금의 개성
이다.

마라난타가 백제의 불교를 열다

「백제본기」에 이른다.

"제15대 『승전』에는 14대라고 했으나 잘못된 것이다. 침류왕枕流王이 즉위한 갑신년(384년)동진 효무제 태원太元 9년에 서역西域의 승려(胡僧) 마라난타摩羅難陀[1]가 진晉나라에서 오자, (그를) 맞아 궁중에 머물게 하고 예를 갖춰 공경했다.[2] 이듬해인 을유년(385년)에 새 도읍 한산주漢山州에 절을 지어 도첩度牒[3]을 받은 승려 10명을 두었다. 이 것이 백제 불법의 시초다. 또 아신왕阿莘王이 즉위한 태원太元[4] 17년 (392년) 2월에 불법을 숭상하고 믿어서 복을 구하라는 영을 내렸다."

마라난타를 우리말로 하면 동학童學그의 괴이한 행적은 『승전』에 자세히 보인다. 이다.

°°° 다음과 같이 기린다

°°° **1** 본래 인도에서 중국으로 갔다가 다시 지금의 전라남도 영광군으로 입국했으며 갑사甲寺를 지었다고 한다.

°°° **2** 중국 남부 지역인 진나라 불교가 전해졌다는 것은 고구려의 불교 유입 과정과 대비된다.

°°° **3** 관에서 승려가 되는 것을 허가하는 증서로서 불교를 국가 통제 아래에 둔다는 의미다.

°°° **4** 동진 효무제孝武帝 사마요司馬曜의 연호. 376~396년까지 사용했다.

하늘의 조화는 아득한 옛날로부터 전해 오니,

대체로 잔재주 부리기 어려워라.

나이 먹은 사람들은 절로 터득하여 노래 부르고 춤추며,

옆 사람을 이끌어 눈을 뜨게 하네.

아도阿道 아도我道 또는 아두阿頭라고도 한다. 가
신라 불교의 초석을 다지다

「신라본기」 제4권에 이른다.

"제19대 눌지왕訥祗王 때 사문沙門°[1] 묵호자墨胡子가 고구려에서 일선군一善郡°[2]에 이르자, 그 군에 사는 모례毛禮혹은 모록毛祿으로 쓴다. 가 집 안에 굴을 파고 그를 편안히 지내게 했다. 이때 양梁나라에서 사신을 통해 의복과 향을 보내 왔는데고득상高得相의 영사시詠史詩에는 양나라에서 원표元表라는 승려 편에 명단溟檀과 불경과 불상을 보냈다고 씌어 있다. 군신들이 향의 이름과 사용법을 알지 못해서 향을 가지고 온 나라에 사람을 보내 두루 묻도록 했다. 묵호자가 그것을 보고는 말했다.

'이것은 향이라는 것입니다. 태우면 향기가 아름답게 나는데, 그 향이 신성한 곳까지 미칩니다. 신성한 것 가운데 삼보三寶보다 나은 것이 없으니, 만약 이것을 태우면서 원하는 바를 빌면 반드시 영험이 있을 것입니다. 눌지왕은 진송晉宋 시대에 재위했으니, 양나라에서 사신을 보냈다고 한 것은 잘못이다.'

이때 왕의 딸이 병이 위독하여 묵호자를 불러 향을 태워 빌게

○○○ **1** 머리를 깎고 불문에 귀의하여 도를 닦는 승려를 말한다.
○○○ **2** 지금의 경상북도 선산이며『삼국사기』「신라본기」에 의하면 묵호자가 이곳으로 온 때는 법흥왕 15년(528년)이다.

하니 왕의 딸의 병이 곧 나았다. 왕이 기뻐하여 많은 상을 내리려 했으나 잠깐 사이에 돌아간 곳을 알지 못했다.

또 21대 비처왕毗處王 때에 승려 아도가 시자侍者 세 사람과 함께 모례의 집에 왔는데 거동과 모습이 묵호자와 비슷했다.〔그는 이곳에서〕몇 년을 살다가 병도 없이 세상을 떠났다. 시자 세 명은 머물면서 불경과 율법을 강독했는데, 가끔 신봉하는 사람들이 있었다. 주석에는 「본비本碑」와 여러 전기傳記가 다르다.'라고 했다. 또『고승전高僧傳』에 '서축西竺 사람'이라고 했고, 또 '오나라에서 왔다.'라고도 했다."

「아도본비我道本碑」에 따르면 다음과 같다.

"아도는 고구려 사람으로 어머니는 고도녕高道寧이다. 정시正始°3 연간에 조위曹魏 사람 아굴마我崛摩아我는 성이다. 가 고구려에 사신으로 왔다가 고도녕과 사통私通하고 돌아갔는데, 이 때문에 〔아도를〕임신하게 되었다. 어머니는 아도가 다섯 살이 되었을 때 출가시켰다. 아도는 열여섯 살 때, 위魏나라로 가서 아굴마를 만나고 승려 현창玄彰의 문하에서 불법을 배웠다. 열아홉 살이 되어 어머니에게 돌아와 문안하자 어머니가 말했다.

'이 나라는 지금 불법佛法을 모르지만, 앞으로 3000여 달이 지나면 계림에 성왕聖王이 나타나 불교를 크게 일으킬 것이다. 그곳 도읍에는 가람을 세울 자리가 일곱 군데 있다. 첫째는 금교金橋 동쪽 천경림天鏡林지금의 흥륜사興輪寺다. 금교는 서천西川의 다리를 말하는데 세속에서는 송교松橋라고 일컫는다. 절의 기초는 아도가 세웠으나 중간에 허물어졌다가 법흥왕法興王 정미년에 착수하고 을묘년에 크게 공사를 벌여 진흥왕이 완성했다. 이고, 둘째는 삼천기三川歧지금의 영흥사永興寺로 흥륜사와 동시에 개설했다. 고, 셋째는 용궁龍宮 남쪽지금의 황룡사皇龍寺인데 진흥왕 계유년에 처음으로 개창했다. 이고, 넷째는 용궁 북쪽지금의 분황사芬皇寺로 선덕왕 갑오년에 처음 개창했다. 이고, 다섯째는 사천미沙川尾지금의 영묘사靈妙寺로 선덕왕 을미년에 처음으로 개창했다. 고, 여섯째는 신유림神遊林지금의 천왕사天王寺로 문무왕 기묘년에 개창했다. 이고, 일곱째는 서청전婿請田지금의 담엄사曇嚴寺다. 이니, 모두 전불前佛 때의 절 터°**4**며 법수法水가 오래 흐르는 땅이다. 네가 그곳에 돌아가 대교大敎를 전파하면 마땅히 이 땅에서 불교의 개조가 되리라.'

아도가 가르침을 받고 계림에 도착하여 왕성 서쪽에 머물렀는데, 그곳이 지금의 엄장사嚴莊寺다. 이때가 미추왕 즉위 2년인 계미년(263년)이다.

〔아도가〕 대궐에 나가 불법을 전하려 했으나, 세상에서 이전에 들어 보지 못한 것이라고 의심하면서 심지어 그를 죽이려는 사람까지 있었다. 그래서 아도는 달아나 속림續林지금의 일선현一善縣이다. 모록毛祿의 집에 숨었다. 록祿과 예禮의 모양이 비슷하여 생긴 잘못이다. 『고기古記』에 따르면 법사가 처음으로 모록의 집에 오자 천지가 진동했다고 한다. 당시 사람들이 승명僧名을 몰라 아두삼마阿頭彡麼라 했는데, 삼마란 우리말로 승려를 말하며 사미沙彌란 말과 같다.

〔미추왕〕 3년에 성국공주成國公主가 병이 났는데, 주술과 의약이 효험이 없어 칙사가 사방으로 의원을 구했다. 아도가 서둘러 대궐로

○○○ **4** 부처가 과거, 현재, 미래에 존재한다고 믿는 것을 삼세신앙이라고 한다. 과거불은 연등불, 현재불은 석가모니불, 미래불은 미륵불이다. 전불은 과거불로 불교와 인연이 깊은 곳임을 강조할 때 사용되는 용어이다.

들어가자 공주의 병이 나았으므로 왕이 매우 기뻐하여 그에게 소원을 물었다. 아도가 대답했다.

'소승에게는 바라는 것이 없고, 다만 천경림에 절을 짓고 불교를 크게 일으켜 나라의 복을 빌고자 합니다.'

왕이 이를 허락하여 공사를 시작했다. [이때의] 풍속은 질박하고 검소하여 띠를 엮어 [지붕으로 덮은] 집을 짓고 머무르며 가르치니, 이따금 하늘꽃[天花]이 땅에 떨어지기도 했다. 그래서 [절의] 이름을 흥륜사興輪寺라 했다.

모록의 누이동생 사씨史氏가 법사에게 의탁해 여승이 되어 역시 삼천기에 절을 짓고 살았는데, 이름을 영흥사永興寺라 했다. 얼마 후 미추왕이 승하하자 나라 사람들이 법사를 해치려 했다. 그러자 법사는 모록의 집으로 돌아와 스스로 무덤을 만들어 놓고 문을 닫고 목숨을 끊어 다시는 나타나지 않았다. 이렇게 해서 불교도 없어졌다.

제23대 법흥대왕法興大王이 소량蕭梁 천감天監°5 13년 갑오년(514년)에 제위에 오르자 불교가 흥성하게 되었는데, 미추왕 계미년(263년)으로부터 252년이나 된다. [이로 본다면] 고도녕이 말한 3000여 달이 입증된 것이다."

이렇게 보면 「본기」와 「본비」의 두 가지 설이 서로 어긋나 이처럼 다르다. 시험 삼아 논하면 이렇다.

양나라와 당나라의 두 『승전僧傳』과 『삼국본사』에는 모두 고구

○○○ **5** 소량은 중국 육조六朝의 하나인 양나라로, 왕실의 성이 소씨蕭氏라서 이렇게 불렸다. 천감은 양무제梁武帝 소연蕭衍의 연호. 502~519년까지 사용했다.

려와 백제 두 나라의 불교의 시초를 진晉나라 말기인 태원太元 연간
(376~396년)으로 기록하고 있다. 따라서 순도와 아도 두 법사가 소
수림왕 갑술년(374년)에 고구려에 도착한 것이 분명하니, 이 전기는
잘못되지 않았다. 만일 비처왕 때에 처음 신라에 도착했다고 한다
면 이는 아도가 고구려에 백여 년간 머물다가 온 것이 된다. 비록 위
대한 성인의 행동이란 나타나고 사라지는 것이 평범하지 않지만 반
드시 모두 다 그런 것은 아니다. 또 신라에서 부처를 받든 것이 그렇
게 늦지는 않았을 것이다. 그리고 만약 미추왕 시대에 있었다고 하
면 이것은 고구려에 들어온 갑술년보다 백여 년 앞서게 된다. 이때
계림에는 문물과 예교禮敎가 없었고 국호도 정해지지 않았는데 어
느 겨를에 아도가 와서 부처를 받드는 일을 청했겠는가? 또 고구려
에 이르지 않고 건너뛰어 신라로 왔다는 말은 맞지 않다.

설령 불교가 잠시 일어났다가 사라졌다 하더라도, 어찌 그사이
에 소문도 없이 잠잠해져서 향의 이름조차도 몰랐겠는가? 하나는
어찌 그리 늦고 또 다른 하나는 어찌 그리 빠른가?

생각건대 불교가 동방으로 점점 퍼지는 형세는 반드시 고구려와
백제에서 시작되어 신라에서 그쳤을 것이다. 〔신라의〕 눌지왕과 소
수림왕 시대가 서로 가까우니 아도가 고구려를 떠나 신라에 온 것
은 눌지왕 시대가 합당하다.

또 공주의 병을 낫게 한 것이 모두 아도의 사적이라고 전하고 있
으니, 이른바 묵호는 진짜 이름이 아니라 그저 지목하여 부른 말일
것이다. 양나라 사람들이 달마°6를 가리켜 벽안호碧眼胡라 하고, 진

○○○ 6 중국 선종禪宗의 시조인 달마대사로 보리달마菩提達磨를 말한다. 본

晉나라 사람이 승려 도안道安°7을 조롱하여 칠도인漆道人이라 부르는 것과 같다. 즉, 아도는 여행하면서 위험한 길을 피하기 위해 본래 이름을 말하지 않았던 것이다. 아마도 나라 사람들이 들은 대로 묵호나 아도라고 두 가지 이름으로 불렀기 때문에 한 사람이 두 사람인 것처럼 전한 것이다. 더구나 "아도의 겉모습이 묵호와 비슷하다."라고 했으니, 이것만으로도 한 사람이라는 것을 알 수 있다.

고도녕이 〔절터〕 일곱 군데를 차례로 지목한 것은 바로 절을 처음 세운 선후를 가지고 예언한 것인데, 두 전기가 모두 그것을 빠뜨렸으므로 여기서는 사천미를 다섯 번째에 넣었다. 3000여 달이란 반드시 믿을 것은 못 된다. 눌지왕 대에서 법흥왕 정미년(527년)에 이르기까지는 무려 백여 년이니, 만일 1000여 달이라고 했다면 비슷하게 맞을 것이다. 성이 아我고 이름이 외자인 것은 잘못된 것인 듯하나 확실하지 않다.

또 원위元魏°8 시대 승려 담시曇始어떤 사람은 혜시惠始라고도 한다.의 전기를 살펴보면, 담시는 관중關中오늘날의 장안 사람으로서 출가한 이후 기이한 사적이 많았다. 진晉나라 효무제 태원太元 말에 경률經律 수십 부를 가지고 요동으로 가서 불교를 전파했다. 여기서 삼승三乘°9을 가르쳐 그 자리에서 불계佛戒에 귀의하게 했으니, 이것이

래 남인도 향지국香至國의 왕자였으나, 526년 위魏나라 숭산嵩山에 있는 소림사로 들어가 9년 동안 참선하여 도를 체득했다고 한다.
○○○ 7 전진의 고승으로 불도징佛道澄의 제자로 들어갔는데, 그 당시 모습이 너무 누추하여 칠도인漆道人이라 불렸다.
○○○ 8 북조北朝 탁발씨의 왕조로서, 조위曹魏와 구별하기 위해 이렇게 부른다.
○○○ 9 성문승聲聞乘, 연각승緣覺乘, 보살승菩薩乘으로 열반에 이르는 세 가

아마 고구려에서 불교를 듣게 된 시초일 것이다.

의희義熙 초년(405년)에 담시는 다시 관중으로 돌아와 삼보三輔°**10**에서 불교를 전파했다. 담시는 발이 얼굴보다 희고 흙탕물을 건너도 젖지 않았으므로 세상 사람들이 모두 그를 백족화상白足和尚이라 불렀다.

진나라 말년 북방의 흉노 혁련발발赫連勃勃°**11**이 관중을 쳐부수고 수없이 많은 사람을 죽였다. 이때 담시 역시 화를 당했으나 칼로도 그를 상하게 할 수 없었다. 발발은 탄식하여 널리 승려를 용서해 주고 모두 죽이지 않았다. 담시는 몰래 산골로 숨어 동냥중〔頭陁行〕노릇을 했다. 탁발도拓拔燾°**12**가 다시 장안을 쳐서 수복하고 관중과 낙양까지 위엄을 떨치게 되었다. 이때 박릉博陵의 최호崔皓가 좌도左道°**13**를 조금 익혀 불교를 시기하고 미워했는데, 재상의 자리에 올라 탁발도의 신임을 받게 되었다. 그러자 그는 천사天師°**14** 구겸지寇謙之와 함께 탁발도를 설득했다.

"불교는 무익하여 백성들의 이익을 해칠 뿐입니다."

최호는 불교를 없애도록 권했다고 한다.

지 교법을 말한다.

○○○ **10** 한나라 때 장안 부근을 일컫는 말이다.

○○○ **11** 5호 16국의 하나인 하夏나라의 세조世祖 무열제武烈帝(재위 407~425년)다.

○○○ **12** 북조北朝 북위北魏의 제3대 왕 태무제太武帝(재위 423~452년)다.

○○○ **13** 불교를 정도正道 또는 우도右道라고 볼 때, 좌도란 도교를 말하는 것이다.

○○○ **14** 도교의 교주를 일컫는 말이다. 후한의 장도릉張道陵은 스스로 천사라고 일컬으면서 그 교를 천사도라고 불렀다.

태평太平°15 말기에 담시는 탁발도를 귀화시킬 때가 왔음을 알고 정월 초하룻날에 갑자기 지팡이를 짚고 궁문에 이르렀다. 탁발도가 〔이 말을〕 듣고 담시의 목을 베라고 명령했으나 아무리 해도 베어지지 않았다. 탁발도가 직접 나서도 목이 베어지지 않자, 북원北園에서 기르는 범에게 먹이로 주었으나 역시 가까이하지 않았다. 탁발도는 크게 부끄러워하고 두려워하다가 마침내 병에 걸렸고, 최호와 구겸지 두 사람도 잇달아 나쁜 병에 걸렸다. 탁발도는 그들 때문에 허물이 생긴 것이라 생각하여 두 집안을 없앤 뒤 나라 안에 불교를 선포하여 불법을 크게 펼쳤다. 담시는 그 후에 죽은 곳이 어딘지 알지 못했다.

다음과 같이 논평한다.

담시는 태원 말년에 해동海東에 왔다가 의희 초년에 관중으로 돌아갔으니 이곳에 10여 년 동안 머무른 것인데, 어찌 동국東國 역사에 실리지 않았는가? 담시는 이미 괴이하고 속이며 예측할 수 없는 사람으로, 아도, 묵호, 마라난타와 연대와 사적이 같은 것으로 보아 분명 세 사람 가운데 한 사람이 이름을 바꾼 것으로 보인다.

°°° 다음과 같이 기린다°16

금교에 덮인 눈은 아직 녹지 않았고,
계림의 봄빛은 아직 완연하게 돌아오지 않았다.
봄의 신 재주 많아 아름다우니,
모랑毛郎의 집 매화를 먼저 꽃피웠네.

○○○ **15** 양나라 경제敬帝 소방지蕭方智의 연호. 556~557년까지 사용했다.
○○○ **16** 언젠가는 신라에서 불교를 꽃피우게 되리라는 암시가 깃들어 있다.

원종이 불법을 일으키고 눌지왕 대로부터 백여 년이 된다.
염촉이 몸을 바치다 °1

「신라본기」에 "법흥대왕이 즉위한 지 14년°2(527년) 되던 해에 하급 신하인 이차돈異次頓이 불법을 위해 몸을 바쳤다."라고 했다.

바로 소량蕭梁 보통普通3 8년 정미년(527년)은 서천축西天竺[인도]의 달마가 금릉金陵°4에 온 해이기도 하다. 이해 낭지법사朗智法師 역시 처음으로 영취산靈鷲山에 머물면서 설법했으니, 이로써 불교의 흥성과 쇠퇴는 반드시 멀든 가깝든 같은 시기에 서로 감응했다는 것을 여기서 믿을 수 있다.

원화元和 연간에 남간사南澗寺의 승려 일념一念이 「촉향분례불결사문髑香墳禮佛結社文」을 지었는데, 여기에 이런 일이 매우 자세히 실려 있다. 그 대략은 다음과 같다.

옛날 법흥대왕이 자극전紫極殿에서 느긋하게 있을 때, 동방[扶桑]을 굽어 살피고 말했다.

"옛날에 한漢나라 명제明帝가 꿈에 감응하여 불법이 동쪽으로

○○○ 1 원종은 법흥왕이고 염촉은 이차돈이다. 이 조는 주로 이차돈의 순교를 다루고 있는데 정연한 짜임새가 일품이다.

○○○ 2 『삼국사기』「신라본기」에는 법흥왕 15년이라고 했다. 신라에 불교가 들어와 공인되는 과정이 『해동고승전』 '법공法空' 조에도 나와 있다.

○○○ 3 양나라 무제武帝 소연蕭衍의 연호. 520~527년까지 사용했다.

○○○ 4 지금의 남경南京이다.

흘러 들어왔다. 과인이 제위에 오르면 백성을 위해 복을 빌고 죄를 없애는 장소를 만들고자 한다."

그러나 조정 신하들『향전鄕傳』○5에는 공목工目, 알공謁恭 등이라 한 다.은 그 깊은 뜻을 헤아리지 못한 채 오직 나라를 다스리는 대의만을 지키려 하고 절을 세우려는 신성한 생각을 따르지 않았다. 대왕이 탄식하며 말했다.

"아아! 과인이 부덕하여 대업을 크게 이어받지 못하고, 위로는 음양의 조화를 어그러뜨리고 아래로는 뭇 백성들의 즐거움을 없게 하였네. 나랏일을 보는 틈틈이 석가의 교화〔釋風〕에 마음을 두고 있으나 누구와 더불어 일을 하리오?"

이때 마음을 닦은 사람으로서 성은 박씨, 자는 염촉厭髑이차異次 또는 이처伊處라고도 하는데, 이는 방언음이 다르기 때문이다. 한자로 번역하면 싫다〔厭〕는 뜻이 된다. 촉髑, 돈頓, 도道, 도覩, 독獨 등은 조사助辭로 모두 기록하는 사람들이 편의에 따라 쓴 것이다. 지금은 윗글자는 번역하고, 아랫글자는 번역하지 않았기 때문에 염촉 또는 염도厭覩 등으로 쓴 것이다.인 자가 있었다. 그의 아버지는 확실하지 않고, 할아버지는 아진阿珍 종宗, 즉 습보갈문왕習寶葛文王의 아들이다. 신라 관작은 모두 17등급으로, 그 네 번째가 파진찬波珍湌 또는 아진찬阿珍湌이라고 한다. 종宗과 습보는 그 이름이다. 신라 사람들은 추봉한 왕을 모두 갈문왕이라고 했는데, 사실은 역사를 담당한 관원들도 상세히 모른다고 했다. 또 김용행金用行이 지은 「아도비문阿道碑文」에 따르면, "사인舍人은 이때 나이 스물여섯 살이며, 아버지는 길승吉升이요, 조부는

○○○ 5 중국의 문헌에 대비되는 것으로 '우리나라만의 전래 문헌'이라는 뜻이며, 책 이름이거나 일반 용어일 것이다.

공한功漢이며, 증조부는 걸해대왕乞解大王이다."라고 했다.

　그는 대나무와 잣나무 같은 절개로 자질을 삼고 물과 거울 같은 지조에 뜻을 두었으며, 선행을 쌓은 가문의 증손으로 궁궐 안 임금의 보좌〔爪牙〕°**6**가 될 것을 바라고 거룩한 조정의 충신으로 태평한 시절에 등용되어 보좌할 것을 원했다. 이때 스물두 살로 사인舍人 라 관작에 대사大舍와 소사小舍 등이 있었는데 아마도 하사下士의 등급이다. 의 벼슬을 담당하고 있었는데, 임금의 얼굴을 보고는 눈치로 속내를 알아차리고 아뢰었다.

　"신이 듣건대 옛날 사람은 꼴을 베는 나무꾼에게도 계책을 물었다고 했습니다. 큰 죄를 무릅쓰고라도 여쭙고자 합니다."

　왕이 말했다.

　"네가 할 만한 일이 아니다."

　사인이 말했다.

　"나라를 위해 몸을 바치는 것은 신하의 큰 절개고, 임금을 위해 목숨을 다하는 것은 백성의 곧은 의리입니다. 거짓된 말을 전한 죄로 신을 형벌에 처하여 목을 베시면 만백성이 모두 복종하여 감히 하교를 어기지 못할 것입니다."

　왕이 말했다.

　"살을 베이고 몸이 고문당해도 새 한 마리를 살리려 했고,°**7** 피

○○○ **6** 조아爪牙는 발톱과 어금니라는 뜻으로 짐승이나 새가 자신의 몸을 지키는 무기다. 따라서 임금의 발톱과 어금니가 된다는 것은 임금을 지켜 주는 신하가 된다는 뜻이다.

○○○ **7** 시비왕尸毗王이 고행할 때의 고사로, 제석천황은 매로 변하고 제석환인은 메추라기로 변했는데 메추라기가 매를 피해 시비왕의 품속으로 들어왔다. 그는 자신의 살을 메추라기의 몸뚱이만큼 잘라 저울에 달아 매에게 먹였

를 뿌리며 스스로 목숨을 끊어도 짐승 일곱 마리를 불쌍하게 여겨
야 할 것이다.°⁸ 과인의 뜻은 백성들을 이롭게 하고자 함인데 어찌
죄 없는 자를 죽이겠는가? 너는 비록 공덕을 쌓으려 하지만 죄를 피
하는 것만 못하다."

사인이 말했다.

"버리기 어려운 모든 것들 중에 목숨보다 더한 것은 없을 것입니
다. 그러나 소신이 저녁에 죽어 아침에 큰 가르침이 행해진다면, 부
처님의 해〔佛日〕는 다시 중천에 떠오르고 성스러운 임금께서는 영원
토록 편안할 것입니다."

왕이 말했다.

"난새와 봉황의 새끼는 어려서부터 하늘 높은 곳에 뜻을 두고,
기러기와 고니의 새끼는 나면서부터 물결을 헤칠 기세를 품는다 하
는데, 네가 그렇게 한다면 가히 보살〔大士〕°⁹의 행동이라 할 수 있겠
구나!"

그래서 왕은 짐짓 위풍을 차려 바람 같은 칼〔風刀〕을 동서로 늘
어놓고 서슬 퍼런 형구〔霜仗〕를 남북으로 벌려 놓은 다음 여러 신하
들을 불러서 물었다.

"과인이 절을 지으려 하는데 그대들이 일부러 늦추려는 이유는
무엇인가?『향전』에서는 '염촉이 거짓 왕명으로 절을 세우라는 뜻을 전하니, 여

다고 한다.

○○○ **8** 제 목숨을 바쳐 짐승 일곱 마리를 살렸다는 뜻이니 생명을 고귀하게
여기라는 의미다.

○○○ **9** 대사大士는 승려의 존칭으로 불법에 귀의하여 믿음이 두터운 사람
을 말한다.

러 신하들이 와서 간했다. 왕이 노여워하면서 왕명을 거짓으로 전한 것을 꾸짖고 염촉을 처형했다.'라고 한다."

그러자 여러 신하들이 두려움에 벌벌 떨며 〔그런 일이 없다고〕 정성을 다해 맹세하고 손가락으로 동서쪽을 가리켰다. 왕이 사인을 불러 문책하자 사인은 낯빛을 잃어 대답도 하지 못했다. 왕이 분노하여 목을 베라고 명령하자 관원들이 〔그를〕 묶어 관아 아래로 데려갔다. 사인이 맹세하고 옥사정이 그를 베자 흰 젖이 한 길이나 솟구치고°[10] 『향전』[11]에 따르면 사인이 맹세하기를 "큰 성인이신 법왕法王께서 불교를 일으키려고 자신의 목숨을 돌보지 않고 세상 인연을 버리니, 하늘은 상서로움을 내리시어 사람들에게 두루 보이십시오."라고 하자 그 머리가 날아가 금강산 꼭대기에 떨어졌다고 한다. 하늘이 어두워지면서 석양이 그 빛을 감추고 땅이 진동하고 비가 후두둑 떨어졌다. 임금이 슬퍼하여 흘린 구슬픈 눈물은 용포를 적시고, 여러 재상들도 근심하고 슬퍼하여 땀이 머리에 쓴 사모에 배었다. 샘물이 갑자기 말라 물고기와 자라가 다투어 뛰어오르고, 곧은 나무가 부러지니 원숭이들이 떼지어 울었다. 동쪽 궁궐에서 말고삐를 나란히 하던 사인의 동료들은 서로 마주 보며 피눈물을 흘렸다. 대궐 뜰에서 소매를 잡고 놀던 친구들은 애끓는 석별을 하여 관棺을 바라보며 우는 소리가 마치 부모의 상을 당한 것 같았다.

○○○ **10** 경주 백률사에 있는 종에 그 당시 순교하던 이차돈의 모습이 생생하게 새겨져 있다.
○○○ **11** 『향전』은 삼국유사에서 출처가 불분명한 자료로 수차례 나오는데, 설화적 성격이 강하며 「기이」편 이하에 고루 등장하는 『고기』와 달리 『향전』은 「홍법」편 이하부터 주로 나온다.

〔그들은〕 모두 말했다.

"개자추介子推°**12**가 허벅지 살을 벤 것도 염촉의 뼈아픈 절개에는 비할 수 없고, 홍연弘演°**13**이 배를 가른 것도 어찌 그의 장렬함에 견줄 수 있겠는가? 이것은 바로 단지 〔법흥〕왕의 신심信心을 붙들어 아도의 본심을 이룬 것이니 참으로 성스러운 분이다."

그러고는 마침내 북산 서쪽 고개에 장사 지냈는데, 바로 금강산이다. 『향전』에서 "머리가 날아가 떨어진 곳이기 때문에 그곳에서 장사 지냈다."라고 했는데, 지금 〔그곳이 어디인지는〕 말하지 않았으니 무슨 까닭인가? 아내가 이를 슬퍼하여 좋은 터를 점쳐서 난야蘭若°**14**를 짓고 이름을 자추사刺楸寺라 했다. 따라서 집집마다 이 절에서 예를 올리면 반드시 대대로 영화를 누리고, 사람마다 도를 행하면 불교의 이로움을 깨닫게 되었다.

진흥대왕이 제위에 오른 5년 갑자년(544년)에 대흥륜사大興輪寺를 지었다. 『국사國史』와 『향전』을 살펴보면, 실제로는 법흥왕 14년 정미년(527년)에 비로소 터를 닦고 그 후 21년 을묘년(535년)에 천경天鏡 숲을 베고 처음 공사를 시작했는데, 서까래와 들보에 쓸 나무는 모두 이 숲에서 취하기에 충분했고, 주춧돌과 돌함들도 모두 거기에 있었다는데, 진흥왕 5년 갑자년에 절

○○○ **12** 춘추 시대 진晉나라 문공文公의 망명길에 동행하며, 굶주리던 문공에게 자기 허벅지 살을 베어 먹게 했다. 그러나 후에 귀국하여 문공에게 괄시를 받자 면산綿山에서 은둔했다. 문공이 잘못을 뉘우치고 산에 불을 질러 나오도록 했으나 끝내 나오지 않았다.

○○○ **13** 춘추 시대 위衛나라 사람이다. 적인狄人들이 위나라를 공격하여 의공을 죽이고 살을 다 파먹은 후에 간만 남겨 놓았는데, 외국에서 돌아오던 길에 이 모습을 보고 자신의 배를 갈라 의공의 간을 자기 뱃속에 넣고 죽었다.

○○○ **14** 아란야阿蘭若의 준말로 한가하고 조용하여 수행에 적절한 곳, 즉 절을 말한다.

이 낙성되었기 때문에 갑자년이라고 한 것이다.『승전僧傳』에 7년이라 한 것은 잘못된 것이다. 태청太淸°**15** 초(547년)에 양나라 사신 심호沈湖가 석가의 사리를 가져오고, 천가天嘉°**16** 6년(565년)에는 진陳나라 사신 유사劉思가 승려 명관明觀과 불경을 받들고 오니 절은 별처럼 늘어서 있고 탑은 기러기처럼 줄을 서 있었다. 그래서 법당法幢°**17**을 세우고 범종을 달자 고명한 승려[龍象]들은 천하의 복전福田°**18**이 되고, 대승大乘과 소승小乘°**19**의 불법은 서울의 자비로운 구름처럼 온 나라를 덮었다. 다른 지방의 보살이 세상에 나타나고, 분황사의 진나陳那와 부석사浮石寺의 보개寶蓋, 낙산사洛山寺의 오대五臺 등이 이것이다. 서역西域의 명승이 이 땅에 오니, 이로 인하여 삼한이 병합되어 한 나라가 되고 온 세상을 감싸 한 집안을 이루었다. 그러므로 그의 공덕을 천구天鋸°**20**의 계수나무에 쓰고, 신성한 행적을 은하수에 비추었으니, 어찌 세 성인의 위덕이 이루어진 것이 아니겠는가? 아도, 법흥, 염촉을

○○○ **15** 양나라 무제武帝 소연蕭衍의 연호. 547~549년까지 사용했다.

○○○ **16** 진나라 문제文帝 진천陳蒨의 연호. 560~566년까지 사용했다.

○○○ **17** 사찰의 입구에 깃발 형태로 제작된 당幢을 달기 위하여 세운 당간과 당간지주를 통칭한 것이다.

○○○ **18** 복을 낳게 하는 밭이란 뜻으로, 공양을 받을 만한 법력法力이 있는 자에게 공양하는 것이 농부가 씨를 뿌려 수확하는 것과 같기 때문에 이렇게 말한다.

○○○ **19** 대승은 중생들을 구제하는 사회적 실천을 중요시하는 불교이고, 소승은 부처의 가르침에 따라 수행하여 깨달음을 얻는 것을 중요시하는 불교다.

○○○ **20** 원문 '구鋸'는 '구儠'로 보아 '하늘의 큰 통로'로 번역했다. 한편 일본 도쿄 대학교의 배인본에서는 '구鋸'를 '진鎭'의 오자로 보았다. 또 '구鋸'를 '패錍'로 보면, 불서佛書를 지칭하는 뜻으로 해석할 수 있다. '패錍'는 '정鋌'과 같다.(『광운廣韻』) 일본의『국역 일체경』에서는 '구鋸'를 '정鋌'으로 보았는데, '하늘의 정원'으로 번역한 것으로 보아 '정鋌'을 '정庭'의 의미로 풀이한 것이다.

말한다.

그 뒤에 국통國統○21 혜륭惠隆, 법주法主○22 효원孝圓과 김상랑金相郞, 대통大統○23 녹풍鹿風, 대서성大書省○24 진서眞恕, 파진찬 김억金嶷 등이 옛 무덤을 수축하고 큰 비석을 세웠으니, 원화 12년 정유년(817년) 8월 5일이요, 바로 제41대 헌덕대왕憲德大王 9년이다. 흥륜사의 영수선사永秀禪師이때 유가瑜伽의 여러 승려를 모두 선사라 불렀다. 가이 무덤에 예불할 향도香徒들을 모아 매월 5일에 영혼의 묘원妙願을 위하여 단을 쌓고 분향했다.

또 『향전』에는 이렇게 말한다.

"고을의 장로들이 매번 제삿날 아침이면 흥륜사에서 모임을 가졌다."

이때는 바로 이달 초닷새로 사인이 불법을 위해 목숨을 바친 날 새벽이다. 아, 이런 임금이 없었으면 이런 신하가 없었을 것이고 이런 신하가 없었으면 이런 공덕이 없었을 것이니, 바로 유비라는 물고기가 제갈량이라는 물을 만난 것과 같으며 구름과 용이 서로 감응하는 아름다운 일이다.

법흥왕은 피폐해진 불교를 일으키고 절을 세웠으며, 절이 완성되자 면류관을 벗어 버리고 가사를 입고 궁궐의 종친들을 절의 노복으로 삼아절의 노복은 지금까지도 왕손이라 부른다. 나중에 태종왕 때 재상 김양도金良圖가 불법을 믿었는데, 화보花寶와 연보蓮寶라는 두 딸을 바쳐 이

○○○ **21** 신라 때 승려에게 주어진 제일 높은 승직이다.
○○○ **22** 불법을 잘 아는 고승이다.
○○○ **23** 한 나라의 비구를 다스리는 벼슬이다.
○○○ **24** 승려에 관련된 행정을 주관하던 관청이다.

절의 종으로 삼았다. 또 역적 신하인 모척毛尺의 가족을 적몰籍沒해서 절의 노비로 삼았으므로 두 집안 후손들은 지금까지도 대가 끊어지지 않고 있다. 그 절의 주지가 되어 몸소 널리 교화시켰다.

진흥왕은 이로 인해 선왕의 성덕을 이어받아 왕위〔九五〕°**25**에 올라 위엄으로 백관을 거느리고 호령을 갖추었으며, 절에 대왕흥륜사大王興輪寺라는 이름을 내렸다. 법흥왕의 성은 김씨고 법명은 법운法雲이며 자는 법공法空『승전』과 여러 설에는 왕비도 출가하여 이름을 법운이라 했고, 진흥왕도 법운이라 했고 또 진흥왕의 왕비도 이름을 법운이라 했다 하니 상당히 혼동되고 의심스럽다. 이다.

『책부원귀冊府元龜』°**26**에 법흥왕의 성은 모씨募氏고 이름은 진秦이라 했다. 처음 절 공사를 시작하던 을묘년(535년)에 왕비도 영흥사永興寺를 세우고 사씨史氏모록毛祿의 누이동생의 유풍을 사모하여 왕과 함께 머리를 깎고 여승이 되었는데, 이름을 묘법妙法이라 하고 영흥사에 머물다가 몇 년 후에 죽었다고 한다.

『국사』에는 건복建福°**27** 31년(614년)에 영흥사의 소상塑像이 저절로 무너지더니, 얼마 후 진흥왕비인 여승이 죽었다고 했다. 살펴보면 진흥왕은 바로 법흥왕의 조카고, 왕비 사도부인思刀夫人 박씨는 모량리牟梁里 영실 각간英失角干의 딸이다. 또한 출가하여 여승이 되었지만 영흥사를 세운 주인은 아니니 그렇다면 아마도 진眞 자를 법法 자

○○○ **25** '구오九五'란 『주역』 건괘의 95효爻가 임금 자리의 상이므로 왕위라는 뜻이다.
○○○ **26** 송대 왕흠약王欽若과 양억楊億 등이 지은 역대 군신의 사적을 모은 책이다.
○○○ **27** 신라 진평왕의 연호. 584~633년까지 사용했다.

로 고치는 것이 마땅하다. 이것은 법흥왕의 왕비 파조부인이 여승이 되어 죽은 사건을 말하는 것이다. 그가 절을 짓고 소상을 세운 주인 이기 때문이다. 법흥왕과 진흥왕이 왕위를 버리고 출가한 것을 사관 이 기록하지 않은 것은 세상을 다스리는 교훈이 아니기 때문이다.

또 대통大通°²⁸ 원년 정미년(527년)에 양나라의 무제를 위해 웅 천주熊川州에 절을 세우고 이름을 대통사大通寺라 했다. 웅천은 바로 공주인데, 이때는 신라에 속했기 때문이다. 그러나 정미년이 아니라 바로 대통 원 년 기유년(529년)에 세운 것이다. 흥륜사를 세운 정미년에는 다른 군에 절을 세 울 틈이 없었다.

°°° 다음과 같이 기린다

성인의 지혜는 여태까지 만세의 계책이며,
구구한 여론은 가을 터럭 끝 같은 비방뿐이다.
법륜法輪°²⁹이 풀려 금륜金輪°³⁰을 따라 구르니,
요순이 다스리던 시절에 부처의 광명이 높구나.

이것은 원종을 위한 것이다.

○○○ **28** 양나라 무제 소연蕭衍의 연호. 527~529년까지 사용했다.
○○○ **29** 석가모니의 가르침(教法)을 말한다. 법을 수레바퀴 모양의 고대 인 도의 무기인 윤보輪寶에 비유한 것으로, 전륜왕轉輪王이 윤보를 돌려 천하를 통일하는 것과 같이 석가는 법륜을 돌려 삼계三界를 구제한다는 것이다.
○○○ **30** 금륜은 우주의 밑바탕을 이룬다는 금강으로 된 바퀴, 곧 왕권을 상 징한다.

의로움을 좇아 삶을 가볍게 여긴 것은 놀라운 일이니,

하늘꽃(天花)과 흰 젖의 이적異蹟이 더욱 다정하구나.

갑자기 단칼에 몸은 죽었지만,

은은한 종소리가 서울을 뒤흔드네.

이것은 염촉을 위한 것이다.

법왕이 살생을 금하다

백제 제29대 법왕法王의 이름은 선宣인데 효순孝順이라고도 한다. 개황開皇°¹ 10년°² 기미년(599년)에 즉위하여, 이해 겨울 조서를 내려 살생을 금하고 민가에서 기르는 매 같은 새들을 놓아 주게 하고 또 고기 잡는 도구를 불태워 모두 금지시켰다.

이듬해 경신년에는 30명에게 승려가 되는 것을 허락하고, 당시의 수도 사비성지금의 부여에 왕흥사王興寺를 세우게 했지만 겨우 터를 닦고는 죽었다. 무왕武王이 왕위를 계승하여 선왕의 사업을 이어받아 몇 기紀°³를 지나 완성하고 절 이름도 미륵사라 했다. 산을 등지고 물에 가까웠으며, 꽃과 나무가 아름다워 사계절의 수려함을 갖추었기에 왕은 매번 배를 타고 강을 따라 절로 들어가 그 장려한 경치를 감상했다. 『고기古記』에 실린 것과는 약간 차이가 있다. 무왕은 가난한 어머니가 못의 용과 교합하여 태어났는데 어릴 때 이름은 서동이고 제위에 오른 후 시호를 무왕이라 했다. 이 절은 처음 왕비와 함께 세운 것이다.

°°° 다음과 같이 기린다

○○○ 1 수나라 문제文帝 양견楊堅의 연호. 581~600년까지 사용했다.
○○○ 2 이 부분의 연대는 19년의 오기로 보아야 한다.
○○○ 3 1기는 12년을 뜻한다.

집승들에게도 관대하게 베푸니 온 산이 은혜롭고

은택이 돼지와 물고기까지 흡족하니 온 세상이 어질구나.

성군이 덧없이 세상을 떠났음을 말하지 마오.

상계上界 도솔천에는 이제 꽃다운 봄이 한창일지니.

보장왕이 노자를 받들고 보덕이 암자를 옮기다

「고구려본기」에 이렇게 말했다.

"고구려 말기인 무덕武德°**1**·정관貞觀 연간에 나라 사람들은 오두미교五斗米敎°**2**를 다투어 받들었다. 당나라 고조가 이 말을 듣고는 도사道士를 파견해 천존상天尊像°**3**을 보내고 『도덕경道德經』을 강론하게 하여 왕과 나라 사람들이 들으니, 이때가 제27대 영류왕榮留王 즉위 7년째인 무덕 7년 갑신년(624년)이다. 이듬해 〔고구려에서〕 당나라에 사신을 보내 불교와 도교를 배울 것을 청하니, 당나라 황제고조를 일컫는다. 가 허락했다. 보장왕이 즉위할 때정관 16년 임인년 (642년)이다. 도 삼교三敎°**4**를 모두 일으키고자 했다. 당시 총애받던 재상 개소문蓋蘇文°**5**이 왕을 설득하여 말했다.

"지금 유교와 불교는 모두 강성하지만 도교는 왕성하지 못하니, 특별히 당나라에 사신을 보내 도교를 구해야 합니다."

○○○ **1** 당나라 고조 이연李淵의 연호. 618~626년까지 사용했다.
○○○ **2** 후한 말 장도릉張道陵이 세운 종교로, 가르침을 받은 자에게는 다섯 말의 쌀을 준다는 데서 붙은 명칭이다. 황건적 난의 종교적 근거가 된다. 도교를 믿으면서 고구려가 쇠퇴했다는 것이 일연의 생각이다.
○○○ **3** 도교에서 모시는 최고의 신이다.
○○○ **4** 유교, 불교, 도교를 말한다.
○○○ **5** 연개소문. 그는 보장왕 3년에 당나라에 사람을 보내 도교를 들여오게 했다.

그때 보덕화상普德和尙이 반룡사盤龍寺에 머물고 있었는데, 도교가 불교에 맞서게 되면 나라의 운명이 위태로워질 것을 염려하여 여러 차례 간했으나 〔왕은〕 듣지 않았다. 이리하여 신력神力으로 방장方丈°**6**을 날려 남쪽에 있는 완산주完山州지금의 전주의 고대산孤大山으로 옮겨 살았다. 이때가 바로 영휘永徽**7** 원년 경술년(650년) 6월로 또 본전本傳에는 건봉乾封 2년 정묘(667년) 3월 3일이라 했다. 얼마 후 나라가 망했다. 총장總章 원년 무진년(668년)에 나라가 망했으니 계산해 보면 경술년에서 19년 떨어져 있다. 지금의 경복사景福寺에 있는 비래방장飛來方丈이 그때의 방장이라 한다. 이상은『국사』에 있는 말이다. 진락공眞樂公°**8**은 그를 위해 시를 써서 당堂에 남겨 두었고, 문렬공文烈公°**9**은 전傳을 지어 세상에 전했다.”

또『당서』를 살펴보면, 이보다 앞서 수나라 양제가 요동을 정벌할 때 양명羊皿이라는 비장裨將이 전세가 불리해져 죽음에 이르자 맹세하여 말했다.

“반드시 〔고구려에서〕 신임받는 신하가 되어 저 나라를 멸망시키고야 말 것이다.”

그런데 개소문이 조정의 정권을 잡게 되자 개盖를 성씨로 삼았으니, 이는 바로 양명羊皿이라는 두 글자가 개盖라는 글자와 맞아떨어진 것이다.

○○○ **6** 본래는 사방 크기가 1장丈인 방을 말하는데, 승려가 거처하는 곳을 이른다.
○○○ **7** 당나라 고종 이치李治의 연호. 650~656년까지 사용했다.
○○○ **8** 이자현李資玄을 말한다.
○○○ **9** 김부식金富軾을 말한다.

또 고구려의 『고기古記』를 살펴보면, 수나라 양제가 대업大業[10] 8년 임신년(612년)에 30만 명의 군사를 이끌고 바다를 건너와 정벌하니, 10년 갑술년(614년) 10월에 고구려의 왕이때는 제36대 영양왕嬰陽王이 즉위한 25년이다. 이 표문을 올려 항복을 청했다. 이때 한 사람이 몰래 품속에 작은 활을 숨기고 표문을 지닌 사신을 따라 양제가 탄 배 안으로 들어갔다. 그리고 양제가 표문을 받아 읽는 동안 활을 쏘아 양제의 가슴을 맞혔다. 양제는 곧 군사를 돌리려고 주위에 있는 사람들에게 말했다.

"내가 천하의 주인이 되어 이 작은 나라를 친히 정벌하다가 불이익을 당하니 만대의 웃음거리가 되겠구나."

이때 우상右相 양명이 아뢰었다.

"신이 죽으면 고구려의 대신이 되어 반드시 나라를 멸망시켜 대왕의 원수를 갚겠습니다."

양명은 양제가 죽은 후 고구려에서 태어났는데, 열다섯 살에 총명하고 신기에 가까운 무용이 있었다. 이때 무양왕武陽王『국사』에는 영류왕의 이름이 건무建武 또는 건성建成이라 했는데, 여기서 무양武陽이라고 한 것은 확실하지 않다. 이 그의 현명함을 듣고 불러들여 신하로 삼았다. 〔그는〕 스스로 성을 개盖, 이름을 금金이라 불렀는데, 지위가 소문蘇文에 이르렀으니 바로 지금의 시중과 같은 직책이다. 『당서』에서 "개소문이 자신을 막리지莫離支라 했는데, 중서령中書令과 같다."라고 했다. 또 『신지비사神誌秘詞』의 서문에 '소문대영홍서병주蘇文大英弘序幷注'라고 한 것은 소문이 바로 직책명이라는 증거다. 그러나 이전에는 '문인소영홍서文人蘇英弘

○○○ **10** 수나라 양제 양광楊廣의 연호. 605~618년까지 사용했다.

序'라 했으니, 어느 것이 옳은지 알 수 없다.

개금이 아뢰었다.

"솥은 세 발이 있어야 하고 나라에는 세 가지 종교가 있어야 합니다. 〔그런데〕 신이 나라 안을 보니 오직 유교와 불교만 있고 도교가 없기 때문에 나라가 위태롭습니다."

왕이 이를 옳다고 생각하여 당나라에 도교를 청하자, 〔당나라〕 태종은 서달敍達 등 도사 여덟 명을 보냈다. 『국사』에는 무덕 8년 을유년(625년)에 사신을 당나라에 보내 불교와 도교를 요구하니 당나라 황제가 허락했다고 했다. 이에 의하면 양명이 갑술년(614년)에 죽어 이곳에 태어났다고 할 경우 나이가 겨우 열 살 남짓한데, 총애 받는 재상이 되고 또 왕을 설득하여 사신 보내기를 청했다고 하니, 그 연월 중 분명히 하나는 잘못된 것이다. 그러므로 지금 여기에 둘 다 그대로 기록해 둔다. 왕이 기뻐하여 절을 도관道館으로 삼고 도사를 높여 유가 선비의 윗자리에 두었다. 도사들은 국내의 유명한 산천을 돌아다니며 〔기운을〕 진압시키는데, 옛 평양성의 형세가 〔반달형의〕 신월성新月城이라며, 도사들은 남하南河의 용에게 주문을 읽어 만월성滿月城으로 더 쌓게 하고 성 이름을 용언성龍堰城이라 했다. 참서讖書°¹¹를 지어 용언도龍堰堵 또는 천년보장도千年寶藏堵라고 하고, 영석靈石세속에서는 도제암都帝嵓 또는 조천석朝天石이라 하는데, 옛날 성제聖帝가 이 바위를 타고 올라가 상제를 뵈었기 때문이다. 을 파서 깨뜨리기도 했다. 개금은 또 왕에게 아뢰어 동북쪽과 서남쪽에 장성을 쌓게 했다. 이때 남자는 부역을 하고 여자들은 농사를 지어 16년 만에야 공사가 끝났다.

○○○ **11** 미래의 예언을 적은 책으로 미신적 경향이 강하다.

보장왕 때 당나라 태종이 친히 천자의 친위대[六軍]를 거느리고 쳐들어왔으나 또 〔형세가〕 불리하여 돌아갔다. 〔당나라〕 고종 총장 원년 무진년(668년)에 우상 유인궤劉仁軌, 대장군 이적李勣, 신라의 김인문 등이 고구려를 쳐서 멸망시키고 보장왕을 사로잡아 당나라로 돌아가니, 보장왕의 서자°12가 4000여 가구를 거느리고 신라에 항복했다. 『국사』와 조금 차이가 있기 때문에 함께 기록해 둔다.

대안大安°13 8년 신미년(1091년)에 우세祐世 승통僧統°14이 고대산 경복사의 비래방장에 이르러 보덕성사의 진영眞影에 예를 올리고 시를 지었다.

> 열반의 평등한 가르침은
> 우리 스님이 전했다고 한다.
> 슬프구나, 방장이 날아온 후에
> 동명왕의 옛 나라가 위태롭게 되었네.

그 발문跋文에는 이렇게 썼다.
"고구려 보장왕이 도교에 미혹되어 불법을 믿지 않았으므로 법사가 방장을 날려 남쪽 이 산으로 옮겨 왔다. 후에 신령스러운 사람이 고구려 마령馬嶺에 나타나 사람들에게 '너희 나라가 망할 날이 얼마 남지 않았다.'라고 했다."

○○○ **12** 안승安勝을 말하는 것으로 보인다.
○○○ **13** 요遼나라 도종道宗 야율홍기耶律洪基의 연호. 1085~1094년까지 사용했다.
○○○ **14** 대각국사 의천(1055~1101년)을 말한다. 우세는 의천의 호다.

이런 것은 『국사』와 같으며, 그 나머지는 본전本傳과 『승전』에 모두 실려 있다.

보덕성사에게는 11명의 고명한 제자가 있었다. 그 가운데 무상화상無上和尙은 제자 김취金趣 등과 함께 금동사金洞寺를 세우고, 적멸寂滅과 의융義融 두 스님은 진구사珍丘寺를, 지수智藪는 대승사大乘寺를, 일승一乘은 심정心正과 대원大原 등과 함께 대원사大原寺를, 수정水淨은 유마사維摩寺를, 사대四大는 계육契育 등과 중대사中臺寺를, 개원화상開原和尙은 개원사開原寺를, 명덕明德은 연구사燕口寺를 세웠다. 개심開心과 보명普明 역시 전傳이 있는데, 모두 본전과 같다.

°°° 다음과 같이 기린다

불교는 넓디넓은 바다처럼 끝이 없어,
백 갈래 유교, 도교를 모두 받아들이네.
우습구나, 고구려 왕은 웅덩이를 막았지만,
와룡臥龍°15이 바다로 옮겨 간 것을 알지 못하네.

○○○ **15** 재야에 묻혀 있으나 세상을 경륜할 만한 능력이 있는 사람을 말한다. 제갈량을 와룡선생이라 했다.

탑상 제4

塔像 第四

이 편은 탑과 불상을 만든 이야기가 실려 있어 「흥법」의 후속편으로 볼 수 있다. 이 편에서 일연은 전국 각지에 흩어져 남아 있는 탑과 절을 소개하고 그 가치를 서술하여 삼국 불교의 성격을 살펴볼 수 있게 했다. 특히 일연은 삼국을 통일한 신라의 불교에 대해 나름대로의 자부심을 갖고 있었는데 이것은 무려 3조 이상에서 황룡사를 자세하게 서술하고 있는 점에서 짐작할 수 있다.

전체 30조 중에서 탑상의 건립 사실만을 다루고 있는 것은 4~5조뿐이고 대부분은 탑상의 인연에 중점을 두고 있다. 특히 일연은 재래 신앙을 포섭하면서 불교 신앙의 차원을 높여 나가는 과정을 서술하고 있는데, 그중에서 신라인들이 가장 적극적이었음을 실례로 보여 준다. 이는 국론을 한군데로 집약시키는 수단으로 불교보다 나은 것이 없다는 점을 인식했기 때문일 것이다. 그리고 밀교의 비법을 도입하면서 거대한 불사佛事를 이루게 되는 과정도 잘 나타나 있다.

동경 흥륜사 금당의 10성

　동쪽 벽에 앉아서 서쪽을 향한 진흙 상〔泥塑〕은 아도我道, 염촉厭髑, 혜숙惠宿, 안함安含, 의상義湘이며, 서쪽 벽에 앉아서 동쪽을 향한 진흙 상은 표훈表訓, 사파蛇巴, 원효元曉, 혜공惠空, 자장慈藏이다.

가섭불의 연좌석

『옥룡집玉龍集』,『자장전慈藏傳』과 여러 사람의 전기에 모두 〔다음과 같이〕 이른다.

"신라 월성 동쪽 용궁龍宮 남쪽에 가섭불迦葉佛°**1**의 연좌석宴坐石°**2**이 있다. 그 터는 전 세상 부처님〔前佛〕 때의 절터로서, 지금의 황룡사 터가 곧 일곱 절 가운데 하나다."

『국사國史』를 살펴보면 진흥왕 즉위 14년인 개국開國°**3** 3년 계유년(553년) 2월에 월성 동쪽에 궁궐을 새로 지었는데, 황룡이 그 터에 나타나자 왕은 의아하게 여겨 황룡사로 고쳤다. 연좌석은 불전佛殿 뒷면에 있었다. 일찍이 한 번 가 본 적이 있는데 돌의 높이는 대여섯 자나 되지만 둘레는 겨우 세 주〔三肘〕°**4**였다. 웅장하게 마련되는데 위는 평평했다. 진흥왕이 절을 세운 뒤 두 번이나 화재가 나서 돌이 갈라진 곳이 생겼기 때문에 절의 승려들이 쇠를 끼워 보호했다.

○○○ **1** 석가모니의 10대 제자 중에서도 최고의 2대 제자로 가섭불과 아난불이 있었는데, 가섭불은 석가모니의 법을 첫 번째로 전수한 제자이다. 황룡사가 불교와 인연이 깊은 곳임을 상징적으로 나타내기 위한 것이다.
○○○ **2** 좌선하는 돌이다.
○○○ **3** 신라 진흥왕의 연호. 551~567년까지 사용했다.
○○○ **4** 고대 인도에서 길이를 재는 단위로 보통 팔꿈치에서 손가락 끝까지의 길이로 1척 8촌을 의미한다.

°°° 다음과 같이 기린다

부처님의 빛이 가려지고 드러남을 다 기억할 수 없는데
오직 연좌석만이 그대로 남아 있구나.
뽕나무밭이 〔변하여〕 몇 번이나 푸른 바다를 이루었건만
애석하구나, 우뚝한 모습 아직도 옮기지 않았네.

얼마 후 서산西山의 큰 병란°5이 있고 나서 불전과 탑은 불에 타버리고, 이 돌 또한 파묻혀 겨우 땅과 함께 평평하게 되었다.

『아함경阿含經』을 살펴보면 가섭불은 현겁賢劫°6의 세 번째 부처니, 사람의 나이로 치면 2만 세일 때 세상에 나타났다고 한다. 이에 의거하여 증감법增減法으로 계산하면, 언제나 성겁成劫°7의 초에는 모두 한없는 수명〔無量歲〕을 누리다가 점차 수명이 줄어서 8만 세에 이르면 바로 주겁住劫°8의 시초가 된다. 이로부터 또 백 년에 한 살씩을 감하여 나이가 열 살이 되었을 때 1감減이 된다. 다시 증가하여 사람의 나이로 8만 세에 이르면 1증增이 된다. 이렇게 하여 스무 번 감하고 스무 번 증가하면 1주겁이 된다. 이 1주겁 가운데 천불千佛이 세상에 나오니, 현생에 성인이 된 석가는 네 번째 부처다. 네 번째 부

○○○ 5 고려 고종 때 몽골 대군이 침략한 것을 말한다.
○○○ 6 겁劫은 무한無限한 시간을 나타낸다. 현겁은 삼겁三劫 중 하나로 현재의 겁을 말한다.
○○○ 7 불교에서 말하는 가장 긴 시간의 하나. 불교에서는 세계가 성립과 파괴를 거듭하는 시기를 성겁成劫, 주겁住劫, 괴겁壞劫, 공겁空劫의 4겁으로 구분했다.
○○○ 8 세계가 성립된 후부터 머물러 있는 20중겁中劫을 말한다.

처는 모두 아홉 번째 감 중에 나타난다. 석가세존이 백여 세 때부터 가섭불의 2만 세까지는 이미 200만여 세가 된다.

만약 현겁 시초의 첫째 부처였던 구류손불拘留孫佛°**9** 때에 이른다면 또 몇만 세가 된다. 구류손불 때부터 위로 겁초劫初°**10** 무량세의 수명에 이를 때까지는 또 얼마나 될 것인가? 석가세존 때부터 내려와 지금 지원至元°**11** 18년 신사년(1281년)에 이르기까지가 이미 2230년이 되고, 구류손불 때부터 가섭불을 거쳐 지금에 이르기까지는 몇만 년이 된다.

고려의 명사名士인 오세문吳世文이 지은 『역대가歷代歌』에는 금金나라 정우貞祐°**12** 7년 기묘년(1219년)으로부터 거슬러 올라가 계산하여 4만 9600여 세에 이르면, 반고씨盤古氏°**13**가 천지를 개벽한 무인년이 된다고 했다. 또 연희궁延禧宮 녹사綠事 김희녕金希寧이 편찬한 『대일역법大一歷法』에 의하면, 개벽한 상원갑자上元甲子°**14**로부터 원풍元豊°**15** 갑자년(1084년)에 이르기까지가 193만 7641세라 했다. 또 『찬고도纂古圖』에는 개벽한 때부터 획린獲麟°**16**할 때(기원전 477년)까지가 276만 세라고 했다. 여러 경전을 살펴보면, 또 가섭불로부터

○○○ **9** 과거 7불佛의 하나로서 성불하여 최초 설법에서 4만 명의 비구니를 교화시켰다고 한다.

○○○ **10** 태초와 같은 뜻이다.

○○○ **11** 원나라 세조世祖 기악온홀필렬奇渥溫忽必烈의 연호. 1264~1294년까지 사용했다.

○○○ **12** 금나라 선종宣宗 완안순完顔珣의 연호. 1213~1217년까지 사용했다.

○○○ **13** 중국에서 천지가 개벽하고 맨 처음에 나왔다고 하는 제왕이다.

○○○ **14** 음양가가 말하는 최초의 갑자다.

○○○ **15** 송나라 신종神宗 조항趙恆의 연호. 1078~1085년까지 사용했다.

지금에 이르기까지가 이 돌의 수명이라 했으니, 겁초 개벽 때와는 거리가 있는 어린아이 정도의 나이다. 이 세 사람의 설이 오히려 이 어린 돌의 나이에도 미치지 못하니, 개벽의 설에 있어서는 무척 소홀했던 것이다.

○○○ **16** 춘추 시대 노나라 애공 14년 봄에 서쪽으로 사냥 갔다가 기린을 잡은 일을 말한다. 공자가 『춘추』를 지을 때 여기까지 서술했다.

요동성의 육왕탑

『삼보감통록三寶感通錄』에 고구려 요동성遼東城 옆에 있는 탑 이 야기가 실려 있는데, 옛 노인들이 전하는 말에 의하면 이렇다.

"옛날 고구려 성왕聖王이 국경을 순행하다가 이 성에 이르러 오색구름이 땅에 드리워진 것을 보고는 구름 속으로 찾아 들어가 보았더니 어떤 승려가 지팡이를 짚고 서 있었다. 그런데 가까이 가면 갑자기 사라지고 멀리서 보면 다시 나타났다. 그 옆에는 3층으로 된 탑이 있었는데, 위에 솥을 엎어 놓은 듯하여 무엇인지 알 수가 없었다. 그래서 다시 가서 승려를 찾아보니 다만 거친 풀만 있었다. 그곳을 한 길가량 파 보았더니 지팡이와 신발이 나왔고, 더 깊이 파자 글자가 새겨진 물건이 나왔다. 그 위에 범서梵書°¹가 있었는데 모시고 있던 신하가 이 글을 알아보고는 불탑이라 했다. 왕이 자세히 물으니 대답했다.

'이것은 한漢나라 때 있었던 것으로 그 이름은 포도왕蒲圖王원래 는 휴도왕休屠王으로 쓰는데 하늘에 제사 지내는 금부처다. 이라 합니다.'

이로 인하여 〔성왕은 불교를〕 믿을 마음이 생겨 7층 목탑을 세웠고, 그 이후에 불법이 처음으로 전래되자 탑과 불도의 인연을 자세히 알게 되었다. 지금은 탑의 높이가 줄어들고 본래의 탑은 썩어 무

○○○ 1 인도 문자인 산스크리트어로 기록된 글이다.

너졌다. 아육왕阿育王°²이 통일한 염부제주閻浮提洲°³에는 곳곳마다 탑을 세웠으니 이상할 것이 없다.

또 당나라 용삭龍朔 연간(661~663년)에 요동에서 전쟁이 있었다. 행군行軍 설인귀薛仁貴는 수양제가 정벌했던 요동의 옛 땅에 가서 산에 있는 불상을 보았는데, 모두 텅 비어 있고 적막하며 행인의 왕래조차 끊어져 있었다. 한 노인에게 묻자 이렇게 말했다.

'이 불상은 선대에 나타났던 것이오.'

그래서 이것을 그려서 서울로 돌아왔다. 모두 약함若函°⁴에 기록되어 있다.'

『서한西漢』과 『삼국지리지』를 살펴보면, 요동성은 압록강 밖에 있으며 한나라 유주幽州에 속해 있다고 했다.

고구려 성왕이 어떤 임금인지는 알 수 없다. 어떤 이는 동명성제東明聖帝라고 하지만, 그렇지 않을 것으로 생각된다. 동명왕은 전한원제元帝 건소建昭 2년(기원전 37년)에 제위에 올라 성제成帝 홍가鴻嘉 임인년(기원전 19년)에 돌아가셨는데, 그 당시에는 한나라도 불경을 보지 못했으니 어떻게 해외의 변방 신하가 범서梵書를 알아볼 수 있었겠는가? 그러나 부처를 포도왕이라고 불렀으니, 서한 시대에도 필시 서역 문자를 아는 사람이 있어 범서라고 했을 것이다.

고전古傳을 살펴보면, 아육왕이 귀신의 무리에게 명하여 9억 명이 사는 곳마다 탑을 하나씩 세우게 했다고 한다. 그리고 이렇게 해

○○○ **2** 인도 마우리아 왕조의 제3대 왕 아소카. 불교를 굳게 믿었으며 불교의 자취를 따라 곳곳에 탑을 세웠다.
○○○ **3** 옛 인도의 별칭인데 여기서는 인간 사회로 볼 수도 있다.
○○○ **4** 『대장경』을 함에 넣고 함의 차례를 천자문의 차례로 표시한 것이다.

서 세워진 염부계閻浮界°5 안의 8만 4000개 탑을 큰 바위 속에 숨겨 두었다고 한다. 지금 곳곳마다 상서로움이 나타난 것이 하나둘이 아닌데, 아마도 진신사리眞身舍利는 그 감응을 헤아리기 어렵다.

°°° 다음과 같이 기린다

아육왕의 보탑寶塔은 온 속세에 세워져,
비에 젖고 구름에 묻혀 이끼가 끼었구나.
그 당시 길 가던 사람들 눈길을 생각해 보면
몇 명이나 신의 무덤을 가리키며 제사 지냈을까?

°°° 5 인도를 말한다.

금관성의 파사석탑

금관金官°**1**에 있는 호계사虎溪寺의 파사석탑婆娑石塔°**2**은 옛날 이 고을이 금관국으로 있을 때 세조世祖 수로왕의 왕비 허 황후 황옥黃玉이 동한東漢 건무建武 24년 무신년(48년)에 서역 아유타국에서 배에 싣고 온 것이다. 처음에 공주가 양친의 명을 받고 바다에 배를 띄워 동쪽으로 향하려 하다가 수신水神의 노여움을 사 건너지 못하고 돌아와 부왕에게 아뢰자, 부왕이 이 탑을 배에 싣고 가라고 했다. 그래서 무사히 바다를 건너 남쪽 언덕에 정박했다. 이 배에는 붉은 돛대와 붉은 깃발을 달았고, 아름다운 주옥을 실었기에 지금은 주포主浦라 이름했다. 처음 공주가 비단 바지를 벗던 언덕을 능현綾峴, 붉은 깃발이 처음으로 들어오던 해안을 기출변旗出邊이라 했다.

수로왕은 그녀를 아내로 맞이하여 함께 150여 년 동안 나라를 다스렸다. 그러나 그 당시 해동에는 아직 절을 지어 불법을 받드는 사례가 없었다. 아마도 상교像教°**3**가 아직 전해지지 않아서 이 땅 사람들이 믿고 받들지 않았기 때문으로 「가락국본기」에는 절을 지었다는 기록이 없다.

○○○ **1** 지금의 경상남도 김해시다.
○○○ **2** 본래 김해시 호계사에 있었는데, 1873년에 허 왕후릉 곁으로 옮겼으며 지금은 전각을 둘러쳐 놓았다.
○○○ **3** 불교의 다른 명칭이다.

제8대 질지왕 2년 임진년(452년)에 이르러, 그 땅에다 절을 짓고 또 왕후사王后寺를 지어이 일은 아도와 눌지왕 시대에 있었는데, 법흥왕 이전 시대다. 지금까지 [여기서] 복을 빌고 겸하여 남쪽 왜를 진압했다. [이 것은] 「가락국본기」에 자세히 보인다.

탑은 사각형에 5층인데, 그 조각이 매우 기묘하다. 돌은 약간 붉은 반점 무늬를 띠고 있는데 질이 매우 연하여 이 땅에서 나는 것은 아니다. 『본초本草』[4]에서 닭 벼슬의 피를 떨어뜨려 시험했다는 돌이 바로 이 돌이다. 금관국은 또한 가락국이라고도 하는데, 자세한 것은 「가락국본기」에 실려 있다.

ㅇㅇㅇ 다음과 같이 기린다

석탑 실은 붉은 돛단배의 깃발이 가벼우니
신령에게 빌어 파도에 막히지 않도록 했네.
어찌 한갓 황옥만을 도우려 해안에 닿았으리.
천 년 이래 남쪽 왜인의 성난 고래[怒鯨]를 막았네.

ㅇㅇㅇ **4** 후한 때 장중경張仲景이 편찬한 『신농본초경神農本草經』을 말한다. 365종의 약 이름을 분류하여 지은 책이다.

고구려의 영탑사

『승전』에 "승려 보덕普德의 자는 지법智法이며, 이전 고구려 용강현龍岡縣 사람이다."라고 했다. 자세한 것은 다음 본전에 보인다.

〔그는〕 늘 평양성에서 살았는데, 산골 노승이 찾아와 불경을 강론해 달라고 부탁했다. 그는 굳이 사양하고 받아 주지 않다가 마지못해 가서 『열반경涅槃經』。¹ 40여 권을 강론했다. 강론을 마친 후에 성의 서쪽 대보산大寶山의 바위굴 아래 이르러 참선을 하는데, 어떤 신령한 사람이 와 이곳에 머물러 달라고 청했다. 그러고는 그의 앞에 지팡이〔錫杖〕를 놓고 땅을 가리키며 말했다.

"이 아래에 여덟 면面으로 된 7층 석탑이 있을 것이다."

〔이리하여〕 땅을 파 보았더니 정말로 탑이 나왔기 때문에 절〔精舍〕을 세워 영탑사靈塔寺라 하고 그곳에서 살았다.

○○○ 1 석존의 입멸入滅에 관한 경전이다. 열반은 모든 번뇌를 해탈하여 불생불멸의 법을 체득한 경지며 범어 니르바나nirvana의 음역이다.

황룡사의 장륙존상 °1

신라 제24대 진흥왕 즉위 14년 계유년(553년) 2월, 용궁 남쪽에 대궐을 지으려고 하는데 그 땅에서 황룡이 나타났다. 그래서 대신 절을 짓고 황룡사皇龍寺라 했다. 기축년(569년)에 담장을 둘러쌓아 17년 만에 공사를 끝마쳤다.

얼마 후 바다 남쪽에 큰 배 한 척이 나타나 하곡현河曲縣 사포絲浦지금의 울주 곡포谷浦다.에 정박했다. 조사해 보았더니 공문에 이렇게 씌어 있었다.

"서축西竺 아육왕이 황철黃鐵 5만 7000근, 황금 3만 푼다른 전에는 철이 40만 7000근, 금이 1000냥이라고 했으나 아마도 잘못된 것 같다. 또는 3만 7000근이라고도 한다.을 가지고 장차 석가의 존상尊像 세 개를 주조하려 했으나, 이루지 못하여 배에 실어 바다에 띄워 보내며 '인연이 있는 땅에 도착해 여섯 길의 존용尊容을 이루어 주소서.'라고 축원하고, 아울러 견본으로 부처 한 개와 보살상 두 개를 실었다."

현의 관리가 장계를 올려 보고했더니, 사자에게 명을 내려 그 현의 성 동쪽 높고 깨끗한 곳에 동축사東竺寺 °2를 세우고 세 존상을

○○○ **1** 1장 6척 크기의 불상으로 이상적인 군주의 모습을 갖추고 있는 상이라는 의미도 있다.
○○○ **2** 정확한 위치는 알 수 없지만 오늘날 바다에서 가까운 울산 일대에 있었던 것으로 추정되고 있다.

맞이해 모시도록 했다. 금과 철은 서울로 옮겨 대건大建 6년 갑오년 (574년) 3월『사중기寺中記』에는 계사년 10월 17일이라 했다. 에 장륙존상을 주조했는데, 공사는 바로 이루어졌으며 무게는 3만 5007근으로 황금 1만 198푼이 들었다. 두 보살에는 철이 1만 2000근, 황금 1만 136푼이 들었으며 황룡사에 모셨다. 이듬해 불상이 발꿈치에 닿도록 눈물을 흘려 바닥이 한 자나 젖었는데 〔이는〕 대왕이 승하할 조짐이었다.

더러는 불상이 진평왕 때 다 만들어졌다고 하지만 이는 잘못된 것이다. 다른 책에 의하면, 아육왕은 서축 대향화국大香華國°3의 왕인데 부처님이 세상을 떠난 후 백 년 만에 태어났다고 한다. 생전에 부처님께 공양하지 못함을 한탄하여 금과 철을 조금씩 거두어 세 번이나 주조했으나 만들지 못했다. 이때 왕의 태자만이 혼자 이 일에 관여하지 않아 왕이 사람을 보내 꾸짖자 태자가 아뢰었다.

"혼자 힘으로는 이루지 못할 것입니다. 일찍이 이를 알았기 때문에 가 보지 않은 것입니다."

왕은 태자의 말을 옳게 여기고 배에 실어 바다에 띄워 보냈다. 〔이에〕 남염부제°4 16개의 큰 나라와 500개의 중간 나라, 1만 개의 작은 나라와 8만의 촌락을 두루 돌아다녔으나 모두 주조하지 못했다. 마지막으로 신라국에 이르러 진흥왕이 문잉림文仍林에서 주조하여 불상을 완성했는데 모습이 아주 잘 갖추어졌다. 비로소 아육왕은 시름이 없어지게 되었다.

○○○ 3 옛날 인도에 있던 나라 이름이다.
○○○ 4 수미산의 사방에 있는 섬 중에서 인간들이 살고 있다는 남쪽 섬을 말한다.

훗날 대덕大德 자장慈藏이 서방에 유학하여 오대산五臺山°5에 이르자 문수文殊보살°6이 현신現身해서 감응하여 비결을 주면서 부탁했다.

"너희 나라의 황룡사는 바로 석가와 가섭불이 강연하던 자리로, 연좌석이 아직도 남아 있다. 그렇기 때문에 천축의 무우왕無憂王°7이 금과 철을 조금씩 모아 바다에 띄워 보냈는데, 1300여 년이 지난 후에야 너희 나라에 당도하여 완성해 그 절에 봉안했으니 아마 위덕威德의 인연이 그렇게 한 것이다. 별기別記에 실린 것과 똑같다."

불상이 완성된 후 동축사의 삼존 역시 황룡사 안으로 옮겨 모셨다. 『사기寺記』8에는 진평왕 6년 갑진년에 금당을 만들었으며, 선덕왕 대에 절의 제1대 주지는 진골 환희사歡喜師였고, 제2대 주지는 국통 자장慈藏이었다. 그다음은 국통 혜훈惠訓이었고, 그다음은 상률사廂律師였다고 한다. 지금은 병란〔몽골 침입〕이래로 큰 불상과 두 보살이 모두 녹아 없어지고 작은 석가상만 남아 있다.

　　°°° 다음과 같이 기린다

　　이 세상 어느 곳인들 참 고향이 아니련만
　　향화香火 모시는 인연은 우리나라가 으뜸이네.

°°° 5 중국 산서성에 있는 명산이다.
°°° 6 보현보살과 짝하여 석가모니 왼쪽에 앉은 부처로서 지혜를 맡은 보살이다.
°°° 7 아육왕을 말한다.
°°° 8 『사중기寺中記』를 말한다.

이것은 아육왕이 손대지 못할 일이 아니라,

월성月城 옛 터를 찾아오느라고 그랬던 것이네.

황룡사의 9층탑

신라 제27대 선덕왕 즉위 5년인 정관 10년 병신년(636년)에 자장 법사가 서쪽[중국]으로 유학을 갔는데, 바로 오대산에서 문수보살에게 감화되어 불법을 전수받았다. 자세한 것은 본전에 보인다.

문수보살은 [자장법사에게] 또 일렀다.

"너희 나라 왕은 천축 찰리종刹利種°**1**의 왕으로 이미 불기佛記°**2**를 받았기 때문에 특별한 인연이 있어 동이東夷°**3** 공공共工°**4**의 종족과는 다르다. 산천이 험준한 탓에 사람의 성품이 거칠고 사나워 사교邪敎를 믿어 때때로 천신이 재앙을 내리기도 한다. 그러나 법문法文을 많이 들어 알고 있는 승려들이 나라 안에 있기 때문에 군신이 편안하고 모든 백성이 평화롭다."

말을 마치자 [문수보살은] 이내 보이지 않았다. 자장법사는 이것이 보살의 변화임을 알고 눈물을 흘리며 물러갔다.

그가 중국의 태화지太和池 둑을 지나가는데, 갑자기 신령한 사람이 나타나 물었다.

○○○ **1** 고대 인도에서 네 계급 중 두 번째에 해당하는 크샤트리아를 말한다.
○○○ **2** 불교 이치를 깨달은 이에게 주는 본인의 미래에 관한 기록이다.
○○○ **3** 황하 문명을 중심으로 하고 동서남북 사방의 변방을 하급의 문화로 폄하하는 데서 나온 관념으로 제나라 산동성도 동이의 범위에 포함되었다.
○○○ **4** 중국 요순 시대에 흉포하기로 이름난 종족으로 중국 강회江淮 지방에 살았다.

"어찌하여 이곳까지 왔는가?"

자장법사가 대답했다.

"보리菩提°5를 구하기 위해서입니다."

신령한 사람이 그에게 절하고서 다시 물었다.

"너희 나라에는 어떤 어려움이 있는가?"

자장법사가 대답했다.

"우리나라는 북쪽으로는 말갈과 닿아 있고 남쪽으로는 왜와 접하고 있으며, 고구려와 백제 두 나라가 번갈아 가며 국경을 침범하여 이웃의 침입이 잦으니, 이것이 백성의 고통입니다."

신령한 사람이 말했다.

"지금 너희 나라는 여자를 왕으로 삼아 덕은 있으나 위엄이 없으므로 이웃 나라에서 침략을 하려는 것이다. 그러니 빨리 본국으로 돌아가거라."

자장법사가 물었다.

"고국으로 돌아가 무슨 일을 해야 이롭겠습니까?"

신령한 사람이 말했다.

"황룡사의 호법룡護法龍°6은 바로 내 큰아들인데, 범왕梵王°7의 명령을 받고 가서 절을 보호하고 있는 것이다. 본국으로 돌아가서 절안에 9층탑을 세우면, 이웃 나라들이 항복하고 동방의 아홉 나라[九韓]가 와서 조공을 바치며 왕 없이도 영원히 편안할 것이다. 그리고

○○○ 5 보디bodhi의 음역으로 불교 최고의 이상인 불타 정각正覺의 지혜, 즉 불타에 이르는 길을 말한다.

○○○ 6 불교 또는 불법을 보호하거나 옹호하는 용이다.

○○○ 7 범천왕梵天王의 준말로 인도 바라문교婆羅門敎의 최고 신이다.

탑을 세운 후에 팔관회八關會°[8]를 열고 죄인을 풀어 주면 밖의 적이 해를 끼치지 못할 것이다. 다시 나를 위해 서울 남쪽 언덕에 정사를 하나 짓고 함께 나의 복을 빌어 주면 나 역시 덕을 갚을 것이다.”

말을 마치자마자 신령한 사람은 자장법사에게 옥玉을 바치고는 갑자기 사라져 보이지 않았다. 절 기록에는 종남산終南山 원향선사圓香禪師의 처소에 탑을 세워야 할 이유를 받았다고 했다.

정관 17년 계묘년(643년) 16일에 〔자장법사는〕 당나라 황제가 내려 준 불경, 불상, 가사, 폐백을 갖고 본국으로 돌아와 왕에게 탑을 세울 것을 권했다.

선덕왕이 여러 신하들과 의논하자 신하들이 말했다.

“백제에 부탁해 공장工匠을 데려와야 가능합니다.”

이에 〔선덕왕은〕 보물과 비단을 가지고 백제로 가서 〔공장을〕 청하게 했다. 아비지阿非知라는 공장이 명을 받고 와서 재목과 돌을 다듬고, 이간伊干 용춘龍春 혹은 용수龍樹라고 한다.°[9] 이 수하 공장 200명을 거느리고 일을 주관했다.

처음 이 탑의 기둥을 세우던 날 아비지는 본국인 백제가 망하는 형상을 꿈꾸었다. 그래서 마음속으로 의심이 되어 손을 떼려 했다. 〔그러자〕 갑자기 대지가 진동하고 사방이 캄캄해지더니 한 노승과 장사가 금전문金殿門에서 나와 그 기둥을 세우고는 노승과 장사가

○○○ **8** 호국 사상에서 생겨난 팔관회는 우리나라의 고유 민속과 불교가 접목된 것이다. 윤등을 설치하고 향등을 달아 밤새도록 광명과 향기가 가득하도록 연화대를 설치해 가무를 즐기는 축제로 신라 시대에 시작되어 고려 시대에 가장 많이 개최되었던 불교 의례다.

○○○ **9** 신라 태종 무열왕의 아버지다.

모두 사라져 버렸다. 공장은 이에 뉘우치고 그 탑을 완성했다.

『찰주기刹柱記』에 이렇게 말했다.

"철반鐵盤 이상의 높이는 42자, 그 이하는 183자다."°**10**

자장법사는 오대산에서 받은 사리 백 과粒를 기둥 아래와 통도
사°**11** 계단戒壇°**12** 및 태화사太和寺**13** 탑에 나누어 모셔, 못에 있는
용의 청원을 들어주었다. 태화사는 아곡현阿曲縣 남쪽에 있으니 지금의 울
주이며 역시 자장법사가 세운 것이다.

탑을 세운 이후에 천지가 태평하고 삼한이 통일되었으니, 어찌
탑의 영험이 아니겠는가?

그 뒤 고구려 왕이 장차 신라를 정벌하고자 계책을 세우고 이렇
게 말했다.

"신라에는 세 가지 보물이 있어 침범할 수가 없다고 하는데 무엇
을 말하는가?"

"황룡사의 장륙존상과 9층탑, 그리고 진평왕의 천사옥대天賜玉
帶입니다."

〔이 말을 듣고 고구려 왕은〕 신라를 치려는 계획을 그만두었다.
주周나라에 구정九鼎°**14**이 있어서 초楚나라 사람들이 감히 북쪽〔周〕

○○○ **10** 66미터 정도 되며 속리산 법주사 팔상전(21미터)의 세 배다.

○○○ **11** 경상남도 양산시 영축산 자락에 위치하고 있는 사찰로 자장이 가져
온 사리를 모셨으며 승려들이 계를 받았던 금강계단金剛戒壇이 지금도 남아
있다.

○○○ **12** 사리를 모신 단으로 승려들에게 계戒를 주는 의식이 행해지는 신성
한 곳이다.

○○○ **13** 울산광역시를 가로질러 흐르는 태화강변에 있었던 사찰로 지금은
폐허가 되었지만 '태화사지 십이지상 부도' 등이 전해지고 있다.

을 엿보지 못했던 것과 마찬가지다.

○○○ 다음과 같이 기린다

귀신이 받치는 힘으로 수도 장안을 누르니,
휘황찬란한 금벽색이 기왓장을 움직이네.
올라가 굽어보니 어찌 구한九韓만 복종하랴.
천하가 특히 태평함을 비로소 깨달았네.

또 해동海東 명현名賢 안홍安弘이 지은 『동도성립기東都成立記』에
는 이렇게 말했다.

"신라 제27대에는 여자가 임금이 되니 비록 도는 있으나 위엄이
없어 구한이 침략했다. 용궁龍宮〔대궐〕 남쪽 황룡사에 9층탑을 세
운다면 이웃 나라의 침략을 억누를 수 있을 것이다. 1층은 일본, 2층
은 중화中華, 3층은 오월吳越, 4층은 탁라托羅, 5층은 응유鷹遊, 6층
은 말갈靺鞨, 7층은 거란〔丹國〕, 8층은 여적女狄, 9층은 예맥穢貊을 억
누른다."

또 『국사』와 『사중고기寺中古記』를 살펴보면, 진흥왕 14년 계유년
(553년)에 절을 세운 뒤 선덕왕 때인 정관 19년 을사년(645년)에 탑
을 처음 세웠다. 32대 효소왕孝昭王이 즉위한 7년 성력聖曆 원년 무술
년(698년) 6월에 벼락을 맞았다. 『사중고기』에 성덕왕聖德王 때라고 했으

○○○ 14 중국 하나라 우임금 때 전국의 쇠를 모아 아홉 주州를 상징하는 솥
을 만들었다.

나, 이는 잘못된 것이다. 성덕왕 때에는 무술년이 없다. 제33대 성덕왕 경신년 (720년)에 다시 지었고, 제48대 경문왕景文王 무자년(868년) 6월에 두 번째 벼락을 맞아 같은 시대에 세 번째로 다시 지었다. 고려 광종光宗 즉위 5년 계축년(1021년) 10월에 세 번째 벼락을 맞았고 현종顯宗 13년 신유년에 네 번째로 다시 지었다. 또 정종靖宗 2년 을해년 (1035년)에 네 번째 벼락을 맞아 문종文宗 갑진년(1064년)에 다섯 번째로 다시 지었다. 또 헌종獻宗 말년 을해년(1095년)에 다섯 번째로 벼락을 맞은 뒤 숙종肅宗 병자년(1096년)에 여섯 번째로 다시 지었다. 또 고종 16년 무술년(1238년) 겨울에 몽골이 침입하여 탑과 절, 장륙전 등 건물들이 모두 불에 타 버렸다.

황룡사의 종, 분황사의 약사여래불, 봉덕사의 종

신라 제35대 경덕대왕景德大王이 천보天寶°¹ 13년 갑오년(754년)에 황룡사의 종을 주조했는데, 길이가 열 자 세 치고 두께는 아홉 치며 무게는 49만 7581근이었다. 시주施主는 효정이왕孝貞伊王 삼모부인三毛夫人이며, 공장은 이상택里上宅 노복이었다. 〔당나라〕 숙종肅宗 때 다시 종을 만들었는데 길이가 여섯 자 여덟 치였다. 또 다음 해인 을미년(755년)에 분황사의 약사여래불藥師如來佛 동상을 주조했는데, 무게는 30만 6700근이고 공장은 본피부本彼部 강고내말强古乃末이었다.

또 〔경덕왕은〕 황동黃銅 12만 근을 들여 선친 성덕왕을 위해 큰 종 하나를 주조하려 했으나 완성하지 못하고 죽었다. 그의 아들 혜공대왕惠恭大王 건운乾運이 대력大曆 경술년(770년) 12月에 유사有司에게 명하여 공장을 모아 종을 완성한 뒤 봉덕사에 모셨다. 이 절은 바로 효성왕孝成王이 개원開元 26년 무인년(738년)에 선친 성덕대왕의 복을 빌기 위해 세운 것이다. 그래서 종의 이름을 '성덕대왕신종지명聖德大王神鍾之銘'이라 했다. 성덕대왕은 바로 경덕왕의 아버지 흥광대왕興光大王이다. 종은 본래 경덕왕이 아버지 성덕대왕을 위해 시주한 금으로 주조했기 때문에 성덕대왕의 종이라 한 것이다. 조산대부朝散大夫 전태자사의

○○○ 1 당나라 현종玄宗 이융기李隆基의 연호. 766~779년까지 사용했다.

랑前太子司議郎 한림랑翰林郎 김필해金弼奚가 왕명을 받들어 종의 이름을 지었는데 글이 번잡하여 싣지 않는다.

영묘사의 장륙존상

　선덕왕이 절을 짓고 불상을 만든 인연은 모두『양지법사전良志法師傳』에 실려 있다. 경덕왕 즉위 23년(764년), 장륙존상에 금칠을 다시 했는데 조租 2만 3700석의 비용이 들었다.『양지전』에는 불상을 처음 만들 당시의 비용이라고 했으나, 지금은 두 설을 모두 기록한다.

사불산, 굴불산, 만불산

죽령竹嶺 동쪽 백여 리 남짓 되는 곳에 우뚝 솟은 높은 산이 있는데, 진평왕 9년 정미년(587년)에 갑자기 네 면이 한 길이나 되는 큰 돌이 하나 나타났다. 〔그 돌에는〕 사방여래의 불상이 조각되어 있었으며, 모두 붉은 비단으로 싸여 하늘에서 산꼭대기로 떨어진 것이었다. 왕이 이 소식을 듣고 행차하여 공경히 절하고 바위 옆에다 절을 짓고는 대승사大乘寺라 했다. 이름은 전해지지 않으나 『연경蓮經』°**1**을 외는 승려를 청하여 주지로 삼아 공양돌〔供石〕을 깨끗이 하게 하고 분향이 끊어지지 않게 했다. 이 산을 역덕산亦德山 또는 사불산四佛山이라 했는데, 주지가 죽어 장사를 지내자 무덤 위에서 연꽃이 피어났다.

또 경덕왕이 백률사栢栗寺로 놀이를 가는 길에 산 아래에 도착하니 땅속에서 염불하는 소리가 들리므로 그곳을 파 보라고 명령하여 큰 돌을 얻었는데, 네 면에 사방불四方佛°**2**이 새겨져 있었다. 그래서 절을 세워 굴불사掘佛寺라 불렀으나 지금은 잘못 전해져 굴석사掘石寺라 한다.

○○○ **1** 『법화경法華經』을 말한다. 원효대사가 지었으며 삼국 통일에 지대한 영향을 끼쳤다.

○○○ **2** 사방의 각 면에 신앙에 따라 서로 다른 불상을 새긴 조형물을 일컫는다. 지금도 경주 백률사에는 사방불이 남아 있다.

왕은 또 당나라 대종황제가 불교를 특별히 숭상한다는 말을 듣고는 공장에게 명하여 오색 빛깔의 담요를 만들고, 또 침단목沈檀木을 조각하여 명주와 아름다운 옥으로 꾸며 높이가 열 자 남짓 되는 가산假山을 만들어 담요 위에 놓도록 했다. 가산에는 우뚝 솟은 바위와 괴이한 돌과 물이 솟는 구멍〔澗穴〕이 있어서 구역이 나뉘었고, 각 구역 안에는 노래하고 춤추고 노는 모습과 여러 나라 산천의 형상이 있었다. 미풍이 불어오면 벌과 나비가 나풀거리고 제비나 참새가 춤을 추었으므로 얼핏 보아서는 진짜인지 가짜인지 구분하지 못할 정도였다. 한가운데에는 만불萬佛을 모셨는데, 큰 것은 넓이가 한 치가 넘고 작은 것은 팔구 푼이 되었다. 머리는 어떤 것은 큰 기장만하고 어떤 것은 콩 반쪽만 했으며, 나발螺髮·육계肉髻·백호白毫와 눈썹과 눈이 또렷하여 서로 알맞게 갖추어져 있으니, 단지 비슷하게 표현할 수는 있어도 자세히 설명할 수는 없었다. 그러므로 이 산을 만불산萬佛山이라 했다.

　　다시 금과 옥을 새겨 수술과 깃발이 달린 일산〔流蘇幡蓋〕, 망과〔菴羅〕, 치자〔舊蒿〕, 꽃열매〔花果〕가 장엄하였고 일백 보 누각과 대전, 당사〔堂榭〕가 비록 작기는 하나 대부분 살아 움직이는 기세가 있었다. 앞에는 비구상 1000여 구軀가 둘러서 있고, 아래에는 자금종紫金鍾 셋이 배열되어 있는데, 모두 종각과 고리쇠가 있고 고래 모양으로 종 치는 방망이를 만들었다. 바람이 불어 종이 울리면 둘러서 있던 승려들이 모두 엎드려 머리를 땅에 대고 절했다. 은은하게 염불하는 소리가 나는 듯했는데 이것은 종과 관련이 있었다. 비록 만불이라고는 하지만 이것을 모두 기록할 수는 없다. 만불이 완성되자 사신을 보내 당나라에 바치니, 당나라 대종은 보고 감탄하여 말했다.

"신라의 기교는 하늘이 만든 것이지 사람의 솜씨가 아니다."

이에 구광선九光扇°³을 그 바위 사이에 두고 불광佛光이라고 했다.

4월 8일에 두 거리의 승려에게 명령하여 내도량內道場°⁴에서 만불산에 예불 드리게 하고, 삼장불공三藏不空°⁵에게 명령하여 밀부진전密部眞詮°⁶을 1000번 외워 경하게 하니, 보는 사람마다 모두 그 기묘함에 탄복했다.

　°°° 다음과 같이 기린다

하늘은 [부처의] 얼굴[滿月]을 단장시켜 사방불을 마름질하고,
땅은 [부처의] 흰 눈썹[明毫]을 솟구쳐 하룻밤에 피었구나.
교묘한 솜씨로 다시 만불을 새기니,
부처님의 풍도를 하늘과 땅과 인간[三才]에 두루 펴리라.

○○○ 3 빛을 내뿜는 부채다.
○○○ 4 궁궐 안에서 불도를 닦는 곳이다.
○○○ 5 북인도 출신이었던 삼장법사 불공(705~774년)으로 당나라 장안에 들어와 많은 밀교 경전을 번역 보급하였다.
○○○ 6 밀부는 밀교로 교법이 그윽하여 여래의 신력을 입어야만 터득할 수 있다. 진전은 진리라는 뜻이다.

생의사의 돌미륵

선덕왕 때 승려 생의生義는 언제나 도중사道中寺에 머물렀다. 꿈에 어떤 승려가 그를 데리고 남산으로 올라가서 풀을 매어 표시하게 하고, 산의 남쪽 골짜기에 이르러 말했다.

"내가 이곳에 묻혔으니, 대사께서 꺼내어 고갯마루에 묻어 주시오."

〔생의는〕꿈에서 깨자 친구와 함께 표시해 둔 곳을 찾아갔다. 그 골짜기에 이르러 땅을 파 보니 돌미륵이 나와서 삼화령三花嶺 위에 모셨다. 선덕왕 13년 갑진년(644년)에 절을 지어 살았는데, 후에 생의사生義寺라고 이름 지었다. 지금은 와전되어 성의사性義寺라고 한다. 충담사忠談師가 매년 3월 3일과 9월 9일에 차를 끓여 바친 분이 바로 이 부처였다.

흥륜사 벽에 그린 보현보살

제54대 경명왕 때 흥륜사興輪寺 남문과 좌우 행랑채(廊廡)가 불에 탔는데 미처 수리하지 못하다가 정화靖和와 홍계弘繼라는 두 승려가 인연 있는 자를 끌어 모아 수리하려 했다. 정명貞明 7년 신사년(921년) 5월 15일, 제석帝釋[1]이 절 왼쪽에 불경을 쌓아 둔 누각(經樓)으로 내려와서 열흘쯤 머물자 전탑殿塔과 풀, 나무, 흙, 돌에서 모두 이상한 향기가 풍기며 오색구름이 절을 덮고 남쪽 못의 고기와 용이 기뻐 날뛰며 솟구쳐 올랐다. 나라 사람들이 모여 구경하면서 일찍이 없었던 일이라고 감탄하며 옥과 비단과 곡식 등을 시주하니 산처럼 쌓였다. 공장들도 스스로 와서 일을 하니 하루도 지나지 않아 완성되었다.

공사를 마치고 천제天帝가 돌아가려 하니 두 승려가 아뢰었다.

"천제께서 만약 환궁하고자 하신다면, 천제의 성스러운 얼굴을 그려 지성으로 공양해서 하늘의 은혜에 보답하게 하고, 또한 이로써 영정을 여기에 남겨 영원히 세상을 보호하게 하십시오."

천제가 말했다.

○○○ **1** 불교의 천왕天王으로 선행을 한 이들은 수명을 늘려 주고 불효한 이들은 수명을 짧게 한다고 한다. 고려 사회에서 인간의 수명을 좌우하는 절대적인 신으로 추앙받았다.

"나의 염력願力은 저 보현普賢보살°**2**이 기묘한 조화〔玄化〕를 두루 펴는 것만 못하니, 보현보살상을 그려 경건히 공양하여 끊이지 않도록 하는 것이 옳을 것이다."

따라서 두 승려는 가르침을 받들어 벽에 보현보살상을 공손히 그렸는데, 지금까지도 그 화상이 그대로 남아 있다.

○○○ **2** 석가모니와 함께 삼존불 형식으로 불상이 모셔질 때 문수보살과 보현보살이 각각 좌우에 배치된다. 보현보살은 자비를 상징한다.

삼소관음과 중생사

『신라고전』에는 이렇게 나와 있다.

"중국 천자에게 총애하는 여인이 있었는데 아름답기 그지없었다. 천자가 말했다.

'고금의 그림에도 이처럼 절묘한 사람은 없었다.'

이에 그림 잘 그리는 사람을 시켜서 그 모습을 그리게 했다. 화공의 이름은 전기에 기록되어 있지 않은데, 어떤 사람은 장승요張僧繇[1]라고 한다. 그는 오나라 사람으로 양나라 천감 연간에 무릉왕국武陵王國의 시랑직비각지화사侍郎直秘閣知畵事가 되었고 우장군과 오흥 태수吳興太守를 지냈으니, 여기서〔말하는 천자는〕중국 양梁나라, 진陳나라 사이의 천자일 것이다. 그런데도 전傳에서 당제唐帝라고 한 것은 해동 사람들이 모든 중국을 당이라고 하기 때문이다. 사실은 어느 때 제왕인지 확실하지 않으므로 두 가지 설을 모두 기록한다.

그가 명을 받들어 그림을 완성했는데, 실수로 붓을 떨어뜨려 배꼽 밑을 붉게 더럽혔으나 고치려 해도 고쳐지지 않았다. 그는 마음속으로 붉은 점은 틀림없이 날 때부터 있었던 것이라고 생각하고 그림이 다 되자 바쳤다. 황제는 그림을 보고 나서 말했다.

○○○ 1 중국 양나라 무제 때의 궁정 화가로 도교와 불교의 인물화에 뛰어났으며 사원의 벽화를 많이 그렸다.

'겉모습은 아주 똑같으나 배꼽 밑의 점은 속에 감추어진 비밀이거늘 어떻게 알고서 그것을 그렸느냐?'

황제는 매우 화가 나서 그를 감옥에 가두고 형벌을 주려 했다. 승상이 아뢰었다.

'그 사람은 마음이 곧은 사람이니 풀어 주십시오.'

황제가 말했다.

'그가 어질고 곧다면 짐이 어젯밤에 꿈에서 본 형상을 그려 바치게 해라. 그림이 꿈에서 본 형상과 같다면 용서하겠다.'

이에 그가 11면 관음상°²을 그려 바쳤는데, 꿈에서 본 형상과 들어맞았다. 황제는 마음이 풀려 그를 용서해 주었다.

그는 사면되자 박사博士 분절芬節에게 약속했다.

'제가 듣건대 신라국에서는 불법을 존중해 믿는다고 합니다. 당신과 함께 배를 타고 바다를 건너 그곳에 가서 함께 불사佛事를 닦아 동방을 널리 이롭게 하는 것도 좋지 않겠습니까?'

드디어 함께 신라국에 가서 중생사衆生寺°³의 보살화상〔大悲像〕을 만들었는데, 신라 사람들이 우러러 모시며 기도하여 복을 얻은 것이 이루 기록할 수 없을 정도다."

○○○ 2 머리 위에 10개, 그 뒤에 1개의 얼굴을 표현한 보살상으로 신통력을 의미한다. 정면 3구는 자비롭게 웃는 자비상慈悲像, 오른쪽 3구는 흰 치아가 드러나게 활짝 웃고 있는 백아상출상白牙上出像, 왼쪽 3구는 성난 얼굴의 진노상瞋怒像, 맨 위의 1구는 진리를 설법하는 부처의 얼굴 모습인 불면佛面, 뒤에 1구는 크게 웃는 모습으로 폭대소상暴大笑像이라 한다.

○○○ 3 경주 낭산 자락에 있었던 신라 사찰로 지금은 능지탑 안쪽 골짜기에 위치하고 있다. 이곳에서 대형 석조관음보살상이 출토되어 지금은 국립경주박물관에 옮겨져 있다.

신라 말엽 천성天成 연간에 정보正甫 최은함崔殷諴은 나이가 들어도 자식이 없자, 중생사 보살화상 앞에 와서 기도하여 임신하여 아들을 낳았다. 세 달이 채 못 되어 후백제의 견훤이 서울을 습격해 성안이 크게 어지러워지자 최은함은 아들을 안고 와서 부처에게 말했다.

"이웃 나라의 군사가 갑자기 쳐들어와 일이 다급해졌습니다. 이 어린아이가 매우 귀중하오나 함께 피할 수가 없습니다. 정말로 대성大聖께서 점지해 주신 아이라면 큰 자비의 힘을 빌려 덮어 주고 길러 주시어 우리 부자가 다시 만나게 해 주십시오."

눈물을 흘리며 비통하게 세 번 울면서 세 번 아뢰고 난 후 [아이를] 포대기에 싸 관음상의 사자좌獅子座°**4** 아래에 숨기고 몇 번이나 뒤돌아보다가 떠났다.

반달이 지나 적이 물러간 후에 와서 찾아보니, 아이의 피부는 갓 목욕을 시킨 것과 같고 얼굴도 더 좋아 보였으며 입에서는 아직도 젖 냄새가 남아 있었다. [그는 아이를] 안고 돌아와서 길렀다. 장년이 되자 총명함이 남보다 뛰어났다. 이 사람이 바로 최승로崔承老인데, 벼슬은 정광正匡에까지 올랐다. 최승로가 낭중郎中 최숙崔肅을 낳고, 최숙은 낭중 최제안崔齊顔을 낳았다. 이때부터 자손이 끊이지 않았다. 최은함은 경순왕敬順王을 따라 고려에 들어와 큰 가문을 이루었다.

또 통화統和 10년(992년) 3월에 주지 성태性泰가 보살 앞에 꿇어

○○○ **4** 부처가 앉은 자리로 인간 세상에서 부처의 지위는 동물 세계에서 사자의 지위와 같다는 점에서 이렇게 부른다.

앉아 말했다.

"저는 이 절에서 오랫동안 살면서 향을 부지런히 올리고 밤낮으로 게을리하지 않았습니다. 그러나 절 밭에서 나는 것이 없어 향 올리는 것을 이어 나갈 수 없으므로 다른 곳으로 옮기려고 하여 미리 와서 말씀드리는 것입니다."

그는 이날 깜박 졸다가 꿈을 꾸었는데, 대성大聖이 말했다.

"그대는 이곳에 머물면서 멀리 떠나지 마라. 내가 시주를 모아 향 피울 비용으로 쓰게 하리라."

성태는 기쁜 마음으로 잠에서 깨어 그대로 머무르고 떠나지 않았다. 그 후 13일이 지났을 때, 갑자기 어떤 사람 둘이 말과 소에 짐을 싣고 문 앞에 도착했다. 성태가 나가서 〔그들에게〕 어디서 왔느냐고 물었다.

"우리들은 바로 금주金州°5 경계에 사는 사람들인데, 지난번에 한 스님이 우리에게 와서 말하기를, '내가 동경東京 중생사에 머무른 지 오래되었는데 사사四事°6가 곤란하여 시주를 받으려고 여기에 왔다.'라고 했습니다. 그래서 이웃 마을에 가서 시주를 거두어 쌀 여섯 섬과 소금 네 섬을 얻어 싣고 왔습니다."

성태가 말했다.

"이 절에는 시주를 받으러 나간 사람이 없으니 당신들이 잘못 온 것 같습니다."

그들이 말했다.

○○○ **5** 지금의 김해다.
○○○ **6** 공양에 필요한 북, 침구, 탕약, 음식 등 네 가지 물건을 말한다.

"그때 스님이 우리를 인솔하여 왔는데, 이곳 신견정神見井 가에 도착하자 '절이 여기서 멀지 않으니 내가 먼저 가서 기다리겠다.'라고 했기 때문에 우리가 뒤따라온 것입니다."

스님이 그들을 인도하여 법당 앞으로 가니, 그 사람들은 대성을 우러러보고 절하면서 말했다.

"이 부처님이 시주를 구하러 왔던 바로 그 스님의 모습입니다."

그들은 놀라고 감탄해 마지않았다. 이 일로 인해 쌀과 소금을 바치는 것이 해마다 끊이지 않았다.

또 어느 날 저녁에는 절의 문간에 불이 나서 이웃 마을 사람들이 달려와 불을 끄게 되었다. 〔그런데〕 법당에 올라가 보니 관음상이 없어져서 두루 살펴보니 뜰 가운데 서 있었다. 누가 밖으로 옮겨 놓았는지 물었으나 아무도 알지 못했다. 그제야 대성의 신령스러운 힘을 알았다.

또 대정大定°⁷ 13년 계사(1173년) 연간에 점숭占崇이란 승려가 이 절에 와서 살았다. 그는 글을 깨우치지는 못했으나 성품이 본래 순수하여 부지런히 향을 올렸다. 어떤 승려가 그의 거처를 빼앗아 살려고 친의천사襯衣天使°⁸에게 호소하여 말했다.

"이 절은 나라에서 은덕과 복을 비는 장소니, 글을 읽는 자를 가려 뽑아 주지로 삼는 것이 마땅합니다."

천사는 이 말을 옳게 여기고 점숭을 시험하려고 불교 의식문〔疏文〕을 거꾸로 주었다. 점숭은 글을 받아 들고 즉시 물 흐르듯 읽었다.

○○○ 7 금나라 세종世宗 완안옹完顔雍의 연호. 1161~1189년까지 사용했다.
○○○ 8 불교에서 옷을 시주하는 천사다.

천사는 마음속으로 탄복하고 방 가운데로 물러나 앉아 다시 읽어
보게 했다. 그런데 점숭은 입을 다물고 읽지 못했다.

천사가 말했다.

"대사〔上人〕는 정말로 대성께서 보살펴 주는 사람이다."

절을 끝내 빼앗지 않았다. 그 당시 점숭과 함께 살던 처사處士 김
인부金仁夫가 마을 노인들에게 전해 기록으로 남게 되었다.

백률사

계림의 북쪽 산을 금강령金剛嶺이라 하는데, 산 남쪽에 백률사栢
栗寺°**1**가 있다. 그 절에는 대비상大悲像(관음보살상)이 하나 있는데,
언제 만들어졌는지는 알 수 없지만 기이한 영험이 꽤 알려져 있었
다. 어떤 사람은 이것을 중국의 뛰어난 장인(神匠)이 중생사衆生寺의
관음소상을 만들 때 같이 만든 것이라 했다. 세속에서는 이렇게 말
했다.

"이 부처님이 일찍이 도리천忉利天°**2**에 올라갔다가 돌아와 법당
으로 들어갈 때 밟은 돌 위의 발자국이 지금까지 없어지지 않고 남
아 있다."

어떤 사람은 부처님이 부례랑夫禮郎을 구출하여 돌아올 때 남긴
발자국이라고도 한다.

천수天授 3년 임진년(692년) 9월 7일, 효소왕孝昭王은 대현살찬大
玄薩湌°**3**의 아들 부례랑을 받들어 국선國仙으로 삼으니 화려한 차림
의 무리가 1000명이었는데, 그 가운데에서도 안상安常과 유독 친했
다. 천수 4년곧 장수長壽 2년이다. 계사년(693년) 늦봄에 무리를 이끌고

○○○ **1** 경주의 소금강산에 있는 절이다.
○○○ **2** 육욕천六慾天의 둘째 하늘로 제석천의 큰 성이 있다고 한다.
○○○ **3** 살찬은 신라 벼슬의 제8관등으로 사찬沙湌이다.

금란金蘭○4에 놀이를 가서 북명北溟○5 경계에 이르렀다가 부례랑이 그만 오랑캐〔말갈족〕에게 붙잡혔다. 무리들은 모두 어쩔 줄 모르고 그대로 돌아왔는데 안상이 혼자서 추적해 갔다. 이때가 3월 11일이었다.

대왕은 그 소식을 듣고는 놀라움을 금치 못하여 말했다.

"선대 임금께서 신령스러운 피리를 얻어 나에게 전해 주었는데, 지금 현묘한 가야금〔玄琴〕과 함께 궁궐 창고에 보관되어 있다. 어째서 화랑이 갑자기 적에게 붙잡혔는지 모르지만 어찌 하면 좋겠는가? 가야금과 피리의 일은 다른 전에 모두 기록되어 있다."

이때 상서로운 구름이 천존고天尊庫를 뒤덮었다. 왕이 놀라고 두려워 조사하게 하니, 창고 안의 거문고와 피리가 없어졌다. 이에 왕이 말했다.

"내게는 어찌 복이 없는가? 지난번에는 화랑을 잃더니 또다시 거문고와 피리를 잃었구나."

왕은 즉시 창고 담당 관리 김정고金貞高 등 다섯 사람을 옥에 가두었다.

4월에 나라에 사람을 모집하는 방을 붙였다.

"거문고와 피리를 찾아낸 사람에게는 1년치 세금을 상으로 주겠다."

5월 15일에 부례랑의 부모가 백률사 대비상 앞에 나아가 며칠 동안 저녁 기도를 올리니, 갑자기 향탁香卓 위에 거문고와 피리 두

○○○ **4** 지금의 강원도 통천이다.
○○○ **5** 지금의 원산만 일대다.

가지 보물이 나타나고, 부례랑과 안상 두 사람이 대비상 뒤에 와 있었다. [부례랑의] 부모가 매우 기뻐하며 어찌 된 일인지를 물어보니 부례랑이 말했다.

"저는 붙잡혀 간 뒤 그 나라 대도구라大都仇羅 집의 목자牧子가 되어 대오라니大鳥羅尼의 들에서 짐승을 치고 있었는데, 어떤 책에서는 도구都仇의 집 종이 되어 대마大磨의 들에서 짐승을 쳤다고 한다. 갑자기 용모가 단정한 승려가 손에 거문고와 피리를 들고 와서 저를 위로하며 '고향 생각이 나는가?'라고 묻기에 저도 모르는 사이에 그 앞에 꿇어앉아 '임금님과 부모를 그리워하는 마음을 어찌 말로 다하겠습니까?'라고 말했습니다. 승려가 '그렇다면 나를 따라오너라.' 하여 마침내 바닷가까지 쫓아갔는데, 거기에서 다시 안상과 만났습니다. 승려가 피리를 둘로 쪼개어 우리 두 사람에게 주면서 각각 한 조각씩 타게 하고 자신은 거문고를 타고 바다를 건넜는데 잠깐 동안에 이곳에 이르렀습니다."

이런 사실을 왕에게 급히 알리자 왕이 매우 놀라 사신을 보내 맞이했다. 부례랑은 거문고와 피리를 가지고 대궐로 들어갔다. 왕은 50냥의 금은으로 만든 다섯 가지 그릇 두 벌과 누비 가사 다섯 벌, 비단[大綃] 3000필, 밭 1만 경을 절에 시주해 부처님의 은덕에 보답하고, 나라 안에 대사면령을 내렸다. 또 관리들은 작위를 3급씩 높이고, 백성들에게 3년간 세금을 면제했다. 절 주지를 봉성사奉聖寺로 옮기고, 부례랑을 대각간大角干신라의 총재 작위으로 봉했으며, 아버지 대현아찬大玄阿湌을 태대각간太大角干으로, 어머니 용보부인龍寶夫人을 사량부沙梁部 경정궁주鏡井宮主로, 안상을 대통大統으로 삼았다. 또 창고지기 다섯 사람을 풀어 주면서 각기 5급의 벼슬을 하사했다.

6월 12일에 혜성이 동쪽 하늘에 나타나고 17일에는 또다시 서쪽에 나타나니 일관日官이 아뢰었다.

"이는 거문고와 피리를 벼슬에 봉하지 않았기 때문입니다."

그리하여 피리를 만만파파식萬萬波波息이라고 불렀더니, 혜성이 그제야 사라졌다. 이후에도 영험이 많았으나 글이 번거로워 싣지 않는다.

세상에서는 안상을 준영랑俊永郎의 무리라고 했으나, 이는 제대로 살피지 않은 것이다. 준영랑의 무리는 다만 진재眞才와 번완繁完만의 이름이 알려졌는데, 이들 또한 알 수 없는 사람들이다. 상세한 것은 다른 전에 있다.

민장사

우금리禺金里에 사는 가난한 여자 보개寶開에게는 장춘長春이라는 아들이 있었다. 그는 바다의 장사꾼들을 따라다녀 오랫동안 소식이 없었다. 그의 어머니가 민장사敏藏寺이 절은 민장 각간敏藏角干이 자기 집을 내놓아 세운 것이다.°¹ 관음보살 앞에 나아가 이레 동안 기도를 드리니, 갑자기 장춘이 돌아왔다. 그동안의 일을 묻자 장춘이 말했다.

"바다 한가운데서 큰 바람을 만나 배가 부서져 함께 탄 사람들은 빠져나오지 못하고, 저는 판자 조각을 타고 떠내려가 오吳나라 바닷가에 이르렀습니다. 오나라 사람들이 저를 거두어서 들에서 밭을 갈도록 해 주었습니다. 그런데 이상한 스님이 마치 고향에서 온 것처럼 은근히 위로하더니 저를 데리고 함께 떠났습니다. 앞에 깊은 시내가 나타나자 그가 저의 겨드랑이를 끼고 건너뛰었는데, 어렴풋이 우리 마을의 말 소리와 우는 소리가 들리기에 보니 바로 여기였습니다. 해 질 무렵에 오나라를 떠났는데, 여기에 도착한 것은 겨우 술시戌時°²쯤이었습니다."

이때가 바로 천보天寶 4년 을유년(745년) 4월 8일이었다. 경덕왕이 그 말을 듣고 절에 전답을 시주하고 또 재물과 폐물을 바쳤다.

○○○ **1** 경주에 있던 절이다.
○○○ **2** 오후 7시에서 9시 사이로 저녁이다.

앞뒤에서 가져온 사리

『국사』에 이른다.

"진흥왕 때인 태청太淸 3년 기사년(549년)에 양나라 사신 심호沈湖
가 사리 몇 알을 가져왔고, 선덕왕 때인 정관貞觀 17년 계묘년(643년)
에 자장법사가 부처의 두개골과 부처의 어금니와 부처의 사리 백 개,
부처가 입던 자줏빛 비단에 금색 점이 있는 가사 한 벌을 가지고 왔
다. 그 사리를 셋으로 나누어 하나는 황룡사 탑에 보관하고, 하나는
태화탑太和塔에 보관하고, 하나는 가사와 함께 통도사 계단戒壇에 보
관했다. 그 나머지는 어디에 있는지 알 수 없다. 통도사 계단은 2층으
로 되어 있으며, 위층 가운데에 돌 뚜껑을 모셔 두었는데, 마치 가마
솥을 엎어 놓은 것 같았다."

세속에서는 이렇게 말한다.

"옛날 고려 때 전후로, 안염사按廉使°1 두 사람이 와서 계단에 예
를 올리면서 공손히 돌 뚜껑을 들었는데, 처음에는 구렁이가 돌 상자
속에 있는 것을 보았고, 다음에는 큰 두꺼비가 웅크리고 있는 것을
보았으므로, 이때부터 감히 뚜껑을 열지 못했다. 요즈음 상장군 김
이생金利生°2 공과 시랑 유석庾碩이 고종의 명령을 받고 강동江東°3을

○○○ **1** 고려의 지방 장관으로 순시를 담당한다.
○○○ **2** 고려 고종 때의 장군이다.
○○○ **3** 낙동강 동쪽을 말한다.

지휘할 때 부절을 갖추어 절에 도착하여 돌을 들고 예를 올리려 했다. 절의 승려는 지난 일을 생각해 난처하게 여겼으나 두 공이 군사들을 시켜서 굳이 돌을 들어내게 했다. 안에는 작은 돌 상자가 있었고 돌 상자 속에 유리통이 있었는데, 통 안에는 사리 네 개만이 들어 있었다. 서로 돌려보며 경의를 표했는데, 통에는 깨진 흠집이 약간 있었다. 그래서 유공이 마침 가지고 있던 수정 상자 하나를 시주하여 함께 보관하게 하고, 그 사실을 기록해 두었다. 이때가 강화로 서울을 옮긴 지 4년이 되는 을미년(1235년)이었다."

『고기古記』에는 이렇게 적혀 있다.

"사리 백 개를 세 곳에 나누어 보관했는데, 지금 여기에는 네 개뿐이다. 이것은 보는 사람에 따라 숨겨지기도 하고 나타나기도 하여 많고 적고 할 뿐이니 이상하게 생각할 것이 못 된다."

또 세속에서는 이렇게 말한다.

"황룡사 탑에 불이 나던 날 돌솥 동쪽 면에 큰 얼룩 점이 처음 나타났는데 지금까지 그대로 있다."

그때가 바로 대요大遼 응력應曆[4] 3년 계축년(953년)이며, 고려 광종 5년으로 탑이 세 번째로 불탄 때였다. 조계曹溪 무의자無衣子[5]가 남긴 시에 "듣건대 황룡사 탑이 불타던 날에 연달아 타 버린 한쪽 면에도 틈이 없었네."라고 한 것이 바로 이것이다.

지원至元 갑자년(1264년) 이래로 원나라의 사신과 본국의 사신이 다투어 와서 절하고 사방의 행각승行脚僧[6]들도 몰려와 참배했는

○○○ **4** 요나라 목종穆宗 야율경耶律璟의 연호. 951~969년까지 사용했다.
○○○ **5** 고려 시대 송광사 출신 16국사 중에 2세로 보조국사 지눌의 법을 이었던 진각국사 혜심(1178~1234년)의 호이다.

데, 어떤 사람은 돌 상자를 들어내어 보기도 하고 어떤 사람은 들어
내지 않기도 했다. 진신사리 네 개 이외에 변신사리變身舍利°7는 모
래와 같이 부서져서 돌솥 밖으로 나왔는데, 이상한 향기가 강렬히
풍기며 며칠 동안이나 없어지지 않는 일이 종종 있었다. 이는 말세
에 있는 한 지방에서 생긴 기이한 일이었다.

당나라 대중大中°8 5년 신미년(851년)에 당나라에 갔던 사신 원
홍元弘이 부처의 어금니를 가지고 왔고지금은 그 소재를 알 수 없는데, 신
라 문성왕文聖王 대의 일이다. 후당後唐 동광同光 원년 계미년(923년), 고
려 태조 즉위 6년에 당나라로 갔던 사신 윤질尹質이 오백나한상五百
羅漢像°9을 가지고 왔는데, 지금 북숭산北崇山 신광사神光寺에 있다.
또 송나라 선화宣和°10원년 기해년(1119년)예종睿宗 15년이다. 에 입공
사入貢使 정극영鄭克永과 이지미李之美 등이 부처의 어금니를 가져왔
는데, 지금 내전內殿에 받들어 모신 것이 이것이다.

전해 오는 말에 의하면, 옛날 의상법사義湘法師가 당나라에 들어
가 종남산終南山 지상사至相寺의 지엄°11존자智儼尊者가 있는 곳에 이
르렀다고 한다. 이웃에 선율사宣律師°12가 있어 언제나 하늘로부터

○○○ **6** 원문은 '운수雲水'인데 선승이 구름이나 비처럼 떠돌아다니는 것을
말한다.
○○○ **7** 사리의 부족으로 대용품으로 봉안한 깨끗한 모래나 수정, 보석류 등
의 광석을 지칭하는 것으로 추정된다.
○○○ **8** 당唐나라 선종宣宗 이침李忱의 연호. 847~860년까지 사용했다.
○○○ **9** 석가가 세상을 떠난 후 남긴 가르침을 모으기 위해 모였던 500명의
비구로 오백상수五百上首라고도 한다.
○○○ **10** 송나라 휘종徽宗 조길趙佶의 연호. 1119~1125년까지 사용했다.
○○○ **11** 당나라 승려로 화엄종의 2대조다.
○○○ **12** 당나라 때 남산율종南山律宗의 개조 도선율사道宣律師다.

공양을 받았는데 매일 재齋를 올릴 때마다 하늘의 주방에서 음식을 보내 왔다. 하루는 선율대사가 의상법사에게 재를 올리기를 청했다. 의상법사가 도착하여 자리 잡고 앉은 지 오래 지났으나 하늘에서 보내는 음식이 때가 지나도록 이르지 않았다. 의상법사가 빈 바리때만 가지고 돌아가자 비로소 하늘의 사자가 내려왔다.

선율이 물었다.

"오늘은 어찌하여 늦었습니까?"

하늘의 사자가 말했다.

"온 고을에 가득히 신병神兵이 가로막고 있어 들어올 수가 없었습니다."

그러자 선율은 의상법사에게 귀신의 호위가 있음을 알고는, 그의 뛰어난 도에 감복하여 하늘에서 보내는 음식을 그대로 남겨 두었다. 이튿날 또 지엄존자와 의상법사를 맞이하여 재를 올린 후 그 까닭을 말했다. 의상법사가 조용히 선율에게 말했다.

"율사께서는 이미 천제의 존경을 받고 계십니다. 저는 일찍이 제석궁帝釋宮°[13]에는 부처의 치아 40개 중 어금니 하나가 있다고 들었습니다. 우리들을 위해 천제께 청하여 인간 세상으로 내려 보내 복을 받게 하는 것이 어떻겠습니까?"

선율이 이후에 하늘의 사자와 함께 그 뜻을 상제에게 전하니, 천제가 이레 동안을 기한으로 하여 보내 주었으므로 의상법사가 경배를 마치고 대궐에 맞이하여 모셨다.

○○○ **13** 범왕과 더불어 불법을 지키며 불교의 33천을 주재하는 신이 있는 곳이다.

그 후 송나라 휘종徽宗 때에 이르러 좌도左道[도교]를 받들었는데, 이때 나라 사람들은 도참설을 전해 말했다.

"금인金人이 이 나라를 멸망시킬 것이다."

누런 두건[黃巾]°14을 쓴 무리들이 일관日官°15을 충동질하여 임금에게 아뢰었다.

"금인이란 불교를 말하는 것으로 앞으로 국가에 이롭지 못할 것입니다."

그래서 불교를 없애기로 의논하고 승려들을 묻어 버리고 경전을 불태웠으며, 별도로 작은 배를 만들어 부처의 어금니를 실어 큰 바다에 띄워 인연이 있는 곳으로 보내려 했다. 그때 마침 고려 사신이 송나라에 이르러 이 일을 듣고는 그 배를 책임진 관리에게 천화용天花茸°16 50령領과 저포紵布 300필을 뇌물로 주고 몰래 부처의 어금니를 받고는 빈 배만 띄워 보냈다.

사신들이 부처의 어금니를 얻어 가지고 와서 아뢰자, 예종睿宗이 몹시 기뻐하며 십원전十員殿 왼쪽에 있는 작은 전각[小殿]에 모셨다. 전각에는 언제나 자물쇠를 채우고 밖에는 향을 피우고 등불을 달아 왕이 친히 행차하는 날에만 전각의 문을 열고 예를 올렸다.

임진년(1232년)에 왕이 서울을 강화로 옮길 때, 내관은 급한 나머지 부처의 어금니를 잊어버리고 챙기지 못했다. 병신년 4월에 왕의 원당願堂인 신효사神孝寺의 승려 온광蘊光이 부처의 어금니에 예불 드리기를 청하므로 왕에게 보고하니 내신에게 명령하여 궁중을

○○○ **14** 여기서는 도교를 말한다.
○○○ **15** 천문에 관한 일을 맡아 보던 관리다.
○○○ **16** 상급上級의 녹용이다.

두루 찾아보도록 했으나 찾지 못했다. 그때 백대柏臺[17]의 시어사侍御史인 최충崔冲[18]이 설신薛伸에게 명령하여 급히 여러 알자謁者[19]의 방을 수색하도록 하니 모두 둔 곳을 알지 못했다. 내신 김승로金承老가 아뢰었다.

"임진년 서울을 옮길 때의 궁중 일기를 살펴보십시오."

그의 말에 따라 일기를 살펴보니 이렇게 씌어 있었다.

"입내시入內侍 대부경大府卿 이백전李白全이 부처의 어금니가 있는 상자를 받았다."

그래서 이백전을 불러 물어보니 이렇게 대답했다.

"집에 돌아가 다시 제 개인 일기를 찾아보도록 해 주십시오."

집에 돌아가 찾아보고 좌번알자左番謁者 김서룡金瑞龍이 부처의 어금니가 있는 상자를 받았다는 기록을 가져다가 바쳤다. 그래서 김서룡을 불러 물었으나 그는 대답하지 못했다. 다시 김승로가 아뢰었다.

"임진년부터 지금 병신년에 이르기까지 5년간 어불당御佛堂과 경령전景靈殿에 수직한 자들을 잡아 가두고 심문하십시오."

그러나 이렇다 할 결말이 나지 않았다. 그 후 사흘이 지나 밤중에 김서룡의 집 담장 안에서 물건을 던지는 소리가 들려 불을 켜 들고 조사해 보니 부처의 어금니가 든 상자였다. 상자는 본래 가장 안쪽이 침향합沈香盒, 다음 겹은 순금합, 다음 겹은 백은함, 다음 겹은 유리함, 다음 겹은 나전함으로 각 폭은 서로 꼭 맞게 되어 있었으나,

---

○○○ **17** 어사대御史臺의 별칭이다.

○○○ **18** 고려 목종 때부터 문종 때까지 활동하던 유학자로서 해동공자海東孔子로 칭송되었다.

○○○ **19** 임금 곁에서 응접을 맡은 관리로서 내시부의 종 7품이다.

남아 있는 것은 유리함뿐이었다. 김서룡은 찾은 것을 기뻐하여 궁궐 안으로 들어가 아뢰었다.

담당 관리들이 의논했다.

"김서룡과 어불당과 경령전을 지킨 사람은 모두 죽여야 합니다."

진양부晉陽府[20]에서 아뢰었다.

"부처의 일 때문에 많은 사람을 죽이는 것은 옳지 못합니다."

그래서 모두 죽음을 면했다. 다시 명령하여 십원전 뜰 가운데에 특별히 부처의 어금니를 모실 전각[佛牙殿]을 지어 모셔 놓고 장사를 두어 지키게 했다. [그리고] 좋은 날을 가려 신효사 주지 온광蘊光을 청하여 승도 서른 명을 데리고 궁궐에 재를 올려 예불을 하게 했다. 그날 숙직하던 승선承宣 최홍崔弘, 상장군 최공연崔公衍과 이영장李令長, 내시와 다방茶房[21] 등이 궁궐 뜰에서 왕을 모시고 차례로 불아함佛牙函을 머리에 이고 예불했는데, 불아함 속에 사리가 무수히 많았다. 진양부에서는 그것을 백은함에 담아 모셨다.

이때 왕이 신하들에게 말했다.

"짐은 부처의 어금니를 잃어버린 이래 네 가지 의심이 생겼소. 첫째는 하늘나라[天宮]에서 정해 준 7일의 기한이 찼기 때문에 하늘로 올라갔는가 하는 것이고, 둘째는 나라가 이와 같이 어렵기 때문에 신성한 물건인 부처의 어금니가 인연이 있는 안전한 나라로 갔는가 하는 것이고, 셋째는 재물을 탐낸 소인이 훔쳐 가 상자만 갖고 부처 어금니는 시궁창에 버렸는가 하는 것이고, 넷째는 도둑이 보물

○○○ **20** 고려 고종 때 무신 정권의 수장 최충헌이 만든 도당이다.
○○○ **21** 임금의 사생활을 시중 드는 관리다.

을 훔쳐 가기는 했으나 드러낼 수가 없어서 집 안에 감추어 두었는가 하는 것이었는데, 지금 네 번째 의심이 들어맞았소."

그리고 왕이 소리 내어 크게 우니 뜰에 가득 모여 선 신하들이 모두 눈물을 흘리면서 만수를 빌었다. 심지어 이마를 태우고 팔뚝을 태운 사람의 수를 헤아릴 수가 없었다. 이런 사실은 당시 대궐 안에서 향을 피우며 기도하던 기림사祇林寺의 대선사 각유覺猷에게서 얻었는데, 그가 직접 본 것을 나에게 기록하게 한 것이다. 또 경오년(1270년)에 〔강화에서 개경으로〕 환도할 때의 난리는 임진년보다 더 허둥지둥한 모습이었다. 십원전의 감주監主로 있던 〔고려의〕 선사 심감心鑑은 죽음을 무릅쓰고 부처 어금니 상자를 몸에 지니고 나와 삼별초의 난을 피했다. 이 사실이 대궐에 알려지자 그 공로를 인정하여 크게 상을 주고 이름 있는 절로 옮겨 살게 했는데, 지금은 빙산사氷山寺에 살고 있다. 이 이야기도 각유에게 직접 들은 것이다.

진흥왕 대인 천가天嘉 6년 을유년(565년)에 진陳나라에서 사신 유사劉思와 승려 명관明觀을 시켜 불교의 경經과 논論 1700여 권을 보내 왔고, 정관 17년(643년)에는 자장법사가 삼장三藏°²² 400여 상자를 싣고 와 통도사에 모셔 두었다.

흥덕왕 대인 태화太和°²³ 원년 정미년(827년)에 유학 갔던 고구려의 승려 구덕丘德이 불경 몇 상자를 싣고 오니, 왕과 여러 절의 승려들이 흥륜사 앞길에 나가 맞이했다. 대중大中 5년(851년)에는 당나라에 보낸 사신 원홍이 불경 몇 축軸을 가지고 왔고, 신라 말에는 보

○○○ **22** 석가모니의 설법을 모은 경장經藏, 교단이 지켜야 할 계율을 모은 율장律藏, 교리를 연구하고 논의한 논장論藏이다.
○○○ **23** 당나라 문종文宗 이앙李昂의 연호. 827~835년까지 사용했다.

요선사普耀禪師가 다시 오월吳越에 가서 대장경을 싣고 왔는데 바로 해룡왕사海龍王寺를 처음으로 세운 사람이다.

송나라 원우元祐 갑술년(1094년)에 어떤 사람이 보요선사의 초상에 대해 이렇게 기렸다.

거룩하도다, 시조 스님이여!
우뚝하도다, 참모습이여!
두 번씩이나 오월국에 가서
대장경을 무사히 가져왔네.
보요라는 이름을 내리고,
조서[鳳詔]도 네 번이나 내렸네.
만일 그 덕을 물으면
밝은 달과 맑은 바람과 같구나.

또 대정大定 연간에 한남의 관기管記°24 팽조적彭祖逖이 시를 남겼다.

물과 구름 조용한 절간[水雲蘭若]°25에 부처님이 계시는데
더구나 이곳은 신룡神龍이 있어 도량을 보호하네.
마침내 이 좋은 절을 누가 이어받을까.
처음에 불교를 남쪽에서 전해 왔네.

○○○ **24** 문독文牘을 관장하던 직책이다.
○○○ **25** 해룡왕사를 말한다.

그 발문跋文은 이렇다.

"옛날 보요선사가 처음으로 남월南越에서 대장경을 구해 가지고 돌아오는데, 바다에 갑자기 바람이 일어나 작은 배가 파도 속으로 사라졌다 나타났다 하는 것이 뒤집힐 것 같았다.

보요선사가 말했다.

'아마도 신룡神龍이 대장경을 여기에 머물게 하려는 것인가?'

드디어 선사가 주문을 정성껏 외워 신룡까지 함께 받들고 돌아왔다. 그러자 바람이 잠잠해지고 파도가 멎었다. 본국으로 돌아오고 나서 산천을 두루 살피면서 대장경을 모실 곳을 찾았다. 이 산에 이르자 갑자기 상서로운 구름이 산 위에서 일어나는 것을 보고는 수제자 홍경弘慶과 함께 절을 짓고 지냈다. 그러니 불교가 동쪽으로 전래된 것은 실로 이때에 시작된 것이었다. 한남의 관기 팽조적이 서술한다."

이 절에는 용왕당龍王堂이 있었는데, 아주 신령스럽고 이상한 기적이 많았다. 당시 〔용왕은〕 대장경을 따라와 머물러 있었으며 지금까지도 〔용왕당이〕 남아 있다.

또 천성天成 3년 무자년(928년)에 묵화상默和尚이 당나라에 들어갔다가 또 대장경을 싣고 돌아왔다. 고려 예종 때에는 혜조국사慧照國師가 조서를 받들고 서쪽〔당나라〕으로 유학 가 요遼나라에서 간행된 대장경 세 부를 싣고 돌아왔는데, 한 부는 지금 정혜사定惠寺에 있다. 해인사海印寺에 한 권이 있고, 허참정許參政의 집에 또 한 권이 있다. 대안大安 2년(1086년)은 고려 선종宣宗 시대다. 우세승통祐世僧統 의천義天이 송나라에 들어가 천태종의 교관敎觀°²⁶을 많이 가지고

○○○ **26** 교상敎相과 관심觀心을 담은 책이다.

왔다. 이 밖에도 서책[方冊]에 실리지 않았으나 고승과 거사들이 오가면서 가지고 온 것은 자세히 기록하지 못한다. 불교가 동쪽으로 전해 오는 데는 그 앞길이 양양하였으므로 경사스러운 일이다.

°°° 다음과 같이 기린다

중국과 동방은 아득히 떨어졌는데
녹원鹿園°²⁷의 학수鶴樹°²⁸가 2000년이나 되었네.
동방으로 전해 오니 참으로 경사스러운 일이라.
동방[東震]°²⁹과 인도[西乾]가 한세상 되었네.

여기에 기록되어 있는 『의상전義湘傳』을 살펴보면 이렇다.
"영휘 초년(650년)에 당나라에 들어가서 지엄선사를 뵈었다."
그러나 부석사浮石寺°³⁰ 본비本碑에 의하면 이렇다.
"의상은 무덕武德 8년(625년)에 태어나 어린 나이에 출가했다. 영휘 원년 경술년(650년)에 원효와 함께 당나라로 들어가려고 고구려에 이르렀으나 어려움이 있자 되돌아왔다. 용삭 원년 신유년(661년)에 당나라에 들어가 지엄의 문하에서 배우고, 총장 원년(668년)에

○○○ 27 녹야원鹿野園으로 석가모니가 도를 이룬 뒤 처음으로 비구를 위해 설법한 곳이다.
○○○ 28 학림鶴林이다. 이 숲속에서 석가모니가 죽었으므로 뒷날 석가모니의 열반을 상징한다.
○○○ 29 동국東國으로 우리나라를 말한다.
○○○ 30 경상북도 영풍군 부석면에 있는 절로 신라 문무왕 16년(676년)에 의상대사가 세웠으며 화엄종을 처음 열었다.

지엄이 죽자 함형咸亨∘**31** 2년(671년)에 신라로 돌아와서 장안 2년 임인년(702년)에 죽으니 그때가 일흔여덟 살이었다."

그렇다면 아마도 지엄과 함께 선율사가 있는 곳에서 재를 올리며 하늘나라〔天宮〕에 부처의 어금니를 청하던 때는 신유년에서 무진년에 이르는 칠팔년 동안이 될 것이다. 〔고려〕 고종이 강화도로 들어가던 임진년(1232년)에 하늘나라에서 한정한 7일이 되었다고 의심한 것은 잘못된 것이다. 〔아마도〕 도리천의 하루는 인간 세상의 백 년에 해당할 것이다. 또 의상이 처음 당나라로 들어가던 신유년(661년)으로부터 고종 임진년(1232년)까지 계산하면 693년이 되며, 경자년(1240년)에 이르러서야 겨우 700년째가 되어 7일의 기한이 차는 것이다. 강화도로 돌아오던 지원至元 7년 경오년(1270년)에 이르면 730년이 된다. 만약 하늘의 말과 같이 7일 후에 하늘나라로 돌아갔다면 선사 심감이 강화도로 돌아올 때 몸에 지니고 가서 바친 것은 아마 진짜 부처의 어금니가 아닐 것이다. 이해 봄, 왕은 수도로 돌아오기 전에 대궐 안에 제종諸宗의 유명한 승려〔明德〕들을 모아 놓고 정성스럽고 부지런하게 부처의 어금니와 사리를 빌고 구했으나 하나도 얻지 못했다. 아마도 7일의 기한이 차서 하늘로 올라간 것이 맞는 것 같다.

지원 21년 갑신년(1284년)에 국청사國淸寺∘**32** 금탑을 보수했는데, 국왕과 장목왕후莊穆王后가 묘각사妙覺寺∘**33**에 행차하여 신도들을 모아 놓고 축원독경을 했다. 이것이 끝나자 부처의 어금니와 낙산

○○○ **31** 당나라 고종 이치의 연호. 670~674년까지 사용했다.
○○○ **32** 경기도 개풍군에 있던 절이다.
○○○ **33** 개성 연평문 밖에 있던 절이다.

의 수정 염주와 여의주를 군신과 사람들이 모두 머리에 이고 예불한 후 함께 금탑 안에 넣었다. 나 역시 이 모임에 참여하여 이른바 부처의 어금니라는 것을 직접 보았는데, 길이는 세 치 남짓 되고 사리는 없었다.

이상은 무극無極○34이 기록한다.

○○○ 34 고려 승려 보감국사 혼구寶鑑國師混丘(1251~1322년)의 호다. 일연의 제자로 충렬왕 때 대선사가 되었고 충숙왕 때 왕사가 되었다. 이러한 기록은 『삼국유사』가 제자 무극에 의해 간행되었다는 설을 뒷받침한다.

미륵선화 미시랑과 진자스님

제24대 진흥왕의 성은 김씨고, 이름은 삼맥종彡麥宗, 또는 심맥종
深麥宗이라고 한다. 양梁나라 대동大同°¹ 6년 경신년(540년)에 즉위했
다. 백부 법흥왕의 뜻을 사모하여 부처를 한결같은 마음으로 섬겨 널
리 절을 세우고, 사람들을 이끌어 승려가 되게 했다. 또 천성이 풍류
를 좋아하고 신선神仙°²을 매우 숭상하여 백성들 집안의 아름다운
처녀들을 뽑아 원화原花°³로 삼았다. 이것은 무리를 모으고 선비를
뽑아 효도, 우애, 충성, 신의를 가르치고자 함이었고, 또한 나라를 다
스리는 큰 요체이기도 했다. 이에 남모랑南毛娘과 교정랑姣貞娘°⁴ 두
원화를 뽑고, 무리 300~400명을 모았다. 그런데 교정랑이 남모랑
을 질투하여 술을 준비해 남모랑에게 먹여 취하게 한 후, 몰래 북천
으로 데리고 가서 큰 돌을 들고 묻어 죽였다. 남모랑의 무리들은 남
모랑의 소재를 몰라 슬피 울면서 흩어졌다. 어떤 사람이 교정랑의
음모를 알아차리고는 노래를 지어 골목거리 어린아이들을 꾀어 거
리에서 부르게 했다. 남모랑의 추종자들이 노래를 듣고 그의 시체를
북천 가운데서 찾아낸 후 교정랑을 죽였다. 그러자 대왕이 명령을

○○○ 1 양나라 무제 소연蕭衍의 연호. 535~546년까지 사용했다.
○○○ 2 여기서는 풍류를 가리키는데 신라 국풍인 화랑의 도를 비유한 것이다.
○○○ 3 화랑의 전신으로 진흥왕 37년(576년)에 세운 청소년 수련 단체다.
○○○ 4 『삼국사기』 「신라본기」에는 준정랑俊貞娘으로 나와 있다.

내려 원화를 폐지했다.

여러 해가 지나자 왕은 또 나라를 흥성하게 하려면 반드시 먼저 풍월도風月道°5를 해야 한다고 생각하여, 다시 명령을 내려 좋은 집안의 남자 가운데 덕행이 있는 올바른 사람을 뽑아 화랑花郞이라 고치고, 맨 먼저 설원랑薛原郞을 받들어 국선國仙으로 삼았다. 이것이 화랑 국선의 시초다. 그래서 명주溟州에 비를 세웠는데, 이로부터 사람들에게 악행을 고쳐 다시 선행을 하게 하고 윗사람을 공경하며 아랫사람에게는 순하게 하니, 오상五常°6과 육예六藝°7와 삼사三師°8와 육정六正°9이 이 시대에 널리 행해졌다.『국사』에는 진지왕眞智王 대건大建 8년 병신년에 처음으로 화랑을 두었다고 했으나, 사전史傳이 잘못된 것 같다.

진지왕 대에 이르러 흥륜사의 승려 진자眞慈정자貞慈라고도 한다.가 매일 법당의 주인인 미륵상 앞에 나아가 소원을 빌어 맹세하며 말했다.

"우리 부처님께서 화랑으로 변하여 세상에 나타나신다면, 제가 언제나 미륵의 얼굴[眸容]을 가까이 대하고 받들어 시중을 들겠습니다."

그는 정성스럽고 간절하게 기원하는 마음이 날로 커졌다. 어느 날 저녁 꿈에 승려가 나타나 말했다.

"네가 웅천熊川지금의 공주 수원사水源寺°10로 가면 미륵선화彌勒

○○○ **5** 화랑도와 같은 의미다.
○○○ **6** 떳떳한 윤리란 뜻으로 인仁, 의義, 예禮, 지智, 신信을 말한다.
○○○ **7** 고대 중국의 교육 과목으로 예禮, 악樂, 사射, 어御, 서書, 수數를 말한다.
○○○ **8** 천자를 보필하는 관직인 태사太師, 태부太傅, 태보太保를 말한다.
○○○ **9** 성신聖臣, 충신忠臣, 양신良臣, 지신智臣, 정신貞臣, 직신直臣을 말한다.
○○○ **10** 충청남도 공주시에 소재하고 있으며, 백제 시대 창건된 사찰로 전해지는데 미륵 신앙의 중심지였다.

仙花를 보게 될 것이다."

진자는 꿈에서 깨어나 놀라고 기쁜 마음으로 그 절을 찾아갔는데, 열흘 동안 길을 가면서 한 걸음에 한 번씩 예를 올렸다. 그 절에 도착하여 문 앞에 이르자, 잘생긴 소년 하나가 반갑게 맞아들여 작은 문으로 데리고 들어가 손님이 묵는 방으로 안내했다. 진자가 올라가면서 읍을 하며 말했다.

"그대와 나는 평소 안면이 없는데 어찌 이와 같이 친절하고 정중하게 대접하시오?"

소년이 말했다.

"저 역시 서울 사람입니다. 덕이 높은 스님께서 멀리서 오는 것을 보고 위로해 맞이한 것일 뿐입니다."

얼마 후 소년이 문을 열고 나갔는데, 어디로 갔는지 알 수가 없었다.

진자는 속으로 우연한 일일 것이라 생각하고 그다지 이상하게 여기지 않았다. 다만 절의 승려에게 지난번 꿈과 오게 된 뜻만 이야기했다.

"잠시 이곳에 머물면서 미륵선화를 기다리려는데 어떻겠습니까?"

절의 승려는 그의 감정이 흔들리고 있는 것을 알아 속이려 하였지만 그 정성이 근실한 것을 보고는 곧 말했다.

"이곳에서 남쪽으로 가면 천산千山이 있는데, 예부터 현인賢人과 철인哲人들이 살고 있어 은밀한 감응이 많다고 합니다. 어찌 그곳으로 가 보지 않으십니까?"

그 말에 따라 진자가 산 아래에 이르자 산신령이 노인으로 변해 나와 맞으면서 말했다.

"이곳에는 무엇 하러 왔는가?"

진자가 대답했다.

"미륵선화를 만나 보려고 합니다."

노인이 말했다.

"지난번에 수원사 문밖에서 이미 미륵선화를 보지 않았던가? 또 무엇을 구하러 왔는가?"

진자는 이 말을 듣고 놀라 땀을 흘리며 본사本寺로 달려 돌아왔다. 한 달 남짓 지나자 진지왕이 이 일을 듣고는 불러들여 그 까닭을 물었다.

"그 소년이 스스로 서울 사람이라고 했고, 성인은 거짓말을 하지 않는 법이니, 성안에서 찾아보는 것이 어떻소?"

진자는 왕명을 받들어 무리들을 모아 마을을 두루 돌면서 찾았다. 단장한 모습이 수려한 소년이 영묘사 동북쪽 길 옆의 나무 아래를 거닐면서 놀고 있었다. 진자는 그를 마주하자 깜짝 놀라서 말했다.

"이분이 미륵선화시다."

소년에게 가까이 다가가 물었다.

"당신의 집은 어디입니까? 성이 무엇인지 듣고자 합니다."

소년이 대답했다.

"제 이름은 미시未尸입니다. 어릴 때 부모를 모두 여의어 성은 모릅니다."

그래서 진자는 그를 가마에 태우고 왕에게 데려갔다. 왕은 그 소년을 경애하고 받들어 국선으로 삼았다. 그는 무리들과 화목하게 지내고 예의와 풍속의 교화(風敎)가 예사롭지 않았으며 풍류가 세상에 빛났다. 그렇게 거의 7년을 지내다가 갑자기 간 곳을 모르게 되었다. 진자는 매우 슬퍼하고 그리워했다. 그러나 낭의 자비로운 은택을 흠뻑 입고 맑은 가르침을 받아 스스로 회개하여 정성껏 도를 닦았다. 그러나 그 역시 만년에는 간 곳을 몰랐다.

해설하는 자는 이렇게 말한다.

"미末와 미彌는 음이 서로 비슷하고 시尸와 역力은 그 모양이 서로 비슷하여 그 비슷한 것을 취해서 서로 바꾸어 쓴 것이다. 부처님이 오직 진자의 정성에만 감동한 것이 아니라 이 땅에 인연이 있었기 때문에 자주 나타난 것이다. 지금도 사람들이 신선을 일컬어 미륵선화라 하고, 남에게 중매하는 사람을 미시末尸라고 하는 것은 모두 진자가 남긴 풍습이다. 길 옆의 나무는 지금까지도 견랑수見郎樹라 불리며, 우리말로는 사여수似如樹 또는 인여수印如樹라 한다. 라 한다."

　°°° 다음과 같이 기린다

꽃다운 자취 찾아 한 걸음마다 그의 모습 바라보고
이르는 곳마다 심은 한결같은 공이여!
문득 봄은 되돌아가고 찾을 곳 없으니,
누가 알았겠는가, 상림원上林苑°[11] 한때의 봄을.

°°° **11** 중국 진한대 장안 서쪽에 있던 동산으로 황제가 이곳에서 사냥을 했다.

남백월의 두 성인 노힐부득과 달달박박°¹

『백월산양성성도기白月山兩聖成道記』°²에서 이렇게 말했다.

"백월산은 신라 구사군仇史郡옛날의 굴자군屈自郡으로 지금의 의안군 義安郡°³이다. 북쪽에 있는데, 산봉우리들이 기이하고 빼어난 모습으로 수백 리까지 뻗쳐 있어 정말로 큰 진산鎭山이었다."

옛 노인들이 서로 전하여 말했다.

"옛날 당나라 황제가 일찍이 연못을 하나 팠는데, 매월 보름 전날이면 달빛이 밝아지고 못 가운데 산이 하나 있어 사자처럼 생긴 바위의 그림자가 은은하게 꽃 사이에 비쳐 연못 속에 나타났지. 황제는 화공에게 명령하여 그 모습을 그리게 한 다음 사신을 보내 천하에서 찾도록 했어. 해동에 도착해서 이 산을 보니, 큰 사자암師子嵒이 있고 산의 서남쪽 2보步쯤 되는 곳에 삼산三山이 있어 그 이름을 화산花山그 산은 몸체 하나에 봉우리가 셋이므로 삼산이라고 한다. 이라 했어. 그림과 서로 비슷했으나 진짜 그 산인지 알 수 없어 사신이 신발 한 짝을 사자암 정상에 매달아 놓고 돌아와 아뢰었는데, 신발의

○○○ **1** 이 조는 노힐부득과 달달박박이 각기 미타불과 미륵불을 근실히 구하다 함께 왕생하는 이야기로 일연의 문학관과 『삼국사기』를 이해하는 주요 자료이다.

○○○ **2** 성도란 불교 이치를 터득한다는 뜻이다.

○○○ **3** 지금의 경상남도 창원이다.

그림자 역시 연못에 나타나므로 황제가 이상하게 여겨 백월산白月山이라는 이름을 내렸어. 보름 전에 흰 달의 그림자가 못에 나타나기 때문에 이름 붙인 것이다. 그 후로는 연못의 그림자가 사라졌지."

이 산의 동남쪽 3000보쯤 되는 곳에 선천촌仙川村이 있는데, 이 마을에 두 사람이 살고 있었다. 한 사람은 노힐부득努肹夫得득 자가 등等으로 된 곳도 있다. 으로 아버지의 이름은 월장月藏이고 어머니의 이름은 미승味勝이었다. 또 한 사람은 달달박박怛怛朴朴인데, 아버지의 이름은 수범修梵이고 어머니의 이름은 범마梵摩 『향전』에는 치산촌雉山村이라 했으나, 이는 잘못된 것이다. 두 사람의 이름은 방언인데, 두 집에서 각각 두 사람이 마음과 행동이 뛰어나고 대단한 절개가 있다는 두 가지 의미에서 이름 붙인 것이다. 였다. 이들은 풍채와 골격이 평범하지 않고 속세를 벗어난 높은 사상이 있어 서로 벗이 되어 사이좋게 지냈다. 스무 살이 되자 마을 동북쪽 고개 밖의 법적방法積房으로 가 의지하여 머리를 깎고 승려가 되었다. 얼마 후에 서남쪽 치산촌 법종곡法宗谷의 승도촌僧道村에 있는 오래된 절이 머물며 수양할 만하다는 말을 듣고는 함께 가서 대불전大佛田, 소불전小佛田이라는 두 마을에 각각 살았다. 노힐부득은 회진암懷眞庵 또는 양사壤寺에 머물렀고, 지금의 회진동懷眞洞에 있는 옛 절터가 그것이다. 달달박박은 유리광사瑠璃光寺지금 이산梨山 위에 있는 절터가 그것이다. 에 머물렀는데, 〔그들〕 모두 처자를 데리고 가 살면서 생계를 꾸리는 일을 하며 서로 오갔다. 〔그러면서도〕 정신을 수양하며 속세를 떠날 생각을 잠시도 버리지 않았다. 그들은 몸과 세상살이의 무상함을 보고는 서로 말했다.

"기름진 땅과 풍년 든 해가 참으로 좋기는 하지만 옷과 음식이 마음대로 생기고 절로 배부르고 따뜻함을 얻는 것만 못하며, 부녀와 집이 좋기는 하지만 연지화장蓮池花藏°**4**에서 여러 부처와 앵무새, 공작과 함께 즐기는 것만 못하다. 더구나 불교를 배우면 부처가 되어야 하고, 참된 마음을 닦으면 반드시 진리를 얻어야 한다. 지금 우리가 이미 머리 깎고 승려가 되었으니, 속세에 얽매인 것을 벗어 버리고 무상無上의 도를 이루는 것이 당연한 노릇이거늘, 어찌 계속 티끌 같은 세상에 파묻혀 세속의 무리들과 다를 바 없이 지내려 하는가?"

〔이들은〕 드디어 인간 세상을 버리고 깊은 산골로 숨으려 했다. 어느 날 밤 꿈에 백호광白毫光°**5**이 서쪽으로부터 오더니 그 빛 속에서 금색 팔이 내려와 두 사람의 이마를 쓰다듬었다. 깨어나 꿈 이야기를 하니, 두 사람의 꿈이 똑같아 함께 오랫동안 감탄했다. 마침내 백월산 무등곡無等谷지금의 남동南洞이다.으로 들어갔는데, 박박사朴 朴師는 북쪽 고개 사자암에 터를 잡아 여덟 자의 판잣집을 짓고 살았으므로 판방板房이라 했고, 부득사夫得師는 동쪽 고개 돌무더기 아래의 물이 있는 곳에 방장方丈으로 살았기 때문에 뇌방磊房이라 했다.『향전』에 말하기를 "부득은 산 북쪽의 유리동에 살았으니 지금의 판방이고, 박박은 산 남쪽의 법정동 뇌방에 살았다."라고 하여 이와 상반되는데, 지금 조사해 보니 『향전』이 잘못된 것이다. 각기 암자에 살면서 부득은 부지런히 미륵불彌勒佛을 구하고, 박박은 미타불彌陀佛°**6**을 염불했다.

○○○ **4** 비로사나불毘盧舍那佛이 있는 공덕무량功德無量하고 광대장엄廣大莊 嚴한 세계.
○○○ **5** 부처 12상相 가운데 하나로 '백호'는 부처님의 두 눈썹 사이에 있는 희고 빛나는 가는 터럭을 말한다.
○○○ **6** 아미타불의 준말로 중생을 제도하는 부처다.

3년이 못 되어 경룡景龍°7 3년 기유년(709년) 4월 8일, 성덕왕이 즉위한 지 8년이 되던 해의 일이었다.

해가 저물어 갈 무렵, 스무 살가량 되어 보이는 아주 아름다운 모습의 낭자가 난초와 사향 냄새를 풍기며 갑자기 북쪽 암자北庵『향전』에는 남암南庵이라 했다.에 당도하여 자고 가기를 간청하면서 시를 지어 바쳤는데, 그 내용은 다음과 같다.

> 나그네 걸음 늦어 해가 지니 온 산은 저물고,
> 길 막히고 성城은 먼데 사방이 고요하네.
> 오늘밤은 이 암자에서 머물고자 하니,
> 자비로운 스님께서는 화내지 마십시오.

박박이 말했다.

"절은 깨끗함을 지키는 데 힘써야 하므로 그대가 가까이 올 수 있는 곳이 아니오. 이곳에 머물지 말고 빨리 떠나시오."

박박은 문을 닫고 들어갔다. 기記에는 "나에게는 온갖 잡념이 재처럼 식었으니 지금 혈낭血囊°8으로 시험하지 마시오."라고 했다.

낭자가 남암南庵『향전』에는 북암北庵이라 했다.으로 가 또 이전과 같이 간청하니 부득이 말했다.

"그대는 어디에서 밤을 거슬러 왔소?"

낭자가 대답했다.

─────────

○○○ **7** 당나라 중종中宗 이현李顯의 연호. 707~710년까지 사용했다.
○○○ **8** 육욕肉慾과 같은 말이다.

"고요하고 맑은 모습이 태허太虛°**9**와 같은 몸인데, 어디를 오고 가겠습니까? 다만 어진 선비의 뜻과 소원이 깊고 덕행이 높고 견고하다는 말을 듣고 장차 보리菩提를 이루도록 도와주려는 것입니다."

그러고는 게偈°**10**를 하나 올렸는데, 다음과 같다.

> 해 저문 깊은 산길에
>
> 가도 가도 인가가 보이지 않네.
>
> 대나무와 소나무의 그늘은 더욱 깊건만,
>
> 골짜기의 시냇물 소리가 오히려 새롭네.
>
> 자고 가기 애원함은 길을 잃어서가 아니라
>
> 높은 스님〔尊師〕을 인도하기 위함이네.
>
> 바라건대 내 청만 들어주고,
>
> 또 누구냐고 묻지 마시오.

부득사가 듣고 놀라면서 말했다.

"이곳은 부인과 함께 있을 곳이 아니지만, 중생의 뜻에 따르는 것 또한 보살행菩薩行°**11**의 하나지요. 더구나 깊은 골짜기에 밤이 어두웠으니, 어찌 소홀히 대접할 수 있겠소."

그러고는 그녀를 맞이하여 절하고 암자에 머물게 했다. 밤이 되자 〔부득은〕 마음을 맑게 하고 몸가짐을 가다듬고 반벽半壁에 희미

○○○ **9** 공허 또는 정적의 경지로 우주의 근원을 말한다.

○○○ **10** 가타伽陀와 같은 말로 시의 형식을 빌려 불덕佛德을 찬미하고 교리를 서술한 것이다.

○○○ **11** 부처가 되려고 수행하는 자비로운 덕행을 말한다.

한 등불을 켜고 고요히 염불을 했다. 새벽이 다가올 무렵에 낭자가 불러 말했다.

"내게 불행하게도 산기産氣가 있으니, 스님께서는 짚자리를 깔아 주십시오."

부득은 그 모습에 측은한 생각이 들어 거절하지 못하고 촛불을 은은하게 밝혔다. 낭자는 해산을 마치자 또 목욕시켜 주기를 간청했다. 노힐부득은 부끄러운 마음과 두려움이 엇갈렸으나, 애처로운 마음이 더해져 거절하지 못하고 목욕통을 준비하여 낭자를 통 속에 앉히고 더운물로 목욕을 시켰다.

그러자 얼마 후 통 속의 물에서 향기가 풍기며 물이 금색으로 변했다. 노힐부득이 몹시 놀라니, 낭자가 말했다.

"우리 스님께서도 물에 목욕을 하십시오."

노힐부득이 마지못해 그의 말에 따르자 문득 정신이 맑아지더니 피부가 금빛으로 변하고 그 옆을 보니 갑자기 하나의 연화대蓮花臺가 생겼다. 낭자가 거기에 앉기를 권하면서 말했다.

"나는 관음보살인데 이곳에 와서 대사를 도와 대보리大菩提를 이루도록 한 것이오."

말을 마치고 낭자는 사라졌다.

한편 박박은 이렇게 생각했다.

"오늘밤 노힐부득이 반드시 계를 더럽혔을 것이니 가서 실컷 비웃어 주리라."

박박이 가서 보았더니 노힐부득은 연화대에 앉아서 미륵존상이 되어 광채를 발하고 몸은 아름다운 금빛으로 빛나고 있었다.〔그래서〕자신도 모르게 머리를 조아리고 예를 갖추어 말했다.

"어떻게 이렇게 되셨습니까?"

노힐부득이 그 연유를 모두 자세하게 말하니, 박박이 탄식하며 말했다.

"나는 마음이 막혀서 요행히 부처님을 만났는데도 도리어 예우하지 못했습니다. 큰 덕이 있고 지극히 어진 스님께서 나보다 먼저 성불했으니 옛날의 교분을 잊지 마시고 함께 도와주십시오."

노힐부득이 말했다.

"통 안에 아직도 남은 물이 있으니 목욕을 할 수 있을 것이오."

박박도 몸을 씻자 부득처럼 무량수無量壽 부처가 되어, 두 부처가 엄연히 마주 대하게 되었다. 산 아래 마을 사람들이 이 일을 듣고는 다투어 와서 우러러보고 감탄하면서 "참으로 희귀한 일이다."라고 했다.

두 부처는 사람들에게 설법을 하고 나서 구름을 타고 가 버렸다.

천보天寶 14년 을미년(755년)에 신라 경덕왕이 제위에 올라 『고기古記』에는 천감天監 24년 을미년에 법흥왕이 즉위할 때라고 했으니, 앞뒤가 뒤바뀐 것이 어찌 이처럼 심한가? 이 사실을 듣고는 정유년(757년)에 사신을 보내 큰 절을 짓게 하고 백월산남사白月山南寺라고 했다. 광덕廣德°12 2년『고기』에는 대력大歷 원년(766년)이라고 했으나, 역시 잘못된 것이다. 갑진년(764년) 7월 15일에 절이 완성되자 다시 미륵존상을 빚어 금당金堂에 모시고 현신성도미륵지전現身成道彌勒之殿이라고 했다. 다시 아미타 불상을 주조하여 강당에 모셨는데, 남은 금색 물이 부족하여 몸에 골고루 바르지 못했다. 이 때문에 아미타 불상에는 얼룩진 흔적

○○○ 12 당나라 대종代宗 이예李豫의 연호. 763~764년까지 사용했다.

이 남아 있다. 그리고 현신성도무량수전現身成道無量壽殿이라고 했다.

논의하여 말한다.

"낭자는 부녀의 몸으로 섭화攝化한 것이라 할 수 있다. 『화엄경』에 마야부인摩耶夫人°**13** 선지식善知識°**14**이 열한 군데에 살면서 부처를 낳아 해탈문解脫門°**15**을 환상한 것과 같은데, 지금 낭자가 해산한 뜻이 여기에 있다 하겠다. 그가 〔박박에게〕 준 글을 보면 슬프고도 간곡하고 사랑스러워 하늘에서 온 선녀의 분위기가 있다.

아, 만일 낭자가 중생을 따라서 다라니陀羅尼 언어를 몰랐다면, 어찌 이렇게 할 수 있었겠는가? 그 글 마지막 구절에 '〔마땅히〕 맑은 바람이 한 자리함을 꾸짖지 마라.(淸風─榻莫予嗔.)'라고 했어야 할 것이나, 그렇게 하지 않은 것은 속세의 말과 같게 하고 싶지 않았던 것이다."

°°° 다음과 같이 기린다

푸른빛 떨어지는 바위 앞, 문 두드리는 소리,
해 저무는데 누가 구름 속 빗장 문을 두드리나.
남쪽 암자가 가까우니 거길 찾아갈 것이지,
푸른 이끼 낀 내 뜰을 밟아 더럽히지 마시오.

───────────

°°° **13** 석가의 어머니로서 왕자 싯다르타를 낳고 7일 만에 죽었다.
°°° **14** 다른 이로 하여금 고통 세계를 벗어나 이상의 경지에 이르게 하는 사람을 말한다.
°°° **15** 부처님의 교법으로 모든 중생이 고통에서 벗어나는 열반의 문이다.

이것은 북쪽 암자를 기린 것이다.○**16**

골짜기에 날도 어두운데 어디로 가리.
남창南窓에 자리 있으니 쉬어 가시오.
밤이 깊으니 백팔 염주 굴리고 또 굴리며
단지 시끄러워 길손의 잠 방해할까 걱정했네.

이것은 남쪽 암자를 기린 것이다.○**17**

십 리 소나무 그늘에 길을 잃어
한밤에 초제招提○**18** 찾아가 시험했네.
세 통의 목욕 끝내자 날이 새려고 하는데,
두 아이 낳아 놓고 서쪽으로 갔구나.

이것은 관음보살 낭자[聖郎]를 기린 것이다.

분황사의 천수대비가
눈먼 아이의 눈을 뜨게 하다

경덕왕 대 한기리에 사는 여인 희명希明의 아이는 태어난 지 5년 만에 갑자기 눈이 멀었다. 하루는 어머니가 아이를 안고 분황사芬皇寺 왼쪽 전각左殿 북쪽 벽에 그려진 천수대비千手大悲°¹ 앞으로 갔다. 거기서 아이에게 노래를 지어 빌게 했더니 멀었던 눈이 떠졌다.

그 노래는 다음과 같다.

무릎 꿇으며
두 손바닥을 모아
천수관음 앞에
축원의 말씀 올리나이다.
천 개의 손과 천 개의 눈을 가졌으니
하나를 내놓아 하나를 덜기를
눈이 둘 다 없는 저에게
하나만 주어 고쳐 주시옵소서.
아아, 저에게 끼쳐 주시면

○○○ **1** 본디 천수천안대비보살千手千眼大悲菩薩로 천 개의 팔과 천 개의 눈을 가진 관세음보살의 한 모습으로 모든 중생들의 고통과 소원을 들어주고 성취시켜 준다고 한다.

그 자비심 얼마나 크시나이까.

°°° 다음과 같이 기린다

대나무 말 타고 파피리 불며 거리에서 놀더니
하루아침에 푸른 두 눈이 멀었네.
보살님이 자비로운 눈을 돌려주지 않았다면
헛되이 버들꽃을 보냄이 몇 번의 봄 제사(社春)°²나 될까.

°°° **2** 입춘 이후의 다섯 번째 무일戊日로 봄 제사를 말한다.

낙산의 두 성인 관음과 정취, 그리고 조신

옛날에 의상법사가 처음 당나라에서 돌아와 관음보살의 진신眞身이 이 바닷가 동굴 안에 머물고 있다는 말을 듣고는 이름을 낙산洛山이라 했다. 이는 아마도 서역에 보타락가산寶陁洛伽山°¹이 있기 때문일 것이다. 이곳을 소백화小白華라고도 하는데 백의대사白衣大士°²의 진신이 머무른 곳이라서 그 이름을 빌린 것이다.

〔의상이〕 재계한 지 7일 만에 깔고 앉은 자리〔座具〕를 새벽 물위에 띄웠더니, 〔불법을 수호하는〕 용천팔부龍天八部°³의 시종들이〔그를〕 동굴 안으로 인도해 들어가 허공에 예를 올렸다. 물에서 수정 염주 한 꾸러미를 내주자, 의상이 받아 가지고 나왔는데, 동해 용이 또 여의보주 한 과顆를 바치니, 법사가 받들어 나왔다. 다시 7일 동안 재계하자 진신의 모습을 보았는데, 진신이 말했다.

"〔네가〕 앉아 있는 산꼭대기에 대나무 한 쌍이 솟아날 것이다. 반드시 그곳에 불전을 지어야 한다."°⁴

법사가 그 말을 듣고 동굴에서 나오자, 과연 땅에서 대나무가 솟

○○○ **1** 관세음보살이 산다는 전설의 산으로 인도 남쪽 바다 건너에 있다고 전해진다.
○○○ **2** 백의보살이다.
○○○ **3** 용신팔부龍神八部라고도 하며 불법을 지키는 여덟 신장神將을 말한다.
○○○ **4** 낙산사에는 원통보전圓統寶展이 있던 자리가 있는데 담장으로 둘러싸여 있다.

아났다. 그래서 금당金堂을 짓고 불상을 모시니, 둥근 얼굴과 고운 모습이 장엄하고 엄숙하여 하늘이 내려 준 것 같았다. 대나무가 없어지고 나서야 바로 관음의 진신이 머무른 곳임을 알았다. 그래서 절 이름을 낙산사라 하고, 법사는 자기가 받은 두 개의 구슬을 성전聖殿에 모셔 놓고 떠났다.

그 후에 원효법사가 발자취를 찾아 이곳에 와서 예를 올리려고 했다. 처음에 남쪽 교외에 이르자, 논에 흰옷을 입은 한 여인이 벼를 베고 있었다. 법사가 장난 삼아 그 벼를 달라고 하자, 여인도 장난조로 벼가 잘 영글지 않았다고 대답했다. 또 가다가 다리 아래에 도착하니 한 여인이 월경개짐을 빨고 있었다. 법사가 물을 달라고 부탁하니까 여인은 그 더러운 물을 떠 바쳤다.

법사는 그 물을 쏟아 버리고 다시 물을 떠서 마셨다. 그때 들 가운데 있는 소나무 위에서 파랑새 한 마리가 그를 불러 말했다.

"제호醍醐 스님은 그만두시게."°5

그러고는 갑자기 사라져 보이지 않고 소나무 아래에 신발 한 짝만이 남아 있었다. 법사가 절에 도착해 보니 관음보살의 자리 아래에 앞서 보았던 신발의 나머지 한 짝이 있었으므로 아까 만났던 여인이 관음보살의 진신임을 깨달았다. 그 때문에 당시 사람들은 그 소나무를 관음송觀音松이라 했다. 또 법사가 성굴聖崛로 들어가 진신의 모습을 보려고 했으나 풍랑이 크게 일어 들어가지 못하고 〔그대로〕 떠났다.

그 후에 굴산조사崛山祖師 범일梵日°**6**이 태화太和 연간에 당나라

○○○ **5** 원문은 '休醍「醐」和尙'으로 휴제화상休醍和尙이라고 해석하기도 한다.

에 들어가 명주明州 개국사開國寺에 이르렀다.

왼쪽 귀가 없어진 한 승려가 여러 승려들의 끝자리에 있다가 법사에게 말했다.

"나 또한 신라 사람인데, [우리] 집은 명주溟州의 경계인 익령현翼嶺縣 덕기방德耆坊에 있습니다. 법사께서 이 다음에 본국으로 돌아가시면 반드시 제 절을 지어 주셔야 합니다."

법사는 여러 사찰[叢席]을 두루 유람하다가 염관鹽官°[7]에게서 불법을 받고 이 일은 모두 본전에 실려 있다. 회창會昌°[8] 7년 정묘년(847년)에 본국으로 돌아와 먼저 굴산사°[9]를 짓고 불교를 전파했다. 대중大中 12년 무인년(858년) 2월 15일 밤 꿈에 전에 보았던 승려가 창 아래로 와서 말했다.

"옛날 명주 개국사에 있을 때 법사와 약속하여 이미 허락을 받았는데, 어찌 그리 늦는 것입니까?"

법사는 놀라 꿈에서 깨어나 수십 명을 데리고 익령현 경계에 가서 그가 사는 곳을 찾았다. 낙산 아랫마을에 살고 있는 한 여인의 이름을 물으니 덕기德耆라고 했다. 그 여인에게는 여덟 살 된 아들이 하나 있었는데, 언제나 마을 남쪽의 돌다리 아래에 나가 놀곤 했다.

ㅇㅇㅇ **6** 신라 말기 구산선문의 하나인 굴산선문을 개창한 통효대사 범일(810~889년)로 명주도독을 역임한 김술원의 손자이며 당시 왕위에서 밀려난 김주원계와 밀접한 관계를 유지하였다.

ㅇㅇㅇ **7** 제안齊安 선사를 말한다.

ㅇㅇㅇ **8** 당나라 무종武宗 이염李炎의 연호. 841~846년까지 사용했다.

ㅇㅇㅇ **9** 굴산사는 신라 말기 창건되어 고려 시대까지 이 지역의 중심적인 사찰이었고, 범일 등 유력한 여러 고승들이 머물렀던 것으로 전해지며, 발굴 조사 결과 규모가 상당한 것으로 밝혀졌다.

그런데 하루는 놀다가 돌아와 어머니에게 말했다.

"나와 함께 노는 아이 가운데 몸에서 금빛이 나는 아이가 있어요."

어머니가 이 사실을 법사에게 알렸다. 법사는 놀라고 기뻐하면서 아이와 함께 놀던 다리 밑을 찾아보니 물 한가운데 석불이 하나 있었다. 끌어내 보니 왼쪽 귀가 떨어져 있는 것이 예전에 보았던 승려의 모습이었다. 이것이 바로 정취보살상正趣菩薩像이었다. 따라서 간자簡子°¹⁰를 만들어 절 지을 자리를 점치자 낙산사의 위쪽이 좋다고 했으므로 여기에 세 칸짜리 불전을 짓고 불상을 모셨다. 옛 책에는 범일의 일이 앞에 실려 있고 의상, 원효의 일이 뒤에 있다. 그러나 의상과 원효 두 승려는 당나라 고종 때의 일이고, 범일은 회창 이후에 있었으니 서로 170여 년이나 차이가 난다. 그러므로 여기서는 앞뒤를 바꾸어서 책을 꾸몄다. 어떤 사람은 범일이 의상의 문인이라고 하는데, 잘못된 말이다.

백여 년 후에 들불이 잇달아 나다니 이 산까지 번졌으나, 〔관음과 정취를 모신〕 두 성전만이 재앙을 피하고 나머지는 모두 불에 타 버렸다. 서산의 큰 전쟁°¹¹이 있은 이후 계축년과 갑인년 사이 〔1253~1254년〕에 두 성인의 참모습과 두 개의 보물 구슬〔寶珠〕을 양주성襄州城°¹²으로 옮겼다. 몽골의 군사가 갑자기 공격해 와 성이 곧 함락당할 지경에 이르렀다. 이때 주지 선사 아행阿行옛 이름은 희현希玄이다.이 구슬 두 개를 은합銀合에 넣어 몸에 지니고 달아나려고 했으나 절의 노비인 걸승乞升이 빼앗아 땅속 깊이 묻고 맹세했다.

"내가 만약 적병에게 죽임을 당한다면 두 개의 보물 구슬도 끝

○○○ **10** 대나무를 깎아 만든 점치는 패쪽이다.

○○○ **11** 몽골의 병란이다.

○○○ **12** 지금의 강원도 양양이다.

내 인간 세상에 [모습을] 드러낼 수 없어 다른 사람들이 알지 못하게 될 것이고, 내가 만약 죽지 않으면 마땅히 두 보물 구슬을 받들어 나라에 바칠 것이다."

갑인년(1254년) 10월 22일에 성이 함락되어 아행은 [죽음을] 피하지 못했으나, 걸승은 모면하여 적들이 물러간 후 보물 구슬을 파내 명주도溟州道의 감창사監倉使에게 바쳤다. 그 당시 낭중郎中 이녹수李祿綏가 감창사로 있었는데, 이것을 받아 감창고 안에 보관하고 교대할 때마다 전해 주었다.

무오년(1258년) 10월에 이르러 우리 불교계[本業]의 원로인 기림사祇林寺의 주지 대선사 각유覺猷가 임금에게 아뢰었다.

"낙산사의 두 구슬은 나라의 신령스러운 보물인데 양주성이 함락될 때 절의 노비 걸승이 성안에 묻었다가 적병이 물러가자 감창사가 거두어서 명주 관아의 창고 안에 보관했습니다. 이제 명주성도 지키기 어려워졌으니 마땅히 궁중[御府]으로 옮겨 보관해야 합니다."

임금은 허락하고 야별초夜別抄[13] 열 명을 시켜 걸승을 데리고 명주성에서 [두 보물 구슬을] 가져다가 궁궐 안에 모시고, 사신 열 명에게 각기 은 한 근과 쌀 다섯 석씩 내렸다.

옛날 신라가 서울이었을 때, 세달사世達寺지금의 흥교사興敎寺다. 의 장원이 명주 날리군捺李郡에 있었다. 『지리지』를 살펴보면, 명주에 날리군은 없고 다만 날성군捺城郡이 있는데, 본래 날생군捺生郡으로 지금의 영월寧越이다. 또 우수주牛首州 영현領縣에 날령군捺靈郡이 있는데, 본래는 날이군捺已郡으로 지금의 강주剛州다. 우수주는 지금의 춘주春州다. 그러므로 여기서 말한

○○○ **13** 삼별초三別抄를 말한다.

날리군이 어느 것인지 알 수 없다. 본사本寺에서는 승려 조신調信을 보내 장원을 맡아 관리하게 했다.

조신은 장원에 이르러 태수 김흔金昕의 딸을 깊이 연모하게 되었다. 여러 번 낙산사의 관음보살 앞에 나가 남몰래 인연을 맺게 해 달라고 빌었으나 몇 년 뒤 그 여자에게 배필이 생겼다. 조신은 다시 관음 앞에 나아가 관음보살이 자기의 뜻을 이루어 주지 않았다고 원망하며 날이 저물도록 슬피 울었다. 그렇게 그리워하다 지쳐 얼마 뒤 선잠이 들었다. 꿈에 갑자기 김씨의 딸이 기쁜 모습으로 문으로 들어오더니, 활짝 웃으면서 말했다.

"저는 일찍이 스님의 얼굴을 본 뒤로 사모하게 되어 한순간도 잊은 적이 없었습니다. 부모의 명을 어기지 못해 억지로 다른 사람의 아내가 되었지만, 이제 (죽어도) 같은 무덤에 묻힐 벗이 되고 싶어서 왔습니다."

조신은 기뻐서 어쩔 줄을 모르며 함께 고향으로 돌아가 40여 년을 살면서 자식 다섯을 두었다. 그러나 집이라곤 네 벽뿐이요 콩잎이나 명아주국 같은 변변한 끼니도 댈 수 없어 마침내 실의에 찬 나머지 가족들을 이끌고 사방으로 다니면서 입에 풀칠을 하게 되었다. 이렇게 10년 동안 초야를 떠돌아다니다 보니 (옷은) 메추라기가 매달린 것처럼 너덜너덜해지고 백 번이나 기워 입어 몸도 가리지 못할 정도였다. 강릉(溟州) 해현령蟹縣嶺을 지날 때 열다섯 살 된 큰아들이 굶주려 그만 죽고 말았다. 조신은 통곡하며 길가에다 묻고, 남은 네 자식을 데리고 우곡현羽曲縣지금의 우현羽縣에 도착하여 길가에 띠풀로 엮은 집을 짓고 살았다. 부부가 늙고 병들고 굶주려 일어날 수 없게 되자, 열 살 난 딸아이가 돌아다니며 구걸을 했다. 그러다가 마을의 개에 물려 부모 앞에서 아프다고 울며 드러눕자 부모는 탄식하며 하염없이 눈물을 흘렸다. 부인은 눈물을 씻더니 갑자기 말했다.

"내가 처음 당신을 만났을 때는 얼굴도 아름답고 꽃다운 나이에 옷차림도 깨끗했습니다. 한 가지 맛있는 음식이라도 당신과 나누어 먹었고, 몇 자 되는 따뜻한 옷감이 있으면 당신과 함께 해 입었습니다. 〔집을〕 나와 함께 산 50년 동안 정분은 가까워졌고 은혜와 사랑이 깊었으니 두터운 인연이라고 할 수 있습니다. 그러나 몇 년 이래로 쇠약해져 병이 날로 더욱 심해지고 굶주림과 추위도 날로 더해 오는데, 곁방살이에 하찮은 음식조차 빌어먹지 못하여 이 집 저 집에서 구걸하며 다니는 부끄러움은 산과 같이 무겁습니다. 아이들이 추위에 떨고 굶주려도 돌봐 줄 수가 없는데, 어느 겨를에 사랑의 싹을 틔워 부부의 정을 즐기겠습니까? 젊은 날의 고왔던 얼굴과 아름다운 웃음도 풀잎 위의 이슬이 되었고, 지초와 난초 같은 약속도 회오리바람에 날리는 버들솜이 되었습니다. 당신은 내가 있어서 근심만 쌓이고, 나는 당신 때문에 근심거리만 많아지니, 곰곰이 생각해 보면 옛날의 기쁨이 바로 근심의 시작이었던 것입니다. 당신이나 나나 어째서 이 지경이 되었는지요. 여러 마리의 새가 함께 굶주리는 것보다는 짝 잃은 난새가 거울을 보면서 짝을 그리워하는 것이 낫지 않겠습니까? 힘들면 버리고 편안하면 친해지는 것은 인정상 차마 할 수 없는 일입니다만 가고 멈추는 것 역시 사람의 마음대로 되는 것이 아니고, 헤어지고 만나는 데도 운명이 있는 것입니다. 이 말에 따라 이만 헤어지기로 합시다."

조신이 이 말을 듣고 기뻐하여 각기 아이를 둘씩 나누어 데리고 떠나려 하는데 아내가 말했다.

"저는 고향으로 향할 것이니 당신은 남쪽으로 가십시오."

그리하여 조신은 이별을 하고 길을 가다가 꿈에서 깨어났는데 희미한 등불이 어른거리고 밤이 깊어만 가고 있었다.

아침이 되자 수염과 머리카락이 모두 하얗게 세어 있었다. 조신은 망연자실하여 세상일에 전혀 뜻이 없어졌다. 고달프게 사는 것도 이미 싫어졌고 마치 백 년 동안의 괴로움을 맛본 것 같아 세속을 탐하는 마음도 얼음 녹듯 사라졌다. 그는 부끄러운 마음으로 부처님의 얼굴(聖容)을 바라보며 깊이 참회하는 마음이 끝이 없었다. 돌아오는 길에 해현으로 가서 아이를 묻었던 곳을 파 보았더니 돌미륵이 나왔다. 물로 깨끗이 씻어서 가까운 절에 모시고 서울로 돌아와 장원을 관리하는 직책을 사임하고 개인 재산을 털어 정토사淨土寺를 짓고서 수행했다. 그 후에 아무도 조신의 종적을 알지 못했다.

다음과 같이 논평한다.

"이 전을 읽고 나서 책을 덮고 지난 일을 곰곰이 돌이켜 보니, 어찌 반드시 조신의 꿈만 그러하겠는가? 지금 모든 사람이 인간 세상의 즐거움을 알아 기뻐하면서 애를 쓰지만 특별히 깨닫지 못할 뿐이다."

따라서 노래를 지어 경계한다.

> 즐거운 시간은 잠시뿐 마음은 어느새 시들어
> 남모르는 근심 속에 젊던 얼굴 늙었네.
> 다시는 좁쌀밥 익기를 기다리지 말지니,°14
> 바야흐로 힘든 삶 한순간의 꿈인 걸 깨달았네.

몸을 닦을지 말지는 먼저 뜻을 성실하게 해야 하거늘

홀아비는 미인을 꿈꾸고 도적은 장물을 꿈꾸네.

어찌 가을날 맑은 밤의 꿈으로

때때로 눈을 감아 청량淸涼의 세계에 이르는가.

○○○ **14** 황량몽黃梁夢 고사를 말한다. 노생盧生이란 젊은이가 낮잠을 잤는데, 꿈속에서 온갖 부귀와 영화를 누리면서 여든 살까지 살다 죽었다. 그러나 깨어나 보니 아까 주인이 짓던 좁쌀밥이 아직 익지도 않은 짧은 시간이었다.

어산의 부처 그림자

『고기古記』에는 이렇게 되어 있다.

"만어산萬魚山°¹은 옛날의 자성산慈成山 또는 아야사산阿耶斯山 마땅히 마야사摩耶斯라고 해야 하는데 여기서는 물고기를 말한다. 이니, 부근에 가라국이 있었다. 옛날에 하늘에서 알이 해변으로 내려와 사람이 되어 나라를 다스렸으니, 바로 수로왕首露王이다. 당시 나라 안에 옥지玉池가 있었는데, 연못에는 독룡이 살고 있었다. 만어산에는 나찰녀羅刹°²女 다섯 명이 독룡과 오가면서 사귀었기 때문에 이따금 번개가 치고 비가 와서 4년이 지나도록 오곡이 영글지 않았다. 왕은 주술로 막고자 했으나 하지 못하고 머리를 조아려 부처님에게 설법을 청한 연후에야 나찰녀가 오계五戒°³를 받아 이후로는 폐해가 없게 되었다. 그러자 동해의 물고기와 용이 바위로 변하여 골짜기에 가득 찼는데, 각기 쇠북과 경쇠 소리가 났다. 이상은 『고기』에 있다."

또 살펴보면 대정大定 20년 경자년(1180년), 즉 명종 11년이다. 처음으로 만어사를 세웠다. 동량棟梁°⁴ 보림寶林이 장계를 올려 말했다.

○○○ **1** 경상남도 밀양시 삼랑진읍에 있는 산으로 큰 바위가 많은 것으로 유명하다.

○○○ **2** 범어로서 사람을 잡아먹는 악귀를 말한다.

○○○ **3** 살생殺生, 도둑질, 음행淫行, 거짓말, 음주의 다섯 가지 금기 사항이다.

○○○ **4** 승려를 의미하는 관용어 또는 불교와 관련된 일을 하는 사람을 말한다.

"이 산중의 기이한 흔적으로 북천축北天竺 가라국의 부처 그림자와 같은 것이 세 가지 있습니다. 첫째는 산 부근 양주梁州 경계에 있는 옥지에도 독룡이 살고 있다는 것이고, 둘째는 가끔씩 강가에서 구름 기운이 나와 산봉우리에 와 닿는데, 구름 속에서 음악 소리가 난다는 것이며, 셋째는 부처 그림자 서북쪽에 반석이 있어 언제나 물이 고여 마르지 않았는데, 이것은 부처가 가사를 빨던 곳이라는 것입니다."

이상은 모두 보림의 말이다. 지금 직접 와서 예불을 하면서 살펴보니 또한 분명 공경하여 믿을 만한 두 가지가 있다. 골짜기 바위의 대략 3분의 2는 모두 금과 옥의 소리를 내는 것이 그 한 가지고, 멀리서 바라보면 보이고 가까이서 바라보면 보이지 않아 어떤 때는 보이고 어떤 때는 보이지 않는 것이 그 한 가지다. 북천축의 글은 모두 뒤에 실었다.

가자함可字函의『관불삼매경觀佛三昧經』°5 제7권에 말했다.

"부처가 야건가라국耶乾訶羅國 고선산古仙山 담복화림薝蔔花林 독룡의 옆이요, 청련화천靑蓮花泉의 북쪽인 악귀굴〔羅刹穴〕 가운데 있는 아나사산阿那斯山 남쪽에 이르렀다. 이때 그 굴 안에 있는 다섯 악귀가 암룡으로 변신하여 독룡과 사통했다. 용이 다시 우박을 내리고 악귀가 난행을 저질렀으므로 기근과 역질이 4년 동안이나 계속됐다. 왕은 놀라고 두려워하여 천지신명에게 기도를 드렸으나 아무 소용이 없었다. 이 당시에 범지라는 사람이 총명하고 매우 지혜

○○○ 5 『관불삼매해경觀佛三昧海經』이라고도 하며 이 삼매에 들어서서 부처를 보면 십방十方의 부처님도 볼 수 있다고 한다.

로웠는데, 대왕에게 아뢰었다.

'가비라국伽毗羅國°**6** 정반왕淨飯王의 왕자가 지금 도를 이루어 석가문釋迦文이라 부른다 합니다.'

왕은 이 말을 듣고 마음속으로 매우 기뻐하며 부처에게 예를 올리면서 말했다.

'오늘날 불교가 이미 일어났다고 하는데 어찌하여 이 나라에는 아직 이르지 않고 있습니까?'

이때 석가여래는 여러 비구에게 명하여 여섯 가지 신통력〔六神通〕을 얻은 사람에게 부처의 뒤를 따르게 하고, 나건가라왕那乾訶羅王의 불파부제弗婆浮提의 청을 들어주었다. 이때 세존世尊의 정수리에서 빛이 나와 여러 대화불大化佛°**7** 1만 개로 변화시켜 그 나라로 가게 했다. 이때 용왕과 나찰녀는 오체투지로 예를 올리고 부처의 계를 받기를 원했다. 부처는 즉시 삼귀三歸°**8**와 오계五戒로써 설법했다. 용왕은 설법을 듣고 나서 꿇어앉아 합장하고 세존이 그곳에 항상 머물러 있기를 청하며 말했다.

'부처님께서 만약 이곳에 계시지 않는다면, 저에게 악한 마음이 있어 아뇩보리阿耨菩提°**9**가 될 수 없습니다.'

이때 범천왕梵天王°**10**이 또 와서 부처에게 예를 올리고 청했다.

○○○ **6** 석가모니가 태어난 나라로 지금의 네팔과 인도의 국경 부근이다.
○○○ **7** 신통력으로 변해 나타난 부처다.
○○○ **8** 불佛, 법法, 승僧의 삼보三寶에 귀의하는 일을 말한다.
○○○ **9** 본래는 아뇩다라삼먁삼보리阿耨多羅三藐三菩提로 부처가 깨달은 최상의 도다.
○○○ **10** 대범천왕大梵天王이라고도 하며 사바세계를 주관한다.

'파가파婆伽婆°**11**는 미래 세상의 모든 중생을 위해야 합니다. 유독 이곳의 작은 용만을 위해서는 안 됩니다.'

백천百千의 범왕梵王°**12**들도 모두 이와 같이 청했다. 용왕이 칠보대七寶臺를 내어 여래에게 바치니, 부처가 용왕에게 말했다.

'나에게는 이 보대가 필요 없으니, 너는 이제 악귀가 있는 석굴을 가져다 나에게 시주하라.'

용왕은 이 말을 듣고 기뻐했다.고 한다. 이때 석가여래가 용왕을 위로하여 말했다.

'내가 네 부탁을 받아들여 네 석굴 속에 앉아 1500년을 지내겠다.'

말을 마치고 부처가 몸을 솟구쳐 석굴 속으로 들어가자 바위는 맑은 거울처럼 사람들의 얼굴 모습을 비춰 주었는데 여러 용들도 모두 나타났다. 부처는 바위 안에 있으면서도 형상이 밖으로 내비쳤다. 이때 여러 용들이 합장하고 기뻐했으며 그곳에서 떠나지 않고 부처의 얼굴을 언제나 보게 되었다. 석가세존이 석벽 안에서 발을 포개고 도사려 앉으니°**13** 중생들의 눈에 멀리서는 보이고 가까이서는 보이지 않았다. 여러 하늘 세계〔諸天〕에서 부처의 그림자에 공양하면 부처의 그림자 역시 설법을 했다고 한다."

또 말했다.

"부처님이 바위 위를 밟으니 문득 금과 옥의 소리가 난다."

○○○ **11** 박가범薄伽梵이라고도 하며 대공덕, 지성至聖인 부처님의 다른 이름이다.

○○○ **12** 색계色界의 여러 신이다.

○○○ **13** 원문의 '결가부좌結跏趺坐'를 번역한 것이다. 결가부좌란 오른쪽 발을 왼쪽 넓적다리 위에 놓고 앉는 법이다.

『고승전高僧傳』에 이른다.

"혜원惠遠°**14**이 천축국에 부처 그림자가 있다는 말을 들었는데, 〔그것은〕 옛날 용을 위해 남겨 두었던 그림자로서, 북천축 월지국月支國 나갈가성那竭呵城의 남쪽 고선인古仙人의 석실 속에 있었다. 고 한다."

또 법현法現°**15**의 『서역전西域傳』에 이른다.

"나갈국 국경에 도착하면 나갈성 남쪽으로 15리쯤 되는 곳에 석실이 있는데, 박산博山 서남쪽으로 부처가 이 가운데에 그림자를 남겼다. 10여 걸음을 가서 보면 부처의 진짜 형상처럼 빛이 환하게 비치지만 점차 멀어질수록 희미하게 보였다. 여러 나라의 왕들이 화공을 보내서 이것을 흉내 내어 그리려 했지만 비슷하게도 그리지 못했다. 사람들이 전하는 말로는 '현겁賢劫의 1000부처가 모두 이곳에 그림자를 남겼는데, 그림자의 서쪽 100여 걸음 정도 되는 곳이 바로 부처가 있을 때 머리를 깎고 손톱을 자르던 곳이다.'라고 한다."

성자함星字函의 『서역기西域記』 제2권에 이른다.

"옛날 석가여래가 세상에 있을 때, 용이 소를 치는 소년이 되어 왕에게 소의 젖을 바쳤는데, 진상 시기가 늦어 꾸지람을 받자 마음속으로 분노와 원한을 품었다. 그래서 돈을 주고 꽃을 사서 공양하면서, 솔도파率堵婆°**16** 탑에 수기授記°**17**하여 '독룡〔惡龍〕이 되어 나라

○○○ **14** 혜원慧遠이라고도 하며 중국 동진 때의 고승이다.

○○○ **15** 법현法顯이라고도 하며 중국 동진 때의 고승이다.

○○○ **16** 부처의 사리를 모셔 두는 탑으로 'stupa'를 음차한 것이다.

○○○ **17** 불타가 제자들에게 미래의 증과證果에 대해 설교하거나 예언하는 말이다.

를 멸망시키고 왕을 해치기를 원합니다.'라고 했다. 그러고는 석벽으로 달려가 몸을 던져 죽은 후 이 굴에 살면서 대용왕大龍王이 되어 마침내 악한 마음을 일으켰다. 여래가 이것을 알고는 몸을 바꾸어 신통력을 발휘하여 이곳에 이르렀다. 이 용은 부처를 보자 독한 마음이 사라져 살생 않는 계(不殺戒)를 받고는 여래에게 말했다.

'부처께서 언제나 이 석굴 안에 있으면서 제 공양을 받아 주십시오.'

이에 부처가 말했다.

'나는 장차 적멸寂滅[18]할 것이나 너를 위해 내 그림자를 남겨 두겠다. 네가 만약 독한 마음이 생긴다면 그때마다 언제나 내 그림자를 보아라. 그러면 그 마음이 사라질 것이다.'

그리고 부처는 신통력으로 혼자 석실로 들어갔는데, 멀리서 바라보면 나타나고 가까이 다가가 보면 보이지 않았다. 또한 바위 위의 발자국을 칠보七寶로 삼았다. 고 한다."

이상은 모두 경문經文으로서 〔그 내용은〕 대략 이와 같았다.

해동 사람들은 이 산을 아나사阿那斯라고 이름 지었는데, 마땅히 마나사摩那斯라고 해야 할 것이다. 이것을 번역하면 물고기(魚)니, 북천축의 일을 가져다가 산 이름을 부른 것이다.

○○○ **18** 생멸生滅이 없는 절대 적정寂靜의 경지로, 해탈 또는 열반이라 한다.

오대산[1]의 5만 진신

예부터 산속에서 전해 오는 이야기로 이 산은 자장법사 때부터 진성眞聖문수보살文殊菩薩이 살던 곳이라 불리기 시작했다. 이전에 법사가 중국 오대산의 문수진신을 보려고 선덕왕 시대인 정관 10년 병신년(636년)『당승전唐僧傳』에는 12년이라고 했으나, 여기서는 『삼국본사三國本史』를 따른다. 에 당나라에 들어갔다. 처음에 중국 태화지太和池 가에 있는 돌부처 문수보살에 도착하여 경건하게 7일 동안 기도를 드렸더니 갑자기 부처로부터 네 구句로 된 게偈를 받는 꿈을 꾸었다. 꿈에서 깨어나 〔네 구의〕 글을 기억할 수는 있었으나, 모두 범어여서 도무지 그 뜻을 풀 수가 없었다.

다음 날 아침 갑자기 어떤 승려가 붉은 비단으로 된 금색 가사 한 벌과 부처의 바리때 한 개, 부처 머리뼈 한 조각을 가지고 법사 옆으로 와서 물었다.

"왜 그리 멍하니 있으시오?"

법사가 대답했다.

"꿈에 네 구로 된 게를 받았는데 범어로 되어 있어 풀 수가 없기 때문입니다."

○○○ 1 오대산은 문수 신앙의 근거지로, 『삼국유사』의 4개 조에서 이 산을 배경으로 한 이야기가 나온다.

승려가 게를 듣고는 번역하여 말했다.

"가라파좌낭呵囉婆佐曩은 '일체의 불교 이치를 깨달았다.'라는 뜻이고, 달예치거야達噤哆佉㖿는 '본래의 성품은 가진 바 없다.'라는 뜻이고, 낭가사가낭曩伽呬伽曩은 '불교 이치를 깨달았다.'라는 뜻이고, 달예노사나達噤盧舍那는 바로 '노사나 부처를 곧 본다.'라는 뜻입니다."

그러고는 가져온 가사 등을 주면서 부탁했다.

"이것은 우리 스승 석가모니께서 쓰시던 물건이니 그대가 잘 보관하십시오."

이어서 또 말했다.

"그대의 나라 동북쪽 명주 경계에 오대산五臺山이 있는데 1만의 문수보살이 언제나 그곳에 머물러 있으니 가서 뵙도록 하시오."

말을 마치자 승려는 보이지 않았다. 법사는 신령스러운 유적(靈迹)을 두루 찾아보고는 동쪽으로 돌아오려 했다. (그런데) 태화지의 용이 모습을 나타내고 재齋를 부탁하여 7일 동안 공양했다.

그러자 용이 법사에게 말했다.

"지난번 게를 전한 노승이 참 문수보살입니다."

이렇게 말하며 또 절을 짓고 탑을 세울 것을 간곡하게 부탁했다. 이 일은 별전別傳에 모두 기록되어 있다.

법사는 정관 17년(643년), 오대산에 이르러 문수보살의 진신을 보려고 했으나 사흘 동안이나 계속 날이 어두워서 보지 못하고 돌아갔다. 다시 원녕사元寧寺에 머물면서 문수보살을 보았다. 그 후 칡덩굴이 서려 있는 곳으로 갔는데, 바로 지금의 정암사淨嵒寺다. 역시 별전에 기록되어 있다.

그 후에 범일梵日의 제자 신의信義 승려가 이곳을 찾아와 자장법사가 쉬었던 곳에 절을 짓고 살았다. 신의가 죽은 뒤 암자 또한 오랫동안 버려져 있었는데, 수다사水多寺°**2**의 장로 유연有緣이 다시 암자를 짓고 살았으니 바로 지금의 월정사月精寺다.

자장법사가 신라로 돌아오자 정신대왕淨神大王의 태자 보천寶川과 효명孝明 두 형제『국사』를 보면 신라에는 정신, 보천, 효명 세 부자에 대한 명확한 글이 없다. 그러나 이 기록의 다음 기록에 신룡神龍 원년(705년)에 터를 닦아 절을 지었다고 했으니, 신룡 원년은 바로 성덕왕 즉위 4년 을사년이다. 왕의 이름은 흥광興光이고 본명은 융기隆基며 신문왕의 둘째 아들이다. 성덕왕의 형 효조孝照의 이름은 이공理恭 또는 홍洪이라고 하며 역시 신문왕의 아들이다. 신문왕의 이름은 정명政明이고 자는 일조日照다. 따라서 정신은 정명 신문왕의 와전인 것 같으며, 효명은 효조 또는 소昭의 잘못인 듯하다. 이 기록에는 효명이 제위에 오른 것만 말하고, 신룡 연간에 터를 닦아 절을 지었다는 것은 자세하게 말하지 않았다. 그러나 신룡 연간에 절을 세운 사람은 바로 성덕왕이다.가 〔각기 1000명의 무리를 이끌고〕 하서부河西府지금의 명주에도 하서군河西郡이 있으니 바로 그곳이다. 또는 하곡현河曲縣이라고도 하는데, 지금의 울주蔚州니 옳지 않다.에 도착하여 세헌 각간世獻角干의 집에서 하룻밤을 묵었다. 다음 날 큰 고개를 넘어 각각 1000명을 거느리고 성오평省烏坪에 도착하여 며칠 동안 유람했다. 문득 어느 날 저녁에 형제 두 사람이 속세를 벗어날 뜻을 남몰래 약속하고 사람들 모르게 달아나 오대산으로 들어가 숨었는데『고기』에 이르기를 태화太和 원년 정미년(647년) 8월 초에 왕이 산속으로 숨었다고 했으나, 아마도 이 글은 매우 잘못된 듯하다. 살펴보면, 효조孝照 또는 효소왕孝昭王은 천수天授 3년 임진년(692년)에 열여섯 살로

○○○ **2** 경작지로 변한 수다사지가 강원도 평창군 진부면에 있는데, 지금은 초석과 파손된 석탑 등이 남아 있다.

즉위했는데, 장안長安 2년 임인년(702년)에 죽었으니 스물여섯 살이었다. 성덕 왕이 이해에 즉위하니 스물두 살이었다. 만약 태화 원년 정미년이라고 한다면 효조가 제위에 오른 임진년보다 45년이나 앞선 태종 무열왕과 문무왕의 시대다. 이 것으로 이 글이 틀렸음을 알 수 있다. 따라서 여기서는 이것을 취하지 않았다. 호위하던 자들은 간 곳을 알지 못하여 서울로 돌아왔다.

두 태자가 산속에 이르자 갑자기 푸른색 연꽃이 땅을 뚫고 올라왔으므로 이곳에 형이 되는 태자가 암자를 지어 살았는데, 이를 보천암寶川庵이라 했다. 여기에서 동북쪽으로 600여 보가량 가니, 북쪽 대의 남쪽 기슭에도 푸른색 연꽃이 핀 곳이 있었으므로 동생 효명 또한 암자를 짓고 머물면서 각각 부지런히 업業을 닦았다.

하루는 형제가 함께 다섯 봉우리에 예불하기 위해서 올라갔는데, 동쪽 대인 만월산滿月山에 1만의 관음진신이 나타나고, 남쪽 대인 기린산麒麟山에는 여덟 분의 보살[八大菩薩]을 우두머리로 하여 1만의 지장보살이 나타나고, 서쪽 대인 장령산長嶺山에는 무량수여래를 우두머리로 하는 1만의 대세지大勢至 보살°3이 나타나고, 북쪽 대인 상왕산象王山에는 석가여래를 우두머리로 하여 500의 대아라한大阿羅漢이 나타나고, 지로산地盧山이라고도 하는 중앙의 대 풍로산風盧山에는 비로자나불을 우두머리로 하여 1만의 문수보살이 나타났다. 〔그들은〕 이와 같은 5만의 진신들에게 하나하나 경배했다.

매일 새벽에 문수대성이 진여원眞如院, 즉 지금의 상원上院에 이르러 서른여섯 가지 형상으로 변하여 나타났다. 어떤 때는 부처의 얼굴 형상으로, 어떤 때는 보배 구슬 형상〔寶珠形〕으로, 어떤 때는

○○○ 3 아미타불의 오른쪽에 있는 보살로서 중생에게 지혜의 빛을 비춰 준다.

부처의 눈 형상으로, 어떤 때는 부처의 손 형상으로, 어떤 때는 보탑 형상〔寶塔形〕으로, 어떤 때는 만 가지 부처 머리 형상〔萬佛頭形〕으로, 어떤 때는 만 가지 등 형상〔萬燈形〕으로, 어떤 때는 금 다리 형상〔金橋形〕으로, 어떤 때는 금 북 형상〔金鼓形〕으로, 어떤 때는 금 종 형상〔金鐘形〕으로, 어떤 때는 신통 형상〔神通形〕으로, 어떤 때는 금 누각 형상〔金樓形〕으로, 어떤 때는 금 바퀴 형상〔金輪形〕으로, 어떤 때는 금강으로 된 방앗공이 형상〔金剛杵形〕으로, 어떤 때는 금 항아리 형상〔金甕形〕으로, 어떤 때는 금비녀 형상〔金鈿形〕으로, 어떤 때는 다섯 가지 색이 밝게 빛나는 형상〔五色光明形〕으로, 어떤 때는 다섯 가지 색이 둥글게 빛나는 형상〔五色圓光形〕으로, 어떤 때는 길상초 형상〔吉祥草形〕으로, 어떤 때는 푸른 연꽃 형상〔青蓮花形〕으로, 어떤 때는 절 형상〔金田形〕으로, 어떤 때는 불각佛閣 도량 형상〔銀田形〕으로, 어떤 때는 부처의 발 형상으로, 어떤 때는 번개 형상〔雷電形〕으로, 어떤 때는 석가가 솟아 나오는 형상으로, 어떤 때는 땅 귀신이 솟아 나오는 형상으로, 어떤 때는 금 봉황 형상〔金鳳形〕으로, 어떤 때는 금 까마귀 형상〔金烏形〕으로, 어떤 때는 말이 사자를 낳는 형상으로, 어떤 때는 닭이 봉황을 낳는 형상으로, 어떤 때는 푸른 용 형상〔青龍形〕으로, 어떤 때는 흰 코끼리 형상〔白象形〕으로, 어떤 때는 까치 형상으로, 어떤 때는 소가 낳은 사자 형상으로, 어떤 때는 노는 돼지 형상〔遊猪形〕으로, 어떤 때는 푸른 뱀 형상〔青蛇形〕으로 나타났다. 두 태자는 매일 골짜기 속 물을 길어다 차를 끓여 바치고 밤이 되면 각자의 암자에서 도를 닦았다.

　그때 정신왕의 아우가 왕과 임금 자리를 다투자, 나라 사람들은 왕을 쫓아내고 장군 네 사람을 산으로 보내 두 태자를 맞아 오게 했다. 먼저 효명의 암자 앞에 도착하여 만세를 부르자 때마침 오색구름이 일어나 7일 동안 그곳을 덮었다. 나라 사람들이 구름을 좇아 모두 모여 왕의 행차를 갖추어 놓고 장차 두 태자를 맞이하여 돌아가려고 했다. 그러나 보천이 울면서 사양했으므로 효명을 받들어 돌아와서 즉위시켰다. 그는 여러 해 동안 나라를 다스렸다. 기록에 말하기를 재위 20여 년이라 했으나 죽을 당시의 나이가 스물여섯 살이라고 한 말이 잘못 전해진 것으로 보인다. 그가 재위에 있었던 것은 다만 10여 년뿐이었다. 또 신문왕의 동생이 왕위를 다투었다고 했는데, 『국사』에는 나와 있지 않아 자세한 것은 알 수 없다. 신룡 원년바로 당나라 중종이 복위한 해이자 성덕왕 즉위 4년이다. 을사 3월 초나흘에 처음으로 진여원을 고쳐 세웠다. 이때 성덕왕은 직접 모든 관료를 거느리고 산에 도착하여 불전과 법당(殿堂)을 짓고 또 문수대성의 형상을 진흙으로 만들어 법당 안에 모시고 나서, 지식을 갖춘 영변靈卞 등 다섯 명에게 돌려 가면서 『화엄경』을 오랜 시간 읽게 하고, 화엄 모임(華嚴社)을 조직하도록 했다. 오랫동안 (공양) 비용을 대기 위해 매년 봄과 가을이면 그 산과 가까운 주州나 현縣에서 창고의 곡식 백 석과 맑은 기름 한 섬씩 바치게 하고 이것을 일정한 규칙으로 삼았다. 진여원에서 서쪽으로 6000보 떨어진 곳에 이르러 모니점牟尼岾과 고이현古伊峴 밖에 시지柴地°4 15결結, 밤나무 밭 6결, 좌위坐位°5 2결을 내어 주고 장사(莊舍)를 세웠다.

보천은 언제나 영험 있는 골짜기의 물을 길어 먹었기 때문에 늘 그막에는 육신이 허공을 날아 유사강流沙江 밖의 울진국蔚珍國 장천

○○○ **4** 땔나무를 채취하는 땅이다.

○○○ **5** 여러 경비를 마련하기 위한 땅으로 위토位土라고도 한다.

굴掌天窟에 이르러 머물면서 수구다라니隨求陀羅尼 외우는 것을 하루의 일로 삼았다. 〔그러자〕 장천굴의 신이 현신하여 말했다.

"내가 이 굴의 신이 된 지 벌써 2000년이나 되었지만, 오늘에야 비로소 수구다라니의 진리를 들었습니다. 청컨대 보살의 계戒를 받고자 합니다."

계를 받고 난 다음 날 굴의 형체가 없어져, 보천이 놀랍고 이상하게 생각하여 머문 지 20일 만에 오대산 신성굴神聖窟로 돌아왔다. 다시 50년 동안 수도를 하니 도리천의 신이 하루 세 번 와서 설법을 듣고, 정거천淨居天°6의 무리들이 차를 끓여 바쳤다. 또 마흔 명의 성인이 언제나 열 자 높이의 공중을 날면서 호위하고, 가지고 다니던 지팡이는 하루에 세 번씩 소리를 내며 방을 세 바퀴씩 돌아다녔으므로, 이것을 쇠북과 경쇠 소리로 삼아 시간에 맞추어 수업했다.

문수가 가끔 보천의 이마에 물을 붓고 성도기별成道記莂°7을 주기도 했다.

보천이 입적하는 날, 훗날 이 산속에서 시행하여 나라에 이익이 될 만한 일들을 기록해 두었는데, 그 내용은 다음과 같다.

"이 산은 곧 백두산의 큰 줄기로 각 대는 진신이 상주하는 곳이니, 푸른색〔靑〕은 동쪽 대 북쪽 모퉁이 아래와 북쪽 대 남쪽 기슭 끝이므로 마땅히 관음방觀音房을 설치하여 원상관음圓像觀音과 푸른 바탕에 1만 관음상을 그려 모시고, 복전승福田僧 다섯 명이 낮에

○○○ **6** 오정거천五淨居天이라고도 한다. 성인이 사는 다섯 천국인 무번천無煩天, 무열천無熱天, 선현천善現天, 선견천善見天, 색구경천色究竟天을 말한다.
○○○ **7** 부처가 제자에게 미래에 성불할 것을 구별하여 예언한 것으로 '기별'이라 줄여 부르기도 한다.

는 여덟 권의 『금경金經』◦[8]과 『인왕반야仁王般若』와 『반야般若』, 『천수주千手呪』를 읽고, 밤에는 『관음경觀音經』 예참禮懺을 외우게 하여 이곳을 원통사圓通社라 부르라. 붉은색(赤)은 남쪽 대 남쪽에 있으니 지장방地藏房을 두어 원상圓像 지장과 붉은 바탕에 8대 보살을 우두머리로 하여 1만 지장상을 그려 모시고, 복전승 다섯 명을 두어 낮에는 『지장경地藏經』과 『금강반야金剛般若』를 읽고 밤에는 『점찰경占察經』 예참을 외우게 하여 금강사金剛社라 부르라. 흰색(白)은 서쪽 대 남쪽에 있으니, 미타방彌陁房을 두고 원상 무량수불과 흰 바탕에 그린 무량수여래를 우두머리로 한 1만 대세지보살을 모시고, 복전승 다섯 명을 두어 낮에는 여덟 권의 『법화경法華經』을 읽고 밤에는 미타불 예참을 외우게 하여 수정사水精社라 부르라. 검은색(黑)은 북쪽 대 남쪽에 있으니, 나한당羅漢堂을 설치하여 원상 석가불과 검은 바탕에 석가여래를 우두머리로 하여 500나한을 그려 모시고 복전승 다섯 명을 두어 낮에는 『불보은경佛報恩經』과 『열반경涅槃經』을 읽고 밤에는 『열반경』 예참을 외우게 하여 백련사白蓮社라 부르라. 노란색(黃)은 중앙 대 진여원眞如院에 있으니, 중앙에는 진흙으로 만든 문수보살의 부동상不動像을 모시고, 뒷벽에는 누런 바탕에 비로자나불을 우두머리로 하여 서른여섯 화형化形을 그려 모시고, 복전승 다섯 명을 두어 낮에는 『화엄경』과 『육백반야경六百般若經』을 읽고 밤에는 문수 예참을 외우게 하여 화엄사華嚴社라 부르라. 보천암寶川庵은 화장사華藏寺로 고쳐 세워 원상 비로자나 삼존과 『대장

◦◦◦ **8** 옛날부터 나라를 수호하는 경전으로 받들어진 『금광명경金光明經』을 말한다.

경』을 모시고, 복전승 다섯 명을 두어 〔낮에는〕『장문장경長門藏經』
을 읽고 밤에는 화엄신중華嚴神衆을 외우게 하며 매년 백 일 동안 화
엄회華嚴會를 설치하여 법륜사法輪社라 부르라. 이렇게 하여 화장사
를 오대사五臺社의 절로 삼아 튼튼하게 지키고, 정행복전淨行福田에
게 명하여 길이 향화香火를 받들게 하면, 국왕이 천추千秋를 누리고
백성들이 평안하고 태평하며, 문무가 모두 화평하고 온갖 곡식이 풍
년 들게 될 것이다. 또 하원下院에 문수갑사文殊岬寺를 배치하여 모임
〔社〕의 도회都會로 삼고, 복전승 일곱 명을 두고 밤낮으로 언제나 화
엄신중 예참을 시행하게 하라. 하서부河西府 도내道內 8주州의 세금
으로 위의 37명의 재齋 비용, 옷 비용, 공양하는 데 필요한 네 가지
물건의 비용을 충당하라. 군왕이 대대로 이것을 잊지 말고 받들어
행한다면 다행한 일이겠다."

명주옛날의 하서부 오대산 보질도태자 전기

신라 정신태자 보질도寶叱徒가 동생 효명태자孝明太子와 함께 하서부 세헌 각간의 집에 도착하여 하룻밤을 묵고, 이튿날 큰 고개를 넘어 각각 1000명씩 거느리고 성오평省烏坪에 도착하여 며칠 동안 유람했다. 태화太和°¹ 원년(647년) 8월 5일에 형제는 함께 오대산으로 들어가 숨었다. 무리 가운데 호위하는 자들이 샅샅이 뒤졌으나 찾지 못하고 모두 서울로 돌아갔다.

형 태자는 〔오대산〕 중앙 대〔中臺〕 남쪽 진여원의 터 아래 산 끝에 푸른색 연꽃이 핀 것을 보고는, 그 땅에 풀을 엮어 암자를 짓고 살았다. 동생 효명태자는 북쪽 대〔北臺〕 남쪽 산 끝에 푸른색 연꽃이 핀 것을 보고는, 또한 풀을 엮어 암자를 짓고 살았다. 두 형제는 부처님에게 예불하면서 수행하고 오대五臺〔동, 서, 남, 북, 중앙〕로 나가 경건하게 예배드렸다.

푸른색〔靑〕은 동쪽 대인 만월형滿月形으로 이루어진 산에 항상 관음진신 1만이 머물고 있고, 붉은색〔赤〕은 남쪽 대인 기린산에 8대 보살을 우두머리로 하여 1만의 지장보살이 언제나 있으며, 흰색〔白〕은 서쪽 대인 장령산長嶺山에 무량수여래를 우두머리로 하여 1만의 대세지보살이 상주했고, 검은색〔黑〕은 북쪽 대인 상왕산相王山에 석

○○○ **1** 이 연대는 잘못된 것이다. 앞 편에 나타나 있다.

가여래를 우두머리로 하여 500의 대아라한大阿羅漢이 상주했으며, 노란색(黃)은 중앙 대인 풍로산風爐山 또는 지로산地爐山에 비로자나불을 우두머리로 하여 1만의 문수보살이 상주했고, 진여원에는 문수보살이 매일 이른 아침이면 서른여섯 가지 모습으로 변화하여 나타났다. 서른여섯 모습은 '오대산 5만 진신' 전傳에 보인다.

두 태자는 함께 예배를 드렸고, 매일 이른 아침이면 골짜기의 물을 길어다 차를 끓여 1만의 진신 문수보살에게 공양했다. 이때 정신 태자의 동생 부군副君이 신라에 있으면서 왕위를 다투다 죽임을 당했다. 나라 사람들이 장군 네 사람을 보내니 오대산에 도착하여 효명태자 앞에서 만세를 불렀다. 그러자 오색구름이 오대산에서부터 신라까지 뻗쳐 7일 밤낮 동안 광채를 뿜었다. 나라 사람들은 빛을 찾아 오대산에 도착하여 두 태자를 모시고 나라로 돌아가려 했다. 보질도태자가 눈물을 흘리며 돌아가지 않겠다고 했으므로 효명태자만을 모시고 귀국하여 즉위하도록 하니, 태자의 재위 기간은 20여 년이다.°² 신룡神龍 원년(705년) 3월 8일에 처음으로 진여원을 세웠다. 고 한다.

보질도태자는 늘 골짜기의 신령스러운 물을 마셨으므로 육신이 허공으로 떠서 유사강流沙江에 이르러 울진대국의 장천굴로 들어가 수도하다가, 오대산 신성굴로 돌아와 50년 동안 수도했다. 고 한다. 오대산은 바로 백두산의 큰 줄기로 각 대에는 늘 진신이 머물렀다. 고 한다.

○○○ **2** '오대산 5만 진신' 조에 근거해 보면, 원문의 '이십二十' 년은 '십十' 년의 오기라고 보는 것이 옳다.

오대산 월정사°¹의 다섯 성중°²

절에 전해 오는 고기古記를 살펴보면 이렇다.

"자장법사가 처음 오대산에 와서 〔부처의〕 진신을 보려고 산기 슭에 띠를 엮어 〔집을 짓고〕 살았으나, 7일 동안이나 나타나지 않았 다. 그래서 묘범산妙梵山에 이르러 정암사淨岩寺를 세웠다.

그 뒤에 신효거사信孝居士°³라는 사람이 있었는데, 어떤 사람은 그를 유동보살幼童菩薩°⁴의 화신化身이라고 한다. 그의 집은 공주에 있었고 어머니를 극진히 모셨다. 어머니가 고기가 아니면 밥을 먹지 않았으므로, 거사는 고기를 구하기 위해 산과 들을 돌아다니다 길 에서 학 다섯 마리를 보고 쏘았는데, 그중 한 마리가 깃털 하나를 떨어뜨리고 날아갔다.

거사가 깃털을 주워 눈을 가리고 보았더니 사람들이 모두 짐승 으로 보였으므로 고기를 얻지 못하고 돌아와 자신의 허벅지 살을 잘라 어머니에게 드렸다. 그러고는 후에 출가하여 그 집을 내놓아 절을 지었으니, 지금의 효가원孝家院이다. 거사는 경주 경계부터 하

○○○ **1** 자장이 세웠다고 하며, 강원도 평창군 오대산 입구에 있다.
○○○ **2** 성중이란 부처를 따라다니는 성자를 말한다.
○○○ **3** 거사란 출가하지 않았지만 불교를 굳게 믿으며 법명을 가진 사람을 말한다.
○○○ **4** 석가모니가 전세에 보살이었을 때의 이름으로 여기서는 정행淨行을 닦은 보살을 말한다.

솔하率河°5까지 이르면서 [깃털로 눈을 가리고] 사람들을 보았더니 대부분 사람의 모습으로 보였으므로 이곳에서 살려고 마음먹었다. 길에서 나이 많은 아낙을 만나 살 만한 곳을 물어보니 아낙이 대답했다.

'서쪽 고개를 넘으면 북쪽으로 향한 골짜기가 있는데 살 만합니다.'

말을 마치자 아낙은 사라져 버렸다. 거사는 이것이 관음보살의 가르침이라는 것을 깨닫고 곧 성오평省烏坪을 지나 자장법사가 처음에 지은 띠집으로 들어가 살았다.

갑자기 승려 다섯 명이 와서 말했다.

'당신이 가지고 온 가사 한 폭은 지금 어디 있습니까?'

거사가 어떻게 대답해야 할지 몰라 하자 승려가 말했다.

'당신이 주워 사람들을 본 깃털이 바로 그 가사입니다.'

거사가 깃털을 꺼내 바쳤다. 승려가 그것을 떨어진 가사 폭에 갖다 대니 서로 꼭 들어맞았는데, 깃털이 아니라 베였다. 거사는 다섯 승려와 헤어진 뒤에야 비로소 그들이 다섯 성중聖衆의 화신임을 알았다."

이 월정사는 자장이 처음 띠를 엮어 지었고, 그다음에 신효거사가 와 살았으며, 그다음에는 범일의 제자 신의信義가 와서 암자를 짓고 살았다. 뒤에 수다사水多寺의 장로 유연有緣이 와서 살게 되면서 점점 큰 절이 되었다. 절의 다섯 성중과 9층 석탑은 모두 성자聖者의 자취다.

_____

○○○ 5 강릉의 옛 이름이다.

지관〔相地者〕이 이렇게 말했다.

"국내의 명산 가운데 이곳이 가장 좋으니 불교가 오랫동안 흥성
할 곳이다. 라고 한다."

남월산 감산사 [1]라고도 한다.

이 절은 서울에서 동남쪽으로 20리 남짓한 곳에 있다. 금당金堂의 주불인 미륵존상 화광火光 후기에 이렇게 말했다.

"개원開元 7년 기미년(719년) 2월 15일에 중아찬重阿湌 김지성金志誠이 돌아가신 아버지 인장일길간仁章一吉干과 어머니 관초리觀肖里 부인을 위하여 감산사 한 채와 돌미륵 한 개를 공경스러운 마음으로 세우고, 또 개원愷元 이찬, 아우 양성소사良誠小舍와 현도사玄度師, 맏누이 고파리古巴里, 전 부인 고로리古老里, 후처 아호리阿好里, 그리고 서형庶兄 급막일길찬及漠一吉湌, 일당살찬一幢薩湌, 총민대사聰敏大舍, 누이동생 수힐매首肹買 등을 위해 이런 착한 일을 함께 하게 되었다. 어머니 초리 부인이 고인이 되자, 동해 유우攸友 가에서 뼈를 뿌렸다. 고인성지古人成之 이하의 글은 그 뜻을 알 수 없어 다만 옛글〔古文〕을 그대로 적어 둔다. 아래도 같다."

미타불 화광 후기에 이렇게 말했다.

"중아찬 김지성은 일찍이 상의봉어尙衣奉御와 집사시랑執事侍郎을 지내다가 예순일곱의 나이로 벼슬을 그만두고 한가롭게 지내면서 나라의 대왕, 이찬 개원, 죽은 아버지 인장일길간, 죽은 어머니,

---

○○○ **1** 신라 시대 감산사에 돌로 조각된 두 석불(국보 제81호, 제82호)이 오늘날까지 보존되어 국립중앙박물관에 전해지고 있다.

죽은 아우 소사 양성, 승려 현도, 죽은 아내 고로리, 누이 고파리를 위해 받들고, 또 아내 아호리 등을 위해 감산甘山의 농장 밭을 내놓아 절을 세웠으며, 이어서 돌로 된 미타 한 개를 만들어 죽은 아버지 인장일길간을 받들어 모셨다. 그가 고인이 되자 동해 유우 가에 **뼈를 뿌렸다.** 임금 족보[帝系]를 살펴보면 김개원은 바로 태종 김춘추의 [여섯째] 아들인 개원 각간愷元角干으로 어머니는 문희다. 김지성은 인장일길간의 아들이며 '동해 유우'란 아마 법민法敏을 동해에 장사 지냈다는 말인 듯하다.”

천룡사

경주〔東都〕의 남산 남쪽으로 산봉우리 하나가 우뚝 솟아 있는데 세속에서는 고위산高位山이라 한다. 이 산의 남쪽에 절이 있으니 세속에서는 고사高寺라고 하고 더러는 천룡사天龍寺°¹라고도 한다.

『토론삼한집討論三韓集』에서는 이렇게 말했다.

"계림 땅 안에는 다른 곳에서 흘러 들어온 물〔客水〕두 줄기와 거슬러서 흘러온 물〔逆水〕한 줄기가 있는데, 거슬러서 흘러온 물과 다른 곳에서 흘러 들어온 물의 두 근원이 천재天災를 진압하지 못하면 천룡사가 휩쓸리는 재앙이 생긴다."

속전俗傳에 말했다.

"거슬러서 흘러 들어온 물이란 이 고을의 남쪽인 마등오촌馬等烏村 남쪽으로 흐르는 시냇물이다. 이 물의 근원은 천룡사에서 비롯된다."

중국 사신 악붕귀樂鵬龜가 와서 보고 말했다.

"이 절이 파괴되면 얼마 못 가 나라가 망할 것이다."

또 서로 전해 오는 말은 이렇다.

"옛날에 단월檀越°²에게는 천녀天女와 용녀龍女라는 두 딸이 있었다. 부모가 두 딸을 위해 절을 지으니, 절 이름이 여기서 연유한 것

───────

○○○ **1** 경주시 내남면 남산 자락에 있는 사찰로 신라 시대 건립된 삼층석탑 등이 남아 있다.

○○○ **2** 사찰이나 스님들에게 시주하는 사람들을 뜻한다.

이다.”

이곳은 경지境地가 특이하여 불도를 닦는 데 도움이 될 만한 곳이었으나, 신라 말년에 허물어져 버린 지 오래되었다.

중생사衆生寺의 관음보살이 최은함의 아들 승로承魯를 젖 먹여 길렀고, 승로가 숙肅을 낳았으며, 숙이 시중 제안齊顏을 낳았다. 제안이 허물어진 이 절을 고쳐 지어 석가만일도량釋迦萬日道場을 설치해 조정의 뜻을 받들었다. 아울러 신서信書와 발원문發願文을 절에 남겨 두었다. 그는 죽어서 절을 지키는 귀신이 되었는데, 신비롭고 괴이한 일이 아주 많았다. 그 신서는 대략 다음과 같다.

“단월인 내사시랑內史侍郎 동내사同內史 문하평장사門下平章事 주국柱國 최제안은 쓴다. 경주〔東京〕 고위산의 천룡사가 허물어진 지 여러 해가 지났다. 제자〔최제안〕는 임금께서 오래 사시고, 백성과 나라가 태평하기를 특별히 기원하여 전당과 회랑, 방, 부엌, 창고 등을 모두 완공하고, 돌과 흙으로 불상 몇 개를 만들고 석가만일도량을 개설한다. 이미 나라를 위해 고쳐 세웠으니 관가에서 절의 주지를 정해 보내 주는 것 또한 좋겠지만 주지가 바뀔 때마다 도량의 승려들이 마음 편히 지낼 수 없을 것이다.

시주 받은 논밭으로 절의 경비를 대는 경우를 예로 들면, 공산公山의 지장사地藏寺는 시주 받은 밭이 200결이고, 비슬산毗瑟山 도선사道仙寺도 시주 받은 밭이 20결이며, 평양〔西京〕의 사방에 있는 산사山寺가 시주 받은 밭만도 각각 20결이다.

이 절들은 직책이 있거나 없거나 상관없이 모두 반드시 계戒를 지키고 재주가 빼어난 사람을 뽑아 절 안의 모든 바람에 따라 차례를 따져 주지로 삼아 분향하고 수도하는 것을 일정한 관례로 삼았다.

내〔제자〕가 이 풍문을 듣고 기뻐하여 우리 천룡사도 절의 모든 이 가운데서 재주와 덕이 높은 스님〔大德〕으로 기둥이 될 만한 사람을 뽑아 주지로 임명하여 오랫동안 향을 피워 수도하게 하고자 한다. 따라서 글로 상세하게 기록하여 강사剛司°³에 맡기고, 당시 주지를 시초로 하여 유수관留守官의 문통文通을 받아 도량의 모든 승려들에게 보이니, 마땅히 각자 잘 알아서 해야 한다. 중희重熙 9년 6월 어느 날 관함官衛을 앞에 쓴 대로 갖추어 서명한다."

살펴보면 중희는 바로 거란 흥종興宗의 연호이며, 고려 정종靖宗 7년°⁴ 경진년(1040년)이다.

○○○ **3** 절의 간부격 직명이다.
○○○ **4** 6년의 오기로 보는 학자도 있다.

무장사의 미타전

　서울에서 동북쪽으로 20리쯤 떨어진 암곡촌暗谷村 북쪽에 무장사鍪藏寺°**1**가 있는데 신라 제38대 원성대왕元聖大王의 아버지, 명덕대왕明德大王으로 추봉된 대아간大阿干 효양孝讓이 숙부 파진찬波珍飡을 기려 세운 절이다. 〔그곳의〕 그윽한 골짜기는 마치 산을 깎아 놓은 듯 몹시 가파르고, 어둡고 깊어 저절로 텅 비고 순박한〔虛白〕 마음이 생겨 마음을 쉬고 도를 즐길 만한 신령스러운 곳이다.

　절의 위쪽에 아미타〔彌陁〕의 옛 전각이 있다. 소성昭成 또는 소성昭聖이라고도 한다. 대왕의 왕비 계화왕후桂花王后는 대왕이 먼저 죽자 허둥대며 어쩔 줄 몰라 하고 매우 슬퍼하여 피눈물을 흘리며 상심했다. 왕후는 왕의 밝고 아름다운 일을 기리고 명복을 빌기로 마음 먹었다. 이때 서방에 아미타라는 큰 성인이 있어 지극한 정성으로 믿으면 잘 구원하여 맞이한다는 말을 듣고 왕후가 이렇게 말했다.

　"이것이 사실이라면 어찌 나를 속이겠는가?"

　왕후는 여섯 가지 화려한 옷〔六衣〕°**2**을 내놓고 창고〔九府〕에 쌓

○○○ **1** 경주시 암곡동 무장산의 골짜기에 절터가 있다. 비신을 세울 때 활용된 쌍신두雙身頭 귀부와 이수 등이 남아 있는데, 삼층석탑과 함께 소성왕을 위하여 조성한 아미타불의 내력 등을 새겨 놓았다.
○○○ **2** 주나라 때 황후가 입던 여섯 가지 옷인데 여기서는 황후가 입는 화려한 옷을 말한다.

아 둔 재물을 다 털어서 이름난 장인들을 불러 모아 아미타 불상 하나를 만들게 한 다음 다시 여러 신들을 만들어 모셨다.

이보다 앞서 이 절에는 나이 든 승려가 한 명 있었는데, 어느 날 꿈에서 홀연 진인眞人이 석탑 동남쪽 언덕 위에 앉아서 서쪽을 향한 다음 대중을 위해 설법하는 것을 보고 마음속으로 이렇게 생각했다.

"이곳에 반드시 불법이 머무르게 될 것이다."

노승은 이것을 마음속에 감추어 두고 사람들에게 말하지 않았다.

그곳은 바위가 우뚝 솟아 있고 냇물이 거세게 흘러서 장인들이 거들떠보지 않았고, 다른 사람들도 모두 좋지 못한 터라고 했다. 그런데 터를 닦아 고른 땅을 얻자 불당을 세울 만했고 확실히 신령스러운 터와 같았으므로 보는 사람마다 놀라면서 좋다고 칭찬했다. 지금 미타전은 허물어지고 절만 남아 있다.

세간에서는 태종 무열왕이 삼국을 통일한 후 병기와 투구를 골짜기 가운데 갈무리하였으므로 무장사라 이름 지었다고 한다.

백엄사의 석탑사리

개운開運°**1** 3년 병오년(946년) 10월 29일, 강주康州 땅 임도대감
주첩任道大監柱貼에 "〔선종禪宗의〕 백엄선사伯嚴禪寺**2**는 초팔현草八縣
지금의 초계草溪에 있는데, 절의 승려 간유상좌侃遊上座는 나이가 서
른아홉 살이다."라고 했다.

절이 처음 지어진 때는 알 수 없다. 다만 예부터 전하는 바에 따
르면 이전 시대인 신라 때 북택청北宅廳 터를 내놓아 이 절을 지었는
데, 그 뒤 오랫동안 폐허가 되었다. 지난 병인년(906년)에 사목곡沙木
谷의 양부陽孚 스님°**3**이 개조하여 주지로 있다가 정축년(917년)에 입
적하였다. 을유년(925년)에 희양산曦陽山의 긍양 스님°**4**이 와서 10년
동안 머물다가, 을미년(935년)에 다시 희양산으로 돌아갔다. 이때에
신탁神卓 스님이 남원南原 백암수白嵓藪에서 이 사원으로 들어와 이
전에 정한 법대로 주지가 되었다.

○○○ **1** 오대 후진後晉 출제出帝 석중귀石重貴의 연호. 944~946년까지 사용
하였다.
○○○ **2** 경상남도 합천군 대양면에 있었던 사찰로 백암사 또는 대동사로도 불
렸으며, 지금은 폐허가 되었고 신라 시대 조성된 석등과 석불 등이 남아 있다.
○○○ **3** 신라 말기 희양산문을 개창하였던 지증대사智證大師 도헌道憲
(824~882년)의 제자로 백엄사로 하산하여 주석하다가 입적하였다.
○○○ **4** 양부선사의 법을 이어 고려 초기 희양산 봉암사鳳巖寺를 중심으로
크게 활약했던 정진대사 긍양(878~956년)이다.

또 함옹咸雍°5 원년(1065년) 11월에는 이 절의 주지인 득오미정대
사得奧微定大師와 승려 수립秀立이 절의 일상 규범〔常規〕 10여 조목을
정하고 새로 5층 석탑을 세워 진신부처사리 마흔두 과粿를 맞이해
모셨다. 또 사재를 털어 경비〔寶〕를 모아 해마다 공양할 조항, 특히
이 절에서 불법을 수호하던 엄흔嚴欣과 백흔伯欣 두 명신明神°6 그리
고 근악近岳 등 세 분 앞에 제사 모실 경비를 모아 공양할 것이며세속
에는 엄흔과 백흔 두 사람이 집을 내놓았기 때문에 백엄사라 불렀으며, 따라서
호법신護法神을 삼았다고 전한다. 금당 약사여래藥師如來 앞의 나무주발
에 매달 초하룻날 공양미를 갈아 놓는 조항을 정했다. 이하 조목은
기록하지 않는다.

○○○ 5 요遼나라 도종道宗 야율홍기耶律洪基의 연호. 1065~1074년까지 사
용했다.
○○○ 6 여러 천신과 귀신을 공경해 부른 말이다.

영취사

절에 전해 오는 고기古記에 말한다.

"신라 진골 제31대 신문왕 대인 영순永淳°**1** 2년 계미년(683년)본문에는 원년이라고 했으나 잘못된 것이다. 에 재상 충원공忠元公이 장산국莨山國바로 동래현이니 내산국萊山國이라고도 한다. 온천에서 목욕을 하고 성으로 돌아오는 길에 굴정역屈井驛 동지야桐旨野에 이르러 머물게 되었다. 문득 어떤 사람이 매를 놓아 꿩을 쫓는 것을 보았는데, 꿩이 금악金岳을 지나 자취가 영영 사라져 버렸다. 그래서 방울 소리를 듣고 찾아가니 굴정현 관청 북쪽의 우물가에 이르렀다. 매는 나무 위에 앉아 있고 꿩은 우물 속에 있는데, 물이 핏빛을 띤 것 같았다. 꿩은 양쪽 날개를 펴서 새끼 두 마리를 품고 있었고, 매 역시 그것을 어여삐 여기는지 함부로 덮치지 않고 있었다.

공이 이것을 보고 불쌍히 여기고 감동하여 그 땅을 점쳐 보니 절을 세울 만했다. 서울로 돌아와 이 사실을 왕에게 아뢰어 그 현의 관청을 다른 곳으로 옮기게 하고 그곳에다 절을 세운 뒤 영취사라고 이름 지었다."

○○○ **1** 당나라 고종 이치李治의 연호. 682~683년까지 사용했다.

유덕사

　신라 태대각간太大角干 최유덕崔有德이 자기 집을 내놓아 절을 세우고 유덕사有德寺라 이름 지었다. 먼 후손인 삼한三韓의 공신 최언위崔彦撝가 유덕의 진영眞影을 이곳에 모셔 두고 다시 비碑를 세웠다고 한다.

오대산 문수사°¹의 석탑기

뜰 가에 있는 석탑은 신라 사람이 세운 것 같다. 모양이 순박하고 정교하지는 않지만 이루 다 기록할 수 없을 만큼 영험이 많았다. 그 가운데 옛 노인들에게서 들은 한 가지 일만 기록하면 다음과 같다.

"옛날 연곡현連谷縣 사람이 배를 타고 바닷가에서 물고기를 잡는데, 갑자기 탑 하나가 나타나더니 배를 따라오는 것이었다. 그러자 모든 물고기가 그 그림자를 보고서 사방으로 흩어졌으므로 어부들은 한 마리도 잡지 못했다. 화가 난 어부들이 그림자를 찾아가 보았더니 바로 이 탑이었다. 그래서 도끼를 휘둘러 부수어 버리고 떠났다. 지금 이 탑의 네 귀퉁이가 모두 떨어져 나가고 없는 것은 이 때문이다."

나는 놀라 탄식해 마지않았다. 게다가 탑의 위치가 약간 동쪽으로 치우쳐 중앙에 있지 않은 것이 이상하게 여겨졌다. 현판이 하나 있어 올려다보니 거기에는 이렇게 적혀 있었다.

"승려 처현處玄이 일찍이 이 절에 머물다가 탑을 뜰 가운데로 옮겼더니 20여 년 동안 고요하여 영험이 없었다. 풍수〔日官〕가 절터를 찾다가 이곳에 이르러 '이 뜰의 중앙은 탑을 세울 만한 곳이 아닌데

○○○ **1** 지금의 강릉시에 있는 한송사지가 절 이름을 바꾸기 전에는 문수사였다.

왜 동쪽으로 옮기지 않는가.'라고 했다. 그래서 여러 승려들이 깨닫고서 다시 옛터로 옮겼다. 지금 서 있는 곳이 그곳이다."

나는 괴이한 것을 좋아하는 사람은 아니지만, 부처의 위엄과 신령함이 현세에 이처럼 빨리 나타나 만물을 이롭게 하는 것을 보았으니, 부처의 제자가 된 자로서 어찌 묵묵히 있을 수 있겠는가? 정풍正豐°² 원년 병자(1156년) 10월 어느 날, 백운자白雲子가 기록한다.

○○○ **2** 금나라 연호인 '정륭正隆'에서 '륭隆'이 태조 왕건의 부친 이름이었기 때문에 고려는 '륭隆'을 '풍豐'으로 대체한 '정풍正豐'을 피휘 연호로 썼다. 정륭正隆은 금나라 해릉왕 왕안량의 연호. 1156~1161년까지 사용했다.

권 제4

卷第四

의해 제5

義解 第五

『삼국사기』의 「열전」에는 승려들에 관한 편명이 없다.

그러나 일연은 이 편에서 신라 최초의 중국 유학생 원광을 필두로 자장, 원효 등 여러 승려들의 이야기를 14조에 걸쳐 수록하고 있어 인용된 자료로 승전의 비중이 높다.

특히 해동 불교의 자랑인 성승聖僧 원효에 대해서는 역사적 자료뿐만 아니라 직접 느끼고 전해 들은 이야기를 두루 섭렵하여 내용을 더욱 풍성하게 했으며, 개울가에서 혜공과 주고받은 대화에서는 원효의 인간미마저 느끼게 해 준다.

백제 미륵 신앙의 토대를 확립하는 데 기여했던 진표의 이야기를 수록한 점은 주목할 만하다.

일연이 청도의 운문사에 머물면서 기록한 이 편은 애써 꾸미거나 과장하지 않은 깔끔한 문체로 써 내려감으로써 『삼국유사』의 문학적 가치를 더욱 높여 주었다.

또한 일연의 사상적인 성숙과 체험적인 지혜가 물씬 느껴진다.

원광이 서쪽으로 유학 가다 °1

당나라 『속고승전續高僧傳』 제13권에는 이렇게 실려 있다.

"신라 황룡사皇隆寺 °2의 승려 원광圓光은 세속의 성이 박씨朴氏다. 본래는 변한과 진한, 마한의 삼한에 살았는데 원광은 진한 사람이다. 원광은 집안 대대로 해동에서 살았고 조상의 풍습이 오래도록 이어져 왔다. 그는 도량이 넓고 크며, 글을 좋아하여 현학玄學 °3과 유학을 폭넓게 섭렵하였을 뿐만 아니라 제자서諸子書와 역사서를 검토하여 바로잡아 문명文名을 삼한에 떨쳤다. 〔그러나〕 오히려 넓고 풍부한 지식이 중국에 〔미치지 못한 것을〕 부끄럽게 생각하여 드디어 부모와 친구와 헤어져 해외로 나갈 것을 결심했다. 스물다섯 살에 배를 타고 금릉金陵 °4에 도착했다. 진陳나라는 문교文教의 나라로 알려져 있었기 때문에, 〔원광은〕 이전에 의심했던 것과 도를 물어서 그 의미를 알게 되었다.

○○○ **1** 여기서 서쪽은 중국이다. 이 조는 고본古本 『수이전殊異傳』에 많은 부분을 의존하고 있는데 일연이 운문사의 솔길을 따라 거닐며 서로 교류한 느낌도 미묘하게 전달하면서 불교의 토착화 과정을 다루고 있다.
○○○ **2** 황룡사皇龍寺의 와전으로 보기도 하는데, 지금은 터만 남아 있다.
○○○ **3** 중국 위진魏晉 시대 노자와 장자를 위시한 도가학을 위주로 유학을 합친 철학을 말한다.
○○○ **4** 지금의 남경南京이며 건강建康으로 더 알려진 중국의 천년 고도古都였다.

처음에는 장엄사莊嚴寺 민공旻公의 제자의 강의를 들었다. 〔원광은〕 본래 속세의 경전〔世傳〕을 잘 알아 이치를 끝까지 연구하는 데 신통하다고 알려졌지만, 불교의 강론을 듣고는 오히려 〔자신이〕 썩은 지푸라기 같았다. 〔그리고〕 헛되이 명교名敎°5를 공부하다가는 진실로 삶이 걱정되어 진나라 왕에게 글을 올려 불법에 귀의할 것을 간청하니 왕이 칙명으로 허락했다.

〔그는〕 비로소 승려가 되어 계戒를 받고는 강설하는 모임〔講肆〕을 두루 찾아다니면서 훌륭한 도리를 다하고 미묘한 말을 깨달아 세월을 헛되이 보내지 않았다. 그리하여 『성실론成實論』과 『열반경涅槃經』을 얻어 마음속에 쌓아 간직하고, 삼장三藏과 석론釋論을 두루 탐구했다. 마침내 오吳나라의 호구산虎丘山에 들어가 정념正念°6과 정정正定°7을 서로 따랐고 각관覺觀°8을 경계하여 잊지 않으니, 마음의 위안을 얻으려는 무리들이 임천林泉°9에 구름처럼 몰려들었다. 아울러 『사아함경四阿含經』°10을 널리 읽어 공덕이 팔정八定°11으로 흘러들게 되고, 선善을 밝히고 의심나는 것을 바로잡으니 곧음을 무너뜨리기는 어려웠다. 본래부터 마음먹었던 것과 꼭 들어맞았

○○○ 5 명분과 교화로 여기서는 유학을 일컫는다.
○○○ 6 참 지혜로 정도를 생각하여 사념이 없는 것을 말한다.
○○○ 7 참 지혜로 흔들리는 마음을 고요하게 하는 것이다.
○○○ 8 '각覺'은 총체적 사고, '관觀'은 분석적 사고다.
○○○ 9 여기서는 승려가 있는 곳을 말한다.
○○○ 10 아함부阿含部에 속하는 소승경小乘經의 총칭이다.
○○○ 11 색계色界의 사선정四禪定과 사공정四空定을 합해서 말한 것으로 팔선정八禪定이라고도 한다. 선정이란 마음으로 사물을 생각하는 것과 어떤 한 경지로 생각을 가라앉히는 일을 뜻한다.

기 때문에 이곳에서 일생을 마칠 생각을 했다. 즉시 인간 세상의 일을 끊고 성인의 유적을 유람하면서 생각을 세상 밖[靑霄]에 두고 속세를 버리려 했다. 그때 한 남자 신도[信士]가 산 아래에 살고 있었는데, 원광에게 강의해 달라고 청했다. 원광은 끝내 사양하고 허락하지 않았으나, 귀찮을 정도로 청했기 때문에 드디어 그의 뜻에 따라 처음에는 『성실론』을 강의하고, 나중에는 『반야경』을 강의했다. 그의 해석은 모두 훌륭하고 명철했으며, 좋은 질문에는 거침없이 답하고 매끄러운 말을 덧붙여 글의 깊은 뜻을 풀어내니, 듣는 사람들이 흡족해하고 마음에 들어했다.

이때부터 옛 규칙에 따라 중생을 인도하는 것을 임무로 삼으니, 법륜法輪을 한 번 움직일 때마다 강물을 기울여 쏟듯〔세상 사람들을 불법佛法으로 기울게〕 했다. 비록 이국 땅이었지만 설법이 통하여 도에 젖어 싫어하거나 틈이 생기는 일이 없게 되었다. 그리하여 〔원광의〕 명망은 널리 퍼져 중국의 남방[嶺表]°**12**까지 전파되었다. 〔그래서〕 험한 길을 헤치며 바랑을 지고 〔배우러〕 찾아오는 사람들이 줄을 이어 고기 비늘 같았다.

수隋나라 임금이 천하를 다스리니, 그 위엄이 남국〔진나라〕까지 퍼져 진陳나라의 운수가 다하게 되었다. 〔수나라〕 군대가 양도揚都°**13**에 들어오자 〔원광은〕 난병亂兵들에게 잡혀 죽게 될 참이었다. 〔수나라의〕 대주장大主將이 사탑이 불에 타는 것을 멀리서 보고 불을 끄려고 달려갔다. 〔그런데〕 불에 탄 흔적은 전혀 없고 다만 원광

○○○ **12** 중국의 오령五嶺 이남 지역으로 광동과 광서의 남쪽이다.
○○○ **13** 진나라의 수도다.

이 탑 앞에 묶인 채 죽임을 당하려 하고 있었다. 이를 기이하게 여겨 즉시 묶인 것을 풀어 주고 원광을 방면했다. 위기에 직면하여 영험을 나타낸 것이 이와 같았다.

원광의 학문이 오월吳越°**14**에서 통했으나 다시 주진周秦°**15**의 교화를 보려고 개황開皇 9년(589년)에 장안으로 유람하러 갔다. 그런데 마침 불법의 개최를 맞아 섭론종攝論宗°**16**이 처음으로 일어나니 〔원광은〕 경전의 아름다운 말을 마음속으로 받들고 〔경전의〕 미묘한 실마리를 일으켜 세웠으며, 또한 지혜로운 해석으로 장안에 명예를 드날렸다. 공적이 이루어지고 나서 도를 동쪽으로 전하려 했다. 멀리 신라에서 이 소문을 듣고는 〔수나라 황제에게〕 아뢰는 글을 올려 〔원광을 돌려보내 줄 것을〕 여러 번 청했다. 따라서 칙명을 내려 노고를 크게 위로하고 자기 나라로 돌려보냈다.

원광이 수십 년 만에 돌아오니 늙은이 젊은이 할 것 없이 서로 기뻐했다. 신라 왕 김씨°**17**는 〔원광을〕 만나 보고는 공경하여 성인처럼 우러러 모셨다. 원광은 성품이 겸허하고 여유롭고 정이 많아 모든 사람에게 두루 사랑을 베풀었고 말할 때는 항상 웃음을 머금으며 노여움을 나타내지 않았다. 외교 문서나 계서啓書, 오가는 국서가 모두 그의 머릿속에서 나왔다. 온 나라가 받들어 원광에게 나라를 다스리는 방법을 맡기고 도의로써 교화하는 방법을 물었다. 〔원

○○○ **14** 춘추 시대 중국의 양자강을 사이에 두고 오나라는 북쪽, 월나라는 남쪽에서 서로 대립했다.

○○○ **15** 중국 중원의 주나라와 중원 서쪽의 진나라를 말한다.

○○○ **16** 중국의 불교 13종의 하나로서 양梁나라 무착無着이 지은 『섭대승론攝大乘論』을 근본 성전으로 한다.

○○○ **17** 진평왕을 말한다.

광은) 화려한 옷을 차려입은 고위 관리는 아니었지만 실제로는 나라의 정사를 돌보는 사람과 같아 시기 적절하게 교훈을 펴서 지금까지도 모범이 되고 있다.

〔원광이〕 나이가 들어 수레를 타고 대궐로 들어가자, 왕이 손수 의복과 약과 음식을 마련하여 다른 사람이 돕는 것을 허락하지 않아 오로지 혼자만 복을 받으려고 했으니, 감동하고 공경하는 모습이 이 정도였다.

원광이 임종하려 할 때 왕이 직접 손을 잡고 위로하며 백성들을 구제할 수 있는 법을 남겨 달라고 부탁하니, 상서로운 징조를 설명하여 온 나라 구석구석에 미치게 했다. 건복建福°**18** 58년(636년)에 원광은 몸이 좋지 않은 것을 조금씩 느끼다가 이레가 지나 해맑고 절실한 계를 남기고 자신이 살던 황룡사에 단정히 앉아 임종했다. 이때가 아흔아홉 살로 당나라 정관 4년의 일이다. 마땅히 14년이 옳을 것이다.°**19** 임종할 때, 절의 동북쪽 허공에는 음악 소리가 가득하고 이상한 향기가 절에 충만하여 승려와 속세 사람들이 모두 슬퍼하면서도 그의 영감을 알고 경사로 여겼다. 마침내 〔그를〕 서울 외곽에 장사 지냈는데, 나라에서 우의羽儀°**20**와 장례용품을 내려 마치 왕의 장례와 같이 치렀다.

그 후 속세 사람 가운데 죽은 태아를 낳은 사람이 있었는데 세

○○○ **18** 신라 진평왕의 연호. 50년으로 끝났으니 이 연대는 착오가 있는 듯하다.

○○○ **19** 고본 『수이전』에는 여든네 살이며 명활성明活城 서쪽에 묻었다고 했다.

○○○ **20** 의식에서 장식으로 사용하는 새의 깃털이다.

속에서 말했다.

"복이 있는 사람 무덤 옆에 묻으면 자손이 끊이지 않는다."

그래서 몰래 원광의 무덤 옆에 태아를 묻었다. 그러자 그날로 죽은 태아에게 벼락이 쳐서 무덤 밖으로 내쳐졌다. 이 일로 불손한 마음을 품었던 사람들은 모두 그를 우러르게 되었다.

그의 제자 원안圓安은 정신과 기개가 지혜롭고 기민했으며 유람을 좋아하는 성품이라 그윽한 것을 구하면서 스승을 앙모했다. 마침내 북쪽으로 환도丸都°²¹를 돌아보고, 동쪽으로 불내不耐°²²를 보았으며, 또 서쪽으로 연燕나라와 위魏나라에 가고, 나중에 황제가 사는 장안까지 이르렀다. [이렇게 하여] 지방의 풍속에 두루 통달하고 여러 경론經論을 탐구해서 큰 줄기를 꿰뚫고 미묘한 뜻까지도 훤히 통달하게 되었다. 만년에 이르러서는 마음의 학문[心學]으로 돌아가 원광의 뜻을 높이 따랐다. 처음에는 장안의 절에 머물렀는데 도가 높은 것으로 알려지자, 특진特進 소우蕭瑀가 왕에게 아뢰어 남전藍田에 지은 진량사津梁寺에 머물게 했는데 사사四事°²³의 공양에 온종일°²⁴ 변함이 없었다.

원안이 일찍이 원광에 대하여 서술했다.

"우리 신라의 왕이 병이 들었는데 의원이 치료해도 낫지 않았다. 원광을 궁궐로 요청하여 옆에 따로 모시고 매일 밤 두 차례씩 심오

○○○ **21** 지금의 평양을 가리킨다. 원문에는 구도九都라고 되어 있다.

○○○ **22** 함경남도 안변으로 동예의 옛 땅이었다.

○○○ **23** 네 가지 공양거리로 사방舍房과 의복, 음식과 탕약을 말한다.

○○○ **24** '온종일'은 원문의 '육시六時'를 번역한 것이다. '육시'란 새벽, 아침, 낮, 해 질 녘, 초저녁, 한밤중을 말한다.

한 법을 말하도록 하고, 계를 받아 참회하게 하니 왕이 그를 몹시 신봉했다. 한번은 초저녁에 왕이 원광의 머리를 보니 금빛이 찬란하게 빛나고 햇무리〔日輪〕 같은 형상이 〔그의〕 몸이 가는 대로 따라다녔다. 〔이것을〕 왕후와 궁녀들이 모두 보았다. 그러므로 뛰어난 마음을 거듭 내어 병실에 머물게 하니, 오래지 않아 왕의 병이 나았다. 원광은 진한과 마한 사이에서 부처의 교법을 크게 폈으며, 해마다 두 차례의 강론을 통해 후학을 기르고, 시주 받은 재물은 모두 절을 운영하는 데 보태니 남은 것은 단지 가사와 바리때뿐이었다. 달자함達字函에 실려 있다."

또 경주〔東京〕 안일호장安逸戶長 정효貞孝의 집에 있는 고본『수이전殊異傳』°²⁵에 「원광법사전」이 실려 있는데, 그 내용은 다음과 같다.

"법사가 세속에서 얻은 성은 설씨薛氏로서 경주〔王京〕 사람이다. 처음에 승려가 되어 불교를 배웠는데 서른 살에 조용히 살면서 수도할 생각을 품고는 혼자서 삼기산三岐山에서 살았다. 그 후 4년이 지나 한 승려가 와서 멀지 않은 곳에 따로 절을 짓고 2년을 살았는데, 사람됨이 강인하고 매우 사나워 주술 배우기를 좋아했다.

법사가 밤에 혼자 앉아 경을 외우고 있는데, 갑자기 신의 목소리가 그의 이름을 부르며 말했다.

'좋구나, 좋구나, 그대의 수행이여! 대개 수행하는 사람이 많다고는 하지만 법사 같은 사람은 드물구나. 지금 이웃에 어떤 승려가 있는데 그를 보면 곧잘 주술을 닦지만 얻는 것은 없고, 지껄이는 소리

○○○ 25 신라의 이야기 책으로 일연이 『삼국유사』를 집필할 때 많이 참조한 책으로 손꼽힌다.

는 다른 사람의 조용한 마음을 뒤흔들고, 머무는 곳이 내가 다니는 길을 막고 있어 항상 오갈 때마다 몇 번이나 미운 생각이 드니, 법사는 나를 위해 그에게 말하여 다른 장소로 옮기도록 하라. 만약 오래 머문다면 아마도 내가 문득 죄업罪業을 저지를 것 같다.'

이튿날 법사가 가서 알려 주었다.

'내가 어젯밤에 신의 말을 들었으니 비구는 제발 다른 장소로 옮기시오. 그렇지 않으면 재앙이 따를 것이오.'

비구가 대답했다.

'수행이 지극한 사람도 마귀에게 미혹되는군요. 법사는 어찌 여우 귀신의 말을 걱정합니까?'

그날 밤, 신이 또 와서 말했다.

'지난번 내가 말한 일에 대해 비구가 무어라고 답하던가?'

법사는 신이 몹시 화를 낼까 두려워하며 대답했다.

'아직 말을 다 하지 못했습니다만 강하게 말한다면 어찌 감히 듣지 않겠습니까?'

신이 말했다.

'이미 내가 다 들었는데 법사는 어찌하여 말을 덧붙이는가? 잠자코 내가 하는 일을 보시게.'

말을 마치고 갔는데 그날 밤 우레와 같은 소리가 들렸다. 이튿날 살펴보니 산이 무너져 비구가 살던 절을 덮어 버렸다. 신이 또 와서 말했다.

'법사가 보니 어떠한가?'

법사가 대답했다.

'매우 놀랍고 두려웠습니다.'

신이 말했다.

'내 나이는 거의 3000세로서 신령스러운 술법이 가장 뛰어나니 이 정도는 작은 일인데 어찌 놀랄 것이 있겠는가? 나는 앞으로 다가올 일을 알지 못하는 것이 없으며 천하의 일에 통달하지 않은 것이 없다. 지금 생각해 보니 법사가 이곳에만 살면 비록 자신에게는 이로운 행실이 있겠으나 다른 사람을 이롭게 하는 공은 없을 것이다. 지금도 높은 명성을 드날리지 못하고 미래에도 뛰어난 성과를 드날리지 못할 것인데 왜 중국에 가서 불법을 가져와 이 나라의 미혹한 무리들을 인도하지 않는가?'

법사가 대답했다.

'중국에 가서 도를 배우는 것이 본래 제가 바라던 바이나, 바다와 육지가 막혀 있어 가지 못할 따름입니다.'

신이 중국에 갈 수 있는 계책을 자세히 일러 주었으므로, 법사는 그 말에 따라 중국에 가서 11년 동안 머물면서 삼장三藏에 널리 통달하고, 유학(儒)도 배웠다.

진평왕 22년 경신년(600년) 『삼국사』에는 이듬해 신유년(601년)에 왔다고 했다.에 법사는 행장을 꾸려 본국으로 돌아가려는데 이에 중국에 왔던 조빙사朝聘使를 따라 본국 신라(東)로 돌아왔다. 법사가 신에게 감사를 드리기 위해 전에 거주하던 삼기산의 절에 도착하니, 밤중에 신이 또 와서 그의 이름을 부르며 말했다.

'바다와 육지 길을 다녀오는 것이 어떻던가?'

법사가 대답했다.

'신의 커다란 은혜를 입어 편안히 다녀왔습니다.'

신이 말했다.

'나 또한 법사에게 계를 주겠다!'

그리고 윤회°²⁶하는 세상에서 서로 구제해 주자는〔生生相濟〕약속을 맺었다.

또〔법사가〕요청했다.

'신의 참모습을 볼 수 있겠습니까?'

신이 말했다.

'법사가 만일 내 모습을 보고 싶다면 아침에 동쪽 하늘 끝을 보면 된다.'

법사가 이튿날 아침에 그곳을 바라보니, 큰 팔뚝이 구름을 뚫고 하늘 끝에 닿아 있었다. 그날 밤, 신이 또 와서 말했다.

'법사는 내 팔뚝을 보았는가?'

법사가 대답했다.

'매우 기이하고 절묘했습니다.'

그래서 세속에서는〔삼기산을〕비장산臂長山이라고 불렀다.

신이 말했다.

'비록 이런 몸을 가졌다 해도 무상無常의 고통을 면하지는 못한다. 나는 어느 달 어느 날에 그 고개에 나를 버릴 것이다. 법사가 와서 영원히 가는 내 혼을 송별해 주시게.'

약속한 날을 기다렸다가 가서 보니 검게 옻칠한 것 같은 늙은 여우 한 마리가 헐떡거리며 숨도 쉬지 못하다가 조금 뒤에 죽었다.

법사가 처음 중국에서 돌아왔을 때, 신라 조정의 임금과 신하들

○○○ **26** 생명이 있는 개체는 모두 해탈이 있기 전에는 반드시 인과율에 따라 생사가 영원하다는 것을 뜻한다.

은 그를 존경하여 스승으로 삼아 〔법사는〕 항상 대승경전大乘經典을 강론했다. 이때 고구려와 백제가 항상 변방을 침범해 왔다. 왕은 매우 근심하면서 법사에게 수나라마땅히 당나라로 해야 한다. 에 군사를 요청하는 표문〔乞兵表〕을 짓도록 했다. 황제가 그 표문을 보고 30만 명의 군사를 직접 이끌고 고구려를 치니, 이로부터 법사가 유학에도 두루 통한다는 것이 세상에 알려졌다. 〔법사가〕 향년 여든네 살에 입적하자 명활성明活城 서쪽에 장사 지냈다.”

또 『삼국사』 「열전」에는 이렇게 되어 있다.

“어진 선비 귀산貴山은 사량부沙梁部 사람으로 한동네에 사는 추항箒項과 친구였다. 두 사람이 만나서 말했다.

'우리들이 덕망 있는 선비와 교유하길 기약하면서 먼저 마음을 바르게 하고 몸을 닦지 않는다면 아마도 욕을 초래할 것이다. 그러니 어찌 어진 사람의 곁을 찾아가 도를 묻지 않을 수 있겠는가?'

이때 원광법사가 수나라°27에 들어갔다가 돌아와서 가슬갑嘉瑟岬가서갑加西岬 또는 가서갑嘉栖岬이라고도 쓰는데 모두 방언이다. 갑岬은 세속에서 곳〔古尸〕이라고 하기 때문에 혹은 곳사〔古尸寺〕라고도 하니, 갑사岬寺란 말과 같다. 지금 운문사雲門寺 동쪽 9000보쯤 되는 곳에 가서현加西峴이 있으니 어떤 사람은 가슬현嘉瑟峴이라고도 한다.°28 현의 북쪽 골짜기에 절터가 있으니 바로 이것이다. 에 머무르고 있다는 말을 듣고 두 사람이 문으로 들어가 아뢰었다.

'속된 선비들은 무지몽매하여 아는 것이 없으니, 한 말씀만 해

○○○ **27** 수나라 때는 제왕들이 불교의 부흥을 도모했던 시기다.
○○○ **28** 운문사와 가슬갑 이야기는 다음 조인 '보양과 배나무'에 상세하다.

주시면 평생토록 경계로 삼겠습니다.'

원광법사가 말했다.

'불교에는 보살계菩薩戒가 있고 거기에 따로 열 가지가 있으나, 너희들이 다른 사람의 신하 된 몸으로는 아마도 감당할 수 없을 것 같다. 지금 세속에는 다섯 가지 계〔世俗五戒〕가 있다. 첫째는 충성으로 임금을 섬기는 것이고, 둘째는 효도로 어버이를 섬기는 것이고, 셋째는 믿음으로 벗과 사귀는 것이고, 넷째는 싸움터에 나가서는 물러남이 없는 것이고, 다섯째는 살생을 가려서 하는 것이다. 너희들은 이를 실행하는 데 소홀함이 없어야 한다.'

귀산 등이 말했다.

'다른 것은 잘 알겠습니다만, 이른바 살생을 가려서 하라는 것만은 잘 알지 못하겠습니다.'

원광법사가 말했다.

'육재일六齋日°²⁹과 봄 여름에는 살생을 하지 말아야 하니, 이는 시기를 가리라는 것이다. 부리는 가축을 죽이지 말라고 하는 것은 말, 소, 닭, 개를 말하는 것이다. 미물을 죽이지 말라고 하는 것은 그 고기가 한 점도 되지 못하는 것을 말하니, 이는 바로 대상을 가리라는 것이다. 또한 죽일 수 있는 것도 꼭 필요한 양만큼만 죽이고 많이 죽이지는 마라. 이것이 곧 세속의 좋은 계다.'

귀산 등이 말했다.

'지금부터 이를 받들어 두루 행하여 감히 실수하는 일이 없도록

○○○ **29** 몸조심하고 마음을 깨끗이 재계하는 날로 매월 8일, 14일, 15일, 23일, 29일, 30일이다.

하겠습니다.'

이후에 두 사람은 전쟁터에 나가 모두 나라에 뛰어난 공을 세웠다.

또 건복 30년 계유년(613년)바로 진평왕 즉위 35년이다. 가을에 수나라 사신 왕세의王世儀가 와서 황룡사에 백좌도량百座道場을 열고 여러 고승을 불러 불경을 강의했는데, 원광법사가 최고 윗자리에 있었다."

다음과 같이 논평한다.

"원종原宗이 불교를 부흥시킨 이래로 나루터와 다리〔津梁〕°**30**는 이미 설치되었으나 당오堂奧°**31**에 도달할 겨를이 없었다. 그래서 마땅히 귀계멸참歸戒滅懺°**32**의 법으로써 우매함을 깨우쳤던 것이다.

그래서 원광이 머물던 가서갑에 점찰보占察寶를 두어 영원한 규범으로 삼았다. 이때 한 시주하는 비구니가 점찰보에 전답을 바쳤으니, 지금 동평군東平郡의 전답 100결이 그것이며 옛 자료가 아직도 남아 있다.

원광은 성품이 텅 비고 고요한 것을 좋아했으며, 말할 때는 언제나 얼굴에 미소를 머금고, 성난 안색을 보이지 않았다. 그가 나이가 들어 수레를 타고 궁궐에 드나들었는데, 당시 덕망과 인의仁義를 모두 갖춘 선비가 많았지만 감히 그보다 나은 사람이 없었으며, 뛰어난 문장력은 한 나라를 기울일 만했다. 80여 세로 정관 연간에 세상을 떠났는데, 부도浮圖는 삼기산 금곡사金谷寺에 있다. 지금의 안강安康 서남쪽 골짜기며 또 명활明活의 서쪽이다."

『당전唐傳』에는 황룡사에서 입적했다고 했는데, 그곳은 자세히

○○○ **30** 부처가 인간을 구제하는 방법을 말한다.

○○○ **31** 진리가 깊은 경지를 말한다.

○○○ **32** 불교에 귀의하여 괴로움을 없애고 참회하는 것을 말한다.

알 수는 없으나 황룡사의 잘못인 듯싶다. 이는 마치 분황사芬皇寺를 왕분사王芬寺로 적은 예와 유사하다. 위의 당나라와 우리나라의 두 전기 글을 살펴보면 성씨가 박朴과 설薛로 다르고, 출가한 곳도 우리나라와 중국으로 나와 마치 두 사람인 듯하므로, 감히 명확하게 결정할 수 없어 전기를 둘 다 그대로 실었다. 그러나 여러 전기를 살펴보면, 모두 작갑鵲岬과 이목璃目과 운문사雲門寺의 사실이 없다. 그러나 우리나라 사람 김척명金陟明이 항간의 말을 가지고 그릇되게 글을 꾸며 원광법사의 전기를 지으면서 함부로 운문사의 창건자인 보양사寶壤師의 사적을 합하여 하나의 전기로 만들었다. 후에 『해동승전海東僧傳』을 지은 사람이 잘못된 것을 그대로 기록했기 때문에 사람들이 대부분 잘못 알고 있다. 그래서 여기에서 구별하고자 하여 한 글자도 더하거나 빼지 않고 두 전기의 문장을 자세히 실었다. 진陳나라와 수隋나라 시대에는 우리나라 사람으로서 바다를 건너가 불교를 공부한 사람이 드물었고, 설사 있었다 해도 크게 이름을 떨치지는 못했다. 그러나 원광 이후로 계속해서 중국으로 유학 가는 사람이 끊이지 않았으니, 원광이 바로 유학의 길을 연 것이다.

°°° 다음과 같이 기린다

바다 건너 처음으로 한나라 땅의 구름 헤치고,
몇 사람이나 왕래하면서 맑고 향기 나는 덕[불교]을 배웠던가.
옛날의 발자취가 청산靑山에 있었기에
금곡金谷과 가서嘉西의 일을 들을 수 있네.

보양과 배나무

승려 보양의 전傳에는 그의 고향과 성씨의 유래가 실려 있지 않다.[1] 청도군淸道郡 사적에 의거해 보면 다음과 같다.

천복天福 8년 계묘년(943년)즉 태조太祖 즉위 제26년이다. 정월 어느 날, 청도군 계리심사界里審使 순영順英 대내말大乃末과 수문水文 등의 주첩공문柱貼公文에 실려 있는데, 〔거기에는〕"운문산雲門山 선원禪院 경계표〔長生〕는 남쪽은 아니점阿尼岾이고 동쪽은 가서현嘉西峴이라 했다.고 한다." 이곳 본사 삼강전三剛典의 주인은 보양화상寶壤和尙이며, 원주院主는 현회장로玄會長老고, 정좌貞座는 현량상좌玄兩上座며, 직세直歲[2]는 신원선사信元禪師라고 했다. 위의 공문은 청도군 도전장전都田帳傳에 따른 것이다.

또 개운開運 3년 병진년(946년)의 운문산 선원의 장생표탑長生標塔[3] 공문 한 통에는 "장생이 열한 군데 있으니, 아니점, 가서현, 묘현畝峴, 서북매현西北買峴혹은 면지촌面知村이다. 북저족문北猪足門 등이다."라고 했다.

○○○ **1** 따라서 일연은 운문사 주위의 나이 많은 노인들의 구전에 의거하여 보양을 이야기한다. 운문사는 일연이 속한 가지산파의 절로 그는 일흔한 살에 이 절에 왔다.
○○○ **2** 고려 초에 설치된 승관僧官으로 절의 살림을 하는 임무 중의 하나다.
○○○ **3** 신라와 고려 시대에 사령寺領을 표시하기 위하여 사찰 주변에 세웠던 표지물이다.

또 경인년(1230년) 진양부첩晉陽府貼에는 5도 안찰사가 각 도에서 선교사원禪敎寺院이 처음 세워진 해와 달과 내력을 조사하여 문서를 만들었는데 차사원差使員이던 동경장東京掌의 서기 이선李僐이 조사한 기록에는 "정풍正豊 6년 신사년(1161년)정풍은 대금大金의 연호인데 고려 의종毅宗 즉위 16년이다. 9월의 『군중고적비보기郡中古籍裨補記』에 따르면 청도군의 전 부호장前副戶長 어모부위禦侮副尉 이칙정李則楨의 집에 옛 사람들의 소식과 우리말로 전해 오는 기록이 있으니, 벼슬을 지낸 상호장上戶長 김양신金亮辛과 벼슬을 지낸 호장 민육旻育, 호장 동정同正 윤응전尹應前, 기인其人 진기珍奇 등과 당시 상호장 용성用成 등의 말이 기록되어 있다. 그 당시 태수 이사로李思老와 호장 양신은 여든아홉 살이었고, 다른 사람들은 모두 일흔 살이 넘었으며, 용성은 예순 살이 넘었다."라고 했다. 운운云云이라고 한 것은 다음부터는 쓰지 않는다.

신라 시대 이래 청도군의 절로는 작갑사鵲岬寺 외에 크고 작은 사원들이 있었지만 세 나라(후삼국)가 싸우는 사이에 대작갑大鵲岬, 소작갑小鵲岬, 소보갑所寶岬, 천문갑天門岬, 가서갑嘉西岬 등 다섯 갑이 모두 무너져 사라져서 다섯 갑사의 기둥을 모두 모아 대작갑에 두었다.

시조 승려(祖師) 지식知識윗글에서는 보양寶壤이라고 했다.이 중국(大國)에서 불법弗法을 전수받고 돌아오는 길에 서해 가운데 이르렀을 때, 용이 궁궐로 맞아들여 불경을 외게 하고 금실로 수놓은 비단 가사 한 벌을 시주하고 아울러 이무기(璃目)란 아들을 시봉으로 주어 그에게 딸려 보내면서 부탁했다.

"지금 세 나라가 소란하여°4 불법에 귀의한 군주가 없지만, 만약 내 아들과 함께 본국의 작갑에 가서 절을 세우고 살면 도적을 피할 수 있을 것이오. 또한 몇 년 안에 반드시 불교를 보호하는 어진 임금이 나와 삼국을 안정시킬 것이오."

말을 마치자 서로 이별하고 돌아와 이 골짜기에 도착했을 때 갑자기 노승이 나타나 스스로 원광이라 하면서 도장이 든 상자를 안고 나와 이를 건네주고는 사라졌다. 살펴보면 원광은 진陳나라 말기에 중국으로 들어갔다가, 개황開皇 연간에 자기 나라로 돌아와 가서갑에 머물다 황룡사에서 죽었으니, 헤아려 보면 청태淸泰 초에 이르기까지 무려 300년에 달한다. 이제 여러 갑사가 모두 황폐해진 것을 슬퍼하고 탄식하다가 보양이 와서 절을 일으켜 세우려 한 것을 기뻐하여 그것을 아뢴 것일 뿐이다.

이에 따라 보양법사가 황폐해진 절을 부흥시키려고 북쪽 고개에 올라가 바라보니 뜰에 5층으로 된 누런 탑이 있었다. 그러나 내려와 찾아보니 자취가 없어서 다시 올라가 바라보자 까치들이 땅을 쪼고 있었다. 바다의 용이 작갑이라고 말했던 것이 생각나서 찾아가 파 보니, 과연 이전의 벽돌이 무수히 많았다. 이것들을 모아서 높은 탑을 쌓았는데, 탑이 완성되자 남은 벽돌이 하나도 없었다. 이로써 이곳이 이전 시대의 절터였음을 깨닫고는 절을 세우고 살면서 이곳을 작갑사라고 불렀다.

얼마 지나지 않아 태조太祖가 삼국을 통일하여 〔보양〕법사가 이곳에 절을 짓고 산다는 말을 듣고는 곧 다섯 갑의 전답 500결을 합하여 이 절에 바치고, 청태淸泰 4년 정유년(937년)에 운문선사雲門禪寺라는 현판을 내려 가사의 신령스러운 음덕을 받게 했다.

○○○ **4** 여기서는 후삼국이 난리를 일으킨 것을 말한다.

이무기는 항상 절 옆의 작은 못에 살면서 (보양의) 불법 교화를 남몰래 도왔다. 어느 해 갑자기 가뭄으로 밭의 채소가 타 들어가므로 보양이 이무기에게 명하여 비를 내리도록 하니 한 고을에 충분할 정도로 비가 내렸다. 천제는 자신이 모르게 비를 내리게 했다 하여 이무기를 죽이려 했다. 이무기가 법사에게 위급함을 알리자 법사는 이무기를 마루 밑에 숨겼다. 얼마 후 하늘의 사자가 뜰에 와서 이무기를 내놓으라고 하자 법사가 뜰 앞에 있는 배나무(梨木)를 가리켰다. (하늘의 사자는 배나무에) 벼락을 내리고는 하늘로 올라갔다. (벼락을 맞은) 배나무는 시들어 꺾였으나, 용이 어루만지니 즉시 살아났다. 어떤 사람은 법사가 주술로써 살렸다고 한다. 그 나무가 몇 해 전에 땅에 쓰러져 어떤 사람이 빗장 방망이를 만들어 선법당善法堂과 식당에 두었는데, 그 방망이 자루에 글이 있었다.

처음 법사는 당나라에 들어갔다가 돌아와 먼저 추화군推火郡[5]의 봉성사奉聖寺에 머물렀다. 때마침 태조가 동쪽을 정벌하는 길에 청도 땅에 이르렀는데, 산적이 견성犬城산봉우리가 물에 임하여 뾰족하게 서 있으니 오늘날 세상 사람들이 그것을 미워하여 견성이라고 했다. 에 모여 교만하고 오만하게 굴면서 항복하지 않았다. 태조가 산 아래에 이르러 법사에게 쉽게 제압할 방법을 묻자, 법사가 대답했다.

"대체로 개라는 동물은 밤에만 지키고 낮에는 지키지 않으며, 또 앞쪽만 지키고 뒤쪽은 잊어버리니, 낮에 견성의 북쪽을 공격해야 합니다."

과연 태조는 그의 말에 따라 산적을 패배시키고 항복을 받아 냈

○○○ **5** 지금의 경상남도 밀양이다.

다. 태조는 그의 신기한 계책을 가상히 여겨 해마다 가까운 현의 세금 50석을 주어 향을 피우는 데 쓰게 했다. 이로써 그 절에 [태조와 보양] 두 성인의 초상을 모시고 봉성사라 했다. 이후에 법사는 작갑사로 와서 불법을 크게 이루고 그곳에서 일생을 마쳤다.

법사의 행장은 고전古傳에 실려 있지 않다. 세상에서는 석굴사石崛寺의 비허사備虛師 또는 비허사毗虛師라고 한다. 와 형제가 되고 봉성사, 석굴사, 운문사 세 절이 봉우리를 맞대고 빗살처럼 늘어서 있어 서로 왕래했다고 한다.

후세 사람들이 『신라이전新羅異傳』을 고쳐 지으면서 작탑鵲塔과 이무기의 일을 『원광법사전』에 기록하고 견성에 관계된 것을 『비허전毗虛傳』에 실은 것은 잘못된 일이다. 또 『해동승전』을 지은 사람이 여기에 따라 글을 다듬고 보양의 전傳을 없애 후세 사람이 의혹을 품고 잘못 알게 했으니, 얼마나 무망誣妄○**6**한 일인가?

○○○ **6** 없는 것을 있다고 말해서 터무니없이 속이는 것을 말한다.

양지가 지팡이를 부리다

승려 양지良志의 조상과 고향은 자세히 알 수 없고, 단지 선덕왕善德王 대에 자취를 나타냈을 뿐이다.

지팡이 끝에 포대 하나를 걸어 두면 지팡이가 저절로 날아서 시주하는 집으로 가 흔들면서 소리를 냈다. 그러면 그 집에서 알고 재를 올릴 비용을 담아 주었고 포대가 차면 날아서 되돌아왔다. 그래서 그가 머물고 있는 절을 석장사錫杖寺라고 했다.

〔양지는〕 신기하고 괴이하여 다른 사람이 헤아리기 어려운 것이 대개 이와 같았다. 그 밖에 그는 잡다한 기예에도 두루 통달하여 신묘함이 비할 데가 없었다. 〔양지는〕 또 글씨에도 뛰어났고, 영묘사의 장륙삼존과 천왕상 및 전탑殿塔의 기와 천왕사 탑 아래의 팔부신장八部神將, 법림사法林寺°1의 주불主佛인 삼존三尊과 좌우 금강신金剛神 등은 모두 그가 흙으로 빚어낸 것이다. 또한 영묘사와 법림사 두 절의 현판을 썼으며, 또 일찍이 벽돌을 조각하여 하나의 작은 탑을 만들고 이와 함께 3000개의 불상을 만들어 그 탑을 절 가운데 모시고 예를 올렸다. 그가 영묘사의 장륙을 빚어 만들 때 스스로 선정禪定°2에 들어가〔入定〕 잡념 없는 상태〔正受〕에서 진흙을 주물러 만들었기

○○○ **1** 경주에 있었던 절이다.
○○○ **2** 마음을 경계에 두고 고요히 생각하는 것을 말한다.

때문에 온 성안의 남녀(士女)들이 다투어 진흙을 날라 쌓으면서 이러한 풍요風謠°3를 불렀다.

> 오라, 오라, 오라.
> 오라, 슬프구나.
> 서럽구나, 우리들은!
> 공덕 닦으러 오라.

지금까지도 그곳 사람들이 방아를 찧거나 다른 일을 할 때 이 노래를 부르는 것은 아마도 여기에서 비롯된 것으로 보인다. 불상을 처음에 만드는 비용으로 곡식 2만 3700석이 들었다. 어떤 사람은 이 비용이 금칠을 다시 할 때의 비용이라고 한다.

논평해서 말한다.

"법사는 재주가 완벽하고 덕을 갖춘 큰 인물(大方)로서, 하찮은 기술에 숨어 지낸 자라고 할 수 있다."

°°° 다음과 같이 기린다

> 재를 마치니 북당 앞에 지팡이 한가롭고,
> 고요한 몸가짐으로 향불 살피며 스스로 단향을 피우네.
> 못다 읽은 불경을 읽고 나면 할 일이 없어져,
> 부처님 모습을 빚어 놓고 합장하여 뵌다네.

°°° **3** 넌지시 말하여 깨우치는 노래를 말한다.

천축으로 돌아간°¹ 여러 스님

광함廣函°²의 『구법고승전求法高僧傳』°³에는 다음과 같이 말한다.

승려 아리나阿離那 혹은 아리야阿離耶라고도 쓴다. 발마跋摩마摩는 마磨로도 쓴다.는 신라 사람이다. 처음에 〔그는〕 바른 불교에 뜻을 두고 일찍이 중국에 들어가 성인의 자취를 순례하다가 그 용기가 더욱 솟아올랐다. 정관 연간(627~649년)에 장안을 떠나 오천축五天竺°⁴에 도착하여 나란타那蘭陁 절°⁵에 머물면서 율律과 논論을 많이 보고 패다라 잎에 베껴 썼다. 〔고국으로〕 돌아오려는 마음이 간절했으나 기약한 바를 이루지 못한 채 갑자기 절에서 세상을 떠났는데 그때 나이가 70여 세였다.

그의 뒤를 이어 혜업惠業, 현태玄泰, 구본求本, 현각玄恪, 혜륜惠輪, 현유玄遊와 이름이 알려지지 않은 두 명의 승려가 모두 자신을 잊고 불법을 따라 중천축국中天竺國에 와서 부처의 가르침을 배웠다. 그러

○○○ **1** 원문의 '귀歸'는 '갔다가 다시 오지 못했지만 결국 그곳이 진정으로 돌아갈 곳'이라는 의미가 담겨져 있다.

○○○ **2** 해인사 『팔만대장경』의 책 분류에 따른 번호표다.

○○○ **3** 당나라 의정義淨이 지은 책으로, 인도에 가서 불법을 익힌 중국 고승 쉰여섯 명의 전기인데, 신라인도 아홉 명이 수록되어 있다.

○○○ **4** 다섯 인도를 뜻한다. 인도를 북부 지방을 비롯한 동, 서, 남, 북, 중앙으로 나누어 본 것이다.

○○○ **5** 중인도 마갈타국의 절이며 승려 현장도 이 절에 머물렀다.

나 어떤 사람은 중도에서 요절하고 어떤 사람은 살아남아 그곳 절에 머물렀지만 끝내 해동이나 당나라로 돌아온 사람이 없었다. 오직 현태 스님만이 당나라로 돌아왔으나 역시 죽은 곳은 알지 못한다. 천축국 사람들은 해동을 불러서 '구구탁예설라矩矩吒瞖說羅'라고 하는데, '구구탁'은 닭을 말하는 것이고, '예설라'는 존귀함을 말하는 것이다.

그 나라 사람들이 전해 말했다.

"그곳에서는 계신雞神을 받들어 존경하기 때문에 그 깃털을 꽂아서 장식한다."

ᴼᴼᴼ 다음과 같이 기린다ᴼ**6**

천축 땅은 하늘 끝이라 산이 만 겹이나 가려 있는데,
가련하게도 유학하는 스님들이 힘써 기어오르려 하는구나.
몇 번이나 저 달은 외로운 배를 띄워 보냈던가,
구름 따라 지팡이 짚고 돌아오는 것을 보지 못하였구나.

ᴼᴼᴼ **6** 다음 추도시는 천축행의 험난한 과정을 묘사하면서 불굴의 정신에 경의를 표한 것이다.

혜숙과 혜공이 여러 모습을 나타내다°¹

승려 혜숙惠宿이 화랑 호세랑好世郎의 무리에서 자취를 감추자, 호세랑이 화랑의 명부〔黃卷〕에서 이름을 지워 버렸다. 혜숙은 적선 촌赤善村지금 안강현安康縣에 적곡촌赤谷村이 있다.에서 20여 년이나 숨어 살았다.

그때 국선國仙 구참공瞿旵公°²이 일찍이 그 교외에 나가 사냥을 하고 있었는데, 어느 날 혜숙이 길가에 나가 말고삐를 잡으며 부탁했다.

"소승도 따라가고 싶은데 괜찮겠습니까?"

공이 허락하자 혜숙은 이리저리 내달리며 옷을 벗어젖히고 앞으로 나섰다. 그러자 공이 매우 기뻐했다. 〔그들은〕 앉아서 피로를 풀며 고기를 삶고 구워서 먹기를 권했다. 혜숙도 같이 먹으면서 조금도 꺼려하는 기색이 없더니 이윽고 앞으로 나와 말했다.

"여기에 맛있는 고기가 있는데 좀 더 드시는 것이 어떻겠습니까?"

공이 말했다.

"좋다."

혜숙이 사람을 물리치고 자신의 허벅지 살을 베어 쟁반에 담아

○○○ **1** 이 조는 정토 신앙의 확립 과정과 그것이 밀교 신앙과 어떤 연관성이 있는가를 다루고 있다.
○○○ **2** 신라 진평왕 때의 화랑으로 구강공瞿康公이라고도 한다.

올리는데 옷에 피가 줄줄 흘러내렸다. 공이 깜짝 놀라 말했다.

"어째서 이렇게 하는가?"

혜숙이 말했다.

"처음에 저는 공이 어진 사람이라서 자신의 경우를 미루어 만물에까지 통한다고 여겼기 때문에 공을 따라온 것입니다. 그런데 지금 공이 좋아하는 것을 보니, 살육만 탐하고 남을 해쳐 자신을 봉양할 뿐이니, 어찌 이것이 어진 사람이나 군자가 할 일이겠습니까? 〔공은〕 우리와 같은 무리가 아닙니다."

마침내 혜숙은 옷을 털고 가 버렸다. 공이 몹시 부끄러워하며 그가 먹던 쟁반을 보니 신선한 고기가 그대로였다.

공이 매우 이상하게 생각하여 조정에 돌아와 아뢰었다. 진평왕이 그 말을 듣고 사신을 보내 〔혜숙을〕 맞이하려 하자 혜숙은 일부러 여자의 침상에 누워 자는 척했다. 사신은 이를 더럽게 생각하고 칠팔 리를 되돌아오다가 길에서 혜숙을 만났다. 어디서 오느냐고 묻자 혜숙이 말했다.

"성안에 있는 시주하는 집에서 칠일재七日齋를 끝마치고 오는 길이오."

사신이 그 말을 왕에게 아뢰자 사람을 보내 시주하는 집을 조사하게 했는데, 그것 또한 사실이었다. 얼마 후에 혜숙이 갑자가 죽자 마을 사람들이 이현耳峴 형현硎峴이라고도 한다. 동쪽에 장사 지냈다. 〔그런데〕 마을 사람 중에 이현 서쪽에서 오는 이가 길에서 혜숙을 만나 어디 가느냐고 물었다.

"오랫동안 이곳에서 살았으므로 다른 곳을 유람하고자 하오."

이들은 서로 인사하고 헤어졌다. 〔혜숙은〕 반 리쯤 가다가 구름을 타고 가 버렸다. 그 사람이 이현 동쪽에 도착하여 혜숙을 장사 지 낸 사람들이 아직 흩어지지 않은 것을 보고는 혜숙을 만난 일을 말 했다. 그래서 무덤을 파 보니 〔혜숙 대신〕 짚신 한 짝만이 있을 뿐이 었다. 지금 안강현의 북쪽에 혜숙사라는 절이 있는데 그가 살던 곳 으로 알려졌으며 부도도 남아 있다.

승려 혜공惠空은 천진공天眞公의 집에서 품을 파는 노파의 아들 인데, 어릴 적 이름은 우조憂助아마도 방언일 것이다. 다. 천진공이 일찍 이 몹쓸 종기가 나서 거의 죽을 지경에 이르자 문병하는 사람들이 길을 메웠다. 일곱 살이던 우조가 어머니에게 말했다.

"집에 무슨 일이 있기에 이처럼 손님이 많습니까?"

어머니가 말했다.

"주인이 나쁜 병에 걸려 곧 죽게 되었는데, 너는 어찌 그것을 모르느냐?"

우조가 말했다.

"제가 그분을 낫게 할 수 있습니다."

어머니가 이 말을 이상하게 여겨 공에게 알리자 공이 우조를 불러오게 했다. 그는 침상 아래에 앉아서 한마디도 하지 않았는데 얼마 후 종기가 터졌다. 공은 우연일 뿐이라 생각하고 그다지 이상하게 여기지 않았다.

우조는 장성해서 공을 위해 매를 길렀는데, 이것이 공의 마음을 매우 흡족하게 했다. 처음에 공의 아우가 관직을 얻어 외지에 부임했는데, 공에게 요청해 좋은 매를 골라 가지고 임지로 갔다. 어느 날 저녁, 공은 문득 그 매가 생각나서 새벽이 되면 우조를 보내 가져오게 하려고 했다. 우조가 이를 먼저 알고 잠깐 사이에 매를 찾아 가지고 와 새벽에 공에게 바쳤다. 그제야 공이 크게 놀라 과거에 종기를 낫게 해 준 것이 모두 상상하기 어려운 일이었다는 것을 깨닫고는 말했다.

"저는 지극한 성인이 저희 집에 의탁해 있는 줄도 모르고 망령된 말과 예의에 어긋난 행동으로 더럽히고 욕되게 했으니, 그 죄를 어찌 씻을 수 있겠습니까? 이제부터는 도사導師°**3**가 되어 저를 인도해 주십시오."

마침내 공이 내려가 우조에게 절을 했다.

〔우조는〕 신령스럽고 기이함이 드러나자 드디어 출가하여 승려가 되어 이름을 혜공으로 바꿨다. 〔그는〕 항상 작은 절에 머물면서 날마다 미친 듯이 만취하여 삼태기를 지고 거리에서 춤을 추었으므로 사람들이 그를 부궤화상負簣和尙이라 불렀다. 〔그가〕 머무는 절을 부개사夫蓋寺라 불렀는데 부개는 삼태기의 향언〔신라 말〕이다. 〔또〕 종종 절의 우물 속에 들어가 몇 달 동안 나오지 않자 스님의 이름으로 우물 이름을 삼았다. 항상 우물에서 나올 때면 푸른 옷을 입은 신동이 먼저 솟아올랐기에 절의 승려들은 이를 우조가 나올 징조로 보았다. 〔우조는 우물에서〕 나온 후에도 옷이 물에 젖어 있지 않았다.

그는 늘그막에 항사사恒沙寺지금의 영일현迎日縣 오어사吾魚寺다. 세간에서는 항사恒沙 사람이 세상에 나왔기 때문에 항사동이라 이름한다고 했다.로 옮겨 살았다.

이때 원효는 여러 불경의 소疎를 지으면서 항상 혜공을 찾아가

○○○ **3** 어리석은 중생을 깨우쳐 깨달음의 경지에 들어서게 하는 스님이다.

의심나는 것을 물었는데, 가끔씩 서로 말장난을 하기도 했다. 어느 날 원효와 혜공이 시냇가에서 물고기와 새우를 잡아먹고 돌 위에 대변을 보았는데, 혜공이 그것을 가리키며 장난스럽게 말했다.

"자네가 눈 똥은 내 물고기다."○4

그래서 오어사吾魚寺라고 이름 지었다. 어떤 사람은 이 말이 원효 법사가 한 말이라고 하는데 이것은 황당한 이야기이다. 민간에서는 그 시냇물을 잘못 불러 모의천芼矣川이라고 한다.

구참공이 일찍이 산에 유람을 갔다가 혜공이 산길에서 죽은 채로 쓰러져 있는데 시체가 부어올라 구더기가 생긴 것을 보고는 한참 동안 비탄에 잠겨 있었다. 그러다가 말고삐를 돌려 성으로 들어가자, 혜공이 크게 취하여 저자에서 춤을 추고 있었다. 또 하루는 풀로 새끼줄을 꼬아 영묘사로 들어가서 금당과 좌우의 경루經樓 및 남문의 낭무廊廡를 둘러 묶고는 강사剛司에게 말하였다.

"이 새끼줄을 반드시 사흘 뒤에 풀어라."

강사가 이상하게 여기면서 그대로 따랐더니 정말로 사흘 만에 선덕여왕의 가마가 행차하여 절에 들어왔는데, 지귀志鬼가 불을 질러서 그 탑을 태웠지만 새끼줄을 맨 곳만은 화재를 피했다.

또 신인종神印宗○5의 조사祖師 명랑明朗이 금강사金剛寺를 새로 짓고 낙성회를 베풀었는데 고승들이 다 모였는데 혜공만은 오지 않았다. 명랑이 향을 피우고 경건하게 기도하자 잠시 후 혜공이 도착

○○○ 4 원문 '여시오어汝屎吾魚'의 번역인데 의미는 "너는 똥을 누고 나는 고기를 누었다."라는 것으로 보면 된다.
○○○ 5 신인神印은 범어 문두루文豆婁로 밀교의 비법을 의미한다. 신인종은 진언종의 한 갈래로 명랑이 당나라에 가서 밀법을 배워 와 세운 종파였다.

했는데, 그때 마침 큰비가 내리고 있었으나 공의 바지와 저고리는 젖지 않았고 발에는 진흙이 묻지 않았다. 혜공이 명랑에게 말했다.

"황공하게도 부르심이 간절하여 이렇게 왔습니다."

〔그에게는〕 신비스러운 자취가 꽤 많았다. 죽을 때는 공중에 떠 있는 채로 입적했는데, 사리는 수를 셀 수 없을 정도로 많았다. 〔그가〕 일찍이 『조론肇論』°[6]을 보고서 말했다.

"이것은 내가 예전에 지은 것이다."

이로써 혜공이 승조僧肇°[7]의 후신後身임을 알았다.

°°° 다음과 같이 기린다

벌판에서 쫓아다니며 사냥하고 침상 머리에 누웠으며,

술집에서 미친 듯이 노래하고 우물 속에서 잠잤네.

짚신 한 짝만 남기고 공중에 떠 어디로 갔는가,

한 쌍의 보배로운 불 속의 연꽃이구나.

○○○ **6** 후진後秦의 승려 승조가 지은 책이다.

○○○ **7** 후진의 학승으로 구마라습鳩摩羅什의 제자며 교리에 밝았다.

자장이 계율을 정하다

대덕大德 자장慈藏은 성이 김씨고 본래 진한의 진골인 소판蘇判 3급 벼슬 이름이다. 무림茂林의 아들이다. 그의 아버지는 청렴한 관리로서 요직을 두루 거쳤으나, 뒤를 이을 아들이 없었다. 그래서 삼보三寶에 귀의하여 천부관음千部觀音°1을 만들어 자식 하나 낳기를 바라고는 이렇게 축원했다.

"만일 사내아이를 낳으면 시주하여 불법의 바다〔法海〕에 나루터로 삼겠습니다."

그의 어머니가 갑자기 별이 떨어져 품안으로 들어오는 꿈을 꾸고는 임신하여 아이를 낳았는데, 석가세존〔釋尊〕과 생일이 같았기에 이름을 선종랑善宗郎이라고 했다. 그는 정신과 의지가 맑고 슬기로우며 문학적 사고가 날로 풍부하여 세속의 정취에 물들지 않았다.

일찍이 부모를 잃고 속세의 시끄러움을 혐오하여 처자식을 버리고 전원을 모두 내놓아 원녕사元寧寺를 세웠다. 그러고는 깊숙한 곳에 혼자 살며 이리와 호랑이도 피하지 않았다. 그는 고골관枯骨觀°2을 닦으면서 조금이라도 피곤하면 작은 집을 짓고 주변에 가시 울타

○○○ 1 천 개의 손과 천 개의 눈을 가진 관세음보살로서 중생들의 소원을 이루어 준다고 한다.
○○○ 2 고골은 죽은 사람의 뼈를 말하는데 시체가 썩어서 백골이 되는 모습을 보면서 인생의 덧없음을 깨닫는 수행법이다.

리를 둘러친 다음 그 가운데 알몸으로 앉아 조금만 움직여도 가시에 찔리도록 했으며, 머리는 들보에 매달아 혼미한 정신을 쫓았다. 때마침 재상 자리가 비었는데 문벌로 보아 〔후임자로〕 마땅하여 조정에서 여러 차례 불렀으나 나아가지 않았다.

왕이 곧 명했다.

"나오지 않으면 목을 베겠다."

자장이 이 말을 듣고 말했다.

"저는 차라리 하루 동안 계율을 지키다가 죽을지언정 백 년 동안 계율을 어기면서 살기를 원하지 않습니다."

그러자 이 일을 듣고 왕은 그의 출가를 허락했다.

그는 바위 사이에 깊숙이 숨어 살았으므로 아무도 양식을 대 주지 않는데, 이때 이상한 새가 과실을 물어 와 공양하니 손으로 받아먹었다. 얼마 후 꿈에 하늘의 사람〔天人〕이 와서 오계五戒를 주었다. 그제야 골짜기에서 나오니 마을의 남녀들이 다투어 와서 계를 받아 갔다.

자장은 변방에서 태어난 것을 스스로 한탄하며 중국으로 유학하여 큰 가르침〔불교〕을 받기를 원했다. 그래서 인평仁平°**3** 3년 병신년(636년)곧 정관 10년이다. 에 칙명을 받아 제자 승려 실實 등 10여 명과 함께 서쪽 당나라로 들어가 청량산清凉山을 찾아갔다. 산에는 만수대성曼殊大聖°**4**의 소상塑相이 있었는데, 그 나라에서 서로 전하여 말했다.

○○○ **3** 신라 선덕여왕의 연호. 634~647년까지 사용했다.
○○○ **4** 문수보살의 별칭이다.

"제석천帝釋天이 공장을 데리고 와서 조각하여 만든 것이다."

자장이 소상 앞에서 기도하고 명상을 하는데, 꿈에 소상이 그의 머리를 어루만지며 범어로 된 게〔梵偈〕를 주었으나 깨어나서도 그 의미를 알지 못했다. 이튿날 아침에 이상한 스님이 와서 해석해 주고이미 황룡사탑 편에 나와 있다. 이렇게 말했다.

"비록 만 가지의 가르침을 배우더라도 이 게偈보다 더 나은 것이 없다."

그러고는 가사와 사리 등을 그에게 주고 사라졌다. 자장이 처음에는 이것들을 숨겼기 때문에『당승전唐僧傳』에는 실려 있지 않다.

자장은 이미 자신이 문수대성의 기별記莂을 받았음을 알고 북대北臺에서 내려와 태화지太和池에 도착하여 서울로 들어갔다. 그러자 〔당나라〕 태종太宗은 사신을 보내 위로하고 승광별원勝光別院에서 편하게 지내도록 하면서, 총애하여 물건을 자주 후하게 내려 주었다. 자장은 그 번거로움이 싫어 표문表文으로 아뢰고 종남산終南山 운제사雲際寺의 동쪽 낭떠러지로 가서 바위에 기대어 집을 만들었다. 3년 동안 살면서 사람과 신의 계를 받으니 영험이 날로 늘었다. 그 내용은 번거로워 여기에는 싣지 않는다. 얼마 후 다시 서울로 들어가 또 황제의 위로를 받았는데, 황제는 비단 200필을 내려 의복 비용으로 쓰도록 했다.

정관 17년 계묘년(643년)에 신라의 선덕왕이 표문을 올려 〔자장을〕 돌려보내 주기를 요청하자, 〔태종은〕 조서로 허락하고 〔자장을〕 궁궐로 불러들여 비단 가사 한 벌〔領〕과 좋은 비단〔雜綵〕 500단端을 내려 주고, 태자〔東宮〕 역시 비단 200단을 내려 주었으며, 그 밖에도 예물을 많이 주었다. 자장은 본국의 불경과 불상이 갖추어지지 못하였으므로, 대장경藏經 한 부와 여러 번당幡幢, 화개花蓋에 이르기까지 복과 이로움[福利]이 될 만한 것을 청하여 모두 신게 했다.

그가 돌아오자 온 나라가 기뻐하며 환영하고 분황사芬皇寺『당전唐傳』에는 왕분사王芬寺로 되어 있다.에 머물게 하면서 쓸 물건과 시중 드는 사람을 주어 극진히 대했다. 어느 해 여름에 궁중으로 청해 대승론大乘論을 강론하게 하고, 또 황룡사에서 7일 밤낮으로『보살계본菩薩戒本』을 강연하게 하니, 하늘에서 단비가 내리고 구름 안개가 자욱하게 강당을 덮었다.〔그러자〕 사방 청중의 중들이 모두 그 신기함에 탄복했다.

조정에서 의논하여 말했다.

"불교가 동방으로 들어온 지 비록 오래되었으나, 불법을 유지하고 받드는 규범이 없으니 잘 만들어진 이치가 아니면 바로잡을 수가 없다."

〔왕이〕 칙서를 내려 자장을 대국통大國統으로 삼고 승려의 모든 규범을 승통僧統에게 위임하여 주관하게 했다. 살펴보면 북제北齊는 천보 연간에 나라에 10통統을 두었는데, 담당 관리〔有司〕가 마땅히 직위를 구별해야만 한다고 아뢰었다. 그래서 선제宣帝가 법상法上과 법사法師로 대통大統을 삼고 나머지는 통통通統으로 삼았다. 또 양梁, 진陳의 시대에는 국통國統, 주통州統, 국도國都, 주도州都, 승도僧都, 승정僧正, 도유내都維乃 등의 이름이 있었는데, 모두 소현조昭玄曹에 속했다. 소현조는 바로 승니를 거느리는 관직 이름이다. 당나라 초기에는 또 열 명이나 되는 대덕大德이 나올 만큼 성행했고, 신라 진흥왕 11년 경오년(550년)에는 안장법사安藏法師 한 사람으로 대서성大書省을 삼았고, 또 소서성小書省 두 사람이 있었다. 이듬해인 신미년(551년)에는 고구려의 혜량법사惠亮法師를 국통으로 삼았는데 역시 사주寺主라 했으며, 보량법사

寶良法師 한 사람으로 대도유나大都維那를 삼았고 주통 아홉 명과 군통 열여덟 명 등을 두었다. 자장에 이르러 다시 대국통 한 사람을 두었는데, 아마도 상근직이 아니다. 또한 부례랑이 대각간이 되었는데, 이는 김유신이 태대각간이 된 것과 같다. 그 이후 원성대왕 원년에 이르러 또 승관僧官을 두어 이름을 정법전政法典이라 하고 대사大舍 한 명과 사史 두 명을 사司로 삼아 승려 가운데 재주와 덕행〔才行〕이 있는 사람을 뽑아 시키고 그가 죽으면 즉시 바꾸어 정해진 연한은 없었다. 지금 자주색 가사를 입은 무리들은 역시 율종律宗의 다른 파벌이다. 『향전』에는 자장이 당나라에 들어가자 태종이 무건전武乾殿으로 맞아들여 『화엄경』 강론을 부탁했는데, 하늘에서 단 이슬을 내렸으므로 비로소 국사國師로 삼았다고 했지만, 이는 잘못된 것이다. 『당전』과 『국사』에는 모두 그런 글이 없다.

자장은 이런 좋은 기회를 얻자 용기가 솟아나 〔불교를〕 널리 전파하고자 했다. 〔그는〕 비구와 비구니의 5부部에 각기 구학舊學을 더하게 하여 보름마다 계율을 설법했으며, 겨울과 봄에는 이들을 모아 시험을 실시하여 지계持戒와 범계犯戒를 알게 하고 인원을 두어 유지하도록 했다. 또 순사巡使를 보내 두루 서울 바깥의 사찰을 조사하여 승려의 과실을 경계하게 하고 불경과 불상을 잘 관리하는 것을 영원한 법식으로 삼으니, 한 시대에 불법을 보호함〔護法〕이 이때에 성대해졌다. 이것은 마치 공자가 위衛나라에서 노魯나라로 돌아와 악樂을 바로잡아 〔『시경』의〕 아雅와 송頌이 각기 마땅함을 얻은 것과 같다.

이때 나라 안의 사람들이 계를 받고 불법을 받드는 이가 열 집 가운데 여덟아홉 집은 되었다. 또한 머리 깎고 승려가 되기를 청하는 자가 날이 갈수록 늘어났다. 따라서 통도사通度寺를 세우고 계단戒壇을 쌓아 사방에서 오는 사람들을 받아들였다. 계단에 대한 일은 이미 위에서 나왔다. 또 그가 출생한 마을의 집을 고쳐 원녕사로 삼은 후 낙성회를 베풀어『화엄경〔雜花〕』1만 게偈를 강론하니 52명의 여인°5 이 감동을 받아 현신現身하여 깨닫고 설법을 들었다. 그래서 문인을 시켜 그들의 수대로 나무를 심어 특이한 자취를 표시하게 하고 나무를 지식수知識樹라고 불렀다.

〔자장은〕일찍이〔우리〕나라의 복장이 중국과 같지 않아 이에 대해 조정에 건의하니 조정에서 중국 복장을 입는 것을 허락했다. 그래서 진덕왕 3년 기유년(649년)에 처음으로 중국의 의관을 입고, 이듬해 경술년(650년) 초하루를 받들어 처음으로 영휘永徽란 연호를 썼다. 이후부터는 항상 중국에 조회하면 번국蕃國의 제일 위에 반열하게 되었는데 이는 자장의 공이었다.

만년에는 서울을 떠나 강릉군江陵郡지금의 명주溟州에 수다사水多寺를 세우고 머물렀는데, 꿈에 지난번 북대에서 본 것과 같은 형상을 한 기이한 승려가 나타나 말했다.

"내일 너를 대송정大松汀에서 만나게 되리라."

그가 놀라 일어나 일찍 출발하여 송정에 도착하니 과연 문수보살이 감응하여 와 있었다.〔그에게〕법요法要를 물어보니 말했다.

"다시 태백산 갈반지葛蟠地에서 만나기를 기약하자."

그리고 자취를 감추고 사라져 버렸다. 송정에는 지금도 가시나무가 나지 않으며, 새매 같은 종류도 깃들지 않는다고 한다.

자장이 태백산에 가서 찾아보니 큰 구렁이가 나무 아래에 똬리를 틀고 있는 것이 보였는데, 따라나선 사람에게 말했다.

○○○ 5 석가가 세상을 떠나려 할 때 모여든 쉰두 종류의 중생들이다.

"이곳이 이른바 갈반지다."

따라서 석남원石南院지금의 정암사淨岩寺°**6**을 창건하고 성인이 내려오기를 기다렸다. 그러자 한 늙은 거사가 남루한 옷을 입고 칡으로 만든 삼태기에 죽은 강아지를 담아 메고 와서 자장을 모시는 사람에게 말했다.

"자장을 보려고 왔다."

그가 말했다.

"〔내가〕 스승을 시봉하면서부터 아직까지 우리 스승의 이름을 부른 사람을 보지 못했는데, 당신은 누구기에 이처럼 미친 말을 하는가?"

거사가 말했다.

"네 스승에게 알리기나 해라."

그가 들어가 자장에게 알렸으나, 자장도 이를 깨닫지 못하고 말했다.

"아마도 미친 사람일 것이다."

자장을 모시는 사람은 〔다시〕 나와 거사를 꾸짖어 내쫓으려 했다.

거사가 말했다.

"돌아가야겠다, 돌아가야겠다. 남을 업신여기려는 마음〔我相〕이 있는 자가 어찌 나를 알아보겠는가?"

거사가 삼태기를 거꾸로 하여 터니 강아지가 사자보좌師子寶座로 변했고 거기에 올라앉아 빛을 발하고는 가 버렸다. 자장이 그 말

○○○ **6** 지금의 강원도 정선군 고한읍에 있는 절로 자장이 당나라에서 가지고 온 마노석으로 쌓았다는 탑이 있다.

을 듣고는 그제야 위의威儀를 갖추고 빛을 찾아 서둘러 남쪽 고개에 올랐으나 이미 까마득하여 따라가지 못했다. 자장이 그곳에서 쓰러져 입적하자 화장하여 석혈石穴 가운데 유골을 모셨다.

자장이 사탑寺塔을 지은 것이 모두 열 군데가 넘었는데, 매번 하나를 지을 때마다 반드시 이상한 상서로움이 있어 공양하려는 사람들이 끊이지 않아 며칠 만에 사탑이 완성되곤 했다. 자장의 도구道具와 옷감, 버선, 태화지의 용이 바친 오리 모양의 목침〔木鴨枕〕, 석존의 가사 등과 함께 모두 통도사에 있다. 또 헌양현지금의 언양彦陽에 압유사鴨遊寺가 있는데 목침 오리가 일찍이 이곳에서 괴이한 행적을 나타냈기 때문에 압유사라고 이름 붙였다.

또 원승圓勝이란 승려가 있는데, 자장보다 앞서 중국으로 유학을 갔다가 함께 고향으로 돌아와 율부律部를 넓히는 일을 도왔다고 한다.

　　°°° 다음과 같이 기린다

　　일찍이 청량산으로 가서 꿈을 깨고 돌아오니
　　칠편삼취七篇三聚°7가 한꺼번에 열렸네.
　　검은 옷과 흰옷〔승려와 속인〕을 부끄럽게 여겨
　　신라〔東國〕의 의관을 중국처럼 마름질했네.

──────────

°°° 7　칠편七篇은 칠중七衆이니 부처의 제자를 일곱으로 나눈 것이고, 삼취三聚는 대승보살의 계법인 삼취정계三聚淨戒를 말한다.

원효는 얽매이지 않는다

성사聖師 원효元曉는 세속의 성이 설씨薛氏고, 할아버지는 잉피공仍皮公이며 적대공赤大公이라고도 한다. 지금 적대연赤大淵 옆에 잉피공의 사당이 있다. 〔원효의〕 아버지는 담날談捺내말乃末이다. 원효는 처음에 압량군押梁郡[1] 남쪽지금의 장산군章山郡 불지촌佛地村의 북쪽 밤골 사라수娑羅樹 아래에서 태어났는데, 불지촌은 간혹 발지촌發智村세속에서는 불등을촌弗等乙村이라고 한다.이라고도 한다. 사라수라는 것을 세간에서는 이렇게 말했다.

"법사의 집은 본래 이 골짜기 서남쪽에 있었다. 어머니가 아이를 배어 달이 찼는데 마침 이 골짜기의 밤나무 아래를 지나다가 갑자기 해산을 하게 되었다. 급한 나머지 집으로 돌아가지도 못하고 남편의 옷을 나무에 걸어 놓고 그 안에 누워 아기를 낳았기 때문에 그 나무를 사라수라고 불렀다. 그 나무의 열매 또한 보통 것과는 달라서 지금까지도 사라율娑羅栗이라고 부른다."

오래전부터 전해 오는 이야기에 의하면, 옛날 어떤 절의 주지가 종에게 저녁 끼니로 밤 두 알씩을 주자 종이 적다고 관아에 소송했다. 관리가 괴이하게 여겨 밤을 가져다가 조사해 보니 한 알이 사발

○○○ **1** 지금의 경상북도 경산시 압량면으로 설총과 일연이 태어난 곳이기도 하다.

하나에 가득 찼으므로 도리어 한 개씩만 주라고 판결했다. 그래서 밤나무골이라 불리게 된 것이라 한다.

법사가 출가하고서 그 집을 내놓아 초개사初開寺라 이름 짓고, 나무 옆에 절을 세우고 이름을 사라사娑羅寺라 했다.

법사의 행장에는 "서울 사람이라고 했으나 이는 할아버지의 사적을 좇은 것이다."라고 했으나 『당승전唐僧傳』에는 "본래 하상주下湘州 사람"이라고 했다.

이를 살펴보면, 인덕麟德 2년(665년) 사이에 문무왕이 상주上州와 하주下州의 땅을 나누어 삽량주歃良州를 설치했는데, 하주는 바로 지금의 창녕군昌寧郡이다. 압량군은 본래 하주에 속한 현이며, 상주는 지금의 상주尙州로 간혹 상주湘州라 쓰기도 한다. 불지촌은 지금의 자인현慈仁縣에 속하니, 바로 압량군에서 나뉘어 연 것이다.

법사의 어릴 때 이름은 서당誓幢이고 또 다른 이름은 신당新幢당幢이란 것은 세속에서 털〔毛〕이라고 한다.이었다. 어느 날 어머니가 별똥별이 품속으로 들어오는 꿈을 꾸고 임신했는데, 출산을 하게 되자 오색구름이 땅을 덮었다. 이때가 진평왕 39년인 대업大業 13년(617년) 정축년이었다. 그는 나면서부터 총명하고 특이하여 스승을 좇지 않고 〔혼자〕 배웠는데, 그가 사방을 떠돌던 시말始末과 성대하게 편 포교의 자취들은 모두 『당전唐傳』과 그의 행장에 실려 있으므로 여기서 다 기록하지 않고, 다만 『향전』에 실린 한두 가지 이상한 일만 기록한다.

대사가 어느 날 일찍이 상례를 벗어난 행동을 하며 거리에서 노래를 불렀다.

　　그 누가 내게 자루 없는 도끼○²를 주려는가.

내가 하늘을 떠받칠 기둥을 찍어 보련다.

사람들은 모두 그 의미를 알지 못했다. 이때 태종太宗 무열왕이
이 말을 듣고는 말했다.

"이 대사가 아마 귀한 부인을 얻어 어진 아들을 낳고 싶어 하는
것 같구나. 나라에 위대한 현인이 있으면 이로움이 막대할 것이다."

이때 요석궁瑤石宮지금의 학원學院이 이곳이다. 에 과부 공주가 있었
다. 왕은 궁리宮吏를 시켜 원효를 불러 오게 했다. 궁리가 왕명을 받
들어 원효를 찾아보니, 이미 남산을 거쳐 문천교蚊川橋○3사천沙川인
데 세속에서는 모천牟川 또는 문천蚊川이라고 한다. 또 다른 이름은 유교楡橋라
고 한다.를 지나고 있었다. 〔원효는〕 궁리를 만나자 일부러 물속에 빠
져 옷을 적셨다. 궁리는 원효를 요석궁으로 인도하여 옷을 갈아입
혀 말리고 이 때문에 그곳에서 머물다 가게 했다. 공주는 과연 태기
가 있어 설총薛聰을 낳았다. 설총은 태어나면서부터 지혜롭고 영민
하여 경서와 역사책〔經史〕에 널리 통달했으니, 신라의 10현賢 중 한
사람이다. 방음方音○4으로 중국과 신라의 풍속과 물건 이름에도 통
달하여 육경六經과 문학에 토를 달고 풀이〔訓解〕했으니, 지금도 신라
에서 경을 공부하는 사람들이 전수하여 끊이지 않고 있다.

원효는 계율을 어기고 설총을 낳은 후부터 속인의 의복으로 바

○○○ 2 여성의 생식기를 상징하며 여기서는 괴승怪僧의 면모를 드러내 파계
승임을 암시한다.
○○○ 3 남천을 건너 요석궁으로 가던 다리로 지금도 경주에 그 터가 남아
있다.
○○○ 4 이두나 향찰식 언어로 『삼국사기』 「신라열전」 '설총' 조에는 '방언'이
라 했다.

뀌 입고 스스로 소성거사小姓居士°[5]라 불렀다. 우연히 광대들이 굴리는 큰 박〔瓠〕을 얻었는데, 그 모양이 기괴하였으므로 그 형상을 따라 도구道具를 만들었다. 『화엄경』의 "일체 무애인無㝵人°[6]은 한 번에 생사를 벗어난다."라는 구절을 따서 무애無㝵라 이름 짓고, 노래를 지어 세상에 퍼뜨렸다.

일찍이 〔원효는〕 이것을 지니고 여러 마을을 돌아다니면서 노래하고 춤을 추며 교화시키고 읊다가 돌아왔다. 그래서 뽕나무 농사짓는 늙은이나 옹기장이, 무지몽매한 원숭이 같은 무리에게도 모두 불타의 이름을 알리고 나무아미타불을 부르게 했으니, 원효의 교화가 컸다고 할 수 있다.

그가 태어나 인연 맺은 마을 이름을 불지촌이라 하고, 절의 이름을 초개사라 했으며, 스스로 원효라 부른 것은 아마도 불교를 처음으로 빛나게 했다는 의미다. '원효'라는 이름 역시 방언인데, 당시 사람들은 향언으로 '새벽'이라고 했다.

〔원효는〕 일찍이 분황사에 머물면서 『화엄경소華嚴經疏』를 지었는데, 제40「회향품廻向品」에 이르러 마침내 붓을 꺾었다. 또 송사 때문에 몸을 백 그루의 소나무로 나누니 모두 이를 위계位階의 초지初地°[7]라고 했다. 또 바다 용의 권유로 길가에서 조서를 받들고 『삼매경소三昧經疏』를 지었는데, 붓과 벼루를 소의 두 뿔 사이에 놓았으므

○○○ 5 『삼국사기』에는 '소성거사小性居士'라고 되어 있다.
○○○ 6 외부의 어떤 장애도 받지 않는 사람을 일컫는 말로 부처를 이렇게 불렀다.
○○○ 7 보살이 수행하는 오십이 계위 가운데 십 지위의 첫 단계인 환락지歡樂地를 말한다.

로 각승角乘[8]이라고도 했다. 그것은 또 본각本覺[9]과 시각始覺[10]의 숨은 뜻을 나타낸 것이기도 하다. 대안법사大安法師가 헤치고 와서 종이를 붙였으니, 이 또한 음을 알아 화답하여 부른[和昌] 것이었다.

그가 입적하자 설총이 유해를 잘게 부수어 참 얼굴[眞容]을 빚어 분황사에 모시고, 공경하고 사모하여 슬픔의 뜻을 표했다. 그때 설총이 옆에서 예를 올리자 소상이 갑자기 돌아보았는데, 지금까지도 돌아본 채 그대로 있다. 일찍이 원효가 거주하던 혈사穴寺 옆에 설총의 집터가 있다고 한다.

○○○ 다음과 같이 기린다

각승角乘은 처음 『삼매경三昧經』의 축軸을 열었고,
무호舞壺는 마침내 온 거리의 풍습이 되었네.
달 밝은 요석궁에 봄 잠이 깊더니,
문 닫힌 분황사[11]엔 돌아다보는 그림자 비었다.

회고지廻顧至잘못 들어간 글이다.

○○○ **8** 원효는 『금강삼매경』에 이각이 있다는 것을 알고는 소 한 마리를 청하여 벼루를 그 뿔 사이에 놓았다고 한다.
○○○ **9** 근본 각체覺體로서 우주 법계의 근본 본체인 진여眞如의 이체異體를 말한다.
○○○ **10** 본각, 즉 그 자성 본체로서 갖추어 있는 여래장 진여를 수행의 공력에 의하여 각증한 것이다. 청정한 마음의 근원을 가리고 있던 번뇌를 없애고 깨닫기 시작하는 것을 말한다.
○○○ **11** 경주에 있는 이 절은 돌로 쌓아 만든 3층 모전석탑이 유명하며 원효 사상 연구소가 있다.

의상이 화엄종을 전하다

　법사 의상義湘의 아버지는 한신韓信이고 김씨다. 스물아홉 살에 서울 황복사皇福寺[1]에 몸을 맡겨 머리를 깎고 승려가 되었다. 얼마 후 중국으로 가 부처의 교화를 보고자 하여 마침내 원효와 함께 길을 나서 요동 변방으로 가던 길에 국경을 지키는 군사에게 첩자로 의심받아 갇힌 지 수십 일 만에 겨우 풀려나 죽음을 면하고 돌아왔다. 이 일은 최치원이 지은 의상의 본전本傳과 원효법사의 행장 등에 적혀 있다.

　영휘永徽 원년(650년)에 마침 귀국하는 당나라 사신의 배를 함께 타고 중국으로 들어갔다. 처음에 양주揚州에 머물렀는데, 주장州將 유지인劉至仁이 〔의상에게〕 관아 안에 머물기를 요청하며 융숭하게 공양했다. 얼마 후 종남산終南山[2] 지상사至相寺에 도착하여 지엄智儼[3]을 뵈었다.

　지엄은 전날 저녁 꿈에 큰 나무 한 그루가 해동海東에서 생겨나 가지와 잎이 널리 우거지고 그늘이 생겨 중국〔神州〕까지 와서 덮었다. 나무 위에는 봉황의 둥지가 있었는데 올라가 보니 마니보주摩尼寶珠[4]가 하나 있어 빛이 멀리까지 뻗치고 있었다. 꿈에서 깨어 놀랍

○○○ 1 경주시 낭산 기슭에 있으며, 사지에는 삼층석탑과 당간지주 등이 남아 있다.
○○○ 2 당나라의 수도 장안의 남산으로 사찰이 많았던 곳이다.
○○○ 3 당나라 고승이며 화엄종의 2대조로서 화엄종의 기반을 닦았다.

고 이상하게 여기며 청소를 깨끗이 하고 기다리는데 의상이 왔다. 〔지엄은〕 그를 극진한 예로 맞이하여 조용히 말했다.

"내가 어젯밤에 꾼 꿈은 자네가 나에게 의탁할 징조였다."

그는 의상을 방으로 들어오게 했다.°5 의상은 『화엄경華嚴經』의 오묘한 뜻을 세밀한 부분까지 분석했다. 지엄은 뛰어난 자질을 지닌 의상을 만난 것을 기뻐하며, 새로운 이치를 가르쳤다. 깊이 숨어 있는 것을 찾아내어 쪽빛과 꼭두서니 빛〔제자〕이 그 본색〔스승〕을 뛰어넘는°6 경지에까지 이르렀다.

그때 신라의 재상 김흠순金欽純 혹은 김인문金仁問이라고도 하는데, 김양도金良圖 등이 당나라에 갇혀 있었다. 당나라 고종이 군대를 크게 일으켜 동쪽을 치려 하자, 김흠순 등은 넌지시 의상에게 신라로 앞질러 돌아갈 것을 권유했다. 〔의상은〕 함형咸亨 원년 경오년(670년)에 신라로 돌아와 조정에 그런 사실을 보고했다. 〔그러자〕 조정에서 신인종神印宗의 대덕 명랑明朗에게 명령하여 은밀히 단법壇法을 임시로 세우고 기도하니 나라가 곧 위기에서 벗어났다.

의봉儀鳳 원년(676년)에 의상이 태백산으로 돌아가 조정의 명령을 받들어 부석사浮石寺를 짓고 대승大乘의 교법을 포교하니 영감이 많이 드러났다.

종남산의 문인이었던 현수賢首가 『수현소搜玄疏』°7를 지어 그 부

○○○ 4 여의주如意珠라고도 하는데 용의 뇌 속에서 나오며 악을 없애고 재난을 막는 공덕이 있다고 한다.
○○○ 5 스승의 방에 들어오게 하여 제자로서 법法을 잇는 것이다.
○○○ 6 청출어람靑出於藍을 말한다.
○○○ 7 『화엄경탐현기』를 말한다.

본을 의상에게 보내고 아울러 은미한 뜻이 담긴 글을 이렇게 보냈다.

"서경西京 숭복사崇福寺의 승려 법장法藏°**8**은 해동 신라의 화엄법사의 시중을 드는 자(侍者)에게 글을 보냅니다. 한 번 헤어진 지 20여 년이 되었으나 존경하는 정성이 어찌 마음과 머리에서 떠나겠습니까? 더욱이 연기와 구름이 만 리나 가로막고 있고 바다와 육지가 천 겹이나 쌓였으니, 이 한 몸이 다시 얼굴을 마주하지 못하는 것을 한스럽게 여깁니다. [그러나] 그리운 회포를 어찌 다 말하겠습니까? 그러므로 전생에서는 인연을 같이하였고 금세에서는 학업을 같이 닦았기 때문에 이런 과보果報를 얻어 함께 『화엄경』에 목욕을 하며, 특별히 [지엄] 선사에게 심오한 경전의 가르침을 받은 것입니다. 우러러 들으니 상인上人께서는 고향으로 돌아가신 후, 『화엄경』을 강연하여 법계무진연기法界無盡緣起°**9**를 선양하며 겹겹의 제망帝網으로 부처님의 나라를 새롭게 하여 중생을 널리 이롭게 하신다고 하니 기쁨이 뛸 듯이 깊어집니다. 그러므로 여래께서 돌아가신 후 불교를 빛내고 법륜法輪을 다시 굴려 불법에 오래 머무르게 한 사람은 다만 법사뿐임을 알겠습니다. 저는 나아가려는 취지가 있어도 이루는 것이 없고 두루 갖춘 것도 적은 상황이라 이 경전을 받들면 오히려 선사께 부끄러울 따름입니다. 분수에 따라 받는 바를 잠시도 놓칠 수 없으니, 이 업業에 기대어 내세에 인연을 맺고자 합니다. 다만 스님의 장소章疏는 뜻은 풍부하지만 글이 간결하여 후세 사람이 이해하기가 어려울 것 같습니다. 그러므로 스님의 은미한 말과 미묘한

○○○ **8** 중국 화엄종의 제3조이며 이 편지에서 의상을 주로 '법사'라고 부른다.
○○○ **9** 만물이 서로 인연을 맺고 상호 의존하고 있으므로 조화와 통일을 이루고 있어 한없이 교류함을 말한다.

뜻을 기록하여 겨우 주석한 기록[義記]을 완성했습니다. 근래에 승전법사勝詮法師가 베껴서 고향으로 돌아가 그곳에 전할 것입니다. 청컨대 상인께서는 잘잘못을 자세히 검토하셔서 가르쳐 주시면 다행이겠습니다. 엎드려 바라옵건대 마땅히 내세에서는 제 몸을 버리고 다른 사람에게 주고 또 다른 사람의 몸을 받아서 태어나 노사나불盧舍那佛°**10**의 무궁한 묘법妙法을 받고, 이렇듯 무량한 보현행원普賢行願을 닦고 싶습니다. 그러나 저에게 남은 악업惡業이 하루아침에 미계迷界°**11**에 떨어지더라도 상인께서는 지난날의 교분을 잊지 마시고 어디를 가나 정도正道를 일러 주시고, 인편과 서신이 있거든 때때로 생사를 물어 주십시오. 이만 줄입니다. 이 글은 『대문류大文類』에 실려 있다."

의상은 곧 열 곳의 사찰에 가르침을 전했다. 태백산의 부석사浮石寺, 원주의 비마라사毗摩羅寺, 가야산伽耶山의 해인사海印寺, 비슬산毗瑟山°**12**의 옥천사玉泉寺, 금정산金井山°**13**의 범어사梵魚寺, 지리산〔南嶽〕의 화엄사華嚴寺 등이 그곳이다.

또 『법계도서인法界圖書印』과 그 간략한 주석[略疏]을 지어 일승一乘°**14**의 요점을 모두 기록하여 천 년의 모범이 되게 하자, 여러 사람들이 다투어 소중히 지녔다. 그 밖에는 지은 것이 없지만, 한 솥의 국 맛을 아는 데 고기 한 점이면 충분하다.

───────────

○○○ **10** 광명불이라고도 하며 온 세상을 비추는 광명으로 얻은 부처를 말한다.

○○○ **11** 번뇌에 매여 3계에 유전하는 중생계다.

○○○ **12** 경상남도 창녕에 있는 산이다.

○○○ **13** 부산광역시 금정구에 있는 산이다.

○○○ **14** 중생을 구제하는 교법을 말한다.

법계도法界圖는 총장 원년 무진년(668년)에 완성되었는데, 이해에 지엄 또한 입적했다. 이것은 마치 공자가 "기린을 잡았다."°¹⁵라는 구절에서 붓을 꺾은 것과 같다.

세상에서는 의상을 금산보개金山寶蓋°¹⁶의 화신이라 한다. 그의 제자로는 오진悟眞, 지통智通, 표훈表訓, 진정眞定, 진장眞藏, 도융道融, 양원良圓, 상원相源, 능인能仁, 의적義寂 등 열 명의 대덕大德이 우두머리가 되었으니, 모두 버금가는 성인이기 때문에 각각 전기傳記가 있다.

오진은 일찍이 하가산下柯山 골암사에 살았는데, 매일 밤이면 팔을 뻗쳐 부석사의 석등石燈에 불을 켰다. 지통은 『추동기錐洞記』를 지었는데, 대개 직접 의상의 가르침을 받았으므로 글이 대부분 조예 있고 오묘했으며, 표훈은 일찍이 불국사佛國寺에 머물면서 항상 천궁天宮을 오갔다. 의상이 황복사皇福寺에 머물러 제자들과 함께 탑돌이할 때, 항상 허공을 딛고 올라가 계단을 밟지 않았기 때문에 그 탑에는 돌사다리를 설치하지 않았다. 제자들이 계단에서 세 자나 떨어져 공중을 밟고 돌았는데, 의상은 그것을 돌아다보면서 말했다.

"세상 사람들이 이것을 보면 반드시 괴이하게 여길 것이므로 세상에는 가르칠 수 없다."

그 나머지는 최치원이 지은 본전本傳과 같다.

○○○ **15** 공자가 『춘추』를 지을 때 '애공십사년춘 서수획린哀公十四年春, 西狩獲麟'의 글귀에 이르자, 붓을 끊고 죽은 고사에서 나온 말로 절필絶筆을 뜻한다.

○○○ **16** 금산은 부처의 몸, 보개는 보석으로 꾸민 우산으로 곧 부처님을 말한다.

험한 덤불 헤치고 연기와 티끌을 무릅쓰고 바다를 건너
지상사에 이르니 문 열려 귀한 손님 맞이하네.
무성한 꽃들[화엄]을 우리나라에 심으니, °17
종남산과 태백산이 한결같은 봄이구나.

°°° **17** 부석사의 비문과 일연의 제자 무극의 기록을 참고하면 이때를 서른
일곱 살(661년)로 볼 수 있으니, 바로 원효와 의상이 동행하던 나이다.

사복이 말을 못 하다

서울의 만선북리萬善北里에 사는 한 과부가 남편 없이 임신을 하여 아이를 낳았는데, 열두 살이 되도록 말도 못 하고 일어서지도 못해 사동蛇童이라 불렀다. 아래에는 사복蛇卜 혹은 사파蛇巴 또는 사복蛇伏 등으로 쓰기도 하는데, 이는 모두 사동을 말한다.

어느 날 그의 어머니가 죽었다. 그때 원효는 고선사高仙寺°¹에 머물고 있었다. 원효가 사복蛇福을 보고 맞이하여 예를 올렸으나, 사복은 답례를 하지 않고 말했다.

"옛날 그대와 내가 함께 불경을 싣고 다니던 암소°²가 지금 죽었는데 나와 함께 장사 지내는 것이 어떻겠는가?"

"좋다."

그래서 함께 〔사복의〕 집에 갔다. 사복은 원효에게 포살°³수계布薩授戒를 해 달라고 했다. 원효는 시신 앞으로 가서 빌었다.

"태어나지 말지니, 죽는 것이 괴롭구나. 죽지 말지니, 태어나는 것이 괴롭구나."

○○○ **1** 경주시 보덕동에 원효가 주석했던 신라 시대 사찰이었는데, 1975년 덕동댐 공사로 사지는 수몰되고 삼층석탑과 귀부 등이 국립경주박물관에 옮겨져 있다.

○○○ **2** 사복의 어머니를 말한다.

○○○ **3** 불교에서 동일 지역의 승려들이 정기적으로 모여 계율을 범한 자가 다른 승려들에게 고백하고 참회하는 의식을 말한다.

사복이 말했다.

"말이 번거롭다."

그래서 원효가 다시 말했다.

"죽고 사는 것이 괴롭구나."

두 사람은 상여를 메고 활리산活里山 동쪽 기슭으로 갔다. 원효
가 말했다.

"지혜로운 호랑이를 지혜의 숲속에 장사 지내는 것이 마땅하지
않은가?"

사복이 곧 게偈를 지어 말했다.

"옛날 석가모니 부처님께서 사라수 사이에서 열반에 드셨도다.
지금 또한 그러한 자가 있어, 연화장蓮花藏의 세계로 들어가고자 하
네."

말을 마치고 띠풀의 줄기를 뽑으니, 아래에 밝고 청허淸虛한 세계
가 있었는데, 칠보난간에 누각이 장엄하여 아마도 인간 세상이 아
니었다. 사복이 시체를 업고 땅속으로 함께 들어가니 땅이 다시 합
쳐졌다. 원효는 곧 돌아왔다. 후세 사람들이 그를 위해서 금강산 동
남쪽에 절을 짓고 도량사道場寺라 했으며, 매년 3월 14일이면 점찰회
占察會°4를 행하는 것을 일반 규정으로 여겼다. 사복이 세상에 영험
을 드러낸 것은 오직 이것뿐이었다. 그런데 항간에서는 황당한 것을
덧붙이고 있으니 우스운 일이다.

　　°°° 다음과 같이 기린다

───────

○○○ **4** 법회의 일종으로 『점찰경占察經』에 의한 법회인데 원광법사가 시조다.

깊은 못처럼 잠자는 용이 어찌 둔한하랴.

떠나면서 읊은 한 곡 간단하기도 하다.

고달프구나, 생사는 본래 고통만은 아니니

연화장 떠도는 [극락] 세계는 넓기도 하네.

진표가 간자를 전하다

　승려 진표眞表는 완산주完山州 지금의 전주목全州牧 만경현萬頃縣 사람이다. 더러는 두내산현豆乃山縣이라 하고, 더러는 나산현那山縣이라고도 한다. 지금 만경의 옛 이름은 두내산현이다. 관녕전貫寧傳에서는 진표의 고향을 '금산현金山縣 사람'이라고 했으니, 절 이름과 현 이름을 혼동한 것이다. 아버지는 진내말眞乃末이고 어머니는 길보랑吉寶娘이며 성은 정씨井氏다.

　열두 살에 금산사金山寺 숭제법사崇濟法師의 문하에 들어가 머리 깎고 승려가 되어 배우기를 간청하니 스승이 일찍이 일러 말했다.

　"나는 일찍이 당나라에 들어가 삼장三藏에 능숙한 선도善導○[1]에게 배운 적이 있었는데, 그 후 오대산五臺山에 들어가 문수보살의 현신에게 감응되어 오계를 받았다."

　진표가 아뢰었다.

　"얼마나 부지런히 닦아야 계를 받게 됩니까?"

　숭제법사가 말했다.

　"정성만 극진하다면 1년이면 된다."

　진표는 스승의 말을 듣고 이름난 산을 두루 돌아다니다가 선계 산仙溪山 불사의암不思議庵에 머물면서 몸과 마음과 뜻[三業]을 닦아

○○○ **1** 경經, 율律, 논論 등 삼장을 잘 아는 스님이다.

망신참법亡身懺法°² 으로 계를 얻었다.°³ 처음에는 7일 밤을 기약하고 온몸(五體)을 바위에 부딪혀 무릎과 팔뚝이 모두 부서지고 바위 언덕이 피로 물들었다. 그래도 부처의 감응이 없자 몸을 버리기로 결심하고 다시 7일을 예정하여 14일이 지났을 때, 마침내 지장보살을 뵙고 정계淨戒를 받으니, 바로 개원開元 28년 경진년(740년) 3월 15일 진시辰時였다. 당시 진표의 나이 스물세 살 남짓했다. 그러나 미륵보살에 뜻을 두었으므로 감히 중간에 그만두려 하지 않고 영산사靈山寺 일명 변산邊山 또는 능가산楞伽山이다. 로 옮겨 가서 처음과 같이 부지런하고 용감하게 수행했다. 과연 미륵보살이 나타나『점찰경』두 권 이 경은 바로 진陳나라와 수隋나라 사이에 외국에서 번역된 것으로, 지금 처음으로 나온 것이 아니라 미륵보살이 이 경을 진표에게 주었을 뿐이다. 과 증과證果°⁴의 점치는 패쪽簡子 189개를 주면서 말했다.

"이 가운데 제8간자는 새로 얻은 묘계妙戒를 비유한 것이고, 제9간자는 구계具戒를 더 얻은 것을 비유한 것이다. 이 두 간자는 내 손가락 뼈며, 나머지는 모두 침단목沈檀木으로 만들었는데, 여러 번뇌를 비유하는 것이다. 너는 이것으로써 세상에 불법을 전하여 다른 사람을 구제하는 뗏목으로 삼아라."

진표는 미륵보살의 글(記莂)을 받고 난 다음에 금산사에 가서 살면서 해마다 단석壇席을 열어 불교의 가르침(法施)을 널리 베푸니, 그 단석이 엄정하여 말세(末季)에는 없었던 일이었다. 가르침(風化)

○○○ **2** 자신의 몸을 희생하는 참회법이다.
○○○ **3** "계를 얻었다."는 원문에는 없으나 문맥상 첨가한 말이다.
○○○ **4** 『점찰경』은 『점찰선악업보경占察善惡業報經』이며 지장보살과 관련된다. '증과'란 불가에서 수행을 통해 얻는 과果를 말한다.

이 두루 미친 후에 유람을 떠나 아슬라주阿瑟羅州에 도착했을 때, 섬 사이의 물고기들이 모여 다리를 만들어 물속으로 인도하므로 불법을 강론하고 계戒를 주었으니, 바로 천보天寶 11년 임진년(752년) 2월 보름이었다. 어떤 책에는 원화元和 6년(811년)이라고 했으나 이것은 잘못된 것으로, 원화는 헌덕왕憲德王 때다. 성덕왕 때와는 거의 70년이나 차이가 난다. 경덕왕景德王이 이 말을 듣고 그를 궁궐로 맞아들여 보살계를 받고 곡식 7만 7000석을 주었으며, 왕후의 궁궐(椒庭)과 왕의 외척(列岳)들이 모두 계품戒品을 받고 비단 500단과 황금 50냥을 시주했다. [진표는] 이것을 모두 받아 여러 산에 나누어 주어 불사佛事를 널리 일으켰다. 그 사리(骨石)는 지금 발연사鉢淵寺에 있으니, 여기가 바로 바다의 물고기에게 계를 베풀던 곳이다. 법을 받은 제자 중에 영수領袖로는 영심永深, 보종寶宗, 신방信芳, 체진體珍, 진해珍海, 진선眞善, 석충釋忠 등이 있으며, 모두 사원의 창시자(開祖)가 되었다.

영심은 진표에게서 간자를 전해 받고 속리산에 머물면서 법통을 이어 갔는데, 단壇을 만드는 방법이 점찰占察 육륜六輪과는 조금 다르지만 수행하는 방법은 산속에서 전해 오던 본래 법규와 같았다.

『당승전唐僧傳』을 살펴보면 이렇다.[5]

개황開皇 13년(593년), 광주廣州[6]에 어떤 승려가 참법懺法을 행했는데, 가죽으로 첩자帖子 두 매를 만들어 선善과 악惡이란 두 글자를 써서 사람에게 던지게 하여 선이란 글자를 얻은 사람은 길하다고 했다. 또 스스로 박참법撲懺法[7]을 행하여 죄를 없앨 수 있다고

○○○ **5** 이하의 내용은 중국의 점찰 신앙에 대해 말하고 있다.
○○○ **6** 지금의 광동廣東이다.
○○○ **7** 자신의 육신을 학대하는 참회 방법이다.

하니, 남녀가 뒤섞여 함부로 받아들여 몰래 행했는데, 그 영향이 청주靑州까지 미쳤다. 함께 갔던 관사官司가 이 일을 조사해 보고는 요망한 일이라 하자, 그들이 말했다.

"이 탑참법搭懺法은『점찰경』에 의거한 것이고, 박참법도 여러 불경 중에서 오체五體를 땅에 던져 마치 큰 산이 무너지듯 하는 것과 같음을 따른 것이다."

이때 이러한 사실을 위에 알리자, 내사시랑內史侍郎 이원찬李元撰에게 명령하여 대흥사大興寺에 가서 대덕大德들에게 묻도록 했다. 그러자 대사문大沙門 법경法經과 언종彦琮 등이 대답했다.

"『점찰경』은 두 권이 현존하는데, 책머리에 보리등菩提燈이 외국에서 국역國譯한 글이라 했으니 최근에 나온 것 같습니다. 또 사본으로 전하는 것이 있는데, 여러 기록을 조사해 보아도 모두 정확한 이름과 역자와 시간과 장소가 없고, 탑참은 여러 가지 경과가 다르므로 여기에 의거하여 행해서는 안 됩니다."

그래서 칙명으로 금지시켰다.

지금 시험 삼아 논의해 보면, 청주의 거사居士들이 한 탑참 등의 일은 큰 선비가 시서詩書까지 읽고도 남의 무덤을 파내는 것[8]과 같아서, 이른바 "호랑이를 그리려다가 이루지 못하고 개를 그렸다."라고 할 수 있다. 부처가 미리 예방한 것은 바로 이 때문이다. 만약『점찰경』에 번역자와 그 시간과 장소가 없어 의심스럽다고 한다면, 이것 또한 〔천한〕 삼〔麻〕을 취하고 〔귀한〕 금金을 버리는 것이다. 왜냐

○○○ **8** 원문에 '시서발총詩書發塚'이라고 했다. 시서를 읽은 유학자가 학문을 악용하여 악행을 저지른다는 말로『장자』에 나오는 구절이다.

하면 그 경문을 자세히 살펴보면, 부처가 중생을 교화하는 설법〔悫壇〕이 깊고 빈틈없고, 더러운 것을 깨끗이 씻어 주고 게으른 사람을 깨우쳐 주는 데 이 경전만 한 것이 없기 때문에 대승참大乘懺이란 명칭도 붙인 것이다. 또한 육관六官°⁹의 근원〔六根〕이 모아진 가운데서 나왔다고 한다. 개원開元과 정원貞元 연간에 나온 두 『석교록釋敎錄』 가운데는 정장正藏으로 편입되어 있으니, 비록 성종性宗은 아니지만 그 상교대승相敎大乘으로는 자못 훌륭한 것이다. 그러기에 어찌 탑참과 박참, 두 참懺을 동일하게 말할 수 있겠는가? 『사리불문경舍利佛問經』°¹⁰에는 부처가 장자長者의 아들 빈야다라邠若多羅에게 말했다.

"너는 7일 밤낮으로 네 전죄前罪를 뉘우치고 모두 깨끗하게 해라."

빈야다라가 가르침을 받들어 밤낮으로 정성을 다해 도를 닦았다. 5일째 되던 날 저녁에 그 방 안에 갖가지 물건이 비 오듯 쏟아져 내렸는데, 수건, 복두, 총채, 칼, 송곳, 도끼 같은 것들이 그의 눈앞에 떨어졌다. 빈야다라가 기뻐하면서 부처에게 물어보니, 부처가 말했다.

"이는 네가 속세를 벗어날 징조니, 베어 내고 털어 내는 물건이다."

이 말에 의하면 『점찰경』에서 윤輪을 던져 상相을 얻는 것과 무엇이 다르겠는가? 여기에서 진표가 참법懺法을 일으켜 간자를 얻고, 법문을 듣고 부처를 본 것이 거짓이 아님을 알 수 있다. 하물며 만약

○○○ **9** 눈, 코, 귀, 혀, 몸, 뜻의 여섯 가지 감각 기관이다.
○○○ **10** 부처에게 계율을 물은 경經을 말한다.

이 경이 거짓되고 망령된 것이라면 미륵보살이 어찌하여 직접 진표 법사에게 주었겠는가? 또 만일 이 경을 금지한다면 『사리불문경』도 금지해야 할 것인가? 언종의 무리는 금을 움켜쥐면 다른 사람이 보이지 않는 것°[11]과 같다고 할 수 있으니, 글을 읽는 사람들은 이것을 자세히 알아야 한다.

　　°°° 다음과 같이 기린다

　　　　말세에 현신하여 게으르고 귀먹은 자 깨우치니,
　　　　영악靈岳과 선계仙溪가 감응해서 통했네.
　　　　성의껏 탑참을 전하였다고 말하지 말지니,
　　　　다리 놓아 준 동해의 물고기와 용들도 감화되었네.

°°° 11 남의 금을 훔칠 때 금만 보이고 사람은 보이지 않는다는 고사에서 나온 것이다.

관동풍악의 발연수 비석의 기록

이 기록은 바로 사주 영잠瑩岑이 지은 것으로 승안承安 4년 기미년(1199년)에 돌을 세웠다.

진표율사眞表律師는 전주全州 벽골군碧骨郡 도나산촌都那山村 대정리大井里 사람이다. 열두 살에 출가할 뜻을 품으니 아버지가 이를 허락했다. 율사는 금산수金山藪의 순제법사順濟法師에게 가서 머리 깎고 승려가 되었다. 순제법사는 사미계법沙彌戒法을 주고 『공양차제비법供養次第秘法』한 권과 『점찰선악업보경占察善惡業報經』두 권을 전해 주면서 말했다.

"너는 이 계법을 가지고 미륵彌勒과 지장地藏 두 성인 앞에서 간절히 참회하여 직접 계를 받아 세상에 펴도록 하라."

율사는 가르침을 받들고 물러나와 명산을 두루 구경했는데, 벌써 스물일곱 살이었다. 상원上元°¹ 원년 경자년(760년)에 스무 말의 쌀을 쪄서 말려 양식을 만들어 〔부안의〕 보안현保安縣°² 으로 가서 변산邊山의 불사의방不思議房으로 들어갔다. 다섯 홉의 쌀을 하루 양식으로 삼고 한 홉의 쌀을 덜어 쥐를 길렀다. 율사가 부지런히 미륵상 앞에서 계법을 구하여 3년이 되었으나 수기授記°³를 얻지 못하

○○○ 1 당나라 숙종肅宗 이형李亨의 연호. 760~762년까지 사용했다.
○○○ 2 지금의 전라북도 부안이다.
○○○ 3 부처가 중생에게 장래에 반드시 부처가 되리라고 알리는 것을 말한다.

자 발분發憤하여 바위 아래로 몸을 던졌는데, 갑자기 푸른 옷을 입은 어린아이가 나와 그를 손으로 받들어 바위 위에 올려놓았다. 율사가 다시 소원하여 삼칠일을 기약하고 밤낮으로 부지런히 수도하면서 돌로 〔몸을〕 두드리며 참회하자, 사흘 만에 손과 팔이 부러져 땅에 떨어졌다. 이레째 밤이 되자 지장보살이 손으로 금석장金錫杖을 흔들며 와서 보호해 주니 손과 팔이 예전처럼 되었다. 보살이 드디어 가사와 바리때를 주니 율사가 그 영험에 감동하여 더욱 〔수도에〕 정진했다.

삼칠일을 다 채우자, 세상을 보는 눈〔天眼〕을 얻어 도솔천의 여러 성인들이 와서 의식을 행하는 모습을 보게 되었다. 이에 지장보살과 자씨慈氏보살〔미륵보살〕이 앞에 나타났는데, 자씨보살이 율사의 이마를 어루만지며 말했다.

"잘하는구나. 대장부여! 이처럼 계를 구하기 위하여 목숨을 아끼지 않고 간절히 참회하였구나."

그러고는 지장보살이 『계본戒本』°4을 주고 자씨보살이 다시 두 개의 나무 간자〔木簡〕를 주었는데, 하나에는 9라고 씌어 있고, 하나에는 8이라고 씌어 있었다. 율사에게 말했다.

"이 두 간자는 내 손가락 뼈다. 이것은 처음과 근본의 두 깨달음을 비유한다. 또 9는 법法이며, 8은 새로 만들어질〔新熏〕 성불成佛을 위한 종자種子°5니, 이것으로써 인과응보〔果報〕를 마땅히 알 수 있다. 너는 현세의 육신을 버리고 대국왕大國王의 몸을 받아 나중에 도

○○○ **4** 비구와 비구니가 지켜야 할 계율의 조목을 뽑은 책이다.
○○○ **5** 신훈종자란 여러 수도로써 새로 만들어지는 근기를 가진 종자로 본유종자本有種子와 대비된다.

솔천에 태어날 것이다."

이 말을 마치자 두 성인은 바로 모습을 감추었는데, 이때가 임인년(762년) 4월 27일이다.

율사가 교법教法을 다 받고 금산사金山寺를 지으려고 산에서 내려와 대연진大淵津에 이르자, 갑자기 용왕이 나타나 옥가사玉袈裟를 바쳤다. 그러고는 8만의 무리를 거느리고 〔그를〕 금산수로 모시고 가니, 사방에서 사람들이 와 며칠 만에 절이 완성됐다. 또 자씨보살이 감응하여 도솔천으로부터 구름을 타고 내려와서 율사에게 계법을 주자, 율사가 시주〔檀綠〕를 권유하여 미륵장륙상을 만들게 했다. 다시 금당金堂 남쪽 벽에 미륵이 내려와 계법을 주던 위의威儀 있는 모습을 그렸다. 불상은 갑진년(764년) 6월 9일에 만들어 병오년(766년) 5월 1일에 금당에 모셨다. 이해가 대력代曆°6 원년이다.

율사는 금산수를 나와 속리산을 향해 가다가 길에서 소달구지를 탄 사람을 만났다. 그 소들이 율사 앞으로 와서 무릎을 꿇고 눈물을 흘리자, 달구지를 탄 사람이 내려와 물었다.

"무슨 까닭으로 이 소들이 스님을 보고 우는 것입니까? 스님은 어디에서 오는 길입니까?"

율사가 말했다.

"나는 금산수의 진표라고 합니다. 나는 일찍이 변산의 불사의방에 들어가 미륵보살과 지장보살 두 성인 앞에서 직접 계법진생戒法眞栍°7을 받고 길이 수도할 절을 지을 만한 곳을 찾으러 온 것입니다.

○○○ **6** 당나라 대종代宗 이예李豫의 연호. 766~779년까지 사용했다.
○○○ **7** 증과간자證果簡子를 말한다.

이 소들이 겉은 어리석으나 속은 현명하여 내가 계법을 받은 것을 알고 불법을 소중하게 여겨 무릎을 꿇고 우는 것입니다."

그 사람은 말을 다 듣고는 말했다.

"짐승도 오히려 이처럼 믿는 마음이 있는데, 하물며 사람으로서 어찌 믿는 마음이 없겠습니까?"

그는 즉시 낫을 집어 스스로 자신의 머리털을 잘랐다. 율사는 자비심으로 다시 머리를 잘 깎아 주고 계법을 준 다음 떠났다. 속리산 골짜기에 이르러 길상초吉祥草가 난 곳을 보고는 표시해 두고, 다시 명주溟州 해변으로 향했다. 율사가 천천히 가는데 물고기와 자라 등이 바다에서 나와 율사 앞에서 몸을 이어 붙여 육지처럼 만드니, 율사가 그것을 밟고 바다로 들어가 계법을 외워 주고 다시 나왔다. 그러고는 고성군高城郡에 당도하여 개골산皆骨山°**8**으로 들어가 처음으로 발연수鉢淵藪°**9**를 세워 점찰법회占察法會를 열고 그곳에서 7년 동안 머물렀다.

이때 명주 경계에 흉년이 들어 백성들이 굶주렸는데, 율사가 그들을 위하여 계로써 설법하니 사람마다 받들어 지키고 삼보三寶에 공손스럽게 절을 올렸다. 얼마 후 갑자기 고성 바닷가에 무수한 물고기가 저절로 죽어 나왔으므로 백성들이 이 고기를 팔아 양식을 마련하여 죽음에서 벗어날 수 있었다.

율사는 발연수에서 나와 다시 불사의방으로 갔다. 그러고는 고향으로 가 부친을 만나 보고, 어떤 때는 대덕 진문眞門의 방에 가서

○○○ **8** 금강산의 다른 이름이다.
○○○ **9** 강원도 고성군 금강산에 있던 신라 시대의 절. 지금은 남아 있지 않다.

머물기도 했다. 그때 속리산의 대덕 영심永深이 대덕 융종融宗, 불타 등과 함께 율사의 처소에 와서 소원을 청했다.

"우리들은 천 리를 멀다 하지 않고 와서 계법을 구하니, 법문法門을 주시기 바랍니다."

율사가 묵묵히 대답하지 않자, 세 사람은 복숭아나무 위로 올라가 거꾸로 땅에 떨어져 용맹스럽게 참회했다. 율사는 그제야 교敎를 전하고 이마에 물을 뿌리고는〔灌頂〕마침내 가사와 바리때, 『공양차제비법供養次第秘法』한 권, 『점찰선악업보경占察善惡業報經』두 권과 간자 189개를 주었다. 아울러 다시 미륵진생 9와 8을 주면서 경계하며 말했다.

"9란 법法이며, 8이란 새로 만들어질 불종자佛種子다. 내 이미 너희에게 부탁했으니, 이것을 가지고 속리산으로 돌아가 길상초가 난 곳을 찾아 절〔精舍〕을 세우고 이 교법에 의거하여 널리 인간 세상을 구제하고 후세에 널리 펴도록 하라."

영심 등은 가르침을 받들어 즉시 속리산으로 가서 길상초가 난 곳을 찾아 절을 짓고는 길상사吉祥寺라 했다. 영심은 이곳에서 처음으로 점찰법회를 열었다. 율사는 아버지와 함께 다시 발연수로 돌아와 함께 수도하고 효도하면서 일생을 마쳤다. 율사는 임종할 즈음에 절의 동쪽 큰 바위 위로 올라가 입적했는데, 제자들이 그의 시신을 옮기지 않고 그대로 공양하다가 유골이 흩어진 이후에야 흙으로 덮어 무덤을 만들었다. 얼마 후 그곳에서 푸른 소나무가 나왔는데 오랜 세월이 흘러 말라 죽고 다시 한 그루가 자라났다. 그 후 다시 한 그루가 자라났는데, 그 뿌리는〔두 그루가〕하나였다.

지금도 두 그루의 나무가 남아 있는데, 공손히 절하는 사람이 소나무 아래에서 뼈를 찾으면 어떤 때는 얻기도 하고, 어떤 때는 얻지 못하기도 했다. 나는 스님의 뼈(聖骨)가 다 없어질까 염려되어 정사년(1197년) 9월에 특별히 소나무 아래로 가서 뼈를 주워 모아 통에 담으니 세 홉 남짓 되었으므로 큰 바위 위의 두 나무 아래 비석을 세우고 뼈를 안치하였다고 하였다.

이 기록에 실린 진표율사의 사적과 발연수 비석의 기록은 서로 다르다. 그래서 영잠의 기록만을 추려서 실었으니, 후세의 현자들은 당연히 잘 살펴야 한다.

무극無極이 적는다.°**10**

───────────────

○○○ **10** 무극은 일연의 제자 보감국사인데, 그가 "적는다."라고 부기함으로써 이 글 전체의 집필자에 대한 혼돈을 불러일으켰다. 이는 일연의 직함에 보각이라는 시호가 아닌 인각사 주지로 되어 있다는 점을 참고하면 생존 시에 초간이 있었고, 그 후 무극에 의해 속간이 이루어졌다고 볼 수 있다.

승전의 석촉루

승려 승전勝詮의 내력은 상세히 알 수 없다. 일찍이 배를 타고 중국으로 건너가 현수국사賢首國師의 문하에 들어갔다. 현묘한 말〔불법〕을 받고 미묘한 것을 연구하여 사색을 쌓고 지혜와 보는 것이 뛰어나 깊은 것과 숨은 뜻을 찾아 오묘함을 다했다. 그는 인연 있는 곳으로 가서 감응을 얻고자 고국에 돌아오려고 했다.

처음에 현수는 의상과 함께 배웠으며 둘 다 지엄스님의 인자한 가르침을 받았다. 현수가 스승의 말씀에 대해 뜻을 풀고 과목을 설명했는데, 승전법사가 고향으로 돌아갈 즈음 글을 보내 보여 주니, 이에 의상이 글을 보냈다고 한다. 그 덧붙인 서신〔別幅〕은 이렇다.

"『탐현기探玄記』 스무 권 가운데 두 권은 완성되지 않았고, 『교분기教分記』 세 권, 『현의장玄義章』 등 잡의雜義 한 권, 『화엄범어華嚴梵語』 한 권, 『기신소起信疏』 두 권, 『십이문소十二門疏』 한 권, 『법계무차별론소法界無差別論疏』 한 권을 승전법사가 뽑아 베껴 고향으로 돌아갔습니다. 지난번 신라의 승려 효충孝忠이 금 아홉 푼을 주면서 이것은 '상인上人°¹이 보내는 것이다.'라고 했습니다. 비록 편지는 받지 못했으나 그 은혜가 끝이 없습니다. 이제 서국西國의 병〔軍持〕²과 대야

○○○ 1 여기서는 의상을 가리킨다.
○○○ 2 관음보살이 손에 쥐고 있는 병으로 소원을 성취시켜 준다는 의미가 있다.

〔澡灌〕 [3]한 구□를 올려 작은 정성을 표시하니 받아 주시기 바랍니다. 삼가 아룁니다."

법사는 돌아와 편지를 의상에게 보냈다. 의상이 그 장문藏文을 펴 보니 마치 지엄의 가르침을 귀로 듣는 듯하여 수십 일 동안 연구하고 토론하여 제자들에게 전해 주어 이 글을 널리 풀이하게 했는데, 그 내용은 「의상전」에 실려 있다.

살펴보면, 이 원만하고 융화하는 가르침이 동방〔青丘〕에 두루 미치게 된 것은 오로지 법사의 공적이다. 그 후에 승려 범수梵修가 멀리 당나라에 가서 새로 번역한 『후분화엄경관해의소後分華嚴經觀解義疏』를 구해 가지고 돌아와 퍼뜨리고 가르쳤다. 이때가 정원貞元 기묘년(799년)이었는데, 이것 역시 불법을 구하여 널리 퍼뜨린 예라고 할 수 있다.

승전은 곧 상주尙州 영내의 개령군開寧郡 경계에 정사精舍를 짓고 석촉루石髑髏 [4]를 부하로 삼고는 『화엄경』을 강의했다. 신라의 승려 가귀可歸는 매우 총명하고 도리를 깨우쳐서 불법〔傳燈〕을 계승하여 『심원장心源章』을 지었다. 그 대략은 이렇다.

"승전법사가 돌〔石〕의 무리를 거느리고 불경을 논의하고 강연하니, 지금의 갈항사葛項寺 [5]다. 그 석촉루 80여 개는 지금까지 강사綱司가 전해 오고 있는데, 자못 영험이 있다."

○○○ **3** 씻는 물그릇이라는 의미로 준제관음보살의 작은 지물이나 관정灌頂할 때 사용하는 관반灌盤을 지칭하기도 한다.

○○○ **4** 돌로 만든 해골, 즉 사람의 형상을 만들었다는 의미다.

○○○ **5** 경상북도 김천시 금오산 서쪽 기슭에 있었던 신라 시대 사찰로 석불과 쌍탑 등이 남아 있는데, 이 중에서 쌍탑은 758년 건립되었다는 명문이 새겨져 있으며 현재는 국립중앙박물관에 소장 전시되어 있다.

그 밖의 사적은 비문에 모두 실려 있는데, 대각국사大覺國師의 실록에 있는 것과 같다.

심지가 진표조사를 잇다

    승려 심지心地는 신라(辰韓)의 제41대 왕인 헌덕대왕憲德大王 김씨의 아들이다. 태어나면서부터 효성스럽고 우애가 있었으며 타고난 품성이 맑고 지혜로웠다. 열다섯 살에 머리를 깎고 스승을 따라 부지런히 불도를 닦으며 중악中岳지금의 공산公山이다. 에 머물렀다. 마침 속리산에 있는 영심永深이 진표율사의 간자를 전해 받아 과증법회果證法會°1를 연다는 말을 듣고 뜻을 결심하고 찾아갔으나, 이미 기일이 지나 법회에 참여하는 것을 허락받지 못했다. 그래서 자리를 깔고 뜰에 엎드려 대중과 함께 예불하고 참회했는데, 7일이 지나자 하늘에서 큰눈이 내렸으나 그가 서 있는 땅 사방 10여 자 남짓에는 눈발이 흩날리기만 하고 내리지는 않았다. 사람들이 신기하고 괴이하다고 여겨 그가 불당으로 들어오는 것을 허락했다. (그러나) 그는 병이 있다며 사양하고 방으로 가서 불당을 향해 깊이 예를 올리니, 팔뚝과 이마에서 피가 흐르는데 진표율사가 선계산에서 한 것과 같았다. 이에 지장보살이 날마다 와서 위문했다. 그는 법회가 끝나고 산으로 돌아가는 도중에 두 개의 간자가 옷깃 사이에 끼여 있는 것을 발견했다. 그것을 가지고 돌아가 영심에게 아뢰자, 영심이 말했다.

    "간자는 함 속에 들어 있는데 어떻게 여기에 이를 수가 있겠는가."

○○○ **1** 점찰법회를 말한다.

조사해 보니 함은 봉해져 옛 모양 그대로 있었지만, 열어 보니 간자가 없어졌다. 영심이 심히 이상하게 여기고 간자를 겹겹으로 싸서 간직해 두었다. 〔심지가〕 다시 길을 가는데 처음처럼 〔간자가 옷깃에 있으므로〕 다시 돌아가 보고하자 영심이 말했다.

"부처님의 뜻이 그대에게 있으니, 그대가 받들고 가시게."

그리고 간자를 〔심지에게〕 주었다.

심지가 그것을 머리에 이고 산으로 돌아오니, 중악의 산신이 두 선자仙子를 거느리고 맞이하여 산기슭에 이르렀다. 심지를 산꼭대기로 인도하여 어떤 바위 위에 앉히고는, 바위 아래로 내려가 엎드려 공손히 정계正戒를 받았다.

심지가 말했다.

"이제 적당한 땅을 가려 부처님의 간자〔聖簡〕를 모시려 하는데 우리들만이 정할 수 없으니 세 분과 함께 높은 곳으로 올라가 간자를 던져 점을 쳐 봅시다."

산신들과 함께 산꼭대기에 올라가 서쪽을 향해 간자를 던지자 간자가 바람에 날려 갔다.

이때 산신이 이렇게 노래를 지어 불렀다.

막혔던 바위가 멀리 물러가니 〔땅이〕 숫돌처럼 평탄해지고,
낙엽이 날아 흩어지니 앞이 밝아진다.
부처님 뼈의 간자를 구해 얻어,
정결한 곳에 맞이하여 정성스레 바친다.

노래를 마치고 간자를 숲속 샘에서 찾아 즉시 그 땅에 불당을

지어 모셨다. 지금 동화사桐華寺°² 첨당籤堂 북쪽에 있는 작은 우물이 바로 그곳이다.

고려의 예종睿宗이 일찍이 부처님의 간자를 가져다가 대궐 안에 두고 공경히 예불을 올리는데, 갑자기 9간자 하나를 잃어버려 상아로 대신 만들어 본 절로 돌려보냈다. 그런데 지금은 색이 변하여 같은 색이 되어 버렸기 때문에 새것과 옛것을 구분하기 어려우며, 그 질이 상아도 아니고 옥도 아니다.

살펴보면,『점찰경』상권에 189개나 되는 간자의 이름을 서술해 놓았는데 이렇다.

1은 상승上乘°³을 구하여 물러서지 않음이고, 2는 구하는 과果가 마땅히 증명됨[證]을 나타내고 3과 4는 중승中乘°⁴과 하승下乘°⁵을 구하여 물러서지 않음을 얻은 것이고, 5는 신통력을 구하여 성취하는 것이고, 6은 사범四梵°⁶을 닦아 성취하는 것이고, 7은 세선世禪°⁷을 닦아 성취하는 것이고, 8은 받고자 하는 묘계妙戒°⁸를 다시 얻는 것이고, 9는 일찍이 받은 계구戒具를 얻는 것이고, 이 글에 의해 정정해 보면, 미륵보살이 말한 '새로 얻은 계戒'란 금생今生에서 새로 얻은 계를 일컫는 것이며, 예전에 얻은 계란 과거세에 일찍이 받았다가 금생에 또 더 받은 것을 말

○○○ **2** 지금의 대구시 팔공산에 있으며 역대 스님의 영정이 모셔져 있다.

○○○ **3** 불교에서 가장 심오한 교리며 대승이라고도 한다.

○○○ **4** 삼승三乘의 중간인 연각승緣覺乘이다.

○○○ **5** 삼승의 맨 아래인 성문승聲聞乘으로 소승이라고도 한다.

○○○ **6** 자비희사慈悲喜捨의 네 가지 마음에서 행동이 나오는 사무량심四無量心이다.

○○○ **7** 속세의 보통 사람들이 닦는 선이다.

○○○ **8** 보살의 대계를 말한다.

하는 것이다. 그러므로 수행한 공덕에 따라 본래의 신계, 구계가 있다는 말이 아니다. 10은 아직 신심信心에 주력하지 못하면서 하승을 구하려는 것이고, 그다음은 아직 신심에 주력하지 못하면서 중승을 구하려는 것이다. 이렇게 하여 제172까지는 모두 과거 세상이나 현세 속의 선함과 악함, 얻음과 잃음에 대한 일이고, 173은 몸을 버리고 이미 지옥에 들어간 것이고,이상은 모두 미래에 대한 과보다. 174는 죽어서 이미 짐승이 되는 것이다. 이와 같이 하여 아귀餓鬼에 이르고, 수라修羅, 인人, 인왕人王°**9**, 천天, 천왕天王°**10**, 문법聞法, 출가出家, 성승聖僧을 만남, 도솔천에서 태어남[生兜率], 정토淨土에 태어남, 부처를 찾아냄, 하승에 삶, 중승에 삶, 상승에 삶, 해탈을 얻음의 제189 등이 이것이다. 이상은 하승에 머무는 것에서 상승에서 물러나지 않음을 얻는 것까지를 말한 것이고, 지금 상승에서 해탈 등을 말한 것은 이것으로써 구별된다. [이들은] 모두 삼세三世의 선악과 과보에 대한 차별의 모습이다. 이것을 가지고 점을 쳐 봐서 마음과 소행이 서로 일치되면 감응하게 되고, 그렇지 않으면 마음에 이르지 않으니 허류虛謬라고 한다. 그렇다면 8과 9의 두 간자는 다만 189개의 간자 가운데서 온 것인데,『송전宋傳』에는 다만 108첨자籤子라고만 한 것은 무슨 까닭인가? 아마도 이것을 108번뇌의 명칭으로 알고서 경문經文을 자세히 살피지 않았기 때문일 것이다.

또 고려의 문인 김관의金寬毅가 엮은『왕대종록王代宗錄』2권에는 다음과 같이 말했다.

○○○ **9** 불법을 수호하는 금강신金剛神이다.
○○○ **10** 욕계欲界와 색계色界의 천주天主다.

"신라 말에 대덕 석충釋沖이 태조에게 진표율사의 가사 한 벌과 계간자戒簡子 189개를 바쳤다."

지금 동화사에 전해 오는 간자와 같은 것인지 다른 것인지는 자세히 알 수 없다.

　°°° 다음과 같이 기린다

　　　궁궐에서 자랐건만 일찍 속박을 벗어나 출가하였고,
　　　근검함과 총명함은 하늘이 주었다네.
　　　눈 쌓인 뜰에서 간자를 뽑아내어
　　　동화산 가장 높은 봉우리에 놓았네.

유가종의 대현과 화엄종의 법해

유가종瑜伽宗의 시조인 대덕 대현大賢이 〔경주〕 남산南山 용장사茸長寺에 머물렀다. 절에는 돌로 된 미륵불의 장륙상丈六像이 있었는데, 대현이 항상 주위를 돌면 장륙상도 대현을 따라 얼굴을 돌렸다. 대현은 지혜롭고 분별력 있고 정밀하고 민첩하며 판단이 분명했다. 대개 법상종法相宗°1의 경론經論은 주된 뜻과 이치가 그윽하고 깊어 해석하기가 어려운데, 중국의 명사 백거이白居易는 일찍이 이치를 연구했으나 알지 못하고 말했다.

"유식唯識°2은 뜻이 그윽하여 깨치기 어렵고, 인명因明°3은 분석해도 통하지 않는다."

따라서 학자들이 계속해서 배우고 깨우치기가 어려웠다. 그러나 대현은 잘못된 것을 바로잡고 짧은 시간에 깊고 오묘한 뜻을 터득하고 알아내 사리에 통달했다. 그래서 우리나라의 후학들이 모두 그의 가르침을 따랐고, 중국의 학사들도 종종 이것을 안목으로 삼

○○○ 1 645년 현장에 의해 중국에 전래되었으며, 유식사상唯識思想과 미륵 신앙을 기반으로 통일 신라 때 성립된 불교 종파다.
○○○ 2 유식학唯識學은 인도의 불교 논리학의 일종으로 인간을 구성하는 여러 법상의 실상을 '공空'으로 본다. 법상종의 중요 성전이다.
○○○ 3 인명학因明學은 인도의 논리학의 일종으로 이유를 밝혀서 논증하는 방식을 취한다. 이런 인식론적 사유 구조가 가장 잘 반영된 것이 유식종 혹은 법상종인데, 이들이 말하는 '식'은 번쇄한 논리로 전개된다.

왔다.

경덕대왕 때인 천보 12년 계사년(753년) 여름에 심한 가뭄이 들자, 조서를 내려 대현을 궁궐 안으로 불러들여 『금광경金光經』을 강의하여 단비를 기원하게 했다. 어느 날 재를 올리려고 바리때를 한참 동안 열어 놓았는데, 공양하는 이가 정한수〔淨水〕를 늦게 올렸다. 맡은 관리〔監吏〕가 꾸짖자, 공양을 올리는 사람이 말했다.

"궁궐 우물이 말라 멀리서 길어 오느라 늦었습니다."

대현이 이 말을 듣고는 말했다.

"어째서 일찍 말하지 않았느냐?"

그러고 나서 낮 강론 때 향로를 붙들고 묵묵히 있자 우물물의 높이가 일곱 길 남짓 솟아올라 절의 당간幢竿과 나란할 정도였으므로 온 궁궐이 깜짝 놀라 그 이름을 금광정金光井이라 했다. 대현은 일찍이 자신을 청구사문靑丘沙門이라 했다.

　

°°° 다음과 같이 기린다

　

남산의 불상을 도니 불상도 따라 돌고,

신라의 불교가 다시 하늘 한가운데 걸려 있네.

궁정의 우물에 맑은 물이 용솟음쳤으니,

금색 향로의 한 줄기 연기임을 그 누가 알리오.

　

이듬해 갑오년(754년) 여름에 왕은 또 대덕 법해法海를 황룡사로 청하여 『화엄경』을 강론하게 하고 자신도 행차하여 향을 피우면서 조용히 말했다.

"지난여름 대현법사가 『금광경』을 강론하자 우물물이 일곱 길이나 솟았는데, 당신의 법도는 어떠한가?"

법해가 말했다.

"그것은 단지 작은 일에 불과한데, 어찌 일컬을 만한 것이겠습니까? 이제 바닷물을 기울여 동악東岳을 잠기게 하고 서울을 떠내려가게 하는 것도 어렵지 않습니다."

왕은 믿지 않고 농담이라고 했다.

오시午時의 강론 때 법해가 향로를 안고 가만히 있으니 잠시 후 궁궐에서 갑자기 울부짖는 소리가 났다. 궁궐 관리가 달려와 보고했다.

"동쪽 연못이 넘쳐 내전 50여 칸이 떠내려갔습니다."

왕이 망연자실했다. 법해가 웃으면서 말했다.

"동해물을 기울이고자 하여 수맥水脈을 먼저 불린 것뿐입니다."

왕은 자기도 모르는 사이에 일어나 절을 했다. 이튿날 감은사感恩寺에서 아뢰었다.

"어제 오시에 바닷물이 넘쳐 불전 계단 앞까지 밀려왔다가 포시晡時°⁴에 빠졌습니다."

이 일로 인해 왕은 더욱 그를 존경했다.

°°° 다음과 같이 기린다

법해法海의 물결이 법계에 충만하여,

○○○ **4** 신시申時로 오후 4시경이다.

사해四海를 줄였다 가득 차게 하는 것도 어렵지 않네.

백억의 수미산須彌山이 크다고 말하지 마라.

모두 우리 법사의 손가락 하나에 달렸네. 석해石海가 말했다.

권 제5

卷
第
五

신주 제6

神呪 第六

『삼국유사』의 마지막 권5의 시작인 「신주」편은 밀교 신승神僧의 사적이란 뜻이며, 밀교승이 '신비스러운 주문'을 외우기 때문에 붙인 이름이다. 이 편에서 다루고 있는 밀본법사, 혜통, 명랑은 모두 밀교승이다. 고운기는 이들을 고승들의 전기인 「의해」편에 넣어도 된다고 했는데, 큰 테두리는 같아도 세세한 것이 다르다는 인식 때문이었다. 말하자면 밀교는 불교의 세계를 거쳐 궁극에 이르는 세계라는 것이다. 일연은 현세에서 업과 고통을 없애고 복을 구하는 밀교에 대해 비판적이지 않았다.

밀교는 비밀 불교 또는 밀의密儀 종교의 약칭으로, 진언眞言 밀교라고도 한다. 신라인의 풍류 의식과 들어맞아 시간이 흐르면서 주력 신앙으로 형성되었다. 이는 비과학적이고 비종교적이며 현세의 바람을 처리하는 주술의 조직이다. 그러나 『삼국유사』 전편에 관련 내용이 있으므로 밀교의 고찰은 불교의 전래와 더불어 응당 뒤따른 신이한 사적의 전개라고 할 수 있다.

밀본법사가 요사한 귀신을 꺾다

선덕왕〔선덕여왕〕 덕만德曼[1]이 질병에 걸려 오랫동안 낫지 않자, 흥륜사興輪寺의 승려 법척이 조서를 받들어 질병을 돌보았으나 시간이 흘러도 효험이 없었다. 당시 밀본법사密本法師의 덕행이 온 나라에 널리 알려져 〔왕〕 주위의 신하들이 〔법척 대신에 밀본법사로〕 바꿀 것을 청하자, 왕이 조서를 내려 궁궐로 불러들였다.

밀본이 〔왕의〕 침실 밖에서 『약사경藥師經』[2]을 읽었는데 책을 거의 다 읽자, 가지고 있던 육환장六環杖이 침실 안으로 날아들어 늙은 여우 한 마리와 법척을 찔러 뜰 아래에 거꾸로 내던지니, 왕의 병이 곧 나았다. 이때 밀본의 정수리 위에 오색의 신비한 광채가 나, 보는 사람들이 모두 놀라워했다.

또 승상承相[3] 김양도金良圖[4]는 어렸을 때 갑자기 입이 붙고 몸이 뻣뻣하게 굳어 버려 말을 하지 못하고 팔다리도 쓰지 못하게 되었다. 〔김양도가 보니〕 언제나 큰 귀신 하나가 작은 귀신 여럿을 거느리고 와서 집 안의 모든 음식을 씹어 맛을 보았고, 무당이 와서 제

○○○ **1** 선덕여왕의 이름이다. 『삼국사기』에 의하면 진평왕의 맏딸로 성품이 너그럽고 인자했다.

○○○ **2** 약사여래의 본원과 공덕을 말한 경으로 밀교에서 주로 읽는 경전인데 이런 경전에 나타난 것이 무불습합巫佛褶合의 논리다.

○○○ **3** 곧 승상丞相인데 신라의 재상급 관직 이름이다.

○○○ **4** 신라 통일기의 장수로서 김유신의 부장副將이었다.

사를 지내면 여러 귀신들이 모여 다투어 모욕했다. 김양도는 귀신들을 물러가게 하려고 했으나 입으로 말할 수가 없었다. 〔이때〕 그의 아버지가 법류사法流寺에 있는 이름을 알 수 없는 승려를 청해 와서 경을 읽게 했는데, 큰 귀신이 작은 귀신에게 명하여 승려의 머리를 철퇴로 쳐서 땅에 넘어뜨리니 이내 피를 토하고 죽었다.

며칠 뒤에 사람을 보내 밀본을 불러오게 했는데, 심부름 갔던 사람이 돌아와 말했다.

"밀본법사가 우리의 청을 받아들여 곧 오겠다고 했습니다."

귀신들은 이 말을 듣고 모두 놀라 얼굴빛을 잃었다. 작은 귀신이 말했다.

"법사가 도착하면 불리할 테니 피하는 것이 좋지 않겠습니까?"

큰 귀신이 거들먹거리며 태연자약하게 말했다.

"무슨 해로움이 있겠는가?"

얼마 후 사방에서 큰 힘을 가진 귀신들이 모두 쇠 갑옷과 긴 창으로 무장하고 와서 여러 귀신들을 붙잡아 갔다. 그러고 나서 무수한 천신天神이 둘러서서 기다리자, 잠시 후 밀본이 왔다. 〔밀본이〕 경을 펴기도 전에 〔김양도의〕 병이 나아 말을 할 수 있게 되었다. 몸이 풀리자 그는 지난 일을 모두 법사에게 이야기했다. 김양도는 이 일로 해서 불교를 독실하게 믿고는 평생 동안 게을리하지 않았고, 흥륜사 법당의 주불主佛인 미륵존상과 좌우의 보살상을 빚었으며 또한 금색으로 벽화를 가득 그렸다.

밀본은 일찍이 금곡사金谷寺에서 산 적이 있었다.

김유신은 어떤 늙은 거사〔밀본〕와 친하게 사귀었는데, 세상 사람들은 그가 누군지 알지 못했다. 그때 공의 친척인 수천秀天이 오랫동안 나쁜 질병을 앓고 있었으므로 공이 거사를 보내 진단하게 했다. 때마침 수천의 친구인 인혜因惠라는 스님이 중악中岳에서 찾아와 거사를 보고는 모욕하며 말했다.

"그대의 모습과 태도를 보니 간사한 사람인데, 어떻게 남의 병을 고치겠는가?"

거사가 말했다.

"나는 김 공의 명을 받고 마지못해서 왔을 뿐이오."

인혜가 말했다.

"그대는 내 신통력을 보아라."

그리고 향로에 향을 피우고 주문을 외우자, 오색구름이 인혜의 이마를 둘러싸고 하늘꽃〔天花〕이 흩어져 내렸다. 〔그때〕 거사가 말했다.

"스님의 신통력은 정녕 불가사의합니다. 제게도 변변치 못한 기술이 있으니, 시험해 보기를 청합니다. 스님께서는 잠깐 〔제〕 앞에서 계십시오."

인혜가 그의 말대로 하자 거사는 손가락을 퉁기며 한 번 소리를 냈다. 인혜는 넘어져 공중으로 한 길 남짓이나 올라갔다가, 얼마 후 천천히 거꾸로 떨어져 머리가 땅에 말뚝처럼 박혔다. 옆에 있던 사람들이 인혜를 밀고 당겨 봤지만 꿈쩍하지 않았다. 거사가 그곳을 떠났는데도 인혜는 여전히 몸이 거꾸로 박힌 채 밤을 새워야 했다. 이튿날 수천이 김 공에게 사람을 보내자 김 공이 거사를 보내 인혜를 구하도록 했다. 그 뒤로 인혜는 자신의 신통력을 자랑하지 않게 되었다.

°°° 다음과 같이 기린다

붉은색과 자주색이 휘날려 얼마나 적색을 어지럽혔던가,

아! 물고기의 눈[魚目]이 어리석은 자를 속였구나.

거사의 손가락이 가볍게 튕기지 않았더라면,

상자에 옥 같은 돌을 얼마나 담았을까.

혜통이 용을 항복시키다

승려 혜통惠通은 그 씨족이 자세하지 않다.°¹ (그가) 속인°²이었을 때 그의 집은 남산 서쪽 기슭의 은천동銀川洞지금의 남간사南澗寺 동쪽 마을 어귀에 있었다.

어느 날 집 동쪽 시냇가에서 놀다가 수달 한 마리를 잡아 죽이고는 뼈를 동산에 버렸는데 이튿날 아침에 보니 그 뼈가 없어졌다. (그래서) 핏자국을 따라갔더니 그 뼈는 옛날에 살던 굴속으로 들어가 다섯 마리의 새끼를 끌어안고 웅크리고 있었다. 혜통이 그것을 바라보고는 한참 동안 놀라워하고 탄식하며 머뭇거리다가 마침내 속세를 버리고 출가하여 이름을 혜통으로 바꿨다.

(혜통이) 당나라로 가서 선무외삼장善無畏三藏°³을 찾아뵙고 배움을 간청하니, 삼장이 말했다.

"해가 뜨는 변방(嵎夷)°⁴ 사람이 어찌 불법의 기량(法器)을 감당

○○○ 1 그러나 이 편에서는 밀본과 명랑을 다룬 앞뒤 조보다 많은 편폭을 할애하여 서술하고 있다.

○○○ 2 원문의 '백의白衣'를 번역한 것으로 인도에서는 출가 전에 모든 사람이 흰옷을 입는다.

○○○ 3 무외삼장이라고도 하며, 중인도 마가다의 왕족 출신으로 승려가 된 이후 밀교를 전파하기 위하여 낙타에 불경을 싣고 716년 중국 장안에 도착하여 흥복사興福寺, 서명사西明寺 등에 머물면서 밀교 경전을 번역 보급하다가 735년 99세의 나이로 입적하였다.

하겠는가?"

〔그러고는〕끝내 가르쳐 주지 않았다. 혜통은 쉽사리 떠나지 않고 3년 동안 열심히 섬겼으나 그래도 허락하지 않았다. 혜통이 분하고 애가 타서 뜰에 서서 화로를 머리에 이자 잠깐 사이에 이마가 터지면서 우레 같은 소리가 났다. 삼장이 이 소리를 듣고 와 보더니 화로를 내리고 손가락으로 터진 자리를 만지며 주문을 외우자 상처가 그전대로 아물었는데, 임금 왕王 자 모양의 흉터가 생겼다. 때문에 그를 왕 화상王和尙이라 부르고 큰 그릇이 될 것으로 여겨 인결印訣°5을 가르쳐 주었다.

이때 당나라 황실의 공주가 병이 나서 고종이 삼장에게 구해 주기를 요청했다. 〔삼장은〕자기 대신 혜통을 천거했다. 혜통이 명을 받고 따로 머물면서 흰콩 한 말을 은그릇 속에 넣고 주문을 외우자, 〔흰콩이〕흰 갑옷을 입은 귀신 군사로 변했다. 〔그 군사로〕마귀를 쫓아내려 했으나 이기지 못했다. 다시 검은콩 한 말을 금 그릇 속에 넣고 주문을 외우자 검은 갑옷을 입은 귀신 군대로 변했다. 두 색깔의 〔귀신 군대가〕힘을 합쳐 마귀를 쫓아내자 갑자기 교룡이 뛰쳐나가고 마침내 공주의 병이 낫게 되었다.

교룡은 혜통이 자신을 쫓아낸 것을 원망하여 신라의 문잉림文仍林으로 가서 〔수많은 사람의〕목숨을 해쳤다. 이때 정공鄭恭이 당나라에 사명을 받들고 갔다가 혜통을 만나 말했다.

"스님이 내쫓은 독룡毒龍°6이 본국에 와서 심한 피해를 끼치니,

○○○ 4 신라를 낮춰 부른 말이다.
○○○ 5 심인心印과 같으며 이심전심하는 심법의 비결과 사자상승을 의미한다.
○○○ 6 독룡을 "인간의 적이자 왕에게 대항하는 자다. 그러나 불법에 귀의하

빨리 없애도록 하시오."

혜통은 정공과 함께 인덕麟德 2년 을축년(665년)에 본국으로 돌아와 독룡을 쫓아냈다. 그러자 [독룡은] 이번에는 정공을 원망하면서 버드나무에 기대어 정공의 집 문밖에 살았는데, 정공은 그 사실을 모르고 나무가 무성한 것을 감상하면서 무척 아꼈다.

신문왕이 죽고 효소왕孝昭王이 자리에 올라 임금의 무덤을 고쳐 짓고 장사 지낼 길을 만드는데, 정공의 집 버드나무가 길을 막고 있자 관리가 베어 버리려고 했다.

그러자 정공이 크게 화를 내며 말했다.

"차라리 내 머리를 벨지언정 이 나무는 베지 못한다."

관리가 왕에게 아뢰니, 왕이 매우 화가 나서 법관[司寇]에게 명령했다.

"정공이 왕 화상의 신술神術을 믿고 임금의 명을 업신여겨 거스르며 제 머리를 베라고 했으니 원하는 대로 해 주는 것이 마땅하리라."

그래서 정공을 죽이고 그 집을 묻어 버렸다.

조정에서 [이렇게] 의논했다.

"왕 화상은 정공과 상당히 친밀했으므로 반드시 정공의 죽음을 의심할 것입니다. 그를 먼저 없애야 합니다."

왕은 군사를 풀어 왕 화상을 잡아들이도록 했다.

혜통은 왕망사王望寺에 있다가 군사가 오는 것을 보고는 지붕으로 올라가 주사朱砂가 든 병을 가지고 붉은 먹을 붓에 묻히고 외쳤다.

"내가 하는 것을 보아라."

___

면 호법용護法龍이 된다."라고 해석하기도 한다.

그러고는 병목에다 한 획을 그으며 말했다.

"너희들은 모두 각자의 목을 보아라."

그들이 자신의 목을 보니 모두 붉은 줄이 그어져 있어 서로를 보고 깜짝 놀랐다. 〔혜통이〕 또 말했다.

"만약 〔내가〕 병목을 자르면 너희들의 목도 당연히 잘릴 것이니, 어떻게 하겠느냐?"

군사들은 혼비백산하여 도망갔다. 〔군사들이〕 목에 붉은 줄이 그어진 채로 왕에게 달려가니, 왕이 말했다.

"승려의 신통력을 어떻게 사람의 힘으로 막겠느냐?"

왕은 〔혜통을〕 그냥 내버려 두었다.

왕의 딸에게 갑자기 병이 생겨 〔왕이〕 혜통에게 고치라고 명하니 곧 나았다. 왕이 몹시 기뻐하자 혜통이 원인을 말했다.

"정공은 독룡의 해를 입어 억울하게 나라의 형벌을 받은 것입니다."

왕이 이 말을 듣고는 후회하는 마음이 생겨 정공의 처자식을 방면해 주고, 혜통을 국사國師°7로 삼았다.

독룡은 정공에게 원수를 갚고 난 후 기장산機張山으로 가 웅신熊神이 되었는데, 악독함이 극심하여 백성들이 몹시 괴로워했다. 혜통이 산속에 가서 독룡을 타일러 불살계不殺戒°8를 주니, 웅신의 해로움이 바로 그쳤다.

언젠가 신문왕은 등에 몹쓸 종기가 나자 혜통에게 봐주기를 청했

○○○ **7** 국가나 임금의 사표가 되는 덕망 있는 승려에게 내리는 최고의 지위이다.

○○○ **8** 불교의 다섯 가지 계명의 하나로 중생을 죽이지 못하게 하는 계율이다.

는데, 혜통이 도착하여 주문을 외자 즉시 살아났다. 혜통이 말했다.

"폐하께서는 전생에 재상의 신분으로 있으면서 선량한 백성 신충信忠을 잘못 판단하여 종으로 삼았기에, 신충이 원한을 품고서 되살아나 앙갚음을 하는 것입니다. 지금의 몹쓸 종기도 신충의 일 때문이니, 신충을 위해 절을 세우고 명복을 빌어 원한을 풀어야만 합니다."

왕이 매우 옳다고 여겨 절을 세우고 절의 이름을 신충봉성사信忠奉聖寺라 했다. 절이 지어지자 하늘에서 외치는 소리가 들렸다.

"왕께서 절을 지음으로써 〔제가〕 괴로움에서 벗어나 하늘에 태어났으니 원망이 이제 풀렸습니다. 어떤 책에서는 이 일이 진표전眞表傳에 실려 있다고 하는데 잘못된 것이다."

그 소리가 났던 곳에 절원당折怨堂을 세웠는데, 그 본당과 절이 지금까지도 남아 있다.

이보다 앞서 밀본법사 이후에 명랑이라는 고승이 있었는데, 용궁에 들어가 신인神印범어로는 문두루文豆婁라 하는데, 여기서는 신인이라 했다.을 얻어 신유림神遊林지금의 천왕사天王寺에 처음 절을 짓고 〔기도를 올려〕 여러 차례 이웃 나라의 적을 물리쳤다. 〔그리고〕 이제 화상이 무외삼장의 진수를 전해 속세를 두루 돌아다니며 사람을 구제하고 만물을 교화했다. 또 숙명宿命의 밝은 지혜로써 절을 세워 원망을 씻었으므로 더불어 밀교의 교풍이 여기에서 크게 떨치게 되었다. 천마天磨의 총지암總持嵓°9과 모악산母岳山의 주석원呪錫院 등이 모두 그의 유파다. 어떤 사람은 "혜통의 속명이 존승 각간尊勝角干이

○○○ 9 밀교密敎로 유명한 사찰 중의 하나로 경기도 개성에 있었다.

다."라고 한다.

각간은 바로 신라의 재상급인데, 혜통이 벼슬을 지냈다는 말은 듣지 못했다. 또 어떤 이는 승냥이와 이리를 쏘아 잡았다고도 하나 모두 자세하지 않다.

◦◦◦ 다음과 같이 기린다◦**10**

산 복숭아와 시내의 살구가 기운 울타리에 비치고,
오솔길에 봄이 깊어 양 언덕에 꽃이 피네.
그대가 한가로이 수달을 잡은 인연으로
악마조차 서울 밖으로 멀리 내쫓았네.

◦◦◦ **10** 고운기에 의하면 일연은 혜통을 극찬하면서 그가 잡밀雜密과 순밀 純密의 교량적 위치를 해냈다고 했다.

명랑의 신인종 °¹

「금광사 본기金光寺本記」를 살펴보면 이렇다.

"법사는 신라에서 태어나 당나라로 들어가 불도를 배우고 돌아오는 길에, 바다 용의 청으로 용궁으로 들어가 비법을 전하고 황금 1000냥혹은 1000근이라 한다.을 시주 받아, 땅속으로 몰래 들어가 자기 집 우물 밑으로 솟아 나왔다. 이어 자기 집을 내놓아 절을 만들고 용왕이 시주한 황금으로 탑과 불상을 꾸미니 광채가 유독 빛났으므로 금광사라 이름 지었다. 『승전僧傳』에는 금우사金羽寺라고 했으나 잘못된 것이다."

법사의 이름은 명랑明朗이고, 자는 국육國育이며, 신라의 사간沙干 재량才良의 아들이다. 어머니는 남간부인南澗夫人 또는 법승랑法乘娘으로 소판蘇判 무림茂林의 딸 김씨며 자장법사의 누이동생이다. 〔재량에게는〕 세 아들이 있었으니, 맏아들은 국교대덕國教大德이고, 둘째 아들은 의안대덕義安大德이며, 막내아들이 법사였다. 처음에 법사의 어머니는 푸른 구슬을 삼키는 꿈을 꾸고 법사를 임신했다.

〔명랑법사는〕 선덕왕 원년(632년)에 당나라로 들어갔다가 정관 9년 을미년(635년)에 〔신라로〕 돌아왔다.

○○○ **1** 진언종眞言宗의 별파別派로 명랑을 종조로 삼는 불교의 한 종파다. 고려 초에 성립되었으며 우리나라에서 시작된 종파로서 가치가 있다.

총장 원년 무진년(668년)에 당나라 장수 이적李勣이 병사를 이 끌고 신라와 연합하여 고구려를 멸망시켰다. 그 후에 (당나라의) 남 은 군사가 백제에 머물면서 신라를 습격하여 멸망시키려고 하자 신 라 사람들이 이를 알아채고는 군사를 일으켜 항거했다. 당나라 고 종이 그 소식을 듣고는 매우 노하여 설방薛邦을 시켜 군사를 일으켜 신라를 토벌하려고 했다. 문무왕이 이를 듣고는 두려워하여 법사에 게 요청하여 비법으로 빌도록 했는데, 이 일은 「문무왕전文武王傳」에 있 다. 이것으로 해서 신인종神印宗의 시조가 되었다.

고려 태조(왕건)가 창업할 때도 해적이 와서 소란을 피우자, 안 혜安惠와 낭융朗融의 후예인 광학廣學과 대연大緣 등 두 고승을 불러 기원하여 진압할 비법을 지었는데, (이들은) 모두 명랑의 계통을 전 수한 자들이다. 그렇기 때문에 법사를 합하여 위로 용수龍樹에 이 르기까지를 구조九祖로 삼았다. 본사本寺의 기록에는 삼사三師가 율조律 祖가 되었다고 했으나 자세하지 않다.

또 태조가 (이들을) 위해 현성사現聖寺를 지어 종파의 뿌리로 삼 았다. 또 신라의 서울 동남쪽 20여 리 되는 곳에 원원사遠源寺°²가 있는데, 세상에 전하기로는 안혜 등 4대덕°³과 김유신, 김의원金義 元, 김술종金述宗 등이 함께 소원을 빌려고 지은 것이라고 한다. 4대 덕의 유골이 모두 이 절의 동쪽 봉우리에 묻혀 있기 때문에 이것을 사령산四靈山 조사암祖師嵓이라 했다고 한다.

그러므로 4대덕은 모두 신라 때의 고덕高德이다.

○○○ 2 경주시 외동에 있는 절로 신라 때 창건되어 조선 후기까지 법등이 이 어졌으며, 십이지상과 사천왕상이 새겨진 2기의 삼층석탑이 남아 있다.
○○○ 3 안혜, 낭융, 광학, 대연을 말한다.

돌백사塡白寺 주첩柱貼의 주각注脚에 실린 것에 따르면 다음과 같다.

"경주의 호장戶長 거천巨川의 어머니는 아지녀阿之女고, 아지녀의 어머니는 명주녀明珠女며, 명주녀의 어머니는 적리녀積利女다. 적리녀의 아들 광학 대덕과 대연 삼중三重과거의 이름은 선회善會다. 이라는 형제 두 사람은 모두 신인종에 들어갔다. 그들은 장흥長興 2년 신묘년 (931년)에 태조를 따라 서울로 돌아와 임금을 모시고 향을 피우고 예불하였다. 태조는 그 노고를 기리고 두 사람의 부모 기일보忌日寶°4 로서 돌백사에 전답 몇 결結을 주었다.

그러므로 광학과 대연 두 사람은 태조를 따라 서울로 들어온 사람이고, 안사安師 등은 바로 김유신 등과 원원사를 세운 사람이다. 〔그러나〕 광학 등 두 사람의 유골이 이곳에 와 안장되었을 뿐 4대덕이 모두 원원사를 세웠거나 모두 태조를 수행했다는 것은 아닐 것이니, 자세히 살펴보아야 한다."

○○○ **4** 부모의 제사 비용을 마련하기 위한 보를 말한다.

감통 제7

感通 第七

『삼국유사』에서 이 편은 불교 신앙의 기적 편이라 할 수 있으며, 「의해」 편과 유사하다. 모두 10조이며 각 조마다 불교를 사고의 중심에 두고 실천하려는 생활 정신을 엿볼 수 있다. 신라의 평범한 불교 신자들을 중심으로 서술하고 있어 당시 일반인들에게 훨씬 친숙하게 다가선 불교의 위상을 생생하게 알 수 있다.

이러한 면에서 이 편은 일연의 종교적 신념이 확고하게 묻어나는 특징을 보인다. 특히 「도솔가」, 「제망매가」, 「원왕생가」, 「혜성가」 등 주옥 같은 향가가 수록되어 있는데 향가는 한자의 음과 훈을 빌려 표기한 한국 고유의 정형시가로서 불교에 대한 내용이 많다. 향가와 함께 일연이 수집한 한시와 가사가 모두 빼어난 문학적 수준을 유지하고 있어, 높은 정신 세계를 구축하고 우리 문학의 지평을 무한대로 확장시켰다는 데 그 의의가 있다.

선도성모가 불교 일[佛事]을 좋아하다

진평왕 대에 지혜智惠라는 여승이 어진 행실을 많이 했다. [여승은] 안흥사安興寺에 머물고 있었는데, 불전을 새로 수리하려고 했으나 힘이 미치지 못했다. [어느 날] 꿈에 구슬과 비취로 머리를 꾸민 예쁜 선녀가 와서 [여승을] 위로해 말했다.

"나는 선도산仙桃山°¹의 신모神母다. 그대가 불전을 수리하고자하는 것을 기쁘게 여겨 금 열 근을 시주하여 도우려 한다. 마땅히 내가 앉은 자리 밑에서 금을 가져다가 주존삼상主尊三像을 장식하고, 벽에는 오십삼불五十三佛과 육류성중六類聖衆과 여러 천신天神, 오악신군五岳神君신라에 다섯 개의 큰 산이 있었으니, 동쪽의 토함산, 남쪽의 지리산, 서쪽의 계룡산, 북쪽의 태백산, 중앙의 부악 또는 공산이라고 이른다.을 그려 매년 봄과 가을에 열흘 동안 선남선녀를 모두 모아 모든 중생을 위해 점찰법회占察法會를 열어 일정한 규정으로 삼으라. 고려 굴불지屈弗池의 용이 황제의 꿈에 의탁하여 영취산靈鷲山에 영원히 약사도량藥師道場을 베풀어 바닷길을 평탄하게 하라고 청했는데, 그 사건이 또한 이와 같다."

지혜는 놀라 꿈에서 깨어나 무리를 이끌고 신사神祠에 갔다. [지혜는 꿈속에서 신모가] 앉았던 자리를 파서 황금 160냥을 얻어 불

○○○ **1** 경주시에 소재하고 있으며, 신라 사람들이 신성하게 생각하여 지금도 신라 시대의 많은 유적과 유물들이 남아 있다.

전을 수리했다. (이는) 모두 신모가 알려 준 대로 했기 때문이다. 그 사적은 남아 있으나 법회 행사는 폐지되었다.

신모는 본래 중국 황실의 딸로서 이름은 사소娑蘇다. 일찍이 신선의 술법을 터득하여 신라에 들어와 머물면서 오랫동안 돌아가지 않자, 황제가 솔개의 발목에 편지를 매달아 보냈다.

"이 솔개가 멈추는 곳에 집을 지어라."

사소가 편지를 받고 솔개를 놓아 주자 날아다니다가 이 산에 와 멈추었다. 마침내 와서 집을 짓고 지선地仙이 되었으므로 이 산을 서연산西鳶山이라 부르게 되었다. 신모는 오랫동안 이 산에 살면서 나라를 지켰는데, 신령스럽고 이상한 일이 아주 많았다. 나라가 세워진 이후로 항상 삼사三祀의 하나가 되었는데, 그 차례는 여러 산천 제사(望祭)의 윗자리를 차지한다.

제54대 경명왕은 매사냥을 좋아했는데, 일찍이 이곳에 올라와서 매를 놓았다가 잃어버리자 신모에게 기도하며 말했다.

"만일 매를 찾게 되면 마땅히 작위를 봉하겠습니다."

잠시 후 매가 날아와 책상 위에 앉자 신모를 대왕으로 봉했다.

(신모가) 처음 진한에 와서 신령한 아들(聖子)을 낳아 동쪽 나라의 첫 임금이 되었으니, 아마 혁거세와 알영 두 성인의 시초일 것이다. 그러므로 계룡雞龍, 계림雞林, 백마白馬 등으로 일컫은 것은 이 닭이 서쪽에 속하기 때문이다.

(신모는) 일찍이 여러 천선天仙들에게 비단을 짜게 하고 붉은 빛깔로 물들여 관복(朝衣)을 만들어 남편에게 주었으므로, 나라 사람들이 이것으로 비로소 영험을 알게 되었다.

또『국사國史』에 보면 사신史臣 사초를 쓰던 신하이 말했다.

"김부식이 정화政和°² 연간에 일찍이 사신이 되어 송나라에 들어가 우신관佑神舘에 갔더니, 한 당堂에 여선상女仙像이 모셔져 있었다. 접대 임무를 맡은 학사學士 왕보가 말했다.

'이는 귀국의 신인데 공은 그것을 아시오?'

이어 말했다.

'옛날 중국 황실에 딸이 있었는데 바다를 건너 진한에 도착하여 아들을 낳았소. 그가 해동의 시조가 되었고, 그녀는 지선地仙이 되어 오랫동안 선도산에 있었는데, 이것이 바로 그 상이오.'

또 송나라 사신 왕양王襄이 우리 조정에 도착하여 동신성모東神聖母에게 제사 지냈는데, 그 제문에 '어진 인물을 낳아 비로소 나라를 세웠다.'라는 구절이 있다."

이제〔성모가〕금을 시주하여 부처를 받들게 하고, 중생을 위하여 불법을 열게 했으며 구원의 길〔津梁〕을 만들었다. 어찌 헛되이 장생長生의 기술을 배워서 저 아득한 곳에 사로잡힐 뿐이겠는가?

°°° 다음과 같이 기린다

서연에 와 산 지 몇십 년이었던가,

천자의 여인을 불러 선녀의 옷을 짜게 했네.

영원히 사는 것도 살지 않음과 다를 바 없는데

부처를 뵙고 옥황상제가 되었네.

°°° **2** 송나라 휘종徽宗 조길趙佶의 연호. 1111~1118년까지 사용했다.

계집종 욱면이 염불하여 극락으로 오르다°1

경덕왕 대에 강주康州°2지금의 진주다. 강주剛州라고도 하는데 이는 지금의 순안順安이다. 의 남자 신도 수십 명이 극락세계를 정성껏 구하여 주의 경계에 미타사彌陀寺를 짓고 1만 일을 기약하며 계契를 만들었다. 그때 아간 귀진貴珍의 집에 욱면郁面이란 계집종이 있었다. 욱면이 주인을 따라 절에 가 뜰 가운데 서서 스님을 따라 염불했다. 〔그러나〕 주인은 그녀가 자기 일을 제대로 하지 않는다고 미워하면서 날마다 곡식 두 섬씩 주고 하룻저녁 내내 찧도록 했다. 〔그러나〕 계집종은 초저녁에 다 찧고는 절로 돌아와 속담에 "내 일이 바빠 주인집의 방아를 서두른다."라는 말은 아마도 여기에서 나온 것 같다. 밤낮으로 염불을 게을리하지 않았다. 〔그녀는〕 뜰의 좌우에다 긴 말뚝을 세우고 두 손바닥을 뚫어 새끼줄로 꿴 다음 말뚝 위에 매달아 합장하고 좌우로 흔들면서 스스로를 위로했다.

이때 하늘에서 이렇게 소리쳤다.

"욱면 낭자는 불당으로 들어가 염불하라."

절 사람들이 이 말을 듣고는 계집종에게 권유하여 법당 안으로 들어가 법식에 따라 정진하게 했다. 얼마 후 서쪽 하늘에서 음악 소

○○○ **1** 당시 신분제 사회에서 계집종의 성불 이야기는 파격적인 사례이다.
○○○ **2** 이 당시 신라 미타 신앙의 흔적이 강하여 이곳 사람들은 서방 정토로의 왕생을 빌었다.

리가 들려오자, 계집종이 솟아올라 지붕을 뚫고 나갔다. 서쪽 교외에 가 육신을 버리고 참모습〔眞身〕을 드러내더니 연화대에 앉아 큰빛을 내며 천천히 가 버리자 공중에서 음악 소리가 끊이지 않았다. 그 불당에는 지금까지도 〔욱면이〕 뚫고 나간 구멍이 있다고 한다. 이상은 『향전』에 있다.

『승전僧傳』을 살펴보면, 동량팔진棟梁八珍은 관음의 현신現身으로서 승도 천 명을 모아 두 무리로 나누어, 한쪽은 일을 하게 하고 다른 한쪽은 정수精修를 하게 했다. 그 노력하는 무리들 가운데 일을 맡아보는 자가 계戒를 얻지 못하고 축생도畜生道°**3**에 떨어져 부석사의 소가 되었다. 〔그 소가〕 일찍이 불경을 싣고 가다가 불경의 힘을 입어 다시 사람으로 환생해서 아간 귀진의 집 계집종으로 태어나 이름을 욱면이라 했다. 〔욱면이〕 볼일이 있어 하가산下柯山에 갔다가 꿈에 감응을 받아 불도를 닦을 마음이 생겼다. 아간의 집이 혜숙법사가 지은 미타사와 멀지 않은 거리에 있었으므로 아간은 매일 그 절에 가서 염불했는데, 계집종도 따라가 뜰에서 염불했다고 한다.

〔욱면은〕 이렇게 9년 동안 염불했다. 을미년(755년) 정월 21일에 〔욱면이〕 예불하다가 지붕을 뚫고 나가 소백산에 이르러 신발 한 짝을 떨어뜨려 그 자리에다 보리사菩提寺°**4**를 지었다. 〔욱면이〕 산 아래에 도착하여 육신을 버렸으므로 그곳에 두 번째 보리사를 짓고 그 불당에 '욱면등천지전勖面登天之殿'이라고 방榜을 썼다. 그때 지붕

○○○ **3** 삼악도三惡道의 하나로 생전의 죄업 때문에 죽은 뒤에 짐승의 몸이 되어 괴로움을 겪는 길을 말한다.
○○○ **4** 경주 남산 동편에 있는 절로 자세한 위치는 불명확하다. 886년 신라 헌강왕 12년에 창건된 것으로도 알려져 있다.

에 뚫린 구멍이 열 아름 남짓 되었는데, 세찬 비와 함박눈이 내려도 새지 않았다. 훗날 호사자好事者가 금탑 한 개를 본떠 만들어 구멍을 막고 우물반자 위에 모시고 신기하고 괴이한 이 일을 기록했는데, 방과 탑이 지금까지도 남아 있다.

욱면이 떠난 후 귀진도 자기 집이 특이한 사람[異人]이 몸을 맡기고 살던 집이라 하여 내놓아 절을 짓고 법왕사法王寺라고 한 뒤 밭과 소작인을 바쳤다. [그러나] 오랜 세월이 흐른 후에 폐허가 되었으므로 대사 회경懷鏡이 승선承宣 유석劉碩과 소경小卿 이원장李元長과 함께 염원하여 절을 다시 지었는데, 회경이 몸소 토목 일을 맡았다. 처음 목재를 나르는데 꿈에 노인이 삼베로 엮은 신발과 칡으로 만든 신발을 각각 한 켤레씩 주었다. 또 옛 신사神社에 가서 불교 원리를 깨우쳤으므로, 그 신사 옆의 재목을 베어 5년 만에 일을 끝마쳤다. 또 노비를 더 주니 동남 지방의 유명한 절이 되었다. 사람들은 회경을 귀진의 후신後身이라 했다.

논평하여 말한다.

마을의 옛 전기를 살펴보면, 욱면은 바로 경덕왕 대의 일인데 징徵징은 진珍의 잘못인 듯하며 다음도 마찬가지다. 의 본전에 따르면, 원화元和 3년 무자년(808년), 애장왕哀莊王 대의 일이라 했으니, 경덕왕 이후 혜공惠恭, 선덕宣德, 원성元聖, 소성昭聖, 애장 등 5대를 거쳐 모두 60년 뒤의 일이다. 귀진이 먼저고 욱면은 나중이 되어 『향전』과 서로 어긋난다. 그러므로 의심나는 대로 두 가지 다 기록해 둔다.

°°° 다음과 같이 기린다

서쪽 이웃 옛 절에 불등佛燈 밝은데,

방아 찧고 돌아오니 밤은 이경二更○5이네.

스스로 한 염불 소리가 부처가 되길 기약하여,

손바닥을 뚫어 새끼줄 꿰니 이내 육신도 잊었구나.

○○○ **5** 밤 9시부터 11시 사이다.

광덕과 엄장 °1

문무왕 대에 광덕廣德과 엄장嚴莊이라는 두 승려는 우애가 있어 밤낮으로 이렇게 약속했다.

"먼저 서방西方°2으로 가는 사람은 반드시 서로 알리자."

〔그 후〕 광덕은 분황사 서쪽 마을어떤 사람은 황룡사의 서거방西去房 이라 하는데 어느 것이 옳은지는 알 수 없다.에 숨어 짚신 만드는 일을 하면서 처자를 데리고 살았다. 엄장은 남악南岳에 암자를 짓고 살면서 나무를 베어 태우며 〔화전〕 농사를 지었다. 어느 날 해 그림자가 붉게 물들고 소나무 그늘에 어둠이 깔릴 무렵, 〔엄장의 집〕 창밖에서 소리로 알렸다.

"나는 벌써 서방으로 가네. 자네는 잘 있다가 빨리 나를 따라오게."

엄장이 문을 밀치고 나가 바라보니, 구름 위에서 하늘의 음악 소리가 들려오고 밝은 빛이 땅까지 뻗쳐 있었다.

이튿날 〔그가〕 광덕이 살던 곳으로 찾아가 보니 광덕은 과연 죽어 있었다. 그래서 그의 아내와 함께 시신을 수습하여 함께 장사를

○○○ 1 이 조는 향가 「원왕생가願往生歌」로 인해 널리 알려졌는데 두 사람의 성불 이야기다.
○○○ 2 서방정토, 즉 극락세계로서 동거토同居土라고도 하는데 부처와 중생이 동거한다는 뜻이다.

지냈다. 일을 마치자 엄장이 광덕의 부인에게 말했다.

"남편이 죽었으니 나와 함께 사는 것이 어떻겠소?"

광덕의 아내는 이를 허락하고 엄장의 집에 머물렀다. 밤이 되어 〔엄장이〕 정을 통하려고 하니, 부인이 허락하지 않으면서 말했다.

"대사가 극락정토를 구하는 것은 물고기를 잡으려고 나무 위에 올라가는 것과 같습니다."

엄장이 괴이하게 여겨 물었다.

"광덕도 이미 그러했는데 나라고 해서 어찌 안 되겠소?"

부인이 말했다.

"남편과 나는 10여 년 동안 함께 살았지만 일찍이 하룻밤도 잠자리를 같이 한 적이 없는데, 하물며 몸을 더럽혔겠습니까? 그분은 다만 매일 밤 단정하게 앉아서 한결같이 아미타불을 외면서 16관十六觀°³을 짓고 관이 다 되어 미혹을 깨치고 달관하여, 밝은 달이 창으로 들어오면 때때로 그 위에 올라 가부좌를 했습니다. 이처럼 정성을 다했으니, 극락으로 가려고 하지 않아도 극락에 가지 않고 어디로 가겠습니까? 천 리를 가고자 하는 사람은 첫 발자국부터 알수 있는 것인데, 지금 대사가 하는 일은 동방으로 가는 것이지 서방〔극락〕으로 간다고는 할 수 없습니다."

엄장은 〔이 말을 듣고〕 부끄러워 얼굴을 붉히고는 물러 나와 바로 원효법사에게 가서 도 닦는 묘법을 간곡하게 물었다. 원효가 정관법淨觀法°⁴을 지어 그를 지도하자, 엄장은 그제야 몸을 깨끗이 하

○○○ **3** '관'이란 보는 것, 염관念觀하는 것을 뜻하며 석가모니가 극락정토를 염원하던 수행법이다.
○○○ **4** 사고의 더러움을 없애고 번뇌의 유혹을 없애는 것을 말한다.

고 잘못을 뉘우쳐 자신을 꾸짖고 한결같은 마음으로 도를 닦아 역시 극락으로 가게 되었다.

정관법은 원효법사 본전本傳과 『해동승전』에 실려 있다. 그 부인은 바로 분황사의 계집종으로 아마 부처님의 열아홉 응신[十九應身]°5 가운데 하나였다.

일찍이 광덕은 이런 노래를 지었다.°6

달님이여,

이제 또 서방으로 가셔서

무량수불 앞에

말씀을 가져다 전해 주십시오. 우리말의 '알려 말하다'를 이른다.

다짐 깊으신 부처님을 우러르며

두 손 모아 비옵나니

원왕생願往生,°7 왕생을 바칩니다.

그리워하는 사람 있다고 아뢰십시오.

아아, 이 몸 버리시고

마흔여덟 가지 소원°8이

○○○ **5** 중생의 제도와 교화를 위한 관음보살의 19종의 모습인데 『법화경』 보문품의 19설법에서 취한 것이다. 응신이란 삼신[법신法身, 보신報身, 응신應身]의 하나다.

○○○ **6** 작자의 깊은 미타 신앙을 읊은 19체 향가로서 경건미와 엄숙미가 조화를 이루고 있다. 어떤 이는 다음 향가의 저자가 광덕의 아내라고 하는데 잘못된 것이다.

○○○ **7** '원왕생 극락'의 준말로 죽어서 극락세계에 태어나고 싶다는 뜻이다.

○○○ **8** 아미타불이 법장 비구法藏比丘였을 때 세운 마흔여덟 가지 큰 소원

모두 이루어질까요?

———————

을 말한다.

경흥이 성인을 만나다

신문왕 대의 고승 경흥憬興은 성이 수씨水氏고, 웅천주熊川州 사람이다. 열여덟 살에 출가하여 삼장三藏에 통달하니 당대에 신망이 두터웠다. 개요開耀 원년(681년) 문무왕이 세상을 뜰 무렵에 신문왕에게 이렇게 부탁했다.

"경흥법사는 국사로 삼을 만하니, 내 명을 잊지 마라."

신문왕은 제위에 오르자, 〔경흥법사를〕 존대하여 국로國老°**1**로 삼아 삼랑사三郎寺°**2**에 머물게 했는데, 갑자기 병 들어 한 달이나 앓았다. 이때 한 여승이 찾아와 문안을 드리면서 『화엄경』 가운데 있는 "착한 벗이 병을 고쳐 준다."라는 설로 말했다.

"지금 법사의 질병은 근심으로 생긴 것이니, 웃으며 즐거워하면 나을 수 있습니다."

이렇게 말하고는 열한 가지 탈을 만들어 저마다 우습기 짝이 없는 춤을 추게 하니, 높이 솟아올랐다가 줄어들었다가 하며 변하는 모습이 이루 말할 수 없이 우스워 턱이 빠질 정도였다. 법사는 자신도 모르는 사이에 병이 깨끗이 나았다. 그러자 여승은 문을 나가 남항사南巷寺이 절은 삼랑사三郎寺 남쪽에 있다.로 들어가 숨어 살았는데,

---

○○○ **1** 신라 시대 국통에 준하는 예우를 받았던 승려의 최고 지위로 보인다.
○○○ **2** 경주시 성건동에 있었던 사찰로 지금은 절터에 당간지주와 초석 등이 남아 있다.

그가 짚던 지팡이만 십일면원통상十一面圓通像°3을 그린 족자 앞에
놓여 있었다.

어느 날 〔경흥이〕 궁궐로 들어가려 하여 따르는 자들이 미리 동
쪽 대문 밖에서 준비했는데, 말과 안장이 매우 화려하고 신과 갓도
매우 성대했으므로 길 가던 사람들이 모두 두려워하며 물러났다.
이때 행색이 초라한 거사혹은 사문沙門이라고도 한다. 가 손에는 지팡이
를 짚고 등에는 광주리를 지고서 하마대下馬臺°4 위에서 쉬고 있었
는데, 광주리 안을 들여다보니 말린 물고기가 있었다. 경흥을 따르
는 자가 꾸짖었다.

"당신은 승려로서 어찌 〔계율에〕 어긋나는 물건을 지고 다니는
가?"

거사가 말했다.

"양쪽 다리 사이에 산 고기〔馬〕를 끼고 있는 것에 비하면 등에
말린 물고기를 지고 있는 것이 무엇이 혐오할 일인가?"

거사는 말을 마치고 나서 일어나 가 버렸다. 경흥은 문을 나서다
가 그 말을 듣고는 사람을 시켜 쫓아가게 했다. 〔거사는〕 남산 문수
사 문밖에 이르러 광주리를 버리고 사라졌는데, 짚던 지팡이는 문
수보살상 앞에 세워져 있고 말린 물고기는 바로 소나무 껍질이었다.
심부름 갔던 사람이 와서 보고하니, 경흥이 듣고 탄식했다.

"문수보살이 와서 내가 말을 타고 다니는 것을 경계한 것이구나."

그 뒤로 경흥은 입적할 때까지 말을 타지 않았다. 경흥이 뿌린

○○○ **3** 얼굴이 11개인 관음상이다.
○○○ **4** 말에서 내릴 때 밟는 돌이다.

덕행의 향내와 남긴 맛은 모두 승려 현본玄本이 지은 삼랑사비三郎寺碑에 자세하게 실려 있다.

일찍이 『보현장경寶賢章經』에서 미륵보살이 이렇게 말했다.

"나는 마땅히 내세에서는 염부제閻浮提°5에 태어나 먼저 석가의 말법제자末法弟子°6들을 구원할 것이다. 그리고 나서 말 탄 승려는 제외시켜 그들이 부처를 보지 못하게 할 것이다."

그러니 어찌 경계하지 않을 수 있겠는가?

　°°° 다음과 같이 기린다

옛날 현인이 모범을 보인 것은 뜻한 바 많은데,
어찌 후손들이 갈고 다듬지 않으랴.
등에 진 마른 물고기가 도리어 말썽거리라면,
훗날에 용화수龍華樹°7 저버릴 일을 견디겠는가?

°°° 5 인도를 가리킨다. 인간 세계를 이르기도 한다.
°°° 6 말세 제자와 같은데 부처가 입적한 지 오래되어 불법이 쇠퇴한 시기의 제자를 말한다.
°°° 7 미륵불은 먼 미래에 나타나 그때까지 구제되지 못한 중생들을 구제하기 위하여 용화수 아래에서 수행 정진하고 있다.

진신석가가 공양을 받다

장수長壽[1] 원년 임진년(692년)에 효소왕孝昭王이 제위에 올라 처음으로 망덕사望德寺를 짓고 당나라 황실을 위해 복을 빌려고 했다. 그 후 경덕왕 14년(755년)에 망덕사의 탑이 흔들리더니, 안사安史의 난[2]이 있었다. 신라 사람들이 말했다.

"당나라 황실을 위해 이 절을 세웠으니, 응험이 있는 것은 당연하다."

8년 정유년(697년)에 낙성회를 베풀고 효소왕이 직접 행차하여 공양하는데, 행색이 초라한 비구승이 몸을 굽히고 뜰에 서 있다가 왕께 청했다.

"소승도 이 재齋에 참석하고자 합니다."

왕은 비구승을 맨 끝자리에 앉게 해 주었다. 〔재가〕 끝날 즈음 왕이 비구승에게 농담조로 말했다.

"그대는 어느 곳에 살고 있는가?"

비구승이 말했다.

"비파암琵琶嵒에 살고 있습니다."

왕이 말했다.

○○○ 1 당나라 무측천武則天의 연호. 692~694년까지 사용했다.
○○○ 2 756년 안녹산安祿山과 사사명史思明이 주동이 되어 일으킨 반란으로 8년 동안 지속되었으며 당나라 문화 전반에 걸쳐 지대한 영향을 끼쳤다.

"이제 가거든 국왕이 직접 공양하는 재에 참여했다는 말을 하지 마라."

비구승이 웃으면서 대답했다.

"폐하께서도 다른 사람들에게 진신부처〔眞身釋迦〕를 공양했다는 말씀을 하지 마십시오."

말을 마치자 비구승은 몸을 솟구쳐 하늘로 올라가 남쪽으로 가 버렸다. 왕이 놀라고 부끄러워 동쪽 언덕으로 급히 달려 올라가 〔비구승이 사라진〕 쪽을 바라보며 예를 올리고 사람을 시켜 찾아보게 했다. 〔비구승은〕 남산 삼성곡參星谷 혹은 대적천원大磧川源이라고도 하는 바위에 이르러 지팡이와 바리때를 두고 사라졌다고 했다. 사자 가 와서 그대로 아뢰니, 드디어 비파암 아래에 석가사釋迦寺를 세우 고, 자취가 사라진 곳에 불무사佛無寺를 세워 지팡이와 바리때를 두 곳에 각각 나누어 두었다. 이 두 절은 지금도 있으나 지팡이와 바리 때는 없어졌다.

『지론智論』제4권에 말했다.

"옛날 계빈罽賓 삼장법사가 아란야법阿蘭若法[3]을 행하여 일왕 사一王寺에 도착하니, 절에서 큰 모임이 열리고 있었다. 문지기는 그 의 옷차림이 허름한 것을 보고는 문을 막고 들어가지 못하게 했다. 〔삼장법사가〕 이렇게 여러 차례 들어가려 했는데 다 떨어진 옷을 입 었다 하여 매번 들어가지 못하자, 임시방편으로 좋은 옷을 빌려 입 고 가니 〔문지기가〕 들어가길 허락하고 막지 않았다. 자리에 참석한 후에 갖가지 좋은 음식을 입고 있는 옷에게 먼저 주니, 여러 사람들

○○○ **3** 촌락에서 멀리 떨어진 곳에서 수행하는 것을 말한다.

이 어째서 그렇게 하느냐고 물어보았다. 그는 '내가 이곳에 여러 차례 왔으나 매번 옷이 허름하여 들어오지 못했는데, 이번에는 이 옷 때문에 이 자리에 참석하게 되었으니, 옷에게 먼저 주어야 하지 않겠는가.'라고 대답했다."

아마 이번 일도 같은 사례인 것 같다.

°°° 다음과 같이 기린다

향 피우고 부처를 가려 새 그림을 보았고,
음식 만들어 스님을 공양하고 옛 친구를 불렀네.
이로부터 비파암 위의 달은
때로는 구름에 가려 못에 더디 비치리.

월명사의 도솔가

경덕왕 19년 경자년(760년) 4월 초하루에 두 해가 나란히 나타나 열흘이 지나도 사라지지 않았다.

천문을 맡은 관리〔日官〕가 아뢰었다.

"인연 있는 승려를 청하여 산화공덕散花功德°¹을 하면 〔재앙을〕 물리칠 수 있을 것입니다."

그리하여 조원전朝元殿에다 깨끗이 단을 만들고 청양루靑陽樓에 행차하여 인연 있는 승려가 오기를 기다렸다. 이때 월명사月明師가 밭 사이로 난 남쪽 길을 가고 있었는데, 왕이 사람을 보내 그를 불러 단을 열고 기도하는 글을 짓게 했다. 월명사가 아뢰었다.

"신승은 국선의 무리에 속하여 단지 향가만을 알 뿐 범성梵聲°² 은 익숙하지 못합니다."

왕이 말했다.

"이미 인연 있는 승려로 지목되었으니, 향가를 지어도 좋소."

이에 월명사가 「도솔가兜率歌」를 지어 불렀는데, 그 내용은 다음 과 같다.

○○○ **1** 공덕이란 연기와 윤회를 바탕으로 하는 불교 행위의 하나고, 꽃을 뿌려 부처님께 공양하는 것이 산화공덕이다.

○○○ **2** 찬불가인 범패梵唄로서 범어로 하는 염불이다.

오늘 여기에 산화가를 부를제

솟아나게 한 꽃아 너는

곧은 마음의 명을 받들어

미륵좌주彌勒座主○**3**를 모셔라.

그 시를 해석하면 다음과 같다.

용루龍樓에서 오늘 산화가를 불러

푸른 구름에 한 송이 꽃을 날려 보낸다.

은근하고 곧은 마음이 시키는 것이니

도솔천의 대선가大僊家를 멀리서 맞이하리.

지금 세속에서는 이 시를 가리켜 「산화가」라고 하는데, 잘못된 것이니 마땅히 「도솔가」라고 해야 한다. 〔이와〕 별도로 「산화가」가 있으나, 글이 번잡하여 싣지 않는다.

얼마 후 해의 괴이함이 곧 사라졌다. 왕은 이것을 기려 좋은 차 한 봉지와 수정 염주 108개를 내려 주었다. 이때 갑자기 모습이 말쑥한 동자가 나타나 공손히 꿇어앉아 차와 염주를 받들어 궁전 서쪽의 작은 문으로 나갔다. 월명은 그를 안 대궐〔內宮〕의 심부름꾼으로 여겼고, 왕은 법사의 시종이라고 여겼는데, 확인해 보니 모두 잘못된 생각이었다. 왕이 매우 이상하게 여겨 사람을 시켜 뒤쫓게 하니, 동자는 내원內院의 탑 안으로 사라졌고, 차와 염주는 남쪽 벽에 그

○○○ **3** 미륵불을 말한다.

려진 미륵상 앞에 있었다. 〔이에〕 월명의 지극한 덕과 정성이 이처럼 부처님〔至聖〕을 감동시킬 수 있다는 것을 알게 되어 조정에서나 민간에서나 모르는 이가 없었다. 왕은 〔월명사를〕 더욱 존경하여 다시 비단 백 필을 주어 큰 정성을 기렸다.

월명사는 또 일찍이 죽은 누이동생을 위해 재를 올리면서 향가를 지어 제사를 지내는데, 문득 회오리바람이 일어나더니 종이돈 〔紙錢〕°4을 날려 서쪽으로 사라지게 했다.

그 향가는 다음과 같다.°5

삶과 죽음의 길은

여기 있으니 두려워지고

나는 간다는 말도

못 다 이르고 어찌 가는가.

어느 가을 이른 바람에

여기저기 떨어지는 나뭇잎처럼

한 가지에 나서

가는 곳을 모르는구나!

아아! 미타찰彌陀刹°6에서 만날 나

도를 닦으며 기다리련다.

○○○ **4** 죽은 자가 극락으로 갈 때 노잣돈으로 쓰라는 의미에서 장례식 때 쓰는 가짜 돈으로 지금도 대만에서는 장례식에서 이 풍습을 따르고 있다.

○○○ **5** 너무나 유명한 「제망매가祭亡妹歌」다. 형제를 한 가지에 난 나뭇잎에 비유하고 누이의 죽음을 가을철에 떨어지는 낙엽에 비유한 19체 향가다.

○○○ **6** 아미타불의 국토라는 뜻이니 극락세계를 말한다.

월명은 언제나 사천왕사四天王寺에 살면서 피리를 잘 불었다. 일찍이 달밤에 피리를 불며 문 앞의 큰길을 지나가자, 달이 그를 위해서 운행을 멈추었다. 이 때문에 이 길을 월명리月明里라 하였으며 월명사 또한 이 일로 이름을 드날리게 되었다.

월명사는 바로 능준대사能俊大師의 제자다. 신라 사람들은 향가를 숭상한 지 오래되었는데, 대개 시가와 송가頌歌 같은 것이었다. 그래서 천지와 귀신을 감동시킨 경우가 한두 번이 아니었다.

°°° 다음과 같이 기린다

바람이 종이돈을 날려 저승 가는 누이의 노자를 삼게 했고,
피리 소리는 밝은 달을 움직여 항아姮娥°7를 머무르게 했네.
도솔천이 하늘처럼 멀다고 말하지 마라.
만덕화萬德花 한 곡조로 즐겨 맞이하리.

°°° 7 상아嫦娥라고도 하며 달에 사는 미인으로 중국 하나라 예羿의 부인이었다.

선율이 살아 돌아오다

 망덕사望德寺의 승려 선율善律은 돈을 시주 받아『육백반야경六百般若經』을 만들려 하다가 완성되기 전에 갑자기 저승[陰府] 사자에게 쫓겨 염라대왕에게 갔다. 염라대왕이 물었다.

 "너는 인간 세상에서 무슨 일을 하였느냐?"

 선율이 말했다.

 "소승은 늘그막에『대품반야경大品般若經』을 완성하려고 했으나, 과업을 이루지 못하고 왔습니다."

 염라대왕이 말했다.

 "네 수명은 비록 다하였으나 좋은 소원을 다 마치지 못했으니, 다시 인간 세상으로 돌아가 보배로운 불전[寶典]을 끝마치는 것이 마땅하다."

 그러고는 〔선율을 인간 세상으로〕 돌려보냈다.

 돌아오는 길에 한 여인이 울면서 선율 앞에 와 절을 하고 말했다.

 "저 역시 남염주南閻州 신라 사람인데, 부모가 금강사의 논 한 이랑[畝]을 몰래 훔친 죄에 연루되어 저승에 잡혀 와서 오랫동안 무거운 고통을 받고 있습니다. 이제 법사께서 고향으로 돌아가시거든 제 부모에게 이 일을 말하여 빨리 그 논을 돌려주도록 해 주십시오. 〔또〕 제가 세상에 있을 때 참기름을 침상 아래에 숨겨 두고, 곱게 짠 베를 이불 사이에 감추어 두었으니, 법사께서는 제 기름을 가져다 불등佛燈을 켜 주시고, 그 베를 팔아서 불경을 베끼는 비용〔經幅〕으로 쓰십시오. 그렇게 해 주신다면 황천에서도 은혜를 입어 고통에서 벗어날 수 있을 것입니다."

선율이 말했다.

"그대의 집은 어디에 있는가?"

"사량부沙梁部 구원사久遠寺의 서남리西南里입니다."

선율이 그 말을 듣고 막 가려 할 때 다시 살아났다. 이때는 선율이 죽은 지 열흘이 되어 남산 동쪽 기슭에 이미 장사 지낸 후였다. 〔선율이〕 무덤 속에서 사흘 동안이나 살려 달라고 부르짖자, 지나가던 목동이 이 소리를 듣고 절에 알렸으므로 절의 승려가 가서 무덤을 파고 꺼내 주었다. 〔선율은〕 전에 있었던 일을 다 말하고 그 여인의 집을 찾아갔다. 여인이 죽은 지 15년이 지났는데, 참기름과 베는 그 자리에 그대로 있었다. 선율이 그녀가 말한 대로 명복을 빌었더니 여자의 혼이 와서 아뢰었다.

"스님의 은혜에 힘입어 저는 이미 고뇌에서 벗어났습니다."

당시 사람들은 이를 듣고 모두 놀라 감탄하지 않는 자가 없어 그를 도와 불경을 완성시켰다. 불경은 경주〔東都〕의 승사서고僧司書庫 안에 있다. 매년 봄과 가을에 그것을 돌려 읽으며 재앙이 물러가기를 빌었다.

ᵒᵒᵒ 다음과 같이 기린다ᵒ[1]

ᵒᵒᵒ **1** 이 시의 화자는 저승에 잡혀 있는 여인이며, 여인이 스님에게 하는 말을 시화詩化한 것으로 살아 있는 보통 사람에 대한 경계라고 보는 견해도 있다.

부럽구나, 우리 법사의 좋은 인연에 힘입어
영혼이 옛 고향으로 되돌아왔구나.
제 부모가 딸의 안부를 묻거든
나를 위해 한 이랑의 밭을 돌려주라고 하소서.

김현이 호랑이[1]를 감동시키다

신라 풍속에 해마다 음력 이월〔仲春〕이 되면 초여드렛날에서 보름날까지 서울의 남녀들이 다투어 흥륜사興輪寺의 전탑을 돌면서 복을 빌었다. 원성왕 대에 화랑 김현金現이 밤이 깊도록 혼자 쉬지 않고 탑돌이를 하고 있었다. 이때 한 처녀가 염불을 외면서 뒤따라 돌다가 서로 눈길을 주고받았다. 그들은 탑돌이를 마치고는 조용한 곳으로 가 정을 통했다. 처녀가 막 돌아가려 하자 김현이 따라가려 했다. 처녀가 사양했으나 김현은 억지로 따라갔다. 서산 기슭에 이르러 한 초가집으로 들어갔는데, 노파가 있어 처녀에게 물었다.

"따라온 사람이 누구냐?"

처녀는 사실대로 이야기했다.

노파가 말했다.

"좋은 일이기는 하지만 없었던 것만 못하구나. 그러나 이미 저질러진 일이니 어쩌겠느냐? 은밀한 곳에 숨겨 주어라. 네 오라비들이 나쁜 짓을 할까 걱정된다."

처녀는 김현을 구석진 곳에 숨겨 주었다.

얼마 후 호랑이 세 마리가 으르렁거리며 오더니 사람의 말로 얘

___

○○○ **1** 절마다 있는 산신각山神閣에 노인이 호랑이와 함께 있는 그림을 자주 보게 되는데 호랑이는 불교 이야기의 단골손님이다.

기했다.

"집에서 비린내와 누린내가 나니 요기를 했으면 좋겠다."

노파와 처녀가 꾸짖었다.

"너희들 코가 어떻게 되었구나. 어찌 미친 소리를 하느냐?"

이때 하늘에서 외치는 소리가 들렸다.

"너희들이 남의 생명을 빼앗기를 좋아함이 매우 심하니, 마땅히 한 놈을 죽여 악행을 징계하겠다."

세 호랑이가 이 말을 듣고 모두 근심하는 빛을 띠자 처녀가 말했다.

"만약 세 오라비가 멀리 피해 스스로 뉘우친다면 제가 대신 그 벌을 받겠습니다."

모두 기뻐하면서 고개를 숙이고 꼬리를 치며 도망갔다. 처녀가 들어와 김현에게 말했다.

"처음에 저는 낭군께서 저희 집에 오시는 것을 부끄럽게 여겨 오지 못하게 했던 것인데, 지금은 숨길 것이 없으니 감히 속마음을 털어놓겠습니다. 비록 제가 낭군과 같은 부류는 아니지만 하룻밤의 즐거움을 같이했으니 그 의리는 부부의 결합처럼 소중한 것입니다. (그런데) 세 오라비의 악행을 이미 하늘이 미워하니, 우리 집안의 재앙을 제가 감당하려고 합니다. 다른 사람의 손에 죽는 것이 어찌 낭군의 칼에 죽어 은혜를 갚는 것과 한가지겠습니까? 제가 내일 시장으로 들어가 사람을 심하게 해치면 나라 사람들은 저를 감당할 수 없을 것입니다. (그러면) 대왕께서는 반드시 높은 벼슬을 내걸고 저를 잡으려 할 것입니다. (그때) 낭군께서 겁내지 말고 저를 쫓아 성 북쪽 숲속으로 오시면 제가 낭군을 기다리고 있겠습니다."

김현이 말했다.

"사람이 사람을 사귀는 것은 인륜의 도리지만, 다른 부류와 사귀는 것은 정상이 아닙니다. 그러나 이렇게 되었으니 진실로 하늘이 준 운명인데, 어찌 차마 배필의 죽음을 팔아서 요행으로 한세상의 벼슬자리를 바라겠습니까?"

여인이 말했다.

"낭군께서는 그런 말씀을 하지 마십시오. 지금 제가 일찍 죽는 것은 하늘의 명이고 저 또한 바라는 바입니다. 낭군의 경사고 우리 가족의 축복이며 온 나라 사람들의 기쁨입니다. 하나가 죽어 다섯 가지 이로움이 있게 되는데 어찌 꺼려하겠습니까? 다만 저를 위해 절을 짓고 강론하여 좋은 업보를 얻는 데 도움이 되게 해 주시면 낭군의 은혜는 더없이 클 것입니다."

마침내 〔김현과 처녀는〕 서로 울면서 헤어졌다.

다음 날 과연 사나운 호랑이가 성안으로 들어와 〔사람들을〕 사납게 해치니 감당할 수가 없었다.

원성왕은 그 소식을 듣고는 명을 내렸다.

"호랑이를 잡는 사람에게는 2급의 벼슬을 주겠다."

김현이 궁궐로 가서 아뢰었다.

"제가 할 수 있습니다."

〔원성왕은〕 벼슬을 먼저 내리고 그를 격려했다.

김현이 칼 한 자루를 들고 숲속으로 들어가니, 호랑이는 처녀로 변신하여 웃으면서 말했다.

"어젯밤 낭군과 함께 은근히 나눈 말을 소홀히 하지 마십시오. 오늘 제 발톱에 다친 사람들은 모두 흥륜사의 간장을 바르고 그 절의 나팔 소리를 들으면 곧 나을 것입니다."

말을 마친 처녀가 김현이 차고 있던 칼을 뽑아 스스로 찌르고 엎어지자 바로 호랑이가 되었다. 김현이 숲에서 나와 말했다.

"지금 여기에서 호랑이를 쉽게 잡았다."

사정은 말하지 않고 단지 호랑이가 일러 준 대로 〔사람들을〕 치료하게 하니, 그 상처가 모두 나았다. 지금 풍속에서도 〔호랑이에게 입은 상처는〕 이 방법으로 치료하고 있다.

김현은 등용된 후 서천西川 가에 절을 세우고 호원사虎願寺°²라 했다. 항상 『범망경梵網經』°³을 강론하여 호랑이의 명복을 빌고, 스스로를 희생하여 어짊을 이루어 준 은혜를 갚았다. 김현이 죽을 즈음에 전에 있었던 이상한 일에 매우 감동하여 전기를 적었으므로 비로소 세상에 알려졌다. 그리하여 그 기록을 『논호림論虎林』이라 불렀고, 지금도 그렇게 부른다.

정원貞元 9년(793년)에 신도징申屠澄이 야인野人으로서 한주漢州의 십방현什邡縣°⁴의 현위가 되어 부임지로 가는데, 진부현眞符縣 동쪽 10리 남짓 되는 곳에 도착했을 때였다.°⁵ 갑자기 눈보라와 매서운 추위를 만나 말이 앞으로 나아가지 못했다. 길가에 초가집이 있어 〔들어가니〕 안에 불이 피워져 있어 매우 따뜻했다. 등불이 켜진 곳으로 가 보니 늙은 부부와 처녀가 불 가에 둘러앉아 불을 쬐고 있

○○○ **2** 정확한 위치를 알 수 없으며 여러 가지 설이 있다.

○○○ **3** 팔리어로 쓰인 남방상좌부南方上座部의 경장經藏인 장부長部의 제1경이다.

○○○ **4** 촉한 유비의 본거지였던 사천성의 작은 현이다.

○○○ **5** 신도징의 다음 이야기는 송나라『태평광기太平廣記』429권에 나온다. 그러나 불교와는 그다지 관련이 없어 보인다.

었다. 그 처녀는 열네댓 살쯤 되어 보였다. 비록 헝클어진 머리와 때 묻은 옷을 입었지만 눈처럼 하얀 살결에 볼이 꽃처럼 〔부드럽고〕 몸 가짐이 고왔다.

노부부는 신도징이 오는 것을 보고 급히 일어나 말했다.

"손님은 추위와 눈을 무릅쓰고 왔으니, 앞으로 오셔서 불을 쬐 시지요."

신도징이 한참 동안 앉아 있었으나 날은 이미 어두워졌는데 눈 보라가 그치지 않았다. 신도징이 말했다.

"서쪽 현까지 가기에는 아직도 머니 여기서 자고 가게 해 주십시 오."

노부부가 말했다.

"진실로 초가집이 누추하다고 여기시지 않는다면 그렇게 하십 시오."

신도징은 말안장을 풀고 이부자리를 폈다.

그 처녀가 바르고 단정한 손님의 행동을 보고는 얼굴을 곱게 단 장하고 장막 속에서 나오는데, 아름다운 자태가 처음보다 훨씬 더했 다. 신도징이 말했다.

"어린 낭자의 총명함이 다른 사람보다 뛰어납니다. 다행히 미혼 이라면 감히 청혼을 하고 싶은데 어떠하십니까?"

노부부가 말했다.

"뜻밖의 귀한 손님께서 거두어 주신다면 어찌 정해진 연분이 아 니겠습니까?"

이렇게 해서 신도징은 사위의 예를 올리고 타고 온 말에 〔여자 를〕 태우고는 길을 떠났다.

부임지에 가 보니 봉록이 매우 적었지만 아내가 힘써 일하여 집 안을 꾸려 나갔으므로 항상 마음에 즐거운 일뿐이었다. 그 후 임기 가 끝나 돌아오게 되었는데, 그때는 이미 1남 1녀를 두고 있었다. 아 이들이 매우 총명하였으므로 신도징은 아내를 더욱 존경하고 사랑 했다.

일찍이 아내에게 주는 시를 지었는데 이렇다.

> 한 번 벼슬하니 매복梅福°**6**에게 부끄럽고,
> 삼 년이 지나니 맹광孟光°**7**에게 부끄럽다.
> 이 정분을 어디에 비유할까,
> 시냇가에 원앙새는 날아다니는데.

그의 아내는 종일 이 시를 읊조리며 화답하는 듯했으나 소리 내 어 읊지는 않았다. 신도징이 벼슬을 그만두고 가족을 데리고 본가로 돌아오려 하자, 아내가 갑자기 슬픈 기색으로 신도징에게 말했다.

"〔이전에〕 시 한 편을 주셨으니 화답하겠습니다."

그러고는 이렇게 읊었다.

> 금실 같은 정이 비록 중하다 하지만
> 숲속의 뜻이 절로 깊다.
> 시절이 변하는 것을 언제나 근심하고

○○○ **6** 한나라 사람인데 왕망이 집권하자 처자를 버리고 신선이 되었다.
○○○ **7** 동한 양홍梁鴻의 아내로 얼굴은 못생겼으나 어진 아내의 대표로 일 컬어졌다.

백 년을 함께 살 마음 저버릴까 저어하네.

그 후 함께 예전에 아내가 살던 집을 찾아가 보니 아무도 없었다. 아내는 매우 그리워하며 하루 종일 눈물을 흘리다가 갑자기 벽 모서리에 호랑이 가죽 한 장이 있는 것을 보더니 크게 웃으면서 말했다.

"이 물건이 아직도 여기 있을 줄 몰랐다."

〔아내가〕 그것을 재빨리 뒤집어쓰자 호랑이로 변해 으르렁거리며 할퀴다가 문을 박차고 뛰쳐나갔다. 신도징이 놀라 피했다가 두 아이를 데리고 간 길을 찾아 산림을 바라보며 며칠 동안 통곡했으나 끝내 간 곳을 알 수 없었다.

오호라! 신도징과 김현 두 사람이 사람이 아닌 종류를 접했을 때 사람으로 변해 아내가 된 것은 같으나, 〔신도징의 호랑이가〕 사람을 저버리는 시를 주고 나서는 울부짖으며 할퀴며 달아난 것이 김현의 호랑이와는 다르다. 김현의 호랑이는 부득이해서 사람을 해쳤으나 좋은 약방문으로 사람을 구했다. 짐승도 그처럼 어질었는데 지금 사람으로 태어나 짐승만도 못한 자가 있는 것은 무엇 때문인가?

일의 앞뒤를 꼼꼼히 살펴보면, 절을 도는 중에 사람을 감동시켰고, 하늘이 악행을 징계하려 하자 자신이 대신했다. 또 신기한 방법을 전하여 사람을 구했고, 절을 세워 불계佛戒를 강론하게 했다. 비단 짐승의 성품이 어질었을 뿐만 아니라 대개 부처가 미물에 감응하는 방법이 여러 방면이어서 김현이 정성껏 탑을 돌자 감응하여 보답하고자 한 것이니, 그때 복을 받은 것은 당연하다.

°°° 다음과 같이 기린다

산골집 세 오라비의 악행이 모질어도
고운 임에 한 번 맺은 가약 어찌 감당하리.
의리의 중함이 몇 가지 되니 만 번 죽음도 가벼이 여기고,
숲속에서 맡긴 몸은 떨어지는 꽃처럼 없어졌네.

융천사의 혜성가 진평왕 대

제5 거열랑居烈郎, 제6 실처랑實處郎 돌처랑突處郎이라고도 한다., 제7 보동랑寶同郎 등 세 화랑의 무리가 금강산[楓岳山]에 놀이를 가려는데 혜성이 심대성心大星°¹을 침범했다. 화랑의 무리들은 꺼림칙하게 여겨 가는 것을 그만두려고 했다. 그때 융천사融天師가 노래를 지어 부르니 혜성의 변괴가 즉시 사라지고 일본의 군사가 저희 나라로 물러가 도리어 복이 되었다. 대왕이 듣고는 기뻐하여 화랑의 무리들을 금강산에 놀러 보냈다.

그 노래는 다음과 같다.°²

옛날 동쪽 물가
건달바乾達婆°³가 놀던 성을 바라보니
왜군이 왔다고
봉화를 올린 변방도 있구나.
세 화랑이 산 보러 간다는 말을 듣고

○○○ **1** 28수宿에서 중심 자리에 있는 별 이름이다.
○○○ **2** 해학과 직유가 어우러진 뛰어난 19체 향가로, 향가에 주술적 힘이 있다고 여겨 신성시하던 당시의 분위기를 알 수 있다.
○○○ **3** 범어인 간다르바Gandharva의 역어로 하늘의 악사이며 무장을 하고 있다. 사자관을 쓰고 무기를 들었다.

달도 부지런히 밝히는데

길 밝히는 별을 바라보고

혜성이여! 라고 아뢴 사람이 있다.

아아! 달이 아래로 떠가고 있더라.

이와 어울릴 무슨 혜성이 있을는지.

정수법사가 얼어붙은 여인을 구하다

제40대 애장왕 대에 승려 정수正秀가 황룡사에 머물고 있었다. 겨울 어느 날 눈이 많이 쌓이고 날은 저물었는데 삼랑사三郎寺에서 돌아오는 길에 천엄사天嚴寺 문밖을 지나게 되었다. 그때 빌어먹는 여인이 어린아이를 낳고는 얼어서 거의 죽을 지경이었다. 법사가 그 것을 보고 불쌍하게 여겨 안아 주니 한참 만에 숨이 붙었다. 〔법사는〕 곧 옷을 벗어 덮어 주고 벌거벗은 채 절로 달려와 거적으로 몸을 덮고 밤을 지냈다. 한밤중에 궁궐의 뜰에 하늘로부터 부르는 소리가 들려왔다.

"황룡사의 승려 정수를 마땅히 왕의 스승으로 봉하라."

왕이 급히 사람을 보내 조사하게 하니 모든 사실이 왕에게 알려졌다. 따라서 왕이 위의를 갖추고 궁궐로 불러들여 〔정수를〕 책봉하여 국사로 삼았다.

피은 제8

避隱 第八

이 편에는 세속의 명리名利를 피해 심산유곡深山幽谷에 은둔하려는 승려들의 이야기가 수록되어 있다. 다만 여기에 등장하는 승려들은 나름대로의 삶의 방식으로 내세 정토에 귀의하려는 목적을 가지고 있다.

이 편에 실려 있는 열 가지 이야기는 주로 승려들이 속세와 인연을 끊는 내용이지만 신충이나 물계자같이 독특한 인물도 다루고 있다.

출가出家한다는 말에서 알 수 있듯이 승려들은 본래 속세와 떨어져 사는 존재인데 구태여 은둔이니 피함이니 한 것은 고려 시대의 승려가 세상일과 동떨어져 살기보다는 사회에 관심을 기울이고 역사와 함께 호흡하면서 살아갔기 때문이었을 것이다. 이들은 고통스러운 상황에 부딪쳤을 때 무조건 피하거나 벗어나려 하기보다는 규범이나 제도를 강요하는 현실에서 찰나적 일탈을 한 것이다.

낭지의 구름 타기와 보현보살 나무

삽량주 아곡현阿曲縣의 영취산靈鷲山삽량은 지금의 양주梁州고, 아곡은 서西라고 되어 있다. 또는 구불求佛, 굴불屈弗이라고 한다. 지금의 울주에 굴불역을 두었으니, 아직도 그 이름이 있다.에 이상한 승려가 있었다. 수십 년 동안 암자에 살고 있었으나 고을에서는 아무도 〔그를〕 알지 못했고, 그 또한 자신의 이름과 성을 말하지 않았다. 그는 언제나 『법화경』을 강론했고 신통력을 지녔다.

용삭龍朔 초기에 지통智通이라는 사미沙彌°**1**가 있었는데, 이량공伊亮公의 집 종이었다. 일곱 살에 승려가 되자 까마귀가 와서 울며 말했다.

"영취산으로 가서 낭지朗智의 제자가 되어라."

지통은 그 말을 듣고 영취산을 찾아가 골의 나무 아래에서 쉬고 있는데, 문득 이상한 사람이 나와 말했다.

"나는 보현대사인데, 너에게 계품戒品을 주려고 한다."

〔계를 주고 나서〕 그는 사라졌다. 그러자 지통은 마음이 확 트이고 지증智證°**2**이 두루 통했다. 다시 길을 가다가 한 승려를 만나 낭지법사가 사는 곳을 물어보니 그가 말했다.

○○○ **1** 출가하여 10계를 받아 지니는 열아홉 살 이전의 어린 승려다.
○○○ **2** 진실한 지혜로서 열반을 증명하는 것이다.

"어찌해서 낭지를 묻느냐?"

지통은 신기한 까마귀에 대한 일을 모두 얘기했다. 그가 빙그레 웃으면서 말했다.

"내가 낭지다. 지금 법당 앞에 까마귀가 와서 '성스러운 아이가 법사의 제자가 되기 위해 곧 당도할 것이니 나가 맞이하는 것이 마땅하다.'라고 알려 주었으므로 와서 맞이하는 것이다."

그러고는 손을 잡고서 감탄하여 말했다.

"신령스러운 까마귀가 너를 깨우쳐 나에게 가라 일러 주고, 나에게 너를 맞이하라고 일러 주니, 이 무슨 상서로움인가? 아마 산신령의 은밀한 도움인가 보다."

전하는 말에는 산신령을 변재천녀辯才天女°[3]라 한다.

지통이 이 말을 듣고는 눈물을 흘리며 인사드리고 스승에게 예를 올렸다. 얼마 후 계를 주려고 하자 지통이 말했다.

"저는 동구 밖 나무 밑에서 이미 보현대사로부터 정계正戒를 받았습니다."

낭지가 감탄하며 말했다.

"잘했구나! 네가 벌써 대사의 만분계滿分戒[4]를 받았구나. 나는 태어난 이래 조석으로 은근히 보살을 만나기를 염원했으나, 정성이 감동시키지 못했다. 네가 이미 계를 받았으니, 나는 너에게 미치지 못함이 아득하다."

그러고는 도리어 지통에게 예를 올렸다. 이로 인해 그 나무 이름

○○○ **3** 음악을 맡은 여신이며 흰 연꽃에 앉아 비파를 타는 모습을 하고 있다. 재복과 지혜와 수명을 주는 신으로 알려져 있다.

○○○ **4** 구족계라고도 한다.

을 보현수普賢樹라 했다.

지통이 말했다.

"법사께서는 이곳에 머무르신 지 오래된 듯합니다."

낭지가 말했다.

"법흥왕 정미년(527년)에 처음으로 이곳에 왔으니, 지금은 얼마나 되었는지 모르겠다."

지통이 산에 당도했을 때가 바로 문무왕 즉위 원년 신유년(661년)이었으니, 계산해 보면 이미 135년이나 된다.

지통은 그 뒤에 의상의 문하에 가서 높고 오묘한 진리를 깨달아자못 불교의 교화에 이바지하고 『추동기錐洞記』를 저술했다.

〔일찍이〕 원효가 반고사磻高寺에 있을 때 자주 낭지를 찾아가 만났는데, 『초장관문初章觀文』과 『안신사심론安身事心論』을 짓게 했다. 원효가 다 짓고 나자 숨은 거사〔隱士〕 문선文善을 시켜 책을 받들어 보내면서 그 편의 끝에 게〔偈〕를 적었다.

〔그 내용은〕 이렇다.

> 서쪽 골짜기의 중이 머리 조아려
>
> 동쪽 산봉우리의 상덕上德 고암高巖 앞에 예를 갖추나이다. 반고사는 영취사의 서북쪽이므로 서쪽 골짜기의 중이라 함은 자신을 일컫는 말이다.
>
> 미세한 먼지를 불어 보내 영취산에 보태고,
>
> 잔 물방울을 날려 용연龍淵에 던지나이다.라고 한다.

영취산 동쪽에 태화강太和江이 있는데, 중국 태화지太和池에 있는 용의 복을 심기 위해 만들었기 때문에 용연龍淵이라 한 것이다.

지통과 원효는 모두 큰 성인인데 두 성인이 옷을 걷고 스승으로 섬겼으니 〔낭지법사의〕 도가 고매함을 알 수 있다.

법사는 일찍이 구름을 타고 중국의 청량산淸凉山°⁵에 가서 신도들을 따라 강론을 듣고 삽시간에 곧 돌아오곤 했다. 그래서 그곳 승려들은 이웃에 사는 사람으로만 말할 뿐 어디에 사는지 아무도 알지 못했다. 어느 날 절에서 여러 승려들에게 말했다.

"항상 절에 머무는 사람 외에 다른 절에서 온 승려들은 저마다 자기가 사는 곳의 유명한 꽃과 진기한 식물을 가지고 와서 도량에 바치시오."

이튿날 낭지는 산속의 이상한 나뭇가지 하나를 꺾어 가지고 가서 바쳤다. 그 중은 이것을 보고 말했다.

"이 나무는 범어로 달제가怛提伽라고 하며 이곳에서는 혁赫이라고 하는 것이다. 이것은 오로지 서축西竺과 해동의 두 영취산에만 있는 것이다. 그 두 산은 모두 제10법운지法雲地°⁶로서 보살이 사는 곳이니 이 사람은 반드시 거룩한 사람일 것이다."

그러고는 그의 행색을 살펴보고서야 바로 해동의 영취산에 살고 있음을 알게 되었다. 이로 인해 낭지를 다시 보게 되었으니, 낭지의 이름이 안팎으로 드러났다. 그래서 나라 사람들이 그 암자를 혁목암赫木庵이라고 했는데, 지금의 혁목사 북쪽 언덕에 있는 옛터가 바로 그 남은 터〔遺趾〕다.

『영취사기靈鷲寺記』에 말했다.

○○○ **5** 산서성 오대산으로 불교의 영산이다.
○○○ **6** 세상에 진리의 비를 뿌리는 구름 같다는 뜻으로 보살이 수행하는 52단계 중에서 50단계를 말한다.

"낭지법사가 일찍이 말하기를 '이 암자 터는 바로 가섭부처님[迦葉佛] 때의 절터다.'라고 하고 땅을 파서 등잔 기름병 두 개를 얻었다. 원성왕 대에 이르러 대덕 연회緣會가 이 산속에 와 살면서 낭지법사의 전기를 지었는데, 이것이 세상에 전해지고 있다."

『화엄경』을 살펴보면 제10지를 법운지라 이름했으니, 지금 법사[낭지]가 구름을 탄 것은 대개 부처님이 세 손가락을 구부리고 원효가 백 개로 분신分身한 것과 같은 종류라고 할 수 있다.

　°°° 다음과 같이 기린다

생각건대 바위 사이에 백 년 동안 숨어 살며
높은 이름은 일찍이 세상에 드러내지 않았다.
산새의 한가로운 지저귐을 금할 길 없어
구름 부리며 [중국을] 오가던 길이 알려졌네.

연회가 이름을 피하다, 문수점

고승 연회緣會가 일찍이 영취산에 숨어 살며 늘 『법화경』을 읽고 보현관행普賢觀行°¹을 닦았다. 뜰의 연못에는 언제나 연꽃 몇 송이가 피어 있어 사시사철 시들지 않았다. 지금 영취사의 용장전龍藏殿이 옛날에 연회가 살던 곳이다. 국왕인 원성왕이 그 상서롭고 기이함을 듣고 그를 불러서 국사國師로 삼고자 했는데, 법사는 이 말을 듣고 암자를 버리고 달아났다. 〔그가〕 서쪽 고개 바위 사이를 지나가는데, 어떤 노인이 밭을 갈고 있다가 물었다.

"법사께서는 어디를 가십니까?"

〔법사가〕 대답했다.

"내가 들으니, 나라에서 잘못 알고 벼슬로 나를 얽매어 두려고 하기 때문에 피하려는 것이오."

노인이 듣고 말했다.

"〔법사의 이름은〕 여기서도 팔 수 있는데, 왜 힘들게 멀리 가서 팔려고 하십니까? 법사야말로 이름 팔기〔賣名〕를 싫어하지 않는군요."

연회는 자기를 업신여기는 것이라 생각하고 듣지 않았다. 그래서 몇 리를 가다가 시냇가에서 한 노파를 만났는데 〔또〕 이렇게 물었다.

○○○ **1** 보현보살의 관법과 수행법이라는 의미이다.

"법사께서는 어디로 가십니까?"

〔법사는〕 이전처럼 대답했다. 노파가 말했다.

"앞서 사람을 만난 적 있습니까?"

〔법사가〕 대답했다.

"어떤 노인이 나를 매우 모욕하기에 화를 내고 왔습니다."

노파가 말했다.

"〔그분은〕 문수보살인데, 어찌 그 말씀을 듣지 않았습니까?"

연회는 〔그 말을〕 듣고는 놀랍고 송구스러워하며 급히 노인이 있던 곳으로 되돌아가 머리를 조아리며 사과하여 말했다.

"보살님의 말씀을 어찌 감히 거역하겠습니까? 그래서 다시 돌아 왔습니다만 시냇가의 그 노파는 누구신지요?"

노인이 말했다.

"변재천녀辯才天女시다."

말을 마치고 〔노인은 조용히〕 사라져 버렸다. 그래서 다시 암자로 돌아왔는데, 얼마 후 왕의 사자가 조서를 가지고 부르러 왔다. 연회는 어쩔 수 없이 받아야 하는 것을 알고는 조서에 응하여 대궐로 나아가니 왕이 국사로 봉했다. 『승전』에서는 헌안왕憲安王이 이조왕사二朝王師로 삼아 칭호를 조照라고 했는데, 함통 4년에 죽었다고 했다. 원성왕의 연대와는 서로 다르니 어느 것이 옳은지는 알 수 없다.

〔그래서〕 법사가 노인에게 감명받은 곳을 문수점文殊岾이라 하고, 노파를 만났던 곳을 아니점阿尼岾이라 했다.

　°°° 다음과 같이 기린다

저자에 가까우면 오래 숨어 살기 어렵고

주머니 속의 송곳 끝은 삐져나와 감추기 어렵다네.

뜰 아래 푸른 연꽃 때문에 잘못되었지

운산雲山이 깊지 않아 그런 것은 아니라네.

혜현이 고요함을 구하다

승려 혜현惠現은 백제 사람으로 어려서 승려가 되었다. 마음을 통일하여 오로지 『법화경』°¹ 외우는 것을 과업으로 삼고 기도하여 복을 청하니 영험이 실로 많았다. 또한 삼론三論°²을 연구하여 오묘한 뜻을 알아 신과 통하게 되었다.

처음에는 북부 수덕사修德寺°³에 머물면서 무리들이 있으면 불경을 강론하고 없으면 경을 외니, 사방 먼 곳에서 교화를 흠모하여 문밖에 신발이 가득했다. 그는 번잡함을 싫어하여 마침내 강남江南의 달라산達拏山°⁴으로 가서 살았다. 〔그곳은〕 산이 아주 험준하여 〔사람이〕 오가기가 어려웠다. 혜현은 조용히 앉아서 잊음〔忘〕을 갈구하다가 산속에서 일생을 마쳤다. 함께 공부하던 사람이 시신을 옮겨 석실 안에 두었더니, 호랑이가 그 유해를 모조리 씹어먹고 오직 해골과 혀만을 남겨 두었다. 그런데 추위와 더위가 세 번이나 지나가도 혀는 오히려 붉고 부드러웠다. 그 후에는 차차 변하여 검붉어

○○○ **1** 『묘법연화경妙法蓮花經』의 준말로 28장으로 되어 있는 대승 불교의 대표적 경전이다.

○○○ **2** 삼론종의 기본인 『중론中論』, 『십이문론十二門論』, 『백론百論』을 말한다.

○○○ **3** 충청남도 예산의 덕숭산 자락에 있는 사찰로 백제 시대 창건된 것으로 전해지고 있다.

○○○ **4** 전라북도 완주군에 있던 산이다.

지고 돌처럼 단단해졌다. 〔그래서〕 승려와 속인들은 모두 그를 존경하여 석탑 속에 간직했다. 〔혜현의〕 세속 나이가 쉰여덟 살이었으니, 즉 정관 초년이었다.

혜현은 서쪽〔중국〕으로 유학을 가지 않고 조용히 물러나 일생을 마쳤으나, 그 이름이 중국에까지 알려졌고 전기도 지어져 당나라에까지 명성이 자자했다.

또 고구려의 승려 파야波若가 중국 천태산으로 들어가 지자智者°5의 교관教觀을 받았다. 그는 신령스러운 사람으로 산속에 알려졌다가 죽었는데, 『당승전唐僧傳』에 역시 실려 있고 영험한 가르침이 아주 많다.

◦◦◦ 다음과 같이 기린다

주미塵尾°6로 불경을 전하니 한바탕 귀찮고,

지난날의 불경 외던 소리는 이미 구름 속에 숨었네.

세속의 역사에 이름을 멀리 전했고,

죽은 후에도 붉은 연꽃처럼 혀가 꽃다웠네.

◦◦◦ **5** 지의智顗(538~597년)라고도 하며 『법화경』을 근본 경전으로 삼았고, 중국 천태종의 창시자이다.

◦◦◦ **6** 원문에는 '녹미鹿尾'로 되어 있으나 '주미塵尾'의 잘못인 듯하며, 불법을 전할 때 흔드는 총채를 말한다.

신충이 벼슬을 그만두다

효성왕이 왕위에 오르기 전, 궁궐 잣나무 아래에서 어진 선비 신충信忠과 바둑을 두었는데 일찍이 이런 말을 했다.

"훗날에 만일 당신을 잊는다면 저 잣나무가 증거가 될 것이다."

〔그러자〕 신충이 일어나 절을 했다.

몇 달 뒤에 효성왕이 왕위에 올라 공신들에게 벼슬과 상을 주었는데, 신충을 잊어버리고 순서에 넣지 않았다. 〔그래서〕 신충이 원망하는 노래〔怨歌〕를 지어 잣나무에 붙였더니 나무가 갑자기 시들어버렸다. 왕이 괴이하게 여겨 사람을 시켜 조사하자, 그 노래를 찾아 바쳤다.

왕이 몹시 놀라 말했다.

"정사가 복잡하고 바빠 가깝게 지내던 사람〔角弓〕°¹을 잊을 뻔했다."

〔왕이 신충을〕 불러서 벼슬을 주자 잣나무가 곧 생기를 되찾았다. 그 노래는 다음과 같다.

> 무성한 잣나무는 가을에도 시들지 않듯이

○○○ **1** 『시경』 「소아」의 편명이다. 주나라 유왕幽王은 간사하고 아첨을 일삼는 신하들을 가까이하고 골육지친을 멀리했다. 이로 말미암아 생긴 혈육 간의 불신과 원망을 이 시에 적고 있다.

너를 어찌 잊으랴고 하시던

우러러보던 그 얼굴이 변하실 줄이야.

달그림자가 옛 못의 일렁거리는 물결을 원망하듯이

네 얼굴만을 바라보지만 세상도 싫구나!

뒷구절은 없어졌다. 이리하여 〔신충에 대한〕 총애는 두 왕대에 걸쳐 두터웠다.

경덕왕왕은 바로 효성왕의 아우다. 22년 계묘년(763년)에 신충은 두 친구와 서로 약속하고 벼슬을 버리고 남악으로 들어갔다. 〔왕이〕 두 번이나 불렀지만 나아가지 않고 머리를 깎고 승려가 되었다. 〔그리고〕 왕을 위해 단속사斷俗寺°²를 짓고 살면서 죽을 때까지 속세를 떠나 대왕의 복을 빌기를 간청하니 왕이 허락했다. 〔왕의〕 진영眞影을 남겨 두었는데, 금당 뒷벽에 있는 것이 바로 그것이다. 〔절〕 남쪽에 속휴俗休라는 마을이 있었는데, 지금은 잘못 전해져 소화리小花里라 한다. 『삼화상전三和尙傳』을 살펴보면, 신충봉성사가 있어 이것과 서로 혼동된다. 그러나 그것을 신문왕 대와 계산해 보면 경덕왕 대와 백여 년이나 떨어지고, 더군다나 신문왕과 신충이 바로 지난 세상〔宿世〕의 인연이 있다는 사실은 신충이 아닌 것이 분명하다. 자세히 살펴야 한다.

또 다른 기록에는 이렇게 말했다.

"경덕왕 대에 직장直長 이준李俊『고승전高僧傳』에는 이순李純으로 되어 있다. 이 일찍이 소원을 빌어 쉰 살이 되면 출가해 절을 짓겠다고

○○○ **2** 경상남도 산청군에 있던 절인데, 지금은 터에 3층 석탑 두 기만 남아 있고 터 앞밭에 당간지주가 서 있다.

했다. 천보天寶 7년 무자년(748년)에 쉰 살이 되자, 조연槽淵에 있던 작은 절을 큰 사찰로 고치고는 이름을 단속사라 했다. 자신도 머리 깎고 법명을 공굉장로孔宏長老라 하여 절에 20년 동안 머물다가 죽었다."

이는 앞의 『삼국사』에 실린 것과 같지 않아 두 가지 다 기록하여 의심나는 점을 없애고자 한다.

　ºººº 다음과 같이 기린다

공명을 이루기도 전에 귀밑머리가 먼저 세고,
임금의 총애가 비록 많아도 한평생 황망하구나.
언덕 저편 산이 자주 꿈속에 들어오니
그곳에 가서 향 피워 우리 임금 복을 빌리라.

포산의 거룩한 두 승려

신라 시대에 관기觀機와 도성道成이라는 두 명의 성사聖師가 있었는데, 어느 곳 사람인지는 알 수 없으나 함께 포산包山나라 사람들이 소슬산所瑟山○**1**이라고 한 것은 범음梵音이며, 이는 '싸다〔包〕'의 뜻이다에 숨어 살고 있었다. 관기는 남쪽 고개에 암자를 짓고 살았고, 도성은 북쪽 굴속에 살아 서로 10리쯤 떨어져 있었다. 〔이들은〕 구름을 헤치고 달을 노래하며 매일 서로 오갔다. 도성이 관기를 부르려고 하면 산속의 수목이 모두 남쪽을 향해 구부러져 서로 맞이하는 형상을 하여 관기는 그것을 보고 〔도성에게〕 갔고, 관기가 도성을 맞이하려고 하면 역시 이와 같이 모두 〔나무가〕 북쪽으로 구부러지므로 도성이 〔관기에게〕 가게 되었다. 이렇게 몇 년이 지났다.

도성은 늘 그가 살고 있는 뒷산의 높은 바위 위에 조용히 앉아 있었다. 어느 날 바위틈에서 몸이 솟구쳐 나와 온몸이 공중으로 올라가 간 곳을 알 수 없었다. 어떤 이는 수창군壽昌郡지금의 수성군壽城郡에 이르러 죽었다고 한다. 관기도 그 뒤를 따라 죽었다. 지금은 두 대사의 이름으로 그 터의 이름을 삼고 있는데 모두 터가 남아 있다. 도성암道成嵓○**2**은 높이가 여러 길〔丈〕이나 되는데, 후세 사람들이 그

○○○ **1** 오늘날에는 비슬산琵瑟山이라고 하며 일연이 반평생을 머문 산이다.
○○○ **2** 경상북도 달성군 비슬산에 있다.

굴 아래에 절을 세웠다.

태평흥국太平興國°3 7년 임오년(982년)에 승려 성범成梵이 처음으로 이 절에 와 머물면서 만일미타도량萬日彌陀道場을 열고 50여 년 동안 부지런히 도를 닦았는데, 여러 차례 특이한 조짐이 있었다. 이때 현풍玄風에 사는 신도 20여 명이 해마다 사社°4를 만들어 향나무를 주워 절에 바쳤다. 〔그들은〕 늘 산에 들어가 향나무를 거두어 들여 쪼갠 다음 씻어서 발〔箔〕 위에 펼쳐 두었는데, 그 나무는 밤이 되면 촛불처럼 빛났다. 그래서 고을 사람들이 그 향나무에 시주하고 빛을 얻은 해〔歲〕를 축하했다. 이것은 두 성인의 영감인데 산신령이 도운 것이라고도 한다. 산신령의 이름은 정성천왕靜聖天王이다. 일찍이 가섭불 시대에 부처님의 부탁을 받아 발원 맹세를 하여 말했다.

"산속에서 1000명의 출가를 기다린 후 남은 업보를 받겠습니다."

지금 산중에는 아홉 성인의 행적에 대한 기록이 있는데, 자세하지는 않지만 관기觀機, 도성道成, 반사橃師, 첩사牒師, 도의道義백암사栢岩寺에 터가 있다., 자양子陽, 성범成梵, 금물녀今勿女, 백우사白牛師 등이다.

°°° 다음과 같이 기린다

달빛을 밟고 서로 찾아 구름과 물을 희롱하니,
두 노인의 풍류 몇백 년이었던가.

_____

○○○ 3 송나라 태종 조영趙炅의 연호. 976~984년까지 사용했다.
○○○ 4 모임이나 계와 같은 것이다.

연하烟霞 가득한 골짜기엔 고목만 남아 있고,

흔들거리는 찬 그림자 아직도 서로 맞이하는 듯하다.

반櫢은 음이 반般인데 우리말로 비나무라고 하고, 첩牒은 음이 첩牒인데 우리말로 갈나무라고 한다. 이 두 승려는 오랫동안 바위 사이에 숨어 살며 인간 세상과 사귀지 않고 나뭇잎을 엮어 옷을 만들어 입었는데, 추위와 더위를 겪어 내고 습기를 피하며 부끄러운 곳만 가릴 뿐이었다. 그래서 나무 이름으로 호를 지은 것이다.

일찍이 듣건대 금강산에도 이런 이름이 있다고 한다. 이것으로서 옛날에 숨어 산 선비들의 운치가 이처럼 뛰어났음을 알 수 있으나 그대로 본받기는 어렵다. 내가 일찍이 포산에 살 때, 두 승려가 남긴 아름다운 덕을 기록한 것이 있기에 지금 여기에 함께 싣는다.

자색 띠풀과 거친 수수로 배를 채우고,

해어진 옷은 나뭇잎이지 베가 아니더라.

솔바람이 차갑게 부는 험한 바위산,

해 저문 숲 아래로 나무꾼이 돌아오네.

깊은 밤 밝은 달 아래에 앉아 있으니,

반쯤 젖힌 옷깃이 바람에 나부낀다.

부들자리 깔고 누워 잠이 드니,

꿈에도 혼이 티끌 같은 세상에 얽매이지 않는다.

구름은 무심코 떠가는데 두 암자의 터에는

산사슴만 제멋대로 뛰놀고 인적은 드물다.

영재가 도적을 만나다

승려 영재永才[1]는 천성이 익살스럽고 재물에 얽매이지 않았으며 향가를 잘 지었다. 늘그막에 남악에 숨어 살려고 대현령大峴嶺에 이르렀을 때, 도적 60여 명을 만났다. 〔도적들이〕 영재를 해치려고 했으나, 영재는 칼이 닿아도 두려워하는 기색 없이 태연하게 있었다. 도적들이 괴이하게 여겨 이름을 물어보자 영재라고 대답했다. 도적들은 평소에 그의 이름을 들어 알고 있었으므로 그에게 노래를 짓게 했다. 그 가사는 다음과 같다.

> 내 마음에 모든 형상을 모르고 지내 오던 날
> 멀리 □□ 지나치고 이제 숨어서 가고 있네.
> 오직 그릇된 파계승이여!
> 두려워할 모습으로 다시 돌아가니
> 이 칼을 맞고 나면 좋은 날이 오련만,
> 아, 이만한 선善으로는 새집이 안 된다네!

도적들이 그 노래에 감동하여 비단 두 필을 주자 영재는 웃으면서 앞으로 나와 사양하며 말했다.

○○○ **1** 신라 원성왕 때 지리산에 은거한 고승이라고 알려져 있다.

"재물이란 지옥의 근본임을 알고 있고 깊은 산으로 피해 일생을 보내려 하는데 어찌 감히 받겠소?"

〔영재는〕 재물을 즉시 땅에 던져 버렸다. 도적들은 또 이 말에 감동하여 칼과 창을 버리고 머리를 깎고 승려가 되어 〔영재와〕 함께 지리산으로 숨어 다시는 세상에 나오지 않았다. 〔이때〕 영재의 나이가 거의 아흔이었으니, 원성대왕의 대였다.

　　°°° 다음과 같이 기린다

지팡이 짚고 깊은 산속을 찾으니 그 뜻이 매우 깊은데
비단과 주옥으로 어찌 마음을 다스리랴.
숲속의 도적들이여, 서로 주고받으려 하지 말지니.
몇 푼의 재물도 지옥의 근본이라네.

물계자

제10대 나해왕奈解王이 자리에 오른 지 17년 임진년(212년)에 보라국保羅國과 고자국古自國지금의 고성, 사물국史勿國지금의 사주泗州 등 여덟 나라가 힘을 합쳐 〔신라의〕 변경으로 쳐들어왔다. 왕이 태자 내음㮮音과 장군 일벌一伐 등에게 군사를 이끌고 가서 막도록 명령하자 여덟 나라가 모두 항복했다.

이때 물계자勿稽子의 군공軍功이 으뜸이었지만, 태자의 미움을 사 공을 보상받지 못했다. 어떤 사람이 물계자에게 말했다.

"이번 전쟁의 공은 오직 자네에게만 있는데, 상이 자네에게 미치지 않은 것은 태자가 자네를 미워하는 것인데 자네는 원망스럽지 않은가?"

물계자가 말했다.

"나라의 임금이 위에 계시는데 어찌 태자를 원망하겠는가?"

그가 말했다.

"그렇다면 이 일을 왕에게 아뢰는 것이 좋겠소."

물계자가 말했다.

"자신의 공적을 자랑하여 이름을 다투고, 자신을 드러내어 남을 덮는 것은 뜻 있는 선비가 할 일이 아니네. 마음을 가다듬고 다만 때가 오기만을 기다릴 뿐이네."

10년°¹ 을미년(215년)에 골포국骨浦國지금의 합포合浦 등 세 나라

왕이 각기 군사를 이끌고 갈화竭火를 치자,굴불屈弗이 아닌가 생각되는데, 지금의 울주다. 왕이 몸소 군사를 이끌고 나가 막으니, 세 나라가 모두 패했다. 이때 물계자가 적군 수십 명을 베었으나, 사람들이 물계자의 공적을 말하지 않았다. 물계자가 아내에게 말했다.

"나는 임금을 섬기는 도리는 위태로움을 보면 목숨을 바치고 어려움에 임해서는 자신을 잊고 절조와 의리를 지켜 생사를 돌보지 않아야 충忠이라고 들었소. 무릇 보라발라發羅로 생각되는데, 지금의 나주羅州 다. 와 갈화의 싸움이야말로 나라의 어려움이었고 임금의 위태로움이었는데, 나는 일찍이 몸을 잊고 목숨을 바치는 용기가 없었으니, 이것은 매우 충성스럽지 못한 것이오. 이미 불충으로써 임금을 섬겨 그 허물이 아버님께 미쳤으니, 어찌 효라 할 수 있겠소. 이미 충효를 잃어버렸는데 무슨 면목으로 다시 조정과 저자를 왕래하겠소."

물계자는 머리를 풀어헤치고 거문고를 지니고 사체산師彘山 자세하지 않다. 으로 들어갔다. 그러고는 대나무의 곧은 성질이 병임을 슬퍼하며 그것을 비유하여 노래를 짓기도 하고, 산골짜기를 흐르는 물소리에 비겨서 거문고를 타고 곡조를 지으며 숨어 살면서 다시는 세상에 나오지 않았다.

○○○ **1** 20년의 잘못이다.

영여사

실제사實際寺[1]의 승려 영여迎如는 성이 자세하지 않지만, 인덕과 품행이 모두 높았다. 경덕왕이 맞아들여 공양하려고 사자를 보내 그를 불렀는데, 영여는 대궐로 가 재齋를 마치고 돌아가려 했다. 왕은 사자를 보내 절까지 모시고 가도록 했다. 〔그런데 영여가〕 문에 도착하자 갑자기 사라져 간 곳을 모르게 되었다. 사자가 와서 아뢰자 왕이 이상하게 여겨 〔영여를〕 국사로 추봉했다. 그 후에도 세상에 다시는 나타나지 않아 지금까지도 국사방國師房이라고 부른다.

○○○ **1** 경상북도 경주시 남산에 있던 신라 시대의 사찰이다.

포천산의 다섯 비구 경덕왕 대

삽량주歃良州°**1** 동북쪽 20리쯤 되는 곳에 포천산布川山이 있는데, 석굴이 기이하고 빼어나 마치 사람이 깎아 놓은 듯하다. 이곳에 이름이 자세하지 않은 비구 다섯 명이 머물면서 아미타불을 염송하며 극락을 구한 지 거의 10년이 되었는데, 갑자기 보살들이 서방으로부터 와서 그들을 맞이했다. 그러자 다섯 비구가 각기 연화대에 앉아 공중으로 올라가더니, 통도사 문밖에 이르러 머물렀다. 이어서 하늘에서 음악을 연주하는 소리가 간간이 들렸다. 절의 승려가 나가 보니, 다섯 비구가 인생이 무상하고 괴롭고 허무하다[無常苦空]°**2**는 이치를 설명하고 유해遺骸를 벗어 버리고 큰 빛을 발하면서 서쪽을 향해 갔다. 그들이 유해를 버린 곳에 절의 승려들이 정자를 세우고 치루置樓라 이름했는데, 지금도 남아 있다.

○○○ **1** 지금의 경상남도 양산으로 고려 시대에는 양주梁州라 불렸다.
○○○ **2** '고공무상무아苦空無常無我'의 준말인데, '비상고공비아非常苦空非我'라고 보기도 한다.

염불 스님

　남산 동쪽 기슭에 피리촌避里村이 있고, 그 마을에는 절이 있었으므로 〔마을〕 이름을 따 피리사避里寺라고 했다. 절에 이상한 승려가 있었는데, 자신의 성을 말하지 않았다. 〔승려는〕 항상 아미타불을 외워 소리가 성안에까지 들려 1360방坊,°¹ 17만 호戶에서 그 소리를 듣지 않은 사람이 없었다. 〔염불〕 소리는 높고 낮음이 없이 옥 같은 소리가 한결같았다. 이로써 그를 괴이하게 여겨 모두 존경하고 염불 스님〔念佛師〕이라고 불렀다.

　죽은 후에는 진의眞儀를 흙으로 빚어 민장사敏藏寺 안에 모셔 두고, 그가 본래 살던 피리사를 염불사라고 고쳤다. 절 옆에 또 절이 있었는데 이름을 양피사讓避寺라 했으니, 이는 마을 이름을 따라 지은 것이다.

───────────

○○○ 1 『삼국유사』 「기이」 편 '진한' 조에서도 신라는 전성기 때 1360방이라고 했으니 여기서 방은 리里의 오기일 것이다.

효선 제9

孝善 第九

이 편은 지극한 효행의 실천자인 일연이 효행에 관한 설화를 묶은 것이다. 일연의 비문에 따르면, 일연은 효심이 매우 깊어 여러 차례 고향으로 돌아가겠다는 뜻을 왕에게 아뢰었으나 번번이 거절당했다. 결국 외롭게 살아온 그의 어머니가 아흔여섯 살로 돌아가시기 얼마 전부터 일연은 일흔 살이 넘었음에도 불구하고 국사의 중책을 버리고 흔연히 인각사로 들어갔다.

이 편에는 다섯 가지 이야기가 수록되었는데, 효도에 관한 눈물겨운 내용이 있어 감명을 준다. 석굴암을 지었다는 김대성이나 의상의 수많은 제자 중에서 10대 제자로 손꼽히는 진정 스님 등 모두가 불심을 바탕으로 한 지극한 효심의 소유자들이다.

또한 우리 민족의 정서와 풍습을 암시하는 내용이 많은데 이 점에서 이 편이야말로 불교 설화의 보고인 『삼국유사』의 진면목을 유감없이 보여 준다.

진정법사의 효도와 선행이 모두 아름답다

법사 진정眞定은 신라 사람이다. 〔그는〕 승려가 되기 전에 군졸로 있었는데, 집이 가난하여 장가를 들지도 못하고, 부역하면서 품팔이하여 곡식을 받아 홀로 된 어머니를 모셨다. 집안의 재산이라고는 겨우 다리가 부러진 솥 하나뿐이었다.

어느 날 어떤 승려가 문 앞에 이르러 절을 짓는 데 필요한 쇠붙이를 구하자 어머니는 솥을 시주했다.

얼마 후 진정이 집에 돌아오자 어머니는 이 사실을 말하고 아들의 뜻이 어떤지 살폈다. 진정은 얼굴에 기쁜 기색을 보이며 말했다.

"부처님의 일〔佛事〕을 위해 시주하는 것이 얼마나 다행입니까? 비록 솥이 없다 한들 걱정할 것이 무엇입니까?"

그래서 질그릇을 솥으로 삼아 음식을 끓여 어머니를 모셨다.

〔진정은〕 일찍이 군대에 있으면서 의상법사가 태백산에 머물며 설법을 하여 사람을 이롭게 한다는 말을 듣고는 사모하는 뜻을 가져 어머니에게 말했다.

"효도를 다하고 나면 반드시 의상법사에게 가서 머리를 깎고 불도를 배우겠습니다."

어머니가 말했다.

"부처님의 법은 만나기 어렵고 인생은 너무 빨리 지나간다. 그런데 효를 다하고 간다면 너무 늦지 않겠느냐? 어찌 내가 죽기 전에 네가 가서 도를 들었다는 말을 듣는 것만 하겠느냐? 주저하지 말고 빨리 가거라."

진정이 말했다.

"어머니의 만년에 오직 제가 곁에 있을 뿐인데, 어찌 감히 어머니를 버리고 승려가 되겠습니까?

어머니가 말했다.

"아! 내가 너의 출가에 방해가 된다면, 이는 나를 지옥으로 빠뜨리는 것이다. 비록 남아서 진수성찬[三牢七鼎]°¹으로 봉양한들 어찌 효도가 되겠느냐? 나는 남의 문전에서 의식을 빌어먹더라도 타고난 명을 살 수 있으니 네가 나에게 꼭 효도를 하겠거든 그런 말을 하지 마라."

진정은 오랫동안 깊은 생각에 잠겼다. 어머니가 즉시 일어나 쌀자루를 털어 보니 쌀이 일곱 되가 있었다. 그날 어머니가 그 쌀로 밥을 지어 놓고 또 말했다.

"네가 밥을 지어 먹으면서 가면 더딜까 염려된다. 마땅히 내 눈앞에서 그중 한 되는 먹고 여섯 되는 싸 들고 빨리 가야 한다."

진정은 눈물을 삼키면서 한사코 사양하며 말했다.

"어머니를 버리고 출가하는 것은 자식 된 도리로서 차마 못할 일입니다. 그런데 더군다나 얼마 남지 않은 간장과 며칠분의 양식을 다 싸 가지고 가면 세상에서 저를 뭐라고 하겠습니까?"

그리고 세 번 사양했으나 어머니는 세 번 권했다.

○○○ **1** 삼뢰三牢는 소, 돼지, 양이고 칠정七鼎은 솥 일곱 개에 음식을 만들어 신에게 바치는 것이니 진수성찬을 뜻한다. '정鼎'은 음식물을 익히는 도구 또는 종묘에 두는 보기寶器다.

그는 어머니의 뜻을 더 이상 어길 수가 없어 길을 떠나 밤낮으로 걸어 사흘 만에 태백산에 도착하여, 의상의 문하에 들어가 머리를 깎고 제자가 되어 진정眞定이라 이름했다. 3년이 지났을 때, 어머니의 부음이 전해졌다. 진정은 가부좌하고 선정에 들어가°² 이레 만에 일어났다.

이것을 설명하는 이는 말한다.

"어머니를 생각하는 슬픔이 지극했던 나머지 아마도 견뎌 낼 수 없었기 때문에 선정에 들어 슬픔을 씻은 것이다."

또 어떤 사람은 말했다.

"선정에 들어가 어머니께서 사시는 곳을 관찰했다."

또 어떤 사람은 말했다.

"이와 같이 해서 명복을 빈 것이다."

선정에 들고 나온 후에 진정은 이 사실을 의상대사에게 알렸다. 의상은 제자들을 이끌고 소백산의 추동錐洞으로 들어가서 풀을 엮어 집을 짓고 제자 3000명을 모아 90일 동안 『화엄대전華嚴大典』을 강론했다.

문인인 지통智通이 그 강론에 참여하여 요점을 간추려서 『추동기錐洞記』 두 권을 만들었으므로 세상에 알려지게 되었다. 강론이 끝나자 진정의 어머니가 꿈에 나타나 말했다.

"나는 벌써 하늘에서 환생했다."

○○○ **2** 참선에서 정신이 통일된 경지를 말한다.

대성이 두 세상의 부모에게 효도하다 _{신문왕 대}

모량리牟梁里부운촌浮雲村이라고도 한다. 의 가난한 여인 경조慶祖에게 아들이 하나 있었는데, 머리가 크고 정수리가 평평한 것이 마치 성城과 같아 이름을 대성大城이라고 했다. 집안이 가난하여 키울 수가 없었으므로 부자인 복안福安의 집에 가서 품팔이를 했는데, 그 집에서 논 몇 이랑을 주어 의식의 밑천을 삼게 했다.

이때 덕망 있는 승려[開士] 점개漸開가 흥륜사에서 육륜회六輪會를 베풀고자 하여 시주를 받으러 복안의 집에 이르렀는데, 복안이 베 50필을 시주했다. 점개가 주문으로 축원했다.

"신도께서 보시를 좋아하므로 천신이 항상 보호하여 하나를 보시하면 만 배를 얻게 될 것이니, 안락을 누리고 장수할 것입니다."

대성이 그 말을 듣고는 집으로 달려와 어머니에게 말했다.

"문밖에 온 스님이 외우는 소리를 들으니, 하나를 시주하면 만 배를 얻는다고 합니다. 생각해 보면 저는 전생에 좋은 일을 한 것이 없어 지금 이렇게 가난한 것입니다. 이제 또 시주를 하지 못한다면 오는 세상[來世]에는 더욱 가난할 것입니다. 우리가 품팔이로 얻은 밭을 법회에 시주하여 후세의 응보를 도모하는 것이 어떻겠습니까?"

어머니도 좋다고 했으므로 밭을 점개에게 시주했다.

얼마 후 대성이 죽었다.

그날 밤 나라의 재상 김문량金文亮의 집에 하늘에서 외치는 소리가 들렸다.

"모량리의 대성이란 아이가 이제 너의 집에 태어나려고 한다."

집안 사람들이 깜짝 놀라 모량리에 사람을 보내어 조사해 보니 대성이 과연 죽었다고 하는데, 하늘에서 소리가 들리던 날과 같은 날이었다. 김문량의 부인이 임신하여 아들을 낳았는데 왼쪽 주먹을 펴지 않고 있었다. 그러다가 7일 만에 폈는데, '대성'이란 두 글자가 새겨진 금패를 쥐고 있었으므로 이름을 다시 대성이라 짓고 그의 〔예전〕 어머니를 맞이하여 집 안에 모시고 함께 봉양했다.

대성이 어른이 된 뒤에는 사냥을 좋아했는데, 어느 날 토함산에 올라가 곰 한 마리를 잡고 산 아래 마을에서 묵게 되었다. 대성의 꿈에 곰이 귀신으로 변해 시비를 걸며 말했다.

"너는 무엇 때문에 나를 죽였느냐? 내가 다시 너를 잡아먹겠다."

대성이 두려워하며 용서를 비니, 귀신이 말했다.

"나를 위해 절을 지어 줄 수 있겠느냐?"

대성이 그렇게 하겠다고 맹세하고 꿈에서 깨어났는데, 이불이 땀으로 흠뻑 젖어 있었다. 이후부터는 사냥을 하지 않고 꿈속에 나타났던 곰을 위해 그 잡던 자리에 장수사長壽寺를 세웠다. 이 일로 해서 감동하는 바가 있어 자비의 원력〔悲願〕이 더욱 독실해졌다.

이로 인해서 이생의 부모를 위해 불국사佛國寺를 세우고 전생의 부모를 위해 석불사石佛寺°1를 세워, 신림神琳과 표훈表訓 두 승려에 게 각각 절에 머물도록 부탁했다. 대성은 아름답고 큰 불상을 세워

○○○ 1 현재의 석굴암을 지칭한다. 신라 김대성의 주도로 정부 차원에서 불 국사와 함께 창건된 절이었는데 석굴암으로 부른 이후 그대로 따르고 있다.

길러 준 부모의 노고에 보답했으니, 한 몸으로 전세와 현세의 두 부모에게 효도한 것이다. 이것은 옛날에도 듣기 어려운 일로 과연 시주를 잘한 징험을 어찌 믿지 않을 수 있겠는가?

대성이 석불을 조각하려고 큰 돌 한 개를 다듬어 감실°²을 만드는데, 갑자기 돌이 세 개로 쪼개졌다. 그래서 분통해하다가 얼핏 선잠이 들었는데 밤중에 천신이 내려와 감실을 다 만들어 놓고 돌아갔다. 그래서 대성은 잠자리에서 일어나 급히 남쪽 고개로 올라가 향나무를 태워 천신에게 공양을 올렸다. 그러므로 그 땅을 향고개〔香嶺〕라 한다. 불국사의 구름다리〔雲梯〕와 석탑은 그 나무와 돌에 새긴 노력이 동도東都의 여러 사찰 중 어느 것보다 뛰어나다. 옛『향전』에는 위의 내용이 실려 있는데, 절 안의 기록에는 이렇다.

"경덕왕 대에 대상大相 대성이 천보 10년 신묘년(751년)에 처음으로 불국사를 창건하기 시작하여 혜공왕 대를 거쳐 대력 9년 갑인년(774년) 12월 2일에 대성이 죽자 나라에서 공사를 마쳤다. 처음에는 유가종의 고승 항마降魔를 청하여 이 절에 살게 했고 이를 이어받아 지금까지 이르고 있다."

이렇듯 고전과 같지 않으니, 어느 것이 옳은지 알 수 없다.

°°° 다음과 같이 기린다

모량 마을에 봄이 지나 세 무의 이랑을 시주하니,
향고개에 가을이 되어 만금을 거두었네.

°°° **2** 석굴의 벽 가운데를 깊이 파서 석불을 모셔 두는 곳으로 석굴암 본존불 주위의 십대제자상 위에 열 개의 감실을 팠다.

어머니는 한평생에 가난과 부귀를 맛보았고,

재상°³은 한 꿈속에서 내세와 현세를 오갔네.

○○○ 3 원문은 '괴정槐庭'으로 곧 재상의 지위를 뜻하며 김대성을 말한다.

상득사지가 살을 베어 부모를 공양하다 경덕왕 대

웅천주熊川州에 상득向得이란 사지舍知가 있었다. 흉년이 들어 아버지가 거의 굶어 죽게 되자 상득이 허벅지 살을 베어 모셨다. 주위 사람들이 그 일을 자세히 아뢰자 경덕왕이 조租 500석을 상으로 내렸다.

손순이 아이를 묻다 홍덕왕 대

손순孫順옛 책에는 손순孫舜으로 되어 있다. 은 모량리 사람으로 아버지는 학산鶴山이다. 아버지가 세상을 떠나자 아내와 함께 남의 집에서 품을 팔아 곡식을 얻어 늙은 어머니를 봉양했다. 어머니의 이름은 운오運鳥였다. 손순에게는 어린 아들이 있었는데 항상 어머니의 밥을 빼앗아 먹자, 손순은 민망하게 여겨 아내에게 말했다.

"아이는 또 얻을 수 있지만 어머니는 다시 모실 수 없소. 그런데 아이가 어머니 밥을 빼앗아 먹으니 어머니의 굶주림이 얼마나 심하겠소. 아이를 땅에 묻어 어머니의 배를 채워 드리도록 해야겠소."

그러고는 아이를 업고 취산醉山산은 모량리 서북쪽에 있다. 북쪽 들로 가서 땅을 파자 이상한 돌종이 나왔다. 부부는 놀라고 괴이하게 여겨 재빨리 나무 위에 걸고 한 번 쳐 보니 소리가 은은하여 듣기에 좋았다. 아내가 말했다.

"이상한 물건을 얻은 것은 아마도 아이의 복인 것 같으니 아이를 묻어서는 안 되겠어요."

남편도 그렇게 여겨 아이를 종과 함께 업고는 집으로 돌아와 종을 들보에 매달고 쳤다. 그러자 종소리가 대궐에까지 퍼져 흥덕왕이 듣고는 신하들에게 말했다.

"서쪽 교외에서 이상한 종소리가 들리는데 맑고 고운 것이 보통 종과 비길 바가 아니니 빨리 가서 조사해 보라."

왕의 사신이 그의 집을 조사하고 나서 그 사유를 모두 아뢰었다. 왕이 말했다.

"옛날 곽거郭巨°¹가 아들을 땅에 묻으려 하자 하늘이 금 솥을 내려 주었는데, 지금 손순이 아이를 묻으려 하자 땅에서 돌 종이 솟았으니, 곽거의 효도와 손순의 효도를 천지가 함께 본 것이다."

따라서 집 한 채를 내려 주고 해마다 벼 50섬을 주어 극진한 효성을 기렸다.

손순은 옛 집을 내놓아 절을 삼아 홍효사弘孝寺라 하고 돌 종을 두었는데, 진성왕眞聖王 대에 후백제의 도적들이 이 마을에 들어오는 바람에 종은 없어지고 절만 남았다. 그 종을 얻은 자리를 완호평完乎坪이라 했는데, 지금은 잘못 전하여 지량평枝良坪이라 한다.

○○○ **1** 후한後漢 사람으로 24효孝의 한 사람이다. 집은 매우 가난했으나 노모를 잘 봉양하여 효자로 이름이 났다.

가난한 딸이 어머니를 봉양하다 ○1

효종랑孝宗郎○2이 남산의 포석정鮑石亭삼화술三花述이라고도 한다.
에서 놀고자 하니 문하의 식객들이 모두 급히 달려왔는데, 두 사람만
이 유독 늦게 왔다. 효종랑이 그 까닭을 물었더니 이렇게 대답했다.

"분황사 동쪽 마을에 스무 살쯤 되는 한 처녀가 눈먼 어머니를
끌어안고 서로 소리쳐 울고 있었습니다. 그래서 동네 사람들에게 물
었더니 '이 처녀는 집이 가난해서 밥을 빌어 어머니를 공양한 지 몇
년이 되었습니다. 마침 흉년이 들어 구걸만으로는 밥을 얻기가 어려
워지자, 남의 집에서 품을 팔아 30섬의 곡식을 얻어 주인집에 맡겨
두고는 일을 해 왔습니다. 날이 저물면 쌀을 싸 가지고 와 밥을 지어
드리고 함께 어머니와 잔 후 새벽이면 주인집으로 돌아가서 일을 했
습니다. 이렇게 하며 며칠이 지나자 어머니가, 옛날에는 거친 음식을
먹어도 마음이 편안했는데, 요즈음에는 좋은 음식을 먹어도 가슴
을 찌르는 듯하여 마음이 편치 못한 것은 무슨 까닭이냐고 물었습
니다. 처녀가 사실을 말하자 어머니가 큰 소리로 울고, 처녀는 어머
니를 배만 부르게 봉양하고 마음은 기쁘게 하지 못한 것을 탄식하
여 서로 붙들고 우는 것입니다.'라고 했습니다. 이것을 보느라 늦었

○○○ 1 『삼국사기』「열전」제8 '효녀 지은' 조에 실려 있는데 내용은 비슷하
나 지은의 나이를 서른두 살이라고 한 것이 여기와는 다르다.
○○○ 2 신라 진성여왕 때의 화랑이며 헌강왕의 사위다.

습니다."

효종랑은 이 말을 듣고는 눈물을 흘리며 곡식 백 곡斛을 보냈다. 효종랑의 부모도 옷 한 벌을 보냈으며, 효종랑의 무리 1000명도 조 1000석을 거두어 보내 주었다. 이런 사실이 조정에 알려지자 진성왕이 곡식 500석과 집 한 채를 내려 주고, 군사를 보내 그 집을 호위하여 도둑을 지키도록 했으며, 그 마을에는 정문旌門°³을 세워 효양리孝養里라 했다. 이후에 모녀는 그 집을 희사해서 절로 삼고 양존사兩尊寺°⁴라 이름 지었다.

○○○ **3** 선행을 기리는 기념문으로 홍문紅門, 생정문生旌門이라고도 한다. 붉은색으로 단장하며 편액에는 충, 효, 열, 직함, 이름 등을 새긴다.

○○○ **4** 경주의 분황사 동쪽에 있었던 절이라고 하는데, 다른 사료는 없다.

왕력

중국	신라	고구려	백제

전한前漢

선제宣帝
오봉五鳳
갑자년(기원전 57년)부
터 4년 동안
감로甘露
무진년(기원전 53년)부
터 4년 동안
황룡黃龍
임신년(기원전 49년)부
터 1년 동안

원제元帝
초원初元
계유년(기원전 48년)부
터 5년 동안
영광永光
무인년(기원전 43년)부
터 5년 동안
건소建昭
계미년(기원전 38년)부
터 6년 동안

성제成帝
건시建始

제1대 혁거세赫居世
성은 박씨(朴氏)고 알
에서 태어났다. 열세 살
되던 갑자년(기원전 57
년)에 즉위하여 60년
동안 다스렸다. 왕비는
아이영(娥伊英) 또는
아영(娥英)이라고 한다.
나라 이름은 서라벌(徐
羅伐)이며, 서벌(徐伐),
사로(斯盧), 계림(鷄林)
이라고도 한다. 일설에
는 탈해왕 대에 이르러
비로소 계림이라 불렀
다고 한다.

갑신년(기원전 37년)에
금성(金城)을 쌓았다.

제1대 동명왕東明王
갑신년(기원전 37년)에
즉위하여 18년 동안 다
스렸다. 성은 고씨(高氏)
고 이름은 주몽(朱蒙),
추몽(鄒蒙)이라고도 한
다. 단군의 아들이다.

중국	신라	고구려	백제
기축년(기원전 32년)부터 4년 동안 **하평**河平 계사년(기원전 28년)부터 4년 동안 **양삭**陽朔 정유년(기원전 24년)부터 4년 동안 **홍가**鴻嘉 신축년(기원전 20년)부터 4년 동안 **영시**永始 을사년(기원전 16년)부터 4년 동안 **원연**元延 기유년(기원전 12년)부터 4년 동안 애제哀帝 **건평**建平 을묘년(기원전 6년)부터 4년 동안 **원수**元壽 기미년(기원전 2년)부터 2년 동안		제2대 유리왕瑠璃王 누리(累利), 유류(孺留)라고도 하며, 동명왕의 아들이다. 임인년(기원전 19년)에 즉위하여 36년 동안 다스렸다. 성은 해씨(解氏)다.	제1대 온조왕溫祚王 동명왕의 셋째 아들이며, 둘째 아들이라고도 한다. 계묘년(기원전 18년)에 즉위하여 45년 동안 다스렸다. 위례성(慰禮城)에 도읍했는데, 사천(蛇川)이라고도 하며, 지금의 직산(稷山)이다. 병진년(기원전 5년)에 한산(漢山)으로 도읍을 옮겼는데 지금의 광주(廣州)다.

중국	신라	고구리	백제	가락국
평제平帝				
원시元始 신유년(1년)부터 7 년 동안	제2대 남해차차 웅南海次次雄 아버지는 혁거세, 어머니는 알영(閼 英)이고, 성은 박 씨다. 왕비는 운제 (雲帝)부인이다. 갑자년(4년)에 즉 위하여 20년 동안 다스렸다. 이 왕위 를 거서간(居西干) 이라고 했다.	계해년(3년)에 국 내성(國內城)으로 도읍을 옮겼는데 불이성(不而城)이 라고도 한다.		
유자儒子 **초시初始** 무진년(8년)				
신실新室 **건국建國** 기사년(9년)부터 5년 동안				
천봉天鳳 갑술년(14년)부터 6년 동안		제3대 대무신왕 大武神王 이름은 무휼(無恤) 이며, 미류(味留)라 고도 한다. 성은 해 씨(解氏)고 유리왕 의 셋째 아들이다. 무인년(18년)에 즉 위하여 26년 동안 다스렸다.		
지황地皇 경진년(20년)부터 3년 동안				
경시更始 계미년(23년)부터 2년 동안				
후한後漢				가야(伽耶)라고도 하는데 지금의 금 주(金州)다.
광무제光武帝 **건무建武** 을유년(25년)부 터31년 동안	제3대 노례이질 금弩禮尼叱今 (弩를 儒라고도 한 다.) 아버지는 남해왕 이고 어머니는 운 제부인이다. 왕비 는 사요왕(辭要王) 의 딸 김씨다. 갑 신년(24년)에 즉 위하여 33년 동		제2대 다루왕多 婁王 온조왕의 둘째 아 들로 무자년(28년) 에 즉위하여 49년 동안 다스렸다.	
		제4대 민중왕閔 中王 이름은 색주(色朱) 고, 성은 해씨며, 대 무신왕의 아들이 다. 갑진년(44년)		수로왕首露王 임인년(42년) 3월 에 알에서 태어나,

중국	신라	고구려	백제	가락국
	안 다스렸다. 이질금은 이사금(尼師今)이라고도 한다.	에 즉위하여 4년 동안 다스렸다.		그 달에 즉위하여 158년 동안 다스렸다. 금알에서 나왔으므로 성을 김씨라 했다. 개황력(開皇曆)에 실려 있다.
중원中元 병진년(56년)부터 2년 동안		**제5대 모본왕慕本王** 민중왕의 형으로 이름은 애류(愛留) 혹은 우무(憂戊)라고도 한다. 무신년(48년)에 즉위하여 5년 동안 다스렸다.		
명제明帝 **영평永平** 무오년(58년)부터 17년 동안	제4대 탈해이질금脫解尼叱今 (토해라고도 한다.) 성은 석씨(昔氏)다. 아버지는 완하국(琓夏國) 함달파왕(含達婆王)이며, 화하국왕(花夏國王)이라고도 한	**제6대 국조왕國祖王** 이름은 궁(宮)이며 태조왕(太祖王)이라고도 한다. 계축년(53년)에 즉위하여 93년 동안 다스렸다. 후한		
장제章帝 **건초建初** 병자년(76년)부터 8년 동안	다. 어머니는 적녀국왕(積女國王)의 딸이다. 왕비는 남해왕의 딸 아로(阿老)부인이다. 정사년(57년)에 즉위하여 23년 동안 다스렸다. 왕이 죽자 미소소정구(未召疏井丘)에 수장하고 그 뼈로 소상을 만들어 동악(東岳)에 봉안했으니, 지금의 동악대왕이다.	전(後漢傳)에 "처음 태어나 눈을 뜨고 물건을 보았다."라고 한다. 뒤에 동복아우 차대왕에게 자리를 내주었다.	제3대 기루왕己婁王 다루왕의 아들로 정축년(77년)에 즉위하여 55년 동안 다스렸다.	

중국	신라	고구려	백제	가락국
	제5대 파사이질 금婆娑尼叱今			
원화元和 갑신년(84년)부터 3년 동안 **장화章和** 정해년(87년)부터 2년 동안	성은 박씨고, 아버 지는 노례왕, 어머 니는 사요왕(辭要 王)의 딸이다. 왕비 는 사초(史肖)부인 이다. 경진년(80년) 에 즉위하여 32년 동안 다스렸다.			
화제和帝 **영원永元** 기축년(89년)부터 17년 동안				
상제殤帝 **원흥元興** 을사년(105년)				
안제安帝 **연평延平** 병오년(106년)				
영초永初 정미년(107년)부 터 7년 동안 **원초元初** 갑인년(114년)부 터 6년 동안 **영녕永寧** 경신년(120년) **건광建光** 신유년(121년) **연광延光** 임술년(122년)부 터 4년 동안	제6대 지마이질 금祇磨尼叱今 지미(祇味)라고도 하며, 성은 박씨다. 아버지는 파사왕, 어머니는 사초부 인이다. 왕비는 마 제국왕(磨帝國王) 의 딸 □례(□禮) 부인으로, 애례 (愛禮)라고도 하 며 김씨다. 임자년			

중국	신라	고구려	백제	가락국
순제順帝 **영건永建** 병인년(126년)부터 6년 동안 **양가陽嘉** 임신년(132년)부터 4년 동안 **영화永和** 병자년(136년)부터 6년 동안 **한안漢安** 임오년(142년)부터 2년 동안 **건강建康** 갑신년(144년)	(112년)에 즉위하여 23년 동안 다스렸다. 이 임금 때에 지금의 안강(安康)인 음질국(音質國)과 지금의 양산(梁山)인 압량국(押梁國)을 멸망시켰다.		제4대 개루왕蓋婁王 기루왕의 아들이며, 무진년(128년)에 즉위하여 38년 동안 다스렸다.	
충제沖帝 **영가永嘉** 을유(145년) 질제質帝 **본초本初** 병술(146년) 환제桓帝 **건화建和** 정해년(147년)부터 3년 동안 **화평和平** 경인년(150년) **원가元嘉** 신묘년(151년)부	제7대 일성이질금逸聖尼叱今 아버지는 노례왕의 형, 또는 지마왕이며, 왕비는 □례부인이다. 일지(日知)갈문왕의 아버지다. □례부인은 지마왕의 딸이다. 어머니는 이간생(伊刊生)부인이며 □□왕부인이라고도 하는데 박씨다. 갑술년(134년)에 즉위하여 20년 동안 다스렸다.	제7대 차대왕次大王 이름은 수(遂)며 국조왕(國祖王)의 아우다. 병술년(146년)에 즉위하여 19년 동안 다스렸다.		

중국	신라	고구려	백제	가락국
터 2년 동안 **영흥永興** 계사년(153년)부터 2년 동안 **영수永壽** 을미년(155년)부터 3년 동안 **연희延熹** 무술년(158년)부터 9년 동안 **영강永康** 정미년(167년) 영제靈帝 **건녕建寧** 무신년(168년)부터 4년 동안 **희평熹平** 임자년(172년)부터 6년 동안 **광화光和** 무오년(178년)부터 6년 동안 **중평中平** 갑자년(184년)부터 5년 동안 홍농洪農 **영한永漢** 기사년(189년) 헌제獻帝 **초평初平** 경오년(190년)부터 4년 동안 **흥평興平** 갑술년(194년)부터 2년 동안 **건안建安**	제8대 **아달라이질금**阿達羅尼叱今 또 왜국과 더불어 □□□□령(倭國相□□□□嶺), 입현(立峴)은 지금 미륵대원(彌勒大院)의 동쪽에 있는 고개다. 제9대 **벌휴이질금**伐休尼叱今	을사년(165년)에 국조왕의 나이는 119세였는데, 형제 두 임금이 모두 신대왕에게 살해되었다. 제8대 **신대왕**新大王 이름은 백고(伯固)며, 백구(伯句)라고도 한다. 을사년(165년)에 즉위하여 14년 동안 다스렸다. 제9대 **고국천왕**故國川王 이름은 남호(男虎), 또는 이모(夷謨)라고도 한다. 기미년(179년)에 즉위하여, 20년 동안 다스렸다. 국천(國川)을 국양(國壤)이라고도 하는데, 장지(葬地)의 이름이다.	제5대 **초고왕**肖古王 소고왕(素古王)이라고도 하며, 개루왕의 아들이다. 병오년(166년)에 즉위하여 50년 동안 다스렸다.	

중국	신라	고구려	백제	가락국
병자년(196년)부터 24년 동안 **조위曹魏** 문제文帝 **황초黃初** 경자년(220년)부터 7년 동안 명제明帝 **태화太和** 정미년(227년)부터 6년 동안 **청룡青龍** 계축년(233년)부터 4년 동안 **경초景初** 정사년(237년)부터 3년 동안 제왕齊王 **정시正始** 경신년(240년)부터 9년 동안 **가평嘉平** 기사년(249년)부터 5년 동안 고귀향공高貴鄕公 **정원正元** 갑술년(254년)부터 2년 동안 **감로甘露** 병자년(256년)부	제10대 나해이질금奈解尼叱수 제11대 조분이질금助賁尼叱수 제12대 이해이질금理解尼叱수 점해왕(詁解王)이라고도 하며 석씨다. 조분왕의 동복 아우로 정묘년(247년)에 즉위하여 15년 동안 다스렸다. 처음으로 고구려와 국교를 통했다.	제10대 산상왕山上王 제11대 동천왕東川王 제12대 중천왕中川王	제6대 구수왕仇首王 귀수(貴須)라고 하며, 초고왕의 아들이다. 갑오년(214년)에 즉위하여 21년 동안 다스렸다. 제7대 사반왕沙泮王 사□왕이라고도 하며, 구수왕(仇首王)의 아들이다. 즉위하자마자 폐위되었다. 제8대 고이왕古爾王 초고왕의 아우로 갑인년(234년)에 즉위하여, 52년 동안 다스렸다.	제2대 거등왕居登王 수로왕의 아들로 어머니는 허황후다. 기묘년(199년)에 즉위하여 55년 동안 다스렸다. 성은 김씨다.

중국	신라	고구려	백제	가락국
터 4년 동안				
진류왕陳留王 **경원景元** 경진년(260년)부터 4년 동안				제3대 마품왕麻品王 아버지는 거등왕, 어머니는 천부경(泉府卿) 신보(申輔)의 딸 모정(慕貞)부인이다. 기묘년(259년)에 즉위하여 32년 동안 다스렸다.
	제13대 미추이질今未鄒尼叱今 미소(味炤), 미조(未祖), 또는 미소(未召)라고도 한다. 성은 김씨며, 김씨로는 처음 즉위했다. 아버지는 구도(仇道)갈문왕, 어머니는 생호(生乎)부인인데, 술례(述禮)부인이라고도 하며, 이비(伊非)갈문왕의 딸이다. 왕비는 제분왕(諸賁王)의 딸인 광명랑(光明娘)이다. 임오년(262년)에 즉위하여 22년 동안 다스렸다.			
서진西晉 무제武帝 **태시泰始** 을유년(265년)부터 10년 동안 **함녕咸寧** 을미년(275년)부터 5년 동안 **태강太康** 경자년(280년)부터 11년 동안		제13대 서천왕西川王 이름은 약로(藥盧)며, 약우(若友)라고도 한다. 경인년(270년)에 즉위하여 20년 동안 다스렸다.	제9대 책계왕責稽王 고이왕의 아들로 청제(責替)라고도 하는데, 잘못이다. 병오(286년)에 즉위하여 12년 동안 다스렸다.	
	제14대 유례이질今儒禮尼叱今 세리지왕(世里智王)이라고도 하			

중국	신라	고구려	백제	가락국
	며 석씨다. 아버지는 제분왕, 어머니는 □소(□召)부인 박씨다. 갑진년(284년)에 즉위하여 15년 동안 다스렸다. 월성(月城)을 보수했다.			
혜제惠帝 **원강元康** 신해년(291년)부터 9년 동안 **영녕永寧** 경신년(300년)부터 2년 동안 **태안太安** 임술년(302년)부터 2년 동안 **영흥永興** 갑자년(304년)부터 3년 동안 **광희光熙** 병인년(306년) 회제懷帝 **영가永嘉** 정묘년(307년)부터 6년 동안	제15대 기림이질 금基臨尼叱今 기림왕(基立王)이라고도 하며 석씨다. 제분왕의 둘째 아들로 어머니는 아이혜부인(阿爾今夫人)이다. 무오년(298년)에 즉위하여 12년 동안 다스렸다. 정묘(307년)에 국호를 신라로 정했다. 신(新)은 덕업이 나날이 새로워지는 것을 뜻하고, 라(羅)는 사방의 백성들을 총망라한다는 뜻이다. 혹은 지증왕이나 법흥왕 때 정해졌다고도 한다.	제14대 봉상왕烽上王 치갈왕(雉葛王)이라고도 하며 이름은 상부(相夫)다. 임자년(292년)에 즉위하여 8년 동안 다스렸다. 제15대 미천왕美川王 호양(好攘)이라고도 하며, 이름은 을불(乙弗) 또는 우불(憂弗)이다. 경신년(300년)에 즉위하여 31년 동안 다스렸다.	제10대 분서왕汾西王 책계왕의 아들이다. 무오(298년)에 즉위하여 6년 동안 다스렸다. 제11대 비류왕比流王 구수왕의 둘째 아들로, 사반왕의 동생이다. 갑자년(304년)에 즉위하여 40년 동안 다스렸다.	제4대 거질미왕居叱彌王 금물(今勿)왕이라고도 한다. 아버지는 마품왕, 어머니는 호구(好仇)다. 신해년(291년)에 즉위하여 55년 동안 다스렸다.
민제愍帝 **건흥建興** 계유년(313년)부터 4년 동안	제16대 걸해이질 금乞解尼叱今			

602 ● 삼국유사

중국	신라	고구려	백제	가락국
동진東晉 중종中宗 **건무**建武 정축년(317년) **태흥**太興 무인년(318년)부 터 4년 동안 명제明帝 **영창**永昌 임오년(322년) **태녕**太寧 계미년(323년)부 터 3년 동안	성은 석씨다. 아버 지는 우로음(于老 音)각간으로, 내해 왕의 둘째 아들이 다. 경오년(310년) 에 즉위하여 46년 동안 다스렸다. 이 때에 백제 군사가 처음으로 침입했다.			
현종顯宗 **함화**咸和 병술년(326년)부 터 9년 동안 **함강**咸康 을미년(335년)부 터 8년 동안 강제康帝 **건원**建元 계묘년(343년)부 터 2년 동안 효종孝宗 **영화**永和 을사년(345년)부 터 12년 동안 **승평**昇平	기축년(329년)에 처음 벽골제(碧骨 堤)를 쌓았으며 주 위가 □만7026보 에다 □□가 166 보고, 논이 1만 4070□이었다. 제17대 나물마립 간奈勿麻立干 □□왕이라고도	제16대 국원왕國 原王 이름은 조(釗) 또 는 사유(斯由)며, 강상왕(岡上王)이 라고도 한다. 신묘 년(331년)에 즉위 하여 40년 동안 다스렸다. 갑오년 (334년)에 평양성 을 중축했다. 임인 년(342년) 8월에 안시성으로 도읍	제12대 계왕契王 분서왕의 맏아들 이다. 갑진년(344 년)에 즉위하여 2 년 동안 다스렸다.	제5대 이품왕伊 品王 아버지는 거질미 왕, 어머니는 아지

중국	신라	고구려	백제	가락국
정사년(357년)부터 5년 동안 애제哀帝 **융화隆和** 임술년(362년) **흥녕興寧** 계해년(363년)부터 3년 동안 폐제廢帝 **태화太和** 병인년(366년)부터 5년 동안 간문제簡文帝 **함안咸安** 신미년(371년)부터 2년 동안 열종烈宗 **영강寧康** 계유년(373년)부터 3년 동안 **태원太元** 병자년(376년)부터 21년 동안	하며 김씨다. 아버지는 구도(仇道) 갈문왕, 또는 미소(未召)왕의 아우 미구(未仇) 각간이다. 어머니는 휴례(休禮)부인 김씨다. 병진년(356년)에 즉위하여 46년 동안 다스렸다. 능은 점성대(占星臺) 서남쪽에 있다.	을 옮겼으니, 곧 환도성(丸都城)이다. 제17대 소수림왕 小獸林王 이름은 구부(丘夫)다. 신미년(371년)에 즉위하여 13년 동안 다스렸다. 제18대 국양왕國壤王 이름은 이속(伊速)이며, 어지지(於只支)라고도 한다. 갑신년(384년)에 즉위하여 8년 동안 다스렸다.	제13대 근초고왕 近肖古王 비류왕의 둘째 아들로 병오년(346년)에 즉위하여 29년 동안 다스렸다. 신미년(371년)에 북한산으로 도읍을 옮겼다. 제14대 근구수왕 近仇首王 근초고왕의 아들로 을해년(375년)에 즉위하여 9년 동안 다스렸다. 제15대 침류왕枕流王 근구수왕의 아들이며 갑신년(384년)에 즉위했다.	(阿志)다. 병오년(346년)에 즉위하여 60년 동안 다스렸다.

중국	신라	고구려	백제	가락국
안제安帝 **융안隆安** 정유년(397년)부터 5년 동안 **원흥元興** 임인년(402년)부터 3년 동안 **의희義熙** 을사년(405년)부터 14년 동안	제18대 실성마립간實聖麻立干 실주왕(實主王), 보금왕(寶金王)이라고도 한다. 아버지는 미추왕의 아우 대서지(大西知)각간이고 어머니는 예생(禮生)부인 석씨로 등야(登也)각간의 딸이다. 왕비는 아류(阿留)부인이다. 임인년(402년)에 즉위하여 15년 동안 다스렸다. 왕은 치술(鵄述)의 아버지다.	제19대 광개토왕廣開土王 이름은 담덕(談德)이며 임진년(392년)에 즉위하여 21년 동안 다스렸다.	제16대 진사왕辰斯王 침류왕의 아우로 을유년(385년)에 즉위하여 7년 동안 다스렸다.	
		제20대 장수왕長壽王 이름은 신련(臣連)이며 계축년(413년)에 즉위하여 79년 동안 다스렸다.	제17대 아신왕阿莘王 아방왕(阿芳王)이라고도 하며, 진사왕의 아들이다. 임진년(392년)에 즉위하여 13년 동안 다스렸다.	제6대 좌지왕坐知王 김토왕(金吐王)이라고도 한다. 아버지는 이품왕(伊品王)이고 어머니는 정신(貞信)이다. 정미년(407년)에 즉위하여 14년 동안 다스렸다.
공제恭帝 **원희元熙** 기미년(419년) **송宋** 무제武帝 **영초永初**	제19대 눌지마립간訥祗麻立干 내지왕(內只王)이라고도 하며, 김씨다. 아버지는 나물왕이고 어머니는 내례희(內禮希)부인 김씨로 미추왕의 딸이다. 정사년(417년)에 즉위하여 41년 동안 다스렸다.		제18대 전지왕腆支王 진지왕(眞支王)이라고도 한다. 이름은 영(映)이며 아신왕의 아들이다. 을사년(405년)에 즉위하여 15년 동안 다스렸다.	

중국	신라	고구려	백제	가락국
경신년(420년)부터 3년 동안 소제小帝 **경평景平** 계해년(423년) 문제文帝 **원가元嘉** 갑자년(424년)부터 29년 동안 세조世祖 **태초太初** 계사년(453년) 효무제孝武帝 **효건孝建** 갑오년(454년)부터 3년 동안 **대명大明** 정유년(457년)부터 8년 동안 태종太宗 **태시泰始** 을사년(465년)부터 8년 동안 후폐제後廢帝 **원휘元徽** 계축년(473년)부터 4년 동안 순제順帝 **승명昇明** 정사년(477년)부	제20대 자비마립간慈悲麻立干 김씨다. 아버지는 눌지왕이고, 어머니는 아로(阿老)부인, 또는 차로(次老)부인으로 실성왕의 딸이다. 무술년(458년)에 즉위하여 21년 동안 다스렸다. 왕비는 파호(巴胡) 갈문왕의 딸이며, 미질희(未叱希)각간 또는 미흔(未欣)각간의 딸이라고	정묘년(427년)에 수도를 평양으로 옮겼다.	제19대 구이신왕久爾辛王 전지왕의 아들이다. 경신년(420년)에 즉위하여 7년 동안 다스렸다. 제20대 비유왕毗有王 구이신왕의 아들로 정묘년(427년)에 즉위하여 28년 동안 다스렸다. 제21대 개로왕盖鹵王 근(近)개로왕이라고도 하며 이름은 경사(慶司)다. 을미년(455년)에 즉위하여 20년 동안 다스렸다. 제22대 문주왕文周王 문주(文州)왕이라고도 하며 개로왕의 아들이다. 을묘년(475년)에 즉위하여 웅천(熊川)으로 도읍을 옮겼으며 2년 동안 다	제7대 취희왕吹希王 김희왕(金喜王)이라고도 하며, 아버지는 좌지왕이고 어머니는 복수(福壽)다. 신유년(421년)에 즉위하여 30년 동안 다스렸다. 제8대 질지왕銍知王 김질왕(金銍王)이라고도 한다. 아버지는 취희왕이고 어머니는 인덕(仁德)이다. 신묘년(451년)에 즉위하여 36년 동안 다스렸다.

중국	신라	고구려	백제	가락국
터 2년 동안	도 한다.		스렸다.	
	처음으로 오나라와 (국교를) 통했다. 기미년(479년)에 왜국의 군사가 침입했다. 처음으로 명활성(明活城)을 쌓고 들어가 피했다. (그들이 또) 와서 양주(梁州)의 두 성을 에워쌌지만 이기지 못하고 돌아갔다.		제23대 삼근왕三斤王 삼걸왕(三乞王)이라고도 한다. 문주왕의 아들로 정사년(477년)에 즉위하여 2년 동안 다스렸다.	
제齊				
태조太祖 **건원建元** 기미년(479년)부터 4년 동안	제21대 비처마립간毗處麻立干 소지왕(炤知王)이라고도 하며 김씨다. 자비왕의 셋째 아들로 어머니는 미혼 각간의 딸이다. 기미년(479년)에 즉위하여 21년 동안 다스렸다. 왕비는 기보(期寶) 갈문왕의 딸이다.	제21대 문자명왕文咨明王 이름은 명리호(明理好)다. 개운(个雲), 고운(高雲)이라고도 한다. 임신년(492년)에 즉위하여 27년 동안 다스렸다.	제24대 동성왕東城王 이름은 모대(牟大)이며, 마제(麻帝) 또는 여대(餘大)라고도 한다. 삼근왕의 사촌동생이다. 기미년(479년)에 즉위하여 26년 동안 다스렸다.	제9대 겸지왕鉗知王 아버지는 질지왕, 어머니는 방원(邦媛)이다. 임신년(492년)에 즉위하여 29년 동안 다스렸다.
무제武帝 영명永明 계해년(483년)부터 11년 동안 폐제廢帝 고종高宗 **건무建武** 갑술년(494년)부터 4년 동안				

중국	신라	고구려	백제	가락국
영태永泰 무인년(498년) **영원永元** 기묘년(499년)부터 2년 동안 화제和帝 **중흥中興** 신사년(501)	제22대 지정마립 간智訂麻立干 지철로(智哲老) 또 는 지도로왕(智度 路王)이라고도 하 며 김씨다. 아버지 는 눌지왕의 동생 기보갈문왕이고, 어머니 오생(烏生) 부인은 눌지왕의 딸이다. 왕비 영제 (迎帝)부인은 검 남대한지등허(儉 攬代漢只登許)각 간의 딸이다. 경진 년(500년)에 즉 위하여 14년 동안 다스렸다.		제25대 무령왕武 寧王 이름은 사마(斯摩) 이며 동성왕의 둘 째 아들이다. 신사 년(501년)에 즉위 하여 22년 동안 다스렸다. 『남사 (南史)』에 "이름이 부여융(扶餘隆) 이다."라고 했는데 잘못이다. 융은 보 장왕(의자왕)의 태 자로『당사(唐史)』 에 자세하게 실려 있다.	
양梁 고조高祖 **천감天監** 임오년(502년)부터 18년 동안	이상을 상고(上古) 라 하고 이하를 중 고(中古)라 한다.			
	제23대 법흥왕法 興王 이름은 원종(原 宗)이며 김씨다. 『책부원구(册府元	제22대 안장왕安 藏王 이름은 흥안(興安) 이며 기해년(519 년)에 즉위하여 12		

중국	신라	고구려	백제	가락국
보통普通 경자년(520년)부터 7년 동안 **대통**大通 정미년(527년)부터 2년 동안 **중대통**中大通 기유년(529년)부터 6년 동안 **대동**大同 을묘년(535년)부터 11년 동안	龜)』에 "성은 모씨(募氏)고 이름은 진(秦)이다."라고 했다. 아버지는 지정왕, 어머니는 영제부인이다. 법흥은 시호며, 이때부터 시호가 시작되었다. 갑오년(514년)에 즉위하여 26년 동안 다스렸다. 능은 애공사 북쪽에 있다. 왕비 파도(巴刀)부인은 법명이 법류(法流)며, 영흥사에 머물렀다. 처음으로 율령을 시행했고, 비로소 십재일(十齋日)에 살생을 금했으며, 사람들에게 도첩을 주어 승려가 되게 했다. 건원(建元) 병진년(536년)에 처음으로 연호를 제정했다.	년 동안 다스렸다. 제23대 안원왕安原王 이름은 보영(寶迎)이며 신해년(531년)에 즉위하여 14년 동안 다스렸다.	제26대 성왕聖王 이름은 명농(明襛)이며 무령왕의 아들이다. 계묘년(523년)에 즉위하여 31년 동안 다스렸다. 무오년(538년)에 사비로 도읍을 옮기고 남부여라 일컬었다.	10대 **구형왕**仇衡王 겸지왕의 아들이며 어머니는 □녀(□女)다. 신축년(521년)에 즉위하여 43년 동안 다스렸다. 중대통 4년 임자년(532년)에 신라에 땅을 바치고 항복했다. 수로왕 임인년(42년)부터 임자년에 이르기까지 도합 490년 동안이다. 나라가 없어졌다.

중국	신라	고구려	백제
	제24대 진흥왕眞興王 이름은 삼맥종(彡麥宗), 또는 심□(深□)이며 김씨다. 아버지는 법흥왕의 동생 입종(立宗)갈문왕이다. 어머니 지소(只召)부인은 식도(息道)부인이라고도 하는데 박씨며 모량리(牟梁里) 영실(英失) 각간의 딸이다. 죽을 때 머리를 깎고 세상을 떠났다. 경신년(540년)에 즉위하여 37년 동안 다스렸다.		
중대동中大同 병인년(546년) 태청太淸 정묘년(547년)부터 3년 동안		제24대 양원왕陽原王 양강왕(陽崗王)이라고도 하며 이름은 평성(平成)이다. 을축년(545년)에 즉위하여 14년 동안 다스렸다.	
간문제簡文帝 대보大寶 경오년(550년)			
후경侯景 대시大始 신미년(551년)	개국開國 신미년(551년)부터 17년 동안		
원제元帝 승성承聖 임신년(552년)부터 4년 동안			
경제敬帝 소태紹泰 을해년(555년) 태평太平 병자년(556년)			제27대 위덕왕威德王 이름은 창(昌)이며 명(明)이라고도 한다. 갑술년(554년)에 즉위하여 44년 동안 다스렸다.

중국	신라	고구려	백제
진陳 고조高祖 **영정永定** 정축년(557년)부터 3년 동안 문제文帝 **천가天嘉** 경진년(560년)부터 6년 동안 **천강天康** 병술년(566년) **광대光大** 정해년(567년)부터 2년 동안 선제宣帝 **태건太建** 기축년(569년)부터 14년 동안	**대창大昌** 무자년(568년)부터 4년 동안 **홍제鴻濟** 임진년(572년)부터 12년 동안(실제로는 5년에 끝남.) 제25대 진지왕眞智王 이름은 사륜(舍輪), 금륜(金輪)이라고도 하며 김씨다. 아버지는 진흥왕이다. 어머니는 박영실 각간의 딸 식도(息途)부인 또는 색도(色刀)부인이며 박씨다. 왕비 지도(知刀)부인은 기오공(起烏公)의 딸로 박씨다. 병신년(576년)에 즉위하여 4년 동안 다스렸다. 무덤은 애공사 북쪽에 있다.	제25대 평원왕平原王 평강왕(平岡王)이라고도 하며, 이름은 양성(陽城)인데 『남사(南史)』에는 고양(高陽)이라 했다. 기묘년(559년)에 즉위하여 31년 동안 다스렸다.	

중국	신라	고구려	백제
	제26대 진평왕眞平王 이름은 백정(白淨)이며, 아버지는 동륜(銅輪) 또는 동륜태자(東輪太子)다. 어머니는 입종 갈문왕의 딸 만호(萬呼) 또는 만녕(萬寧)부인이며 이름은 행의(行義)다. 첫째 왕비 마야(摩耶)부인 김씨의 이름은 복힐구(福肹口)다. 둘째 왕비는 승만부인(僧滿夫人) 손씨다. 기해년(579년)에 즉위했다.		
지덕至德 계묘년(583년)부터 4년 동안 **정명禎明** 정미년(587년)부터 3년 동안			
수隋 **문제文帝** **개황開皇** 경술년(590년)부터 11년 동안	**건복建福** 갑진년(584년)부터 50년 동안	제26대 영양왕嬰陽王 평양왕(平陽王)이라고도 한다. 이름은 원(元)이며 대원(大元)이라고도 한다. 경술년(590년)에 즉위하여 38년 동안 다스렸다.	제28대 혜왕惠王 이름은 계명(季明)이며 헌왕(獻王)이라고도 한다. 위덕왕의 아들로 무오년(598년)에 즉위했다.
인수仁壽 신유년(601년)부터 4년 동안			제29대 법왕法王 이름은 효순(孝順)이며, 선(宣)이라고도 한다. 혜왕의 아들로 기미년(599년)에 즉위했다.
양제煬帝 **대업大業** 을축년(605년)부터 12년 동안			제30대 무왕武王 무강왕(武康王) 또는 헌병왕(獻丙王)이라고도 하며, 어렸을 때의 이름은 일기사덕(一耆篩

중국	신라	고구려	백제
공제恭帝 **의령義寧** 정축년(617) **당唐** 고조高祖 **무덕武德** 무인년(618년)부터 9년 동안 태종太宗 **정관貞觀** 정해년(627년)부터 23 년 동안	제27대 선덕여왕善德 女王 이름은 덕만(德曼)이 며, 아버지는 진평왕, 어 머니는 마야부인 김씨 다. 성골(聖骨) 가운데 남자가 없었으므로 여 왕이 즉위했다. 왕의 남 편은 음갈문왕(飮葛文 王)이다. 인평(仁平) 갑 오년(634년)에 즉위하 여 14년 동안 다스렸다. 제28대 진덕여왕眞德 女王 이름은 승만(勝曼)이고 김씨다. 아버지는 진평 왕의 아우 국기안(國基 安)갈문왕이고, 어머니 아니(阿尼)부인 박씨 는 노추(奴追)□□□	제27대 영류왕榮留王 이름은 □□ 또는 건무 (建武)다. 무인년(618 년)에 즉위하여 24년 동안 다스렸다. 제28대 보장왕寶藏王 임인년(642년)에 즉위 하여 27년 동안 다스 렸다.	德)이다. 경신년(600년) 에 즉위하여 41년 동안 다스렸다. 제31대 의자왕義慈王 무왕의 아들이며, 신축 년(641년)에 즉위하여 20년 동안 다스렸다.

중국	신라	고구려	백제
	갈문왕의 딸이다. 혹은 월명(月明)이라고도 하는데, 잘못이다. 정미년(647년)에 즉위하여 7년 동안 다스렸다.		
고종高宗 **영휘永徽** 경술년(650년)부터 6년 동안	**태화太和** 갑신년(648년)부터 6년 동안 이상은 중고(中古)며 성골의 왕이고, 이하는 하고(下古)며 진골의 왕이다.		
현경顯慶 병진년(656년)부터 5년 동안	제29대 태종무열왕太宗武烈王 이름은 춘추(春秋)며 김씨다. 진지왕의 아들 용춘탁문흥(龍春卓文興) 갈문왕의 아들이다. 용춘은 용수(龍樹)라고도 한다. 어머니 천명(天明)부인의 시호는 문정(文貞)태후며, 진평왕의 딸이다. 왕비 훈제(訓帝)부인의 시호는 문명(文明)왕후로, 김유신의 누이며 어렸을 때의 이름은 문희(文熙)다. 갑인년(654년)에 즉위하여 7년 동안 다스렸다.		경신년(660년)에 나라가 없어졌다. 온조왕 계묘년(기원전 18년)부터 경신년에 이르기까지 678년 동안이다.
용삭龍朔 신유년(661년)부터 3년 동안 **인덕麟德** 갑자년(664년)부터 2년 동안	제30대 문무왕文武王 이름은 법민(法敏)이며, 태종의 아들이다. 어머니는 훈제부인이		

중국	신라	고구려	백제
건봉乾封 병인년(666년)부터 2년 동안 **총장總章** 무진년(668년)부터 2년 동안	다. 왕비 자의(慈義)는 자눌(慈訥)왕후라고도 하며, 선품(善品) 해간의 딸이다. 신유년(661년)에 즉위하여 20년 동안 다스렸다. 능은 감은사 동쪽 바다 가운데 있다.	무진년(668)에 나라가 없어졌다. 동명왕 갑신년(기원전 37년)부터 무진년에 이르기까지 모두 705년 동안이다.	

중국	신라
함형咸亨 경오년(670년)부터 4년 동안 **상원**上元 갑술년(674년)부터 2년 동안 **의봉**義鳳 병자년(676년)부터 3년 동안 **조로**調露 기묘년(679년) **영륭**永隆 경진년(680년) **개요**開耀 신사년(681년) **영순**永淳 임오년(682년)	**제31대 신문왕**神文王 김씨며 이름은 정명(政明), 자는 일소(日炤)다. 아버지는 문무왕, 어머니는 자눌왕후다. 왕비 신목(神穆)왕후는 김운공(金運公)의 딸이다. 신사년(681년)에 즉위하여 11년 동안 다스렸다.
무후武后 **홍도**洪道 계미년(683년) **문명**文明 갑신년(684년) **수공**垂拱 을유년(685년)부터 4년 동안 **영창**永昌 기축년(689년) **주**周 **천수**天授 경인년(690년)부터 2년 동안 **장수**長壽 임진년(692년)부터 2년 동안 **연재**延載 갑오년(694년) **천책**天册 을미년(695년) **통천**通天 병신년(696년)	**제32대 효소왕**孝昭王 이름은 이공(理恭), 홍(洪)이라고도 하며 김씨다. 아버지는 신문왕, 어머니는 신목왕후다. 임진년(692년)에 즉위하여 10년 동안 다스렸다. 능은 망덕사 동쪽에 있다.

중국	신라
신공神功 정유년(697년)	
성력聖曆 무술년(698년)부터 2년 동안 **구시久視** 경자년(700년)부터 2년 동안 **장안長安** 신축년(701년)부터 4년 동안 **당唐** 중종中宗 **신룡神龍** 을사년(705년)부터 2년 동안 **경룡景龍** 정미년(707년)부터 3년 동안 예종睿宗 **경운景雲** 경술년(710년)부터 2년 동안 현종玄宗 **선천先天** 임자년(712년) **개원開元** 계축년(713년)부터 29년 동안 **천보天寶** 임오년(742년)부터 14년 동안	**제33대 성덕왕聖德王** 이름은 흥광(興光)이고 본명은 융기(隆基)며 효소왕의 동복 아우다. 첫째 왕비 배소(陪昭)왕후의 시호는 엄정(嚴貞)인데 원대(元大) 아간의 딸이고, 둘째 왕비 점물(占物)왕후의 시호는 소덕(炤德)이며 순원(順元) 각간의 딸이다. 임인년(702년)에 즉위하여 35년 동안 다스렸다. 능은 동촌 남쪽에 있는데, 양장곡(楊長谷)이라고도 한다. **제34대 효성왕孝成王** 김씨다. 이름은 승경(承慶)이고 아버지는 성덕왕, 어머니는 소덕태후다. 왕비 혜명(惠明)왕후는 진종(眞宗) 각간의 딸이다. 정축년(737년)에 즉위하여 5년 동안 다스렸다. 법류사에서 화장하여 동해에 유골을 뿌렸다. **제35대 경덕왕景德王** 김씨다. 이름은 헌영(憲英)이고 아버지는 성덕왕, 어머니는 소덕태후다. 첫째 왕비 삼모(三毛)부인은 궁궐에서 나가 후손이 없었다. 둘째

중국	신라
	왕비 만월(滿月)부인의 시호는 경수(景垂)왕후며 (수(垂)자가 목(穆)자로 된 곳도 있다.) 의충(依忠) 각간의 딸이다. 임오년(742년)에 즉위하여 23년 동안 다스렸다. 처음 경지사 서쪽 산에 장사 지내고 돌을 다듬어 능을 만들었으나 나중에 양장곡 가운데로 옮겨 장사 지냈다.
숙종肅宗	
지덕至德	
병신년(756년)부터 2년 동안	
건원乾元	
무술년(758년)부터 2년 동안	
상원上元	
경자년(760년)부터 2년 동안	
보응寶應	
임인년(761년)	
대종代宗	
광덕廣德	
계묘년(763년)부터 2년 동안	
영태永泰	**제36대 혜공왕**惠恭王
을사년(765년)	김씨고, 이름은 건운(乾運)이다. 아버지는 경덕왕, 어머니는 만월왕
대력大曆	후다. 첫째 왕비 신파(神巴)부인은 위정(魏正) 각간의 딸이고, 둘째
병오년(766년)부터 14년 동안	왕비 창창(昌昌)부인은 김장(金將) 각간의 딸이다. 을사년(765년)에 즉위하여 15년 동안 다스렸다.
덕종德宗	**제37대 선덕왕**宣德王
건중建中	김씨고, 이름은 양상(亮相)이다. 아버지 효방(孝方) 해간은 개성(開
경신년(780년)부터 4년 동안	聖)대왕에 추봉되었는데, 원훈(元訓) 각간의 아들이다. 어머니 사소
흥원興元	(四召)부인의 시호는 정의(貞懿)태후며, 성덕왕의 딸이다. 왕비 구족
갑자년(784년)	(具足)왕후는 낭품(狼品) 각간의 딸이다. 경신년(780년)에 즉위하여 5년 동안 다스렸다.
정원貞元	
을축년(785년)부터 20년 동안	**제38대 원성왕**元聖王
	김씨고, 이름은 경신(敬愼) 또는 경신(敬信)이며,『당서(唐書)』에는 경칙(敬則)이라 했다. 아버지 효양(孝讓) 대아간은 명덕(明德)대왕에 추봉되었다. 어머니 인국(仁國)은 지오(知烏)부인이라고도 하는데, 시호는 소문(昭文)왕후며 창근이기(昌近伊己)의 딸이다. 왕비 숙정

중국	신라
	(淑貞)부인은 신술(神述) 각간의 딸이다. 을축년(785년)에 즉위하여 14년 동안 다스렸다. 능은 곡사(鵠寺)에 있는데, 지금의 숭복사(崇福寺)다. 최치원이 지은 비석이 있다.
	제39대 소성왕昭聖王
	소성왕(昭成王)이라고도 한다. 김씨고, 이름은 준옹(俊邕)이다. 아버지는 혜충(惠忠)태자고, 어머니는 성목(聖穆)태후다. 왕비 계화(桂花)왕후는 숙명공의 딸이다. 기묘년(799년)에 즉위했으나 곧 세상을 떠났다.
	제40대 애장왕哀莊王
순종順宗 **영정永貞** 을유년(805년)	김씨고, 이름은 중희(重熙)며 청명(淸明)이라고도 한다. 아버지는 소성왕, 어머니는 계화왕후다. 경진년(800년)에 즉위하여 10년 동안 다스렸다.(신묘년에 즉위했다고 기록되었지만, 잘못이다.) 원화 4년 기축년(809년) 7월 19일에 왕의 숙부 헌덕(憲德)과 흥덕(興德) 두 아간에게 시해되었다.
헌종憲宗 **원화元和** 병술년(806년)부터 15년 동안	**제41대 헌덕왕憲德王** 김씨고, 이름은 언승(彦升)이며 소성왕의 동복 아우다. 왕비 귀승낭(貴勝娘)의 시호는 황아(皇娥)왕후인데, 충공(忠恭) 각간의 딸이다. 기축년(809년)에 즉위하여 19년 동안 다스렸다. 능은 천림촌(泉林村) 북쪽에 있다.
목종穆宗 **장경長慶** 신축년(821년)부터 4년 동안	
경종敬宗 **보력寶曆** 을사년(825년)부터 2년 동안	
문종文宗 **태화太和** 정미년(827년)부터 9년 동안	**제42대 흥덕왕興德王** 김씨고, 이름은 경휘(景暉)다. 헌덕왕의 동복 아우다. 왕비 창화(昌花)부인의 시호는 정목(定穆)왕후며, 소성왕의 딸이다. 병오년(826년)에 즉위하여 10년 동안 다스렸다. 능은 안강 북쪽 비화양(比火壤)에 있으며, 왕비 창화부인과 합장했다.

중국	신라
개성開成 병진년(836년)부터 5년 동안	**제43대 희강왕僖康王** 김씨고, 이름은 개륭(愷隆)이며 제옹(悌顒)이라고도 한다. 아버지 헌정(憲貞)각간의 시호는 흥성(興聖)대왕이며 익성(翌成)이라고도 하는데, 예영(禮英) 잡간의 아들이다. 어머니 미도(美道)부인은 심내(深乃)부인 또는 파리(巴利)부인이라고도 한다. 시호는 순성(順成)태후며, 충연(忠衍) 대아간의 딸이다. 왕비 문목(文穆)왕후는 충효(忠孝)각간의 딸이며, 중공(重恭) 각간의 딸이라고도 한다. 병진년(836년)에 즉위하여 2년 동안 다스렸다.
	제44대 민애왕閔哀王 (민(閔)을 민(敏)이라고도 한다.) 김씨고, 이름은 명(明)이다. 아버지 충공(忠恭) 각간은 선강(宣康)대왕에 추봉되었다. 어머니 귀파(貴巴)부인의 시호는 선의(宣懿)왕후인데, 추봉된 혜충왕(惠忠王)의 딸이다. 왕비 무용(无容)왕후는 영공(永公) 각간의 딸이다. 무오년(838년)에 즉위하여 기미년(839년) 정월 22일에 세상을 떠났다.
	제45대 신무왕神武王 김씨고, 이름은 우징(佑徵)이다. 아버지 균정(均貞) 각간은 성덕(成德)대왕에 추봉되었고, 어머니는 정교(貞矯)부인이다. 할아버지 예영(禮英)은 혜강(惠康)대왕에 추봉되었다. 왕비 정종(貞從)은 계(繼)태후라고도 하며, 명해□(明海□)의 딸이다. 기미년(839년) 4월에 즉위하여 11월 23일에 세상을 떠났다.
무종武宗 **회창會昌** 신유년(841년)부터 6년 동안	
	제46대 문성왕文聖王 김씨고, 이름은 경응(慶膺)이다. 아버지는 신무왕, 어머니는 정종태후다. 왕비는 소명(炤明)왕후다. 기미년(839년) 11월에 즉위하여 19년 동안 다스렸다.
선종宣宗 **대중大中** 정묘년(847년)부터 13년 동안	
	제47대 헌안왕憲安王 김씨고, 이름은 의정(誼靖)이다. 신무왕의 아우며, 어머니는 흔명(昕

중국	신라
의종懿宗 **함통咸通** 경진년(860년)부터 14년 동안 희종僖宗 **건부乾符** 갑오년(874년)부터 6년 동안 **광명廣明** 경자년(880년) **중화中和** 신축년(881년)부터 4년 동안 **광계光啓** 을사년(885년)부터 3년 동안 소종昭宗 **문덕文德** 무신년(888년) **용기龍紀** 기유년(889년)	明)부인이다. 무인년(858년)에 즉위하여 3년 동안 다스렸다. **제48대 경문왕景文王** 김씨고, 이름은 응렴(膺廉)이다. 아버지 계명(啓明) 각간은 의공(義恭)대왕(義가 懿로 된 곳도 있다.)에 추봉되었으며, 희강왕의 아들이다. 어머니는 신무왕의 딸 광화(光和)부인이고, 왕비 문자(文資)황후는 헌안왕의 딸이다. 신사년(861년)에 즉위하여 14년 동안 다스렸다. **제49대 헌강왕憲康王** 김씨고, 이름은 정(晸)이다. 아버지는 경문왕, 어머니는 문자황후다. 왕비는 의명(懿明)부인 또는 의명(義明)왕후다. 을미년(875년)에 즉위하여 11년 동안 다스렸다. **제50대 정강왕定康王** 김씨고, 이름은 황(晃)이며 민애왕의 동복 아우다. 병오년(886년)에 즉위했으나 곧 죽었다. **제51대 진성여왕眞聖女王** 김씨고, 이름은 만헌(曼憲)이며 정강왕의 동복 누이다. 왕의 남편 위홍(魏弘) 대각간은 혜성(惠成)대왕에 추봉되었다. 정미년(887년)에 즉위하여 10년 동안 다스렸다. 정사년(897년)에 소자(小子) 효공왕에게 왕위를 물려주고 12월에 죽으니, 화장하여 모량 서악(西岳) 또는 미황산(未黃山)에 뼈를 뿌렸다.

중국	신라	후고구려	후백제
		궁예弓裔	**견훤**甄萱
대순大順 경술년(890년)부터 2년 동안 **경복**景福 임자년(892년)부터 2년 동안 **건녕**乾寧 갑인년(894년)부터 4년 동안		대순 경술년(890년)에 비로소 북원(北原)의 도적 양길(良吉)의 군 영에 투항한다. 병진년 (896년)에 철원성(지금 의 동주(東州))에 도읍 했으나, 정사년(897년) 에 송악군(松岳郡)으 로 옮겼다.	임자년(892년)에 처음 으로 광주에 도읍했다.
	제52대 효공왕孝恭王 김씨고, 이름은 요(嶢) 다. 아버지는 헌강왕, 어 머니는 문자왕후다. 정 사년(897년)에 즉위하 여 15년 동안 다스렸다. 사자사 북쪽에 화장하 여, 구지제(仇知堤) 동쪽 산허리에 뼈를 묻었다.		
광화光化 무오년(898년)부터 3년 동안 **천복**天復 신유년(901년)부터 3년 동안			
경종景宗 **천우**天祐 갑자년(904년)부터 3년 동안		신유년(901년)에 고려 라고 일컬었다.	
주량朱梁			
태조太祖 **개평**開平 정묘년(907년)부터 4년	제53대 신덕왕神德王 박씨고, 이름은 경휘 (景徽), 본명은 수종(秀	갑자년(904년)에 국호 를 마진(摩震)이라 하 고, 원년을 무태(武泰)	

중국	신라	후고구려	후백제
동안 **건화乾化** 신미년(911년)부터 4년 동안	宗)이다. 어머니는 정화(貞花)부인이며, 부인의 아버지 순홍(順弘) 각간은 성무(成武)대왕에 추시(追諡)되었고, 할아버지 원□(元□) 각간은 아달라왕의 후손이다. 아버지 문원(文元) 이간은 흥렴(興廉)대왕에 추봉되었고, 할아버지는 문관(文官) 해간이다. 의부(義父) 예겸(銳謙) 각간은 선성(宣成)대왕에 추봉되었다. 왕비 자성(資成)왕후는 의성(懿成), 또는 효자(孝資)라고도 한다. 임신년(912)에 즉위하여 5년 동안 다스렸다. 화장하여 잠현(箴峴) 남쪽에 뼈를 묻었다.	라고 했다. 갑술년(914년)에 철원으로 돌아갔다.	
말제末帝 **정명貞明** 을해년(915년)부터 6년 동안 **용덕龍德** 신사년(921년)부터 2년 동안 **후당後唐**	**제54대 경명왕景明王** 박씨고, 이름은 승영(昇英)이다. 아버지는 신덕왕, 어머니는 자성왕후며, 왕비는 장사택(長沙宅)이다. 대존(大尊) 각간, 즉 추봉된 성희(聖僖)대왕의 아들로서, 대존은 바로 수종(水宗) 이간의 아들이다. 정축년(917년)에 즉위하여 7년 동안 다스렸다. 황복사에서 화장하여 성등	**태조太祖** 무인년(918년) 6월에 궁예가 죽고, 태조가 철원경에서 즉위했다. 기묘년(919년)에 도읍을 송악군으로 옮겼다. 이 해에 법왕사, 자운사, 왕륜사, 내제석사, 사나사 등의 절을 창건했고, 또 대선원(보제원), 신흥사, 문수사, 원통사, 지장사 등을 창건	

중국	신라	후고구려	후백제
장종莊宗 **동광同光** 계미년(923년)부터 3년 동안	잉산(省等仍山) 서쪽에 뼈를 뿌렸다. 제55대 **경애왕景哀王** 박씨고, 이름은 위응 (魏膺)이며 경명왕의	한다. 이 열 개의 절은 모두 이 해에 창건했다. 경진년(920년)에 유암 (乳岩) 밑에 유시(油市) 를 세웠으므로, 지금도 세속에서 이시(利市)를	
명종明宗 **천성天成** 병술년(926년)부터 4년 동안	동복 아우다. 어머니 는 자성왕후다. 갑신년 (924년)에 즉위하여 2 년 동안 다스렸다.	유하(乳下)라고 한다. 10월에 대흥사를 창건 했는데, 임오년(922년) 이라고도 한다. 또 임 오년에 일월사를 창건	
장흥長興 경인년(930년)부터 4년 동안	제56대 **경순왕景順王** 김씨고, 이름은 부(傅) 다. 아버지 효종(孝宗) 이간은 신흥대왕에 추 봉되었고, 할아버지 관 □(官□) 각간은 의흥	했는데, 신사년(921년) 이라고도 한다. 갑신년 (924년)에 외제석사, 신 중원, 흥국사를 창건했 다. 정해년(927년)에 묘	
민제·말제閔帝·末帝 **청태清泰** 갑오년(934년)부터 2년 동안	(懿興)대왕에 추봉되었 다. 어머니 계아(桂娥) 태후는 헌강왕의 딸이 다. 정해년(927년)에 즉 위하여 8년 동안 다스 리다가, 을미년(935년) 에 국토를 (고려)태조에 게 바치고 귀순했다. 태 평흥국(太平興國) 3년 무인년(978년)에 죽었 다. 능은 □□동향동 (□□東向洞)에 있다.	□사를 창건했고, 기축 년(929년)에 귀산사를 창건했다. 경인년(930 년)에는 □…□(이 아래 부터는 글자가 없다.)	
			을미년(935년)에 견훤 의 아들 신검(神劍)이 아버지의 자리를 빼앗 아 스스로 왕위에 올랐 다. 이 해에 나라가 없어 졌다.
석진石晉			
고조高祖 **천복天福** 병신년(936년)부터 8년 동안	오봉 갑자년(기원전 57 년)부터 을미년(935년) 에 이르기까지 모두 992년 동안이다.	병신년(936년)에 삼국 을 통일했다.	임자년(892년)부터 이 에 이르기까지 44년 만 에 망했다.

중국

전한前漢

고조(高祖), 혜제(惠帝), 문제(文帝), 경제(景帝), 무제(武帝), 소제(昭帝), 선제(宣帝), 원제(元帝), 성제(成帝), 애제(哀帝), 평제(平帝), 유자영(孺子嬰)

후한後漢

광무제(光武帝), 명제(明帝), 장제(章帝), 화제(和帝), 상제(殤帝), 안제(安帝), 순제(順帝), 충제(沖帝), 질제(質帝), 환제(桓帝), 영제(靈帝), 홍농왕(弘農王), 헌제(獻帝)

위魏 진晉 송宋 제齊 양梁 진陳 수隋

이당李唐

고조(高祖), 태종(太宗), 고종(高宗), 측천무후(則天武后), 중종(中宗), 예종(睿宗), 현종(玄宗), 숙종(肅宗), 대종(代宗), 덕종(德宗), 순종(順宗), 헌종(憲宗), 목종(穆宗), 경종(敬宗), 문종(文宗), 무종(武宗), 선종(宣宗), 의종(懿宗), 희종(僖宗), 소종(昭宗), 경종(景宗)

주량朱梁 후당後唐 석진石晉 유한劉漢 곽주郭周

대송大宋

발문 跋文°**1**

우리 동방의 삼국에는 『본사本史』와 『유사遺史』 두 책이 있으나, 달리 간행된 적은 없고 단지 본부本府°**2**에만 남아 있는데, 세월이 흘러 자획이 닳아 없어져 한 줄에서 읽어 낼 수 있는 것이 겨우 네댓 글자뿐이었다.

내가 생각건대 선비가 이 세상에 태어나 여러 사서史書를 두루 보아 천하 정치의 잘잘못과 흥함과 망함 그리고 여러 이적異跡까지도 널리 알고자 하는데, 하물며 이 나라에 살면서 역사를 알지 못해서야 되겠는가? 그래서 다시 간행하고자 널리 완본을 구했으나 몇 년이 지나도록 얻지 못했으니, 이 책이 세상에 널리 퍼지지 않아 사람들이 쉽게 구해 볼 수 없었음을 알 수 있었다. 그러므로 지금 다시 간행하지 않는다면 앞으로 실전失傳되어 동방의 지난 일을 후학들이 들어서 알 수 없게 될까 한탄스럽다.

다행히 우리의 유학도儒學徒 성주 목사星州牧使 권주權輳°**3** 공이 내가 이 책을 구한다는 말을 듣고는 완본을 구해서 보냈다. 나는 기

○○○ **1** 『삼국유사』의 전승 과정을 알 수 있는 중요한 자료로서 『삼국유사』의 유래, 보존 상태, 간행 동기, 유포 상태, 저본의 출처, 간행 방법과 보관, 간행 시기와 주재자, 주관자, 교정자 순으로 씌어 있다.

○○○ **2** 경주부慶州府를 말한다.

○○○ **3** 조선 성종 때 성주星州 목사를 지낸 사람이다. 본래 목사란 지방의 관찰사 아래에서 목牧을 다스리는 종3품의 외직이다.

쁘게 받고서 감찰사 상국相國 안당安瑭°4과 도사都事 박후전朴候佺에게 이 소식을 알리니 모두들 기뻐했다. 그래서 여러 고을에서 나누어 간행하도록 하여 우리 고을로 보내 간직하게 한 것이다.

아! 물건이란 오래되면 반드시 없어지게 마련이고, 없어지면 반드시 일어나게 마련이니, 일어났다가 없어지고 없어졌다가 일어나는 것이 당연한 이치다. 후세의 학자들 역시 이러한 이치를 알아 때로 일으켜 영원히 전할 것을 바란다.

황명皇明°5 정덕正德°6 임신년(1512년) 계동季冬에 부윤府尹 추성정난공신推誠定難功臣 가선대부嘉善大夫 경주진병마절제사慶州鎭兵馬節制使 전평군全平君 이계복李繼福은 삼가 발문을 쓰노라.

생원 이산보

교정생원 최기동

중훈대부 행경주부판관 경주진병마절제도위 이   류

봉직랑 수경상도도사 박   전

추성정난공신 가정대부 경상도관찰사 겸 병마수군절도사 안   당

○○○ 4 조선 중종 때의 학자로 좌찬승과 우의정까지 올랐으며 기묘사화를 일으켰다.

○○○ 5 황제가 있는 명나라를 높여 부른 것이다.

○○○ 6 명나라 무종武宗 주후희朱厚熙의 연호. 1506~1521년까지 사용했다.

원문

卷第一

紀異第一

敘曰, 大抵古之聖人, 方其禮樂興邦, 仁義設敎, 則怪力亂神, 在所不語. 然而帝王之將興也, 膺符命, 受圖籙, 必有以異於人者, 然後能乘大變, 握大器, 成大業也.

故, 河出圖, 洛出書, 而聖人作. 以至虹繞神母而誕羲, 龍感女登而生炎, 皇娥遊窮桑之野, 有神童自稱白帝子, 交通而生少昊, 簡狄吞卵而生契, 姜嫄履跡而生棄, 胎孕十四月而生堯, 龍交大澤而生沛公. 自此而降, 豈可殫記.

然則三國之始祖, 皆發乎神異, 何足怪哉, 此紀異之所以漸諸篇也, 意在斯焉.

古朝鮮〔王儉朝鮮〕

魏書云, 乃往二千載, 有壇君王儉, 立都阿斯達,〔經云, 無葉山, 亦云, 白岳, 在白州地. 或云, 在開城東, 今白岳宮是.〕開國號朝鮮, 與高(堯)同時.

古記云, 昔有桓國(因),〔謂帝釋也.〕庶子桓雄, 數意天下, 貪求人世. 父知子意, 下視三危太伯, 可以弘益人間, 乃授天符印三箇, 遣往理之. 雄率徒三千, 降於太伯山頂,〔卽太伯, 今妙香山〕神壇樹下, 謂之神市. 是謂桓雄天王也. 將風伯雨師雲師, 而主穀主命主病主刑主善惡凡主人間三百六十餘事, 在世理化. 時有一熊一虎, 同穴而居, 常祈于神雄, 願化爲人. 時神遺靈艾一炷, 蒜二十枚曰, 爾輩食之, 不見日光百日, 便得人形. 熊虎得而食之, 忌三七日, 熊得女身, 虎不能忌, 而不得人身. 熊女者, 無與爲婚, 故每於壇樹下, 呪願有孕, 雄乃假化而婚之, 孕生子, 號曰, 壇君王儉.

以唐高(堯)卽位五十年庚寅,〔唐高(堯)卽位元年戊辰, 則五十年丁巳, 非庚寅也, 疑其未實.〕都平壤城,〔今西京〕始稱朝鮮. 又移都於白岳山阿斯達. 又名弓〔一作方〕忽山, 又今彌達. 御國一千五百年. 周虎(武)王卽位己卯, 封箕子於朝鮮, 壇君乃移於藏唐京, 後還隱於阿斯達爲山神, 壽一千九百八歲.

唐裵矩傳云, 高麗本孤竹國,〔今海州〕周以封箕子爲朝鮮, 漢分置三郡, 謂玄菟樂浪帶方.〔北帶方〕通典亦同此說〔漢書, 則眞臨樂玄四郡, 今云三郡, 名又不同, 何耶.〕

魏滿朝鮮

前漢朝鮮傳云, 自始燕時, 常(嘗)略得眞番朝鮮,〔師古曰, 戰國時, 「燕」因(國)始略得此地也.〕爲置吏築障. 秦滅燕, 屬遼東外徼, 漢興, 爲遠難守, 復修遼東故塞, 至浿水爲界〔師古曰, 浿在樂浪郡〕, 屬燕. 燕王盧綰反入匈奴. 燕人魏滿亡命, 聚黨千餘人, 東走出塞, 渡浿水, 居秦故空地上下障. 稍役屬眞番朝鮮蠻夷, 及故燕齊亡命者, 王之, 都王儉,〔李曰, 地名. 臣讚(瓚)曰, 王儉城, 在樂浪郡浿水之東.〕以兵威, 侵降其旁小邑, 眞番, 臨屯, 皆來服屬, 方數千里. 傳子至孫右渠.〔師古曰, 孫名右渠.〕眞番, 辰國, 欲上書見天子, 雍閼不通.〔師古曰, 辰謂辰韓也.〕元封二年, 漢使涉何諭右渠, 終不肯奉詔. 何去至界, 臨浿水, 使馭刺殺送何者, 朝鮮裨王長.〔師古曰, 送何者名也.〕卽渡水, 馭(馳)入塞, 遂歸報. 天子拜何爲遼東之(東)部都尉, 朝鮮怨何, 襲攻殺何. 天子遣樓舡(船)將軍楊僕, 從齊浮渤海, 兵五萬, 左將軍荀彘, 出遼討右渠, 右渠發兵距嶮. 樓舡(船)將軍將齊七千人, 先致王儉. 右渠城守, 窺知樓舡(船)軍少, 卽出擊樓舡(船), 樓舡(船)敗走, 僕失衆, 遁山中獲免. 左將軍擊朝鮮浿水西軍, 未能破. 天子爲兩將未有利, 乃使衛山, 因兵威往諭右渠, 右渠請降, 遣太子獻馬, 人衆萬餘, 持兵, 方渡浿水, 使者及左將軍, 疑其爲變, 謂, 太子已服, 宜毋持兵. 太子亦疑使者詐之, 遂不渡浿水, 復引歸. 「山還報, 天子誅山. 左將軍破浿水上軍, 迺前至城下, 圍其西北, 樓舡亦往會居城南, 右渠堅守, 數月未能下. 天子以久不能決, 使故濟南太守公孫遂往正之, 有便宜將以從事. 遂至, 縛樓舡(船)將軍, 並其軍, 與左將軍, 急擊朝鮮, 朝鮮相路人, 相韓陶, 尼谿相參, 將軍王唊, 〔師古曰, 尼谿, 地名, 四人也.〕相與謀欲降, 王不肯之, 陶唊, 路人, 皆亡降漢, 路人道死, 元封三年夏, 尼谿相參, 使人殺王右渠來降. 王儉城末下, 故右渠之大臣成己又反, 左將軍使右渠子長, 路人子最, 告諭其民, 謀殺成己. 故遂定朝鮮, 爲眞番臨屯樂浪玄菟四郡.

馬韓

魏志云, 魏滿擊朝鮮, 朝鮮王準, 率宮人左右, 越海而南至韓地, 開國號馬韓. 甄萱上太祖書云, 昔馬韓先起, 赫(居)世勃興, 於是百濟開國於金馬山. 崔致遠云, 馬韓, 麗也, 辰韓, 羅也.〔據本紀, 則羅先起甲子, 麗後起甲申, 而此云者, 以王準言之耳. 以此知東明之起, 已竝馬韓而因之矣. 故稱麗爲馬韓, 今人或認金馬山, 以馬韓爲百濟者, 蓋誤濫也. 麗地自有「馬」邑山, 故名馬韓也.〕四夷, 九夷, 九韓, 穢, 貊, 周禮職方氏, 掌四夷九貊者, 東夷之種, 卽九夷也.

三國史云, 溟州, 古穢國, 野人耕田, 得穢王印獻之, 又春州, 古牛首州, 古貊國, 又或云, 今朔州, 是貊國, 或平壤城爲貊國. 淮南子注云, 東方之夷九種. 論語正義云, 九夷者, 一玄菟, 二樂浪, 三高麗, 四滿飾, 五鳧臾, 六素家, 七東屠, 八倭人, 九天鄙. 海東安弘記云, 九韓者, 一日本, 二中華, 三吳越, 四乇羅, 五鷹遊, 六靺鞨, 七丹國, 八女眞, 九穢貊.

二府

前漢書, 昭帝始元五年己亥, 置二外府, 謂朝鮮舊地, 平那及玄菟郡等, 爲平州都督府, 臨屯樂浪等兩郡之地, 置東部都尉府.〔私曰, 朝鮮傳則眞番·玄菟·臨屯·樂浪等四, 今有平那無眞番, 盖一地二名也.〕

七十二(八)國

通典云, 朝鮮之遺民, 分爲七十餘國, 皆地方百里. 後漢書云, 西漢以朝鮮舊地, 初置爲四郡, 後置二府, 法令漸煩, 分爲七十八國, 各萬戶.〔馬韓在西, 有五十四小邑, 皆稱國, 辰韓在東, 有十二小邑, 稱國, 卞韓在南, 有十二小邑, 各稱國.〕

樂浪國

前漢時, 始置樂浪郡. 應邵曰, 故朝鮮國也. 新唐書注云, 平壤城, 古漢之樂浪郡也. 國史云, 赫居世三十年, 樂浪人來投. 又第三弩禮王四年, 高麗第三無恤王, 伐樂浪滅之, 其國人與帶方,〔北帶方〕投于羅. 又無恤王二十七年, 光虎帝遣使伐樂浪, 取其地爲郡縣, 薩水已南屬漢.〔據上諸文, 樂浪卽平壤城, 宜矣. 或云樂浪中頭山下, 靺鞨之界, 薩水今大同江也. 未詳孰是.〕又百濟溫祚之言曰, 東有樂浪, 北有靺鞨, 則殆古漢時樂浪郡之屬縣之地也, 新羅人亦以稱樂浪, 故今本朝亦因之, 而稱樂浪郡夫人, 又太祖降女於金傅, 亦曰, 樂浪公主.

北帶方

北帶方, 本竹覃城. 新羅弩禮王四年, 帶方人與樂浪人, 投于羅.〔此皆前漢所置

二郡名, 其後僭稱國, 今來降.〕

南帶方

曹魏時, 始置南帶方郡,〔今南原府〕故云. 帶方之南, 海水千里, 曰瀚海.〔後漢建安中, 以馬韓南荒地, 爲帶方郡, 倭韓遂屬, 是也.〕

靺鞨〔一作勿吉〕渤海

通典云, 渤海, 本粟末靺鞨, 至其酋祚榮立國, 自號震旦. 先天中,〔玄宗壬子〕始去靺鞨號, 專稱渤海. 開元七年〔己未〕, 祚榮死, 諡爲高王. 世子襲立, 明皇賜典冊襲王, 私改年號, 遂爲海東盛國. 地有五京, 十五府, 六十二州. 後唐天成初, 契丹攻破之, 其後爲丹所制.〔三國史云, 儀鳳三年, 高宗戊寅, 高麗殘孼類聚, 北依太伯山下, 國號渤海. 開元二十年間, 明皇遣將討之. 又聖德王三十二年, 玄宗甲戌, 渤海靺鞨, 越海侵唐之登州, 玄宗討之. 又新羅古記云, 高麗舊將祚榮姓大氏, 聚殘兵, 立國於太伯山南, 國號渤海. 按上諸文, 渤海乃靺鞨之別種, 但開合不同而已. 按指掌圖, 渤海在長城東北角外.〕

賈耽郡國志云, 渤海國之鴨淥, 南海, 扶餘, 橻城四府, 並是高麗舊地也. 自新羅泉井郡,〔地理志, 朔州領縣, 有泉井郡, 今湧州〕至橻城府三十九驛. 又三國史云, 百濟末年, 渤海, 靺鞨, 新羅, 分百濟地.〔據此, 則渤海, 又分爲二國也.〕羅人云, 北有靺鞨, 南有倭人, 西有百濟, 是國之害也. 又靺鞨地接阿瑟羅州. 又東明記云, 卒本城地連靺鞨,〔或云, 今東眞〕羅第六祇麻(摩)王十四年,〔乙丑〕靺鞨兵大入北境, 襲大嶺柵, 過泥河. 後魏書, 靺鞨作勿吉, 指掌圖云, 挹婁與勿吉, 皆肅愼也. 黑水, 沃沮, 按東坡指掌圖, 辰韓之北, 有南北黑水.

按東明帝立十年, 滅北沃沮. 溫祚王四十二年, 南沃沮二十餘家, 來投新羅. 又赫居世五十二年, 東沃沮來獻良馬, 則又有東沃沮矣. 指掌圖, 黑水在長城北, 沃沮在長城南.

伊西國

弩禮王十四年, 伊西國人, 來攻金城. 按雲門寺古傳諸寺納田記云, 貞觀六年壬辰, 伊西郡今部村零味寺納田, 則今部村, 今淸道地, 卽淸道郡, 古伊西郡.

五伽耶

〔按駕洛記贊云, 垂一紫纓, 下六圓卵, 五歸各邑, 一在玆城, 則一爲首露王, 餘五各爲五伽耶之主, 金官不入五數, 當矣, 而本朝史略, 竝數金官, 而濫記昌寧, 誤.〕

阿羅〔一作耶〕伽耶,〔今咸安〕古寧伽耶,〔今咸寧〕大伽耶,〔今高靈〕星山伽耶,〔今京山, 「一」云碧珍〕小伽耶.〔今固城〕又本朝史略云, 太祖天福五年庚子, 改五伽耶名, 一金官,〔爲金海府〕二古寧,〔爲加利縣〕三非火.〔今昌寧, 恐高靈之訛〕餘二阿羅, 星山.〔同前, 星山或作碧珍伽耶〕

北扶餘

古記云, 前漢書宣帝神爵三年壬戌四月八日, 天帝降于訖升骨城,〔在大遼醫州界〕乘五龍車, 立都稱王, 國號北扶餘, 自稱名解慕漱, 生子名夫婁, 以解爲氏焉. 王後因上帝之命, 移都于東扶餘. 東明帝繼北扶餘而興, 立都于卒本州, 爲卒本扶餘, 卽高句麗之始.〔見下.〕

東扶餘

北扶餘王解夫婁之相阿蘭弗, 夢, 天帝降而謂曰, 將使吾子孫, 立國於此, 汝其避之, 〔謂東明將興之兆也.〕東海之濱, 有地名迦葉原, 土壤膏腴, 宜立王都. 阿蘭弗勸王, 移都於彼, 國號東扶餘.

夫婁老無子, 一日祭山川求嗣. 所乘馬至鯤淵, 見大石, 相對俠(淚)流, 王怪之, 使人轉其石, 有小兒, 金色蛙形, 王喜曰, 此乃天賚我令胤乎. 乃收而養之, 名曰金蛙, 及其長, 爲太子, 夫婁薨, 金蛙嗣位爲王, 次傳位于太子帶素, 至地皇三年壬午, 高麗王無恤伐之, 殺王帶素, 國除.

高句麗

高句麗卽卒本扶餘也. 或云今和州, 又成州等, 皆誤矣. 卒本州在遼東界. 國史高麗本記云, 始祖東明聖帝, 姓言(高)氏, 諱朱蒙. 先是, 北扶餘王解夫婁, 旣避地于東扶餘, 及夫婁薨, 金蛙嗣位. 于時得一女子於太伯山南優渤水, 問之, 云, 我是河伯之女, 名柳花, 與諸弟出遊, 時有一男子, 自言天帝子解慕漱, 誘我於熊神山下鴨淥邊室中知(私)之, 而往不返,〔壇君記云, 君與西河河伯之女要親, 有產子, 名曰夫婁. 今按此記, 則解慕漱, 私河伯之女, 而後產朱蒙. 壇君記云, 產子名曰夫婁, 夫婁與朱蒙, 異母兄弟也.〕父母責我無媒而從人, 遂謫居于此. 金蛙異之, 幽閉於室中, 爲日光所照, 引身避之, 日影又逐而照之, 因而有孕, 生一卵, 大五升許. 王棄之與犬猪, 皆不食, 又棄之路, 牛馬避之, 棄之野, 鳥獸覆之. 王欲剖之, 而不能破, 乃還其母. 母以物裹之, 置於暖處, 有一兒破殼而出, 骨表英奇, 年甫七歲, 岐嶷異常, 自作弓矢, 百發百中, 國俗謂善射爲朱蒙, 故以名焉. 金蛙有七子, 常與朱蒙遊戲, 技能莫及, 長子帶素言於王曰, 朱蒙非人所生, 若不早圖, 恐有後患. 王不聽, 使之養馬, 朱蒙知其駿者, 減食令瘦, 駑者善養令肥, 王自乘肥, 瘦者給蒙, 王之諸子與諸臣, 將謀害之, 蒙母知之, 告曰, 國人將害汝, 以汝才略, 何往不可, 宜速圖之. 於是蒙與烏伊等三人爲友, 行至淹水,〔今未詳〕告水曰, 我是天帝子, 河伯孫, 今日逃遁, 追者垂及, 奈何. 於是魚鼈成橋, 得渡而橋解, 追騎不得渡. 至卒本州,〔玄菟郡之界〕遂都焉. 未遑作宮室, 但結廬於沸流水上居之, 國號高句麗, 因以高爲氏,〔本姓解也, 今自言是天帝子, 承日光而生, 故自以高爲氏〕時年十二歲, 漢孝元帝建昭二年甲申歲, 卽位稱王. 高麗全盛之日, 二十一萬五百八戶.

珠琳傳第二十一卷載, 昔寧稟離王侍婢有娠, 相者占之曰, 貴而當王. 王曰, 非我之胤也, 當殺之. 婢曰, 氣從天來, 故我有娠. 及子之產, 謂爲不祥, 捐圈則猪噓, 棄欄則馬乳, 而得不死, 卒爲扶餘之王.〔卽東明帝爲卒本扶餘王之謂也, 此卒本扶餘, 亦是北扶餘之別都, 故云扶餘王也. 寧稟離, 乃夫婁王之異稱也.〕

卞韓 百濟〔亦云, 南扶餘, 卽泗沘(沘)城也〕

新羅始祖赫居世卽位十九年壬午, 卞韓人以國來降, 新舊唐書云, 卞韓苗裔在樂浪之地. 後漢書云, 卞韓在南, 馬韓在西, 辰韓在東. 致遠云, 卞韓, 百濟也. 按本紀, 溫祚之起, 在鴻嘉四年甲辰, 則後於赫(居)世, 東明之世, 四十餘年, 而唐書云, 卞韓苗裔在樂浪之地云者, 謂溫祚之系, 出自東明, 故云耳. 或有人出樂浪之地, 立國於卞韓, 與馬韓等竝峙者, 在溫祚之前爾, 非所都在樂浪之北(地)也. 或者濫九龍山, 亦名卞那山, 故以高句麗爲卞韓者, 盖謬. 當以古賢之說爲是. 百濟地自有卞山, 故云卞韓. 百濟全盛之時, 十五萬二千三百戶.

辰韓〔亦作秦韓〕

後漢書云, 辰韓耆老自言, 秦之亡人, 來適韓國, 而馬韓割東界地以與之, 相呼爲徒, 有似秦語, 故或名之爲秦韓, 有十二小國, 各萬戶, 稱國. 又崔致遠云, 辰韓本燕人避之者, 故取涿水之名, 稱所居之邑里, 云沙涿, 漸涿等.〔羅人方言, 讀涿音爲道, 故, 今或作沙梁, 梁亦讀道.〕

新羅全盛之時, 京中十七萬八千九百三十六戶, 一千三百六十坊, 五十五里, 三十五金入宅.〔言富潤大宅也.〕南宅, 北宅, 亏比所宅, 本彼宅, 梁宅, 池上宅,〔本彼部〕財買井宅,〔庾信公祖宗〕北維宅, 南維宅,〔反香寺下坊〕隊宅, 賓支宅,〔反香寺北〕長沙宅, 上櫻宅, 下櫻宅, 水望宅, 泉宅, 楊上宅,〔梁南〕漢歧宅,〔法流寺南〕鼻穴宅,〔上同〕板積宅,〔芬皇寺上坊〕別教宅,〔川北〕衙南宅, 金楊宗宅,〔梁官寺南〕曲水宅,〔川北〕柳也宅, 寺下宅, 沙梁宅, 井上宅, 里南宅,〔亏所宅〕思內曲宅, 池宅, 寺上宅,〔大宿宅〕林上宅,〔青龍之寺東方有池〕橋南宅, 巷叱宅,〔本彼部〕樓上宅, 里上宅, 楡南宅, 井下宅.

又四節遊宅

春, 東野宅, 夏, 谷良宅, 秋, 仇知宅, 冬, 加伊宅. 第四十九憲康大王代, 城中無一草屋, 接角連墻, 歌吹滿路, 晝夜不絶.

新羅始祖 赫居世王

辰韓之地, 古有六村, 一曰, 閼川楊山村, 南今曇嚴寺, 長曰謁平. 初降于瓢嵒峯, 是爲及梁部李氏祖.〔弩禮王九年, 置名及梁部, 本朝太祖天福五年庚子, 改名中興部, 波潛, 東山, 彼上, 東村屬焉.〕二曰, 突山高墟村, 長曰蘇伐都利. 初降于兄山, 是爲沙梁部〔梁讀云道. 或作涿, 亦音道.〕鄭氏祖, 今曰南山部, 仇良伐, 麻等烏, 道北, 廻德等南村屬焉〔稱今曰者, 太祖所置也. 下例知(如).〕三曰, 茂山大樹村, 長曰

俱〔一作仇〕禮馬. 初降于伊山,〔一作皆比山〕是爲漸梁〔一作涿〕部, 又牟梁部孫氏之
祖, 今云長福部, 朴谷村等西村屬焉. 四曰, 觜山珍支村,〔一作賓之, 又賓子, 又氷之〕
長曰智伯虎. 初降于花山, 是爲本彼部崔氏祖, 今曰通仙部, 柴巴等東南村屬焉. 致
遠乃本彼部人也. 今皇龍寺南, 味呑寺南有古墟, 云是崔侯古宅也, 殆明矣. 五曰, 金
山加利村,〔今金剛山栢栗寺之北山也.〕長曰祗沱.〔一作只他.〕初降于明活山, 是爲
漢岐部, 又作韓岐部裵氏祖, 今云加德部, 上下西知, 乃兒等東村屬焉. 六曰, 明活
山高耶村, 長曰虎珍. 初降于金剛山, 是爲習比部薛氏祖. 今臨川部, 勿伊村, 仍仇
彌村, 闕谷〔一作葛谷〕等東北村屬焉. 按上文, 此六部之祖, 似皆從天而降. 弩禮王
九年, 始改六部名, 又賜六姓. 今俗中興部爲母, 長福部爲父, 臨川部爲子, 加德部爲
女, 其實未詳.

前漢地節元年壬子,〔古本云, 建虎元年, 又云建元三年等, 皆誤.〕三月朔, 六部
祖各率子弟, 俱會於閼川岸上, 議曰, 我輩上無君主臨理蒸民, 民皆放逸, 自從所欲,
盖覓有德人, 爲之君主, 立邦設都乎. 於是乘高南望, 楊山下蘿井傍, 異氣如電光垂
地, 有一白馬跪拜之狀, 尋檢之, 有一紫卵.〔一云靑大卵〕馬見人長嘶上天, 剖其卵
得童男, 形儀端美, 驚異之, 俗(浴)於東泉〔東泉寺在詞腦野北.〕身生光彩, 鳥獸率
舞, 天地振動, 日月淸明, 因名赫居世王.〔盖鄕言也, 或作弗矩內王, 言光明理世也.
說者云, 是西述聖母之所誕也, 故中華人, 讚仙桃聖母, 有娠賢肇邦之語是也. 乃至
雞龍現瑞産閼英, 又焉知非西述聖母之所現耶.〕位號曰居瑟邯.〔或作居西干, 初開
口之時, 自稱云, 閼智居西干一起, 因其言稱之, 自後爲王者之尊稱〕時人爭賀曰, 今
天子已降, 宜覓有德女君配之. 是日, 沙梁里閼英井,〔一作娥利英井〕邊有雞龍現,
而左脇誕生童女,〔一云龍現死, 而剖其腹得之.〕姿容殊麗, 然而唇似雞觜, 將浴於
月城北川, 其觜撥落, 因名其川曰撥川. 營宮室於南山西麓〔今昌林寺〕, 奉養二聖兒,
男以卵生, 卵如瓠, 鄕人以瓠爲朴, 故因姓朴, 女以所出井名名之. 二聖年至十三歲,
以五鳳元年甲子, 男立爲王, 仍以女爲后. 國號徐羅伐, 又徐伐,〔今俗訓京字云徐伐,

以此故也.〕或云斯羅, 又斯盧, 初王生於雞井, 故或云雞林國, 以其雞龍現瑞也. 一
說, 脫解王時, 得金閼智, 而雞鳴於林中, 乃改國號爲雞林, 後世遂定新羅之號. 理
國六十一年, 王升于天, 七日後, 遺體散落于地, 后亦云亡. 國人欲合而葬之, 有大蛇
逐禁, 各葬五體爲五陵, 亦名蛇陵, 曇嚴寺北陵是也. 太子南解王繼位.

第二南解王

南解居西干, 亦云次次雄, 是尊長之稱, 唯此王稱之. 父赫居世, 母閼英夫人, 妃
雲帝夫人,〔一作雲梯. 今迎日縣西, 有雲梯山聖母, 祈旱有應.〕前漢平帝元始四年甲
子, 卽位, 御理二十一年, 以地皇四年甲申崩, 此王乃三皇之第一云.

按三國史云, 新羅稱王曰居西干, 辰言王也. 或云, 呼貴人之稱. 或曰, 次次雄,
或作慈充. 金大問云, 次次雄, 方言謂巫也, 世人以巫事鬼神, 尚祭祀, 故畏敬之, 遂
稱尊長者爲慈充. 或云, 尼師今, 言謂齒理也. 初南解王薨, 子弩禮讓位於脫解, 解
云, 吾聞聖智人多齒. 乃試以餅噬之, 古傳如此. 或曰, 麻立干.〔立一作袖〕金大問云,
麻立者, 方言謂橛也, 橛標准位而置, 則王橛爲主, 臣橛列於下, 因以名之. 史論曰,
新羅稱居西干, 次次雄者一, 尼師今者十六, 麻立干者四, 羅末名儒崔致遠, 作帝王
年代曆, 皆稱某王, 不言居西干等, 豈以其言鄙野, 不足稱之也. 今記新羅事, 具存方
言, 亦宜矣. 羅人凡追封者, 稱葛文王, 未詳. 此王代, 樂浪國人, 來侵金城, 不克而
還. 又天鳳五年戊寅, 高麗之裨屬七國來投.

第三弩禮王

朴弩禮尼叱今,〔一作儒禮王〕初王與妹夫脫解讓位, 脫解云, 凡有德者多齒, 宜
以齒理試之. 乃咬餅驗之, 王齒多, 故先立, 因名尼叱今, 尼叱今之稱, 自此王始. 劉

聖公更始元年癸未卽位,〔年表云, 甲申卽位〕改定六部號, 仍賜六姓. 始作兜率歌,

有嗟辭. 詞腦格. 始製黎(犁)耟及藏氷庫, 作車乘. 建虎(武)十八年, 伐伊西國滅之.

是年, 高麗兵來侵.

第四脫解王

脫解齒叱今,〔一作吐解尼師今〕南解王時,〔古本云, 壬寅年至者謬矣. 近則後於

弩禮卽位之初, 無爭讓之事, 前則在於赫居之世, 故知壬寅非也.〕駕洛國海中, 有船

來泊. 其國首露王, 與臣民鼓譟而迎, 將欲留之, 而舡乃飛走, 至於雞林東下西知村

阿珍浦.〔今有上西知, 下西知村名〕時浦邊有一嫗, 名阿珍義先, 乃赫居王之海尺之

母, 望之謂曰, 此海中元無石嵓, 何因鵲集而鳴. 拏舡尋之, 鵲集一舡上, 舡中有一櫃

子, 長二十尺, 廣十三尺, 曳其船, 置於一樹林下, 而未知凶乎吉乎, 向天而誓爾, 俄

而乃開見, 有端正男子, 並七寶奴婢滿載其中. 供給七日, 迺言曰, 我本龍城國人,〔亦

云正明國, 或云琓夏國, 琓夏或作花厦國, 龍城在倭東北一千里〕我國嘗有二十八龍

王, 從人胎而生, 自五歲六歲, 繼登王位, 教萬民修正性命, 而有八品姓骨, 然無揀

擇, 皆登大位. 時我父王含達婆, 娉積女國王女爲妃, 久無子胤, 禱祀求息, 七年後,

産一大卵, 於是大王會問群臣, 人而生卵, 古今未有, 殆非吉祥, 乃造櫃置我, 幷七寶

奴婢載於舡中, 浮海而祝曰, 任到有緣之地, 立國成家, 便有赤龍, 護舡而至此矣.

言訖, 其童子曳杖率二奴, 登吐含山上, 作石塚, 留七日望城中可居之地見一峯

如三日月勢可久之地, 乃下尋之, 卽瓠公宅也. 乃設詭計, 潛埋礪炭於其側, 詰朝至

門云, 此是吾祖代家屋. 瓠公云否, 爭訟不決, 乃告于官, 官曰, 以何驗是汝家. 童曰,

我本冶(冶)匠, 乍出隣鄉, 而人取居之, 請堀地檢看. 從之. 果得礪炭, 乃取而居焉

(焉). 時南解王, 知脫解是智人, 以長公主妻之, 是爲阿尼夫人.

一日吐解登東岳, 廻程次, 令白衣索水飮之, 白衣汲水, 中路先嘗而進, 其角盃

貼於口不解, 因而嘖之, 白衣誓曰, 爾後若近遙, 不敢先嘗. 然後乃解, 自此白衣讐服, 不敢欺罔, 今東岳中有一井, 俗云遙乃井是也.

及弩禮王崩, 以光虎(武)帝中元六(二)年丁巳六月, 乃登王位. 以昔是吾家取他人家, 故因姓昔氏, 或云, 因鵲開櫃, 故去鳥字, 姓昔氏, 解櫃脫卵而生, 故因名脫解, 在位二十三年, 建初四年己卯崩. 葬疏川丘中, 後有神詔, 愼埋葬我骨, 其髑髏周三尺二寸, 身骨長九尺七寸, 齒凝如一, 骨節皆連瑣(鎖), 所謂天下無敵力士之骨, 碎爲塑像, 安闕內, 神又報云, 我骨置於東岳. 故令安之.〔一云, 崩後, 二十七世文虎(武)王代, 調露二年庚辰三月十五日, 辛酉夜, 見夢於太宗(文武王), 有老人貌甚威猛, 曰, 我是脫解也. 拔我骨於疏川丘, 塑像安於土含山, 王從其言, 故至今國祀不絶, 卽東岳神也云.〕

金閼智 脫解王代

永平三年庚申,〔一云, 中元六年, 誤矣. 中元盡二年而已.〕八月四日, 瓠公夜行月城西里, 見大光明於始林中,〔一作鳩林〕有紫雲從天垂地, 雲中有黃金櫃, 掛於樹枝, 光自櫃出, 亦有白鷄鳴於樹下. 以狀聞於王, 駕幸其林, 開櫃有童男, 臥而卽起, 如赫居世之故事, 故因其言, 以閼智名之. 閼智卽鄕言小兒之稱也. 抱載還闕, 鳥獸相隨, 喜躍蹌蹌. 土(王)擇吉日, 冊位太子. 後讓故(於)婆娑, 不卽王位. 因金櫃而出, 乃姓金氏, 閼智生熱漢, 漢生阿都, 都生首留, 留生郁部, 部生俱道,〔一作仇刀〕道生未鄒, 鄒卽王位, 新羅金氏自閼智始.

延烏郎 細烏女

第八阿達羅王卽位四年丁酉, 東海濱, 有延烏郎, 細烏女, 夫婦而居. 一日延烏歸海採藻, 忽有一巖, 〔一云一魚〕負歸日本. 國人見之日, 此非常人也. 乃立爲王.〔按日本帝記, 前後無新羅人爲王者, 此乃邊邑小王, 而非眞王也.〕細烏怪, 夫不來, 歸尋之, 見夫脫鞋, 亦上其巖, 巖亦負歸如前. 其國人驚訝, 奏獻於王, 夫婦相會, 立爲貴妃.

是時, 新羅日月無光, 日者奏云, 日月之精, 降在我國, 今去日本, 故致斯怪. 王遣使來(求)二人, 延烏日, 我到此國, 天使然也, 今何歸乎. 雖然朕之妃, 有所織細綃, 以此祭天可矣. 仍賜其綃, 使人來奏, 依其言而祭之, 然後日月如舊. 藏其綃於御庫爲國寶, 名其庫爲貴妃庫, 祭天所名迎日縣, 又都祈野.

未鄒王 竹葉軍

第十三, 未鄒尼叱今, 〔一作未祖, 又末古〕金閼智七世孫, 赫世紫纓, 仍有聖德, 受禪于理解, 始登王位, 〔今俗稱王之陵爲始祖堂, 蓋以金始(氏)始登王位, 故後代金氏諸王, 皆以未鄒爲始祖, 宜矣.〕在位二十三年而崩, 陵在興輪寺東.

第十四儒理王代, 伊西國人, 來攻金城, 我大擧防禦, 久不能抗. 忽有異兵來助, 皆珥竹葉, 與我軍幷力, 擊賊破之. 軍退後不知所歸, 但見竹葉積於未鄒陵前, 乃知先王陰騭有功, 因呼竹現陵.

越三十七世, 惠恭王代, 大曆十四年己未四月, 忽有旋風, 從庾信公塚起, 中有一人乘駿馬, 如將軍儀狀, 亦有衣甲器仗者, 四十許人, 隨從而來, 入於竹現陵, 俄而陵中似有振動哭泣聲, 或如告訴之音, 其言曰, 臣平生, 有輔時救難匡合之功, 今爲魂魄, 鎭護邦國, 攘災救患之心, 暫無倫改. 往者庚戌年, 臣之子孫, 無罪被誅, 君臣不念我之功烈, 臣欲遠移他所, 不復勞勤, 願王允之. 王答曰, 惟我與公, 不護此邦, 其如民庶何, 公復努力如前. 三請三不許, 旋風乃還. 王聞之懼, 乃遣大臣金敬信, 就金公陵謝過焉, 爲公立功德寶田三十結于鷲仙寺, 以資冥福, 寺乃金公討平壤後, 植福所置故也. 非未鄒之靈, 無以遏金公之怒, 王之護國, 不爲不大矣, 是以邦人懷德, 與三山同祀而不墜, 躋秩于五陵之上, 稱大廟云.

奈勿王〔一作那密王〕金（朴）堤上

第十七, 那密王卽位三十六年庚寅, 倭王遣使來朝曰, 寡君聞大王之神聖, 使臣等以告百濟之罪於大王也, 願大王遣一王子, 表誠心於寡君也. 於是王使第三子美海,〔一作未吐喜〕以聘於倭. 美海年十歲. 言辭動止, 猶未備具, 故以內臣朴娑覽, 爲副使而遣之, 倭王留而不送三十年.

至訥祗王卽位三年己未, 句麗長壽王, 遣使來朝云, 寡君聞大王之弟寶海, 秀智才藝, 願與相親, 特遣小臣懇請. 王聞之幸甚, 因此和通, 命其弟寶海, 道於句麗, 以內臣金武謁, 爲輔而送之, 長壽王又留而不送.

至十年乙丑, 王召集群臣及國中豪俠, 親賜御宴, 進酒三行, 衆樂初作. 王垂涕而謂群臣曰, 昔我聖考, 誠心民事, 故使愛子東聘於倭, 不見而崩, 又朕卽位已來, 隣兵甚熾, 戰爭不息, 句麗獨有結親之言, 朕信其言, 以其親弟聘於句麗, 句麗亦留而不送, 朕雖處富貴, 而未嘗一日暫忘而不哭, 若得見二弟, 共謝於先主之廟, 則能報恩於國人, 誰能成其謀策. 時百官咸奏曰, 此事固非易也, 必有智勇方可, 臣等以爲歃羅郡太守堤上可也. 於是王召問焉, 堤上再拜對曰, 臣聞主憂臣辱, 主辱臣死, 若論難易而後行謂之不忠, 圖死生而後動, 謂之無勇, 臣雖不肖, 願受命行矣. 王甚嘉之, 分觴而飲, 握手而別.

堤上簾前受命, 徑趨北海之路, 變服入句麗, 進於寶海所, 共謀逸期, 先以五月十五日. 歸泊於高城水口而待, 期日將至, 寶海稱病, 數日不朝, 乃夜中逃出, 行到高城海濱. 王知之, 使數十人追之, 至高城而及之, 然寶海在句麗, 常施恩於左右, 故其軍士憫傷之, 皆拔箭鏃而射之, 遂免而歸.

王旣見寶海, 益思美海一欣一悲, 垂淚而謂左右曰, 如一身有一臂, 一面一眼,

雖得一而亡一, 何敢不痛乎. 時堤上聞此言, 再拜辭朝而騎馬, 不入家而行, 直至於
栗浦之濱, 其妻聞之, 走馬追至栗浦, 見其夫已在舡上矣, 妻呼之切懇, 堤上但搖手
而不駐.

行至倭國, 詐言曰, 雞林王以不罪殺我父兄, 故逃來至此矣. 倭王信之, 賜室家
而安之, 時堤上常陪美海遊海濱, 逐捕魚鳥, 以其所獲, 每獻於倭王, 王甚喜之, 而
無疑焉. 適曉霧濛晦, 堤上曰, 可行矣. 美海曰, 然則偕行. 堤上曰, 臣若行, 恐倭人
覺而追之, 願臣留而止其追也. 美海曰, 今我與汝如父兄焉, 何得棄汝而獨歸. 堤上
曰, 臣能救公之命, 而慰大王之情, 則足矣, 何願生乎. 取酒獻美海. 時雞林人康仇麗
在倭國, 以其人從而送之.

堤上入美海房, 至於明旦, 左右欲入見之, 堤上出止之曰, 昨日馳走於捕獵, 病
甚未起. 及乎日昃, 左右怪之而更問焉, 對曰, 美海行已久矣. 左右奔告於王, 王使騎
兵逐之, 不及. 於是囚堤上問曰, 汝何竊遣汝國王子耶. 對曰, 臣是雞林之臣, 非倭
國之臣, 今欲成吾君之志耳, 何敢言於君乎. 倭王怒曰, 今汝已爲我臣, 而言雞林之
臣, 則必具五刑, 若言倭國之臣者, 必賞重祿. 對曰, 寧爲雞林之犬狋, 不爲倭國之臣
子, 寧受雞林之箠楚, 不受倭國之爵祿. 王怒, 命屠剝堤上脚下之皮, 刈蒹葭使趨其
上.〔今蒹葭上, 有血痛(痕), 俗云, 堤上之血〕更問曰, 汝何國臣乎, 曰, 雞林之臣也.
又使立於熱鐵上, 問, 何國之臣乎, 曰, 雞林之臣也. 倭王知不可屈, 燒殺於木島中.

美海渡海而來, 使康仇麗先告於國中, 王驚喜, 命百官迎於屈歇驛, 王與親弟寶
海迎於南郊, 入闕設宴, 大赦國內, 冊其妻爲國大夫人, 以其女子爲美海公夫人. 識
者曰, 昔漢臣周苛在滎陽, 爲楚兵所虜, 項羽謂周苛曰, 汝爲我臣, 封爲萬祿侯, 周
苛罵而不屈, 爲楚王所殺, 堤上之忠烈, 無怪(愧)於周苛矣.

初堤上之發去也, 夫人聞之追不及, 及至望德寺門南沙上, 放臥長號, 因名其
沙, 曰長沙. 親戚二人, 扶腋將還, 夫人舒脚, 坐不起, 名其地, 曰伐知旨. 久後夫人
不勝其慕, 率三娘子上鵄述嶺, 望倭國痛哭而終, 仍爲鵄述神母, 今祠堂存焉.

第十八實聖王

義熙九年癸丑, 平壤州大橋成.〔恐南平壤也, 今楊州.〕王忌憚前王太子訥祗有
德望, 將害之, 請高麗兵, 而詐迎訥祗. 高麗人見訥祗有賢行, 乃倒戈而殺王. 乃立
訥祗爲王而去.

射琴匣

第二十一, 毗處王,〔一作炤智(知)王〕卽位十年戊辰, 幸於天泉亭時. 有烏與鼠
來鳴, 鼠作人語云, 此烏去處尋之.〔或云, 神德王欲行香興輪寺, 路見衆鼠含尾, 怪
之而還占之, 明日先鳴烏尋之云云, 此說非也.〕王命騎士追之, 南至避村,〔今壤避
寺村, 在南山東麓〕兩猪相鬪, 留連見之, 忽失烏所在, 徘徊路傍. 時有老翁, 自池中
出奉書, 外面題云, 開見二人死, 不開一人死. 使來獻之, 王曰, 與其二人死, 莫若不
開, 但一人死耳. 日官奏云, 二人者庶民也, 一人者王也. 王然之開見, 書中云, 射琴
匣. 王入宮, 見琴匣射之, 乃內殿焚修僧與宮主, 潛通而所(爲)奸也. 二人伏誅.

自爾國俗每正月上亥上子上午等日, 忌愼百事, 不敢動作, 以十五日爲烏忌之日,
以 飯祭之, 至今行之. 俚言怛忉, 言悲愁而禁忌百事也. 命其池曰書出池.

智哲老王

第二十二, 智哲老王, 姓金氏, 名智大路, 又智度路, 諡曰智證. 諡號始于此, 又
鄕稱王爲麻立干者, 自此王始. 王以永元二年庚辰卽位.〔或云辛巳, 則三年也.〕

王陰長一尺五寸, 難於嘉耦, 發使三道求之. 使至牟梁部, 冬老樹下, 見二狗嚙
一屎塊如鼓大, 爭嚙其兩端, 訪於里人, 有一小女告云, 此部相公之女子, 洗澣于此
隱林而所遺也. 尋其家檢之, 身長七尺五寸, 具事奏聞, 王遣車邀入宮中, 封爲皇后,

群臣皆賀.

又阿瑟羅州,〔今溟州〕東海中, 便風二日程, 有于陵島,〔今作羽陵〕周廻二萬六千七百三十步島夷恃其水深, 驕傲不臣, 王命伊飡朴伊宗, 將兵討之, 宗作木偶師子載於大艦之上, 威之云, 不降則放此獸. 島夷畏降, 賞伊宗爲州伯.

眞興王

第二十四, 眞興王卽位, 時年十五歲, 太后攝政, 太后乃法興王之女子, 立宗葛文王之妃. 終時削髮, 披法衣而逝.

承聖三年九月, 百濟兵來侵於珍城, 掠取人男女三萬九千, 馬八千匹而去. 先是, 百濟欲與新羅合兵, 謀伐高麗, 眞興曰, 國之興亡在天, 若天未厭高麗, 則我何敢望焉. 乃以此言通高麗, 高麗感其言, 與羅通好, 而百濟怨之, 故來爾.

桃花女 鼻荊郎

第二十五, 舍輪王, 諡眞智大王, 姓金氏, 妃起烏公之女, 知刀夫人. 大(太)建八年丙申卽位.〔古本云, 十一年己亥, 誤矣.〕御國四年, 政亂荒婬, 國人廢之.

前此, 沙梁部之庶女, 姿容艷美, 時號桃花娘, 王聞而召致宮中, 欲幸之, 女曰, 女之所守, 不事二夫, 有夫而適他, 雖萬乘之威, 終不奪也. 王曰, 殺之何, 女曰, 寧斬于市, 有願靡他. 王戲曰, 無夫則可乎, 曰, 可. 王放而遣之. 是年, 王見廢而崩, 後二年其夫亦死. 浹旬忽夜中, 王如平昔. 來於女房曰, 汝昔有諾, 今無汝夫, 可乎, 女不輕諾, 告於父母, 父母曰, 君王之敎, 何以避之. 以其女入於房, 留御七日, 常有五色雲覆屋, 香氣滿室, 七日後, 忽然無蹤. 女因而有娠, 月滿將産, 天地振動, 産得一男, 名曰鼻荊.

眞平大王聞其殊異, 收養宮中. 年至十五, 授差執事, 每夜逃去遠遊, 王使勇士五十人守之, 每飛過月城, 西去荒川岸上,〔在京城西〕率鬼衆遊, 勇士伏林中窺伺, 鬼衆聞諸寺曉鐘各散, 郞亦歸矣, 軍士以事奏, 王召鼻荊曰, 汝領鬼遊, 信乎, 郞曰, 然. 王曰, 然則汝使鬼衆, 成橋於神元寺北渠.〔一作神衆寺, 誤, 一云荒川東深渠.〕荊奉勑, 使其徒鍊石, 成大橋於一夜, 故名鬼橋. 王又問, 鬼衆之中, 有出現人間, 輔朝政者乎, 曰, 有吉達者, 可輔國政. 王曰, 與來. 翌日荊與俱見, 賜爵執事, 果忠直無雙. 時角干林宗無子, 王勅爲嗣子, 林宗命吉達, 創樓門於興輪寺南, 每夜去宿其門上, 故名吉達門. 一日吉達變狐而遁去, 荊使鬼捉而殺之, 故其衆聞鼻荊之名, 怖畏而走. 時人作詞曰, 聖帝魂生子, 鼻荊郞室亭. 飛馳諸鬼衆, 此處莫留停. 鄕俗帖此詞以辟鬼.

天賜玉帶

〔清泰四年丁酉五月, 正承(政丞)金傅獻鑴金粧玉排方腰帶一條, 長十圍, 鑴銙六十二, 曰(日)是眞平王天賜帶也. 太祖受之, 藏之內庫.〕

第二十六, 白淨王, 諡眞平大王, 金氏. 太建十一年己亥八月卽位, 身長十一尺. 駕幸內帝釋宮,〔亦名天柱寺, 王之所創.〕踏石梯, 三石竝折, 王謂左右曰, 不動此石, 以示後來. 卽城中五不動石之一也.

卽位元年, 有天使降於殿庭, 謂王曰, 上皇命我傳賜玉帶. 王親奉跪受, 然後其使上天. 凡郊廟大祀皆服之.

後, 高麗王, 將謀伐羅, 乃曰, 新羅有三寶不可犯, 何謂也, 皇龍寺丈六尊像, 一, 其寺九層塔, 二, 眞平王天賜玉帶, 三也. 乃止其謀. 讚曰, 雲外天頒玉帶圍, 辟雍龍袞雅相宜, 吾君自此身彌重, 准擬明朝鐵作墀.

善德王知幾三事

第二十七, 德曼,〔一作萬.〕諡善德女大王, 姓金氏, 父眞平王. 以貞觀六年壬辰
卽位, 御國十六年, 凡知幾有三事.

初, 唐太宗送畫牧丹, 三色紅紫白, 以其實三升, 王見畫花曰, 此花定無香. 仍命
種於庭, 待其開落. 果如其言. 二, 於靈廟(妙)寺玉門池, 冬月衆蛙集鳴三四日, 國人
怪之, 問於王. 王急命角干閼川弼呑等, 鍊精兵二千人, 速去西郊, 問女根谷必有賊
兵, 掩取殺之. 二角干旣受命, 各率千人問西郊, 富山下果有女根谷, 百濟兵五百人,
來藏於彼, 並取殺之, 百濟將軍亏召者, 藏於南山嶺石上, 又圍而射之殪. 又有後兵
一千二百人來, 亦擊而殺之, 一無孑遺. 三, 王無恙時, 謂群臣曰, 朕死於某年某月
日, 葬我於忉利天中. 群臣罔知其處, 奏云, 何所, 王曰, 狼山南也. 至其月日, 王果
崩, 群臣葬於狼山之陽. 後十餘年, 文虎(武)大王創, 四天王寺於王墳之下. 佛經云,
四天王天之上, 有忉利天, 乃知大王之靈聖也.

當時群臣啓於王曰, 何知花蛙二事之然乎, 王曰, 畫花而無蝶, 知其無香, 斯乃唐
帝欺寡人之無耦也. 蛙有怒形, 兵士之像, 玉門者, 女根也, 女爲陰也, 其色白, 白西
方也, 故知兵在西方, 男根入於女根, 則必死矣, 以是知其易捉. 於是群臣皆服其聖
智. 送花三色者, 盖知新羅有三女王而然耶, 謂善德, 眞德, 眞聖是也, 唐帝以有懸解
之明. 善德之創靈廟(妙)寺, 具載良志師傳, 詳之. 別記云, 是王代, 鍊石築瞻星臺.

眞德王

第二十八, 眞德女王卽位, 自製太平歌, 織錦爲紋, 命使往唐獻之.〔一本, 命春秋
公爲使, 往仍請兵, 太宗嘉之, 許蘇定方云云者, 皆謬矣. 現(顯)慶前, 春秋已登位,
現(顯)慶庚申, 非太宗, 乃高宗之世, 定方之來, 在現(顯)慶庚申. 故知織錦爲紋, 非
請兵時也, 在眞德之世, 當矣, 盖請放金欽純之時也.〕唐帝嘉賞之, 改封爲雞林國

王, 其詞曰, 大唐開洪業, 巍巍皇猷昌, 止戈戎衣定, 修文繼百王. 統天崇雨施, 理物體含章. 深仁諧日月, 撫軍(運)邁虞唐. 幡旗何赫赫, 鉦鼓何鍠鍠. 外夷違命者, 剪覆被天殃. 淳風凝幽現, 遐邇競呈祥. 四時和玉燭, 七曜巡方(萬)方. 維嶽降輔宰, 維帝任忠良, 五三成一德, 昭我唐家皇.

王之代有閼川公·林宗公·述宗公·虎林公〔慈藏之父〕·廉長公·庾信公. 會于南山亏知巖, 議國事. 時有大虎走入座間, 諸公驚起, 而閼川公, 略不移動, 談笑自若, 捉虎尾撲於地而殺之, 閼川公膂力如此, 處於席首, 然諸公皆服庾信之威.

新羅有四靈地, 將議大事, 則大臣必會其地謀之, 則其事必成. 一東曰(日東)青松山, 二曰南亏知山, 三曰西皮田, 四曰北金剛山. 是王代, 始行正旦禮, 始行侍郎號.

金庾信〔事善德眞德太宗文武王〕

虎(武)力伊干之子, 舒玄角干, 金氏之長子曰庾信, 弟曰欽純. 姉曰寶姬, 小名阿海, 「妹」曰文姬, 小名阿之. 庾信公以眞平王十七年乙卯生, 禀精七曜, 故背有七星文, 又多神異.

年至十八壬申, 修劍得術, 爲國仙. 時有白石者, 不知其所自來, 屬於徒中有年. 郎以伐麗齊(濟)之事, 日夜深謀, 白石知其謀, 告於郎曰, 僕請與公密先探於彼, 然後圖之何如, 郎喜, 親率白石夜出行, 方憩於峴上, 有二女隨郎而行. 至骨火川留宿, 又有一女忽然而至, 公與三娘子喜話之時, 娘等以美菓饋之, 郎受而啗之, 心諾相許, 乃說其情. 娘等告云, 公之所信, 已聞命矣, 願公謝白石, 而共入林中, 更陳情實. 乃與俱入, 娘等便現神形曰, 我等奈林·穴禮·骨火等三所護國之神, 今敵國之人, 誘郎引之, 郎不知而進途, 我欲留郎而至此矣. 言訖而隱. 公聞之驚仆, 再拜而出. 宿於骨火館, 謂白石曰, 今歸他國, 忘其要文, 請與爾還家取來. 遂與還至家, 拷縛白石, 而問其情, 曰, 我本高麗人,〔古本云百濟, 誤矣, 楸南乃高麗之士, 又逆行陰陽, 亦是寶藏王事.〕我國群臣曰, 新羅庾信, 是我國卜筮之士楸南也,〔古本作春南, 誤矣.〕國界有逆流之水,〔或云雄雌, 尤反覆之事.〕使其卜之, 奏曰, 大王夫人逆行陰陽之道, 其瑞如此. 大王驚怪, 而王妃大怒, 謂是妖狐之語, 告於王, 更以他事驗問之, 失言則加重刑, 乃以一鼠藏於合中, 問是何物, 其人奏曰, 是必鼠. 其命有八. 乃以謂失言, 將加斬罪, 其人誓曰, 吾死之後, 願爲大將, 必滅高麗矣. 卽斬之, 剖鼠腹視之, 其命有七, 於是知前言有中. 其日夜大王夢, 楸南入于新羅舒玄公夫人之懷, 以告於群臣, 皆曰, 楸南誓心而死, 是其果然, 故遣我至此謀之爾. 公乃刑白石, 備百味祀三神, 皆現身受奠.

金氏宗財買夫人死, 葬於靑淵上谷, 因名財買谷. 每年春月, 一宗士女, 會宴於其谷之南澗, 于時百卉敷榮, 松花滿洞府林, 谷口架築爲庵, 因名松花房, 傳爲願刹. 至五十四景明王, 追封公爲興虎(武)大王, 陵在西山毛只寺之北東向走峰.

太宗春秋公

第二十九, 太宗大王, 名春秋, 姓金氏, 龍樹〔一作龍春〕角干, 追封文興大王之子也. 妃眞平大王之女天明夫人, 妃文明皇后文姬, 卽庾信公之季妹也.

初, 文姬之姊寶姬, 夢登西岳捨溺瀰, 滿京城. 旦與妹說夢, 文姬聞之謂曰, 我買此夢. 姊曰, 與何物乎, 曰, 鬻錦裙可乎. 姊曰, 諾, 妹開襟受之, 姊曰, 疇昔之夢, 傳付於汝. 妹以錦裙酬之.

後旬日, 庾信與春秋公, 正月午忌日,〔見上射琴匣事, 乃崔致遠之說.〕蹴鞠于庾信宅前,〔羅人謂蹴鞠爲弄珠之戲.〕故踏春秋之裙, 裂其襟紐, 曰請, 入吾家縫之. 公從之, 庾信命阿海奉針, 海曰, 豈以細事輕近貴公子(乎). 因(古)辭〔古本云, 因病不進.〕乃命阿之, 公知庾信之意, 遂幸之, 自後數數來往. 庾信知其有娠, 乃嘖之曰, 爾不告父母, 而有娠何也, 乃宣言於國中, 欲焚其妹. 一日俟善德王遊幸南山, 積薪於庭中, 焚火烟起, 王望之問何烟, 左右奏曰, 殆庾信之焚妹也. 王問其故, 曰, 爲其妹無夫有娠. 王曰, 是誰所爲, 時公昵侍在前, 顏色大變, 王曰, 是汝所爲也, 速往救之. 公受命馳馬, 傳宣沮之, 自後現行婚禮.

眞德王薨, 以永徽五年甲寅卽位, 御國八年, 龍朔元年辛酉崩, 壽五十九歲, 葬於哀公寺東, 有碑. 王與庾信神謀戮力, 一統三韓, 有大功於社稷, 故廟號太宗. 太子法敏, 角干仁問, 角干文王, 角干老且, 角干智鏡, 角干愷元等, 皆文姬之所出也, 當時買夢之徵, 現於此矣. 庶子, 曰皆知文級干, 車得令公, 馬得阿干, 幷女五人. 王膳一日飯米三斗, 雄雉九首, 自庚申年滅百濟後, 除晝饍, 但朝暮而已, 然計一日米六斗, 酒六斗, 雉十首. 城中市價, 布一疋租三十碩, 或五十碩, 民謂之聖代. 在東宮時, 欲征高麗, 因請兵入唐, 唐帝賞其風彩, 謂爲神聖之人, 固留侍衛, 力請乃還.

時百濟末王義慈, 乃虎(武)王之元子也, 雄猛有膽氣, 事親以孝, 友于兄弟, 時號海東曾子. 以貞觀十五年辛丑卽位, 耽婬酒色, 政荒國危. 佐平(百濟爵名)成忠, 極諫不聽, 囚於獄中, 瘦困濱死, 書曰, 忠臣死不忘君, 願一言而死. 臣嘗觀時變, 必有兵革之事. 凡用兵, 審擇其地, 處上流而迎敵, 可以保全. 若異國兵來, 陸路不使過炭峴,〔一云沈峴, 百濟要害之地.〕水軍不使入伎伐浦,〔卽長嵓, 又孫梁, 一作只火浦, 又白江〕據其險隘以禦之, 然後可也. 王不省.

現(顯)慶四年己未, 百濟烏會寺,〔亦云烏合寺〕有大赤馬, 晝夜六時, 遶寺行道, 二月, 衆狐入義慈宮中, 一白狐坐佐平書案上. 四月, 太子宮雌雞與小雀交婚, 五月, 泗沘〔扶餘江名〕岸大魚出死, 長三丈, 人食之者皆死, 九月, 宮中槐樹鳴如人哭, 夜鬼哭宮南路上. 五年庚申春二月, 王都井水血色, 西海邊小魚出死, 百姓食之不盡, 泗沘水血色. 四月, 蝦蟆數萬集於樹上, 王都市人無故驚走, 如有捕捉, 驚仆死者百餘, 亡失財物者無數. 六月, 王興寺僧皆見如舡楫隨大水入寺門, 有大犬如野鹿, 自西至泗沘岸, 向王宮吠之, 俄不知所之, 城中群犬集於路上, 或吠或哭, 移時而散. 有一鬼入宮中, 大呼曰, 百濟亡, 百濟亡. 卽入地. 王怪之, 使人掘地, 深三尺許, 有一龜. 其背有文(日), 百濟圓月輪, 新羅如新月. 問之巫者, 云, 圓月輪者, 滿也, 滿則虧, 如新月者, 未滿也, 未滿則漸盈. 王怒殺之, 或曰, 圓月輪, 盛也, 如新月者, 微也, 意者國家盛, 而新羅寢微乎, 王喜.

太宗聞百濟國中多怪變, 五年庚申, 遣使仁問請兵唐. 高宗詔左虎(武)衛大將軍荊國公蘇定方, 爲神丘道行策(軍)摠管, 率左衛將軍劉伯英字仁遠, 左虎(武)衛將軍馮士貴, 左驍衛將軍龐孝公等, 統十三萬兵來征, 〔鄕記云, 軍十二萬二千七百十一人, 船一千九百隻, 而唐史不詳言之.〕 以新羅王春秋, 爲嵎夷道行軍摠管, 將其國兵, 與之合勢. 定方引兵, 自城山濟海, 至國西德勿島, 「新羅王遣將軍金庾信, 領精兵五萬以赴之. 義慈王聞之, 會群臣問戰守之計, 佐平義直進曰, 唐兵遠涉溟海, 不習水, 羅人恃大國之援, 有輕敵之心, 若見唐人失利, 必疑懼而不敢銳進, 故知先與唐人決戰可也. 達率常永等曰, 不然, 唐兵遠來, 意欲速戰, 其鋒不可當也, 羅人屢見敗於我軍, 今望我兵勢, 不得不恐, 今日之計, 宜塞唐人之路, 以待師老, 先使偏師擊羅, 折其銳氣, 然後伺其便而合戰, 則可得全軍而保國矣. 王猶預不知所從, 時佐平興首, 得罪流竄于古馬旀知之縣, 遣人問之曰, 事急矣, 如之何, 首曰, 大槪如佐平成忠之說. 大臣等不信, 曰, 興首在縲絏之中, 怨君而不愛國矣, 其言不可用也. 莫若使唐兵入白江, 〔卽伎伐浦〕 沿流而不得方舟, 羅軍升炭峴, 由徑而不得竝馬, 當此之時, 縱兵擊之, 如在籠之雞, 羅網之魚也. 王曰, 然.

又聞唐羅兵已過白江炭峴, 遣將軍偕(階)伯, 帥死士五千出黃山, 與羅兵戰, 四合皆勝之, 然兵寡力盡, 竟敗而偕(階)伯死之. 進軍合兵, 薄津口, 瀕江屯兵, 忽有鳥廻翔於定方營上, 使人卜之, 曰, 必傷元帥. 定方懼, 欲引兵而止, 庾信謂定方曰, 豈可以飛鳥之怪, 違天時也, 應天順人, 伐至不仁, 何不祥之有. 乃拔神劍擬其鳥, 割裂而墜於座前. 於是定方出左涯, 乘山而陣, 與之戰, 百濟軍大敗. 王師乘潮, 舳艫含尾, 鼓譟而進, 定方將步騎, 直趨都城一舍止, 城中悉軍拒之, 又敗死者萬餘. 唐人乘勝薄城, 王知不免, 嘆曰, 悔不用成忠之言, 以至於此. 遂與太子隆, 〔或作孝, 誤也.〕走北鄙, 定方圍其城. 王次子泰, 自立爲王, 率衆固守, 太子之子文思, 謂王泰曰, 王與太子出, 而叔擅爲王, 若唐兵解去, 我等安得全, 率左右縋而出, 民皆從之, 泰不能止. 定方令士超堞, 立唐旗幟, 泰窘迫, 乃開門請命. 於是, 王及太子隆·王子泰·大臣貞福·與諸城皆降. 定方以王義慈及太子隆·王子泰·王子演及大臣將士八十八人·百姓一萬二千八百七人, 送京師.

其國本有五部·三十七郡·二百城·七十六萬戶, 至是析置熊津·馬韓·東明·金漣·德安等五都督府, 擢渠長爲都督刺史以理之. 命郞將劉仁願守都城, 又左衛郞將王文度爲熊津都督, 撫其餘衆. 定方以所俘見, 上責而宥之. 王病死, 贈金紫光祿大夫衛尉卿, 許舊臣赴臨, 詔葬, 孫皓陳叔寶墓側, 竝爲竪碑. 七年壬戌, 命定方爲遼東道行軍大摠管, 俄改平壤道, 破高麗之衆於浿江, 奪馬邑山爲營, 遂圍平壤城, 會大雪, 解圍還. 拜凉州安集大使, 以定吐蕃. 乾封二年卒, 唐帝悼之, 贈左驍騎大將軍幽州都督, 諡曰莊.〔已上唐史文〕

新羅別記云, 文虎(武)王卽位五年乙丑秋八月庚子, 王親統大兵, 幸熊津城, 會假王扶餘隆, 作壇, 刑白馬而盟, 先祀天神及山川之靈, 然後歃血爲文而盟曰, 往者百濟先王, 迷於逆順, 不敢(敦)隣好, 不睦親姻, 結托句麗, 交通倭國, 共爲殘暴, 侵削新羅, 破邑屠城, 略無寧歲, 天子憫一物之失所, 憐百姓之被毒. 頻命行人, 諭其和好, 負險恃遠, 侮慢天經, 皇赫斯怒, 恭行吊伐, 旌旗所指, 一戎大定. 固可瀦宮汚宅, 作誡來裔, 塞源拔本, 垂訓後昆, 懷柔伐叛, 先王之令典, 興亡繼絶, 往哲之通規, 事心(必)師古, 傳諸曩冊. 故立前百濟王, 司「稼」正卿扶餘隆, 爲熊津都督, 守其祭祀, 保其桑梓, 依倚新羅, 長爲與國, 各除宿憾, 結好和親, 恭承詔命, 永爲藩服. 仍遣使人右威衛將軍魯城縣公劉仁願, 親臨勸諭, 具宣成旨, 約之婚姻, 申之以盟誓, 刑牲歃血, 共敦終始, 分災恤患, 恩若兄弟. 祗奉綸言, 不敢墜失, 旣盟之後, 共保歲寒. 若有乖背, 二三其德, 興兵動衆, 侵犯邊陲, 神明鑒之, 百殃是降, 子孫不育, 社稷無宗, 禋祀磨滅, 罔有遺餘. 故作金書鐵契, 藏之宗廟, 子孫萬代, 無或敢犯, 神之聽之, 是享是福. 猷訖, 埋弊帛於壇之壬地, 藏盟文於大廟, 盟文乃帶方都督劉仁軌作.〔按上唐史之文, 定方以義慈王及太子隆等送京師, 今云會扶餘王隆, 則知唐帝宥隆而遣之, 立爲熊津都督也, 故盟文明言, 以此爲驗.〕

又古記云, 總章元年戊辰,〔若總章戊辰, 則李勣之事, 而下文蘇定方, 誤矣. 若定方則年號當龍朔二年壬戌, 來圍平壤之時也.〕國人之所請唐兵, 屯于平壤郊, 而通書曰, 急輸軍資. 王會群臣問曰, 入於敵國, 至唐兵屯所, 其勢危矣, 所請王師粮匱, 而不輸其料, 亦不宜也, 如何, 庾信奏曰, 臣等能輸其軍資, 請大王無慮. 於是庾信仁問等, 率數萬人, 入句麗境, 輸料二萬斛, 乃還, 王大喜. 又欲興師會唐兵, 庾信先遣然起兵川等一(二)人, 問其會期, 唐帥蘇定方, 紙畫鸞犢二物廻之. 國人未解其意, 使問於元曉法師, 解之曰, 速還其兵, 謂畫犢畫鸞二切也. 於是庾信廻軍, 欲渡浿江, 令曰, 後渡者斬之. 軍士爭先半渡, 句麗兵來掠, 殺其未渡者. 翌日「庾」信返追句麗兵, 捕殺數萬級.

百濟古記云, 扶餘城北角有大岩, 下臨江水, 相傳云, 義慈王與諸後宮, 知其未免, 相謂曰, 寧自盡, 不死於他人手, 相率至此, 投江而死, 故俗云墮死岩, 斯乃俚諺之訛也. 但宮人之墮死, 義慈卒於唐, 唐史有明文.

又新羅古傳云, 定方旣討麗濟二國, 又謀伐新羅而留連, 於是庾信知其謀, 饗唐兵鴆之, 皆死, 坑之, 今尙州界有唐橋, 是其坑地.〔按唐史, 不言其所以死, 但書云卒何耶, 爲復(後)諱之耶, 鄕諺之無據耶, 若壬戌年高麗之役, 羅人殺定方之師, 則後總章戊辰何有請兵滅高麗之事. 以此知鄕傳無據. 但戊辰滅麗之後, 有不臣之事, 擅有其地而已, 非至殺蘇李二公也.〕

王師定百濟, 旣還之後, 羅王命諸將, 追捕百濟殘賤(賊), 屯次于漢山城, 高麗靺鞨二國兵來圍之, 相擊未解, 自五月十一日, 至六月二十二日, 我兵危甚. 王聞之, 議群臣曰, 計將何出, 猶豫未決. 庾信馳奏曰, 事急矣, 人力不可及, 唯神術, 可救. 乃於星浮山, 設壇修神術, 忽有光耀如大甕, 從壇上而出, 乃星飛而北去.〔因此名星浮山, 山名或有別說云, 山在都林之南, 秀出一峯是也. 京城有一人謀求官, 命其子作高炬, 夜登此山擧之, 其夜京師人望人(火), 人皆謂怪星現於其地, 王聞之憂懼, 募人禳之, 其父將應之, 日(日)官奏曰, 此非大怪也, 但一家子死父泣之兆耳, 遂不行禳法, 是夜其子下山, 虎傷而死.〕漢山城中士卒, 怨救兵不至, 相視哭泣而已. 賊欲攻急, 忽有光耀, 從南天際來, 成霹靂, 擊碎砲石三十餘所, 賊軍弓箭矛戟籌碎皆仆地, 良久乃蘇, 奔潰而歸, 我軍乃還.

太宗初卽位, 有獻猪一頭二身八足者. 議者曰, 是必幷吞六合瑞也. 是王代, 始腹中國衣冠牙笏, 乃法師慈藏, 請唐帝而來傳也.

神文王時, 唐高宗遣使新羅曰, 朕之聖考, 得賢臣魏徵李淳風等, 協心同德, 一統天下, 故爲太宗皇帝, 汝新羅海外小國, 有太宗之號, 以僭天子之名, 義在不忠, 速改其號. 新羅王上表曰, 新羅雖小國, 得聖臣金庾信, 一統三國, 故封爲太宗. 帝見表, 乃思儲貳時, 有天唱空云, 三十三天之一人, 降於新羅爲庾信, 紀在於書, 出檢視之, 驚懼不已, 更遣使許無改太宗之號.

長春郎 罷郎〔一作羆〕

初, 與百濟兵戰於黃山之役, 長春郎罷郎, 死於陣中, 後討百濟時, 見夢於太宗曰, 臣等昔者爲國亡身, 至於白骨, 庶欲完護邦國, 故隨從軍行, 無怠而已. 然迫於唐帥定方之威, 逐於人後爾. 願王加我以小勢. 大王驚怪之, 爲二魂, 說經一日於牟山亭, 又爲創壯義寺於漢山州, 以資冥援.

卷第二

紀異第二

文虎(武)王法敏

王初卽位龍朔辛酉泗沘南海中, 有死女尸, 身長七十三尺, 足長六尺, 陰長三尺, 或云身長十八尺, 在封乾(乾封)二年丁卯.

總章戊辰, 王統兵, 與仁問, 欽純等, 至平壤, 會唐兵滅麗, 唐帥李勣, 獲高臧王還國(王之性(姓)高, 故云高臧, 按唐書高「宗記, 現(顯)慶五年庚申, 蘇定方等, 征百濟, 後十二月, 大將軍契如何 爲浿江道行軍大摠管, 蘇定方爲遼東道大摠管, 劉伯英爲平壤道大摠管, 以伐高麗. 又明年辛酉正月, 蕭嗣業爲扶餘道摠管, 任雅相爲浿江道摠管, 率三十五萬軍, 以伐高麗, 八月甲戌, 蘇定方等及高麗, 戰于浿江敗亡, 乾封元年丙寅六月, 以龐同善, □高臨, 薛仁貴, 李謹行等爲後援, 九月, 龐同善及高麗戰敗之, 十二月己酉, 以李勣爲遼東道行臺(軍)大摠管, 率六摠管兵, 以伐高麗. 總章元年戊辰九月癸巳, 李勣獲高臧王, 十二月丁巳獻浮(俘)干(于)帝, 上元元年甲戌二月, 劉仁軌爲雞林道摠管, 以伐新羅, 而鄕古記云, 唐遣陸路將軍孔恭, 水路將軍有相興(與)新羅金庾信等戊(滅)之, 而此云仁問, 欽純等, 無庾信, 未詳.〕

時唐之游兵, 諸將兵, 有留鎭而將謀襲我者, 王覺之, 發兵「擊」之. 明年, 高宗使召仁問等, 讓之曰, 爾請我兵以滅麗, 害之何耶, 乃下圓扉, 鍊兵五十萬, 以薛邦爲帥, 欲伐新羅. 時義相師西學入唐, 來見仁問, 仁問以事論之, 相乃東還上聞. 王甚悼(憚)之, 會群臣問防禦策, 角干金天尊奏曰, 近有明朗法師, 入龍宮, 傳秘法以來,請詔問之. 朗奏曰, 狼山之南, 有神遊林, 創四大(天)王寺於其地, 開設道場則可矣.

時有貞州使走報曰, 唐兵無數至我境, 廻繁海上. 王召明朗曰, 事已逼至, 如何, 朗曰, 以彩帛假搆(構)宜矣. 乃以彩帛營寺, 草搆(構)五方神像, 以瑜伽明僧十二員, 明朗爲上首, 作文豆婁秘密之法. 時唐羅兵未交接, 風濤怒起, 唐舡皆沒於水. 後改創寺, 名四天王寺, 至今不墜壇席〔國史大(云)改創, 在調露元年己卯〕. 後年辛未, 唐更遣趙憲爲帥, 亦以五萬兵來征, 又作其法, 舡沒如前. 是時翰林郎朴文俊, 隨仁問在獄中. 高宗召文俊曰, 汝國有何密法, 再發大兵, 無生還者. 文俊奏曰, 陪臣等來於上國一十餘年, 不知本國之事. 但遙聞一事爾, 厚荷上國之恩, 一統三國, 欲報之德, 新刱天王寺於狼山之南, 祝皇壽萬年, 長開法席而已. 高宗聞之大悅, 乃遣禮部侍郎樂鵬龜, 使於羅, 審其寺. 王先聞唐使將至, 不宜見玆寺. 乃別刱新寺於其南, 待之, 使至曰, 必先行香於皇帝祝壽之所天王寺. 乃引見新寺, 其使立於門前曰, 不是四天王寺, 乃望德遙山之寺. 終不入. 國人以金一千兩贈之, 其使乃還奏曰, 新羅刱天王寺, 祝皇壽於新寺而已. 因唐使之言, 因名望德寺〔或系孝昭王代, 誤矣〕. 王聞文俊善奏, 帝有寬赦之意, 乃命强首先生, 作請放仁問表, 以舍人遠禹奏於唐, 帝見表流涕, 赦仁問慰送之, 仁問在獄時, 國人爲刱寺, 名仁容寺, 開設觀音道場, 及仁問來還, 死於海上, 改爲彌陁道場, 至今猶存.

大王御國二十一年, 以永隆二年辛巳崩, 遺詔葬於東海中大巖上. 王平時常謂智義法師曰, 朕身後願爲護國大龍, 崇奉佛法, 守護邦家. 法師曰, 龍爲畜報何. 王曰, 我厭世間榮華久矣, 若矗報爲畜, 則雅合朕懷矣. 王初卽位, 置南山長倉, 長五十步, 廣十五步貯米穀兵器, 是爲左倉, 天恩寺西北山上, 是爲左倉. 別本云, 建福八年辛亥, 築南山城, 周二千八百五十步, 則乃眞德王代始築, 而至此乃重修爾. 又始築富山城, 三年乃畢, 安北河邊築鐵城. 又欲築京師城郭, 旣令眞吏, 時義相法師聞之, 致書報云, 王之政敎明, 則雖草丘畫地而爲城, 民不敢踰, 可以潔災進福, 政敎苟不明, 則雖有長城, 災害未消. 王於是止罷其役, 麟德三年丙寅三月十日, 有人家婢名吉伊, 一乳生三子, 總章三年庚午正月七「日」, 漢岐部一山級干, 一作成山何于(阿干), 婢一乳生四子, 一女三子, 國給穀二百石以賞之, 又代(伐)高麗, 以其國王孫還國, 置之眞骨位.

王一日召庶弟車得公曰, 汝爲冢宰, 均理百官, 平章四海. 公曰, 陛下若以小臣爲宰, 則臣願潛行國內, 示(視)民間(間)徭役之勞逸, 祖(租)賦之輕重, 官吏之淸濁, 然後就職. 王聽之. 公著緇衣, 把琵琶, 爲居士形, 出京師, 經由, 阿瑟羅州〔今溟州〕, 牛首州〔今春州〕, 北原京〔今忠州〕, 至於武珍州〔今海陽〕, 巡行里閈, 州吏安吉見是異人, 邀致其家, 盡情供億. 至夜, 安吉喚妻妾三人曰, 今玆侍宿客居士者, 終身偕老. 二妻曰, 寧不謂居, 何以於人同宿. 其一妻曰, 公若許終身並居, 則承命矣. 從之. 詰旦, 居士欲辭行時, 曰, 僕京師人也, 吾家在皇龍皇聖二寺之間, 吾名端午也〔俗謂端午爲車衣〕, 主人若到京師, 尋訪吾家幸矣. 遂行到京師, 居家冢宰. 國之制, 每以外州之吏一人, 上守京中諸曹, 注今之其人也, 安吉當次上守至京師, 問兩寺之間端午居士之家, 人莫知者, 安吉久立道左, 有一老翁經過, 聞其言, 良久佇思曰, 二寺間一家, 殆大內也, 端午者, 乃車得令公也, 潛行外郡時, 殆汝有緣契乎. 安吉陳其實, 老人曰, 汝去宮城之西歸正門, 待宮女出入者告之. 安吉從之, 告武珍州安吉進於門矣, 公聞而走出, 携手入宮, 喚出公之妃, 興(與)安吉共宴, 具饌至五十味. 聞於上, 以星浮山〔一作星損乎山〕下, 爲武珍州上守燒(燒)木田, 禁人樵採, 人不敢近, 內外欽羨之. 山下有田三十畝, 下種三石, 此田稔歲, 武珍州亦稔, 否則亦否云.

萬波息笛

第三十一, 神文大王, 諱政明, 金氏, 開耀元年辛巳七月七日卽位. 爲聖考文武大王, 創感恩寺於東海邊〔寺中記云, 文武王欲鎭倭兵, 故始創此寺, 未畢而崩, 爲海龍, 其子神文立, 開耀二年畢排, 金堂砌下, 東向開一穴, 乃龍之入寺, 旋繞之備, 蓋遺詔之葬骨處, 名大王岩, 寺名感恩寺, 後見龍現形處, 名利見臺〕, 明年壬午五月朔

〔一本云, 天授元年, 誤矣〕, 海官波珍飡朴夙淸奏曰, 東海中有小山, 浮來向感恩寺,

隨波往來. 王異之, 命日官金春質〔一作春日〕, 占之, 曰, 聖考今爲海龍, 鎭護三韓,

抑又金公庾信, 乃三十三天之一子, 今降爲大臣, 二聖同德, 欲出守城之寶, 若陛下

行幸海邊, 必得無價大寶. 王喜, 以其月七日, 駕幸利見臺, 望其山, 遣使審之, 山勢

如龜頭, 上有一竿竹, 晝爲二, 夜合一〔一云, 山亦晝夜開合如竹〕, 使來奏之, 王御感

恩寺宿, 明日午時, 竹合爲一, 天地震動, 風雨晦暗七日, 至其月十六日, 風霽波平,

王泛海入其山, 有龍奉黑玉帶來獻, 迎接共坐, 問曰, 此山與竹, 或判或合如何, 龍

曰, 比如一手拍之無聲, 二手拍則有聲, 此竹之爲物, 合之然後有聲, 聖王以聲理天

下之瑞也, 王取此竹, 作笛吹之, 天下和平, 今王考爲海中大龍, 庾信復爲天神, 二

聖同心, 出此無價大寶, 令我獻之. 王驚喜, 以五色錦彩金玉酬賽之, 勅使斫竹出海

時, 山與龍忽隱不現. 王宿感恩寺, 十七日, 到祗林寺西溪邊, 留駕晝饍, 太子理恭

〔卽孝昭大王〕, 守闕, 聞此事, 走馬來賀, 徐察奏曰, 此玉帶諸窠, 皆眞龍也. 王曰,

汝何以知之, 太子曰, 摘一窠沈水示之. 乃摘左邊第二窠沈溪, 卽成龍上天, 其地成

淵, 因號龍淵.

　　駕還, 以其竹作笛, 藏於月城天尊庫, 吹此笛, 則兵退病愈, 旱雨雨晴, 風定波

平. 號萬波息笛, 稱爲國寶. 至孝昭大王代, 天授四年癸巳, 因失(夫)禮郎生還之異,

更封號曰萬萬波波息笛, 詳見彼傳.

孝昭王代 竹旨郎〔亦作竹曼, 亦名智官〕

　　第三十二, 孝昭王代, 竹曼郎之徒, 有得烏〔一云谷〕, 級干, 隸名於風流黃卷, 追

日仕進, 隔旬日不見, 郎喚其母, 問爾子何在, 母曰, 幢典牟梁益宣阿干, 以我子差富

山城倉直, 馳去行急, 未暇告辭於郎. 郎曰, 汝子若私事適彼, 則不須尋訪, 今以公事

進去, 須歸享矣. 乃以舌餠一合酒一缸, 卒(率)左人〔鄕云皆叱知, 言奴僕也〕而行,

郎徒百三十七人, 亦具儀侍從, 到富山城, 問閽人, 得烏失奚在, 人曰, 今在益宣田,

隨例赴役. 郎歸田, 以所將酒餅饗之, 請暇於益宣, 將欲偕還, 益宣固禁不許. 時有使吏侃珍, 管收推火郡, 能節租三十石, 輸送城中, 美郎之重士風味, 鄙宣暗塞不通, 乃以所領三十石, 贈益宣助請, 猶不許, 又以珍節舍知騎馬鞍具貼之, 乃許. 朝廷花主聞之, 遣使取益宣, 將洗浴其垢醜, 宣逃隱, 掠其長子而去, 時仲冬極寒之日, 浴洗於城內池中, 仍合凍死. 大王聞之, 勅牟梁里人從官者, 並合黜遣, 更不接公署, 不著黑衣, 若爲僧者, 不合入鐘, 鼓寺中, 勅使上侃珍子孫, 爲枰定戶孫, 標異之. 時圓測法師, 是海東高德, 以牟梁里人, 故不授僧職.

初, 述宗公爲朔州都督使, 將歸理(治)所, 時三韓兵亂, 以騎兵三千護送之. 行至竹旨嶺, 有一居士, 平理其嶺路, 公見之歎美, 居士亦善公之威勢赫甚, 相感於心, 公赴州理(治), 隔一朔, 夢見居士入于房中, 室家同夢, 驚怪尤甚, 翌日使人問其居士安否, 人曰, 居士死有日矣. 使來還告, 其死與夢同日矣. 公曰, 殆居士誕於吾家爾. 更發卒修葬於嶺上北峯, 造石彌勒一軀, 安於塚前. 妻氏自夢之日有娠, 旣誕, 因名竹旨.

壯而出仕, 與庾信公爲副帥, 統三韓, 眞德·太宗·文武·神文, 四代爲冢宰, 安定厥邦, 初得烏谷, 慕郎而作歌曰, 去隱春皆理米, 毛冬居叱沙, 哭屋尸以憂音, 阿冬音乃叱好支賜烏隱, 兒史年數就音墮支行齊, 目煙廻於尸七史伊衣, 逢烏支惡知作乎下是, 郎也慕理尸心未, 行乎尸道尸, 蓬次叱巷中, 宿尸夜音有叱下是.

聖德王

第三十三, 聖德王, 神龍二年丙午歲, 「禾」不登, 人民飢甚. 丁未正月初一日, 至七月三十日, 救民給租, 一口一日三升爲式, 終事而計, 三十萬五百碩也. 王爲太宗大王刱奉德寺, 設仁王道場七日, 大赦. 始有侍中職〔一本系孝成王〕.

水路夫人

聖德王代, 純貞公赴江陵太守〔今冥(溟)州〕, 行次海汀晝饍. 傍有石嶂, 如屛臨海, 高千丈, 上有躑躅花盛開. 公之夫人水路見之, 謂左右曰, 折花獻者其誰, 從者曰, 非人跡所到. 皆辭不能. 傍有老翁牽牸牛而過者, 聞夫人言, 折其花, 亦作歌詞獻之, 其翁不知何許人也.

便行二日程, 又有臨海亭. 晝鐥(饍)次, 海龍忽攬夫人入海, 公顚倒躄地, 計無所出. 又有一老人, 告曰, 故人有言, 衆口鑠金, 今海中傍生, 何不畏衆口乎. 宜進界內民, 作歌唱之, 以杖打岸, 「則可見夫人矣. 公從之, 龍奉夫人出海獻之. 公問夫人海中事, 曰, 七寶宮殿, 所鐥(饍)甘滑香潔, 非人間煙火.

此(且)夫人衣襲異香, 非世所聞, 水路姿容絶代, 每經過深山大澤, 屢被神物掠攬. 衆人唱海歌, 詞曰, 龜乎龜乎出水路, 掠人婦女罪何極. 汝若悖逆不出獻, 入綱捕掠燔之喫. 老人獻花歌曰, 紫布岩乎邊希, 執音乎手母牛放敎遣, 吾肹不喩慚肹伊賜等, 花肹折叱可獻乎理音如.

孝成王

開元十年壬戌十月, 始築關門於毛大(火)郡. 今毛火村, 屬慶州東南境, 乃防日本塞垣也. 周廻六千七百九十二步五尺, 役徒三萬九千二百六十二人, 掌員元眞角干.

開元二十一年癸酉, 唐人欲征北狄, 請兵新羅, 客使六百四人來還國.

景德王 忠談師 表訓大德

德經等, 大王備禮受之. 王御國二十四年, 五岳三山神等, 時或現侍於殿庭.

三月三日, 王御歸正門樓上, 謂左右曰, 誰能途中得一員榮服僧來, 於是適有一大德, 威儀鮮潔, 徜徉而行. 左右望而引見之, 王曰, 非吾所謂榮僧也. 退之. 更有一僧, 被衲衣, 負櫻筒(一作荷簣), 從南而來, 王喜見之, 邀致樓上. 視其筒中, 盛茶具已, 曰, 汝爲誰耶, 僧曰, 忠談, 曰, 何所歸來, 僧曰, 僧每重三重九之日, 烹茶饗南山三花嶺彌勒世尊, 今兹既獻而還矣. 王曰, 寡人亦一甌茶有分乎, 僧乃煎茶獻之, 茶之氣味異常, 甌中異香郁烈. 王曰, 朕嘗聞師讚耆婆郞詞腦歌, 其意甚高, 是其果乎, 對曰, 然. 王曰, 然則爲朕作理安民歌. 僧應時奉勅歌呈之. 王佳之, 封王師焉, 僧再拜固辭不受. 安民歌曰, 君隱父也, 臣隱愛賜尸母史也, 民焉狂尸恨阿孩古爲賜尸知, 民是愛尸知古如, 窟理叱大肹生以支所音物生, 此肹喰惡支治良羅, 此地肹捨遣只於冬是去於丁爲尸知, 國惡支持以支知古如, 後句, 君如臣多支民隱如爲內尸等焉, 國惡太平恨音叱如. 讚耆婆郞歌曰, 咽鳴爾處米, 露曉邪隱月羅理, 白雲音逐于浮去隱安支下, 沙是八陵隱汀理也中, 耆郞矣皃史是史藪邪, 逸鳥川理叱磧惡希, 郞也持以支如賜鳥隱, 心未際叱肹逐內良齊, 阿耶, 栢史叱枝次高支好, 雪是毛冬乃乎尸花判也.

王玉莖長八「寸, 無子, 廢之, 封沙梁夫人. 後妃滿月夫人, 諡景垂太后, 依忠角干之女也. 王一日詔表訓大德曰, 朕無祜, 不獲其嗣, 願大德請於上帝而有之. 訓上告於天帝, 還來奏云, 帝有言, 求女卽可, 男卽不宜. 王曰, 願轉女成男. 訓再上天請之, 帝曰, 可則可矣, 然爲男則國殆矣. 訓欲下時, 帝又召曰, 天與人不可亂, 今師往來如隣里, 漏洩天機, 今後宜更不通. 訓來以天語論之, 王曰, 國雖殆, 得男而爲嗣足矣. 於是滿月王后生太子, 王喜甚. 至八歲, 王崩, 太子卽位, 是爲惠恭大王. 幼沖故, 太后臨朝, 政條不理, 盜賊蜂起, 不遑備禦, 訓師之說驗矣. 小帝既女爲男, 故自期晬至於登位, 常爲婦女之戲, 好佩錦囊, 與道流爲戲, 故國有大亂, 修(終)爲宣德與金良相所弑. 自表訓後, 聖人不生於新羅云.

惠恭王

大曆之初, 康州官署大堂之東, 地漸陷成池〔一本大寺東小池〕, 縱十三尺, 橫七尺. 忽有鯉魚五六, 相繼而漸大, 淵亦隨大.

至二年丁未, 又天狗墜於東樓南, 頭如瓮, 尾三尺許, 色如烈火, 天地亦振. 又是年, 今浦縣稻田五頃中, 皆米顆成穗, 是年七月, 北宮庭中, 先有二星墜地, 又一星墜, 三星皆沒入地. 先時(是)宮北厠圂中二莖蓮生, 又奉聖寺田中生蓮. 虎入禁城中, 追覓失之, 角干大恭家梨木上雀集無數. 據安國兵法下卷云, 天下兵大亂, 於是大赦修省.

七月三日, 大恭角干賊起, 王都及五道州郡幷九十六角干相戰大亂, 大恭角干家亡, 輸其家資寶帛于王宮. 新城長倉火燒, 逆黨之寶穀在沙梁牟梁等里中者, 亦輸入王宮. 亂彌三朔乃息, 被賞者頗多, 誅死者無算也. 表訓之言國殆, 是也.

元聖大王

伊湌金周元, 初爲上宰, 王爲角干, 居二宰. 夢脫幞頭, 著素笠, 把十二絃琴, 入於天官寺井中. 覺而使人占之. 曰, 脫幞頭者, 失職之兆, 把琴者, 著枷之兆, 入井, 入獄之兆. 王聞之甚患, 杜門不出. 于時阿湌餘三〔或本餘山〕, 來通謁, 王辭以疾不出. 再通曰, 願得一見, 王諾之. 阿湌曰, 公所忌何事, 王具說占夢之由, 阿湌興拜曰, 此乃吉祥之夢, 公若登大位而不遺我, 則爲公解之. 王乃辟禁左右, 而請解之. 曰, 脫幞頭者, 人無居上也, 著素笠者, 冕旒之兆也, 把十二絃琴者, 十二孫傳世之兆也, 入天官井, 入宮禁之瑞也. 王曰, 上有周元, 何居上位, 阿湌曰, 請密祀北川神可矣. 從之. 未幾, 宣德王崩, 國人欲奉周元爲王. 將迎入宮, 家在川北, 忽川漲不得渡. 王先入宮卽位, 上宰之徒衆, 皆來附之, 拜賀新登之主. 是爲元聖大王, 諱敬信, 金武(氏), 盖厚夢之應也. 周元退居溟州, 王旣登極, 時餘山已卒矣, 召其子孫賜爵. 王之孫有五人, 惠忠大(太)子, 憲平大(太)子, 禮英匝干, 大龍夫人, 小龍夫人等也. 大王誠知窮達之變, 故有身空詞腦歌[歌亡未詳].

王之考大角干孝讓, 傳祖宗萬波息笛, 乃傳於王, 王得之, 故厚荷天恩, 其德遠輝. 貞元二年丙寅十月十一日, 日本王文慶[按日本帝紀, 第五十五主文德王, 疑是也. 餘無文慶, 或本云, 是王大(太)子], 舉兵欲伐新羅, 聞新羅有萬波息笛退兵, 以金五十兩, 遣使請其笛, 王謂使曰, 朕聞上世眞平王代有之耳, 今不知所在. 明年七月七日, 更遣使, 以金一千兩請之曰, 寡人願得見神物, 而還之矣. 王亦辭以前對, 以銀三千兩賜其使, 還金而不受. 八月, 使還, 藏其笛於內黃殿.

王卽位十一年乙亥, 唐使來京, 留一朔而還, 後一日, 有二女, 進內庭, 奏曰, 妾等乃東池靑池[靑池卽東泉寺之泉也, 寺記云, 泉乃東海龍往來聽法之地, 寺乃眞平王所造, 五百聖衆, 五層塔, 幷納田民焉], 二龍之妻也, 唐使將河西國二人而來, 呪我夫二龍及芬皇寺井等三龍, 變爲小魚, 筒貯而歸, 願陛下勅二人, 留我夫等護國龍也. 王追至河陽館, 親賜享宴, 勅河西人曰, 爾輩何得取我三龍至此, 若不以實告, 必加極刑. 於是出三魚獻之, 使放於三處, 各湧水丈餘, 喜躍而逝. 唐人服王之明聖.

王一口(日)請皇龍寺, 注, 或本云, 華嚴寺又金剛寺香(者), 蓋以寺名經名, 光混之也, 釋智海入內, 稱(講)華嚴經五旬. 沙彌妙正, 每洗鉢於金光井[因大賢法師得名]邊, 有一黿浮沈井中, 沙彌每以殘食, 餧而爲戲. 席將罷, 沙彌謂黿曰, 吾德汝日久, 何以報之, 隔數日, 黿吐一小珠, 如欲贈遺, 沙彌得其珠, 繫於帶端, 自後大王見沙彌愛重, 邀致內殿, 不離左右. 時有一匝干, 奉使於唐, 亦愛沙彌, 請與俱行, 王許之. 同入於唐, 唐帝亦見沙彌而寵愛, 承(丞)相左右莫不尊信, 有一相士奏曰, 審此沙彌, 無一吉相, 得人信敬, 必有所持異物. 使人檢看, 得帶端小珠, 帝曰, 朕有如意珠四枚, 前年失一个, 今見此珠, 乃吾所失也. 帝問沙彌, 沙彌具陳其事. 帝內(思)失珠之日, 與沙彌得珠同日, 帝留其珠而遣之. 後人無愛信此沙彌者.

王之陵在吐含岳西洞鵠寺[今崇福寺], 有崔致遠撰碑. 又剏報恩寺, 又望德樓.

追封祖訓入匝干爲興平大王, 曾祖義官匝干爲神英大王, 高祖法宣大阿干爲玄聖大王. 玄聖大王, 玄聖之考, 卽摩叱次匝干.

早雪

第四十, 哀莊王, 末年戊子八月十五日, 有雪. 第四十一, 憲德王, 元和十三年戊戌三月十四日, 大雪〔一本作丙寅, 誤矣, 元和盡十五, 無丙寅〕. 第四十六, 文聖王, 己未五月十九日, 大雪. 八月一日, 天地晦暗.

興德王 鸚鵡

第四十二, 興德大王, 寶曆二年丙午卽位. 未幾有人奉使於唐, 將鸚鵡一雙而至. 不久雌死, 而孤雄哀鳴不已. 王使人掛鏡於前, 鳥見鏡中影, 擬其得偶, 乃啄其鏡而知影, 乃哀鳴而死. 王作歌云, 未詳.

神武大王 閻長 弓巴

第四十五, 神武大王潛邸時, 謂俠士弓巴曰, 我有不同天之讎, 汝能爲我除之, 獲居大位, 則娶爾女爲妃. 弓巴許之, 恊心同力, 擧兵犯京師, 能成其事. 旣簒位, 欲以巴之女爲妃, 羣臣極諫曰, 巴側微, 上以其女爲妃則不可. 王從之.

時巴在淸海鎭爲軍戍, 怨王之違言, 欲謀亂. 時將軍閻長聞之, 奏曰, 巴將爲不忠, 小臣請除之. 王喜許之. 閻長承旨歸淸海鎭, 見謁者通曰, 僕有小怨於國君, 欲投明公, 以全身命. 巴聞之大怒曰, 爾輩諫於王而廢我女, 胡顧見我乎, 長復通曰, 是百官之所諫, 我不預謀, 明公無嫌也. 巴聞之, 引入廳事, 謂曰, 卿以何事來此, 長日, 有忤於王, 欲投幕下, 以免害爾. 巴日, 幸矣. 置酒歡甚, 長取巴之長劍斬之, 麾下軍士, 驚懼皆伏地. 長引至京師復命日, 已斬弓巴矣. 上喜賞之, 賜爵阿干.

四十八景文大王

王諱膺廉, 年十八爲國仙. 至於弱冠, 憲安大王召郎, 宴於殿中, 問日, 郎爲國仙, 優遊四方, 見何異事, 郎曰, 臣見有美行者三. 王曰, 請聞其說. 郎曰, 有人爲人上者, 而撝謙坐於人下其一也, 有人豪富, 而衣儉易, 其二也, 有人本貴勢, 而不用其威者, 三也. 王聞其言, 而知其賢, 不覺墮淚而謂日, 朕有二女, 請以奉巾櫛. 郎避席而拜之, 稽首而退. 告於父母, 父母驚喜, 會其子弟, 議日, 王之上公主皃(貌)甚寒寢, 第二公主甚美, 娶之幸矣.

郎之徒上首範教師者聞之, 至於家, 問郎曰, 大王欲以公主妻公, 信乎. 郎曰, 然. 日, 奚娶, 郎曰, 二親命我宜弟. 師曰, 郎若娶弟, 則予必死於郎之面前, 娶其兄, 則必有三美, 誡之哉. 郎曰, 聞命矣. 旣而王擇辰, 而使於郎曰, 二女惟公所命. 使歸以郎意奏日, 奉長公主爾. 旣而過三朔, 王疾革, 召群臣曰, 朕無男孫, 窀穸之事, 宜長女之夫膺廉繼之. 翌日王崩, 郎奉遺詔卽位. 於是, 範教師詣於王曰, 吾所陳三美者, 今皆著矣, 娶長故, 今登位, 一也, 昔之欽艷第(弟)主, 今易可取, 二也, 娶兄故, 王與夫人喜甚, 三也. 王德其言, 爵爲大德, 賜金一百三十兩. 王崩, 諡日景文.

王之寢殿, 每日暮, 無數衆蛇俱集, 宮人驚怖, 將驅遣之, 王日, 寡人若無蛇, 不得安寢, 宜無禁. 每寢吐舌滿胸鋪之.

乃登位, 王耳忽長如驢耳, 王后及宮人皆未知, 唯幞頭匠一人知之, 然生平不向人說, 其人將死, 入道林寺竹林中無人處, 向竹唱云, 吾君耳如驢耳. 其後風吹, 則竹聲云, 吾君耳如驢耳. 王惡之, 乃伐竹而植山茱萸, 風吹則但聲云, 吾君耳長.〔道林寺, 舊在入都林邊〕

國仙邀元郎·譽昕郎·桂元·叔宗郎等, 遊覽金蘭, 暗有爲君主理邦國之意, 乃作歌三首, 使心弼舍知, 授針卷, 送大炬和尙處, 令作三歌, 初名玄琴抱曲, 第二大道曲, 第三問羣曲. 入奏於王, 王大喜稱賞, 歌未詳.

處容郎 望海寺

第四十九, 憲康大王之代, 自京師至於海內, 比屋連墻, 無一草屋. 笙歌不絶道路, 風雨調於四時. 於是, 大王遊開雲浦,〔在鶴城西南, 今蔚州〕王將還駕, 晝(畵)歇於汀邊, 忽雲霧冥曀, 迷失道路. 怪問左右, 曰(日)官奏云, 此東海龍所變也, 宜行勝事以解之. 於是勅有司, 爲龍刱佛寺近境. 施令已出, 雲開霧散, 因名開雲浦. 東海龍喜, 乃率七子, 現於駕前, 讚德獻舞奏樂. 其一子隨駕入京, 輔佐王政, 名曰處容.

王以美女妻之, 欲留其意, 又賜級干職. 其妻甚美, 疫神欽慕之, 變無(爲)人, 夜至其家, 竊與之宿. 處容自外至其家, 見寢有二人, 乃唱歌作舞而退. 歌曰, 東京明期月良, 夜入伊遊行如可, 入良沙寢矣見昆, 脚烏伊四是良羅, 二肹隱吾下於叱古, 二肹隱誰支下焉古, 本矣吾下是如馬於隱, 奪叱良乙何如爲理古. 時神現形, 跪於前曰, 吾羡公之妻, 今犯之矣, 公不見怒, 感而美之. 誓今已後, 見畫公之形容, 不入其門矣, 因此, 國人門帖處容之形, 以僻(辟)邪進慶. 王旣還, 乃卜靈鷲山東麓勝地置寺, 曰望德寺, 亦名新房寺, 乃爲龍而置也.

又幸鮑石亭, 南山神現舞於御前, 左右不見, 王獨見之. 有人現舞於前, 王自作舞, 以像示之. 神之名, 或曰祥審, 故至今國人傳此舞, 曰御舞祥審, 或曰御舞山神. 或云, 旣神出舞審象其貌, 命工摹刻, 以示後代, 故云象審. 或云霜髥舞, 此乃以其形稱之. 又幸於金剛嶺時, 北岳神呈舞, 名玉刀鈐, 又同禮殿宴時, 地神出舞, 名地伯級干(干). 語法集云, 干時山神獻舞, 唱歌云智理多都波都波等者, 盖言以智理國者, 知而多逃, 都邑將破云謂也. 乃地神山神知國將亡, 故作舞以警之, 國人不悟, 謂爲現瑞, 耽樂滋甚, 故國終亡.

眞聖女大王 居陀知

第五十一, 眞聖女王, 臨朝有年, 乳母鳧好夫人, 與其夫魏弘匝干等三四寵臣, 擅權撓政, 盜賊蜂起. 國人患之, 乃作陀羅尼隱語, 書投路上. 王與權臣等得之, 謂曰, 此非王居仁, 誰作此文, 乃囚居仁於獄. 居仁作詩訴于天, 天乃震其獄囚(因)以免之. 詩曰, 燕丹泣血虹穿日, 鄒衍含悲夏落霜. 今我失途還似舊, 皇天何事不垂祥, 陀羅尼曰, 南無亡國, 刹尼那帝, 判尼判尼蘇判尼, 于于三阿十(干), 鳧伊娑婆訶. 說者云, 刹尼那帝者, 言女王也, 判尼判尼蘇判尼者, 言二蘇判也, 蘇判爵名, 于于三阿干「者言三四寵臣」也, 鳧伊者, 言鳧好也.

此王代, 阿湌良貝, 王之季子也, 奉使於唐, 聞百濟海賊梗於津鳧(島), 選弓士五十人隨之. 舡次鵠島〔鄕云骨大島〕風濤大作, 信宿俠(浹)旬. 公患之, 使人卜之, 曰, 島有神池, 祭之可矣. 於是具奠於池上, 池水湧高丈餘. 夜夢有老人, 謂公曰, 善射一人, 留此島中, 可得便風. 公覺而以事諮於左右曰, 留誰可矣, 衆人曰, 宜以木簡五十片書我輩名, 沈水而鬮之. 公從之. 軍士有居陀知者, 名沈水中, 乃留其人, 便風忽起, 舡進無滯. 居陀愁立島嶼, 忽有老人, 從池而出, 謂曰, 我是西海若, 每一沙彌, 日出之時, 從天而降, 誦陀羅尼, 三繞此池, 我之夫婦子孫, 皆浮水上, 沙彌取吾子孫肝腸, 食之盡矣, 唯存吾夫婦與一女爾. 來朝又必來, 請君射之. 居陀曰, 弓矢之事, 吾所長也, 聞命矣. 老人謝之而沒, 居陀隱伏而待. 明日扶桑旣暾, 沙彌果來, 誦呪如前, 欲取老龍肝, 時居陀射之, 中沙彌, 卽變老狐, 墜地而斃. 於是老人出而謝曰, 受公之賜, 全我性命, 請以女子妻之. 居陀曰, 見賜不遺, 固所願也. 老人以其女, 變作一枝花, 納之懷中, 仍命二龍, 捧居陀, 趂及使舡, 仍護其舡入於唐境. 唐人見新羅虹有二龍負之, 具事上聞, 帝曰, 新羅之使, 必非常人. 賜宴坐於羣臣之上, 厚以金帛遺之. 旣還國, 居陁出花枝, 變女同居焉.

孝恭王

第五十二, 孝恭王, 光化十五年壬申〔實朱梁乾化二年也〕奉聖寺外門, 東西二十一間, 鵲巢. 又神德王卽位四年乙亥〔古本云天祐十二年, 當作貞明元年〕, 靈妙寺內行廊, 鵲巢三十四, 烏巢四十. 又三月, 再降霜, 六月斬浦水與海水波相鬪三日.

景明王

第五十四, 景明王代, 貞明五年戊寅, 四天王寺壁畵狗鳴, 說經三日禳(禳)之, 大半日又鳴. 七年庚辰二月, 皇龍寺塔影, 倒立於今毛舍知家庭中一朔. 又十月, 四天王寺五方神弓絃皆絶, 壁畵狗出走庭中, 還入壁中.

景哀王

第五十五, 景哀王卽位, 同光二年甲辰(申)二月十九日, 皇龍寺說(設)百座說經. 兼飯禪僧三百, 大王親行香致供, 此百座通說禪敎之始.

金傅大王

第五十六, 金傅大王, 諡敬順. 天成二年丁亥九月, 百濟甄萱, 侵羅至高欝府, 景哀王請救於我太祖. 命將以勁兵一萬往救之, 救兵未至, 萱以冬十一月掩入王京.

王與妃嬪宗戚, 遊鮑石亭宴娛, 不覺兵至, 倉卒不知所爲. 王與妃奔入後宮, 宗戚及公卿大夫士女, 四散奔走, 爲賊所虜, 無貴賤匍匐乞爲奴婢. 萱縱兵摽掠公私財物, 入處王宮. 乃命左右索王, 王與妃妾數人, 匿在後宮, 拘致軍中, 逼令王自進(盡), 而强淫王妃, 縱其下亂其嬪妾. 乃立王之族弟傅爲王, 王爲萱所擧卽位. 前王尸殯於西堂, 與群下慟哭. 我太祖遣使弔祭.

明年戊子春三月, 太祖率五十餘騎, 巡到京畿, 王與百官郊迎, 入「宮」相對, 曲盡情禮, 置宴臨海殿. 酒酣, 王言曰, 吾以不天, 侵(浸)致禍亂, 甄萱恣行不義, 喪我國家, 何「痛」如之, 因泫然涕泣, 左右莫不嗚咽, 太祖亦流涕. 因留數旬, 乃廻駕, 麾下肅靜, 不犯秋毫, 都人士女相慶曰, 昔甄氏之來也, 如逢犲虎, 今王公之至, 如見父母. 八月, 太祖遣使, 遺王錦衫鞍馬, 并賜群僚將士有差.

淸泰二年乙未十月, 以四方「土」地盡爲他有, 國弱勢孤, 不已(能)自安, 乃與群下謀, 擧土降太祖, 群臣可否, 紛然不已, 王太子曰, 國之存亡, 必有天命, 當與忠臣義士, 收合「民」心, 力盡而後已, 豈可以一千年之社稷, 輕以與人. 王曰, 孤危若此, 勢不能全, 旣不能强, 又不能弱, 至使無辜之民, 肝腦塗地, 吾所不能忍也. 乃使侍郎金封休齎書, 請降於太祖. 太子哭泣辭王, 徑往皆骨山, 倚巖爲屋 麻衣草食, 以終其身. 季子祝髮隷華嚴, 爲浮圖, 名梵空, 後住法水, 海印寺云.

太祖受書, 送太相王鐵迎之. 王率百僚, 于我太祖, 香車寶馬, 連亘三十餘里, 道路塡咽, 觀者如堵. 太祖出郊迎勞, 賜宮東一區〔今正承(政丞)院〕, 以長女樂浪公主妻之, 以王謝自國居他國, 故以鸞喩之, 改號神鸞公主, 謚孝穆. 封爲正承(政丞), 位在太子之上, 給祿一千石, 侍從員將, 皆錄用之. 改新羅爲慶州, 以爲公之食邑. 初王納土來降, 太祖喜甚, 待之(以)厚禮, 使告曰, 今王以國與寡人, 其爲賜大矣. 願結婚於宗室, 以永甥舅之好. 王答曰, 我伯父億廉〔王之考孝宗角干·追封神興大王之弟也〕, 有女子, 德容雙美, 非是無以備內政. 太祖娶之, 是爲神成王后金氏.〔本朝登仕郎金寬毅所撰王代宗錄云, 神成王后李氏, 本慶州大尉李正言爲俠(陜)州守時,太祖王幸此州, 納爲妃, 故或云俠州君, 願堂玄化寺, 三月二十五日, 立忌, 葬貞陵, 生一子, 安宗也, 此外二十五妃主中, 不載金氏之事, 未詳, 然而史臣之論, 亦以安宗 爲新羅外孫, 當以史傳爲是.)

太祖之孫景宗伷, 聘政承(丞)公之女爲妃, 是爲憲承皇后. 仍封政承(丞)爲尚父, 太平興國三年戊寅崩, 諡曰敬順. 冊尚父誥曰, 勅姬周啓聖之初, 先封呂主(望), 劉漢興王之始, 首開(冊)蕭何. 自「此」大定寰區, 廣開基業, 立龍圖三十代, 躡麟趾四百年日月重明, 乾坤交泰, 雖自無爲之主, 乃開致理之臣. 觀光順化衛國功臣上柱國樂浪王政承(丞)食邑八千戶金傅, 世「處」雞林, 官分王爵, 英烈振凌雲之氣, 文章騰擲地之才, 富有春秋, 貴居茅土, 六韜三略, 倜入胸襟, 七縱五申, 撮歸指掌. 我太祖須載接陸擲(始修睦隣)之好, 早認餘風, 尋頒駙馬之姻, 內酬大節, 家國旣歸於一統, 君臣宛合於三韓, 顯播令名, 光崇懿範. 可加號尚父都省令, 仍賜推忠愼義崇德守節功臣號, 勳封如故, 食邑通前爲一萬戶. 有司擇日備禮冊命, 主者施行. 開寶八年十月日, 大匡內議令兼摠翰林臣翮宣奉行, 奉勅如右, 牒到奉行, 開寶八年十月日, 侍中署, 侍中署內奉令署, 軍部令署, 軍部令無署, 兵部令無署, 兵部令署, 廣坪(評)侍郎署, 廣坪(評)侍郎無署, 內奉侍郎無署, 內奉侍郎署, 軍部卿無署, 軍部卿署, 兵部卿無署, 兵部卿署, 告推忠愼義崇德守節功臣尚父都省令上柱國樂浪都(郡)王食邑一萬戶金傅, 奉勅如右, 符到奉行. 主事無名, 郎中無名, 書令史無名, 孔目無名, 開寶八年十月日下.

史論曰, 新羅朴氏昔氏, 皆自卵生, 金氏從天入金櫃而降, 或云乘金車, 此尤詭怪不可信, 然世俗相傳爲實事. 今但厚(原)厥初, 在上者, 其爲已(己)也儉, 其爲人也寬, 其設官也略, 其行事也簡. 以至誠事中國, 梯航朝聘之使, 相續不絶, 常遣子弟, 造朝「而」宿衛, 入學而誦習. 于以襲聖賢之風化, 革鴻荒之俗, 爲禮義之邦, 又憑王師之威靈, 平百濟高句麗, 取其地「爲」郡縣, 可謂盛矣. 然而奉浮屠之法, 不知其弊, 至使閭里比其塔廟, 齊民逃於緇褐, 兵農侵(浸)小, 而國家日衰, 幾何其不亂且亡也哉. 於是時, 景哀王加之以荒樂, 與宮人左右, 出遊鮑石亭, 置酒燕衛(衎), 不知甄萱之至, 與(夫)門外韓擒虎, 樓頭張麗華, 無以異矣. 若敬順之歸命太祖, 雖非獲已, 亦可佳矣. 向若力戰守死, 以抗王師, 至於力屈勢窮, 卽(則)必覆其家(宗)族, 害及于無辜之民, 而乃不待告命, 封府庫, 籍群難(郡縣), 以歸之, 其有功於朝廷, 有德於生民甚大. 昔錢民(氏)以吳越入宋, 蘇子瞻謂之忠臣, 今新羅功德, 過於彼遠矣. 我太祖妃嬪衆多, 其子孫亦繁衍, 而顯宗自新羅外孫卽寶位, 此後繼統者, 皆其子孫, 豈非陰德也歟. 新羅旣納土國除, 阿干神會, 罷外署還, 見都城離潰, 有黍離離嘆, 乃作歌, 歌亡未詳.

南扶餘 前百濟 北扶餘〔已見上〕

扶餘郡者, 前百濟王都也, 或稱所夫里郡. 按三國史記, 百濟聖王二十六年戊午春, 移都於泗沘, 國號南扶餘.〔注曰, 其地名所夫里, 泗沘, 今之古省津也, 所夫里者, 扶餘之別號也. 已上注.〕

又按量田帳籍曰, 所夫里郡田丁柱貼. 今言扶餘郡者, 復上古之名也. 百濟王姓扶氏, 故稱之.

或稱餘州者, 郡西資福寺高座之上, 有繡帳焉, 其繡文曰, 統和十五年丁酉五月日餘州功德大寺繡帳, 又昔者, 河南置林州刺史, 其時圖籍之內, 有餘州二字, 林州, 今佳林郡也, 餘州, 今之扶餘郡也.

百濟地理志曰, 後漢書曰, 三韓凡七十八國, 百濟是其一國焉.

北史云, 百濟東極新羅, 西南限大海, 北際漢江, 其郡(都)曰居扶(拔)城, 又云固麻城, 其外更有五方城.

通典云, 百濟南接新羅, 北距高麗, 西限大海. 舊唐書云, 百濟扶夫(餘)之別程(種), 東北新羅, 西渡海「至」越州, 南渡海至倭, 北高麗, 其王所居, 有東西兩城. 新唐書云, 百濟西界越州, 南倭, 皆踰海, 北高麗.

「國」史本記云, 百濟始祖(祖)溫祚, 其父雛牟王, 或云朱蒙. 自北扶餘逃難, 至卒本扶餘, 扶餘州之王無子, 只有三女, 見朱蒙知非常人, 以第二女妻之. 未幾, 扶餘州王薨, 朱蒙嗣位. 生二子, 長曰沸流, 次曰溫祚. 恐後(爲)太子所不容, 遂與烏干, 馬黎等十臣南行, 百姓從之者多. 遂至漢山, 登負兒岳, 望可居之地, 沸流欲居於海濱, 十臣諫曰, 惟此河南之地, 北帶漢水, 東據高岳, 南望沃澤, 西阻大海, 其天險地利, 難得之勢, 作都於斯, 不亦宜乎, 沸流不聽, 分其民, 歸彌雛忽居之, 溫祚都河南慰禮城, 以十臣爲輔翼, 國號十濟, 是漢成帝鴻佳(嘉)三年也. 沸流以彌雛忽土濕水鹹, 不得安居, 歸見慰禮, 都邑鼎定, 人民安泰, 遂慙悔而死, 其臣民皆歸於慰禮城, 後以來時百姓樂悅, 改號百濟. 其世系與高句麗同出扶餘, 故以解爲氏. 後至聖王, 移都於泗沘, 今扶餘郡.〔彌雛忽, 仁州, 慰禮. 今稷山.〕

按古典記云, 東明王第三子溫祚, 以前漢鴻佳(嘉)三年癸酉(卯), 自卒本扶餘, 至慰禮城, 立都稱王. 十四年丙辰, 移都漢山.〔今廣州〕歷三百八十九年, 至十三世近肖古王, 咸安元年, 取高句麗南平壤, 移都. 北漢城.〔今楊州〕歷一百五年, 至二十二世文周王卽位, 元徽(徽)三年乙卯, 移都熊川〔今公州〕歷六十三年, 至二十六世聖王, 移都所夫里, 國號南扶餘, 至三十一世義慈王, 歷一百二十年. 至唐顯慶五年. 是義慈王在位二十年, 新羅金庾信與蘇定方討平之. 百濟國舊有五部, 分統三十七郡, 二百濟城, 七十六萬戶, 唐以「其地, 分置熊津·馬韓·東明·金漣·德安等五都督府, 仍「以其酋長爲都督府刺史, 未幾, 新羅盡幷其地, 置熊·全·武三州及諸郡縣. 又虎嵓寺有政事嵓, 國家將議宰相, 則書當選者名或三四, 函封置嵓上, 須臾取看, 名上有印跡者爲相, 故名之. 又泗沘河邊有一嵓, 蘇定方嘗坐此上, 釣魚龍而出, 故嵓上有龍跪之跡, 因名龍嵓. 又郡中有三山, 曰(日)山·吳山·浮山, 國家全盛之時, 各有神人居其上, 飛相往來, 朝夕不絶. 又泗沘崖, 又有一石, 可坐十餘人, 百濟王欲幸王興寺禮佛, 先於此石望拜佛, 其石自煖, 因名煖石.

又泗沘河兩崖如畫屏, 百濟王每遊宴歌舞, 故至今稱爲大王浦. 又始祖溫祚, 乃東明王第三子, 體洪大, 性孝友, 善騎射, 又多婁王, 寬厚有威望, 又沙沸王〔一作沙伊王〕仇首崩, 嗣位, 而幼少不能政, 卽廢而立古爾王. 或云, 至樂初三年己未, 乃崩, 古爾方立.

武王〔古本作武康, 非也, 百濟無武康〕

第三十, 武王名璋. 母寡居, 築室於京師南池邊, 池龍文(交)通而生. 小名薯童, 器量難測. 常掘薯蕷, 賣爲活業, 國人因以爲名.

聞新羅眞平王第三公主善花〔一作善化〕美艷無雙, 剃髮來京師, 以薯蕷餉閭里群童, 群童親附之, 乃作謠, 誘群童而唱之云, 善花公主主隱, 他密只嫁良置古, 薯童房乙, 夜矣卯乙抱遺去如. 童謠滿京, 達於宮禁, 百官極諫, 竄流公主於遠方, 將行, 王后以純金一斗贈行. 公主將至竄所, 薯童出拜途中, 將欲侍衛而行, 公主雖不識其從來, 偶爾信悅, 因此隨行, 潛通焉, 然後知薯童名, 乃信童謠之驗. 同至百濟, 出母后所贈金, 將謀計活, 薯童大笑曰, 此何物也, 主曰, 此是黃金, 可致百年之富. 薯童曰, 吾自小(少)掘薯之地, 委積如泥土. 主聞大驚曰, 此是天下至寶, 君今知金之所在, 則此寶輸送父母宮殿何如, 薯童曰, 可. 於是聚金, 積如丘陵, 詣龍華山師子寺知命法師所, 問輸金之計. 師曰, 吾以神力可輸, 將金來矣. 主作書, 幷金置於師子(入)前, 師以神力, 一夜輸置新羅宮中. 眞平王異其神變, 尊敬尤甚, 常馳書問安否. 薯童由此得人心, 卽王位.

一日王與夫人, 欲幸師子寺, 至龍華山下大池邊. 彌勒三尊出現池中, 留駕致敬. 夫人謂王曰, 須創大伽藍於此地, 固所願也. 王許之. 詣知命所, 問塡池事, 以神力, 一夜頹山塡池爲平地. 乃法像彌勒三會(尊), 殿塔廊廡各三所創之, 額曰彌勒寺〔國史云, 王興寺〕. 眞平王遣百工助之, 至今存其寺.〔三國史云, 是法王之子, 而此傳之

獨女之子, 未詳.〕

後百濟 甄萱

三國史本傳云, 甄萱尙州加恩縣人也. 咸通八年丁亥生, 本姓李, 後以甄爲氏. 父阿慈介, 以農自活, 光啓中, 據沙弗城〔今尙州〕, 自稱將軍. 有四子, 皆知名於世, 萱號傑出, 多智略.

李碑(磾)家記云, 眞興大王妃思刀, 諡曰白䟽夫人, 第三子仇輪公之子, 波珍干善品之子角干酌珍, 妻王咬巴里, 生角干元善, 是爲阿慈个也. 慈之弟(第)「一」妻上院夫人, 第二妻南院夫人, 生五子一女. 其長子是尙父萱, 二子將軍能哀, 三子將軍龍蓋, 四子寶蓋, 五子將軍小蓋, 一女大主刀金.

又古記云, 昔一富人, 居光州北村, 有一女子, 姿容端正. 謂父曰, 每有一紫衣男到寢交婚. 父謂曰, 汝以長絲貫針刺其衣. 從之, 至明尋絲於北墻下, 針刺於大蚯蚓之腰. 後因娠生一男, 年十五, 自稱甄萱. 至景福元年壬子稱王, 立都於完山郡. 理四十三年, 以淸泰元年甲午, 萱之三子纂逆, 萱投太祖. 子金剛(神劒)卽位, 天福元年丙申, 與高麗兵會戰於一善郡, 百濟敗績, 國亡云.

初, 萱生孺褓時, 父耕于野, 母餉之, 以兒置于林下, 虎來乳之. 鄕黨聞者異焉. 及壯體貌雄奇, 志氣倜儻不凡. 從軍入王京, 赴西南海防戍, 枕戈待敵, 其「勇」氣恒爲士卒先, 以勞爲裨將. 唐昭宗景福元年, 是新羅眞聖王在位六年, 嬖竪在側, 竊弄國權, 綱紀紊陁(弛). 加之以飢饉, 百姓流移, 群盜蜂起. 於是萱竊有叛心, 嘯聚徒侶, 行擊京西南州縣, 所至響應, 旬月之間, 衆至五千. 遂襲武珍州自王, 猶不敢公然稱王, 自署爲新羅西南(面)都統行全州刺史兼御史中承上柱國漢南郡開國公, 龍化(紀)元年己酉也. 一云景福元年壬子. 是時北原賊良吉雄强, 弓裔自投爲麾下. 萱聞之, 遙授良吉職爲裨將. 萱西巡至完山州, 州民迎勞, 喜得人心, 謂左右曰, 百濟開國六百餘年, 唐高宗以新羅之請, 遣將軍蘇定方, 以舡兵十三萬越海, 新羅金庾信, 卷土歷黃山, 與唐兵合攻百濟滅之, 予今敢不立都, 以雪宿憤乎. 遂自稱後百濟王, 設官分職. 是唐光化三年, 新羅孝恭王四年也.

貞明四年戊寅, 鐵原京衆心忽變, 推戴我太祖卽位, 萱聞之, 遣使稱賀, 遂獻孔雀扇地理山竹箭等. 萱與我太祖, 陽和陰剋獻驄馬於太祖. 三年冬十月, 萱率三千騎, 至曹物城〔今未詳〕, 太祖亦以精兵來與之角. 萱兵銳, 未決勝負, 太祖欲權和, 以老其師, 移書乞和, 以堂弟王信爲質, 萱亦以外甥眞虎交質. 十二月, 攻取居西〔今未詳〕等二十餘城, 遣使入後唐稱藩, 唐策授檢校太尉兼侍中判百濟軍事, 依前都督行全州刺史海東四面都統指揮兵馬判(制)置等事百濟王, 食邑二千五百戶. 四年, 眞虎暴卒, 疑故殺, 卽囚王信, 使人請還前年所送驄馬, 太祖笑還之.

天成二年丁亥九月, 萱攻取近品(岊)城〔今山陽縣〕燒之, 新羅王求救於太祖. 太祖將出帥(師), 萱襲取高鬱府〔今蔚州〕, 進軍族始林〔一云鷄林西郊〕, 卒入新羅王都, 新羅王與夫人出遊鮑石亭時, 由是甚敗. 萱强引夫人亂之, 以王之族弟金傅嗣位, 然後虜王弟孝廉, 宰相英景, 又取國帑珍寶, 兵仗, 子女, 百工之巧者, 自隨以歸.

太祖以精騎五千, 要萱於公山下大戰, 太祖之將金樂, 崇謙死之, 諸軍敗北, 太祖僅以身免, 而不與相抵, 使盈其貫. 萱乘勝轉掠大木城〔今若木〕京山府, 康州, 攻缶谷城又義成府之守洪述, 拒戰而死. 太祖聞之曰, 吾失右手矣. 四十二年庚寅, 萱欲攻古昌郡〔今安東〕, 大擧而石山營寨, 太祖隔百步, 而郡北甁山營寨, 累戰萱敗, 獲侍郎金渥. 翌日萱收卒, 襲破順「州」城, 城主元逢不能禦, 棄城宵遁. 太祖赫怒, 貶爲下枝縣.〔今豊山縣, 元逢, 本順「州」城人故也.〕

新羅君臣, 以衰季難以復興, 謀引我太祖結好爲援. 萱聞之, 又欲入王都作惡, 恐太祖先之, 寄書于太祖曰, 昨者「新羅」國相金雄廉等, 將召足下入京, 有同鼈應黿聲, 是欲鷄披準(隼)翼, 必使生靈塗炭, 宋社丘墟. 僕是以先著祖鞭, 獨揮韓鉞, 誓百寮如皎日, 諭六部以義風, 不意奸臣遁逃, 邦君薨變, 遂奉景明王表弟, 獻(憲)康王之外孫, 勸卽尊位, 再造危邦, 喪君有君, 於是乎在. 足下勿(不)詳忠告, 徒聽流言, 百計窺覦, 多方侵擾, 尙不能見僕馬首, 拔僕牛毛. 冬初, 都頭索湘束手於星山陣下, 月內, 左將金樂曝骸於美利寺前, 殺獲居多, 追禽不小(少), 强羸若此, 勝敗可知. 所期者, 掛弓於平壤之樓, 飮馬於浿江之水. 然以前月七日, 吳越國使班尙書至, 傳王詔旨, 知卿與高麗, 久通和好, 共契隣盟, 比因質子之兩亡, 遂失和親之舊好, 互侵疆境, 不戢干戈, 今專發使臣, 赴卿本道, 又移文高麗, 宜各相親比, 永孚于休. 僕義篤尊王, 情深事大, 及聞詔諭, 卽欲祇承, 但慮足下欲罷不能, 困而猶鬪. 今錄詔書寄呈, 請留心詳悉. 且兎獹迭憊, 終必貽譏, 蚌鷸相持, 亦爲所笑, 宜迷復之爲誡, 無後悔之自貽.

「天成」二年正月, 太祖答曰, 伏奉吳越國通「和」使班尙書所傳詔旨書一道, 兼蒙足下辱示長書叙事者. 伏以華軺膚使, 爰到(致)制書, 尺素好音, 兼蒙敎誨. 捧芝檢而雖增感激, 闢華牋而難遣嫌疑. 今託廻軒, 輒敷危衽. 僕仰承天假, 俯迫人推, 過叨將帥之權, 獲赴經綸之會. 項(頃)以三韓厄會, 九土凶荒, 黔黎多屬於黃巾, 田野無非其赤土. 庶幾弭風塵之警, 有以救邦國之災, 爰自善隣, 於焉結好, 果見數千里農桑樂業, 七八年士卒閑眠, 及至癸酉年, 維時陽月, 忽焉生事, 至乃交兵. 足下始輕敵以直前, 若螳蜋之拒轍, 終知難而勇退, 如蚊子之負山. 拱手陳辭, 指天作誓, 今日之後, 永世歡和, 苟或渝盟, 神其殛矣. 僕亦尙止戈之武, 期不殺之仁, 遂解重圍, 以休疲卒, 不辭質子, 但欲安民. 此卽我有大德於南人也, 豈期歃血未乾, 凶威復作, 蜂蠆之毒, 侵害於生民, 狼虎之狂, 爲梗於畿甸, 金城窘忽(急), 黃屋震驚. 仗義尊周, 誰似桓文之霸, 乘間謀漢, 唯看莽卓之奸. 致使王之至尊, 枉稱子於足下, 尊卑失序, 上下同憂, 以爲非有元輔之忠純, 豈得再安社稷. 以僕心無匿惡, 志切尊王, 將援置於朝廷, 使扶危於邦國, 足下見毫釐之小利, 忘天地之厚恩, 斬戮君主, 焚燒宮闕, 葅醢卿佐, 虔劉士民, 姬姜(妾)則取以同車, 珍寶則奪之相載, 元惡浮於桀紂, 不仁甚於獍梟. 僕惡極崩天, 誠深却日, 約效鷹鸇之逐, 以申犬馬之勤. 再擧干戈, 兩更

槐柳, 陸擊則雷馳電激, 水攻則虎搏龍騰, 動必成功, 擧無虛發. 逐尹卿於海岸, 積
甲如山, 禽雛造於城邊, 伏尸蔽野, 燕山郡畔, 斬吉奐於軍前, 馬利〔疑伊山郡〕城邊,
戮隨晤於纛下, 拔任存〔今大興郡〕之日, 刑積等數百人捐軀, 破淸川縣〔尙州領內縣
名〕之時, 直心等四五輩授首. 桐藪〔今桐華寺〕望旗而潰散, 京山銜璧以投降, 康州則
自南而來, 羅府則自西移屬. 侵攻若此, 收復寧遙. 必期泜水營中, 雪張耳千般之恨,
烏江岸上, 成漢王一捷之心, 竟息風波, 永淸寰海. 天之所助, 命欲何歸. 況承吳越
王殿下, 德洽包荒, 仁深字小, 特出綸於舟〔丹〕禁, 諭戢難於靑丘, 旣奉訓謀, 敢不尊
奉. 若足下祗承睿旨, 悉戢凶機, 不唯副上國之仁恩, 抑可紹東海之絶緒. 若不過而
能改, 其如悔不可追〔書乃崔致遠作也〕.

長興三年, 甄萱臣龔直, 勇而有智略, 來降太祖, 萱捉龔直二子一女, 烙斷股筋.
秋九月, 萱遣一吉, 以舡兵入高麗禮城江, 留三日, 取鹽白眞三州船一百艘, 焚之而
去.〔云云〕 淸泰元年甲午, 萱聞太祖屯運州〔未詳〕遂簡甲士, 蓐食而至. 未及營壘,
將軍黔弼以勁騎擊之斬獲三千餘級, 熊津以北三十餘城, 聞風自降, 萱麾下術士宗
訓, 醫者之謙, 勇將尙達, 雀(崔)弼等, 降於太祖.

丙申正月, 萱胃子曰, 老夫新羅之季, 立後百濟名, 有年于今矣. 兵倍於北軍, 尙
爾不利, 殆天假手爲高麗, 盖歸順於北王, 保首領矣. 其子神劒·龍劒·良劒等三人
皆不應. 李磾家記云, 萱有九子, 長曰神劒〔一云甄成〕, 二子太師謙腦, 三子佐承龍
述, 四子太師聰智, 五子大阿干宗祐, 六子闕, 七子佐承位興, 八子太師靑丘, 一女國
大夫人, 皆上院夫人所生也. 萱多妻妾, 有子十餘人, 第四子金剛, 身長而多智, 萱
特愛之, 意欲傳位, 其兄神劒·良劒·龍劒知之憂憫. 時良劒爲康州都督, 龍劒爲武
州都督, 獨神劒在側. 伊湌能奐使人往康武二州, 與良劒等謀, 至淸泰二年乙未春三
月, 與英順等勸神劒, 幽萱於金山佛宇, 遣人殺金剛, 神劒自稱大王, 赦境內.〔云云〕
初萱寢未起, 遙聞宮庭呼喊聲, 問是何聲歟, 告父曰, 五年老, 暗於軍國政要, 長子
神劒攝父王位, 而諸將歡賀聲也. 俄移父於金山佛宇, 以巴達等壯士三十人守之. 童

謠曰, 可憐完山兒, 失父涕連洒. 萱與後宮年少男女二人, 侍婢古比女, 內人能乂男等囚繫, 至四月, 釀酒而飲醉卒三十人, 而與小元甫香乂·吳琰·忠質等以海路迎之. 旣至, 以萱爲十年之長, 尊號爲尙父, 安置于南宮, 賜楊州食邑田莊, 奴婢四十口, 馬九匹, 以其先來降者信康爲衙前.

甄萱壻將軍英規, 密語其妻曰, 大王勤勞四十餘年, 功業垂成, 一旦以家人之禍, 失地於高麗. 夫貞女不可二夫, 忠臣不事二主, 若捨己君, 以事逆子, 耶(則)何顏以見天下之義士乎, 況聞高麗王公, 仁厚勤儉, 以得民心, 殆天啓也. 必爲三韓之主, 盍致書以安慰我王, 兼慇懃於王公, 以圖後來之福乎. 妻曰, 子之言是吾意也. 於是天福元年丙申二月, 遣人致意於太祖曰, 君擧義旗, 請爲內應, 以迎王師. 太祖喜, 厚賜其使者遣之, 謝英規曰, 若蒙恩一合, 無道路之梗, 卽先致謁於將軍, 然後升堂拜夫人, 兄事而姊尊之, 必終有以厚報之, 天地鬼神, 皆聞此語. 六月, 萱告太祖, 老臣所以投身於殿下者, 願仗殿下威稜, 以誅逆子耳, 伏望大王借以神兵, 殲其賊亂, 臣雖死無憾. 太祖曰, 非不欲討之, 待其時也.

先遣太子武及武, 將軍述希, 領步騎十萬, 趣天安府. 秋九月, 太祖率三軍至天安, 合兵進次一善, 神劍以兵逆之. 甲午, 隔一利川相對, 王師背艮向坤而陳, 太祖與萱觀兵, 忽白雲狀如劍戟, 起我師向彼行焉. 乃鼓行而進, 百濟將軍孝奉·德述·哀述·明吉等, 望兵勢大而整, 棄甲降於陣前. 太祖勞慰之, 問將帥所在, 孝奉等曰, 元帥神劍在中軍. 太祖命將軍公萱等, 三軍齊進挾擊, 百濟軍潰北. 至黃山炭峴, 神劍與二弟·將軍富達·能奐等四十餘人生(出)降. 太祖受降, 餘皆勞之, 許令與妻子上京. 問能奐曰, 始與良劍等密謀, 囚大王立其子者, 汝之謀也, 爲臣之義, 當如是乎. 能奐俛首不能言, 遂命誅之. 以神劍僭位爲人所脅, 非其本心, 又且歸命乞罪, 特原其死, 甄萱憂懣發疽, 數日卒於黃山佛舍, 九月八日也, 壽七十. 太祖軍令嚴明, 士卒不犯秋毫, 州縣安堵, 老幼皆呼萬歲. 謂英規曰, 前王失國後, 其臣子無一人慰之者, 獨卿夫妻, 千里嗣音, 以致誠意, 兼歸美於寡人, 其義不可忘. 許職左承, 賜田一千項(頃), 許借驛馬三十五匹, 以迎家人, 賜其二子以官. 甄萱起唐景福元年, 至晉天福元年, 共四十五年, 丙申滅.

史論曰, 新羅數窮道喪, 天無所助, 民無所歸於是群盜投隙而作, 若猬毛然, 其劇者, 弓裔·甄萱二人而已. 弓裔本新羅王子, 而反以家(宗)國爲讎, 至斬先祖之畫像, 其爲不仁甚矣. 甄萱起自新羅之民, 食新羅之祿, 「而」包藏禍心, 幸國之危, 侵軼都邑, 虔劉君臣若禽獸, 實天下之元惡. 故弓裔見棄於其臣, 甄萱産禍於其子, 皆自取之也, 又誰咎也. 雖項羽李密之雄才, 不能敵漢唐之興, 而況裔萱之凶人, 豈可與我太祖相抗歟.

駕洛國記〔文廟朝, 大康年間, 金官知州事文人所撰也, 今略而載之〕

開闢之後, 此地未有邦國之號, 亦無君臣之稱. 越有我刀干·汝刀干·彼刀干·五刀干·留水干·留天干·神天干·五天干·神鬼干等九干者, 是酋長, 領總百姓, 凡一百戶, 七萬五千人. 多以自都山野, 鑿井而飮, 耕田而食.

屬後漢世祖光武帝建武十八年壬寅三月禊洛(浴)之日, 所居北龜旨, 〔是峯巒之稱, 若十朋伏之狀, 故云也.〕 有殊常聲氣呼喚, 衆庶二三百人, 集會於此, 有如人音, 隱其形, 而發其音曰, 此有人否, 九干(干)等云, 吾徒在. 又曰, 吾所在爲何, 對云, 龜旨也. 又曰, 皇天所以命我者, 御是處, 惟新家邦, 爲君后, 爲玆故降矣. 爾等須掘峯頂撮土, 歌之云, 龜何龜何, 首其現也, 若不現也, 燔灼而喫也, 以之蹈舞, 則是迎大王, 歡喜踴躍之也. 九干等如其言, 咸忻而歌舞, 未幾, 仰而觀之, 唯紫繩自天垂而著地. 尋繩之下, 乃見紅幅裏金合子. 開而視之, 有黃金卵六圓如日者. 衆人悉皆驚喜, 俱伸百拜, 尋還裹著, 抱持而歸乃我刀家, 寘榻上, 其衆各散.

過浹辰, 翌日平明, 衆庶復相聚集開合, 而六卵化爲童子, 容貌甚偉, 仍坐於床, 衆庶拜賀, 盡恭敬止. 日日而大, 踰十餘晨昏, 身長九尺, 則殷之天乙, 顏如龍焉, 則

漢之高祖, 眉之八彩, 則有唐之高, 眼之重瞳, 則有虞之舜. 其於月望日卽位也. 始現
故諱首露, 或云首陵.〔首陵是崩後諡也.〕國稱大駕洛, 又稱伽耶國, 卽六伽耶之一
也. 餘五人, 各歸爲五伽耶主. 東以黃山江, 西南以滄海, 西北以地理山, 東北以伽
耶山, 南而爲國尾. 俾創假宮而入御, 但要質儉, 茅茨不剪, 土階三尺.

二年癸卯春正月, 王若曰, 朕欲定置京都. 仍駕幸假宮之南新畓坪〔是古來閑田,
新耕作故云也, 畓乃俗文也〕四望山嶽, 顧左右曰, 此地狹小如蓼葉, 然而秀異, 可爲
十六羅漢住地. 何況自一成三, 自三成七, 七聖住地, 固合于是, 托土開疆, 終然允
臧歟. 築置一千五百步周廻羅城, 宮禁殿宇, 及諸有司屋宇, 虎(武)庫倉廩之地, 事
訖還宮. 徧徵國內丁壯人夫工匠, 以其月二十日, 資始金陽(湯), 曁三月十日役畢, 其
宮闕屋舍, 俟農隙而作之, 經始于厥年十月, 逮甲辰二月而成. 涓吉辰御新宮, 理萬
機而懃庶務.

忽有琓夏國含達「婆」王之夫人妊娠, 彌月生卵, 卵化爲人, 名曰脫解. 從海而來,
身長三尺, 頭圓一尺. 悅焉詣闕, 語於王云, 我欲奪王之位, 故來耳. 王答曰, 天命我
俾卽于位, 將令安中國而綏下民, 不敢違天之命, 以與之位, 又不敢以吾國吾民, 付
囑於汝. 解云, 若爾可爭其術. 王曰, 可也. 俄頃之間, 解化爲鷹, 王化爲鷲, 又解化
爲雀, 王化爲鷳, 于此際也, 寸陰未移, 解還本身, 王亦復然. 解乃伏膺曰, 僕也適於
角術之場, 鷹之於鷲, 雀之於鷳, 獲免焉, 此盖聖人惡殺之仁而然乎, 僕之與王, 爭
位良難. 便拜辭而出, 到麟郊外渡頭, 將中朝來泊之水道而行. 王竊恐滯留謀亂, 急
發舟師五百艘而追之. 解奔入雞林地界, 舟師盡還. 事記所載, 多異與新羅.

屬建武二十四年戊申七月二十七日, 九千等朝謁之次, 獻言曰, 大王降靈已來好
仇未得, 請臣等所有處女絶好者, 選入宮闈, 俾爲伉儷. 王曰, 朕降于玆, 天命也, 配
朕而作后, 亦天之命, 卿等無慮. 遂命留天干, 押輕舟, 持駿馬, 到望山島立待, 申命
神鬼干, 就乘岾.〔望山島, 京南島嶼也, 乘岾, 輦下國也.〕忽自海之西南隅, 掛緋帆,
張茜旗, 而指乎北. 留天等, 先擧火於島上, 則競渡下陸, 爭奔而來, 神鬼望之, 走入

闕奏之, 上聞欣欣. 尋遣九干等, 整蘭橈, 揚桂楫而迎之, 旋欲陪入內, 王后乃曰, 我
與(爾)等素昧平生, 焉敢輕忽相隨而去, 留天等返達后之語, 王然之, 率有司動蹕,
從闕下西南六十步許地, 山邊幔設殿祗候.

王后於山外別浦津頭, 維舟登陸, 憩於高嶠. 解所著綾袴爲贄, 遺于山靈也. 其
地「他」侍從媵臣二員, 名曰申輔·趙匡, 其妻二人, 號慕貞·慕良, 或臧獲幷計二十
餘口, 所賷錦繡綾羅, 衣裳疋段, 金銀珠玉, 瓊玖服玩器, 不可勝記. 王后漸近行在,
上出迎之, 同入帷宮, 媵臣已下衆人, 就階下而見之卽退. 上命有司, 引媵臣夫妻曰,
人各以一房安置, 已下臧獲各一房五六人安置. 給之以蘭液蕙醑, 寢之以文茵彩薦,
至於衣服疋段寶貨之類, 多以軍夫遴集而護之.

於是王與后共在御國寢, 從容語王曰, 妾是阿踰陁國公主也, 姓許名黃玉, 年
二八矣. 在本國時, 今年五月中, 父王與皇后, 顧妾而語曰, 爺孃一昨夢中, 同見皇天
上帝, 謂曰, 駕洛國元君首露者, 天所降而俾御大寶, 乃神乃聖, 惟其人乎. 且以新莅
家邦, 未定匹偶, 卿等須遣公主而配之, 言訖升天. 形開之後, 上帝之言, 其猶在耳,
你於此而忽辭親, 向彼乎往矣. 妾也浮海遐尋於蒸棗, 移天夐赴於蟠桃, 蠑首敢叨,
龍顏是近. 王答曰, 朕生而頗聖, 先知公主自遠而屆, 下臣有納妃之請, 不敢從焉,
今也淑質自臻, 眇躬多幸.

遂以合歡, 兩過清宵, 一經白晝. 於是遂還來船, 篙工楫師共十有五人, 各賜粮
粳米十碩, 布三十疋, 令歸本國. 八月一日迴鑾, 與后同輦, 媵臣夫妻, 齊鑣幷駕, 其
漢肆雜物, 咸使乘載, 徐徐入闕, 時銅壺欲午. 王后爰處中宮, 勅賜媵臣夫妻私屬空
閑二室分入, 餘外從者, 以賓舘一坐二十餘間, 酌定人數, 區別安置, 日給豐羨. 其所
載珍物, 藏於內庫, 以爲王后四時之費.

一日上語臣下曰, 九干等, 俱爲庶僚之長, 其位與名, 皆是宵人野夫之號, 頓非簪
履職位之稱, 儻化外傳聞, 必有嗤笑之恥. 遂改我刀爲我躬, 汝刀爲汝諧, 彼刀爲彼
藏, 五方刀爲五常, 留水, 留天之名, 不動上字, 改下字留功, 留德, 「神天」改爲神道,

五天改爲五能, 神鬼之音不易, 改訓爲臣貴. 取雞林職儀, 置角干·阿叱干·級干之秩, 其下官僚, 以周判漢儀而分定之, 斯所以革古鼎新, 設官分職之道歟. 於是乎理國齊家, 愛民如子, 其教不肅而威, 其政不嚴而理.

況與王后而居也, 比如天之有地, 日之有月, 陽之有陰. 其功也, 塗山翼夏, 唐媛(媛)興嬌. 頻年有夢, 得熊羆之兆, 誕生太子居登公. 靈帝中平六年己巳三月一日, 后崩, 壽一百五十七. 國人如嘆坤崩, 葬於龜旨東北塢, 遂欲不忘子愛下民之惠, 因號初來下纜渡頭村, 曰主浦村, 解綾袴高岡, 曰綾峴, 茜旗行入海涯, 曰旗出邊.

媵臣泉府卿申輔, 宗正監趙匡等, 到國三十年後, 各産二女焉, 夫與婦踰一二年, 而皆抛信也. 其餘臧獲之輩, 自來七八年間, 未有兹子生, 唯抱懷土之悲, 皆首丘而沒, 所舍賓館, 圓其無人.

元君乃每歌鰥枕, 悲嘆良多, 隔二五歲, 以獻帝立(建)安四年己卯三月二十三日而殂落, 壽一百五十八歲矣. 國中之人, 若亡天只, 悲慟甚於后崩之日. 遂於闕之艮方平地, 造立殯宮, 高一丈, 周三百步而葬之, 號首陵王廟也. 自嗣子居登王, 泊九代孫仇衡之享是廟, 須以每歲孟春三之日, 七之日, 仲夏重五之日, 仲秋初五之日, 十五之日, 豊潔之奠, 相繼不絶.

泊新羅第三十王法敏龍朔元年辛酉三月日, 有制曰, 朕是伽耶國元君九代孫仇衡之降於當國也, 所率來子世宗之子, 率友公之子, 庶云匝干之女, 文明皇后, 寔生我者, 兹故元君於幼沖人, 乃爲十五代始祖也. 所御國者已曾敗, 所葬廟者今尙存, 合于宗祧, 續乃祀事. 仍遣使於黍離之趾, 近廟上上田三十頃, 爲供營之資, 號稱王位田, 付屬本土. 王之十七代孫賡世級干, 祗稟朝旨, 主掌厥田, 每歲時釀醪醴, 設以餅飯茶菓庶羞等奠, 年年不墜其祭日不失居登王之所定年內五日也. 芬苾孝祀, 於是乎在於我. 自居登王創位己卯年置便房, 降及, 仇衡朝末, 三百三十載之中, 享廟禮曲, 永無違者, 其乃仇衡失位去國, 逮龍朔元年辛酉, 六十年之間, 享是廟禮, 或闕如也. 美矣哉, 文武王〔法敏王諡也〕先奉尊祖, 孝乎惟孝, 繼泯絶之祀, 復行之也.

新羅季末, 有忠至匝干者, 攻取金官高城, 而爲城主將軍, 爰有英規阿干, 假威於將軍, 奪廟享而淫祀, 當端午而致告祠堂, 梁無故折墜, 因覆壓而死焉. 於是將軍自謂, 宿因多幸, 辱爲聖王所御國城之奠, 宜我畫其眞影, 香燈供之, 以酬玄恩. 遂以鮫絹三尺, 摸出眞影, 安於壁上, 旦夕膏烓, 瞻仰虔至, 才三日, 影之二目, 流下血淚, 而貯於地上, 幾一斗矣. 將軍大懼, 捧持其眞, 就廟而焚之.

卽召王之眞孫圭林而謂曰, 昨有不祥事, 一何重疊, 是必廟之威靈, 震怒余之圖畫, 而供養不孫, 英規旣死, 余甚怪畏, 影已燒矣, 必受陰誅. 卿是王之眞孫, 信合依舊以祭之. 圭林繼世奠酹, 年及八十八歲而卒. 其子間元卿, 續而克禋, 端午日謁廟之祭, 英規之子俊必又發狂, 來詣廟, 俾徹間元之奠, 以己(己)奠陳享, 三獻未終, 得暴疾, 歸家而斃. 然古人有言, 淫祀無福, 反受其殃. 前有英規, 後有俊必, 父子之謂乎.

又有賊徒, 謂廟中多有金玉, 將來盜焉. 初之來也, 有躬擐甲胄, 張弓挾矢, 猛士一人從廟中出, 四面兩(雨)射, 中殺七八人, 賊徒奔走. 數日再來, 有大蟒長三十餘尺, 眼光如電, 自廟旁出, 咬殺八九人, 粗得完免者, 皆僵仆而散. 故知陵園表裏, 必有神物護之.

自逮(建)安四年己卯始造, 逮今上御圖(國)三十一載大康二年丙辰, 凡八百七十八年, 所封美土, 不騫不崩, 所植佳木, 不枯不朽, 況其排列万蘊玉之片片, 亦不頹圻. 由是觀之, 辛替否曰, 自古迄今, 豈有不忘(亡)之國, 不破之墳. 唯此駕洛國之昔曾亡, 則替否之言有徵矣, 首露廟之不毁, 則替否之言, 未足信也.

此中更有戲樂思慕之事, 每以七月二十九日, 士人吏卒, 陟乘岾, 設帷幕, 酒食歡呼, 而東西送目, 壯健人夫, 分類以左右之, 自望山島, 駮蹄駸駸, 而競湊於陸鷁首泛泛, 而相推於水, 北指古浦而爭趨, 盖此昔留天, 神鬼等, 望后之來, 急促告君之遺迹也.

國亡之後, 代代稱號不一, 新羅第三十一政明王卽位, 開耀元年辛巳, 號爲金官京, 置太守. 後二百五十九年, 屬我太祖統合之後, 代代爲臨海縣, 置排岸使, 四十八年也, 次爲臨海郡或爲金海府, 置都護府, 二十七年也, 又置防禦使, 六十四年也.

淳化二年, 金海府量田使中大夫趙文善申省狀稱, 首露陵王廟屬田結數多也, 宜以十五結仍舊貫, 其餘分折於府之役丁. 所司傳狀奏聞, 時廟朝宣旨曰, 天所降卵, 化爲聖君, 居位而延齡, 則一百五十八年也, 自彼三皇而下, 鮮克比肩者歟. 崩後自先代, 俾屬廟之壟畝, 而今減除, 良堪疑懼, 而不允. 使又申省, 朝廷然之, 半不動於陵廟中, 半分給於鄉人之丁也. 節使,(量田使稚(稱)也) 受朝旨, 乃以半屬於陵園, 半以支給於府之徭役戶丁也. 幾臨事畢, 而甚勞倦, 忽一夕夢見七八介鬼神, 執縲絏握刀劍而至云, 儞有大憝, 故加斬戮. 其使以謂受刑而慟楚, 驚懼而覺. 仍有疾瘵, 勿令人知之, 宵遁而行, 其病不間, 渡關而死. 是故量田都帳不著印也. 後人奉使來, 審檢厥田, 才(十)一結十二負九束也, 不足者三結八十七負一束矣. 乃推鞫斜入處. 報告內外官, 勅理足支給焉, 又有古今所嘆息者.

元君八代孫金銍王, 克勤爲政, 又切崇眞, 爲世祖母許皇后奉資冥福, 以元嘉二十九年壬辰, 於元君與皇后合婚之地創寺, 額曰王后寺. 遣使審量近側平田十結, 以爲供億三寶之費. 自有是寺五百「歲」後, 置長遊寺, 所納田柴幷三百結. 於是右寺三剛(綱), 以王后寺在寺柴地東南標內, 罷寺爲莊, 作秋收冬藏之場, 秣馬養牛之廐, 悲夫, 世祖已下九代孫曆數, 委錄于下.

銘曰,

元胎肇啓, 利眼初明. 人倫雖誕, 君位未成.

中朝累世, 東國分京. 雞林先定, 駕洛後營.

自無銓宰, 誰察民氓. 遂玆玄造, 顧彼蒼生.

用授符命, 特遣精靈. 山中降卵, 霧裏藏刑(形).

內猶漠漠, 外亦冥冥. 望如無象, 聞乃有聲.

群歌而奏, 衆舞而呈. 七日而後, 一時所丁(寧).

風吹雲卷, 空碧天靑. 下六圓卵, 垂一紫纓.

殊方異土, 比屋連甍. 觀者如堵, 覩者如羹.

五歸各邑, 一在玆城. 同時同迹, 如弟如兄.

實天生德, 爲世作程. 寶位初陟, 寰區欲淸.

華構徵古, 土階尙平. 萬機始勉, 庶政施行.

無偏無儻, 惟一惟精. 行者讓路, 農者讓耕.

四方奠枕, 萬姓迓衡. 俄晞薤露, 靡保椿齡.

乾坤變氣, 朝野痛情. 金相其躅, 玉振其聲.

來苗不絶, 薦藻惟馨. 日月雖逝, 規儀不傾.

居登王: 父首露王, 母許王后. 立(建)安四年己卯三月十三日卽位, 治三十九年, 嘉平五年癸酉九月十七日崩. 王妃泉府卿申輔女慕貞, 生太子麻品. 開皇曆云, 姓金氏, 蓋國世祖從金卵而生, 故以金爲姓爾.

麻品王: 一云馬品, 金氏. 嘉平五年癸酉卽位, 治三十九年, 永平元年辛亥一月二十九日崩. 王妃宗正監趙匡孫女好仇, 生太子居叱彌.

居叱彌王: 一云今勿, 金氏. 永平元年卽位, 治五十六年, 永和二年丙午七月八日崩. 王妃阿躬阿干孫女阿志, 生王子伊(尸)品.

伊尸品王: 金氏. 永和二年卽位, 治六十二年, 義熙三年丁未四月十日崩. 王妃司農卿克忠女貞信, 生王子坐知.

坐知王: 一云金叱. 義熙三年卽位. 娶傭女以女黨爲官, 國內擾亂, 雞林國以謀欲伐. 有一臣名朴元道, 諫曰, 遺草閱閱亦含羽, 況乃人乎, 天亡地陷, 人保何基, 又卜士筮得解卦, 其辭曰, 解而拇, 朋至斯孚, 君鑑易卦乎. 王謝曰, 可. 擯傭女, 貶於荷山島, 改行其政, 長御安民也. 治十五年, 永初二年辛酉五月十二日崩. 王妃道寧大阿干女福壽, 生子吹希.

吹希王: 一云叱嘉, 金氏. 永初二年卽位, 治三十一年, 元嘉二十八年辛卯二月三日崩. 王妃進思角干女仁德, 生王子銍知.

銍知王: 一云金銍王. 元嘉二十八年卽位. 明年, 爲世祖許黃玉王后, 奉資冥福, 於初與世祖合御之地創寺, 曰王后寺, 納田十結充之. 治四十二年, 永明十年壬申十月四日崩. 王妃金相沙干女邦媛, 生王子鉗知.

鉗知王: 一云金鉗王. 永明十年卽位, 治三十年正光二年辛丑四月七日崩. 王妃出忠角干女淑, 生王子仇衡.

仇衡王: 金氏. 正光二年卽位, 治四十二年. 保定二年壬午九月, 新羅第二十四君眞興王, 興兵薄伐, 王使親軍卒, 彼衆我寡, 不堪對戰也. 仍遣同氣脫知爾叱今, 留在於國, 王子上孫卒支公等, 降入新羅. 王妃分叱水爾叱女桂花, 生三子, 一世宗角干, 二茂刀角干, 三茂得角干. 開皇錄云, 梁中大通四年壬子, 降于新羅.

議曰, 案三國史, 仇衡以梁中大通四年壬子, 納土投羅, 則計自首露初卽位東漢建武十八年壬寅, 至仇衡末壬子, 得四百九十年矣, 若以此記考之, 納土在元魏保定二年壬午, 則更三十年, 總五百二十年矣. 今兩存之.

卷第三

興法第三

順道肇麗.〔道公之次, 亦有法深·義淵·曇嚴之流, 相繼而興教.

然古傳無文, 今亦不敢編次, 詳見僧傳.〕

高麗本記云, 小獸林王卽位二年壬申, 乃東晉咸安二年, 孝武帝卽位之年也. 前秦符堅遣使及僧順道送佛像·經文.〔時堅都關中, 卽長安〕又四年甲戌, 阿道來自晉. 明年乙亥二月, 創肖門寺以置順道, 又創伊弗蘭寺以置阿道, 此高麗佛法之始. 僧傳作二道來自魏云者, 誤矣, 實自前秦而來. 又云肖門寺今興國, 伊弗蘭寺今興福者, 亦誤. 按麗時都安市城, 一名安丁忽, 在遼水之北. 遼水一名鴨淥, 今云安民江, 豈有松京之興國寺名. 讚曰, 鴨淥春深渚草鮮, 白沙鷗鷺等閑眠. 忽驚柔櫓一聲遠, 何處漁舟客到烟.

難陁闢濟

百濟本記云, 第十五〔僧傳云十四, 誤.〕枕流王卽位甲申〔東晉孝武帝太元九年〕, 胡僧摩羅難陁至自晉, 迎置宮中禮敬.

明年乙酉, 創佛寺於新都漢山州, 度僧十人, 此百濟佛法之始. 又阿莘王卽位太元十七年二月, 下教崇信佛法求福. 摩羅難陁, 譯云童學.〔其異迹詳見僧傳.〕讚曰, 天造從來草昧間, 大都爲伎也應難. 翁翁自解呈歌舞, 引得旁人借眼看.

阿道基羅〔一作我道, 又阿頭〕

新羅本記第四云, 第十九訥祗王時, 沙門墨胡子自高麗至一善郡, 郡人毛禮〔或作毛祿〕於家中作堀室安置. 時梁遣使賜衣著香物.〔高得相詠史詩云, 梁遣使僧曰元表, 宣送溟檀及經像〕君臣不知其香名與其所用, 遣人齎香, 遍問國中. 墨胡子見之曰, 此之謂香也. 焚之則香氣芬馥, 所以達誠於神聖. 神聖未有過於三寶, 若燒此發願, 則必有靈應.〔訥祗在晉·宋之世, 而云梁遣使, 恐誤.〕

時王女病革, 使召墨胡子焚香表誓, 王女之病尋愈. 王喜厚加賚貺, 俄而不知所歸.

又至二十一毗處王時, 有我道和尚, 與侍者三人, 亦來毛禮家, 儀表似墨胡子, 住數年, 無疾而終, 其侍者三人留住, 講讀經律, 往往有信奉者.〔有注云, 與本碑及諸傳記殊異. 又高僧傳云西竺人, 或云從吳來.〕

按我道本碑云, 我道高麗人也, 母高道寧. 正始間, 曹魏人我〔姓我也〕崛摩奉使句麗, 私之而還, 因而有娠. 師生五歲, 其母令出家. 年十六歸魏, 省覲崛摩, 投玄彰和尚講下就業. 年十九, 又歸寧於母, 母謂曰, 此國于今不知佛法, 爾後三千餘月, 雞林有聖王出, 大興佛教. 其京都內有七處伽藍之墟, 一曰金橋東天鏡林,〔今興輪寺. 金橋謂西川之橋, 俗訛呼云松橋也. 寺自我道始基而中廢. 至法興王丁未草創. 乙卯大開. 眞興王畢成〕二曰三川歧〔今永興寺. 與興輪寺開同代〕, 三曰龍宮南〔今皇龍寺. 眞興王癸酉始開〕, 四曰龍宮北〔今芬皇寺. 善德「王」甲午始開〕, 五曰沙川尾〔今靈妙寺. 善德「王」乙未始開〕, 六曰神遊林〔今天王寺. 文武王己卯開〕, 七曰婿請田〔今曇嚴寺〕, 皆前佛時伽藍之墟, 法水長流之地. 爾歸彼而播揚大教, 當東嚮於釋祀矣.

道禀教至雞林, 寓止王城西里, 今嚴莊寺. 于時未(末)雛王卽位二年癸未也. 詣闕請行教法, 世以前所未見爲嫌, 至有將殺之者. 乃逃隱于續林〔今一善縣〕毛祿家.〔祿與禮形近之訛. 古記云, 法師初來毛祿家, 時天地震驚. 時人不知僧名而云阿頭彡麼, 彡麼者乃鄉言之稱僧也, 猶言沙彌也.〕

三年時成國公主疾, 巫醫不効, 勅使四方求醫, 師率然赴闕, 其疾遂理. 王大悅, 問其所須. 對曰, 貧(貧)道百無所求, 但願創佛寺於天境(鏡)林, 大興佛教, 奉福邦家爾. 王許之, 命興工. 俗方質儉, 編茅葺屋. 住而講演, 時或天花落地, 號興輪寺.

毛祿之妹名史氏, 投師爲尼. 亦於三川歧(岐)創寺而居, 名永興寺. 未幾, 末(未)雛王卽世, 國人將害之. 師還毛祿家, 自作塚, 閉戶自絶, 遂不復現. 因此大教亦廢. 至二十三法興大王, 以蕭梁天監十三年甲午登位, 乃興釋氏. 距末(未)雛王癸未之歲二百五十二年, 道寧所言三千餘月驗矣.

據此, 本記與本碑二說相戾不同如此. 嘗試論之. 梁・唐二僧傳及三國本史皆載, 麗・濟二國佛教之始在晉末太元之間, 則二道法師以小獸林甲戌到高麗, 明矣, 此傳不誤. 若以毗處王時方始到羅, 則是阿道留高麗百餘歲乃來也. 雖大聖行止, 出沒不常, 未必皆爾. 抑亦新羅奉佛, 非晚甚如此. 又若在末(未)雛之世, 則却超先於到麗甲戌百餘年矣. 于時雞林未有文物禮教, 國號猶未定, 何暇阿道來請奉佛之事, 又不合高麗未到而越至于羅也. 設使暫興還廢, 何其間寂寥無聞而尙不識香名哉, 一何大後, 一何大先.

揆夫東漸之勢, 必始于麗・濟而終乎羅, 則訥祇旣與獸林世相接也 阿道之辭麗抵羅, 宜在訥祇之世. 又王女救病, 皆傳爲阿道之事, 則所謂墨胡者非眞名也, 乃指目之辭, 如梁人指達摩爲碧眼胡, 晉調釋道安爲柒道人類也. 乃阿道危行避諱而不言名姓故也. 蓋國人隨其所聞, 以墨胡・阿道二名分作二人爲傳爾. 況云阿道儀表似墨胡, 則以此可驗其一人也. 道寧之序七處, 直以創開先後預言之, 而傳失之, 故今以沙川尾躋於五次, 三千餘月, 未必盡信, 書自訥祇之世, 抵乎丁未, 无慮一百餘年, 若曰一千餘月, 則殆幾矣. 姓我單名, 疑贗難詳.

又按元魏釋曇始〔一云惠始〕傳云, 始關中人, 自出家已後, 多有異迹. 晉孝武太元年末, 賫經律數十部, 往遼東宣化, 現授三乘, 立以歸戒, 蓋高麗聞道之始也. 義熙初, 復還關中, 開導三輔. 始足白於面, 雖涉泥水, 未嘗沾濕, 天下咸稱白足和尙云. 晉末, 朔方凶奴赫連勃勃破獲關中, 斬戮無數. 時始亦遇害, 刃(刀)不能傷, 勃勃嗟嘆之, 普赦沙門, 悉皆不殺, 始於是潛遁山澤, 修頭陁行. 拓拔燾復剋長安, 擅威關洛. 時有博陵崔晧, 小習左道, 猜嫉釋教. 旣位居僞輔, 爲燾所信. 乃與天師寇謙之說燾, 佛敎無益, 有傷民利, 勸令廢之云云. 太平之末, 始方知燾將化時至, 乃以元會之日, 忽杖錫到宮門. 燾聞令斬之, 屢不傷, 燾自斬之, 亦無傷. 飼北園所養虎, 亦不敢近. 燾大生悲懼, 遂感癘疾, 崔·寇二人相次發惡病. 燾以過由於彼, 於是誅滅二家門族, 宣(宣)下國中, 大弘佛法. 始後不知所終.

議曰, 曇始以太元末到海東, 義熙初還關中, 則留此十餘年, 何東史無文, 始旣恢詭不測之人, 而與阿道·墨胡·難陁年事相同, 三人中疑一必其變諱也. 讚曰, 雪擁金橋凍不開, 雞林春色未全廻. 可怜靑帝多才思, 先著毛郞宅裏梅.

原宗興法〔距訥祗世一百餘年〕厭髑滅身

新羅本記, 法興大王卽位十四年, 小臣異次頓爲法滅身, 卽蕭梁普通八年丁未, 西竺達摩來金陵之歲也. 是年, 朗智法師亦始住靈鷲山開法, 則大敎興衰, 必遠近相感一時, 於此可信.

元和中, 南澗寺沙門一念撰髑香墳禮佛結社文, 載此事甚詳. 其略曰, 昔在法興大王垂拱紫極之殿, 俯察扶桑之域, 以謂昔漢明感夢, 佛法東流. 寡人自登位, 願爲蒼生欲造修福滅罪之處. 於是朝臣〔鄕傳云, 工目·謁恭等〕未測深意, 唯遵理國之大義, 不從建寺之神略. 大王嘆曰, 於戱, 寡人以不德丕承大業, 上虧陰陽之化, 下無黎庶之歡. 萬機之暇, 留心釋風, 誰與爲伴, 粤有內養者, 姓朴字厭髑,〔或作異次, 或云伊處, 方音之別也, 譯云厭也. 髑·頓·道·覩·獨等, 皆隨書者之便, 乃助辭也. 今譯上不譯下, 故云厭髑, 又厭覩等也.〕其父未詳, 祖阿珍宗, 卽習寶葛文王之子也.〔新羅官爵凡十七級, 其第四曰波珍湌, 亦云阿珍湌也. 宗其名也, 習寶亦名也.

羅人追封王者, 皆稱葛文王, 其實史臣亦云未詳. 又按金用行撰阿道碑, 舍人時年二十六, 父吉升, 祖功漢, 曾祖乞解大王.〕挺竹栢而爲質, 抱水鏡而爲志, 積善曾孫, 望宮內之爪牙, 聖朝忠臣, 企河淸之登侍.

時年二十二, 當充舍人,〔羅爵有大舍·小舍等, 蓋下士之秩〕瞻仰龍顔, 知情擊目, 奏云, 臣聞古人, 問策蒭蕘, 願以危罪啓諸. 王曰, 非爾所爲. 舍人曰, 爲國亡身, 臣之大節, 爲君盡命, 民之直義. 以謬傳辭, 刑臣斬首, 則萬民咸伏, 不敢違教. 王曰, 解肉枰軀, 將贖一鳥, 洒血摧命, 自怜七獸. 朕意利人, 何殺無罪, 汝雖作功德, 不如避罪. 舍人曰, 一切難捨, 不過身命. 然小臣夕死, 大敎朝行, 佛日再中, 聖主長安. 王曰, 鸞鳳之子, 幼有凌霄之心, 鴻鵠之兒, 生懷截波之勢, 爾得如是, 可謂大士之行乎. 於焉大王權整威儀, 風刀, 東西, 霜仗南北, 以召郡(群)臣, 乃問, 卿等於我欲造精舍, 故作留難.〔鄕傳云, 髑爲(僞)以王命, 傳下興工創寺之意, 群臣來諫, 王乃責怒於髑, 刑以僞傳王命.〕於是群臣戰戰兢懼, 傯侗作誓, 指手東西. 王喚舍人而詰之, 舍人失色, 無辭以對. 大王忿怒, 勅令斬之, 有司縛到衙下, 舍人作誓, 獄吏斬之, 白乳湧出一丈.〔鄕傳云, 舍人誓曰, 大聖法王欲興佛敎, 不顧身命, 多却結緣, 天垂瑞祥, 遍示人庶. 於是其頭飛出, 落於金剛山頂云云.〕天四黯黷, 斜景爲之晦明, 地六震動, 雨花爲之飄落. 聖人哀戚, 沾悲淚於龍衣, 冢宰憂傷, 流輕汗於蟬冕. 甘泉忽渴, 魚鼈爭跳, 直木先折, 猿猱群鳴. 春宮連鑣之侶, 泣血相顧, 月庭交袖之朋, 斷腸惜別. 望柩聞聲, 如喪考妣. 咸謂子推割股, 未足比其苦節, 弘演剚腹, 卪能方其壯烈. 此乃扶丹墀之信力, 成阿道之本心, 聖者也. 遂乃葬北山之西嶺,〔卽金剛山也. 傳云頭飛落處, 因葬其地, 今不言何也.〕內人哀之, 卜勝地造蘭若, 名曰刺楸寺. 於是家家作禮, 必獲世榮, 人人行道, 當曉法利.

眞興大王卽位五年甲子, 造大興輪寺.〔按國史興(與)鄕傳, 實法興王十四年丁未, 始開, 二十一年乙卯, 大伐天鏡林, 始興工, 梁棟之材, 皆於其林中取足, 而階礎石龕皆有之, 至眞興王五年甲子, 寺成, 故云甲子. 僧傳云七年, 誤.〕太淸之初, 梁使

沈湖將舍利. 天壽(嘉)六年陳使劉思幷僧明觀奉內經幷次. 寺寺星張, 塔塔鴈行, 竪

法幢, 懸梵鏡(鐘). 龍象釋徒, 爲寰中之福田, 大小乘法, 爲京國之慈雲. 他方菩薩

出現於世,〔謂芬皇之陳那, 浮石寶蓋, 以至洛山五臺等是也.〕西域名僧降臨於境.

由是幷三韓而爲邦, 掩四海而爲家. 故書德名於天鎭之樹, 影神迹於星河之水, 豈

非三聖威之所致也.〔謂阿道·法興·厭髑也.〕

　　降有國統惠隆·法主孝圓·金相郎·大統鹿風·大書省眞怒(恕)·波珍湌金嶷

等, 建舊塋, 樹豐碑. 元和十二年丁酉八月五日, 卽第四十一憲德大王九年也, 興輪

寺永秀禪師〔于時瑜伽諸德, 皆稱禪師〕結湊斯塚禮佛之香徒, 每月五日, 爲魂之妙

願, 營壇作梵. 又鄕傳云, 鄕老每當忌旦, 設社會於興輪寺, 則今月初五, 乃舍人捐

軀順法之晨也. 嗚呼, 無是君, 無是臣, 無是臣, 無是切(功), 可謂劉·葛魚水, 雲龍

感會之美歟.

　　法興王旣擧廢立寺, 寺成, 謝冕旒, 披方袍施宮戚爲寺隸.〔寺隸至今稱王孫. 後

至太宗王時, 宰輔金良圖信向佛法, 有二女, 曰花寶·蓮寶, 捨身爲此寺婢, 又以逆

臣毛尺之族, 沒寺爲隸, 二族之裔至今不絶.〕主住其寺, 躬任弘化. 眞興乃繼德重

聖, 承袞職處九五, 威率百僚, 號令畢備. 因賜額大王興輪寺. 前王姓金氏, 出家法

雲, 字法空.〔僧傳與諸說亦以王妃出家名法雲, 又眞興王爲法雲, 又以爲眞興之妃

名法雲, 頗多疑混.〕冊府元龜云姓募, 名秦. 初興役之乙卯歲, 王妃亦創永興寺, 慕

史氏之遺風, 同王落彩爲尼, 名妙法, 亦住永興寺, 有年而終. 國史云, 建福三十一

年, 永興寺塑像自壞, 未幾, 眞興王妃比丘尼卒. 按眞興乃法興之姪子, 妃思刀夫人

朴氏, 牟梁里英失角干之女, 亦出家爲尼, 而非永興寺之創主也, 則恐眞字當作法,

謂法興之妃巴刁夫人爲尼者之卒也, 乃創寺立像之主故也. 二興捨位出家, 史不書,

非經世之訓也.

　　又於大通元年丁未, 爲梁帝創寺於熊川州, 名大通寺.〔熊川卽公州也, 時屬新羅

故也. 然恐非丁未也, 乃中大通元年己酉歲所創也, 始創興輪之丁未, 未暇及於他郡

立寺也.〕讚曰, 聖智從來萬世謀, 區區輿議(謾)秋毫. 法輪解逐金輪轉, 舜日方將佛日高. 右原宗. 徇義輕生已足驚, 天花白乳更多情. 俄然一釖身亡後, 院院鍾聲動帝京. 右厭髑.

法王禁殺

百濟第二十九法王諱宣, 或云孝順, 開皇十年己未即位. 是年冬, 下詔禁殺生, 放民家所養鷹鸇之類, 焚漁獵之具, 一切禁止. 明年庚申, 度僧三十人, 創王興寺於時都泗沘城,〔今扶餘〕始立栽而升遐. 武王繼統, 父基子構, 曆(歷)數紀而畢成. 其寺亦名彌勒寺, 附山臨水, 花木秀麗, 四時之美具焉. 王每命舟, 沿河入寺, 賞其形勝壯麗.〔與古記所載小異, 武王是貧母與池龍通交而所生, 小名薯蕷, 即位後謚號武王, 初與王妃草創也.〕讚曰, 詔寬狴犴千丘惠, 澤洽豚魚四海仁. 莫道聖君輕下世, 上方兜率正芳春.

寶藏奉老 普德移庵

高麗本記云, 麗季武德·貞觀間, 國人爭奉五斗米教. 唐高祖聞之, 遣道士送天尊像, 來講道德經, 王與國人聽之. 即第二十七代榮留王即位七年, 武德七年甲申也. 明年遣使往唐, 求學佛老, 唐帝〔謂高祖也〕許之. 及寶藏王即位,〔貞觀十六年壬寅也.〕亦欲倂興三教, 時寵相蓋蘇文說王以儒釋並熾而黃冠未盛, 特使於唐求道教.

時普德和尚住盤龍寺, 憫左道匹正, 國祚危矣, 屢諫不聽, 乃以神力飛方丈, 南移于完山州〔今全州也〕孤大山而居焉. 即永徽元年庚戌六月也〔又本傳云, 乾封二年丁卯三月三日也.〕未幾國滅,〔以總章元年戊辰國滅, 則計距庚戌十九年矣〕今景福寺有飛來方丈是也云云.〔已上國史〕眞樂公留詩在堂, 文烈公著傳行世.

又按唐書云, 先是隋煬帝征遼東, 有神將羊皿, 不利於軍, 將死有誓曰, 必爲寵臣, 滅彼國矣. 及蓋氏擅朝, 以蓋爲氏, 乃以羊皿是之應也.

又按高麗古記云, 隋煬帝以大業八年壬申, 領三十萬兵, 渡海來征. 十年甲戌十月, 高麗王〔時第三十六代嬰陽王立二十五年也〕上表乞降, 時有一人密持小弩於懷中, 隨持表使, 到煬帝舡中. 帝奉表讀之, 弩發中帝胸. 帝將旋師, 謂左右曰, 朕爲天下之主, 親征小國而不利, 萬代之所嗤. 時右相羊皿奏曰, 臣死爲高麗大臣, 必滅國, 報帝王之讎. 帝崩後, 生於高麗. 十五聰明神武, 時武陽王聞其賢,〔國史, 榮留王名建武, 或云建成, 而此云武陽, 未詳〕徵入爲臣. 自稱姓蓋名金. 位至蘇文, 乃侍中職也.〔唐書云蓋蘇文自謂莫離支, 猶中書令. 又按神誌秘詞序云, 蘇文大英弘序幷注, 則蘇文乃職名有文證, 而傳云文人蘇英弘序, 未詳孰是〕

金奏曰, 鼎有三足, 國有三教, 臣見國中, 唯有儒釋無道教, 故國危矣. 王然之, 奏唐請之, 太宗遣叙達等道士八人.〔國史云, 武德八年乙酉, 遣使入唐永(求)佛老, 唐帝許之. 據此則羊皿自甲戌年死, 而托生于此, 則才年十餘歲矣, 而云寵宰, 說王遣請, 其年月必有一誤, 今兩存〕王喜, 以佛寺爲道舘. 尊道士坐儒士之上. 道士等行鎭國內有名山川, 古平壤城勢新月城也. 道士等呪勅南河龍, 加築爲滿月城, 因名龍堰城, 作讖曰龍堰堵, 且云千年寶藏堵, 或鑿破靈石.〔俗云都帝嵓, 亦云朝天石, 蓋昔聖帝騎此石朝上帝故也.〕蓋金又奏築長城東北西南, 時男役女耕, 役至十六年乃畢.

及寶藏王之世, 唐太宗親統, 以六軍來征, 又不利而還. 高宗總章元年戊辰, 右相劉仁軌·大將軍李勣·新羅金仁問等, 攻破國滅, 擒王歸唐, 寶藏王庶子率四千餘家, 投于新羅.〔與國史小(少)殊, 故幷錄〕

大安八年辛未, 祐世僧統到孤大山景福寺飛來方丈, 禮普聖師之眞, 有詩云, 涅槃方等教, 傳受自吾師云云. 至可惜飛房後, 東明古國危. 跋云, 高麗藏王惑於道教, 不信佛法, 師乃飛房, 南至此山. 後有神人現於高麗馬嶺, 告人云, 汝國敗亡無日矣. 具如國史, 餘具載本傳與僧傳. 師有高弟十一人, 無上和尙與弟子金趣等創金洞寺, 寂滅·義融二師創珍丘寺, 智藪創大乘寺, 一乘與心正·大原等創大原寺, 水淨創維摩寺, 四大與契育等創中臺寺, 開原和尙創開原寺, 明德創燕口寺. 開心與普明亦有傳, 皆如本傳. 讚曰, 釋氏汪洋海不窮, 百川儒老盡朝宗. 麗王可笑封沮洳, 不省滄溟徒(徙)臥龍.

塔像第四

東京興輪寺 金堂十聖

東壁坐庚向泥塑, 我道, 厭髑, 惠宿, 安含, 義湘. 西壁坐甲向泥塑, 表訓, 蛇巴, 元曉, 惠空, 慈藏.

迦葉佛宴坐石

玉龍集及慈藏傳與諸家傳紀皆云, 新羅月城東龍宮南, 有迦葉佛宴坐石, 其地卽前佛時伽藍之墟也. 今皇龍寺之地, 卽七伽藍之一也. 按國史, 眞興王卽位十四, 開國三年癸酉二月, 築新宮於月城東, 有皇龍現其地, 王疑之, 改爲皇龍寺. 宴坐石在佛殿後面, 嘗一謁焉, 石之高可五六尺來, 圍僅三肘, 幢立而平頂. 眞興創寺已來, 再經災火, 石有折(坼)裂處, 寺僧貼鐵爲護. 乃有讚曰, 惠日沈輝不記年, 唯餘宴坐石依然. 桑田幾度成滄海, 可惜巍然尙未遷. 旣而西山大兵已後, 殿塔煨燼, 而此石亦夷沒, 而僅與地平矣.

按阿含經, 伽(迦)葉佛是賢劫第三尊也, 人壽二萬歲時, 出現於世, 據此以增減法計之, 每成劫初, 皆壽無量歲, 漸減至壽八萬歲時, 爲住劫之初. 自此又百年減一歲, 至壽十歲時, 爲一減, 又增至人壽八萬歲時, 爲一增, 如是二十減二十增, 爲一住劫. 此一住劫中, 有千佛出世, 今本師釋迦, 是第四尊也. 四尊皆現於第九減中. 自釋尊百歲壽時, 至迦葉佛二萬歲時, 已得二百萬餘歲, 若至賢劫初第一尊拘留孫佛時, 又幾萬歲也. 自拘留孫佛時, 上至劫初無量歲壽時, 又幾何也, 自釋尊下至于今至元十八年辛巳歲, 已得二千二百三十矣. 自拘留孫佛, 歷迦葉佛時, 至于今, 則直幾萬歲也. 有本朝名士吳世文, 作歷代歌, 從大金貞祐七年己卯, 逆數至四萬九千六百餘歲, 爲盤古開闢戊寅. 又延禧宮錄事金希寧所撰大一歷法, 自開闢上元甲子, 至元豊甲子, 一百九十三萬七千六百四十一歲, 又纂古圖云, 開闢至獲麟, 二百七十六萬歲. 按諸經, 且以迦葉佛時至于今, 爲此石之壽, 尙距於劫初開闢時爲兒子矣. 三家之說, 尙不及玆兒石之年, 其於開闢之說, 踈之遠矣.

遼東城育王塔

三寶感通錄載, 高麗遼東城傍塔者, 古老傳云, 昔高麗聖王, 按行國界次, 至此城, 見五色雲覆地, 往尋雲中, 有僧執錫而立, 旣至便滅, 遠看還現. 傍有土塔三重, 上如覆釜, 不知是何. 更往覓僧, 唯有荒草. 掘尋一丈, 得杖幷履, 又掘得銘, 上有梵書. 侍臣識之云, 是佛塔. 王委曲問詰, 答曰, 漢國有之, 彼名蒲圖王,〔本作休屠王, 祭天金人〕, 因生信, 起木塔七重, 後佛法始至, 具知始末. 今更損高, 本塔朽壞, 育王所統一閻浮提洲, 處處立塔, 不足可怪. 又唐龍朔中, 有事遼左, 行軍薛仁貴, 行至隋主討遼古地, 乃見山像, 空曠蕭條, 絶於行往, 問古老, 云, 是先代所現, 便圖寫來京師〔具在若函〕. 按西漢與三國地理志, 遼東城在鴨綠之外, 屬漢幽州. 高麗聖王, 未知何君, 或云東明聖帝, 疑非也. 東明以前漢元帝建昭二年卽位, 成帝鴻嘉壬寅升遐, 于時漢亦未見具(貝)葉, 何得海外陪臣, 已能識梵書乎, 然稱佛爲蒲圖王,似在西漢之時, 西域文字或有識之者, 故云梵書爾.

按古傳, 育王命鬼徒, 每於九億人居地, 立一塔, 如是起八萬四千於閻浮界內, 藏於巨石中. 今處處有現瑞非一, 蓋眞身舍利, 感應難思矣. 讚曰, 育王寶塔遍塵寰, 雨濕雲埋蘇纈班(斑). 想像當年行路眼, 幾人指點祭神墦.

金官城婆娑石塔

金官虎溪寺婆娑石塔者, 昔此邑爲金官國時, 世祖首露王之妃, 許皇后, 名黃玉, 以東漢建武二十四年甲(戊)申, 自西域阿蹂陁國所載來. 初公主承二親之命, 泛海將指東, 阻波神之怒, 不克而還, 白父王, 父王命載玆塔. 乃獲利涉, 來泊南涯, 有緋帆茜旗珠玉之美, 今云主浦. 初解綾袴於岡上處曰綾峴, 茜旗初入海涯曰旗出邊.

首露王聘迎之, 同御國一百五十餘年. 然于時海東, 未(未)有創寺奉法之事. 蓋像教未至, 而土人不信伏, 故本記無創寺之文.

逮第八代銍知王二年壬辰, 置寺於其地, 又創王后寺,(在阿道訥祇王之世, 法興王之前), 至今奉福焉, 兼以鎮南倭, 具見本國本記. 塔方四面五層, 其彫鏤甚奇, 石微赤班(斑)色, 其質良脆, 非此方類也, 本草所云點鷄冠血爲驗者是也. 金官國亦名駕洛國, 具載本記. 讚曰, 載厭緋帆茜旆輕, 乞靈遮莫海濤驚. 豈徒到岸扶黃玉, 千古南倭遏怒鯨.

高麗靈塔寺

僧傳云, 釋普德, 字智法, 前高麗龍岡縣人也, 詳見下本傳. 常居平壤城, 有山方(房)老僧, 來請講經, 師固辭不免, 赴講涅槃經四十餘卷. 罷席, 至城西大寶山嵓穴下禪觀, 有神人來請, 宜住此地, 乃置錫杖於前, 指其地曰, 此下有八面七級石塔.

掘之果然, 因立精舍, 曰靈塔寺, 以居之.

皇龍寺丈六

新羅第二十四眞興王卽位十四年癸酉二月, 將築紫宮於龍宮南, 有黃龍現其地, 乃改置爲佛寺, 號黃龍寺, 至己丑年, 周圍墻宇, 至十七年方畢.

未幾, 海南有一巨舫, 來泊於河曲縣之絲浦.〔今蔚州谷浦也.〕檢看有牒文云, 西竺阿育王, 聚黃鐵五萬七千斤, 黃金三萬分,〔別傳云, 鐵四十万七千斤, 金一千兩. 恐誤. 或云, 三万七千斤.〕將鑄釋迦三尊像, 未就, 載舡泛海而祝曰, 願到有緣國土, 成丈六尊容. 幷載模樣一佛二菩薩像, 縣吏具狀上聞. 勅使卜其縣之城東爽塏之地, 創東竺寺, 邀安其三尊, 輸其金鐵於京師. 以大建六年甲午三月,〔寺中記云, 癸巳十月十七日.〕鑄成丈六尊像, 一鼓而就, 重三萬五千七斤, 入黃金一萬一百九十八分, 二菩薩, 入鐵一萬二千斤, 黃金一萬一百三十六分.

安於皇龍寺, 明年, 像淚流至踵, 沃地一尺, 大王升遐之兆. 或云, 像成在眞平之世者, 謬也.

別本云, 阿育王在西竺大香華國, 生佛後一百年間, 恨不得供養眞身, 歛化金鐵若干斤, 三度鑄成無功. 時王之太子, 獨不預斯事, 王使詰之, 太子奏云, 獨力非功, 曾知不就. 王然之, 乃載舡泛海. 南閻浮提十六大國, 五百中國, 十千小國, 八萬聚落, 靡不周旋, 皆鑄不成. 最後到新羅國, 眞興王鑄之於文仍林, 像成, 相好畢備. 阿育此翻無憂. 後大德慈藏西學, 到五臺山, 感文殊現身授訣, 仍囑云, 汝國皇龍寺, 乃釋迦與迦葉佛講演之地, 宴坐石猶在. 故天竺無憂王, 聚黃鐵若干斤泛海, 歷一千三百餘年, 然後乃到而國, 成安其像, 蓋威緣使然也.〔與別記所載符同.〕

像成後, 東竺寺三尊, 亦移安寺中. 寺記云, 眞平「王」五(六)年甲辰, 金堂造成, 善德王代, 寺初主眞骨歡喜師, 第二主慈藏國統, 次國統惠訓, 次廂律師云. 今兵火已來, 大像與二菩薩皆融沒, 而小釋迦猶存焉. 讚曰, 塵方何處匪眞鄉, 香火因緣最我邦. 不是育王難下手, 月城來訪舊行藏.

皇龍寺九層塔

新羅第二十七善德王卽位五年, 貞觀十年丙申, 慈藏法師西學, 乃於五臺感文殊授法.〔詳見本傳.〕文殊又云, 汝國王, 是天竺刹利種, 王預受佛記, 故別有因緣, 不同東夷共工之族, 然以山川崎嶮, 故人性麤悖, 多信邪見, 而時或天神降禍, 然有多聞比丘, 在於國中, 是以君臣安泰, 萬庶和平矣. 言已不現. 藏知是大聖變化, 泣血而退. 經由中國太和池邊, 忽有神人出問, 胡爲至此, 藏答曰, 求菩提故. 神人禮拜, 又問, 汝國有何留難, 藏曰, 我國北連靺鞨, 南接倭人, 麗濟二國, 迭犯封陲, 隣寇縱橫, 是爲民梗. 神人云, 今汝國, 以女爲王, 有德而無威, 故隣國謀之, 宜速歸本國. 藏問, 歸鄉, 將何爲利益乎, 神曰, 皇龍寺護法龍, 是吾長子, 受梵王之命, 來護是寺, 歸本國, 成九層塔於寺中, 隣國降伏, 九韓來貢, 王祚永安矣. 建塔之後, 設八關會, 赦罪人, 則外賊不能爲害. 更爲我, 於京畿南岸, 置一精廬, 共資予福, 予亦報之德矣. 言已, 遂奉玉(玉)獻之, 忽隱不現.〔寺中記云, 於終南山圓香禪師處, 受建塔因由.〕

貞觀十七年癸卯十六日, 將唐帝所賜經像袈裟幣帛而還國. 以建塔之事聞於上, 善德王議於群臣, 群臣曰, 請工匠於百濟, 然後方可. 乃以寶帛, 請於百濟, 匠名阿非知, 受命而來, 經營木石, 伊于(干)龍春〔一云龍樹〕幹蠱, 率小匠二百人. 初立刹柱之日, 匠夢本國百濟滅亡之狀, 匠乃心疑停手, 忽大地震動, 晦冥之中, 有一老僧一壯士, 自金殿門出, 乃立其柱, 僧與壯士, 皆隱不現, 匠於是改悔, 畢成其塔. 刹柱記云, 鐵盤已上, 高四十二尺, 已下, 一百八十三尺. 慈藏以五臺所授舍利百粒, 分安於柱中, 幷通度寺戒壇及太和寺塔, 以副池龍之請.〔太和寺在阿曲縣南, 今蔚州. 亦藏師所創也.〕樹塔之後, 天地開泰, 三韓爲一, 豈非塔之靈蔭乎, 後高麗王將謀伐羅,乃曰, 新羅有三寶, 不可犯也, 何謂也, 皇龍「寺」丈六, 幷九層塔, 與眞平王天賜玉帶. 遂寢其謀. 周有九鼎, 楚人不敢北窺, 此之類也. 讚曰, 鬼拱神扶壓帝京, 輝煌金碧動飛甍. 登臨何啻九韓伏, 始覺乾坤特地平.

又海東名賢安弘撰東都成立記云, 新羅第二十七代, 女王爲主, 雖有道無威, 九韓侵勞, 若龍宮南皇龍寺, 建九層塔, 則隣國之災可鎭. 第一層日本, 第二層中華, 第三層吳越, 第四層托羅, 第五層鷹遊, 第六層靺鞨, 第七層丹國, 第八層女狄, 第九層穢貊.

又按國史及寺中古記, 眞興王癸酉創寺後, 善德王代貞觀十九年乙巳, 塔初成, 三十二孝昭王卽位七年, 聖曆元年戊戌六月, 霹靂, 〔寺中古記云聖德王代, 誤也. 聖德王代, 無戊戌.〕第三十三聖德王代庚申歲, 重成, 四十八景文王代戊子六月, 第二霹靂, 同代第三重修, 至本朝光宗卽位五年癸丑十月, 第三霹靂, 現(顯)宗十三年辛酉, 第四重成, 又靖宗二年乙亥, 第四霹靂, 又文宗甲辰年, 第五重成, 又憲(獻)宗末年乙亥, 第五霹靂, 肅宗丙子, 第六重成, 又高宗十六年戊戌冬月, 西山兵火, 塔寺丈六殿宇皆災.

皇龍寺鍾 芬皇寺藥師 奉德寺鍾

新羅第三十五景德大王, 以天寶十三「年」甲午, 鑄皇龍寺鍾, 長一丈三寸, 厚九寸, 入重四十九万七千五百八十一斤, 施主孝貞伊王三毛夫人, 匠人里上宅下典, 肅宗朝, 重成新鍾, 長六尺八寸. 又明年乙未, 鑄芬皇藥師銅像, 重三十万六千七百斤, 匠人本彼部强古乃末(末).

又捨黃銅一十二万斤, 爲先考聖德王, 欲鑄巨鍾一口, 未就而崩, 其子惠恭大王乾運, 以大曆庚戌十二月, 命有司鳩工徒, 乃克成之, 安於奉德寺, 寺乃孝成王開元二十六年戊寅, 爲先考聖德大王, 奉福所創也. 故鍾銘曰聖德大王神鍾之銘,〔聖德

乃景德之考, 典(興)光大王也. 鍾本景德爲先考所施之金, 故稱云聖德鍾爾.〕朝散

大夫·前太子司議郎·翰林郎·金弼奧(奚), 奉敎撰鍾銘, 文煩不錄.

靈妙寺丈六

善德王創寺塑像因緣, 具載良志法師傳, 景德王卽位二十三年, 丈六改金, 租

二万三千七百碩.〔良志傳, 作像之初成之費, 今兩存之.〕

四佛山 掘佛山 萬佛山

竹嶺東百許里, 有山屹然高峙, 眞平王九年甲申(丁末), 忽有一大石, 四面方丈,

彫四方如來, 皆以紅紗護之, 自天墜其山頂. 王聞之, 命駕瞻敬, 遂創寺崿側, 額曰

大乘寺. 請比丘亡名, 誦蓮經者主寺, 洒掃供石, 香火不廢, 號曰亦德山, 或曰四佛

山. 比丘卒旣葬, 塚上生蓮.

又景德王, 遊幸栢栗寺, 至山下, 聞地中有唱佛聲, 命掘之, 得大石, 四面刻四方

佛, 因創寺, 以掘佛爲號, 今訛云掘石.

王又聞唐代宗皇帝優崇釋氏, 命工作五色氍毹, 又彫沈檀木與明珠美玉爲假

山, 高丈餘, 置氍毹之上, 山有巉嵓怪石澗穴區隔, 每一區內, 有歌舞伎樂·列國山

川之狀, 微風入戶, 蜂蝶翺翔, 鷰雀飛舞, 隱約視之, 莫辨眞假, 中安萬佛, 大者逾方

寸, 小者八九分, 其頭或巨黍者, 或半菽者, 螺髻白毛, 眉目的皪, 相好悉備, 只可髣

髴, 莫得而詳, 因號萬佛山. 更鏤金玉爲流蘇幡蓋菴羅薝蔔花果莊嚴, 百步樓閣, 臺

殿堂榭, 都大雖微, 勢皆活動, 前有旋遶比丘像千餘軀, 下列紫金鍾三簴, 皆有閣有

蒲牢, 鯨魚爲撞, 有風而鍾鳴, 則旋遶僧皆仆拜, 頭至地, 隱隱有梵音, 盖關捩在乎

鍾也, 雖號萬佛, 其實不可勝記, 旣成, 遣使獻之, 代宗見之, 嘆曰, 新羅之巧天造,

非(人)巧也. 乃以九光扇, 加置嵓岫間, 因謂之佛光. 四月八日, 詔兩街僧徒, 於內道場, 禮萬佛山, 命三藏不空, 念讚密部眞詮千遍, 以慶之, 觀者皆嘆伏其巧. 讚曰, 天粧滿月四方裁, 地湧明毫一夜開. 妙手更煩彫萬佛, 眞風要使遍三才.

生義寺石彌勒

善德王時, 釋生義, 常住道中寺, 夢有僧引上南山而行, 今(令)結草爲標, 至山之南洞, 謂曰, 我埋此處, 請師出安嶺上. 旣覺, 與友人尋所標, 至其洞掘地, 有石彌勒出, 置於三花嶺上. 善德王十二(三)年甲辰歲, 創寺而居, 後名生義寺.〔今訛言性義寺, 忠談師每歲重三重九, 烹茶獻供者, 是此尊也.〕

興輪寺 壁畫普賢

第五十四景明王時, 興輪寺南門, 及左右廊廡, 災焚未修, 靖和弘繼二僧, 募緣將修, 貞明七年辛巳五月十五日, 帝釋降于寺之左經樓, 留旬日, 殿塔及草樹土石, 皆發異香, 五雲覆寺, 南池魚龍, 喜躍跳擲, 國人聚觀, 嘆未曾有, 王(玉)帛梁稻, 施積丘山, 工匠自來, 不日成之. 工旣畢, 天帝將還, 二僧白曰, 天若欲還宮, 請圖寫聖容, 至誠供養, 以報天恩, 亦乃因玆留影, 永鎭下方焉. 帝曰, 我之願力, 不如彼普賢菩薩遍垂玄化, 畫此菩薩像, 虔設供養而不廢宜矣. 二僧奉敎, 敬畫普賢菩薩於壁間, 至今猶存其像.

三所觀音 衆生寺

新羅古傳云, 中華天子有寵姬, 美艷無雙, 謂, 古今圖畫, 尟有如此者. 乃命善畫者寫眞,〔畫工傳失其名, 或云, 張僧繇, 則是吳人也, 梁天監中, 爲武陵王國侍郎直秘閣知畫事, 歷右將軍吳興太守, 則乃中國梁陳間之天子也. 而傳云唐帝者, 海東人, 凡諸中國爲唐爾, 其實未詳何代帝王, 兩存之.〕其人奉勅圖成, 誤落筆污赤, 毀於臍下, 欲改之而不能, 心疑赤誌, 必自天生, 功畢獻之, 帝目之日, 形則逼眞矣, 其臍下之誌, 乃所內秘, 何得知之幷寫, 帝乃震怒, 下圓扉將加刑, 丞相奏云, 所謂伊人, 其心且直, 願赦宥之. 帝曰, 彼旣賢直, 朕昨夢之像, 畫進不差則宥之. 其人乃畫十一面觀音像呈之, 協於所夢, 帝於是意解赦之, 其人旣免, 乃與博士芬節約曰, 吾聞新羅國, 敬信佛法, 與子乘桴于海適彼, 同修佛事, 廣益仁邦, 不亦益乎.

遂相與到新羅國, 因成此寺大悲像, 國人瞻仰, 禳禱獲福, 不可勝記, 羅季天成中, 正甫崔殷諴, 久無胤息, 詣玆寺大慈前祈禱, 有娠而生男. 未盈三朔, 百濟甄萱, 襲犯京師, 城中大潰, 殷諴抱兒來告曰, 隣兵奄至, 事急矣. 赤子累重, 不能俱免, 若誠大聖之所賜, 願借大慈之力, 覆養之, 令我父子再得相見. 涕泣悲惋, 三泣而三告之, 裹以襁褓, 藏諸猊座下, 眷眷而去, 經半月寇退, 來尋之, 肌膚如新浴, 貌體嬿好, 乳香尙痕於口, 抱持歸養. 及壯, 聰惠過人, 是爲丞魯(承老), 位至正匡, 丞魯生郎中崔肅, 肅生郎中齊顔焉, 自此繼嗣不絶. 殷諴隨敬順王入本朝, 爲大姓.

又統和十年三月, 主寺釋性泰, 跪於菩薩前, 自言, 弟子久住玆寺, 精勤香火, 晝夜匪懈, 然以寺無田出, 香祀無繼, 將移他所, 故來辭爾. 是日假寐, 夢大聖謂曰, 師且住, 無遠離, 我以緣化充齋費. 僧忻然感悟, 遂留不行. 後十三日, 忽有二人, 馬載牛馱, 到於門前, 寺僧出問, 何所而來, 曰, 我等是金州界人, 向有一比丘到我云, 我住東京衆生寺久矣. 欲以四事之難, 緣化到此, 是以斂施隣閭, 得米六碩・鹽四碩, 負載而來. 僧曰, 此寺無人緣化者, 爾輩恐聞之誤. 其人曰, 向之比丘, 率我輩而來, 到此神見井邊曰, 距寺不遠, 我先往待之. 我輩隨逐而來, 寺僧引入法堂前, 其人瞻禮大聖, 相謂曰, 此緣化比丘之像也. 驚嘆不已, 故所納米鹽, 追年不廢. 又一夕, 寺門有火災, 閭里奔救, 升堂見像, 不知所在, 視之, 已立在庭中矣. 問其出者誰, 皆日, 不知. 乃知大聖靈威也.

又大定十三年癸巳間, 有僧占崇, 得住兹寺, 不解文字, 性本純粹, 精勤火香, 有一僧欲奪其居, 訴於襯衣天使曰, 兹寺所以國家祈恩奉福之所, 宜選會讀文疏者主之. 天使然之, 欲試其人, 乃倒授疏文, 占崇應手, 披讀如流, 天使服膺, 退坐房中, 俾之再讀, 崇鉗口無言, 天使曰, 上人良由大聖之所護也. 終不奪之. 當時與崇同住者, 處士金仁夫, 傳諸鄉老, 筆之于傳.

栢栗寺

雞林之北岳曰金剛嶺, 山之陽有栢栗寺, 寺有大悲之像一軀, 不知作始, 而靈異頗著, 或云, 是中國之神匠, 塑衆生寺像時幷造也. 諺云, 此大聖曾上忉利天, 還來入法堂時, 所履石上脚迹, 至今不刓. 或云, 救夫禮郞還來時之所視迹也. 天授三年壬辰九月七日, 孝昭王奉大玄薩飡之子夫禮郞爲國仙, 珠履千徒, 親安常尤甚. 天授四年〔□長壽二年〕癸巳暮春之月, 領徒遊金蘭, 到北溟之境, 被狄賊所掠而去, 門客皆失措而還, 獨安常追迹之, 是三月十一日也. 大王聞之, 驚駭不勝曰, 先君得神笛, 傳于朕躬, 今與玄琴, 藏在內庫, 因何國仙, 忽爲賊俘, 爲之奈何,〔琴笛事, 具載別傳.〕時有瑞雲, 覆天尊庫, 王又震懼, 使檢之, 庫內失琴笛二寶. 乃曰, 朕何不吊, 昨失國仙, 又亡琴笛, 乃囚司庫吏金貞高等五人. 四月募於國曰, 得琴笛者, 賞之一歲租. 五月十五日, 郞二親就栢栗寺大悲像前, 禋祈累夕, 忽香卓上, 得琴笛二寶, 而郞常二人, 來到於像後, 二親顚喜, 問其所由來. 郞曰, 予自被掠, 爲彼國大都仇羅家之牧子, 放牧於大鳥羅尼野,〔一本作都仇家奴, 牧於大磨之野.〕忽有一僧, 容儀端正, 手携琴笛來慰曰, 憶桑梓乎, 予不覺跪于前曰, 眷戀君親, 何論其極. 僧曰, 然則宜從我來. 遂率至海壖, 又與安常會, 乃批笛爲兩分 與二人, 各乘一隻, 自乘其琴, 泛泛歸來, 俄然至此矣. 於是具事馳聞, 王大驚使迎, 郞隨琴笛入內, 施鑄金銀五器

二副, 各重五十兩, 摩衲袈裟五領, 大綃三千疋, 田一萬頃納於寺, 用答慈庥焉. 大赦
國內賜人爵三級, 復民租三年. 主寺僧移住奉聖, 封郞爲大角干.〔羅之冢宰爵名.〕父
大玄阿飡爲太大角干, 母龍寶夫人爲沙梁部鏡井宮主, 安常師爲大統, 司庫五人皆
免, 賜爵各五級.

六月十二日, 有彗星孛于東方, 十七日, 又孛于西方, 日官奏曰, 不封爵於琴笛之
瑞, 於是冊號神笛, 爲萬萬波波息, 彗乃滅, 後多靈異, 文煩不載. 世謂, 安常爲俊
永郞徒, 不之審也. 永郞之徒, 唯眞才, 繁完等知名, 皆亦不測人也.〔詳見別傳〕

敏藏寺

禺金里貧女寶開有子, 名長春, 從海賈而征, 久無音耗, 其母就敏藏寺〔寺乃敏藏
角干捨家爲寺〕觀音前, 克祈七日, 而長春忽至, 問其由緒, 曰, 海中風飄舶壞, 同侶
皆不免, 予乘隻板, 歸泊吳涯, 吳人收之, 俾耕于野, 有異僧, 如「自鄉里來, 弔慰勤
勤, 率我同行, 前有深渠, 僧掖我跳之, 昏昏間如聞鄉音與哭泣之聲, 見之乃已屆此
矣, 日晡時離吳, 至此纔戌初, 卽天寶四年乙酉四月八日也. 景德王聞之, 施田於寺,
又納財幣焉.

前後所將舍利

國史云, 眞興王太淸三年己巳, 梁使沈湖, 送舍利若干粒, 善德王代貞觀十七年
癸卯, 慈藏法師所將佛頭骨・佛牙・佛舍利百粒・佛所著緋羅金點袈裟一領, 其舍
利分爲三, 一分在皇龍寺, 一分在太和塔, 一分幷袈裟在通度寺戒壇, 其餘未詳所
在. 壇有二級, 上級之中, 安石蓋如覆鑊.

諺云, 昔在本朝, 相次有二廉使, 禮壇擧石鑊而敬之, 前感脩蟒在函中, 後見巨
蟾蹲石腹, 自此不敢擧之, 近有上將軍金公利生・庾侍郞碩, 以高廟朝受旨, 指揮江

東, 仗節到寺, 擬欲擧石瞻禮, 寺僧以往事難之, 二公令軍士固擧之, 內有小石函, 函襲之中, 貯以瑠璃筒, 筒中舍利, 只四粒, 傳示瞻敬, 筒有小傷裂處, 於是庾公適蓄一水精函子, 遂奉施兼藏焉, 識之以記, 移御江都四年乙未歲也.

古記稱百枚分藏三處, 今唯四爾, 旣隱現隨人多小, 不足怪也. 又諺云, 其皇龍寺塔災之日, 石鑊之東面, 始有大(火)斑, 至今猶然, 卽大遼應曆三年癸丑歲也, 本朝光廟五載也, 塔之第三災也. 曹溪無衣子留詩云, 聞道皇龍災塔日, 連燒一面示無間是也. 自至元甲子已來, 大朝使佐(差), 本國皇華, 爭來瞻禮, 四方雲水, 輻湊來參, 或擧不擧, 眞身四枚外, 變身舍利, 碎如砂礫, 現於礫外, 而異香郁烈, 彌日不歇者, 比比有之, 此末季一方之奇事也. 唐大中五年辛未, 入朝使元弘所將佛牙,〔今未詳所在, 新羅文聖王代.〕後唐同光元年癸未, 本朝太祖卽位六年, 入朝使尹質所將五百羅漢像, 今在北崇山神光寺, 大宋宣和元年己卯,(亥)〔睿廟十五年〕入貢使鄭克永·李之美等所將佛牙, 今內殿置奉者是也.

相傳云, 昔義湘法師入唐, 到終南山至相寺智儼尊者處, 隣有宣律師, 常有天供, 每齋時, 天廚送食, 一日律師, 請湘公齋, 湘至坐定旣久, 天供過時不至, 湘乃空鉢而歸, 天使乃至, 律師問, 今日何故遲. 天使曰, 滿洞有神兵遮擁, 不能得入. 於是律師知湘公有神衛, 乃服其道勝, 仍留其供具. 翌日又邀儼湘二師齋, 具陳其由, 湘公從容謂宣曰, 師旣被天帝所敬, 嘗聞帝釋宮有佛四十齒之一牙, 爲我等輩, 請下人間, 爲福如何. 律師後與天使, 傳其意於上帝, 帝限七日送與, 湘公致敬訖, 邀安大內.

後至大宋徽宗朝, 崇奉左道, 時國人傳圖讖曰, 金人敗國. 黃巾之徒, 諷日官奏曰, 金人者, 佛敎之謂也, 將不利於國家. 議將破滅釋氏, 坑諸沙門, 焚燒經典, 而別造小舡, 載佛牙, 泛於大海, 任隨緣流泊. 于時適有本朝使者至宋, 聞其事, 以天花茸五十領, 紵布三百疋, 行賂於押舡內史, 密授佛牙, 但流空舡, 使臣等旣得佛牙來奏, 於是睿宗大喜, 奉安于十員殿左掖小殿, 常鑰匙殿門, 施香燈于外, 每親幸日, 開殿瞻敬.

至壬辰歲移御次, 內官恩遽中, 忘不收檢. 至丙申四月, 御願堂神孝寺釋蘊光, 請致敬佛牙, 聞于上, 勅令內臣, 遍檢宮中, 無得也. 時栢臺侍御史崔冲, 命薛伸, 急徵于諸謁者房, 皆未知所措, 內臣金承老奏曰, 壬辰年移御時, 紫門日記推看. 從之, 記云, 入內侍大府卿李白全, 受佛牙函云, 召李詰之, 對曰, 請歸家更尋私記. 到家檢看, 得左番謁者金瑞龍佛牙函准受記來呈, 召問瑞龍, 無辭以對, 又以金承老所奏云, 壬辰至今丙申五年間, 御佛堂及景靈殿上守等囚禁問當, 依違未決, 隔三日, 夜中瑞龍家園墻裏, 有投擲物聲, 以大(火)檢看, 乃佛牙函也, 函本內, 一重沈香合, 次重純金合, 次外重白銀函, 次外重瑠璃函, 次外重螺鈿函, 各幅子如之, 今但瑠璃函爾, 喜得之, 入達于內, 有司議, 金瑞龍及兩殿上守皆誅, 晉陽府奏云, 因佛事不合多傷人, 皆免之, 更勅十員殿中庭, 特造佛牙殿安之, 令將士守之, 擇吉日, 請神孝寺上房蘊光, 領徒三十人, 入內設齋敬之, 其日入直承官崔弘, 上將軍崔公衍李令長, 內侍茶房等, 侍立于殿庭, 依次頂戴敬之, 佛牙區穴間, 舍利不知數. 晉陽府以白銀合, 貯而安之. 時主上謂臣下曰, 朕自亡佛牙已來, 自生四疑, 一疑天宮七日限滿而上天矣, 二疑國亂如此, 牙旣神物, 且移有緣無事之邦矣, 三疑貪財小人, 盜取函幅, 棄之溝壑矣, 四疑盜取珍利, 而無計自露, 匿藏家中矣, 今第四疑當之矣. 乃放聲大哭, 滿庭皆洒涕獻壽, 至有煉頂燒臂者, 不可勝計. 得此實錄於當時內殿焚修前祗林寺大禪師覺猷, 言親所眼見, 使予錄之.

又至庚午出都之亂, 顚沛之甚, 過於壬辰, 十員殿監主禪師心鑑, 亡身佩持, 獲免於賊難. 達於大內, 大賞其功, 移授名刹, 今住氷山寺, 是亦親聞於彼.

眞興王代天嘉六年乙酉, 陳使劉思與釋明觀, 載送佛經論一千七百餘卷, 貞觀十七年, 慈藏法師載三藏四百餘函來, 安于通度寺. 興德王代太和元年丁未, 入學僧高麗釋丘德, 齎佛經若干函來, 王與諸寺僧徒, 出迎于興輪寺前路. 大中五年, 入朝使元弘, 齎佛經若干軸來. 羅末普耀禪師, 再至吳越, 載大藏經來, 卽海龍王寺開山祖也. 大宋元祐甲戌, 有人眞讚云, 偉哉初祖, 巍乎眞容. 再至吳越, 大藏成功. 賜衘

普耀, 鳳詔四封. 若問其德, 白月淸風. 又大定中, 漢南管記彭祖逖留詩云, 水雲蘭
若住空王, 況是神龍穩一場. 畢竟名藍誰得似, 初傳像敎自南方. 有跋云, 昔普耀禪
師, 始求大藏於南越, 泊旋返次, 海風忽起, 扁舟出沒於波間. 師卽言曰, 意者神龍
欲留經耶, 遂呪願乃誠, 兼奉龍歸焉, 於是風靜波息. 旣得還國, 遍賞山川, 求可以
安邀處, 至此山, 忽見瑞雲起於山上, 乃與高第(弟)弘慶, 經營蓮社, 然則像敎之東
漸, 實始乎此, 漢南管記彭祖逖題. 寺有龍王堂, 頗多靈異, 乃當時隨經而來止者
也, 至今猶存. 又天成三年戊子, 默和尙入唐, 亦載大藏經來. 本朝睿廟時, 慧照國
師奉詔西學, 市遼本大藏三部而來, 一本今在定惠寺〔海印寺有一本, 許參政宅有一
本〕, 大安二年, 本朝宣宗代, 祐世僧統義天入宋, 多將天台敎觀而來, 此外, 方冊所
不載, 高僧信士往來所齎, 不可詳記. 大敎東漸, 洋洋乎慶矣哉, 讚曰, 華月夷風尙
隔煙, 鹿園鶴樹二千年. 流傳海外眞堪賀, 東震西乾共一天.

按此錄, 義湘傳云, 永徽初, 入唐謁智儼, 然據浮石本碑, 湘武德八年生, 丱歲
出家, 永徽元年庚戌, 與元曉同伴欲西入, 至高麗, 有難而廻. 至龍朔元年辛酉入
唐, 就學於智儼, 總章元年, 儼遷化, 咸享二年, 湘來還新羅, 長安二年壬寅示滅, 年
七十八. 則疑與儼公齋於宣律師處, 請天宮佛牙, 在辛酉至戊辰七八年間也. 本朝高
廟入江都壬辰年, 疑天宮七日限滿者, 誤矣. 忉利天一日夜, 當人間一百歲, 且從湘
公初入唐辛酉, 計至高廟壬辰, 六百九十三歲也, 至庚子年, 始滿七百年, 而七日限已
滿矣. 至出都至元七年庚午, 則七百三十年, 若如天言, 而七日後還天宮, 則禪師心
鑑出都時, 佩持出獻者, 恐非眞佛牙也. 於是年春出都前, 於大內, 集諸宗名德, 乞佛
牙舍利, 精勤雖切, 而不得一枚, 則七日限滿上天者幾矣. 二十一年甲申, 修補國淸
寺金塔, 國王與莊穆王后, 幸妙覺寺, 集衆慶讚訖, 右佛牙與洛山水精念珠如意珠,
君臣與大衆, 皆瞻奉頂戴, 後幷納金塔內. 予亦預斯會, 而親見所謂佛牙者, 長三寸
許, 而無舍利焉. 無極記.

彌勒仙花 未尸郎 眞慈師

第二十四眞興王, 姓金氏, 名彡麥宗, 一作深麥宗, 以梁大同六年庚申卽位, 慕伯父法興之志, 一心奉佛, 廣興佛寺, 度人爲僧尼.

又天性風味, 多尙神仙, 擇人家娘子美艶者, 捧爲原花, 要聚徒選士, 敎之以孝悌忠信, 亦理國之大要也.

乃取南毛娘·姣貞娘兩花, 聚徒三四百人, 姣貞者嫉妒毛娘, 多置酒飮毛娘, 至醉潛舁去北川中, 擧石埋殺之, 其徒罔知去處, 悲泣而散, 有人知其謀者, 作歌誘街巷小童, 唱於街, 其徒聞之, 尋得其尸於北川中, 乃殺姣貞娘. 於是大王, 下令廢原花.

累年, 王又念欲興邦國, 須先風月道, 更下令, 選良家男子有德行者, 改爲花郎. 始奉薛原郞爲國仙, 此花郞國仙之始, 故竪碑於溟州, 自此使人悛惡更善, 上敬下順, 五常六藝, 三師六正, 廣行於代.〔國史, 眞智王大建八年庚(丙)申, 始奉花郞, 恐史傳乃誤.〕

及眞智王代, 有與(興)輪寺僧眞慈,〔一作貞慈也.〕每就堂主彌勒像前, 發原(願)誓言, 願我大聖化作花郞, 出現於世, 我常親近晬容, 奉以□周旋. 其誠懇至, 禱之情日益彌篤, 一夕夢有僧謂曰, 汝往熊川〔今公州〕水源寺, 得見彌勒仙花也. 慈覺而驚喜, 尋其寺, 行十日程, 一步一禮, 及到其寺. 門外有一郞, 濃纖不爽, 盼倩而迎, 引入小門, 邀致賓軒, 慈且升且揖曰, 郞君素昧平昔, 何見待殷勤如此, 郞曰, 我亦京師人也, 見師高蹈遠屆, 勞來之爾. 俄而出門, 不知所在, 慈謂偶爾, 不甚異之, 但與寺僧, 叙曩昔之夢, 興來之之意, 且曰, 暫寓下榻, 欲待彌勒仙花何如, 寺僧欺其情蕩然, 而見其懃恪, 乃曰, 此去南隣有千山, 自古賢哲寓止, 多有冥感, 盍歸彼居, 慈從之, 至於山下, 山靈變老人出迎曰, 到此奚爲, 答曰, 願見彌勒仙花爾. 老人曰, 向於水源寺之門外, 已見彌勒仙花, 更來何求, 慈聞卽驚汗, 驟還本寺, 居月餘, 眞智王聞之, 徵詔問其由曰, 郞旣自稱京師人, 聖不虛言, 盍覓城中乎, 慈奉宸旨, 會徒衆, 遍於閭閻間, 物色求之, 有一小郞子, 斷紅齊具(貝), 眉彩秀麗, 靈妙寺之東北路傍樹下, 婆娑而遊, 慈迓之驚曰, 此彌勒仙花也. 乃就而問曰, 郎家何在, 願聞芳氏. 郎答曰, 我名未尸, 兒孩時爺孃俱沒, 未知何姓. 於是肩輿而入見於王, 王敬愛之, 奉爲國仙, 其和睦子弟, 禮義風敎, 不類於常, 風流耀世, 幾七年, 忽亡所在, 慈哀壞殆甚. 然飲沐慈澤, 昵承淸化, 能自悔改, 精修爲道, 晚年亦不知所終. 說者曰, 未與彌聲相近, 尸與力形相類, 乃託其近似而相謎也. 大聖不獨感慈之誠款也, 抑有緣乎玆土, 故, 比比示現焉. 至今國人稱神仙, 曰彌勒仙花, 凡有媒係於人者, 曰未尸, 皆慈氏之遺風也. 路傍樹至今名見郞「樹」, 又俚言似如樹,〔一作印如樹.〕讚曰, 尋芳一步一瞻風, 到處栽培一樣功. 驀地春歸無覓處, 誰知頃刻上林紅.

南白月二聖 努肹夫得 怛怛朴朴

白月山兩聖成道記云, 白月山在新羅仇史郡之北,〔古之屈自郡, 今義安郡〕峰巒奇秀, 延袤數百里, 眞巨鎭也.

古老相傳云, 昔唐皇帝, 嘗鑿一池, 每月望前, 月色溰朗, 中有一山, 嵓石如師子, 隱映花間之影, 現於池中, 上命畫工圖其狀, 遣使搜訪天下. 至海東, 見此山有大師子嵓, 山之西南二步許, 有三山, 其名花山,〔其山一体三首, 故云三山〕與圖相近, 然未知眞僞, 以隻履懸於師子嵓之頂, 使還奏聞, 履影亦現池. 帝乃異之, 賜名曰白月山,〔望前白月影現, 故以名之〕然後池中無影.

山之東南三千步許, 有仙川村, 村有二人. 其一曰努肹夫得〔一作等〕, 父名月藏, 母味勝. 其一曰怛怛朴朴, 父名修梵, 母名梵摩.〔鄕傳云雉山村, 誤矣, 二士之名方言, 二家各以二士心行騰騰苦節二義名之爾.〕皆風骨不凡, 有域外遐想, 而相與友善, 年皆弱冠. 往依村之東北嶺外法積房, 剃髮爲僧. 未幾, 聞西南雉山村法宗谷僧道村有古寺, 可以栖眞, 同往大佛田·小佛田二洞, 各居焉. 夫得寓懷眞庵, 一云壞寺,〔今懷眞洞有古寺基是也.〕朴朴居瑠璃光寺,〔今梨山上有寺基是也.〕皆挈妻子而

居, 經營産業, 交相來往, 棲神安養, 方外之志, 未常暫廢, 觀身世無常, 因相謂曰,
腴田美歲良利也, 不如衣食之應念而至, 自然得飽煖也, 婦女屋宅情好也, 不如蓮
池花藏千聖共遊, 鸚鵡孔雀, 以相娛也. 況學佛當成佛, 修眞必得眞, 今我等旣落彩
爲僧, 當脫略纏結, 成無上道, 豈宜汨沒風塵, 與俗輩無異也.

遂唾謝人間世, 將隱於深谷. 夜夢白毫光, 自西而至, 光中垂金色臂, 摩二人頂.
及覺說夢, 與之符同, 皆感嘆久之. 遂入白月山無等谷,〔今南洞也.〕朴朴師占北嶺師
子嵒, 作板屋八尺房而居, 故云板房, 夫得師占東嶺磊石下有水處, 亦成方丈而居
焉, 故云磊房.〔鄕傳云, 夫得處山北瑠璃洞, 今板房, 朴朴居山南法精洞磊房, 與此
相反, 以今驗之, 鄕傳誤矣.〕各庵而居, 夫得勤求彌勒, 朴朴禮念彌陁.

未盈三載, 景龍三年己酉四月八日, 聖德王卽位八年也. 日將夕, 有一娘子年幾
二十, 姿儀殊妙, 氣襲蘭麝, 俄然到北庵,〔鄕傳云南庵.〕請寄宿焉. 因投詞曰, 行逢日
落千山暮, 路隔城遙絶四隣. 今日欲投庵下宿, 慈悲和尙莫生嗔. 朴朴曰, 蘭若護淨
爲務, 非爾所取近, 行矣, 無滯此處. 閉門而入.〔記云, 我百念灰冷, 無以血囊見試.〕
娘歸南庵,〔傳曰北庵〕又請如前. 夫得曰, 汝從何處, 犯夜而來, 娘答曰, 湛然與太
虛同體, 何有往來, 但聞賢士志願深重, 德行高堅, 將欲助成菩提「耳」. 因投一偈曰,
日暮千山路, 行行絶四隣. 竹松陰轉邃, 溪洞響猶新. 乞宿非迷路, 尊師欲指津. 願
惟從我請, 且莫問何人. 師聞之驚駭謂曰, 此地非婦女相汚, 然隨順衆生, 亦菩薩行
之一也, 況窮谷夜暗, 其可忽視歟. 乃迎揖庵中而置之. 至夜淸心礪操, 微燈半壁,
誦念厭厭, 及夜將艾, 娘呼曰, 予不幸適有産憂, 乞和尙排備草草. 夫得悲矜莫逆,
燭火殷勤. 娘旣産, 又請浴. 努肦慚懼交心, 然哀憫之情, 有加無已, 又備盆槽, 坐娘
於中, 薪湯以浴之. 旣而槽中之水, 香氣郁烈, 變成金液. 努肦大駭, 娘曰, 吾師亦宜
浴此. 肦勉强從之, 忽覺精神爽凉, 肌膚金色, 視其傍, 忽生一蓮臺. 娘勸之坐, 因
謂曰, 我是觀音菩薩, 來助大師, 成大菩提矣. 言訖不現. 朴朴謂肦今夜必染戒, 將
歸听之, 旣至, 見肦坐蓮臺, 作彌勒尊像, 放光明, 身彩檀金. 不覺扣頭而禮曰, 何得

至於此乎, 朌具叙其由, 朴朴嘆曰, 我乃障重, 幸逢大聖而反不遇, 大德至仁, 先吾著鞭, 願無忘昔日之契, 事須同攝. 朌曰, 槽有餘液, 但可浴之. 朴朴又浴, 亦如前成無量壽, 二尊相對儼然. 山下村民聞之, 競來瞻仰, 嘆曰, 希有希有, 二聖爲說法要, 全身蹈雲而逝.

天寶十四年乙未, 新羅景德王卽位,〔古記云, 天鑑二十四年乙未, 法興卽位, 何先後倒錯之甚如此.〕聞斯事, 以丁酉歲, 遣使創大伽藍(藍), 號白月山南寺, 廣德二年〔古記云, 大曆元年, 亦誤〕甲辰七月十五日寺成. 更塑彌勒尊像, 安於金堂, 額曰現身成道彌勒之殿. 又塑彌陁像, 安於講堂, 餘液不足, 塗浴未周, 故彌陁像亦有斑駁之痕, 額曰現身成道無量壽殿. 議曰, 娘可謂應以婦女身攝化者也, 華嚴經摩耶夫人善知識, 寄十一地生佛, 如幻解脫門, 今娘之楨産微意在此. 觀其投詞, 哀婉可愛, 宛轉有天仙之趣. 嗚呼, 使娘婆不解隨順衆生語言陁羅尼, 其能若是乎, 其末聯宜云, 淸風一榻莫予嗔, 然不爾云者, 蓋不欲同乎流俗語爾. 讚曰, 滴翠嵓前剝啄聲, 何人日暮扣雲扃. 南庵且近宜尋去, 莫踏蒼苔污我庭. 右北庵. 谷暗何歸已暝煙, 南蔥有簟且流連. 夜闌百八深深轉, 只恐成喧惱客眠. 右南庵. 十里松陰一徑迷, 訪僧來試夜提. 三槽浴罷天將曉, 生下雙兒擲向西. 右聖娘.

芬皇寺千手大悲 盲兒得眼

景德王代, 漢歧里女希明之兒, 生五稔而忽盲. 一日其母抱兒, 詣芬皇寺左殿北壁畫千手大悲前, 令兒作歌禱之, 遂得明, 其詞曰, 膝肹古召旀, 二尸掌音毛乎支內良, 千手觀音叱前良中, 祈以支白屋尸置內乎多, 千隱手□叱千隱目肹, 一等下叱放一等肹除惡支, 二于萬隱吾羅, 一等沙隱賜以古只內乎叱等邪阿邪也, 吾良遺知支賜尸等焉, 放冬矣用屋尸慈悲也根古. 讚曰, 竹馬蔥笙戱陌塵, 一朝雙碧失瞳人. 不因大士廻慈眼, 虛度楊花幾社春.

洛山二大聖 觀音 正趣 調信

昔義湘法師, 始自唐來還, 聞大悲眞身住此海邊窟內, 故因名洛山, 盖西域寶陁
洛伽山, 此云小白華, 乃白衣大士眞身住處, 故借此名之. 齋戒七日, 浮座具晨水上,
龍天八部侍從, 引入崛內參禮, 空中出水精念珠一貫「給之, 湘領受而退, 東海龍亦
獻如意寶珠一顆, 師捧出, 更齋七日, 乃見眞容. 謂曰, 於座上山頂, 雙竹湧生, 當其
地作殿宜矣, 師聞之出崛, 果有竹從地湧出. 乃作金堂, 塑像而安之, 圓容麗質, 儼
若天生, 其竹還沒, 方知正是眞身住也. 因名其寺曰洛山, 師以所受二珠, 鎮安于聖
殿而去.

後有元曉法師, 繼踵而來, 欲求瞻禮, 初至於南郊水田中, 有一白衣女人刈稻.
師戲請其禾, 女以稻荒戲答之, 又行至橋下, 一女洗月水帛, 師乞水, 女酌其穢水獻
之, 師覆棄之, 更酌川水而飮之. 時野中松上, 有一靑鳥, 呼曰, 休醍「醐和尚, 忽隱
不現, 其松下有一隻脫鞋. 師旣到寺, 觀音座下, 又有前所見脫鞋一隻, 方知前所遇
聖女乃眞身也. 故時人謂之觀音松, 師欲入聖崛, 更覩眞容, 風浪大作, 不得入而去.

後有崛山祖師梵日, 太和年中入唐, 到明州開國寺, 有一沙彌, 截左耳在衆僧之
末, 與師言曰, 吾亦鄕人也, 家在溟州界翼嶺縣德耆坊, 師他日若還本國, 須成吾舍.
旣而遍遊叢席, 得法於鹽官, 〔事具在本傳〕以會昌七年丁卯還國, 先創崛山寺而傳
教, 大中十二年戊寅二月十五日, 夜夢, 昔所見沙彌到窓下曰, 昔在明州開國寺, 與師
有約, 旣蒙見諾, 何其晚也, 祖師驚覺, 押數十人, 到翼嶺境, 尋訪其居. 有一女居洛
山下村, 問其名, 曰德耆. 女有一子, 年才八歲. 常出遊於村南石橋邊, 告其母曰, 吾
所與遊者, 有金色童子. 母以告于師, 師驚喜, 與其子尋所遊橋下, 水中有一石佛, 舁
出之, 截左耳, 類前所見沙彌. 卽正趣菩薩之像也, 乃作簡子, 卜其營構之地, 洛山上
方吉, 乃作殿三間安其像.〔古本載梵日事在前, 相(湘)曉二師在後, 然按湘曉二師
介□於高宗之代, 梵日在於會昌之後, 相去一百七十餘歲. 故今前却而編次之, 或
云, 梵日爲相之門人, 謬妄也〕.

後百餘年, 野火連延到此山, 唯二聖殿, 獨免其災, 餘皆煨燼. 及西山大兵已來, 癸丑甲寅年間, 二聖眞容及二寶珠, 移入襄州城, 大兵來攻甚急, 城將陷, 時住持禪師阿行,〔古名希玄〕以銀合盛二珠, 佩持將逃逸, 寺奴名乞升奪取, 深埋於地, 誓曰, 我若不免死於兵, 則二寶珠, 終不現於人間, 人無知者, 我若不死, 當奉二寶, 獻於邦家矣. 甲寅十月二十二日城陷, 阿行不免, 而乞升獲免, 兵退後掘出, 納於溟州道監倉使, 時郎中李祿綏爲監倉使, 受而藏於監倉庫中, 每交代傳受. 至戊午十月, 本業老宿祇林寺住持大禪師覺猷奏曰, 洛山二珠, 國家神寶. 襄州城陷時, 寺奴乞升, 埋於城中, 兵退取納監倉使, 藏在溟州營庫中. 今溟州城殆不能守矣, 宜輸安御府. 主上允可, 發夜別抄十人, 率乞升, 取於溟州城, 入安於內府. 時使介十人, 各賜銀一斤·米五石.

昔新羅爲京師時, 有世逵(達)寺〔今與敎寺也〕之莊舍, 在溟州㮢李郡,〔按地理志, 溟州無㮢李郡, 唯有㮢城郡, 本㮢生郡, 今寧越, 又牛首州領縣, 有㮢靈郡, 本㮢已郡, 今剛州, 牛首州今春以(州), 今言㮢李郡, 未知孰是〕本寺遣僧調信爲知莊, 信到莊上, 悅「太守金昕公之女, 惑之深, 屢就洛山大悲前, 潛祈得幸. 方數年間, 其女已有配矣, 又往堂前, 怨大悲之不遂已, 哀泣至日暮, 情思倦憊, 俄成假寢. 忽夢金氏娘, 容豫入門, 粲然啓齒而謂曰, 兒早識上人於半面, 心乎愛矣, 未嘗暫忘, 迫於父母之命, 强從人矣, 今願爲同穴之友, 故來爾. 信乃顚喜, 同歸鄕里. 計活四十餘霜, 有兒息五, 家徒四壁, 藜藿不給. 遂乃落魄扶携, 糊其口於四方. 如是十年, 周流草野, 懸鶉百結, 亦不掩體. 適過溟州蟹縣嶺, 大兒十五歲者忽餧死, 痛哭收瘞於道. 從率餘四口, 到羽曲縣,〔今羽縣也.〕結茅於路傍而舍. 夫婦老且病, 飢不能興, 十歲女兒巡乞, 乃爲里獒所噬, 號痛臥於前, 父母爲之歔欷, 泣下數行, 婦乃㪷澁拭涕, 倉卒而語曰, 予之始遇君也, 色美年芳, 衣袴稠鮮, 一味之甘, 得與子分之, 數尺之煖, 得與子共之, 出處五十年, 情鍾莫逆, 恩愛綢繆, 可謂厚緣. 自比年來, 衰病日益深, 飢寒日益迫, 傍舍壺漿, 人不容乞, 千門之恥, 重似丘山, 兒寒兒飢, 未遑計補, 何暇有愛悅夫婦之心哉. 紅顏巧笑, 草上之露, 約束芝蘭, 柳絮飄風, 君有我而爲累, 我爲君而足憂, 細思昔日之歡, 適爲憂患所階. 君乎予乎, 奚至此極, 與其衆鳥之同餧, 焉知(如)隻鸞之有鏡, 寒棄炎附, 情所不堪, 然而行止非人, 離合有數, 請從此辭. 信聞之大喜, 各分二兒將行, 女曰, 我向桑梓, 君其南矣. 方分手進途而形開. 殘燈翳吐, 夜色將闌. 及旦鬚髮盡白, 惘惘然殊無人世意, 已厭勞生, 如飫百年辛苦, 貪染之心, 洒然氷釋. 於是慚對聖容, 懺滌無已. 歸撥蟹峴所埋兒塚, 乃石彌勒也. 灌洗奉安于隣寺, 還京師, 免莊任, 傾私財, 創淨土寺, 懃修白業, 後莫知所終. 議曰, 讀此傳, 掩卷而追繹之, 何必信師之夢爲然, 今皆知其人世之爲樂, 欣欣然役役然, 特未覺爾. 乃作詞誡之曰, 快適須臾意已閑, 暗從愁裏老蒼(蒼)顏. 不須更待黃梁熟, 方悟勞生一夢間. 治身臧否先誠意, 鰥夢蛾眉賊夢藏. 何似秋來淸夜夢, 時時合眼到淸涼.

魚山佛影

古記云, 萬魚寺(山)者, 古之慈成山也, 又阿耶斯山〔當作摩耶斯, 此云魚也〕, 傍有呵囉國. 昔天卵下于海邊, 作人御國, 卽首露王. 當此時, 境內有玉池, 池有毒龍焉. 萬魚山有五羅刹女, 往來交通. 故時降電雨, 歷四年, 五穀不成. 王呪禁不能, 稽首請佛說法, 然後羅刹女受五戒, 而無後害. 故東海魚龍, 遂化爲滿洞之石, 各有鍾磬之聲.〔已上古記.〕

又按, 大定十二(二十)年庚子, 卽明宗十一年也, 始創萬魚寺. 棟梁寶林狀奏, 所稱山中奇異之迹, 與北天竺訶羅國, 佛影事符同者有三. 一, 山之側近地梁州界玉池, 亦毒龍所蟄是也, 二, 有時自江邊雲氣始出, 來到山頂, 雲中有音樂之聲是也, 三, 影之西北有盤石, 常貯水不絶, 云是佛浣濯袈裟之地是也. 已上皆寶林之說, 今親來瞻禮, 亦乃彰彰可敬信者有二. 洞中之石, 凡三分之二, 皆有金玉之聲是一也,

遠瞻卽現, 近瞻不見, 或見覓(不見)等是一也. 北天之文, 具錄於後. 可函觀佛三昧
經第七卷云, 佛到耶乾訶羅國古仙山, 舊蕾花林毒龍之側, 靑蓮花泉北, 羅刹穴中,
阿那斯山南, 爾時彼穴有五羅刹, 化作女龍, 與毒龍通. 龍復降雹, 羅刹亂行, 飢饉
疾疫, 已歷四年. 王驚懼, 禱祀神祇, 於事無益. 時有梵志, 聰明多智, 白言大王, 伽
毗羅淨飯王子, 今者成道, 號釋迦文. 王聞是語, 心大歡喜, 向佛作禮曰, 云何今日佛
日已興, 不到此國. 爾時如來, 勅諸比丘, 得六神通者, 隨從佛後, 受那乾訶羅王弗
婆浮提請. 爾時世尊, 頂放光明, 化作一萬諸大化佛. 往至彼國, 爾時龍王及羅刹女,
五體投地, 求佛受戒, 佛卽爲說三歸五戒, 龍王聞己(已), 長跪合掌, 勸請世尊常住
此間, 佛若不在, 我有惡心, 無由得成阿耨菩提. 時梵天王, 復來禮佛. 請, 婆伽婆爲
未來世諸衆生, 故莫獨偏爲此一小龍. 百千梵王皆作是請. 時龍王出七寶臺, 奉上如
來, 佛告龍王, 不須此臺, 汝今但以羅刹石窟, 持以施我. 龍歡喜〔云云〕, 爾時如來,
安慰龍王, 我受汝請, 坐汝窟中, 經千五百歲. 佛湧身入石, 猶如明鏡, 人見面像. 諸
龍皆現, 佛在石內, 映現於外. 爾時諸龍合掌歡喜, 不出其地, 常見佛日. 爾時世尊結
跏趺坐在石壁內, 衆生見時, 遠望卽現, 近則不現. 諸天供養佛影, 影亦說法. 又云,
佛蹈崫石之上, 卽便成金玉之聲.

高僧傳云, 惠遠聞天竺有佛影, 昔爲龍所留之影, 在北天竺月支國那竭呵城南
古仙人石室中.〔云云.〕 又法現(顯)西域傳云, 至那竭國界, 那竭城南半由旬有石室,
博山西南面, 佛留影此中. 去十餘步觀之, 如佛眞形, 光明炳著, 轉遠轉微. 諸國王
遣工摹寫, 莫能髣髴, 國(近)人傳云, 賢劫千佛, 皆當於此留影, 影之西百步許, 有佛
在時剃髮剪爪之地.〔云云.〕 星函西域記第二卷云, 昔如來在世之時, 此龍爲牧牛之
士, 供王乳酪, 進奏失宜, 旣獲譴嘖, 心懷恚恨, 以金錢買花供養, 授記率堵婆, 願
爲惡龍, 破國害王, 特趣石壁, 投身而死. 遂居此窟爲大龍王, 適起惡心, 如來鑑此,
變神通力而來至此. 龍見佛, 毒心遂止, 受不殺戒. 因請, 如來常居此穴, 常受我供,
佛言, 吾將寂滅, 爲汝留影, 汝若毒忿, 常觀吾影, 毒心當止. 攝神獨入石室, 遠望卽

現, 近則不現. 又令石上蹴爲七寶.〔云云.〕已上皆經文, 大略如此. 海東人名此山爲阿那斯, 當作摩那斯, 此飜爲魚, 盖取彼北天事而稱之爾.

臺山五萬眞身

按山中古傳, 此山之署名眞聖住處者, 始自慈藏法師. 初法師欲見中國五臺山文殊眞身, 以善德王代貞觀十年丙申〔唐僧傳云十二年, 今從三國本史〕入唐.

初至中國太和池邊石文殊處, 虔祈七日, 忽夢大聖授四句偈. 覺而記憶, 然皆梵語, 罔然不解. 明旦忽有一僧, 將緋羅金點袈裟一領, 佛鉢一具, 佛頭骨一片, 到于師邊. 問, 何以無聊, 師答以夢所受四句偈, 梵音不解爲辭, 僧譯之云, 呵囉婆佐曩, 是曰了知一切法, 達嚟哆佉嘢, 云自性無所有, 曩伽呬伽曩, 云如是解法性, 達嚟盧舍那, 云卽見盧舍那. 仍以所將袈裟等, 付而囑云, 此是本師釋迦尊之道具也, 汝善護持. 又曰, 汝本國艮方溟州界, 有五臺山, 一萬文殊常住在彼, 汝往見之. 言已不現, 遍尋靈迹, 將欲東還, 太和池龍現身請齋, 供養七日, 乃告云, 昔之傳偈老僧, 是眞文殊也. 亦有叮囑創寺立塔之事. 具載別傳. 師以貞觀十七年, 來到此山, 欲覩眞身, 三日晦陰, 不果而還, 復住元寧寺, 乃見文殊, 云, 至葛蟠處, 今淨嵓寺是.〔亦載別傳.〕

後有頭陀信義, 乃梵日之門人也, 來尋藏師憩息之地, 創庵而居. 信義旣卒, 庵亦久廢, 有水多寺長老有緣, 重創而居, 今月精寺是也.

藏師之返新羅, 淨神大王太子寶川, 孝明二昆弟〔按國史, 新羅無淨神寶川孝明三父子明文. 然此記下文云, 神龍元年開土立寺, 則神龍乃聖德王卽位四年乙巳也. 王名興光, 本名隆基, 神文之第二子也. 聖德之兄孝照名理恭, 一作洪, 亦神文之子. 神文政明字日照, 則淨神恐政明神文之訛也. 孝明乃孝照一作昭之訛也. 記云, 孝明卽位, 而神龍年開土立寺云者, 亦不細詳言之爾, 神龍年立寺者, 乃聖德王也〕到河西府〔今溟州, 亦有河西郡是也. 一作河曲縣, 今蔚州非是也〕, 世獻角干之家, 留一宿, 翌日過大嶺, 各領千徒, 到省烏坪. 遊覽累日, 忽一夕昆弟二人, 密約方外之志, 不令人知, 逃隱入五臺山,〔古記云, 太和元年戊申(丁未)八月初, 王隱山中, 恐此文大誤. 按孝照一作昭, 以天授三年壬辰卽位, 時年十六, 長安二年壬寅崩, 壽二十六, 聖德以是年卽位, 年二十二. 若曰太和元年戊申(丁未), 則先於孝照卽位甲(壬)辰, 已過四十五歲, 乃大宗文武王之世也, 以此知此文爲誤, 故不取之.〕侍衛不知所歸, 於是還國. 二太子到山中, 靑蓮忽開地上, 兄大子結庵而止住, 是日(日)寶川庵, 向東北行六百餘步, 北臺南麓, 亦有靑蓮開處, 弟大子孝明, 又結庵而止, 各懃修業. 一日同上五峯瞻禮次, 東臺滿月山, 有一萬觀音眞身現在, 南臺麒麟山, 八大菩薩爲首, 一萬地藏, 西臺長嶺山, 無量壽如來爲首, 一萬大勢至, 北臺象王山, 釋迦如來爲首, 五百大阿羅漢, 中臺風盧山, 亦名地盧山, 毗盧遮那爲首, 一萬文殊. 如是五萬眞身, 一一瞻禮, 每日寅朝, 文殊大聖, 到眞如院. 今上院, 變現三十六種形, 或時現佛面形, 或作寶珠形, 或作佛眼形, 或作佛手形, 或作寶塔形, 或萬佛頭形, 或作萬燈形, 或作金橋形, 或作金鼓形, 或作金鍾形, 或作神通形, 或作金樓形, 或作金輪形, 或作金剛杵(杵)形, 或作金甕形, 或作金鈿形, 或五色光明形, 或五色圓光形, 或吉祥草形, 或靑蓮花形, 或作金田形, 或作銀田形, 或作佛足形, 或作雷電形, 或如來湧出形, 或作神湧出形, 或作金鳳形, 或作金烏形, 或馬産師子形, 或鷄産鳳形, 或作靑龍形, 或作白象形, 或作鵲鳥形, 或牛産師子形, 或作遊猪形, 或作靑蛇形. 二公每汲洞中水, 煎茶獻供, 至夜各庵修道.

淨神王之弟與王爭位, 國人廢之, 遣將軍四人, 到山迎之. 先到孝明庵前, 呼萬歲. 時有五色雲, 七日垂覆. 國人尋雲而畢至, 排列鹵薄, 將邀兩太子而歸, 寶川哭泣以辭, 乃奉孝明歸卽位, 理國有年.〔記云, 在位二十餘年, 盖崩年壽二十六之訛也. 在位但十年爾. 又神文之弟爭位事, 國史無文, 未詳.〕

以神龍元年〔乃唐中宗復位之年, 聖德王卽位四年也〕乙巳三月初四日, 始改創眞如院. 大王親率百寮到山, 營構殿堂, 幷塑泥像文殊大聖, 安于堂中. 以知識靈卞等五員, 長轉華嚴經, 仍結爲華嚴社, 長年供費, 每歲春秋, 各給近山州縣倉租一百石, 淨油一石, 以爲恒規. 自院西行六千步, 至牟尼岾, 古伊峴外, 柴地十五結, 栗枝六結, 坐位二結, 創置莊舍焉.

寶川常汲服其靈洞之水, 故晚年肉身飛空, 到流沙江外, 蔚珍國掌天窟停止, 誦隨求陀羅尼, 日夕爲課. 窟神現身白云, 我爲窟神, 已二千年, 今日始聞隨求眞詮, 請受菩薩戒, 旣受已. 翌日窟亦無形, 寶川驚異, 留二十日, 乃還五臺山神聖窟. 又修眞五十年, 忉利天神, 三時聽法, 淨居天衆, 烹茶供獻, 四十聖騰空十尺, 常時護衛, 所持錫杖, 一日三時作聲, 遶房三匝, 用此爲鍾磬, 隨時修業. 文殊或灌水寶川頂, 爲授成道記莂, 川將圓寂之日, 留記後來山中所行輔益邦家之事云, 此山乃白頭山之大脈, 各臺眞身常住之地. 靑在東臺北角下, 北臺南麓之末, 宜置觀音房, 安圓像觀音, 及靑地畫一萬觀音像, 福田五員, 晝讀八卷金經·仁王·般若·千手呪, 夜念觀音禮懺, 稱名圓通社. 赤任南臺南面, 置地藏房, 安圓像地藏, 及赤地畫八大菩薩爲首, 一萬地藏像, 福田五員, 晝讀地藏經·金剛般若, 「念」夜察禮懺, 稱金剛社. 白方西臺南面, 置彌陁房, 安圓像無量壽, 反(及)白地畫無量壽如來爲首, 一萬大勢至, 福田五員, 晝讀八卷法華, 夜念彌陁禮懺, 稱水精社. 黑地北臺南面置羅漢堂, 安圓像釋迦, 及黑地畫釋迦如來爲首, 五百羅漢, 福田五員, 晝讀佛報恩經·涅槃經, 夜念涅槃禮懺, 稱白蓮社. 黃處中臺, 直(眞)「如」院, 中安泥像文殊不動, 後壁安黃地畫毗盧遮那爲首, 三十六化形, 福田五員, 晝讀華嚴經·六百般若, 夜念文殊禮懺, 稱華嚴社. 寶川庵改創華藏寺, 安圓像毗盧遮那三尊及大藏經, 福田五員, 長門藏經, 夜念華嚴神衆, 每年設華嚴會一百日, 稱名法輪社, 以此華藏寺, 爲五臺社之本寺, 堅固護持, 命淨行福田, 鎭長香火, 則國王千秋, 人民安泰, 文虎(武)和平, 百穀豊穰矣. 又加排下院文殊岬寺, 爲社之都會, 福田七員, 晝夜常行華嚴神衆禮懺上件三十七員, 齋料衣費, 以河西府道內八州之稅, 充爲四事之資, 代代君王, 不忘遵行幸矣.

溟州〔古河西府也〕五臺山寶叱徒太子傳記

新羅淨神太子寶叱徒, 與弟孝明太子, 到河西府世獻角干家一宿, 翌日踰大嶺, 各領一千人, 到省烏坪, 累日遊翫, 太和元年八月五日, 兄弟同隱入五臺山. 徒中侍衛等, 推覓不得, 並皆還國, 兄太子見中臺南下眞如院堪下山末靑蓮開, 其地結草菴而居. 弟孝明見北臺南山末靑蓮開, 亦結草菴而居. 兄弟二人, 禮念修行, 五臺進敬禮拜, 靑在東臺滿月形山, 觀音眞身一萬常住,「赤任南臺麒麟山, 八大菩薩爲首, 一萬地藏菩薩常住, 白方西臺長嶺山, 無量壽如來爲首, 一萬大勢至菩薩常住, 黑掌北臺相王山, 釋迦如來爲首, 五百大阿羅漢常住, 黃處中臺風爐山, 亦名地爐山, 毗盧遮那爲首, 一萬文殊常住, 眞如院地, 文殊大聖, 每日寅朝化現三十六形,〔三十六形, 見臺山五萬眞身傳〕兩太子並禮拜, 每日早朝, 汲于洞水, 煎茶供養一萬眞身文殊.

淨神太子弟副君在新羅, 爭位誅滅, 國人遣將軍四人, 到五臺山孝明太子前, 呼萬歲. 卽是有五色雲, 自五臺至新羅, 七日七夜浮光. 國人尋光到五臺, 欲陪兩太子還國, 寶叱徒太子, 涕泣不歸, 陪孝明太子, 歸國卽位. 在位二十餘年. 神龍元年三月八日, 始開眞如院.〔云云.〕

寶叱徒太子, 常服于洞靈水, 肉身登空, 到流沙江, 入蔚珍大國掌天窟修道, 還至五臺神聖窟, 五十年修道.〔云云.〕五臺山是白頭山大根脈, 各臺眞身常住.〔云云.〕

臺山月精寺五類聖衆

按寺中所傳古記云, 慈藏法師, 初至五臺, 欲覩眞身, 於山麓結茅而住, 七日不見, 而到妙梵山, 創淨岩寺.

後有信孝居士者, 或云幼童菩薩化身, 家在公州, 養母純孝. 母非肉不食, 士求肉, 出行山野. 路見五鶴射之, 有一鶴落一羽而去. 士執其羽, 遮眼而見人, 人皆是畜生. 故不得肉, 而因割股肉進母. 後乃出家, 捨其家爲寺, 今爲孝家院. 士自慶州界至河率, 見人多是人形, 因有居住之志, 路見老婦, 問可住處, 婦云, 過西嶺, 有北向洞可居, 言訖不現. 士知觀音所敎, 因過省烏坪, 入慈藏初結茅處而住, 俄有五比丘到云, 汝之持來袈裟一幅, 今何在, 士茫然, 比丘云, 汝所執見人之羽是也. 士乃出呈, 比丘乃置羽於袈裟闕幅中相合, 而非羽乃布也. 士與五比丘別後, 方知是五類聖衆化身也. 此月精寺, 慈藏初結茅, 次信孝居士來住, 次梵日門人信義頭陁來, 創庵而住, 後有水多寺長老有緣來住, 而漸成大寺. 寺之五類聖衆, 九層石塔, 皆聖跡也. 相地者云, 國內名山, 此地最勝, 佛法長興之處.〔云云.〕

南月山〔亦名甘山寺〕

寺在京城東南二十許里. 金堂主彌勒尊像火光後記云, 開元七年己未二月十五日, 重阿湌全忘誠(金志誠), 爲亡考仁章一吉于(干), 亡妃(妣)觀肖里夫人, 敬造甘山寺一所石彌勒一軀, 兼及愷元伊湌, 第(弟)懇(良)誠小舍, 玄度師, 姉古巴里, 前妻古老里, 後妻阿好里, 兼庶兄及漠一吉湌, 一幢薩湌, 聰敏七(大)舍, 妹首盻買等, 同營玆善. 亡妣觀肖里夫人, 古人成之, 東海攸友邊散也.〔古人成之以下, 文未詳其意, 但存古文而已, 下同.〕

彌陁佛火光後記云, 重阿湌金志全(誠), 曾以尙衣奉御, 又執事侍郎, 年六十七, 致仕閑居, 奉爲國主大王, 伊湌愷元, 亡考仁章一吉于(干), 亡妃(妣)亡弟小舍梁誠, 沙門玄度, 亡妻古路里, 亡妹古巴里, 又爲妻阿好里等, 捨甘山莊田, 建伽藍, 仍造石彌陁一軀, 奉爲亡考仁章一吉于(干), 古人成云東海攸友邊散也.〔按帝系, 金愷元乃太宗春秋之弟, 太子愷元角干也, 乃文熙(姬)之所生也, 誠志全(金志誠)乃仁章一吉于(干)之子, 東海攸友, 恐法敏葬東海也.〕

天龍寺

東都南山之南, 有一峰屹起, 俗云高位山. 山之陽有寺, 俚云高寺, 或云天龍寺.
討論三韓集云, 雞林土內, 有客水二條, 逆水一條, 其逆水客水二源, 不鎭天災, 則
致天龍覆沒之災. 俗傳云, 逆水者, 州之南, 馬等烏村南流川是, 又是水之源, 致大
(天)龍寺, 中國來使, 樂鵬龜來見云 破此寺, 則國亡無日矣. 又相傳云, 昔有檀越有
二女, 曰天女龍女, 二親爲二女創寺因名之. 境地異常助道之場, 羅季殘破久矣. 衆
生寺大聖所乳崔殷諴之子承魯, 魯生肅. 肅生侍中齊顔, 顔乃重修起廢, 仍置釋迦萬
日道場, 受朝旨. 兼有信書願文, 留于寺. 旣卒, 爲護伽藍神, 頗著靈異, 其信書略曰,
檀越內史侍郞同內史門下平章事柱國崔齊顔狀, 東京高位山天龍寺殘破有年, 弟子
特爲聖壽天長民國安泰之願, 殿堂廊閣, 房舍廚庫, 已來興構畢, 具石造泥塑佛聖
數軀, 開置釋迦萬日道場, 旣爲國修營, 官家差定, 主人亦可, 然當遞換交代之時,
道場僧衆不得安心. 側觀入田, 稠足寺院, 如公山地藏寺, 入田二百結, 毗瑟山道仙
寺入田二十結, 西京之四面山寺, 各田二十結例, 皆勿論有職無職, 須擇戒備才高者,
社中衆望, 連次住持焚修, 以爲恒規. 弟子聞風而悅, 我此天龍寺, 亦於社衆之中, 擇
選才德雙高大德, 兼爲棟梁, 差主人鎭長焚修. 具錄文字, 付在剛司, 自當時主人爲
始, 受留守官文通, 示道場諸衆, 各宜知悉. 重熙九年六月日, 具銜如前署, 按重熙乃
契丹興宗年號, 本朝靖宗七年庚辰歲也.

鍪藏寺彌陁殿

京城之東北二十許里, 暗谷村之此(北), 有鍪藏寺, 第三十八元聖大王之考大阿
干孝讓追封明德大王之爲叔父波珍湌追崇所創也. 幽谷逈絶, 類似削成, 所寄冥
奧, 自生虛白, 乃息心樂道之靈境也. 寺之上方, 有彌陁古殿. 乃昭成(一作聖)大王
之妃桂花王后, 爲大王先逝, 中宮乃充充焉, 皇皇焉, 哀戚之至, 泣血棘心, 思所以

幽贊明休, 光啓玄福者, 聞西方有大聖, 曰彌陁, 至誠歸仰, 則善救來迎, 是眞語者,

豈欺我哉, 乃捨六衣之盛服, 罄九府之貯財, 召彼名匠, 敎造彌陁像一軀, 幷造神衆

以安之. 先是寺有一老僧, 忽夢眞人坐於石塔東南岡上, 向西爲大衆說法, 意謂此

地, 必佛法所住也, 心秘之而不向人說. 嵓石巉崒, 流澗激迅, 匠者不顧, 咸謂不臧,

及乎辟地, 乃得平坦之地, 可容堂宇, 宛似神基, 見者莫不愕然稱善. 近古來殿則壞

圮, 而寺獨在. 諺傳太宗統三已後, 藏兵鍪於谷中, 因名之.

伯嚴寺石塔舍利

開運三年丙午十月二十九日, 康州界任道大監柱貼云, 伯嚴禪寺坐草八縣〔今草

溪〕, 寺僧侃遊上座. 年三十九, 云寺之經始則不知. 但古傳云, 前代新羅時, 北宅廳

基捨置玆寺, 中間久廢. 去丙寅年中, 沙木谷陽孚和尙, 改造住持, 丁丑遷化. 乙酉年,

曦陽山兢讓和尙, 來住十年, 又乙未年, 却返曦陽. 時有神卓和尙, 自南原白嵒藪, 來

入當院, 如法住持. 又咸雍元年十一月, 當院住持得奧微定大師釋秀立, 定院中常規

十條. 新竪五層石塔, 眞身佛舍利四十二粒安邀, 以私財立寶, 追年供養條第一, 當

寺護法敬僧嚴欣伯欣兩明神, 及近岳等三位前, 立寶供養條,〔諺傳嚴欣伯欣二人, 捨

家爲寺, 因名曰伯嚴, 仍爲護法神.〕金堂藥師前, 木鉢, 月朔遞米條等. 已下不錄.

靈鷲寺

寺中古記云, 新羅眞骨第三十一主神文王代, 永淳二年癸未,〔本文云元年, 誤〕

宰相忠元公, 萇山國〔卽東萊縣, 亦名萊山國〕溫井沐浴, 還城次, 到屈井驛桐旨野

駐歇, 忽見一人放鷹而逐雉, 雉飛過金岳, 杳無蹤迹. 聞鈴尋之, 到屈井縣官北井邊,

鷹坐樹上, 雉在井中, 水渾血色. 雉開兩翅, 抱二雛焉, 鷹亦如相惻隱, 而不敢攫也.

公見之惻然有感, 卜問此地, 云可立寺, 歸京啓於王, 移其縣於他所, 創寺於其地, 名靈鷲寺焉.

有德寺

新羅大夫(太大)角干崔有德, 捨私第爲寺, 以有德名之. 遠孫三韓功臣崔彥撝, 掛安眞影, 仍有碑云.

五臺山文殊寺石塔記

庭畔石塔, 盖新羅人所立也. 制作雖淳朴不巧, 然甚有靈響, 不可勝記. 就中一事, 聞之諸古老, 云, 昔連谷縣人, 具船沿海而漁, 忽見一塔隨逐舟楫, 凡水族見其影者, 皆逆散四走. 以故漁人, 一無所得, 不堪憤恚, 尋影而至, 盖此塔也. 於是共揮斤斫之而去, 今此塔四隅皆缺者以此也. 予驚嘆無已, 然怪其置塔, 稍東而不中, 於是仰見一懸板云, 比丘處玄, 曾住此院, 輒移置庭心, 則二十餘間, 寂無靈應. 及日者求基抵此, 乃嘆曰, 是中庭地, 非安塔之所, 胡不移東乎, 於是衆僧乃悟, 復移舊處, 今所立者是也.

余非好怪者, 然見其佛之威神, 其急於現迹利物如此, 爲佛子者, 卫可默而無言耶. 時正豊(隆)元年丙子十月日, 白雲子記.

卷第四

圓光西學

唐續高僧傳第十三卷載, 新羅皇隆寺釋圓光, 俗姓朴氏, 本住三韓, 卞韓, 辰韓, 馬韓, 光卽辰韓人也. 家世海東, 祖習綿遠, 而神器恢廓, 愛染篇章, 校獵玄儒, 討讎子史. 文華騰翥於韓服, 博贍猶愧於中原, 遂割略親朋, 發憤溟渤. 年二十五, 乘舶造于金陵, 有陳之世, 號稱文國. 故得諮考先疑, 詢猷了義. 初聽莊嚴旻公弟子講, 素霱世典, 謂理窮神, 及聞釋宗, 反同腐芥. 虛尋名教, 實懼生涯, 乃上啓陳主, 請歸道法, 有勅許焉.

旣爰初落采, 卽稟具戒, 遊歷講肆, 具盡嘉謀, 領牒微言, 不謝光景. 故得成實涅槃, 蘊括心府, 三藏釋論, 徧所披尋. 末又投吳之虎「丘」山, 念定相沿, 無忘覺觀, 息心之衆, 雲結林泉. 竝以綜涉四含, 功流八定, 明善易擬, 筒(簡)直難虧. 深副夙心, 遂有終焉之慮, 於卽頓絕人事, 盤遊聖迹, 攝想靑霄, 緬謝終古. 時有信士, 宅居山下, 請光出講. 固辭不許, 苦事邀延, 遂從其志, 創通成論, 末講般若. 皆思解俊徹, 嘉問(聞)飛移, 兼綵以絢采, 織綜詞義, 聽者欣欣, 會其心府.

從此因循舊章, 開化成任, 每法輪一動, 輒傾注江湖. 雖是異域, 通傳而沐道, 頓除嫌郄, 故名望橫流, 播于嶺表, 披榛負槖而至者, 相接如鱗.

會隋后御字(宇), 威加南國. 曆窮其數, 軍入楊都, 遂被亂兵, 將加刑戮. 有大主將, 望見寺塔火燒, 走赴救之, 了無火狀, 但見光在塔前, 被縛將殺. 旣怪其異, 卽解而放之, 斯臨危達感如此也. 光學通吳越, 便欲觀化周秦, 開皇九年, 來遊帝宇. 値佛法初會, 攝論肇興, 奉佩文言, 振績微緒. 又馳慧解, 宣譽京皇, 勤業旣成, 道東須繼.

本國遠聞, 上啓頻請, 有勅厚加勞問, 放歸桑梓. 光往還累紀, 老幼相欣. 新羅王金氏, 面申虔敬, 仰若聖人. 光性在虛閑, 情多汎愛, 言常含笑, 慍結不形, 而牒表啓書, 往還國命, 竝出自胸襟, 一隅傾奉, 皆委以治方, 詢之道化. 事異錦衣, 請(情)同觀國, 乘機敷訓, 垂範于今. 年齒旣高, 乘輿入內, 衣服藥食, 竝王手(后)自營, 不許佐助, 用希專福, 其感敬爲此類也. 將終之前, 王親執慰, 囑累遺法, 兼濟民斯, 爲說徵祥, 被于海曲.

以彼建福五十八年, 少覺不念, 經于七日, 遺誡淸切, 端坐終于所住皇隆寺中. 春秋九十有九, 卽唐貞觀四年也.〔宜云十四年〕當終之時, 寺東北虛中, 音樂滿空, 異香充院, 道俗悲慶, 知其靈感. 遂葬於郊外, 國給羽儀葬具, 同於王禮. 後有俗人兒胎死者, 彼土諺云, 當於有福人墓埋之, 種胤不絕, 乃私瘞於墳側, 當日震此胎屍, 擲于塋外, 由此不懷敬者, 率崇仰焉.

有弟子圓安, 神忘(志)機穎, 性希歷覽, 慕仰幽求. 遂北趣九(丸)都, 東觀不耐, 又西燕魏, 後展帝京. 備通方俗, 尋諸經論, 跨轢大綱, 洞淸纖旨. 晚歸心學, 高軌光塵. 初住京寺, 以道素有聞, 特進蕭瑀, 奏請住於藍田所造津梁寺, 四事供給, 無替六時矣. 安嘗叙光云, 本國王染患, 醫治不損, 請光入宮, 別省安置. 夜別二時爲說深法, 受戒懺悔, 王大信奉. 一時初夜, 王見光首, 金色晃然, 有象日輪, 隨身而至. 王后宮女同共觀之, 由是重發勝心, 克留疾所, 不久遂差, 光於辰韓馬韓之間, 盛通正法, 每歲再講, 匠成後學. 「賙施」之資, 竝充營寺, 餘惟衣鉢而已.〔載達函.〕

又東京安逸戶長貞孝家在古本殊異傳, 載圓光法師傳曰, 法師俗姓薛氏, 王京人也. 初爲僧學佛法, 年三十歲, 思靜居修道, 獨居三岐山. 後四年有一比丘來, 所居不遠, 別作蘭若, 居二年, 爲人强猛, 好修呪述(術). 法師夜獨坐誦經, 忽有神聲呼其名. 善哉善哉, 汝之修行, 凡修者雖衆, 如法者稀有. 今見隣有比丘, 徑修呪術而

無所得, 喧聲惱他靜念, 住處礙我行路, 每有去來, 幾發惡心. 法師爲我語告, 而使

移遷. 若久住者, 恐我忽作罪業. 明日法師往而告曰, 吾於昨夜有聽神言, 比丘可移

別處. 不然, 應有餘殃. 比丘對曰, 至行者爲魔所眩, 法師何憂狐鬼之言乎. 其夜神

又來曰, 向我告事, 比丘有何答乎, 法師恐神瞋怒而對曰, 終未了說, 若强語者, 何敢

不聽. 神曰, 吾已具聞, 法師何須補說, 但可默然, 見我所爲. 遂辭而去. 夜中有聲如

雷震, 明日視之, 山頹塡比丘所在蘭若. 神亦來曰, 師見如何, 法師對曰, 見甚驚懼.

神曰, 我歲幾於三千年, 神術最壯, 此是小事, 何足爲驚. 但復將來之事, 無所不知,

天下之事, 無所不達. 今思法師, 唯居此處, 雖有自利之行, 而無利他之功, 現在不揚

高名, 未來不取勝果. 盍採佛法於中國, 導群迷於東海. 對曰, 學道中國, 是本所願,

海陸迥阻, 不能自通而已. 神詳誘歸中國所行之計, 法師依其言歸中國. 留十一年,

博通三藏, 兼學儒術. 眞平王二十二年庚申,〔三國史云, 明年辛酉來〕師將理策東還,

乃隨中國朝聘使還國. 法師欲謝神, 至前住三岐山寺, 夜中神亦來呼其名曰, 海陸途

間, 往還如何, 對曰, 蒙神鴻恩, 平安到訖. 神曰, 吾亦授戒於神(師). 仍結生生相濟

之約. 又請曰, 神之眞容, 可得見耶, 神曰, 法師若欲見我形, 平旦可望東天之際. 法

師明日望之, 有大臂貫雲, 接於天際. 其夜神亦來曰, 法師見我臂耶, 對曰, 見已甚奇

絶異. 因此俗號臂長山. 神曰, 雖有此身, 不免無常之害. 故吾無月日, 捨身其嶺, 法

師來送長逝之魂. 待約日往看, 有一老狐黑如漆, 但吸吸無息, 俄然而死. 法師始自

中國來, 本朝君臣敬重爲師, 常講大乘經典. 此時高麗百濟, 常侵邊鄙, 王甚患之,

欲請兵於隋,〔宜作唐〕請法師作乞兵表. 皇帝見, 以三十萬兵, 親征高麗, 自此知法

師旁通儒術也. 享年八十四入寂, 葬明活城西.

又三國史列傳云, 賢士貴山者, 沙梁部人也, 與同里箒項爲友. 二人相謂曰, 我

等期與士君子遊, 而不先正心持身, 則恐不免招辱, 盍問道於賢者之側乎, 時聞圓光

法師入隋回, 寓止嘉瑟岬.〔或作加西, 又嘉栖, 皆方言也. 岬, 俗云, 古尸, 故或云, 古

尸寺, 猶言岬寺也. 今雲門寺東九千步許, 有加西峴, 或云, 嘉瑟峴, 峴之北洞有寺

基是也.〕二人詣門進告昌(日), 俗士顓蒙, 無所知識, 願賜一言, 以爲終身之誡. 光曰, 佛教有菩薩戒, 其別有十, 若等爲人臣子, 恐不能堪. 今有世俗五戒, 一曰事君以忠, 二曰事親以孝, 三曰交友有信, 四曰臨戰無退, 五曰殺生有擇, 若「等」行之無忽. 貴山等曰, 他則旣受命矣, 所謂殺生有擇, 特未曉也. 光曰, 六齋日(日)春夏月不殺, 是擇時也. 不殺使畜, 謂馬牛雞犬, 不殺細物, 謂肉不足一臠, 是擇物也. 此亦唯其所用, 不求多殺. 此是世俗之善戒也. 貴山等曰, 自今以後, 奉以周旋, 不敢失墜. 後二人從軍事, 皆有奇功於國家. 又建福三十年癸酉,〔卽眞平王卽位三十五年也〕秋, 隋使王世儀至, 於皇龍寺設百座道場, 請諸高德說經, 光最居上首.

議曰, 原宗興法已來, 津梁始置, 而未遑堂奧. 故宜以歸戒滅懺之法, 開曉愚迷, 故光於所住嘉栖岬, 置占察寶, 以爲恒規. 時有檀越尼, 納田於占察寶, 今東平郡之田一百結是也, 古籍猶存. 光性好虛靜, 言常含笑, 形無慍色. 年臘旣邁, 乘輿入內, 當時群彦, 德義攸屬, 無敢出其右者, 文藻之贍, 一隅所傾. 年八十餘, 卒於貞觀間, 浮圖在三岐山金谷寺,〔今安康之西南洞也, 亦明活之西也.〕唐傳云, 告寂皇隆寺, 未詳其地, 疑皇龍之訛也, 如芬皇作王芬寺之例也. 據如上唐鄕二傳之文, 但姓氏之朴薛, 出家之東西, 如二人焉, 不敢詳定, 故兩存之. 然彼諸傳記, 皆無鵲岬璃目與雲門之事, 而鄕人金陟明, 謬以街巷之說, 潤文作光師傳, 濫記雲門開山祖寶壤師之事迹, 合爲一傳. 後撰海東僧傳者, 承誤而錄之, 故時人多惑之. 因辨於此, 不加減一字, 載二傳之文詳矣. 陳隋之世, 海東人鮮有航海問道者, 設有, 猶未大振, 及光之後, 繼踵西學者憧憧焉, 光乃啓途矣. 讚曰, 航海初穿漢地雲, 幾人來往挹淸芬. 昔年蹤迹靑山在, 金谷嘉西事可聞.

寶壤 梨木

釋寶壤傳, 不載鄕井氏族. 謹按淸道郡司籍載, 天福八年癸酉(卯)〔太祖卽位,第二十六年也.〕正月日, 清道郡界里審使順英, 大乃末水文等, 柱貼公文, 雲門山禪院長生, 南阿尼岾, 東嘉西峴,〔云云〕同藪三剛(綱)典主人寶壤和尙, 院主玄會長老, 貞(典)座玄兩上座, 直歲信元禪師.〔右公文, 淸道郡, 都田帳傳准〕又開運三年丙辰, 雲門山禪院長生標塔公文一道, 長生十一, 阿尼岾, 嘉西峴, 畝峴, 西北買峴,〔一作面知村〕, 北猪足門等. 又庚寅年, 晉陽府貼, 五道按察使, 各道禪敎寺院, 始創年月形止, 審檢成籍時, 差使員東京掌書記李僐審檢記載. 正豊六年辛巳〔大金年號, 本朝毅宗卽位十六年也〕九月, 郡中古籍裨補記, 准淸道郡前副戶長禦侮副尉李則楨戶在右(古)人消息及諺傳記載, 致仕上戶長金亮辛, 致仕戶長旻育, 戶長同正尹應前, 其人珍奇等, 與時上戶長用成等言語, 時太守李思老, 戶長亮辛年八十九, 餘輩皆七十已上, 用成年六十已上.〔云云次不准〕. 羅代已來, 當郡寺院, 鵲岬已下中小寺院, 三韓亂亡間, 大鵲岬, 小鵲岬, 所寶岬, 天門岬, 嘉西岬等五岬, 皆亡壞, 五岬柱合在大鵲岬.

祖師知識,〔上文云寶壤〕大國傳法來還, 次西海中, 龍邀入宮中念經, 施金羅袈裟一領, 兼施一子璃目, 爲侍奉而追之. 囑曰, 于時三國擾動, 未有歸依佛法之君主, 若與吾子歸本國鵲岬, 創寺而居, 可以避賊, 抑亦不數年內, 必有護法賢君, 出定三國矣. 言訖相別而來還, 及至玆洞, 忽有老僧, 自稱圓光, 抱印櫃而出, 授之而沒.〔按圓光以陳末入中國, 開皇間東還, 住嘉西岬, 而沒於皇隆, 計至淸泰之初, 無慮三百年矣. 今悲嘆諸岬皆廢, 而喜見壤來而將興, 故告之爾〕於是壤師, 將興廢寺, 而登北嶺望之, 庭有五層黃塔. 下來尋之則無跡, 再陟望之, 有群鵲啄地. 乃思海龍鵲岬之言, 尋掘之, 果有遺塼無數. 聚而蘊崇之, 塔成而無遺塼, 知是前代伽藍墟也. 畢創寺而住焉, 因名鵲岬寺. 未幾太祖統一三國, 聞師至此創院而居, 乃合五岬田束五百結納寺.

以淸泰四年丁酉, 賜額曰雲門禪寺, 以奉袈裟之靈蔭, 璃目常在寺側小潭, 陰騭法化, 忽一年元(亢)旱, 田蔬焦槁, 壤勅璃目行雨, 一境告足. 天帝將誅不識(職), 璃目告急於師, 師藏於床下. 俄有天使到庭, 請出璃目, 師指庭前梨木, 乃震之而上天. 梨木萎摧, 龍撫之卽蘇.〔一云師呪之而生〕其木近年倒地, 有人作楗椎, 安置善法堂及食堂, 其椎柄有銘.

初師入唐廻, 先止于推火之奉聖寺. 適太祖東征, 至清道境, 山賊嘯聚于犬城,〔有山岑臨水峭立, 今俗惡其名, 改云犬城〕驕傲不格. 太祖至于山下, 問師以易制之述(術), 師答曰, 夫犬之爲物, 司夜而不司畫, 守前而忘其後, 宜以畫擊其北.「太祖從之, 果敗降. 太祖嘉乃神謀, 歲給近縣租五十碩, 以供香火. 是以寺安二聖眞容, 因名奉聖寺, 後遷至鵠岬, 而大創終焉. 師之行狀, 古傳不載, 諺云, 與石崛備虛師〔一作毗虛〕爲昆弟, 奉聖·石崛·雲門三寺, 連峰櫛比, 交相往還爾. 後人改作新羅異傳, 濫記鵲塔璃目之事于圓光傳中, 系犬城事於毗虛傳, 旣謬矣. 又作海東僧傳者, 從而潤文, 使寶壤無傳, 而疑誤後人, 誣妄幾何.

良志使錫

釋良志, 未詳祖考鄉邑, 唯現迹於善德王朝. 錫杖頭掛一布帒, 錫自飛至檀越家. 振拂而鳴, 戶知之納齋費, 帒滿則飛還. 故名其所住曰錫杖寺.

其神異莫測, 皆類此. 旁通雜譽(藝), 神妙絶比. 又善筆札, 靈廟丈六三尊·天王像, 幷殿塔之瓦·天王寺塔下八部神將·法林寺主佛三尊·左右金剛神等, 皆所塑也. 書靈妙·法林二寺額, 又嘗彫造一小塔, 幷造三千佛, 安其塔置於寺中, 致敬焉. 其塑靈妙之丈六也, 自入定, 以正受所對, 爲揉式, 故傾城士女, 爭運泥土. 風謠云, 來如來如來如, 來如哀反多羅, 哀反多矣徒良, 功德修叱如良來如, 至今土人春相役作皆用之, 蓋始于此. 像「初成之費, 入穀二萬三千七百碩.〔或云改金時祖(租).〕議曰, 師可謂才全德充, 而以大方隱於末技者也. 讚曰, 齋罷堂前錫杖閑, 靜裝爐鴨自焚檀. 殘經讀了無餘事, 聊塑圓容合掌看.

歸竺諸師

廣函求法高僧傳云, 釋阿離那,〔一作耶〕跋摩〔一作磨〕新羅人也. 初希正敎, 早入中華, 思覲聖蹤, 勇銳彌增, 以貞觀年中, 離長安到五天. 住那蘭陀寺, 多閱律論, 抄寫貝莢, 痛矣歸心, 所期不遂, 忽於寺中無常, 齡七十餘.

繼此有惠業, 玄泰, 求本, 玄恪, 惠輪, 玄遊, 復有二亡名法師等, 皆忘身順法, 觀化中天. 而或夭於中途, 或生存住彼寺者, 竟未有能復雞貴與唐室者. 唯玄泰師, 克返歸唐, 亦莫知所終. 天竺人呼海東云, 矩矩吒䃜說羅, 矩矩吒言雞也, 䃜說羅言貴也. 彼土相傳云, 其國敬雞神而取尊, 故戴翎羽而表飾也. 讚曰, 天竺天遙萬疊山, 可憐遊士力登攀. 幾回月送孤帆去, 未見雲隨一杖還.

二惠同塵

釋惠宿, 沈光於好世郎徒, 郎旣讓名黃卷, 師亦隱居赤善村〔今安康縣有赤谷村〕二十餘年. 時國仙瞿旵公, 嘗往其郊縱獵. 一日, 宿出於道左, 攬轡而請曰, 庸僧亦願隨從, 可乎, 公許之. 於是縱橫馳突, 裸袒相先, 公旣悅. 及休勞坐, 數炮烹相餉, 宿亦與啖嚼, 略無忤色. 旣而進於前曰, 今有美鮮於此, 益薦之何, 公曰, 善, 宿屛人割其股, 寘盤以薦, 衣血淋漓. 公愕然曰, 何至此耶, 宿曰, 始吾謂公仁人也, 能恕己通物也, 故從之爾. 今察公所好, 唯殺戮之耽篤, 害彼自養而已, 豈仁人君子之所爲, 非吾徒也. 遂拂衣而行. 公大慚, 視其所食, 盤中鮮胾不滅, 公甚異之, 歸奏於朝. 眞平王聞之, 遣使徵迎, 宿示臥婦床而寢. 中使陋焉, 返行七八里, 逢師於途. 問其所從來, 曰, 城中檀越家, 赴七日齋, 席罷而來矣. 中使以其語達於上, 又遣人檢檀越家, 其事亦實. 未幾宿忽死, 村人轝葬於耳峴〔一作硼峴〕東. 其村人有自峴西來者, 逢宿於途中, 問其何往, 曰, 久居此地, 欲遊他方爾. 相揖而別. 行半許里, 躡雲而逝. 其人至峴東, 見葬者未散, 具說其由, 開塚視之, 唯芒鞋一隻而已. 今安康縣之北, 有寺名惠宿, 乃其所居云, 亦有浮圖焉.

釋惠空, 天眞公之家傭嫗之子, 小名憂助,〔蓋方言也.〕公嘗患瘡濱於死, 而候慰塡街. 憂助年七歲, 謂其母曰, 家有何事, 賓客之多也, 母曰, 家公發惡疾將死矣, 爾何不知, 助曰, 吾能右之. 母異其言, 告於公. 公使喚來, 至坐床下, 無一語, 須臾瘡潰. 公謂偶爾, 不甚異之. 旣壯, 爲公養鷹, 甚愜公意, 初公之弟, 有得官赴外者, 請公之選鷹歸治所. 一夕公忽憶其鷹, 明晨擬遣助取之, 助已先知之, 俄頃取鷹, 昧爽獻之. 公大驚悟, 方知昔日救瘡之事, 皆叵(叵)側(測)也. 謂曰, 僕不知至聖之托吾家, 狂言非禮汚辱之, 厥罪何雪, 而後乃今願爲導師導我也. 遂下拜. 靈異旣著, 遂出家爲僧, 易名惠空. 常住一小寺, 每猖狂大醉, 負簣歌舞於街巷, 號負簣和尙, 所居寺因名夫蓋寺, 乃簣之鄕言也. 每入寺之井中, 數月不出, 因以師名, 名其井. 每出有碧衣神童先湧, 故寺僧以此爲候, 旣出, 衣裳不濕.

晚年移止恒沙寺.〔今迎日縣吾魚寺. 諺云, 恒沙人出世, 故名恒沙洞.〕時元曉撰諸經疏, 每就師質疑, 或相調戲. 一日二公, 沿溪掇魚蝦而啖之, 放便於石上, 公指之戲曰, 汝屎吾魚. 故因名吾魚寺. 或人以此爲曉師之語, 濫也. 鄕俗訛呼其溪, 曰芼矣川. 瞿旵公嘗遊山, 見公死僵於山路中, 其屍膖脹, 爛生虫蛆, 悲嘆久之, 及廻轡入城, 見公大醉歌舞於市中. 又一日將草索絢, 入靈妙寺, 圍結於金堂, 與左右經樓及南門廊廡, 告剛司, 此索須三日後取之, 剛司異焉而從之, 果三日善德王駕幸入寺, 志鬼心火出燒其塔, 唯結索處獲免. 又神印祖師明朗, 新創金剛寺, 設落成會, 龍象畢集, 唯師不赴, 朗卽焚香虔禱, 小(少)選公至. 時方大雨, 衣袴不濕, 足不沾泥. 謂明朗曰, 辱召懃懃, 故玆來矣. 靈迹頗多, 及終, 浮空告寂, 舍利莫知其數. 嘗見肇論曰, 是吾昔所撰也. 乃知僧肇之後有也. 讚曰, 草原縱獵床頭臥, 酒肆狂歌井底眠. 隻履浮空何處去, 一雙珍重火中蓮.

慈藏定律

大德慈藏, 金氏, 本辰韓眞骨蘇判〔三級爵名〕茂林之子. 其父歷官淸要, 絶無後胤, 乃歸心三寶, 造于千部觀音, 希生一息, 祝曰, 若生男子, 捨作法海津梁. 母忽夢星墜入懷, 因有娠. 及誕, 與釋尊同日, 名善宗郞. 神志澄睿, 文思日贍, 而無染世趣. 早喪二親, 轉厭塵譁, 捐妻息, 捨田園爲元寧寺. 獨處幽險, 不避狼虎. 修枯骨觀, 微或倦弊, 乃作小室, 周障荊棘, 裸坐其中, 動輒箴刺, 頭懸在梁, 以祛昏暝.

適台輔有闕, 門閥當議, 累徵不赴. 王乃勅曰, 不就斬之. 藏聞之曰, 吾寧一日持戒而死, 不願百年破戒而生. 事聞, 上許令出家. 乃深隱岩叢, 粮粒不恤, 時有異禽, 含菓來供, 就手而喰. 俄夢天人來授五戒, 方始出谷, 鄕邑士女, 爭來受戒.

藏自嘆邊生, 西希大化. 以仁平三年丙申歲,〔卽貞觀十年也.〕受勅, 與門人僧實等十餘輩, 西入唐, 謁淸涼山. 山有曼殊大聖塑相, 彼國相傳云, 帝釋天將工來彫也. 藏於像前, 禱祈冥感, 夢像摩頂授梵偈, 覺而未解. 及旦有異僧來釋云,〔已出皇龍塔篇〕又曰, 雖學萬敎, 未有過此. 又以袈裟舍利等付之而滅〔藏公初匿之, 故唐僧傳不載〕. 藏知已蒙聖茹, 乃下北臺, 抵太和池. 入京師, 太宗勅使慰撫, 安置勝光別院, 寵賜頗厚. 藏嫌其繁擁, 啓表入終南雲際寺之東崿. 架嵓爲室, 居三年, 人神受戒, 靈應日錯, 辭煩不載. 旣而再入京, 又蒙勅慰, 賜絹二百疋, 用資衣費.

貞觀十七年癸卯, 本國善德王上表乞還, 詔許引入宮, 賜絹一領, 雜綵五百端, 東宮亦賜二百端, 又多禮貺. 藏以本朝經像未充, 乞齎藏經一部, 泊諸幡幢花蓋, 堪爲福利者, 皆載之. 旣至, 泊擧國欣迎, 命住芬皇寺.〔唐傳作王芬〕給侍稠渥. 一夏請至宮中講大乘論, 又於皇龍寺, 演菩薩戒本七日七夜, 天降甘澍, 雲霧暗靄, 覆所講堂, 四衆咸服其異.

朝廷議曰, 佛敎東漸, 雖百千齡, 其於住持修奉, 軌儀闕如也, 非夫綱理, 無以肅淸. 啓勅藏爲大國統, 凡僧尼一切規猷, 摠委僧統主之〔按北齊天寶(保)中, 國置十統, 有司卷(奏)宜甄異之, 於是宣帝以法上法師爲大統, 餘爲通統. 又梁陳之間,有國統·州統·國都·州都·僧都·僧正·都維乃等名. 摠屬昭玄曺, 曺卽領僧尼官名. 唐初又有十大德之盛. 新羅眞興王十一年庚午, 以安藏法師爲大書省一人, 又有小書省二人, 明年辛未, 以高麗惠亮法師爲國統, 亦云寺主, 寶良法師爲大都維那一人, 及州統九人, 郡統十八人等. 至藏更置大國統一人, 蓋非常職也. 亦猶夫禮郎爲大角干, 金庾信太大角干. 後至元聖大王元年, 又置僧官, 名政法典, 以大舍一人史二人爲司, 揀僧中有才行者衆(爲)之, 有故卽替, 無定年限. 故今紫衣之徒, 亦律寺(宗)之別也. 鄉傳云, 藏入唐, 太宗迎至式乾殿, 請講華嚴, 天降甘露, 開爲國師云者妄矣. 唐傳與國史皆無文〕. 藏値斯嘉會, 勇激弘通. 令僧尼五部各增舊學, 半月說戒, 冬春摠試, 令知持犯, 置員管維持之. 又遣巡使, 歷檢外寺, 誡礪僧失, 嚴飾經像, 爲恒式, 一代護法, 於斯盛矣. 如夫子自衛返魯, 樂正, 雅頌各得其宜.

當此之際, 國中之人, 受戒奉佛, 十室八九, 祝髮請度, 歲月增至. 乃創通度寺, 築戒壇, 以度四來, 〔戒壇事已出上〕又改營生緣里第元寧寺, 設落成會, 講雜花萬偈, 感五十二女, 現身證聽, 使門人植樹如其數, 以旌厥異, 因號知識樹. 嘗以邦國服章不同諸夏, 擧議於朝, 簽允曰臧, 乃以眞德王三年己酉, 始服中朝衣冠, 明年庚戌, 又奉正朔, 始行永徽號, 自後每有朝覲, 列在上蕃, 藏之功也.

暮年謝辭京輦, 於江陵郡, 〔今溟州也〕創水多寺居焉, 復夢異僧, 狀北臺所見, 來告曰, 明日見汝於大松汀. 驚悸而起, 早行至松汀, 果感文殊來格, 諮詢法要, 乃曰, 重期於太伯葛蟠地. 遂隱不現, 〔松汀至今不生荊刺, 亦不棲鷹鸇之類云〕藏往太伯山尋之, 見巨蟒蟠結樹下, 謂侍者曰, 此所謂葛蟠地. 乃創石南院〔今淨岩寺〕以候聖降. 粤有老居士, 方袍襤縷, 荷葛簣, 盛死狗兒來, 謂侍者曰, 欲見慈藏來爾. 門者曰, 自奉巾箒, 未見忤犯吾師諱者, 汝何人, 斯爾狂言乎, 居士曰, 但告汝師, 遂入告, 藏不之覺曰, 殆狂者耶, 門人出詬逐之, 居士曰, 歸歟歸歟 有我相者, 焉得見我, 乃倒簣拂之, 狗變爲師子寶座, 陞坐放光而去. 藏聞之, 方具威儀, 尋光而趨, 登南嶺已, 杳然不及, 遂殞身而卒, 茶毗安骨於石穴中. 凡藏之締構寺塔, 十有餘所, 每一興造, 必有異祥, 故蒲塞供壝市, 不日而成. 藏之道具布襪, 幷太和龍所獻木鴨枕, 與釋尊由(田)衣等, 合在通度寺. 又巘陽縣〔今彦陽〕有鴨遊寺, 枕鴨嘗遊此現異, 故名之. 又有釋圓勝者, 先藏西學, 而同還桑梓, 助弘律部云. 讚曰, 曾向淸凉夢破廻, 七篇三聚一時開. 欲令緇素衣慚愧, 東國衣冠上國裁.

元曉不羈

聖師元曉, 俗姓薛氏. 祖仍皮公, 亦云赤大公. 今赤大淵側, 有仍皮公廟. 父談捺乃末. 初示生于押梁郡南〔今章山郡〕佛地村北, 栗谷娑羅樹下. 村名佛地, 或作發智村.〔俚云弗等乙村〕娑羅樹者, 諺云, 師之家, 本住此谷西南. 母旣娠而月滿, 適過此谷栗樹下, 忽分産, 而倉皇不能歸家, 且以夫衣掛樹, 而寢處其中, 因號樹曰娑羅樹. 其樹之實, 亦異於常, 至今稱娑羅栗. 古傳, 昔有主寺者, 給寺奴一人, 一夕饌栗二枚, 奴訟于官. 官吏怪之, 取栗檢之, 一枚盈一鉢, 乃反自判給一枚. 故因名栗谷. 師旣出家, 捨其宅爲寺, 名初開. 樹之旁置寺, 曰娑羅. 師之行狀云, 是京師人, 從祖考也. 唐僧傳云, 本下湘州之人. 按麟德二年間, 文武王割上州下州之地, 置歃良州, 則下州乃今之昌寧郡也. 押梁郡本下州之屬縣. 上州則今尙州, 亦作湘州也. 佛地村今屬慈仁縣, 則乃押梁之所分開也. 師生, 小名誓幢, 第名新幢.〔幢者, 俗云毛也.〕初母夢流星入懷, 因而有娠. 及將産, 有五色雲覆地, 眞平王三十九年, 大業十三年丁丑歲也.

生而穎異, 學不從師. 其遊方始末, 弘通茂跡, 具載唐傳與行狀, 不可具載, 唯鄉傳所記, 有一二段異事. 師嘗一日, 風顚唱街云, 誰許沒柯斧, 我斫支天柱. 人皆未喩. 時太宗聞之曰, 此師殆欲得貴婦産賢子之謂爾. 國有大賢, 利莫大焉. 時瑤石宮, 〔今學院是也.〕有寡公主, 勅宮吏覓曉引入. 宮吏奉勅將求之, 已自南山來過蚊川橋, 〔沙川, 俗云年(牟)川, 又蚊川, 又橋名楡橋也.〕遇之, 佯墮水中濕衣袴. 吏引師於宮,褫衣曬晲, 因留宿焉. 公主果有娠, 生薛聰. 聰生而睿敏, 博通經史, 新羅十賢中一也. 以方音通會華夷方俗物名, 訓解六經文學, 至今海東業明經者, 傳受不絶.

曉旣失戒生聰, 已後易俗服, 自號小姓居士. 偶得優人舞弄大瓠, 其狀瑰奇. 因其形製爲道具, 以華嚴經一切無㝵人, 一道出生死, 命名曰無㝵, 仍作歌流于世. 嘗持此, 千村萬落, 且歌且舞, 化詠而歸, 使桑樞瓮牖玃猴之輩, 皆識佛陀之號, 咸作南無之稱, 曉之化大矣哉. 其生緣之村名佛地, 寺名初開, 自稱元曉者, 蓋初輝佛日之意爾. 元曉亦是方言也, 當時人, 皆以鄕言稱之始旦(旦)也. 曾住芬皇寺, 纂華嚴疏, 至第四十廻向品, 終乃絶筆. 又嘗因訟, 分軀於百松, 故皆謂位階初地矣. 亦因海龍之誘, 承詔於路上, 撰三昧經疏, 置筆硯於牛之兩角工(上), 因謂之角乘, 亦表本始二覺之微旨也. 大安法師排來而粘紙, 亦知音唱和也. 旣入寂, 聰碎遺骸, 塑眞容, 安芬皇寺, 以表敬慕終天之志. 聰時旁禮, 像忽廻顧, 至今猶顧矣. 曉嘗所居穴寺旁, 有聰家之墟云. 讚曰, 角乘初開三昧軸, 舞壺終掛萬街風. 月明瑤石春眠去, 門掩芬皇顧影空. 廻顧至.〔衍文〕

義湘傳敎

法師義湘, 考曰韓信, 金氏. 年二十九, 依京師皇福寺落髮. 未幾西圖觀化, 遂與元曉道出遼東邊, 戍邏之爲諜者, 囚閉者累旬, 僅免而還.〔事在崔侯本傳及曉師行狀等.〕

永徽初, 會唐使舡有西還者, 寓載入中國. 初止揚州, 州將劉至仁, 請留衙內, 供養豊贍. 尋往終南山至相寺, 謁智儼. 儼前夕夢一大樹生海東, 枝葉溥布, 來蔭神州, 上有鳳巢, 登視之, 有一摩尼寶珠, 光明屬遠. 覺而驚異, 洒掃而待, 湘乃至. 殊禮迎際, 從容謂曰, 吾昨者之夢, 子來投我之兆. 許爲入室, 雜花妙旨, 剖析幽微, 儼喜逢郢質, 克發新致, 可謂鉤深索隱, 藍茜沮本色.

旣而本國承(丞)相金欽純, 一作仁問, 良圖等, 往囚於唐, 高宗將大擧東征, 欽純等密遣湘, 誘而先之, 以咸享元年庚午還國. 聞事於朝, 命神印大德明朗, 假設密壇法禳之, 國乃免.

儀鳳元年, 湘歸太伯山, 奉朝旨創浮石寺, 敷敵大乘, 靈感頗著. 終南門人賢首撰搜玄疏, 送副本於湘處, 幷奉書懃懇曰, 西京崇福寺僧法藏, 致書於海東新羅華嚴法師侍者. 一從分別, 二十餘年, 傾望之誠, 豈離心首. 加以烟雲萬里, 海陸千重, 恨此一身, 不復再面, 抱懷戀戀, 夫何可言. 故由夙世同因, 今生同業, 得於此報, 俱沐大經, 特蒙先師, 授玆奧典. 仰承上人歸鄉之後, 開演華嚴, 宣揚法界無盡緣起, 重重帝網, 新新佛國, 利益弘廣, 喜躍增深. 是知如來滅後, 光輝佛日. 再轉法輪, 令法久住者, 其唯法師矣. 藏進趣無成, 周旋寡況, 仰念玆典, 愧荷先師, 隨分受持, 不能捨離, 希憑此業, 用結來因. 但以和尙章疏, 義豊文簡, 致令後人多難趣入, 是以錄和尙微言妙旨, 勒成義記. 近因勝詮法師抄寫還鄉, 傳之彼土, 請上人詳檢臧否, 幸示箴誨, 伏願當當來世, 捨身受身, 相與同於盧舍那, 聽受如此無盡妙法, 修行如此無量普賢願行. 儻餘惡業, 一朝顛墜, 伏希上人不遺宿昔, 在諸趣中, 示以正道. 人信之次, 時訪存沒. 不具.〔文載大文類〕

湘乃令十刹傳敎, 太伯山浮石寺, 原州毗摩羅, 伽耶之海印, 毗瑟之玉泉, 金井之梵魚, 南嶽華嚴寺等是也. 又著法界圖書印, 幷略疏, 括盡一乘樞要, 千載龜鏡, 竸所珍佩. 餘無撰述, 嘗鼎味一臠足矣. 圖成, 總章元年戊辰, 是年儼亦歸寂, 如孔氏之絶筆於獲麟矣. 世傳湘乃金山寶蓋之幻有也. 徒弟悟眞, 智通, 表訓, 眞定, 眞藏, 道融, 良圓, 相源, 能仁, 義寂等十大德爲領首, 皆亞聖也, 各有傳. 眞嘗處下柯山鶻嵓寺, 每夜伸臂, 點浮石室燈, 通著錐洞記, 蓋承親訓, 故辭多詣妙, 訓曾住佛國寺, 常往來天宮. 湘住皇福寺時, 與徒衆繞塔, 每步虛而工(上), 不以階升. 故其塔不設梯磴. 其徒離階三尺, 履空而旋, 湘乃顧謂曰, 世人見此, 必以爲怪, 不可以訓世. 餘如崔侯所撰本傳. 讚曰, 披榛跨海冒烟塵, 至相門開接瑞珍. 采采雜花我(栽)

故國, 終南太伯一般春.

蛇福不言

京師萬善北里, 有寡女, 不夫而孕, 旣産. 年至十二歲, 不語亦不起, 因號蛇童.〔下或作蛇卜, 又巴又伏等, 皆言童也.〕一日其母死, 時元曉, 住高仙寺, 曉見之迎禮, 福不答拜而曰, 君我昔日駄經牸牛, 今已亡矣, 偕葬何如, 曉曰, 諾. 遂與到家, 令曉布薩授戒, 臨尸祝曰, 莫生兮其死也苦, 莫死兮其生也苦. 福曰, 詞煩. 更之曰, 死生苦兮. 二公轝歸活里山東麓. 曉曰, 葬智惠虎於智惠林中, 不亦宜乎, 福乃作偈曰, 往昔釋迦牟尼佛, 娑羅樹間入涅槃. 于今亦有如彼者, 欲入蓮花藏界寬. 言訖拔茅莖, 下有世界, 晃朗清虛, 七寶欄楯, 樓閣莊嚴, 殆非人間世. 福負尸共入, 其地奄然而合. 曉乃還.

後人爲創寺於金剛山東南, 額曰道場寺, 每年三月十四日, 行占察會爲恒規. 福之應世, 唯示此爾, 俚諺多以荒唐之說托焉, 可笑. 讚曰, 淵默龍眠豈等閑, 臨行一曲沒多般. 苦兮生死元非苦, 華藏浮休世界寬.

眞表傳簡

釋眞表, 完山州〔今全州牧〕萬頃縣人,〔或作豆乃山縣, 或作「都」那山縣, 今萬頃, 古名豆(豆)乃山縣也. 貫寧傳釋「表」之鄉里, 云金山縣人, 以寺名及縣名混之也.〕父曰眞乃末, 母吉寶娘, 姓井氏.

年至十二歲, 投金山寺崇濟法師講下, 落彩請業. 其師嘗謂曰, 吾曾入唐, 受業於善道(導)三藏, 然後入五臺, 感文殊菩薩, 現受五戒. 表啓曰, 勤修幾何得戒耶, 濟曰, 精至則不過一年. 表聞師之言, 遍遊名岳, 止錫仙溪山不思議庵, 該鍊三業,以亡身懺「悔得戒」. 初以七宵爲期, 五輪撲石, 膝腕俱碎, 雨血嵓崖, 若無聖應, 決志捐捨, 更期七日. 二七日終見地藏菩薩現受淨戒, 卽開元二十八年庚辰三月十五日辰時也, 時齡二十餘三矣. 然志存慈氏, 故不敢中止, 乃移靈山寺,〔一名邊山, 又楞伽山〕又懃勇如初. 果感彌力現授占察經兩卷,〔此經乃陳隋間外國所譯, 非今始出也, 慈氏以經授之耳〕幷證果簡子一百八十九介, 謂曰, 於中第八簡子, 喩新得妙戒, 第九簡子, 喩增得具戒. 斯二簡子, 是我手指骨, 餘皆沈檀木造, 喩諸煩惱. 汝以此傳法於世, 作濟人津筏.

表旣受聖莂, 來住金山. 每歲開壇, 恢張法施, 壇席精嚴, 末季未之有也. 風化旣周, 遊涉到阿瑟羅州. 島嶼間魚鼈成橋, 迎入水中, 講法受戒. 卽天寶十一載壬辰二月望日也. 或本云元和六年, 誤矣. 元和在憲德王代,〔去聖德幾七十年矣〕

景德王聞之, 迎入宮闥, 受菩薩戒, 嚫租七萬七千石, 椒庭列岳, 皆受戒品, 施絹五百端, 黃金五十兩. 皆容受之, 分施諸山, 廣興佛事. 其骨石今在鉢淵寺, 卽爲海族演戒之地.

得法之袖領, 曰永深, 寶宗, 信芳, 體珍, 珍海, 眞善, 釋忠等, 皆爲山門祖. 深則眞傳簡子, 住俗離山, 爲克家子. 作壇之法, 與占察六輪稍異, 修如山中所傳本規.

按唐僧傳云, 開皇十三年, 廣州有僧行懺法, 以皮作帖子二枚, 書善惡兩字, 令人擲之, 得善者吉. 又行自撲懺法, 以爲滅罪, 而男女合匝, 妄承密行, 靑州接響, 同行官司檢察, 謂是妖妄, 彼云, 此搭懺法, 依占察經, 撲懺法依諸經中. 五體投地, 如大山崩. 時以奏聞, 乃勅內史侍郎李元撰, 就大興寺, 問諸大德, 有大沙門法經·彦琮等, 對曰, 占察經見有兩卷, 首題菩提登(燈)在外國譯文, 似近代所出, 亦有寫而傳者, 檢勘群錄, 竝無正名譯人時處, 搭懺與衆經復異, 不可依行. 因勅禁之.

今試論之, 靑州居士等搭懺等事, 如大儒以詩書發塚, 可謂畫虎不成, 類狗者矣, 佛所預防, 正爲此爾. 若曰占察經, 無譯人時處, 爲可疑也, 是亦擔麻棄金也. 何則, 詳彼經文, 乃悉壇深密, 洗滌穢瑕, 激昂懶夫者, 莫如玆典, 故亦名大乘懺, 又云出六根聚中. 開元貞元二釋教錄中, 編入正藏, 雖外乎性宗, 其相教大乘, 殆亦優矣, 豈與搭撲二懺, 同日而語哉. 如舍利佛問經, 佛告長者子邠若多羅曰, 汝可七日七夜, 悔汝先罪, 皆使淸淨. 多羅奉教, 日夜懇惻, 至第五夕, 於其室中, 雨種種物, 若巾若杷若拂箒若刀錐斧等, 墮其目前, 多羅歡喜, 問於佛, 佛言, 是離塵之相, 割拂之物也. 據此, 則與占察經擲輪得相之事, 奚以異哉, 乃知表公翹懺得簡, 聞法見佛, 可謂不誣. 況此經若僞妄, 則慈氏何以親授表師. 又此經如可禁, 舍利問經亦可禁乎, 琮輩可謂攫金不見人, 讀者詳焉. 讚曰, 現身澆季激慵聾, 靈岳仙溪感應通. 莫謂翹勤傳搭懺, 作橋東海化魚龍.

關東楓岳鉢淵藪石記〔此記乃寺主瑩岑所撰, 承安四年己未立石〕

眞表律師, 全州碧骨郡都那山村大井里人也. 年至十二. 志求出家, 父許之. 師往金山藪順濟法師處零染. 濟授沙彌戒法傳教供養次第秘法一卷, 占察善惡業報經二卷曰, 汝持此戒法, 於彌勒地藏兩聖前, 懇求懺悔, 親受戒法, 流傳於世. 師奉教辭退, 遍歷名山, 年已二十七歲. 於上元元年庚子, 蒸二十斗米, 乃乾爲粮, 詣保安縣, 入邊山不思議房, 以五合米, 爲一日費, 除一合米養鼠. 師勤求戒法於彌勒像前, 三年而未得授記. 發憤捨身嵓下, 忽有靑衣童, 手捧而置石上. 師更發志願, 約三七日, 日夜勤修, 扣石懺悔, 至三日手臂折落. 至七日夜, 地藏菩薩, 手搖金錫, 來爲加持, 手臂如舊. 菩薩遂與袈裟及鉢, 師感其靈應, 倍加精進. 滿三七日, 卽得天眼, 見兜率天衆來儀之相. 於是地藏慈氏現前, 慈氏磨(摩)師頂曰, 善哉, 大丈夫, 求戒如是, 不惜身命, 懇求懺悔. 地藏授與戒本, 慈氏復與二桂. 一題曰九者, 一題八者, 告師曰, 此二簡子者, 是吾手指骨, 此喩始本二覺. 又九者法爾, 八者新熏成佛種子, 以此當知果報. 汝捨此身, 受大國王身, 後生於兜率. 如是語已, 兩聖卽隱. 時壬寅四月二十七日也.

師受教法已, 欲創金山寺, 下山而來. 至大淵津, 忽有龍王, 出獻玉袈裟, 將八
萬眷屬, 侍往金山藪, 四方子來, 不日成之. 復感慈氏, 從兜率駕雲而下, 與師受戒
法, 師勸檀緣, 鑄成彌勒丈六像, 復畵下降受戒威儀之相於金堂南壁. 「像」於甲辰六
月九日鑄成. 丙午五月一日, 安置金堂, 是歲大曆元年也. 師出金山, 向俗離山, 路逢
駕牛乘車者, 其牛等向師前, 跪膝而泣. 乘車人下問, 何故此牛等, 見和尙泣耶, 和尙
從何而來, 師曰, 我是金山藪眞表僧, 予曾入邊山不思議房, 於彌勒地藏兩聖前, 親
受戒法眞牲, 欲覓創寺鎭長修道之處, 故來爾. 此牛等外愚內明, 知我受戒法, 爲重
法故, 跪膝而泣. 其人聞已, 乃曰, 畜生尙有如是信心, 況我爲人, 豈無心乎, 卽以手
執鎌, 自斷頭髮. 師以悲心, 更爲祝髮受戒. 行至俗離山洞裏, 見吉祥草所生處而識
之, 還向溟州海邊, 徐行次, 有魚鼈黿鼉等類, 出海向師前, 綴身如陸, 師踏而入海,
唱念戒法還出. 行至高城郡, 入皆骨山, 始創鉢淵藪, 開占察法會. 住七年, 時溟州
界, 年穀不登, 人民飢饉. 師爲說戒法, 人人奉持, 致敬三寶. 俄於高城海邊, 有無數
魚類, 自死而出, 人民賣此爲食, 得免死. 師出鉢淵, 復到不思議房, 然後往詣家邑
謁父, 或到眞門大德房居住. 時俗離山大德永深, 與大德融宗佛陀等, 同詣律師所,
伸請曰, 我等不遠千里, 來求戒法, 願授法門. 師默然不答. 三人者, 乘桃樹上, 倒墮
於地, 勇猛懺悔, 師乃傳敎灌頂, 遂與袈裟及鉢, 供養次第秘法一卷, 日(占)察善惡
業報經二卷, 一百八十九栍. 復與彌勒眞牲九者八者, 誡曰, 九者法爾, 八者新熏成
佛種子, 我已付囑汝等, 持此還歸俗離山, 山有吉祥草生處, 於此創立精舍, 依此敎
法, 廣度人天, 流布後世. 永深等奉敎, 直往俗離, 尋吉祥草生處, 創寺名曰吉祥. 永
深於此, 始設占察法會.

律師與父, 復到鉢淵, 同修道業而終孝之. 師遷化時, 登於寺東大巖上示滅, 弟
子等, 不動眞體而供養, 至于骸骨散落, 於是以土覆藏, 乃爲幽宮. 有靑松卽出, 歲
月久遠而枯, 復生一樹, 後更生一樹, 其根一也. 至今雙樹存焉. 凡有致敬者, 松下覓
骨, 或得或不得. 予恐聖骨堙滅, 丁巳九月, 特詣松下, 拾骨盛筒, 有三合許. 於大嵓

上雙樹下, 立石安骨焉云云. 此錄所載眞表事跡, 與鉢淵石記, 互有不同, 故刪取瑩岑所記而載之, 後賢宜考之. 無極記.

勝詮髑髏

釋勝詮, 未詳其所自也. 常附舶指中國, 詣賢首國師講下. 領受玄言, 研微積慮, 惠鑒超穎, 探賾索隱, 妙盡隅粵(奧), 思欲赴感有緣, 當還國里.

始賢首與義湘同學, 俱稟儼和尙慈訓. 首就於師說, 演述義科, 因詮法師還鄕寄示, 湘仍寓書,(云云.) 別幅云, 探玄記二十卷, 兩卷末成, 教分記三卷, 玄義章等雜義一卷, 華嚴梵語一卷, 起信疏兩卷, 十二門疏一卷, 法界無差別論疏一卷, 竝因勝詮法師抄寫還鄕. 頃新羅僧孝忠遺金九分, 云是上人所寄, 雖不得書, 頂荷無盡. 今附西國軍特(持), 澡灌一口, 用表微誠, 幸願檢領, 謹宣. 師旣還, 寄信于義湘. 湘乃目閱藏文, 如耳聆儼訓. 探討數旬, 而授門弟子, 廣演斯文, 語在湘傳.

按此圓融之敎誨, 遍洽于靑丘者, 寔師之功也. 厥後有僧梵修, 遠適彼國, 求得新譯後分華嚴經觀師(解)義疏, 言還流演, 時當貞元己卯, 斯亦求法洪揚之流乎.

詮乃於尙州領內開寧郡境, 開創精廬, 以石髑髏爲官屬, 開講華嚴. 新羅沙門可歸, 頗聰明識道理, 有傳燈之續, 乃撰心源章, 其略云, 勝詮法師領石徒衆, 論議講演, 今葛項(項)寺也. 其髑髏八十餘枚, 至今爲網(綱)司所傳, 頗有靈異, 其他事迹, 具載碑文, 如大覺國師實錄中.

心地繼祖

釋心地, 辰韓弟(第)四十一主憲德大王金氏之子也. 生而孝悌, 天性沖睿, 志學之年, 落采從師, 拳懃于道. 寓止中岳,(今公山.) 適聞俗離山深公, 傳表律師佛骨簡子, 設果訂(證)法會, 決意披尋, 旣至後期, 不許參例. 乃席地扣庭, 隨衆禮懺. 經七日, 天大雨雪, 所立地方十尺許, 雪飄不下. 衆見其神異, 許引入堂, 地偽謙稱恙, 退處房中, 向堂潛禮, 肘顙俱血, 類表公之仙溪山也. 地藏菩薩日來問慰. 泊席罷還山, 途中見二簡子貼, 在衣褶間, 持廻告於深, 深曰, 簡在函中, 那得至此, 檢之, 封題依舊, 開視亡矣. 深深異之, 重襲而藏之, 又行如初, 再廻告之, 深曰, 佛意在子, 子其奉行. 乃授簡子, 地頂戴歸山, 岳神率二仙子, 迎至山椒. 引地坐於嵓上, 歸伏嵓下, 謹受正戒. 地曰, 今將擇地, 奉安聖簡, 非吾輩所能指定, 請與三君, 憑高擲簡以卜之. 乃與神等陟峰巓, 向西擲之, 簡乃風颺而飛. 時神作歌曰, 礙嵓遠退砥平兮, 落葉飛散生明兮. 覓得佛骨簡子兮, 邀於淨處投誠兮. 旣唱而得簡於林泉中, 卽其地構堂安之, 今桐華寺籤堂北有小井是也.

　本朝睿王, 嘗取迎聖簡, 致內瞻敬, 忽失九者一簡, 以牙代之, 送還本寺, 今則漸變同一色, 難卜新古, 其質乃非牙非玉. 按占察經上卷, 敍一百八十九簡之名, 一者求上乘得不退, 二者所求果現當證, 弟(第)三弟(第)四求中下乘得不退, 五者求神通得成就, 六者修四梵得成就, 七者修世禪得成就, 八者所欲受得妙戒, 九者所曾受得戒具, 〔以此文訂, 知慈氏所言新得戒者, 謂今生始得戒也, 舊得戒者, 謂過去曾受, 今生又增受也. 非謂修生本有之新舊也.〕十者求下乘未住信, 次求中乘未住信, 如是乃至一百七十二, 皆過現世中, 或善或惡得失事也. 弟(第)一百七十三者, 捨身已入地獄, 〔已上皆未來之果也.〕一百七十四者, 死已作畜生, 如是乃至餓鬼, 修羅, 人, 人王, 天, 天王, 聞法, 出家, 値聖僧, 生兜率, 生淨土, 尋見佛, 住下乘, 住中乘, 住上乘, 得解脫, 弟(第)一百八十九等是也, 〔上言住下乘至上乘得不退, 今言上乘得解脫等, 以此爲別爾〕皆三世善惡果報差別之相, 以此占看, 得與心所行事相當, 則爲感應, 否則爲不至心, 名爲虛謬.

　　則此八九二簡, 但從百八十九中而來者也, 而宋傳但云百八籤子, 何也, 恐認彼百八煩惱之名而稱之, 不撥尋經文爾. 又按本朝文士金寬毅所撰王代宗錄二卷云,羅末, 新羅大德釋沖, 獻太祖以表律師袈裟一領. 戒簡百八十九枚, 今與桐華寺所傳簡子, 未詳同異. 讚曰, 生長金閨早脫籠, 儉懃聰惠自天鍾. 滿庭積雪偸神簡, 來放桐華最上峯.

賢瑜珈 海華嚴

瑜珈祖大德大賢, 住南山茸長寺. 寺有慈氏石丈六, 賢常旋繞, 像亦隨賢轉面, 賢惠辯精敏, 決擇了然. 大抵相宗銓量, 旨理幽深, 難爲剖折(析), 中國名士白居易, 嘗窮之未能, 乃曰, 唯識幽難破, 因明擘不開. 是以學者難承稟者, 尙矣. 賢獨刊定邪謬, 暫(劈)開幽奧, 恢恢游刃, 東國後進, 咸遵其訓, 中華學士, 往往得此爲眼目.

景德王天寶十二年癸巳, 夏大旱, 詔入內殿, 講金光經, 以祈甘霔. 一日齊(齋)次, 展鉢良久, 而淨水獻遲, 監吏詰之. 供者曰, 宮井枯涸, 汲遠故遲爾. 賢聞之曰, 何不早云, 及晝講時, 捧爐默然, 斯須井水湧出, 高七丈許, 與刹幢齊, 闔宮驚駭, 因名其井曰金光井. 賢嘗自號靑丘沙門. 讚曰, 遶佛南山像逐旋, 靑丘佛日再中懸. 解敎宮井淸波湧, 誰識金爐一炷烟.

明年甲午夏, 王又請大德法海於皇龍寺, 講華嚴經, 駕幸行香, 從容謂曰, 前夏大賢法師, 講金光經, 井水湧七丈, 此公法道如何, 海曰, 特爲細事, 何足稱乎, 直使傾滄海, 襄東岳, 流京師, 亦非所難. 王未之信, 謂戱言爾, 至午講, 引爐沈寂, 須臾內禁, 忽有哭泣聲, 宮吏走報曰, 東池已溢, 漂流內殿五十餘間, 王罔然自失. 海笑謂之曰, 東海欲傾, 水脈先漲爾. 王不覺興拜. 翌日感恩寺奏, 昨日午時, 海水漲溢, 至佛殿階前, 晡時而還. 王益信敬之. 讚曰, 法海波瀾法界寬, 四海盈縮未爲難. 莫言百億須彌大, 都在吾師一指端. 〔石海云〕

卷第五

密本摧邪

善德王德曼遘疾彌留. 有興輪寺僧法惕, 應詔侍疾, 久而無效. 時有密本法師, 以德行聞於國, 左右請代之. 王詔迎入內, 本在宸扆外, 讀藥師經. 卷軸纔周, 所持六環飛入寢內, 刺一老狐與法惕, 倒擲庭下, 王疾乃瘳. 時本頂上發五色神光, 觀者皆驚.

又承(丞)相金良圖爲阿孩時, 忽口噤體硬, 不言不遂. 每見一大鬼率群小鬼來家中, 凡有盤看, 皆啖嘗之 巫覡來祭, 則群聚而爭侮之. 圖雖欲命撤, 而口不能言. 家親請法流寺僧亡名來轉經, 大鬼命小鬼以鐵槌打僧頭, 仆地嘔血而死. 隔數日, 遣使邀本, 使還言, 本法師受我請將來矣. 衆鬼聞之皆失色, 小鬼曰, 法師至, 將不利, 避之何幸, 大鬼侮慢自若曰, 何害之有, 俄而有四方大力神, 皆屬金甲·長戟來, 捉群鬼而縛去, 次有無數天神, 環拱而待. 須臾本至, 不待開經, 其疾乃治, 語通身解, 具說件事. 良圖因此篤信釋氏, 一生無怠. 塑成興輪寺吳堂主彌勒尊像·左右菩薩, 幷滿金畫其堂. 本嘗住金谷寺.

又金庾信嘗與一老居士交厚, 世人不知其何人. 于時公之戚秀天久染惡疾, 公遣居士診衛. 適有秀天之舊名因惠師者, 自中岳來訪之, 見居士而慢侮之曰, 相汝形儀, 邪佞人也, 何得理人之疾, 居士曰, 我受金公命, 不獲已爾. 惠曰, 汝見我神通, 乃奉爐呪香, 俄頃五色雲旋遶頂上, 天花散落. 士曰, 和尙「神」通力, 不可思議. 弟子亦有拙技, 請試之. 願師乍立於前. 惠從之. 士彈指一聲, 惠倒於空高一丈許, 良久徐徐倒下, 頭卓地屹然如植橛. 旁人推挽之不動. 士出去, 惠猶倒卓達曙. 明日秀天使扣於金公, 公遣居士往救乃解, 因惠不復賣技. 讚曰, 紅紫紛紛幾亂朱, 堪嗟魚目誑愚夫. 不因居士輕彈指, 多小(少)巾箱襲碔砆.

惠通降龍

釋惠通, 氏族未詳. 白衣之時, 家在南山西麓銀川洞之口.〔今南澗寺東里〕一日遊舍東溪上, 捕一獺屠之, 棄骨園中. 詰旦亡其骨, 跡血尋之, 骨還舊穴, 抱五兒而蹲蹲. 郎望見, 驚異久之, 感嘆蹢躅, 便棄俗出家, 易名惠通. 往唐謁無畏三藏請業, 藏曰, 嵎夷之人, 豈堪法器, 遂不開授. 通不堪輕謝去, 服勤三載猶不許. 通乃憤悱, 立於庭, 頭戴火盆, 須臾頂裂聲如雷. 藏聞來視之, 撤火盆以指按裂處, 誦神呪, 瘡合如平日. 有瑕如王字文, 因號王和尙, 深器之, 傳印訣. 時唐室有公主疾病, 高宗請救於三藏, 擧通自代. 通受敎別處, 以白豆一斗呪銀器中, 變白甲神兵, 逐崇(祟)不克. 又以黑豆一斗呪金器中, 變黑甲神兵, 令二色合逐之, 忽有蛟龍走出, 疾遂廖.

龍怨通之逐己也, 來本國文仍林, 害命尤毒. 是時鄭恭奉使於唐, 見通而謂曰, 師所逐毒龍, 歸本國害甚, 速去除之. 乃與恭, 以麟德二年乙丑, 還國而黜之. 龍又怨恭, 乃托之柳生鄭氏門外. 恭不之覺, 但賞其蔥密, 酷愛之. 及神文王崩, 孝昭卽位, 修山陵, 除葬路, 鄭氏之柳當道. 有司欲伐之, 恭恚曰, 寧斬我頭, 莫伐此樹. 有司奏聞, 王大怒, 命司寇曰 鄭恭恃王和尙神術, 將謀不遜, 侮逆王命 言斬我頭, 宜從所好. 乃誅之, 坑其家. 朝議王和尙與恭甚厚, 應有忌嫌, 宜先圖之, 乃徵甲尋捕. 通在王望寺, 見甲徒至, 登屋携砂瓶, 硏朱筆而呼曰, 見我所爲. 乃於瓶項抹一畫曰, 爾輩宜各見項. 視之皆朱畫, 相視愕然. 又呼曰, 若斷瓶項, 應斷爾項, 如何, 其徒奔走, 以朱項赴王. 王曰, 和尙神通, 豈人力所能圖, 乃捨之. 王女忽有疾, 詔通治之,

疾愈. 王大悅, 通因言, 恭被毒龍之污, 濫膺國刑. 王聞之心悔, 乃免恭妻孥, 拜通爲
國師. 龍旣報寃於恭, 往機張山爲熊神, 慘毒滋甚, 民多梗之. 通到山中, 諭龍授不
殺戒, 神害乃息.

初神文王發疽背, 請候於通. 通至, 呪之立活, 乃曰, 陛下曩昔爲宰官身, 誤決臧
人信忠爲隷. 信忠有怨, 生生作報, 今玆惡疽亦信忠所祟. 宜爲忠創伽藍, 奉冥祐以
解之. 王深然之, 創寺號信忠奉聖寺. 寺成, 空中唱云, 因王創寺, 脫苦生天. 怨已解
矣,〔或本載此事於眞表傳中, 誤〕因其唱地, 置折怨堂, 堂與寺今存.

先是密本之後有高僧明朗, 入龍宮得神印,〔梵云文豆婁, 此云神印〕祖創神
遊林,〔今天王寺〕屢禳隣國之寇. 今和尙傳無畏之髓, 遍歷塵寰, 救人化物. 兼以
宿命之明, 創寺雪怨, 密敎之風於是乎大振. 天磨之摠持嵒, 毋岳之呪錫院等, 皆其
流裔也. 或云通俗名尊勝角干, 角干乃新羅之宰相峻級, 未聞通歷仕之迹, 或云射
得豺狼, 皆未詳. 讚曰, 山桃溪杏映籬斜, 一徑春深兩岸花. 賴得郎君閑捕獺, 盡敎
魔外遠京華.

明朗神印

按金光寺本記云, 師挺生新羅, 入唐學道. 將還, 因海龍之請, 入龍宮傳秘法,
施黃金千兩.〔一云千斤〕潛行地下, 湧出本宅井底, 乃捨爲寺. 以龍王所施黃金飾
塔像, 光曜殊特, 因名金光焉.〔僧傳作金羽寺, 誤〕

師諱明郎(朗), 字國育, 新羅沙干才良之子. 母曰南澗夫人, 或云法乖(乘)娘, 蘇
判茂林之子金氏, 則慈藏之姝也. 三息, 長曰國敎大德, 次曰義安大德, 師其季也.
初母夢呑靑色珠而有娠. 善德王元年入唐, 貞觀九年乙未來歸. 總章元年戊辰, 唐
將李勣統大兵, 合新羅, 滅高麗後, 餘軍留百濟, 將襲滅新羅. 羅人覺之, 發兵拒之.
高宗聞之赫怒, 命薛邦興師將討之. 文武王聞之懼, 請師開秘法禳之,〔事在文武

王傳中〕因玆爲神印宗祖.

及我太祖創業之時, 亦有海賊來擾. 乃請安惠·朗融之裔廣學·大緣等二大德, 作法禳鎭, 皆朗之傳系也. 故幷師而上, 至龍樹爲九祖.〔本寺記, 三師爲律祖, 未詳〕又太祖爲創現聖寺, 爲一宗根抵焉. 又新羅京城東南二十餘里有遠源寺. 諺傳, 安惠等四大德與金庾信·金義元·金述宗等, 同願所創也. 四大德之遺骨, 皆藏寺之東峰, 因號四靈山祖師嵓云. 則四大德皆羅時高德.

按塸白寺柱貼注脚載, 慶州戶長巨川母, 阿之女, 女母, 明珠女, 女母積利女之子, 廣學大德·大緣三重.〔古名善會〕昆季二人皆投神印宗. 以長興二年辛卯, 隨太祖上京, 隨駕焚修. 賞其勞, 給二人父母忌日寶于塸白寺田沓若干結云云. 則廣學·大緣二人, 隨聖祖入京者 安師等, 乃與金庾信等創遠源寺者也. 廣學等二人骨, 亦來安干(于)玆爾, 非四德皆創遠源·皆隨聖祖也. 詳之.

感通第七

仙桃聖母隨喜佛事

眞平王朝, 有比丘尼, 名智惠, 多賢行, 住安興寺, 擬新修佛殿而力未也, 夢一女仙, 風儀婥約, 珠翠飾鬟, 來慰曰, 我是仙桃山神母也, 喜汝欲修佛殿, 願施金十斤以助之. 宜取金於予座下, 粧點主尊三像, 壁上繪五十三佛, 六類聖衆, 及諸天神, 五岳神君,〔羅時五岳, 謂東吐含山, 南智異山, 西雞龍, 北太伯, 中父岳, 亦云公山也〕每春秋二季之十日, 叢會善南善女, 廣爲一切含靈, 設占察法會, 以爲恒規,〔本朝屈弗池龍, 託夢於帝, 請於靈鷲山, 長開藥師道場, □平海途, 其事亦同〕惠乃驚覺, 率徒往神祠座下, 堀得黃金一百六十兩, 克就乃功, 皆依神母所諭. 其事唯存, 而法事廢矣.

神母本中國帝室之女, 名娑蘇. 早得神仙之術, 歸止海東, 久而不還. 父皇寄書繫「鳶」足云, 隨鳶所止爲家. 蘇得書放鳶, 飛到此山而止, 遂來宅爲地仙. 故名西鳶山, 神母久據玆山, 鎭祐邦國, 靈異甚多, 有國已來, 常爲三祀之一, 秩在群望之山(上).

第五十四景明王好使鷹, 嘗登此放鷹而失之. 禱於神母曰, 若得鷹, 當封爵. 俄而鷹飛, 來止机上, 因封爵大王焉, 其始到辰韓也. 生聖子爲東國始君, 蓋赫居閼英二聖之所自也. 故稱雞龍雞林白馬等, 雞屬西故也. 嘗使諸天仙織羅緋, 染作朝衣, 贈其夫, 國人因此, 始知神驗. 又國史, 史臣曰, 軾政和中, 嘗奉使入宋, 詣佑神館, 有一堂, 設女仙像. 館伴學士王黼曰, 此是貴國之神, 公知之乎, 遂言曰, 古有中國帝室之女, 泛海抵辰韓, 生子爲海東始祖, 女爲地仙, 長在仙桃山, 此其像也. 又大宋國使王襄到我朝, 祭東神聖母, 女(文)有娠賢肇邦之句. 今能施金奉佛, 爲含生, 開香火, 作津梁, 豈徒學長生, 而囿於溟濛者哉. 讚曰, 來宅西鳶幾十霜, 招呼帝子織霓裳. 長生未必無生異, 故謁金仙作玉皇.

郁面婢念佛西昇

景德王代, 康州, 〔今晋州, 一作剛州, 則今順安〕 善士數十人, 志求西方, 於州境創彌陀寺, 約萬日爲契. 時有阿干貴珍家一婢, 名郁面, 隨其主歸寺, 立中庭, 隨僧念佛, 主憎其不職, 每給穀二碩, 一夕舂之, 婢一更舂畢, 歸寺念佛, 〔俚言已(己)事之忙, 大家之舂促, 蓋出乎此〕 日夕微怠. 庭之左右, 竪立長橛, 以繩穿貫兩掌, 繫於橛上合掌, 左右遊之激勵焉. 時有天唱於空, 郁面娘入堂念佛. 寺衆聞之, 勸婢入堂, 隨例精進. 未幾天樂從西來, 婢湧透屋樑而出. 西行至郊外, 捐骸變現眞身, 坐蓮臺, 放大光明, 緩緩而逝, 樂聲不徹空中. 其堂至今有透穴處云. 〔已上鄕傳〕

按僧傳, 棟梁八珍者, 觀音應現也. 結徒有一千, 分朋(朋)爲二, 一勞力, 一精修.
彼勞力中知事者, 不獲戒, 墮畜生道, 爲浮石寺牛, 嘗駄經而行, 賴經力, 轉爲阿干貴
珍家婢, 名郁面, 因事至下柯山, 感夢遂發道心. 阿于(干)家距惠宿法師所創彌陀寺
不遠, 阿干每至其寺念佛, 婢隨往, 在庭念佛云云. 如是九年, 歲在乙未正月二十一
日, 禮佛撥屋梁而去. 至小伯山, 墮一隻履, 就其地爲菩提寺, 至山下棄其身, 卽其
地爲二菩提寺, 榜其殿曰, 勗面登天之殿. 屋脊穴成十許圍, 雖暴雨密雪不霑濕. 後
有好事者, 範金塔一座, 直其穴, 安承塵上, 以誌其異, 今榜塔尙存, 勗面去後, 貴珍
亦以其家, 異人托生之地, 捨爲寺曰法王, 納田民, 久後廢爲丘墟. 有大師懷鏡, 與
承宣劉碩·小卿李元長, 同願重營之, 鏡躬事土木, 始輸材, 夢老父遺麻葛屨各一. 又
就古神社, 諭以佛理, 斫出祠側材木, 九五載告畢, 又加臧獲, 蔚爲東南名藍, 人以
鏡爲貴珍後身.

議曰, 按鄕中古傳, 郁面乃景德王代事也, 據徵〔徵字疑作珍, 下亦同〕本傳, 則
元和三年戊子, 哀莊王時也, 景德後, 歷惠恭·宣德·元聖·昭聖·哀莊等五代, 共六十餘
年也. 徵先面後, 與鄕傳乖違, 然兩存之闕疑. 讚曰, 西隣古寺佛燈明, 舂罷歸來夜
二更. 自許一聲成一佛, 掌穿繩子直忘形.

廣德 嚴莊

文武王代, 有沙門名廣德嚴莊, 二人友善, 日夕約曰, 先歸安養者須告之. 德隱
居芬皇西里, 〔或云, 皇龍寺有西去房, 未知孰是〕 蒲鞋爲業, 挾妻子而居, 莊庵栖
南岳, 大(火)種刀耕. 一日, 日影拖紅, 松陰靜暮, 窓外有聲, 報云, 某已西往矣, 惟君
好住, 速從我來. 莊排闥而出顧之, 雲外有天樂聲, 光明屬地. 明日歸訪其居, 德果
亡矣. 於是乃與其婦收骸, 同營蒿里, 旣事(畢). 乃謂婦曰, 夫子逝矣, 偕處何如, 婦
曰, 可. 遂留夜宿, 將欲通焉, 婦靳之曰, 師求淨土, 可謂求魚緣木, 莊驚怪問曰, 德旣

乃爾, 予又何妨. 婦曰, 夫子與我, 同居十餘載, 未嘗一夕同床而枕, 況觸污乎, 但每夜端身正坐, 一聲念阿彌陀佛號, 或作十六觀, 觀旣熟, 明月入戶, 時昇其光, 加趺於上, 竭誠若此, 雖欲勿西奚往, 夫適千里者, 一步可規, 今師之觀, 可云東矣, 西則未可知也. 莊愧赧而退. 便詣元曉法師處, 懇求津要, 曉作錚(淨)觀法誘之. 藏於是潔己悔責, 一意修觀, 亦得西昇. 錚(淨)觀在曉師本傳, 與海東僧傳中. 其婦乃芬皇寺之婢, 蓋十九應身之一. 德嘗有歌云, 月下伊底亦, 西方念丁去賜里遣, 無量壽佛前乃, 惱叱古音, 〔鄕言云報言也〕 多可支白遣賜立, 誓音深史隱尊衣希仰支, 兩手集刀花乎白良, 願往生願往生, 慕人有如白遣賜立, 阿邪, 此身遺也置遣, 四十八大願成遣賜去.

憬興遇聖

神文王代, 大德憬興, 姓水氏, 熊川州人也. 年十八出家, 遊刃三藏, 望重一時. 開耀元年, 文武王將昇遐, 顧命於神文曰, 憬興法師, 可爲國師, 不忘朕命. 神文卽位, 曲(冊)爲國老, 住三郞寺, 忽寢疾彌月, 有一尼來謁候之, 以華嚴經中, 善友原病之說, 爲言曰, 今師之疾, 憂勞所致, 喜笑可治. 乃作十一樣面貌, 各作俳諧之舞, 嵬巖成削, 變態不可勝言, 皆可脫頤, 師之病不覺洒然, 尼遂出門, 乃入南巷寺〔寺在三郞寺南〕而隱, 所將杖子, 在幀畫十一面圓通像前. 一日將入王宮, 從者先備於東門之外, 鞍騎甚都, 靴笠斯陳, 行路爲之辟易. 一居士〔一云沙門〕形儀疎率, 手杖背筐, 來憩于下馬臺上, 視筐中乾魚也, 從者呵之曰, 爾着緇, 奚負觸物耶, 僧曰, 與其挾生肉於兩股間, 背眞(負)三市之枯魚, 有何所嫌, 言訖起去, 興方出門, 聞其言, 使人追之, 至南山文殊寺之門外, 抛筐而隱, 杖在文殊像前, 枯魚乃松皮也. 使來告, 興聞之嘆曰, 大聖來戒我騎畜爾. 終身不復騎. 興之德馨遺味, 備載釋玄本所撰三郞寺碑. 嘗見普賢章經, 彌勒菩薩言, 我當來世, 生閻浮提, 先度釋迦末法弟子, 唯除騎馬比丘, 不得見佛. 可不警哉, 讚曰, 昔賢垂範意彌多, 胡乃兒孫莫切磋. 背底枯魚猶可事, 那堪他日負龍華.

眞身受供

長壽元年壬辰, 孝昭卽位, 始創望德寺, 將以奉福唐室. 後景德王十四年, 望德寺塔戰動, 是年有安史之亂. 羅人云, 爲唐室立玆寺, 宜其應也.

八年丁酉, 設落成會, 王親駕辦供. 有一比丘, 儀彩疎陋, 局束立於庭, 請曰, 貧道亦望齋. 王許赴床杪. 將罷, 王戲調之曰, 住錫何所, 僧曰, 琵琶嵓. 王曰, 此去莫向人言, 赴國王親供之齋. 僧笑答曰, 陛下亦莫與人言, 供養眞身釋迦. 言訖, 湧身凌空, 向南而行. 王驚愧, 馳上東岡(崗), 向方遙禮, 使往尋之, 到南山參星谷, 或云大磧川源, 石上, 置錫鉢而隱. 使來復命, 遂創釋迦寺於琵琶嵓下, 創佛無事(寺)於滅影處, 分置錫鉢焉. 二寺至今存, 錫鉢亡矣. 智論第四云, 昔有罽賓三藏, 行阿蘭若法, 至一王寺, 寺設大會. 守門人, 見其衣服龘弊, 遮門不前. 如是數數, 以衣弊故, 每不得前. 便作方便, 假借好衣而來, 門人見之, 聽前不禁. 旣獲詣坐, 得種種好食, 先以與衣. 衆人問言, 何以爾乎, 答曰, 我比數來, 每不得入, 今以衣故得此座, 得種種食, 宜以與衣爾. 事可同按. 讚曰, 燃香擇佛看新繪, 辦供齋僧喚舊知. 從此琵琶嵓上月, 時時雲掩到潭遲.

月明師兜率歌

景德王十九年庚子四月朔, 二日竝現, 挾浹旬不滅. 日官奏, 請緣僧, 作散花功德則可禳. 於是潔壇於朝元殿, 駕幸靑陽樓, 望緣僧. 時有月明師, 行于阡陌時之南路, 王使召之, 命開壇作啓. 明奏云, 臣僧但屬於國仙之徒, 只解鄕歌, 不閑聲梵, 王曰, 旣卜緣僧, 雖用鄕歌可也. 明乃作兜率歌賦之, 其詞曰, 今日此矣散花唱良, 巴寶白乎隱花良汝隱, 直等隱心音矣命叱使以惡只, 彌勒座主陪立羅良, 解曰, 龍樓此日散花歌, 排送靑雲一片花. 殷重直心之所使, 遠邀兜率大僊家. 今俗謂此爲散花歌, 誤矣, 宜云兜率歌. 別有散花歌, 文多不載. 旣而日怪卽滅. 王嘉之, 賜品茶一襲·水精念珠百八箇.

忽有一童子, 儀形鮮潔, 跪奉茶珠, 從殿西小門而出, 明謂是內宮之使, 王謂師之從者, 及玄(互)徵而俱非. 王甚異之, 使人追之, 童入內院塔中而隱, 茶珠在南壁畵慈氏像前, 知明之至德與至誠, 能昭假于至聖也如此, 朝野莫不聞知. 王益敬之, 更贐絹一百疋, 以表鴻誠.

明又嘗爲亡妹營齊(齋), 作鄕歌祭之, 忽有驚颷吹紙錢, 飛擧向西而沒, 歌曰, 生死路隱, 此矣有阿米次肹伊遣, 吾隱去內如辭叱都, 毛如云遣去內尼叱古. 於內秋察早隱風未, 此矣彼矣浮良落尸葉如, 一等隱枝良出古, 去奴隱處毛冬乎丁, 阿也, 彌陀刹良逢乎吾, 道修良待是古如. 明常居四天王寺, 善吹笛, 嘗月夜吹過門前大路, 月馭爲之停輪. 因名其路曰(日)月明里. 師亦以是著名. 師卽能俊大師之門人也. 羅人尙鄕歌者尙矣, 蓋詩頌之類歟, 故往往能感動天地鬼神者, 非一. 讚曰, 風送飛錢資逝妹, 笛搖明月住姮娥. 莫言兜率連天遠, 萬德花迎一曲歌.

善律還生

望德寺僧善律, 施錢欲成六百般若, 功未周, 忽被陰府所追, 至冥司, 問曰, 汝在人間作何業, 律曰, 貧道暮年, 欲成大品經, 功未就而來. 司曰, 汝之壽籙雖盡, 勝願「未就」, 宜復人間, 畢成寶典. 乃放還. 途中有一女子, 哭泣拜前曰, 我亦南閻州新羅人, 坐父母陰取金剛寺水田一畝, 被冥府追檢, 久受重苦, 今師若還古里, 告我父母, 速還厥田. 妾之在世, 胡麻油埋於床下, 幷藏緻密布於寢褥間, 願師取吾油點佛燈, 貨其布爲經幅, 則黃川(泉)亦恩, 庶幾脫我苦惱矣. 律曰, 汝家何在, 曰, 沙梁部久遠寺西南里也. 律聞之, 方行乃蘇.

時律死已十日, 葬于南山東麓, 在塚中呼三日. 牧童聞之, 來告於本寺, 寺僧歸, 發塚出之, 具說前事. 又訪女家, 女死隔十五年, 油布宛然. 律依其論作冥福, 女來魂報云, 賴師之恩, 妾已離苦得脫矣. 時人聞之, 莫不驚感, 助成寶典. 其經秩, 今在東都僧司藏中, 每年春秋, 披轉禳災焉. 讚曰, 堪羨吾師仗勝緣, 魂遊却返舊林泉. 爺孃若問兒安否, 爲我催還一畝田.

金現感虎

新羅俗, 每當仲春, 初八至十五日, 都人士女, 競遶興輪寺之殿塔爲福會. 元聖王代, 有郎君金現者, 夜深獨遶不息. 有一處女, 念佛隨遶, 相感而目送之, 遶畢, 引入屏處通焉. 女將還, 現從之, 女辭拒而强隨之. 行至西山之麓, 入一茅店, 有老嫗問女曰, 附率者何人, 女陳其情. 嫗曰, 雖好事, 不如無也, 然遂事, 不可諫也, 且藏於密, 恐汝弟兄之惡也. 把郎而匿之奧. 小選(少選)有三虎, 咆哮而至, 作人語曰, 家有腥膻之氣, 療飢何幸. 嫗與女叱曰, 爾鼻之爽乎, 何言之狂也. 時有天唱, 爾輩嗜害物命尤多, 宜誅一以懲惡. 三獸聞之, 皆有憂色. 女謂曰, 三兄若能遠避而自懲, 我能代受其罰. 皆喜, 俛首妥尾而遁去. 女入謂郎君, 始吾恥君子之辱臨弊族, 故辭禁爾, 今旣無隱, 敢布腹心. 且賤妾之於郎君, 雖曰非類, 得陪一夕之歡, 義重結褵之好. 三兄之惡, 天旣厭之, 一家之殃, 予欲當之, 與其死於等閑人之手, 曷若伏於郎君刃下, 以報之德乎. 妾以明日入市爲害劇, 則國人無如我何, 大王必募以重爵而捉我矣, 君其無怯, 追我乎城北林中, 吾將待之. 現曰, 人交人, 彝倫之道, 異類而交, 蓋非常也. 旣得從容, 固多天幸, 何可忍賣於伉儷之死, 僥倖一世之爵祿乎. 女曰, 郎君無有此言, 今妾之壽夭, 蓋天命也, 亦吾願也, 郎君之慶也, 予族之福也, 國人之喜也.

一死而五利備, 其可違乎, 但爲妾創寺, 講眞詮, 資勝報, 則郎君之惠莫大焉. 遂相泣而別. 次日果有猛虎入城中, 剽甚無敢當. 元聖王聞之, 申令曰, 戡虎者爵二級. 現詣闕奏曰, 小臣能之. 乃先賜爵以激之. 現持短兵, 入林中, 虎變爲娘子, 熙怡而笑曰, 昨夜共郎君綢繆之事, 惟君無忽, 今日被爪傷者, 皆塗興輪寺醬, 聆其寺之臨鉢聲則可治. 乃取現所佩刀, 自頸而仆, 乃虎也, 現出林而託曰, 今玆虎易搏矣. 匿其由不洩, 但依諭而治之, 其瘡皆效. 今俗亦用其方.

現旣登庸, 創寺於西川邊, 號虎願寺, 常講梵網經, 以導虎之冥遊, 亦報其殺身成己之恩. 現臨卒, 深感前事之異, 乃筆成傳, 俗姑(始)聞知. 因名論虎林, 稱于今.

貞元九年, 申屠澄自黃冠, 調補漢州什邡縣之尉, 至眞符縣之東十里許, 遇風雪大寒, 馬不能前. 路旁有茅舍, 中有煙火甚溫, 照燈下就之, 有老父嫗及處子, 環火而坐, 其女年方十四五, 雖蓬髮垢衣, 雪膚花臉, 擧止妍媚. 父嫗見澄來, 遽起曰, 客甚衝寒雪, 請前就火. 澄坐良久, 天色已暝, 風雪不止. 澄曰, 西去縣尙遠, 請宿于此. 父嫗曰, 苟不以蓬蓽爲陋, 敢承命. 澄遂解鞍施衾幃, 其女見客方止, 修容靚粧, 自帷箔間出, 有閑雅之態, 猶過初時. 澄曰, 小娘子明惠過人甚. 幸未婚, 敢請自媒如何, 翁曰, 不期貴客欲採拾, 豈「非」定分也. 澄遂修子壻之禮, 澄乃以所乘馬, 載之而行, 旣至官, 俸祿甚薄, 妻力以成家, 無不歡心. 後秩滿將歸, 已生一男一女, 亦甚明惠, 澄尤加敬愛. 嘗作贈內詩云, 一宦慙梅福, 三年愧孟光. 此情何所喩, 川上有鴛鴦. 其妻終日吟諷, 似默有和者, 未嘗出口. 澄罷官, 罄室歸本家, 妻忽悵然謂澄曰, 見贈一篇, 尋卽有和. 乃吟曰, 琴瑟情雖重, 山林志自深. 常憂時節變, 辜負百年心. 遂與訪其家, 不復有人矣. 妻思慕之甚, 盡日涕泣, 忽壁角見一虎皮, 妻大笑曰, 不知此物尙在耶. 遂取披之, 卽變爲虎, 哮吼拏攫, 突門而出. 澄驚避之, 携二子, 尋其路, 望山林大哭數日, 竟不知所之.

噫, 澄現二公之接異物也, 變爲人妾則同矣, 而贈背人詩, 然後哮吼拏攫而走, 與現之虎異矣. 現之虎不得已而傷人, 然善誘良方以救人, 獸有爲仁如彼者, 今有人而不如獸者, 何哉, 詳觀事之終始, 感人於旋遶佛寺中, 天唱徵惡, 以自代之, 傳神方以救人, 置精廬講佛戒, 非徒獸之性仁者也, 蓋大聖應物之多方, 感現公之能致情於旋遶, 欲報冥益耳, 宜其當時, 能受禧佑乎, 讚曰, 山家不耐三兄惡, 蘭吐那堪一諾芳. 義重數條輕萬死, 許身林下落花忙.

融天師彗星歌 眞平王代

第五居烈郞, 第六實處郞,〔一作突處郞〕 第七寶同郞等, 三花之徒, 欲遊楓岳, 有彗星犯心大星, 郞徒疑之, 欲罷其行. 時天師作歌歌之, 星怪卽滅, 日本兵還國, 反成福慶, 大王歡喜, 遣郞遊岳焉. 歌曰, 舊理東尸汀叱, 乾達婆矣, 遊烏隱城叱肹良望良古, 倭理叱軍置來叱多, 烽燒邪隱邊也藪耶, 三花矣岳音見賜烏尸聞古, 月置八切爾數於將來尸波衣, 道尸掃尸星利望良古, 彗星也白反也人是有叱多, 後句, 達阿羅浮去伊叱等邪, 此也友物北所音叱彗叱只有叱故.

正秀師救氷女

第四十哀莊王代, 有沙門正秀, 寓止皇龍寺, 冬日雪深, 旣暮, 自三郞寺還, 經由天嚴寺門外. 有一乞女産兒, 凍臥濱死, 師見而憫之, 就抱, 良久氣蘇, 乃脫衣以覆之, 裸走本寺, 苫草覆身過夜. 夜半有天唱於王庭曰, 皇龍寺沙門正秀, 宜封王師. 急使人檢之, 具事升聞. 王威儀, 迎入大內, 冊爲國師.

朗智乘雲 普賢樹

歃良州阿曲縣之靈鷲山〔歃良今梁州. 阿曲一作西, 又云求佛, 又屈弗, 今蔚州置屈弗驛, 今存其名〕有異僧, 庵居累紀, 而鄉邑皆不識, 師亦不言名氏. 常講法華, 仍有通力.

龍朔初, 有沙彌智通, 伊亮公之家奴也. 出家年七歲, 時有烏來鳴云, 靈鷲去投朗智爲弟子. 通聞之, 尋訪此山, 來憩於洞中樹下. 忽見異人出曰, 我是普「賢」大士, 欲授汝戒品, 故來爾. 因宣戒, 訖乃隱. 通神心豁爾, 智證頓圓. 遂前行, 路逢一僧, 乃問朗智師何所住, 僧曰, 奚問朗智乎, 通具陳神烏之事, 僧莞爾而笑曰, 我是朗智, 今兹堂前亦有烏來報, 有聖兒投師將至矣, 宜出迎, 故來迎爾. 乃執手而嘆曰, 靈烏驚爾投吾, 報予迎汝, 是何祥也, 殆山靈之陰助也. 傳云山主乃辨才天女. 通聞之泣謝, 投禮於師.

旣而將與授戒, 通曰, 予於洞口樹下, 已蒙普賢大士, 乃授正戒. 智嘆曰, 善哉, 汝已親稟大士滿分之戒, 我自生年來, 夕惕慇懃, 念遇至聖, 而猶未能昭格, 今汝已受, 吾不及汝遠矣. 反禮智通, 因名其樹曰普賢. 通曰, 法師住此其已久, 如(智)曰, 法興王丁未之歲, 始寓足焉, 不知今幾「何」. 通到山之時, 乃文武王卽位元年辛酉歲也, 計已一百三十五年矣. 通後詣義湘之室, 升堂覩奧, 頗資玄化, 寔爲錐洞記主也.

元曉住磻高寺時, 常往謁智, 令著初章觀文及安身事心論. 曉撰訖, 使隱士文善, 奉書馳達, 其篇尾述偈云, 西谷沙彌稽首禮, 東岳上德高巖前, 〔磻高在靈鷲之西北, 故西谷沙彌, 乃自謂也.〕吹以細塵補鷲岳, 飛以微滴投龍淵.〔云云.〕山之東有太和江, 乃爲中國太和池龍植福所創, 故云龍淵. 通與曉皆大聖也, 二聖而摳衣師之, 道邁可知.

師嘗乘雲往中國之淸凉山, 隨衆聽講, 俄項(頃)即還. 彼中僧謂是隣居者, 然罔知攸止. 一日令於衆曰, 除常住外, 別院來僧, 各持所居名花異植, 來獻道場. 智明日折山中異木一枝, 歸呈之. 彼僧見之, 乃曰, 此木梵號怛提伽, 此云赫, 唯西竺海東二靈鷲山有之, 彼二山皆第十法雲地菩薩所居, 斯必聖者也. 遂察其行色, 乃知住海東靈鷲也. 因此改觀, 名著中外. 鄕人乃號其庵曰赫木. 今赫木寺之北崗有古基, 乃其遺趾.

靈鷲寺記云, 朗智嘗云此庵址乃迦葉佛時寺基也, 堀地得燈缸二隔. 元聖王代, 有大德緣會來居山中, 撰師之傳, 行于世. 按華嚴經, 第十名法雲地, 今師之馭雲, 蓋佛陁屈三指, 元曉分百身之類也歟. 讚曰, 想料嵓藏百歲間, 高名曾未落人寰. 不禁山鳥閑饒舌, 雲馭無端洩往還.

緣會逃名 文殊岾

高僧緣會嘗隱居靈鷲, 每讀蓮經, 修普賢觀行. 庭池常有蓮數朵, 四時不萎, 〔今靈鷲寺龍藏殿, 是緣會舊居〕 國主元聖王聞其瑞異, 欲徵拜爲國師. 師聞之, 乃棄庵而遁, 行跨西嶺嵓間. 有一老叟今爾耕, 問師奚適. 曰, 吾聞邦家濫聽, 縻我以爵, 故避之爾. 叟聽曰, 於此可賈, 何勞遠售, 師之謂賣名無厭乎. 會謂其慢己, 不聽. 遂行數里許, 溪邊遇一媼, 問師何往. 答如初, 媼曰, 前遇人乎, 曰, 有一老叟, 侮予之甚, 慍且來矣. 媼曰, 文殊大聖也, 夫言之不聽何.

會聞即驚悚, 遽還翁所, 扣顙陳悔曰, 聖者之言, 敢不聞命乎. 今且還矣, 溪邊媼彼何人斯, 叟曰, 辯才天女也. 言訖遂隱. 乃還庵中, 俄有天使齎詔徵之. 會知業已當受, 乃應詔赴闕, 封爲國師. 〔僧傳云, 憲安王封爲二朝王師, 號照, 咸通四年卒. 與元聖年代相示(左), 未知孰是〕 師之感老叟處, 因名文殊岾, 見女處曰阿尼岾. 讚曰, 倚市難藏久陸沈, 囊錐旣露括難禁. 自緣庭下靑蓮誤, 不是雲山固未深.

惠現求靜

釋惠現, 百濟人. 小(少)出家, 苦心專志, 誦蓮經爲業, 祈禳請福, 靈應良稠. 兼攻三論, 染指通神. 初住北部修德寺, 有衆則講, 無則持誦, 四遠欽風, 戶外之履滿矣. 稍厭煩擁, 遂往江南達拏山居焉. 山極嵓險, 來往艱稀. 現靜坐求忘, 終于山中. 同學舉尸, 置右(石)室中, 虎啖盡遺骸, 唯髏舌存焉. 三周寒暑, 舌猶紅軟, 過後方變, 紫硬如石. 道俗敬之, 藏于石塔. 俗齡五十八, 卽貞觀之初. 現不西學, 靜退以終, 而乃名流諸夏立傳, 在唐聲著矣夫.

又高麗釋波若, 入中國天台山, 受智者敎觀, 以神異間(聞)山中而滅. 唐僧傳亦有章, 頗多靈範. 讚曰, 鹿(塵)尾傳經倦一場, 去年淸誦倚雲藏. 風前靑史名流遠, 火後紅蓮舌帶芳.

信忠掛冠

孝成王潛邸時, 與賢士信忠, 圍碁於宮庭栢樹下, 嘗謂曰, 他日若忘卿, 有如栢樹. 信忠興拜. 隔數月, 王卽位, 賞功臣, 忘忠而不第之. 忠怨而作歌, 帖於栢樹, 樹忽黃悴. 王怪使審之, 得歌獻之, 大驚曰, 萬機鞅掌, 幾忘乎角弓, 乃召之賜爵祿, 栢樹乃蘇. 歌曰, 物叱好支栢史, 秋察尸不冬爾屋支墮米, 汝於多支行齊敎因隱, 仰頓隱面矣, 改衣賜乎隱冬矣也, 月羅理影支古理因淵之叱, 行尸浪, 阿叱沙矣以支如支, 兒史沙叱望阿乃, 世理都, 之叱逸烏隱第也. 後句亡. 由是寵現於兩朝.

景德王〔卽孝成之弟也.〕二十二年癸卯, 忠與二友相約, 掛冠入南岳, 再徵不就, 落髮爲沙門. 爲王創斷俗寺居焉, 願終身丘壑, 以奉福大王, 王許之. 留眞在金堂後壁是也. 南有村名俗休, 今訛云小花里.〔按三和尙傳, 有信忠奉聖寺, 與此相混, 然計其神文之世, 距景德已百餘年, 況神文與信忠, 乃宿世之事, 則非此信忠明矣, 宜詳之.〕

又別記云, 景德王代, 有直長李俊.〔高僧傳作李純〕 早曾發願, 年至知命, 須出家創佛寺. 天寶七年戊子, 年登五十矣, 改創槽淵小寺爲大刹, 名斷俗寺. 身亦削髮, 法名孔宏長老, 住寺二十年乃卒. 與前三國史所載不同, 兩存之闕疑. 讚曰, 功名未已鬢先霜, 君寵雖多百歲忙. 隔岸有山頻入夢, 逝將香火祝吾皇.

包山二聖

羅時有觀機·道成二聖師, 不知何許人, 同隱包山,〔鄕去(云)所瑟山乃梵音, 此云包也.〕 機庵南嶺, 成處北穴, 相去十許里, 披雲嘯月, 每相過從. 成欲致機, 則山中樹木皆向南而俯, 如相迎者, 機見之而往, 機欲邀成也, 則亦如之, 皆北偃, 成乃至, 如是有年. 成於所居之後高嵓之上, 常宴坐. 一日自嵓縫間透身而出, 全身騰空而逝, 莫知所至. 或云, 至壽昌郡〔今壽城郡〕指(捐)骸焉, 機亦繼踵歸眞. 今以二師名命其墟, 皆有遺趾. 道成嵓高數丈, 後人置寺穴下.

大(太)平興國七年壬午, 有釋成梵, 始來住寺, 敞萬日彌陀道場, 精勤五十餘年, 屢有殊祥. 時玄風信士二十餘人歲結社, 拾香木納寺. 每入山採香, 劈析淘洗, 攤置箔上, 其木至夜放光如燭. 由是郡人項施其徒, 以得光之歲爲賀, 乃二聖之靈感, 或岳神攸助也. 神名靜聖天王, 嘗於迦葉佛時受佛囑, 有本誓, 待山中一千人出世, 轉受餘報. 今山中嘗記九聖, 遺事則未詳, 曰, 觀機, 道成, 搬師, 㯠師, 道義,〔有栢岩基〕 子陽, 成梵, 今勿女, 白牛師. 讚曰, 相過踏月弄雲泉, 二老風流幾百年. 滿壑烟霞餘古木, 偃昂寒影尙如迎.

搬音般, 鄕云雨木, 㯠音牒, 鄕云加乙木. 此二師久隱嵓叢, 不交人世, 皆編木葉爲衣, 以度寒暑, 掩濕遮羞而已, 因以爲號. 嘗聞楓岳, 亦有斯名, 乃知古之隱倫之士, 例多逸韻如此, 但難爲踏襲.

予嘗寓包山, 有記二師之遺美, 今幷錄之. 紫茅黃精堅肚皮, 蔽衣木葉非蠶機.

寒松颼颼石犖确, 日暮林下樵蘇歸. 夜深披向月明坐, 一半颯颯隨風飛. 敗蒲橫臥
於憨眠, 夢魂不到紅塵覊. 雲遊逝兮二庵墟, 山鹿恣登人迹稀.

永才遇賊

釋永才, 性滑稽, 不累於物, 善鄉歌. 暮歲將隱于南岳, 至大峴嶺, 遇賊六十餘
人. 將加害, 才臨刃無懼色, 怡然當之. 賊怪而問其名, 曰永才. 賊素聞其名, 乃命□
□□作歌. 其辭曰, 自矣心米, 貌史毛達只將來呑隱日, 遠鳥逸□□過出知遣, 今
呑藪未去遣省如. 但非乎隱焉破「戒」主, 次弗「貌」史內於都還於尸朗也. 此兵物
叱沙過乎, 好尸曰沙也內乎呑尼, 阿耶, 唯只伊吾音之叱恨隱澓陵隱, 安支尙宅都
乎隱以多.

賊感其意, 贈之綾二端, 才笑而前謝曰, 知財賄之爲地獄根本, 將避於窮山以
餞一生, 何敢受焉, 乃投之地. 賊又感其言, 皆釋釖投戈, 落髮爲徒, 同隱智異, 不復
蹈世. 才年僅九十矣, 在元聖大王之世. 讚曰, 策杖歸山意轉深, 綺紈珠玉豈治心,
綠林君子休相贈, 地獄無根只寸金.

勿稽子

第十奈解王卽位十七年壬辰, 保羅國·古自國〔今固城〕·史勿國〔今泗州〕等八
國, 幷力來侵邊境. 王命太子捺音·將軍一伐等率兵拒之, 八國皆降. 時勿稽子軍功
第一, 然爲太子所嫌, 不賞其功. 或謂勿稽曰, 此戰之功, 唯子而已. 而賞不及子, 太子
之嫌, 君其怨乎, 稽曰, 國君在上, 何怨人臣. 或曰, 然則奏聞于王幸矣. 稽曰, 伐功爭
命, 揚己掩人, 志士之所不爲也, 勵之待時而已.

「二」十年乙未, 骨浦國〔今合浦也〕等三國王各率兵來攻竭火. 〔疑屈弗也,

今蔚州〕王親率禦之, 三國皆敗. 稽所獲數十級 而人不言稽之功. 稽謂其妻曰, 吾聞仕君之道, 見危致命, 臨難忘身, 仗於節義, 不顧死生之謂忠也. 夫保羅〔疑發羅, 今羅州〕竭火之役, 誠是國之難·君之危, 而吾未曾有忘身致命之勇, 此乃不忠甚也. 旣以不忠而仕君, 累及於先人, 可謂孝乎, 旣失忠孝, 何顏復遊朝市之中乎, 乃被髮荷琴, 入師嶽山,〔未詳〕 悲竹樹之性病, 寄托作歌, 擬溪澗之咽響, 扣琴制曲, 隱居不復現世.

迎如師

實際寺釋迎如, 未詳族氏, 德行雙高. 景德王將邀致供養, 遣使徵之. 如詣內. 齋罷將還, 王遺使陪送至寺, 入門卽隱, 不知所在. 使來奏, 王異之, 追封國師, 後亦不復現世, 至今稱曰國師房.

布川山 五比丘 景德王代

歃良州東北二十許里有布山川(川山), 石窟奇秀, 宛如人斲. 有五比丘, 未詳名氏, 來寓而念彌陁, 求西方幾十年. 忽有聖衆, 自西來迎. 於是五比丘各坐蓮臺, 乘空而逝, 至通度寺門外留連. 而天樂間奏, 寺僧出觀, 五比丘爲說無常苦空之理, 蛻棄遺骸, 放大光明, 向西而去. 其捐舍處, 寺僧起亭榭, 名置樓, 至今存焉.

念佛師

南山東麓有避里村, 村有寺, 因名避里寺. 寺有異僧, 不言名氏, 常念彌陁, 聲聞于城中. 「一千」三百六十坊, 十七萬戶, 無不聞聲, 聲無高下, 琅琅一樣. 以此異之, 莫不致敬, 皆以念佛師爲名.

死後泥塑眞儀, 安于敏藏寺中. 其本住避里寺, 改名念佛寺. 寺旁亦有寺, 名讓避, 因村得名.

孝善第九

眞定師孝善雙美

法師眞定, 羅人也. 白衣時, 隷名卒伍, 而家貧不娶. 部役之餘, 傭作受粟以養媚母. 家中計産唯折脚一鐺而已. 一日有僧到門, 求化營寺鐵物, 母以鐺施之. 旣而定從外歸, 母告之故, 且虞子意何如爾. 定喜現於色曰, 施於佛事, 何幸如之. 雖無鐺又何患, 乃以丸(瓦)盆爲釜, 熟食而養之. 嘗在行伍間, 聞人說義湘法師在太伯山說法利人, 卽有嚮慕之志, 告於母曰, 畢孝之後, 當投於湘法師, 落髮學道矣. 母曰, 佛法難遇, 人生大速, 乃曰畢孝, 不亦晩乎, 曷若趂予不死, 以聞道聞. 愼勿因循, 速斯可矣. 定曰, 萱堂晩景, 唯我在側 棄而出家, 豈敢忍乎. 母曰, 噫, 爲我防(妨)出家, 令我便堕泥黎也. 雖生養以三牢·七鼎, 豈可爲孝, 予其衣食於人之門, 亦可守其天年, 必欲孝我, 莫作爾言. 定沈思久之. 母卽起, 罄倒囊儲, 有米七升. 卽日畢炊, 且曰, 恐汝因熟食經營而行慢也. 宜在予目下, 喰其一, 棄其六, 速行速行, 定飮泣固辭曰, 棄母出家, 其亦人子所難忍也, 況其杯漿數日之資, 盡裹而行, 天地其謂我何, 三辭三勸之, 定重違其志, 進途宵征. 三日達于太伯山, 投湘公, 剃染爲弟子, 名曰眞定.

居三年, 母之訃音至, 定跏趺入定, 七日乃起. 說者曰, 追傷哀毁之至, 殆不能堪, 故以定水滌之爾, 或曰, 以定觀察母之所生處也, 或曰, 斯乃如實理薦冥福也, 旣出定以後, 事告於湘, 湘率門徒歸于小伯山之錐洞, 結草爲廬, 會徒三千, 約九十日, 講華嚴大典, 門人智通隨講, 撮其樞要, 成兩卷, 名錐洞記, 流通於世, 講畢, 其母現於夢曰, 我已生天矣.

大城孝二世父母 神文王代

牟梁里〔一作浮雲村〕之貧女慶祖有兒, 頭大頂平如城, 因名大城. 家窘不能生育, 因役傭於貨殖福安家, 其家俵田數畝, 以備衣食之資. 時有開土漸開, 欲設六輪會於興輪寺, 勸化至福安家. 安施布五十疋, 開呪願曰, 檀越好布施, 天神常護持. 施一得萬倍, 安樂壽命長. 大城聞之, 跳踉而入, 謂其母曰, 予聽門僧誦倡, 云施一得萬倍. 念我定無宿善, 今玆困匱矣, 今又不施, 來世益艱. 施我傭田於法會, 以圖後報何如, 母曰, 善 乃施田於開.

未幾城物故, 是日夜, 國宰金文亮家有天唱云, 牟梁里大城兒, 今託汝家. 家人震驚, 使檢牟梁里, 城果亡, 其日與唱同時. 有娠生兒, 左手握不發, 七日乃開, 有金簡子彫大城二字, 又以名之, 迎其母於第中兼養之.

旣壯, 好遊獵. 一日登吐含山, 捕一熊, 宿山下村(村). 夢熊變爲鬼, 訟曰, 汝何殺我, 我還啖汝. 城怖懼請容赦. 鬼曰, 能爲我創佛寺乎, 城誓之曰, 喏, 旣覺, 汗流被蓐. 自後禁原野, 爲熊創長壽寺於其捕地. 因而情有所感, 悲願增篤.

乃爲現生二親創佛國寺, 爲前世爺孃創石佛寺, 請神琳·表訓二聖師各住焉. 茂張像設, 且酬鞠養之勞, 以一身孝二世父母, 古亦罕聞. 善施之驗, 可不信乎, 將彫石佛也, 欲鍊一大石爲龕蓋, 石忽三裂, 憤恚而假寐. 夜中天神來降, 畢造而還. 城方枕起, 走跋南嶺, 爇香木以供天神, 故名其地爲香嶺. 其佛國寺雲梯石塔·彫鏤石木之功, 東都諸刹未有加也.

古鄕傳所載如上, 而寺中有記云, 景德王代, 大相大城以天寶十年辛卯始創佛國寺. 歷惠恭世, 以大曆九年甲寅十二月二日大城卒, 國家乃畢成之. 初請瑜伽大德降魔住此寺, 繼之至于今. 與古傳不同, 未詳孰是. 讚曰, 牟梁春後施三畝, 香嶺秋來獲萬金.萱室百年貧富貴,槐庭一夢去來今.

向得舍知割股供親 景德王代

能(熊)川州有向得舍知者.年凶,其父幾於餒死,向得割股以給養.州人具事奏聞,景德王賞賜租五百石.

孫順埋兒 興德王代

孫順者,〔古今(本)作孫舜〕牟梁里人,父鶴山.父沒,與妻同但傳(作傭)人家,得米穀養老孃,孃名運烏.順有小兒,每奪孃食.順難之,謂其妻曰,兒可得,母難再求而奪其食,母飢何甚 且埋此兒以圖母腹之盈.乃負兒歸醉山〔山在牟梁西北〕北郊,堀地忽得石鍾甚奇.夫婦驚怪,乍懸林木上,試擊之,舂容可愛.妻曰,得異物,殆兒之福,不可埋也.夫亦以爲然,乃負兒與鍾而還家,懸鍾於梁扣之,聲聞于闕.興德王聞之,謂左右曰,西郊有異鍾聲,淸遠不類,速檢之.王人來檢其家,具事奏王,王曰,昔郭巨瘞子,天賜金釜 今孫順埋兒,地湧石鍾.前孝後孝,覆載同鑑.乃賜屋一區,歲給粳五十碩,以尙純孝焉(爲).順捨舊居爲寺,號弘孝寺,安置石鍾.眞聖王代,百濟橫賊入其里,鍾亡寺存.其得鍾之地,名完乎坪,今訛云枝良坪.

貧女養母

孝宗郎遊南山鮑石亭,〔或云三花述〕門客星馳,有二客獨後.郎問其故,曰,芬皇寺之東里有女,年二十左右,抱盲母相號而哭.問同里,曰,此女家貧,乞啜而反哺有年矣.適歲荒,倚門難以藉手,贖賃他家,得穀三十石,寄置大家服役.日暮槖米而來家, 炊餉伴宿, 晨則歸役大家, 如是者數日矣. 母曰, 昔日之糠粃, 心和且平, 近日之香秔, 膈肝若刺而心未安, 何哉, 女言其實, 母痛哭, 女嘆己之但能口腹之養, 而失於色難也, 故相持而泣. 見此而遲留爾, 郎聞之潸(潸)然, 送穀一百斛, 郎之二親亦送衣袴一襲, 郎之千徒斂租一千石遺之. 事達宸聰, 時眞聖王賜穀五百石, 幷宅一廛, 遣卒徒衛其家, 以儆劫掠, 旌其坊爲孝養之里. 後捨其家爲寺, 名兩尊寺.

跋文

吾東方三國本史·遺事兩本, 他無所刊, 而只在本府. 歲久刓缺, 一行可解僅四五字. 余惟士生斯世, 歷觀諸史, 其於天下治亂興亡與諸異跡, 尙欲博識. 況居是邦, 不知其國事可乎, 因欲改刊, 廣求完本, 閱數載不得焉, 其曾罕行于世·人未易得見可知. 若今不改, 則將爲失傳, 東方往事, 後學竟莫聞知, 可嘆也已.

幸吾斯文星州牧使權公輗聞余之求, 求得完本送余, 余喜受, 具告監司安相國瑭·都事朴候佺, 僉曰善. 於是分刊列邑, 令還藏于本府. 噫, 物久則必有廢, 廢則必有興, 興而廢, 廢而興, 是理之常, 知理之常而有時興, 以永其傳, 亦有望於後來之惠學者云.

皇明正德壬申季冬, 府尹推誠定難功臣嘉善大夫慶州鎭兵馬節制使全平君李繼福謹跋.

生員 李山甫

校正生員 崔起潼

中訓大夫行慶州府判官慶州鎭兵馬節制都尉 李　瑠

奉直郎守慶尙道都事朴　佺

推誠定難功臣嘉靖大夫慶尙道觀察使兼兵馬水軍節度使 安

참고 문헌

단행본

고운기, 『우리가 정말 알아야 할 삼국유사』 1·2(서울: 현암사, 2002).

_____, 『일연』(서울: 한길사, 1997).

_____ 역, 『삼국유사』(서울: 홍익출판사, 1998).

權相老 역주, 『三國遺事』(서울: 동서문화사, 1978).

김대문, 이종욱 역주해, 『화랑세기』(서울: 소나무, 1999).

김열규 편, 『삼국유사와 한국 문학』(서울: 학연사, 1983).

_____ 외 편, 『삼국유사의 문예적 연구』(서울: 새문사, 1993).

_____ 외, 『신삼국유사』(서울: 학연사, 2000).

김완진 외, 『향가 해독법 연구』(서울: 서울대출판부, 1990).

김용옥 편, 『三國遺事引得』(서울: 통나무, 1986).

김원중, 『중국문화사』(서울: 을유문화사, 2001).

_____ 역, 『사기열전』(서울: 민음사, 2007).

_____ 역, 『정사 삼국지』(서울: 민음사, 2007).

김종명, 『한국 중세의 불교의례』(서울: 문학과지성사, 2001).

김태식, 『미완의 문명 7백년 가야사』 1·2·3(서울: 푸른역사, 2002).

리상호 역, 『삼국유사』(서울: 까치, 2002).

민족문화연구소 편, 『삼국유사 연구』 상(대구: 영남대출판부, 2002).

박노준, 『신라 가요의 연구』(서울: 열화당, 1981).

박성봉·고경식 역, 『삼국유사』(서울: 서문문화사, 1987).

박진태 외, 『삼국유사의 종합적 연구』(서울: 박이정, 2002).

三品彰英, 『三國遺事考察』 上(東京: 塙書房, 1975).

서대석,『한국 신화의 연구』(서울: 집문당, 2001).

_____,『한국의 신화』(서울: 집문당, 1997).

승가대학원 현토,『삼국유사』(서울: 민족사, 1998).

양주동,『고가 연구』(서울: 정음사, 1960).

袁珂,『중국신화전설』1·2, 전인초·김선자 역(서울: 민음사, 1999).

이가원 역,『삼국유사신역』(서울: 태학사, 1991).

_____ ·허경진 역,『삼국유사』(서울: 한양출판, 1996).

이강래 역,『삼국사기』I·II(서울: 한길사, 2000).

이기백,『신라 사상자 연구』(서울: 일조각, 1991).

이도흠,『신라인의 마음으로 삼국유사를 읽는다』(서울: 푸른역사, 2000).

이동환 교감,『삼국유사』(서울: 민족문화추진회, 1982).

_____ 역,『삼국유사』(서울: 장락, 1994).

_____ 역,『삼국유사』상·중·하(서울: 글방문고, 1986).

이민수 역,『삼국유사』(서울: 을유문화사, 1994).

이병도,『한국 고대사회와 그 문화』(서울: 서문당, 1973).

_____ 역,『삼국유사』(서울 :을유문화사,1989).

이재호 역,『삼국유사』1·2(서울: 솔출판사, 2000).

전인초 외,『중국신화의 이해』(서울: 아카넷, 2001).

정재서,『도교와 문학 그리고 상상력』(서울: 푸른숲, 2000).

_____,『불사의 신화와 사상』(서울: 민음사, 1994).

조동일,『한국 시가의 역사적 의미』(서울: 지식산업사, 1997).

_____,『한국문학통사』1·2(서울: 지식산업사, 1990).

최남선, 「조선의 신화」,『육당 최남선 전집』(서울: 현암사, 1973).

_____ 편,『三國遺事』(영인본)(서울: 서문문화사, 1990).

최호 역해,『三國遺事』(서울: 홍신문화사, 1993).

황패강,『신라 불교 설화 연구』(서울: 일지사, 1975).

_____,『향가 문학의 이론과 해석』(서울: 일지사, 2000).

한국정신문화연구원,『三國遺事索引』(성남: 정신문화연구원, 1980).

홍윤식,『삼국유사와 한국 고대문화』(익산: 원광대출판부, 1985).

효성여자대학교 한국전통문화연구소,『한국전통문화연구』(『삼국유사』
특집 Ⅱ)(대구: 효성여대출판부, 1986).

논문

강인구,「三國遺事의 考古學的 考察」,『譯註三國遺事』5(서울: 이회문화
사, 2003).

_____,「석탈해와 토함산, 그리고 석굴암」,『精神文化研究』82(성남: 한
국정신문화연구원, 2001).

김두진,「三國遺事의 史料的 性格」,『譯註三國遺事』5(서울: 이회문화
사, 2003).

김상현,「三國遺事의 간행과 유통」,『韓國史研究』38(서울: 한국사연구
회, 1982).

_____,「三國遺事의 書誌的 考察」,『譯註三國遺事』5(서울: 이회문화
사, 2003).

_____,「三國遺事의 서지학적 고찰」,『三國遺事의 綜合的 檢討』(성남:
한국정신문화연구원, 1987).

김정기,「황룡사지 발굴과 삼국유사의 기록」,『三國遺事의 研究』, 동북
아세아연구회 편저(서울: 중앙출판, 1982).

안병희,「국어사 자료로서의 삼국유사—향가의 해독과 관련하여」,『三
國遺事의 綜合的 檢討』(성남: 한국정신문화연구원, 1987).

柳鐸一,「三國遺事의 文獻變化 樣相과 變因」,『三國遺事研究』上(대구:
嶺南大學校出版部, 1983).

이근직,「삼국유사 왕력의 편찬 성격과 시기」,『韓國史研究』101(서울:
한국사연구회, 1998).

이기백, 「고조선의 국가형성」, 『韓國史市民講座』 2(서울: 일조각, 1988).

_____, 「三國遺事의 사학사적 의의」, 『創作과批評』 1976년 가을호; 『한국사학의 방향』(서울: 일조각, 1978).

_____, 「三國遺事의 편목구성」, 『佛敎와 諸科學』(서울: 동국대학교출판부, 1987).

이우성, 「고려중기의 민족서사시—동명왕편과 제왕운기의 연구」, 『한국의 역사인식』 上(서울: 창작과비평사, 1976).

장충식, 「三國遺事의 美術史的 考察」, 『譯註三國遺事』 5(서울: 이회문화사, 2003).

정구복, 「三國遺事에 대한 사학사적 고찰」, 『三國遺事의 綜合的 檢討』(성남: 한국정신문화연구원, 1986).

조현설, 「건국 신화의 형성과 재편에 관한 연구」, 동국대학교 박사학위논문, 1997.

정영호, 「三國遺事 考古學」, 『三國遺事의 연구』, 동북아세아연구회 편저(서울: 중앙출판, 1982).

蔡尙植, 「至元 15年(1278) 仁興社刊 歷代年表와 三國遺事」, 『高麗史의 諸問題』(서울: 三英社, 1986).

하정룡, 「삼국유사의 편찬과 간행에 대한 연구」, 고려대학교 박사학위논문, 2002.

황패강, 「三國遺事의 文學的 考察」, 『譯註三國遺事』 5(서울: 이회문화사, 2003).

찾아보기

ㅇ
ㅇ
ㅇ

ㄱ

지은이 일연 一然

1206년 경상북도 경산에서 태어났다. 세속의 성씨는 김(金)이었으며 이름은 견명(見明)이었다. 처음 승려가 되어서는 회연(晦然)이라는 이름을 썼으나, 말년에 일연(一然)으로 바꿨다. 일찍 아버지를 여의고 아홉 살 때 어머니의 손에 이끌려 공부를 위해 전남 광주의 무량사(無量寺)로 들어갔고, 열네 살에 강원도 양양의 진전사(陳田寺)로 가서 구족계를 받았다. 스물두 살 때 승과 시험에 합격하여 이후 수행에 정진했다. 마흔네 살에 남해 정림사(定林社)의 주지로 초빙되었고, 왕명을 받아 주요한 불사(佛事)를 주관하는 한편 중생 구제와 불법을 펼치는 데에 힘을쏟았다. 일흔둘에 왕명에 따라 청도의 운문사(雲門寺)로 옮겼고, 후에 국존(國尊)으로 책봉되기도 했다. 일흔아홉 살에 인각사(麟角寺)로 옮겼고, 그곳에서 우리 민족의 위대한 문화유산인 『삼국유사』를 완성했다. 여든네 살에 입적했다.

옮긴이 김원중 金元中

성균관대학교 중문과에서 문학박사 학위를 받았다. 대만 중앙연구원과 중국 문철연구소 방문학자와 대만사범대학 국문연구소 방문교수, 중국 푸단 대학 중문과 방문학자를 역임했다. 건양대 중문과 교수를 지냈고, 현재 단국대학교 한문교육과 교수이며, 중국인문학회·한중인문학회 부회장, 대통령 직속 국가교육위원회 전문위원도 겸하고 있다. 동양의 고전을 우리 시대의 보편적 언어로 섬세히 복원하는 작업에 매진하여, 고전 한문의 응축미를 담아내면서도 아름다운 우리말의 결을 살려 원전의 품격을 잃지 않는 번역으로 정평 나 있다.《교수신문》이 선정한 최고의 번역서인 『사기 열전』을 비롯해 개인으로서는 세계 최초로 『사기』 전체를 완역했으며, 그 외에도 『삼국유사』, 『논어』, 『맹자』, 『명심보감』, 『손자병법』, 『한비자』, 『정관정요』, 『정사 삼국지』, 『채근담』, 『당시』, 『송시』 등의 고전을 번역했다. 또한 『한마디의 인문학, 고사성어 사전』, 『한문 해석 사전』(편저), 『중국 문화사』, 『중국 문학 이론의 세계』 등의 저서를 출간했고 50여 편의 논문을 학술지에 발표했다.

삼국유사

1판 1쇄 펴냄 2007년 6월 22일   1판 14쇄 펴냄 2019년 2월 1일
2판 1쇄 펴냄 2021년 3월 17일   2판 3쇄 펴냄 2024년 3월 11일

지은이   일연
옮긴이   김원중
발행인   박근섭, 박상준
펴낸곳   (주)민음사
출판등록   1966. 5. 19 (제16-490호)
주소   서울특별시 강남구 도산대로1길 62(신사동) 강남출판문화센터 5층 (06027)
대표전화   02-515-2000 팩시밀리 02-515-2007

ⓒ 김원중, 2007, 2021. Printed in Seoul, Korea

ISBN 978-89-374-1933-1 03910

* 잘못 만들어진 책은 구입처에서 교환해 드립니다.